T5-ADM-591

HISTORIA ARGENTINA PREHISPANICA

HISTORIA ARGENTINA PREHISPANICA

Tomo I

Editores

Eduardo E. Berberián
Axel E. Nielsen

Editorial Brujas

 Editorial Brujas

ISBN: 987-9452-50-X Obra Completa
ISBN: 987-9452-51-8 Tomo I

Queda hecho el depósito que marca la ley 11.723.
Primera edición - Impreso en Argentina

Ninguna parte de esta publicación, incluido el diseño de tapa, puede ser reproducida, almacenada o transmitida por ningún medio, ya sea electrónico, químico, mecánico, óptico, de grabación o por fotocopia sin autorización previa del editor.

editorialbrujas@arnet.com.ar

Colaboraron en la preparación de esta edición:
Esteban L. Pillado
Gonzalo Olmos Pavez

LOS AUTORES

MARIA ESTER ALBECK
Facultad de Humanidades y Ciencias Sociales, Universidad Nacional de Jujuy. Investigadora Adjunta del Consejo Nacional de Investigaciones Científicas y Técnicas (CONICET).

JOAQUIN ROBERTO BÁRCENA
Instituto de Ciencias Humanas, Sociales y Ambientales. Facultad de Filosofía y Letras, Universidad Nacional de Cuyo. Investigador Principal del Consejo Nacional de Investigaciones Científicas y Técnicas (CONICET).

EDUARDO ENRIQUE BERBERIÁN
Facultad de Filosofía y Humanidades, Universidad Nacional de Córdoba. Investigador Superior del Consejo Nacional de Investigaciones Científicas y Técnicas (CONICET).

BEATRIZ BIXIO
Facultad de Filosofía y Humanidades, Universidad Nacional de Córdoba. Investigadora Adjunta del Consejo Nacional de Investigaciones Científicas y Técnicas (CONICET).

LUIS ALBERTO BORRERO
Facultad de Filosofía y Letras, Universidad de Buenos Aires. Investigador Independiente del Consejo Nacional de Investigaciones Científicas y Técnicas (CONICET).

MARIA CONSTANZA CERUTI
Instituto Interdisciplinario Tilcara, Universidad de Buenos Aires. Becaria de Posgrado del Consejo Nacional de Investigaciones Científicas y Técnicas (CONICET).

JOSE ALBERTO COCILOVO (y colaboradores)
Facultad de Ciencias Exactas, Físico-Químicas y Naturales, Universidad Nacional de Río Cuarto. Investigador Independiente del Consejo Nacional de Investigaciones Científicas y Técnicas (CONICET).

ELIZABETH DEMARRAIS
Department of Archaeology, University of Cambridge, USA.

CARLOS J. GRADIN
Instituto Nacional de Antropología y Pensamiento Latinoamericano. Investigador Principal del Consejo Nacional de Investigaciones Científicas y Técnicas (CONICET).

MARIA ISABEL HERNANDEZ LLOSAS
Instituto de Ciencias Antropológicas, Universidad de Buenos Aires. Investigadora Adjunta del Consejo Nacional de Investigaciones Científicas y Técnicas (CONICET).

HUMBERTO ANTONIO LAGIGLIA
Facultad de Filosofía y Letras, Universidad Nacional de Cuyo. Museo Municipal de Historia Natural de San Rafael. Mendoza.

PATRICIA E. MADRID
Facultad de Ciencias Sociales, Universidad Nacional del Centro de la Provincia de Buenos Aires. Facultad de Ciencias Naturales y Museo de la Universidad Nacional de La Plata.

AXEL EMIL NIELSEN
Instituto Interdisciplinario Tilcara (UBA); Facultad de Humanidades y Ciencias Sociales, Universidad Nacional de Jujuy. Investigador Independiente del Consejo Nacional de Investigaciones Científicas y Técnicas (CONICET).

VICTOR AUGUSTO NUÑEZ REGUEIRO
Facultad de Ciencias Naturales, Instituto Interdisciplinario de Estudios Andinos, Universidad Nacional de Tucumán.- Investigador Principal del Consejo Nacional de Investigaciones Científicas y Técnicas (CONICET).

DANIEL ENZO OLIVERA
Instituto Nacional de Antropología y Pensamiento Latinoamericano. Investigador Adjunto del Consejo Nacional de Investigaciones Científicas y Técnicas (CONICET).

GUSTAVO GABRIEL POLITIS
Facultad de Ciencias Sociales, Universidad Nacional del Centro de la Provincia de Buenos Aires. Facultad de Ciencias Naturales y Museo de la Universidad Nacional de La Plata. Investigador Independiente del Consejo Nacional de Investigaciones Científicas y Técnicas (CONICET).

RODOLFO ADELIO RAFFINO (y colaboradores)
Facultad de Ciencias Naturales y Museo de la Universidad Nacional de La Plata; Investigador Superior del Consejo Nacional de Investigaciones Científicas y Técnicas (CONICET).

JORGE AMILCAR RODRIGUEZ
Universidad Nacional de Entre Ríos. Investigador Adjunto del Consejo Nacional de Investigaciones Científicas y Técnicas (CONICET).

MARIA FABIANA ROLDAN
Facultad de Filosofía y Humanidades, Universidad Nacional de Córdoba.

JUAN SCHOBINGER
Facultad de Filosofía y Letras, Universidad Nacional de Cuyo.

MARTA R. A. TARTUSI
Facultad de Ciencias Naturales, Instituto Interdisciplinario de Estudios Andinos, Universidad Nacional de Tucumán.

BEATRIZ NINA VENTURA
Instituto de Ciencias Antropológicas, Universidad de Buenos Aires. Investigadora Adjunta del Consejo Nacional de Investigaciones Científicas y Técnicas (CONICET).

HUGO DANIEL YACOBACCIO
Facultad de Filosofía y Letras, Universidad de Buenos Aires. Investigador Independiente del Consejo Nacional de Investigaciones Científicas y Técnicas (CONICET).

PRESENTACION

Eduardo E. Berberián y Axel E. Nielsen

La idea de compilar una obra de síntesis sobre la Historia Argentina anterior a la conquista hispánica, surgió hace unos años al observar el significativo crecimiento experimentado por la arqueología en nuestro país durante las últimas décadas. Esta expansión, que se manifiesta en el aumento del número de profesionales comprometidos con la investigación, la creación de nuevos espacios académicos, la diversificación del panorama teórico de la disciplina y la incorporación de nuevos enfoques y técnicas de producción de datos, ha resultado también en un notable incremento de la información disponible sobre el pasado más remoto de nuestra tierra. El conocimiento disponible sobre este pasado es hoy tan rico y diverso que resulta difícil de abarcar, no sólo para el que se acerca por primera vez a la disciplina, sino hasta para los propios arqueólogos sumidos en el estudio de un problema o región particular.

Frente a esta situación, consideramos que una nueva obra general constituiría un aporte de importancia, no sólo para la investigación, sino también para la enseñanza y difusión de nuestra disciplina. Realizamos, entonces, una convocatoria amplia a profesionales destacados en cada tema o región para que elaboraran un ensayo sobre el estado actual del conocimiento en su ámbito de estudio. La mayoría de ellos respondió favorablemente, haciendo posible la concreción de este volumen, destinado al lector no profesional interesado, a estudiantes de arqueología, historia, antropología y disciplinas afines, y a los profesionales que buscan un guía actualizada de los avances realizados en temas y zonas que no son los de su especialidad.

Uno de los problemas aparentes que surgen al compilar una obra de esta naturaleza es la heterogeneidad de perspectivas teóricas, enfoques y marcos sistemáticos seguidos por cada autor, lo que en una primera lectura podría dar una imagen algo desordenada o inconsistente. Consideramos, sin embargo, que esta diversidad es una característica objetiva de la arqueología actual en la Argentina y en el resto del mundo y sería por lo tanto un error tratar de enmascararla por mero prurito editorial. Más aún, creemos que la pluralidad es saludable y necesaria en cualquier área del conocimiento, por lo que hemos elegido respetarla y mostrarla como una expresión del vigor de la disciplina y de nuestra comunidad científica. Consecuentes con esta convicción, dimos a los autores total libertad al abordar sus temas y hemos realizado sólo cambios menores en los trabajos, de carácter estrictamente editorial.

Los inicios de la producción de alimentos mediante la domesticación de animales y plantas es el primer tema que se aborda en la obra. Yacobaccio discute los cambios en las relaciones establecidas entre las poblaciones humanas y de camélidos que llevaron al desarrollo de la única estrategia económica ganadera en el nuevo mundo. Este autor propone una cadena secuencial de eventos para el Noroeste argentino, que va desde la caza generalizada de cérvidos y camélidos silvestres, hasta una caza especializada de camélidos que culmina en la domesticación de estos animales. Lagiglia sintetiza el desarrollo de la agricultura prehispánica dentro del territorio nacional, analizando las distintas áreas donde esta actividad tuvo lugar, con los principales sitios y restos de cultígenos obtenidos en contextos arqueológicos.

Las primeras formas de vida aldeana sedentaria basadas en una economía agropastoril son tratadas por Olivera, quien enfatiza las variadas estrategias adaptativas implementadas por estos grupos para proveer su subsistencia. Al caracterizar la organización de estas sociedades formativas, el autor centra su atención en cuatro elementos básicos, el ambiente, la demografía, la tecnología disponible y el sistema de asentamiento. Tartusi y Núñez Regueiro privilegian los aspectos religiosos en la vida de estos pueblos, analizando los fenómenos cúlticos tempranos en el ámbito Valliserrano. Afirman que en los comienzos de nuestra era surgieron los primeros centros ceremoniales en el Valle de Tafí (Tucumán) y Alamito (Catamarca), desde donde se coordinaban y administraban las actividades y relaciones religiosas, sociales, económicas y políticas de distintas aldeas.

Los procesos que condujeron al desarrollo de la desigualdad social en la Quebrada de Humahuaca (Jujuy) a comienzos del segundo milenio de nuestra era son discutidos por Nielsen. Propone que los cambios estructurales producidos por conflictos endémicos entre pueblos fueron cruciales para el éxito de estrategias de diferenciación social y la consolidación de jerarquías entre grupos. La composición de la población prehispánica de esta región es analizada por Cocilovo y su equipo en base al estudio métrico multivariado de materiales óseos humanos.

El capítulo que aborda DeMarrais presenta un panorama de la arqueología del Valle Calchaquí durante la etapa agropastoril en el que se incorporan los resultados de recientes investigaciones realizadas en el sector norte del valle. A la luz de estas evidencias, la autora analiza las transformaciones experimentadas por la sociedad desde el período Formativo hasta la invasión europea.

Albeck sintetiza el conocimiento sobre los pueblos de la Puna argentina desde el siglo VIII hasta la época de la conquista Inka. Toma en consideración variados aspectos, entre ellos la singularidad de su economía, el énfasis en el intercambio de productos, la organización social y los territorios étnicos.

Las manifestaciones gráficas grabadas o pintadas en cuevas, aleros y rocas aisladas, comunmente denominadas arte rupestre, son tratadas en dos capítulos de la obra. Dentro del marco geográfico del Noroeste argentino, Hernández Llosas analiza los cambios experimentados por estas representaciones desde el poblamiento inicial hasta la invasión europea, acentuando sus relaciones con las transformaciones de otros aspectos de la vida social y económica de sus realizadores. Gradin expone las tendencias evolutivas del arte rupestre de los cazadores patagónicos, identificando sucesivas tradiciones con técnicas y motivos distintivos, que asumen ubicaciones temporales y distribuciones geográficas diversas.

Raffino y su equipo se ocupan del sistema vial inkaico, una de las manifestaciones arqueológicas más conspicuas del dominio cuzqueño sobre el territorio argentino. Presentan una visión actualizada de la red caminera en la región Valliserrana, incluyendo las principales postas de enlace y centros administrativos asociados, considerando además la reutilización de estas rutas por parte de los conquistadores hispanos. Otro aspecto destacado del dominio Inka fueron las ceremonias realizadas en las cumbres montañosas de los Andes. Los testimonios de estas prácticas son tratados por Schobinger y Ceruti quienes describen los principales santuarios de altura del Noroeste de nuestro país, poniendo de relieve las implicancias sociales de los ritos que allí se desarrollaban.

Los procesos culturales ocurridos en las tierras bajas del piedemonte oriental de los Andes durante los últimos mil años es el tema que aborda Ventura, quien sintetiza el estado actual del conocimiento arqueológico de esta vasta región, tomando cada uno de los valles que la componen, desde Tarija (Bolivia) hasta San Francisco (Jujuy, Argentina). Presta también atención a los fenómenos de interacción con las poblaciones andinas.

Bárcena describe el proceso cultural prehispánico acaecido en el centro-oeste argentino, que comprende porciones significativas de las tres provincias de la región de Cuyo: Mendoza, San Juan y San Luis. Dentro de un esquema de desarrollo evolutivo, se señalan los cambios en los modos de vida, desde las bandas de cazadores-recolectores hasta las sociedades complejas productoras de alimentos, culminando con la conquista Inka.

Berberián y Roldán caracterizan los distintos sectores que integran la región de las Sierras Centrales (Córdoba-San Luis), describiendo las evidencias tanto de los grupos cazadores-recolectores como agropastoriles y su distribución en el espacio y el tiempo. Se analizan, además, aspectos vinculados con las estrategias económicas, de movilidad y de asentamiento de las distintas comunidades que ocuparon este territorio.

La arqueología del Nordeste argentino es el objeto del capítulo escrito por Rodríguez, quien presenta las macro-tradiciones, tradiciones y tipos culturales presentes en esta región desde los inicios del Holoceno. Pone el acento en la incidencia de los fenómenos de cambio ambiental sobre el desarrollo cultural, a través de las transformaciones que provocaron en la tecnología, la movilidad y en la distribución de las poblaciones.

Politis y Madrid se ocupan de la arqueología de la Región Pampeana, partiendo de una evaluación crítica de las categorías de análisis anteriormente empleadas en estos estudios. Utilizando como marco espacial a las áreas fisiográficas y como esquema temporal a la segmentación del Holoceno, discuten los cambios experimentados por los grupos de esta región a partir del poblamiento inicial, tomando en cuenta tanto a la demografía, movilidad y subsistencia, como a las relaciones sociales y al mundo simbólico.

La contribución de Borrero adopta un enfoque biogeográfico para analizar la historia de las poblaciones patagónicas. El autor plantea un modelo que contempla al poblamiento como un proceso complejo en el que se enfatizan los fenómenos de discontinuidad y de desarrollo cultural divergente.

Un panorama lingüístico del período correspondiente a la conquista y colonización (siglos XVI-XVIII) del centro y norte del actual territorio argentino es ofrecido por Bixio en uno de los capítulos de esta obra. Para alcanzar este objetivo, la autora se basa en datos documentales y propuestas clasificatorias.

La obra concluye con algunas reflexiones sobre la importancia de la preservación y conservación del patrimonio arqueológico amenazado. Berberián propicia un marco normativo general con proyección en la legislación nacional e internacional. Raffino advierte, en igual sentido, sobre la constante exportación ilegal de materiales arqueológicos, ejemplificando este fenómeno con dos excelentes máscaras de piedra del Noroeste argentino adquiridas y expuestas recientemente por un museo oficial europeo.

En síntesis, aún cuando el volumen no explora todos los temas que abarca este rico campo de estudio, reúne los últimos aportes de la investigación para ofrecer un panorama integral de la arqueología argentina al finalizar el siglo XX, escrito por especialistas de reconocido nivel científico. Indudablemente, el vigor que caracteriza a la investigación arqueológica actual en nuestro medio llevará a modificar o reelaborar en algunos años los contenidos de esta obra. Entretanto, es nuestro anhelo que cumpla con el objetivo básico que nos planteáramos al comienzo de poner al alcance, tanto de los estudiosos como del público interesado, una síntesis actualizada del conocimiento sobre la historia prehispánica de nuestra tierra.

No queremos concluir esta presentación sin expresar nuestro reconocimiento a los autores por su entusiasmo y colaboración desinteresada, como así también a Editorial Brujas por su confianza en el valor de esta obra y el decidido apoyo que han hecho posible concretar su publicación.

LA DOMESTICACION DE CAMELIDOS EN EL NOROESTE ARGENTINO

Hugo Daniel Yacobaccio

"Nothing is more easy than to tame an animal, and few things more difficult than to get it to breed freely under confinment".
Charles Darwin, The Origins of Species.

INTRODUCCION

Hace unos 10,000 años comenzó en algunas partes del mundo una transformación inédita, ya que poblaciones de cazadores-recolectores empezaron a cambiar su relación con las plantas y animales. Estos, que eran presas, pasaron a convivir con las comunidades humanas y a ser apreciados por lo que ofrecían en vida. Una interacción provechosa se desarrolló beneficiando tanto a los grupos humanos como a las especies animales. Si bien los grupos humanos obtenían de las especies que domesticaban alimento, transporte, tracción para trabajos pesados y materias primas para artefactos, las mismas al ser protegidas de sus predadores naturales comenzaron a crecer de un modo sin precedentes. Las vacas, bueyes, cabras, ovejas, cerdos, caballos y camellos pasaron a jugar un papel importante, no sólo en la economía, sino también, en otras esferas de la vida social y religiosa.

Diversos lugares del continente americano no fueron ajenos a este proceso y, dentro de las especies animales domesticadas en América, los camélidos juegan un papel central, ya que permitieron generar la única estrategia económica ganadera del Nuevo Mundo.

Durante el siglo XVI los conquistadores españoles notaron y reportaron la importancia de los camélidos en las civilizaciones andinas. En la visita a la provincia de Chicuito del año 1567 se da cuenta de 30,500 cabezas de ganado; algunos años después censan 99,356 cabezas, pero un "Padrón de Indios Ricos" estima que 1278 indios poseen 156,274 cabezas de ganado destacándose que la constancia en los padrones no es "...más que una décima parte de su ganado" (Dedenbach-Salazar Sáenz 1990:106-107).

John Murra comenta en detalle el desarrollo y organización de la ganadería de camélidos durante el Imperio Inca señalando, incluso, la existencia de especialistas pastores de dedicación exclusiva (Murra 1978:82-106). Esto se pone de manifiesto en la terminología quechua específica referida al "oficio" de pastoreo de la cual podemos destacar *michiq* y *llama-kamachuq* que denotan personas especializadas en el cuidado de los rebaños estatales y religiosos; los *wakcha llama* eran los animales de las comunidades y los particulares que tenían dueños de los rebaños (*llama-yuk*) y el pastor o "el que hace ir a las llamas", el *llama richi-q*, vocablo que tiene relación con *mi(-)chi* cuyo significado es "hacer comer, dar de comer" (Dedenbach-Salazar Sáenz 1990: 123-141).

En 1609 el Inca Garcilaso de la Vega comentaba, refiriéndose a las caravanas de llamas utilizadas para transporte de productos:
"En mis tiempos había en aquella ciudad {Cuzco}, para este acarreo, recuas de a seiscientas, de a ochocientas, de a mil y más cabezas de aquel ganado" *(Garcilaso de la Vega 1980/1609/: 418).*

Pero esto era sólo la punta del iceberg de la historia de la relación humana con los camélidos; lo que permanecía hundido era el proceso que antecedía a ese desarrollo. Proceso que abarcó varios miles de años en una dilatada geografía desde Perú y Ecuador por el norte hasta Chile y Argentina por el sur.

El estudio de la domesticación de los camélidos es un tópico que ha sido abordado en una serie importante de trabajos arqueológicos que, en la década de 1970, comenzaron en Perú. Wheeler et al. (1976) propúsieron un modelo explicativo de domesticación de camélidos para los Andes Centrales derivado específicamente de evidencias provenientes de la Puna de Junín. En los Andes Centro-Sur las investigaciones sobre este tema comenzaron una década más tarde y, dado lo diverso del registro arqueofaunístico de esta región respecto de los Andes Centrales, se propuso que una domesticación independiente de la llama pudo haber ocurrido (Núñez 1981; Hesse 1982). En 1989, D. L. Browman planteó la existencia de dos centros de domesticación en los Andes, uno localizado en la Puna de Junín y otro en el Lago Titicaca, proposición que, para esta última área había hecho Latcham (1922).

Antes de seguir adelante será necesario revisar el concepto de domesticación. Los grupos humanos establecieron a lo largo de la historia distintos tipos de relación con los animales que pueden sintetizarse en los conceptos de predación, protección y domesticación. La caza que es una manera de obtener productos animales y puede asumir diferentes modalidades caracteriza la *predación*. La *protección* es más difícil de definir; la intervención humana se establece para modificar la relación predador-presa en favor de una especie o población en particular, brindándole cierto grado de protección de otros predadores y facilitándole un acceso más seguro a mejores fuentes de alimentación. Esto fortalece su potencial reproductivo a través de la manipulación del ambiente que ocupa (Harris 1996). Un ejemplo, es la relación de los Lapones con el reno (*Rangifer tarandus*) que se ha llamado *"protective herding"*, donde los renos son utilizados para obtener productos e inclusive como animales de tiro, pero no se controla su reproducción (aunque esto ha cambiado algo en este siglo) (Ingold 1986). Este sistema puede incluir la captura de animales jóvenes y el posterior amansamiento. En cuanto a la *domesticación* no discutiré los múltiples significados que se le han asignado, aunque seguiré una definición restringida. Un animal *domesticado* es aquel que ha sido criado en cautividad estableciéndose un completo control humano sobre su reproducción, organización del territorio y alimentación (Clutton-Brock 1987:21). El criterio básico de la domesticación es el mantenimiento de un rebaño en cautiverio aislado genéticamente de sus parientes silvestres y cuyo resultado es un cambio en el comportamiento y en el fenotipo del segmento poblacional domesticado.

LOS CAMELIDOS SUDAMERICANOS

La familia Camelidae se originó en Norteamérica hace 40-45 millones de años; migró a Sudamérica y Asia hace aproximadamente 3 millones de años. Los antecesores de los modernos géneros *Lama* y *Vicugna* aparecieron hace más o menos 2 millones de años. Hoy en día existen dos formas silvestres: el guanaco (*Lama guanicoe*) y la vicuña (*Lama vicugna* o *Vicugna vicugna*) y dos derivados domesticados, la llama (*Lama glama*) y la alpaca (*Lama pacos*).

El guanaco es el que presenta la mayor dispersión geográfica llegando a la llanura chaqueña en Argentina y hacia el sur hasta la isla Navarino (Chile) en el Canal Beagle. La vicuña está restringida a ambientes andinos de altura, aunque tuvo una mayor dispersión a finales del Pleistoceno llegando hasta la Provincia de Buenos Aires y el Estrecho de Magallanes. Las formas domesticadas también hoy en día están concentradas en ambientes andinos de altura, aunque la llama en el pasado tuvo una mayor dispersión alcanzando la costa del Océano

Pacífico y la región subandina por el este. La alpaca, en cambio, debido a razones de cierta especialización ambiental, tiene una distribución más restringida asociada a lugares de altura con mayor humedad relativa (Miller y Gill 1990:69; Sotomayor 1990). Hay una variedad que habita en el norte de Chile pero se desconoce su antigüedad en esa zona.

Genética

A su vez, hay bastante incertidumbre acerca de la línea de descendencia de los camélidos. Se han propuesto siete modelos generales o parciales que van desde el origen independiente de cada tipo hasta otros que postulan alguna vinculación evolutiva entre ellos (Cajal 1985:19). Kent (1987:171) los resume en cuatro modelos:
I. El guanaco es ancestro del guanaco moderno y de la llama. La vicuña es antecesora de la vicuña moderna y de la alpaca.
II. El guanaco es ancestro del guanaco moderno, la llama y la alpaca.
III. El guanaco antecede al guanaco moderno y a la llama y una cruza de vicuña x llama es el origen de la alpaca.
IV. Un tipo pleistocénico de llama es el ancestro de la llama actual y un tipo pleistocénico de alpaca de la alpaca moderna.

Por lo tanto, en relación a los camélidos domesticados tenemos que:
a. la llama desciende del guanaco o de una llama silvestre pleistocénica hoy extinta; b. la alpaca desciende del guanaco o de una alpaca silvestre pleistocénica, o bien de la vicuña o de un cruzamiento entre llama y vicuña.

Jane Wheeler (1988:291; Stanley; Miranda y Wheeler 1994: 1) argumenta que la información osteológica obtenida hasta ahora sostiene la idea de que la llama es un guanaco domesticado y la alpaca una vicuña domesticada[1]. Sin embargo, otros autores como Kent (1987: 174), señalan que la base de esta argumentación no permite descartar a otros modelos como el IV. Se debe recordar, sin embargo, que Tonni y Laza (1976) revisaron la determinación a llamas pleistocénicas (Cabrera 1932; Lopez Aranguren 1930) de los restos de Tarija (Bolivia) y los reasignaron a guanaco; mientras que en referencia al material de la llanura pampeana expresan que podría tratarse de una especie extinguida de camélido diferente de *Lama glama* (Menegaz 1994:114). Si esto es así el modelo IV estaría fuertemente debilitado.

Recientes estudios genéticos permiten discutir más profundamente este problema[2]. Diversos análisis sugieren la separación filética de la vicuña y la conformación de un grupo más cercano («monofilético») entre el guanaco y la llama ubicándose la alpaca entre ambos grupos (Larramendy, Vidal-Rioja y Bianchi 1983; Vidal-Rioja, Zambelli y Semorile 1994). Estudios más recientes en base a ADN ribosómico y, especialmente ADN satélite, permiten argumentar (a) que la llama sería domesticada a partir del guanaco, ya que ambas formas no presentan patrones diferenciables; (b) que el patrón de la vicuña es específico y que afirma su separación en una unidad taxonómica separada y (c) la presencia de ciertos patrones en algunas enzimas que son intermedias en relación a las del guanaco, vicuña y llama sugeriría que el origen de la alpaca pudo haber sido una cruza entre guanaco y vicuña (Semorile; Crisci y Vidal-Rioja 1994; Vidal-Rioja; Zambelli y Semorile 1994).

Análisis de ADN mitocondrial (Stanley; Kadwell y Wheeler 1994) permitió establecer que la dos especies silvestres tenían uno de los dos genomas predominantes: las vicuñas el genoma A y los guanacos el B. Esto permite concluir que aunque las dos especies comparten parte de su hábitat no se cruzan o hibridizan en estado silvestre. En cambio, las formas domesticadas presentan distintas proporciones del genoma A ó B y que la hibridización pudo, entonces, haber ocurrido en el pasado. De esta manera, se plantean tres posibilidades relativas al origen de la alpaca: (1) que es posible que se hubiera originado a partir de la vicuña y se hibridizó (con guanaco o llama) desde entonces resultando en la mezcla de genotipos; (2) que la alpaca se haya originado de un cruzamiento entre llama y vicuña y (3) que no se puede eliminar la posibilidad de que la alpaca sea una segunda forma domesticada del guanaco (aunque ver nota 1).

Como se puede ver los estudios genéticos todavía no han brindado patrones sólidos para establecer el ancestro silvestre de las formas domesticadas de los camélidos. Sin embargo, aunque el caso de la alpaca es complicado (puede derivar del guanaco, de la vicuña o de una cruza entre guanaco y vicuña o entre llama y vicuña), el de la llama -que, por otra parte es lo que más nos interesa aquí- parece restringido a la posibilidad de descendencia a partir del guanaco, habiéndose debilitado mucho la posición que plantea la existencia de una llama silvestre pleistocénica hoy extinta. Por lo tanto, manejaremos aquella posibilidad como hipótesis para tratar el problema del origen de la llama.

Comportamiento

Es interesante poder evaluar si el comportamiento de las formas silvestres es

Característica	Vicuña	Guanaco
Peso	35-50 Kg.	70-90 Kg.
Comportamiento alimenticio	Pasteador Bebedor diario	Ramoneador, Pasteador Bebedor periódico
Sistema Social	Rígido Poblaciones sedentarias	Flexible Poblaciones sedentarias y migratorias
Tipos de grupos sociales (% de la población)	Grupos Familiares (76) Grupos de Machos (24) Machos Solitarios (<1)	Grupos Familiares (65) Grupos de Machos (22) Machos Solitarios (7) Grupos Mixtos (6) (mezcla de distintos tipos, estacionales)
Estructura de los Grupos Familiares	Composición y tamaño constante	Composición y tamaño variable estacionalmente
Territorio	Territorios anuales separados para comer y dormir	En la población sedentaria, territorios anuales; estacionales en los grupos migratorios.

Tabla 1: Características socio-ecológicas de los camélidos silvestres.

útil para entender cuáles han sido los mecanismos que los grupos humanos debieron cambiar o modificar en su relación con los camélidos. En la Tabla 1 se sintetizan las principales características.

Como puede apreciarse, aunque existen grandes similitudes entre ambos, también son notables las diferencias, sobre todo, en los hábitos alimenticios, el sistema social y la territorialidad. Los territorios de las vicuñas son más estables y, por ende, predecibles en el espacio; además, la mayoría de la población permanece en los grupos familiares. En cambio, el guanaco es migratorio en fracciones de población y tiene una territorialidad más laxa. La población está más dispersa integrándose en estructuras sociales pasajeras como los grupos mixtos que se forman en invierno. Los grupos familiares del guanaco son más numerosos (1 macho y 8 hembras promedio) en relación a los de la vicuña (1 macho y 4-5 hembras promedio). El comportamiento agresivo de los machos adultos es común a la vicuña y al guanaco y éste es una de las restricciones al manejo en cautividad de estos animales. Sin embargo, las experiencias de manejo en semicautividad en ambas formas han producido resultados alentadores en cuanto a la tasa de reproducción y a los niveles de producción de fibras.

Figura 1: Vista de un guanaco (Ñaka Ñaka) de un año y medio amansado en una estancia patagónica del norte de la Provincia de Santa Cruz (Estancia Telken).

Quizás la mayor flexibilidad social del guanaco haya sido una ventaja a tener en cuenta cuando se tejen ideas acerca de los mecanismos de captura y posterior tenencia en cautividad de los individuos (ver Elkin 1996:146-147) (Figura 1). Por ejemplo, George Musters en su viaje por la Patagonia con un grupo de Tehuelches en el siglo pasado refiere del guanaco:

«Hasta ahora pocos han sido domesticados, pero se hacen muy mansos, y en lo futuro se les encontrará utilidad como bestias de carga, porque se parecen en muchos puntos a la llama» (Musters 1979/1871/:196).

Contraria es la opinión de Pino Manrique (1836/1787/) respecto de la vicuña:

«Es verdad que en estas provincias [Intendencia de Potosí] se ha visto una ú otra domesticada, y en mi misma casa tuve una que llegó á ser la diversión del pueblo; pero esto no puede hacer regla general para este ganado, y tocaríamos el inconveniente de su falta de procreación, como se ha experimentado repetidas veces, y una de ellas en lo que va referido tuve en mi casa con una hembra».

En el próximo acápite elaboraremos algunas cuestiones que hacen al comportamiento de los camélidos como vía para modelar posibles situaciones de domesticación.

MODELO DE SEMICAUTIVERIO

En primer lugar, sería interesante examinar algunos aspectos de una experiencia de cría en semicautiverio de guanacos para obtener datos sobre la conducta de estos ungulados bajo control humano. La experiencia se desarrolló con guanacos patagónicos en Trelew (Sarasqueta 1995). Los principales puntos a tener en cuenta son:

-La formación de los núcleos de cría con la captura de chulengos dentro de los primeros 10 días de vida, pero después de los tres días para que reciban el calostro de la madre. Chulengos capturados entre los 3 y 5 meses de edad, también sobrevivieron en semicautividad.

-Debido al comportamiento agonístico del guanaco deben evitarse procesos de imprinting durante el cautiverio. Para ello, es recomendable capturas de chulengos hembras en los primeros días de vida (1 a 10 días), mientras que los machos pueden ser capturados entre los 1 y 2 meses de edad.

-Una vez que los animales alcanzaron la madurez sexual (2 años) el manejo depende del número de animales y del espacio disponible.

-Si la cría es para fines productivos es conveniente seleccionar ejemplares por su docilidad. Para un sistema de producción de fibra es conveniente dividir los adultos en grupos familiares por un lado y un grupo de machos castrados por otro, al que se agregan las crías expulsadas. Los jóvenes son expulsados del grupo familiar alrededor de los 7 meses y las hembras a los 6 meses. Si un macho tiene comportamientos agresivos con sus hijos conviene eliminarlo como reproductor.

-Se comenzó el plantel con una proporción de machos del 10%. Si se presentan problemas de agresión que afecten el éxito reproductivo hay que disminuir esa proporción. En definitiva, la proporción macho:hembra en cada grupo osciló entre 1:4 y 1:6.

-El tamaño de los corrales debe estar en relación con la productividad primaria de la vegetación donde son construidos. Se debe asegurar acceso a agua fresca desde el primer día. Restricciones alimentarias durante el primer invierno provocan animales de tamaño reducido.

-Los problemas de sanidad más importantes se presentan durante el primer año de vida. En fase inicial de la lactancia, los problemas más destacados son el stress de la captura y las diarreas.

-La pubertad se alcanza como promedio a los 2 años en las hembras y a los 3 años en los machos; la plenitud reproductiva a los 5 años. La posibilidad de que una hembra entre en el primer celo está dada por su edad y por su peso. Aquellas que a los dos años no alcanzaron el 80% de su desarrollo final quedan sin celo fértil hasta el siguiente verano.

Entonces, a partir de este modelo de semicautividad se puede delinear una imagen de la domesticación. La captura de animales pequeños debió efectuarse preferiblemente antes de los dos meses de edad, aunque las hembras deben ser capturadas en los primeros días de vida. Esto implica la realización de dos eventos de captura, uno para machos y otro para hembras separados por un par de meses al menos. Idealmente se tratará de formar un grupo familiar -descartamos en esta etapa la castración- con una relación de un macho cada 3 ó 4 hembras. Estos animales se tendrán que mantener en cautiverio con acceso cercano al agua y con buenas pasturas. El factor selectivo para los machos reproductores será la docilidad.

En este punto, hay dos aspectos esenciales del comportamiento de los guanacos que hay que discutir: la jerarquización social y la territorialidad. Habíamos dicho que los guanacos tienen una estructura poblacional más flexible que la vicuña y que en los grupos familiares el liderazgo lo ejerce el macho dominante, llamado «relincho». Sin embargo, estudios recientes han mostrado que en ciertas situaciones si un macho jóven, menor a los 3 años, queda a cargo de un grupo, éste lo dirige la hembra más grande; más aún, se observaron ocasiones en que los relinchos son secundados en su liderazgo por una hembra (Puig y Videla 1995). De esta manera, en situaciones de cautividad se pueden mantener machos jóvenes, antes de que desarrollen a pleno su agresividad, y aún así obtener la cohesión del grupo familiar, ya que una hembra ayudaría o asumiría el control del mismo.

Otra cuestión importante está relacionada con la territorialidad. Los guanacos tienen un comportamiento de alta defensa territorial con una distancia media ante intrusos de 250 m (Puig y Videla 1995:113). Esa intensidad está relacionada con el número de individuos y la productividad del territorio. En ambientes de productividad baja o fluctuante se tendrán poblaciones de guanacos migratorias. Entonces, en condiciones de cautividad debe disminuirse la distancia de huida y también debe suministrarse un «territorio» con suficiente alimento a fin de evitar gatillar la migración de la población.

Hay, entonces, dos aspectos básicos, diríamos sustanciales, a cambiar en las primeras etapas de la domesticación: uno es la disminución de la agresión y el otro

	Guanaco	Llama
Peso vivo (Pv/Kg)	70-90	90-130
Peos del vellón (Kg)	0.42	2
Consumo (materia seca)%PV (*)	3	2
Consumo (materia seca) Kg. (*)	2.7	2.2
Rendimiento (% de la carcasa)	de 55.2 a 60.5	de 53.7 a 64.2
Agresividad	Alta	Baja
Distancia Inter-individuo	Alta / Baja	Baja
Defensa Territorial	Alta	Baja
(*) cálculo en base a un guanaco de 89 Kg. y una llama de 108 Kg.		

Tabla 2: Parámetros etológicos y productivos del guanaco y la llama.

la modificación del régimen de territorialidad. Las estrategias para disminuir la agresión son (1) la selección de machos por docilidad; (2) el mantenimiento de machos jóvenes como líderes y (3) la eliminación de machos agresivos, y la modificación de la territorialidad se realiza con (1) la provisión de alimento suficiente y (2) con el mantenimiento de un número adecuado de guanacos (máximo 5 a 7 por hectárea).

Una comparación entre algunos parámetros etológicos y productivos del guanaco y la llama podrá ayudarnos a profundizar este aspecto, dado que a partir de ella podremos averiguar que ha cambiado (Tabla 2).

Se puede señalar lo siguiente:
1. hay un aumento en el tamaño de la llama. En los primeros momentos de domesticación esto puede lograrse con una mejora en la alimentación como muestran experiencias actuales (Gomez et al. 1991);
2. el peso del vellón de lana es mayor hasta un máximo del 82%;
3. hay un menor consumo para mantener un peso mayor en la llama; esto puede estar también relacionado con una mejora en la alimentación (Bollati, Meto y Bulaschevich 1991);
4. aunque el rendimiento de la carcasa en ambas especies es similar, la llama tiene un mayor rinde en algunas unidades anatómicas como el cogote (Mengoni

Goñalons 1991) y mayor cantidad de grasa subcutánea e intramuscular. También registra un aumento de la cavidad medular de los huesos largos (Mengoni Goñalons 1996), entre un 6% y un 30%. Sin embargo, esto puede deberse a un efecto alométrico; es decir, que este aumento no fue buscado, sino que se obtuvo como consecuencia del mayor tamaño general de la llama respecto del guanaco;

5. se han disminuido características de alerta y agresividad y modificado el comportamiento territorial, aunque cierto comportamiento agonístico ha sido retenido por la llama.

Antes de seguir adelante, hay que llamar la atención que todos estos cambios no fueron producto de la primera etapa del proceso, sino que entre ésta y el tiempo actual media una etapa de selección que produjo tipos de llamas especializadas desde el punto de vista productivo. En efecto, los grupos humanos seleccionaron rasgos que maximizaron ciertos parámetros productivos originando tipos especializados. Para transporte se obtuvo un tipo denominado «carguero», «pelada» o «kcara» de gran tamaño y vellón poco abundante; para producir lana un tipo llamado «lanudo», «ch'aku» o «tampulli» de menor tamaño y vellón denso y uniforme, derivándose a su vez, tipos más pequeños denominados alpacunos por su parecido fenotípico con la alpaca; además, existe un tipo más generalizado, el «intermedio», que tiene menor cobertura de vellón que la lanuda, pero es de mayor porte; este animal se emplea para explotaciones mixtas de carne y lana [para detalles ver Lamas (1994) y Reigadas (1994a)].

Las expectativas que surgen del modelo de semicautividad están en concordancia con los resultados de la comparación entre los parámetros etológicos y productivos del guanaco y la llama; entonces, podemos asumir que las condiciones generales planteadas por dicho modelo pudieron haber funcionado en el pasado. Bien pudo haber existido un sistema de *"protective herding"* hasta que se aisló definitivamente a la población amansada de la silvestre. Ahora pasaremos a examinar si las evidencias arqueológicas condicen con tal planteo y, luego, qué determinantes actuaron para que se llevara a cabo tal transformación.

PALEOAMBIENTES Y POBLAMIENTO

Es interesante examinar cuáles han sido las características generales del poblamiento de la región, cuyas evidencias se remontan a finales del Pleistoceno hace unos 11,000 años. Estas evidencias refieren a la colonización de la Puna en un momento en que todo el subcontinente asistía a la expansión de los grupos de cazadores-recolectores.

El ambiente actual de la Puna está enmarcado por una estacionalidad importante dentro de un marco de desierto de altura. Hay una estación seca (otoño-invierno) y otra húmeda (primavera-verano). El régimen de precipitaciones es irregular, pero nunca llueve más de 400 mm anuales en la zona más húmeda ubicada al noroeste de la región y entre 0 y 250 mm en la más seca. Pueden sucederse varios años seguidos sin lluvias y, de esta manera, producirse sequías más o menos prolongadas. De acuerdo a estas condiciones y a las restricciones que imponen sobre la extensión y distribución de la vegetación, la Puna puede dividirse en dos grandes zonas: la Puna Seca que es más húmeda y donde la distribución de la vegetación típica de arbustos ("tolar") y de hierbas ("pajonal") es más amplia y la Puna Salada en la cual, además de la restricción de las áreas de vegetación, se suma la presencia de amplias extensiones de salares. Estas cuencas nunca están por debajo de los 3400 msnm. El límite entre el "tolar" y el "pajonal" es variable en ambas zonas, siendo los 3400-3900 msnm el rango para la primera de las formaciones y los 3900/4000-5000 msnm el rango para el "pajonal".

Este ambiente moderno se establece hace 5000 o 4500 años con desfasajes cronológicos en distintas localidades. Anteriormente a esta fecha se puede establecer la siguiente tendencia:
1) entre los 11,000 y 7000 años AP: clima más húmedo que el actual, atestiguado por los niveles más altos de los lagos altoandinos o la existencia de lagos pleistocenos que hoy ya no existen como el Lago Tauca. Esta mayor humedad se estima en un 50% a un 75% más alta que la actual. Los perfiles polínicos muestran una alta proporción de gramíneas y hierbas y presentan polen de árboles lejanos como el pino, aliso y chañar indicando que los vientos húmedos predominantes del este tenían acceso a la Puna;
2) entre los 7000 y 5000 años AP: clima más seco que el actual. En los perfiles polínicos decrecen las hierbas y gramíneas, aumentando los componentes que indican un ambiente más árido (Compositae, *Ephedra*), el polen de árboles ubicados a grandes distancias está ausente. En este momento se daría, no sólo una baja en las precipitaciones, sino también un aumento de la temperatura, por eso algunos autores denominan a este período Hipsitermal (Yacobaccio 1997:27-29).

Los primeros cazadores comienzan a colonizar la Puna hace 11,000 años. Hoy en día unos 18 sitios con ocupaciones de

Sitio	Capa	Localización	Altura (msnm)	Fecha AP	Tipo de Evidencia
Inca Cueva 7	II y III	Puna Seca	3600	4100	capa de guano, osteometría
Inca Cueva 4	2	Puna Seca	3650	10,000-9200	fibra
Huachichocana III	E3	Prepuna	3400	10,000-7400	fibra
Huachichocana III	E2	Prepuna	3400	3400	alometría, contexto funerario
Alero Unquillar	2	Puna Seca	3750	3500	osteometría, contexto lítico
Alero Huirunpure	1	Puna Seca	4270	2040	osteometría, contexto
Cueva Chayal	3	Puna Seca	3700	650	osteometría, contexto
Quebrada Seca 3	2b19a 2b14	Puna Salada	4050	9050 a 8300	fibra
Quebrada Seca 3	2b5a 2b2	Puna Salada	4050	5400 a 4500	fibra, contexto lítico

Tabla 3. Referencia de los Sitios del NOA utilizados en este texto.

Criterios para el reconocimiento de la domesticación de mamíferos en el registro arqueológico.
(Tomado de Legge 1996:239, con modificaciones)

1. *Cambios en la abundancia de la especie*. Un marcado incremento en la proporción de una especie en la secuencia de un sitio, o de diferentes sitios en una región.
2. *La introducción de una nueva especie*. Cuando una nueva especie entra en el registro arqueológico puede asumirse que ha sido introducida como un animal doméstico si el contexto cultural es apropiado y la especie está actualmente domesticada.
3. *Cambios morfológicos y de tamaño*. Muchas especies han sufrido cambios morfológicos (fenotipo) o de tamaño debido al control humano. Es necesario comparar con poblaciones silvestres de la misma localidad para su determinación mediante osteometría y/o alometría .
4. *Estructura de la población*. En un rebaño doméstico la estructura de sexo y edad es manipulada por sus propietarios en función de obtener un resultado productivo mediante la conservación de la capacidad reproductiva del rebaño. Es problemático arguir que una estructura de población dada difiere de la norma silvestre porque tal norma no existe.
5. *Elementos contextuales*. La aparición de ciertos artefactos, estructura tecnológica o representaciones artísticas pueden ser evidencias de domesticación.

Cuadro N° 1

cazadores-recolectores están datados en la Puna Argentina. De éstos el 44% presenta ocupaciones en el lapso entre 11,000 y 7000 años AP; esta proporción cae al 11% entre los 7000 y 5000 AP y vuelve a ascender al 44% entre los 5000 y 3000 AP. Sin embargo, la intensidad de ocupación parece ser un poco mayor en el momento más tardío, ya que el 44% de las ocupaciones iniciales están distribuidas en un período de 4000 años, mientras que en la parte más tardía el lapso involucrado es de sólo 2000 años.

Evidentemente, entonces, esta distribución parece coincidir con las fluctuaciones ambientales generales del Holoceno. Las ocupaciones bajan durante el Hipsitermal y solamente se registran en la Puna Salada (Catamarca), mientras que en la Puna Seca (Jujuy) hay una ausencia de registro que abarca unos 2100 años. Cambios en los circuitos de movilidad y en las estrategias de uso del espacio se pudieron haber producido durante ese lapso en relación con las empleadas durante el poblamiento inicial de la región. Con el mejoramiento ambiental posterior, nuevos registros de la presencia de los cazadores se hacen evidentes, pero cambios en la tecnología, uso de recursos animales y uso del espacio parecen haber ocurrido, aunque afectando de manera diferente a ambos ambientes

puneños (Pintar 1996; Yacobaccio 1997).

EVALUACION CRITICA DE LAS EVIDENCIAS EN EL NOA

Presentaremos aquí una discusión sobre las evidencias que hasta ahora hay en el Noroeste Argentino para permitir, luego, una comparación con otras áreas de la región puneña surandina (Tabla 3). En el Cuadro 1 se especifican los criterios para el reconocimiento arqueológico de los cambios que la domesticación produce en los animales.

Evidencias osteométricas y osteológicas

Las evidencias osteométricas son aún escasas cuantitativamente, pero relevantes cuando son puestas en contexto. Como parte del conjunto de artefactos y ecofactos recuperados por Aguerre, Fernández Distel y Aschero (1973) del sitio Inca Cueva 7 cronológicamente ubicado en 4080 AP, hay dos extremos distales de metapodios que ofrecen evidencias para examinar el cambio de tamaño que en ese momento ocurría en los camélidos. Cuando se plotea estos huesos, junto a otro proviniente del Alero Unquillar fechado en 3500 AP, puede apreciarse que el tamaño de estos animales se aleja del de guanaco y se aproxima al de llama (Figura 2). Allí se

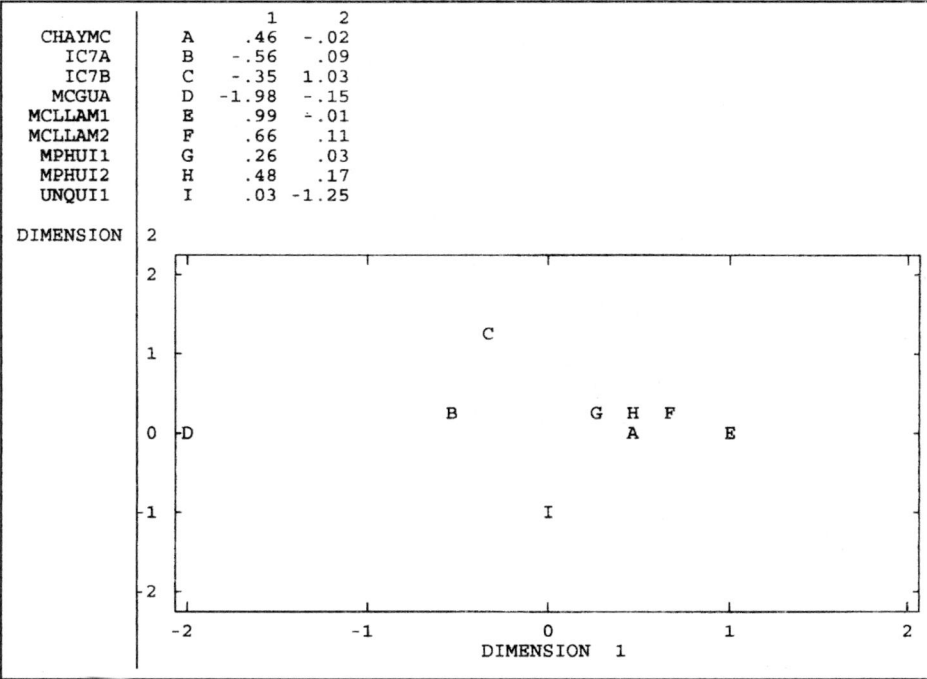

Figura 2: Gráficos de MDS con los resultados de las seis medidas distales del metacarpo. Stress:0.02

puede apreciar que en un extremo se ubica el guanaco (D) y a una buena distancia de éste los especímenes de Inca Cueva 7 (B y C) y de Unquillar (I); más a la derecha, aunque cercanos a los anteriores y agrupados aparecen las llamas actuales (E y F) y especímenes del sitio Huirunpure (G y H) y Cueva Chayal (A).

Estos últimos pueden ser asimilados al tamaño de las llamas actuales. Interesa destacar aquí que los especímenes de Inca Cueva 7 y Unquillar, si bien presentan una situación intermedia entre el guanaco y la llama, se acercan a ésta última. Se puede interpretar esta situación en términos de que ciertos cambios se produjeron en el tamaño de los camélidos producto de manejo zootécnico y que ya se reflejan en los huesos desde los 4100 AP aproximadamente y que un animal de igual tamaño que la llama actual estaba presente con seguridad desde los 2000 años AP.

Sin embargo, otra evidencia puede ayudar a sostener que un animal de similar tamaño que la llama actual estaba presente ya a los 3400 AP. En efecto, en la capa E2 de Huachichocana III se re-

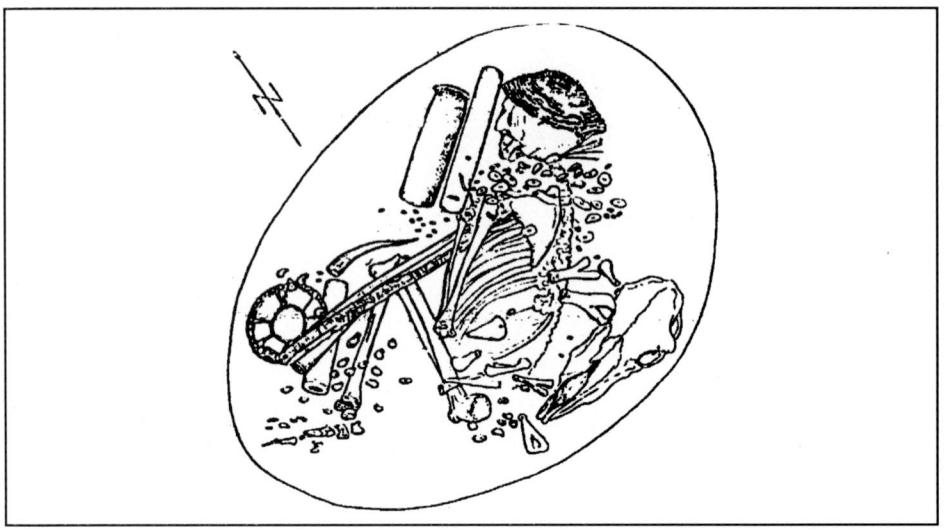

Figura 3: Enterratorio del jóven recuperado en la capa E2 de Huachichocana III. En la parte inferior derecha se observa la cabeza asignada a llama. Dibujado por Alicia Charré. Tomado de Fernandez Distel (1986) con permiso de la autora.

cuperó una inhumación que contenía un joven de aproximadamente 18 años junto al cual se había depositado un numeroso ajuar funerario compuesto de pipas de piedra, palos para hacer fuego, colgantes, tejido de malla, bastones de madera grabados con motivos geométricos, cuentas de malaquita y otros artefactos. A la espalda del cuerpo se depositó una cabeza completa de camélido con las dos primeras vértebras cervicales articuladas (Fernández Distel 1986) (Figura 3). Esta cabeza permitió mediante alometría calcular que su peso vivo fue de aproximadamente 127 kg lo que la ubica dentro del rango de peso de la llama siendo, por esta razón, una de las primeras evidencias indudables de la presencia de animales domesticados en el NOA (Yacobaccio y Madero 1992). Es interesante destacar que esta evidencia marca la aparición de llamas en contextos funerarios señalando la importancia que estos animales tenían también en la vida social y simbólica.

Otra información relevante para esta evaluación proviene del sitio Tomayoc (Lavallée et al. 1997). Allí se reporta la presencia de dos incisivos de alpaca adulta que, para las autoras, «prueba la presencia de esta especie doméstica desde los 3300/3200 BP» (op. cit.: 149). La relevancia de este hallazgo está también en los problemas que plantea, ya que sería la primera evidencia arqueológica de este tipo de camélido, no sólo para el NOA, sino también para el Norte de Chile. Una de las dificultades estriba en que la alpaca es un animal adaptado a ambientes húmedos, como fue notado, entre otros, por Olivera y Elkin (1994) y que su cría en la Puna Seca o Salada presenta muchas dificultades. Por lo tanto, debido a estas restricciones ambientales es difícil de aceptar su presencia en la fase temprana de este proceso porque, además, la domesticación de la alpaca en la Puna de Junín aparece ligada fuertemente a un ambiente húmedo (Van der Hammen y Noldus 1985:381-382). Es por estas razones que, hasta que no se pueda replicar esta presencia en otras localidades surandinas, debe quedar como una cuestión abierta.

Los restos óseos del sitio Quebrada Seca 3 fueron analizados con mucho detalle por Dolores Elkin (1996). Los niveles correspondientes al Holoceno Tardío comprenden un momento entre el 5400 AP y el 4500 AP. Ella determinó que en ellos «..hay animales pequeños comparables a vicuña y animales más grandes similares al standard de guanaco...». A pesar de que están representadas dos poblaciones de tamaño diferente no hay evidencia osteológica segura que permita discernir eventos locales de domesticación. Sin embargo, la autora en base a consideraciones contextuales piensa que tampoco debe descartarse. Examinaremos más abajo estas evidencias, pero hay un dato que quizás sea interesante: la secuencia de Quebrada Seca 3 termina hacia los 4500 años AP, unos 400 ó 500 años antes que en el registro arqueológico de otras áreas puneñas se evidencien cambios en el tamaño de los camélidos detectables en los huesos. Se podría establecer la relevancia de este argumento si en el futuro se pudiera analizar arqueofaunas de sitios cercanos a Quebrada Seca 3 con ocupaciones fechadas entre los 4500 y 3000 AP.

Evidencias Contextuales

En este acápite evaluaremos las otras clases de evidencias, más allá de los huesos, que pueden aportar a esta discusión.

Para seguir el hilo del parágrafo anterior comenzaremos por Quebrada Seca 3. Los artefactos líticos pueden brindar algunas pistas y éstas fueron seguidas por Elizabeth Pintar (1996), quién efectuó un minucioso análisis y discusión sobre la posible relación entre composición de los conjuntos de artefactos y los cambios en las estrategias de subsistencia. La autora plantea que las ocupaciones del Holoceno Tardío del sitio tienen una sobre-representación de instrumentos con retoque discontínuo, denticulados y muescas y una sub-representación de raspadores y cuchillos. Este incremento en el uso de instrumentos «amorfos» o no formatizados, que básicamente son expeditivos[7], pudo haber estado relacionado con una reducción del riesgo en la obtención de alimentos. La estructura de las clases de artefactos difieren de aquellas del Holoceno Temprano y Medio del sitio. Dos situaciones considera Pintar para que esto se produzca: (1) el cambio climático del final del Hipsitermal que significó el establecimiento de las condiciones ambientales modernas, permitió la expansión de las pasturas y una mayor abundancia de presas y (2) la presencia de rebaños domesticados. En palabras de Lizzie Pintar: «This shift from a risk-prone strategy of hunting dwindling numbers of wild camelids during the Altithermal to a risk-aversion strategy with a reliance on herds of domesticated camelids during the Late Holocene would have stimulated technological changes -a lower rate of replacement before exhaustion (a greater frequency of broken tools discarded), less manufacture of formal tools (use of expedient tools). This pattern is clearly different from that expected of hunter-gatherer groups» (Pintar 1996:212). Aquí, entonces, tenemos que, si los argumentos anteriores son verdaderos -y es muy probable que lo sean- pudo haber habido un manejo de camélidos en el ámbito de los pobladores del sitio, sin que esto haya significado un control o selección dirigida al cambio de tamaño de los animales. Estaríamos, así, en presencia de evidencia de lo que definimos como *"protective herding"*.

En el Alero Unquillar el contexto de los artefactos líticos ofrece un panorama similar. En efecto, sólo el 3% de los mismos está formatizado (el total es de 731) y este trabajo contiene una baja inversión de energía por parte de los artesanos, ya que consiste en retoques marginales para adaptar los filos como raederas. Como en el caso anterior sólo las puntas de proyectil presentan una talla bifacial. Más de las tres cuartas partes del material está confeccionado con una roca local, lo que ofrece una idea del carácter expeditivo del conjunto [8]. Entonces, las consideraciones efectuadas para Quebrada Seca 3 son aplicables a este caso, pero con el dato adicional que aquí sí, entre los restos óseos, hay evidencia de un cambio de tamaño en los camélidos.

En el sitio Inca Cueva 7 se halló recientemente una capa con guano (excrementos) de camélidos extendidos en la misma indicando cautividad de estos animales. De acuerdo a lo consignado en el informe original:
«Una de las primeras observaciones [...]

fue la existencia de una lente de excrementos de camélidos (guano) interestratificada en la matriz de la capa 3, que se extendía en buena parte del sector excavado [...]. Hacia el frente de la cueva esta lente superaba los límites originales de acumulación de rocas que contenían el depósito con paja y artefactos [de la capa superior (cf. Aguerre et al. 1973)]. La existencia de otros grandes bloques transportados que se ubican fuera de esa contención o no usados en ella, unida a esta evidencia, sugieren que éstos podrían haber formado parte de la pared de un corral que habría originalmente aprovechado los límites naturales del interior de la cueva» (Aschero y Yacobaccio 1995).

Tipo de camélido	Fibra Fina (hasta 31μ)	Fibra Mediana (entre 31 y 66μ)	Fibra Gruesa (mayor a 66μ)	Promedio	PMT
Llama	50%	40%	10%	30μ	80%
Vicuña	70%	10%	20%	25μ(*)	20%
Guanaco Andino	55%	16%	29%	43μ(*)	90%

Tabla 4: Diferencias proporcionales de grosores de fibra, promedio y porcentaje de medulación total (PMT). Datos de reigadas (1994a). (*) Promedio del bimanto

Esta es la explicación más plausible para la formación de la lente de guano y la presencia de bloques «cerrando» la boca de la cueva. Si esto fue así, es una de las indicaciones más claras sobre el mantenimiento en cautividad de pequeños camélidos, dado el tamaño de la cueva.

Fibra

Desde hace un tiempo Reigadas (1992, 1994a, b) ha trabajado en el estudio de ciertas variables que permitan diferenciar los pelajes de los camélidos silvestres y domesticados. Este estudio se había efectuado exitosamente con la oveja en el Viejo Mundo (Ryder 1973). Basándose en el color, grosor, medulación y tipo de mecha logró establecer patrones para cada unos de los tipos (ver también Lamas 1994) (Tabla 4). Como puede apreciarse las llamas desarrollaron una mayor proporción de fibras de grosor medio a expensas de las gruesas y el proceso de control reproductivo manejado por el hombre logró seleccionar colores únicos para todo el animal (blanco, negro, café) a partir del manto bicolor de los camélidos silvestres.

A partir, entonces, de la comparación con estos patrones se pudieron efectuar asignaciones a las diferentes especies y tipos de los materiales recuperados arqueológicamente. El ambiente árido de la mayor parte del Noroeste y, particularmente el de la Puna, ha permitido la preservación de una buena cantidad de muestras de fibras animales. En la Tabla 3 observamos aquellos sitios que han brindado este tipo de evidencia.

Si bien desde el Holoceno temprano se determinó la presencia de guanaco y vicuña y, desde los 2600 años AP la de llama, en los contextos de Inca Cueva 4 (capa 2) y de Quebrada Seca 3 (niveles tempranos desde 2b19) se detectó la presencia de un tipo de fibra que se denominó "tercer grupo". Según Reigadas (1994b:65) este grupo corrresponde morfológicamente al patrón doméstico actual, semejante al tipo de llama intermedia y "respondería al proceso de especiación a partir de la selección natural propuesta como primer paso de la generación de variación". El segundo paso sería el control humano que posibilita "la conservación fenotípica del grupo, y el posterior control reproductivo" (Reigadas op. cit.: 65).

Según esta interpretación, el tercer grupo conformaría una variedad de guanacos o lamoide con un pelaje particular (similar o igual a la llama) y que los grupos humanos se limitaron a conservar a lo largo del tiempo. Hay tres aspectos problemáticos con este planteo: (1) *aspecto evolutivo*: si el manto del tercer grupo es morfológicamente idéntico al de la llama intermedia, habría que explicar un largo período de estabilidad de más de 4000 años hasta que se notan otros cambios en la estructura anatómica del animal. Si bien la fibra responde más rápidamente que los huesos a las presiones selectivas, hemos visto que cambios colaterales de corto plazo se producen cuando situaciones de control humano están presentes (por ejemplo, el cambio de alimentación produce un cambio de tamaño); (2) *aspecto taxonómico*: si el tercer grupo implica una unidad reproductiva silvestre, distinguible en el manto de otras; entonces, el tercer grupo se debería definir como una especie diferente del guanaco; (3) *aspecto arqueológico*: recién a los 4300 AP se notan en el registro arqueológico evidencias de que un cambio se está produciendo en el modo de vida cazador-recolector.

Sin embargo, este "tercer grupo" puede implicar una relación protectora de los grupos humanos respecto de un segmento poblacional con ciertas particularidades fenotípicas que fuera manejado en un sistema de hábitat libre sin impedir el flujo genético entre animales amansados y silvestres. Hay ejemplos actuales que pueden citarse de este tipo de relación; uno de los más interesantes es el gayal (*Bos frontalis*) un bóvido que habita en la India noroccidental y Burma. El gayal es fenotípicamente distinto de su presunto ancestro el gaur (*Bos gaurus*); sin embargo, no está confinado, sino que es dejado libremente por los bosques y aunque algunos regresan por la noche a las aldeas para protegerse de los predadores, otros permanecen fuera del control humano, hasta que son requeridos para sacrificio o trueque (Clutton-Brock 1987:137-138; Harris 1996:453).

EVIDENCIAS DE OTRAS AREAS SURANDINAS

Aquí presentaremos brevemente algunas de las evidencias con el fin de mostrar que la domesticación de los camélidos es un proceso regional y que, para su comprensión, su estudio no puede ser confinado a un área o sitio en particular.

En el valle de Moquegua en el sur de Perú el sitio de Asana en su nivel CLII fechado en 4400 años AP se determinaron varias estructuras, entre ellas, fogones y un canal excavado en el sedimento. El análisis del sedimento de la parte central de la excavación mostró ser muy similar en pH, niveles de potasio y textura al de corrales modernos; por lo tanto, se infirió que eran restos de un depósito de guano (Alderderfer 1990; Kuznar 1995).

Las evidencias del Salar de Atacama muestran hacia los 4300 AP aproximadamente, asentamientos compuestos por recintos circulares de piedra que contienen varios e intensos episodios de ocupación pudiéndose inferir condiciones de menor movilidad y aprovechamiento intensivo de los camélidos. A partir de ellos, se puede inferir que ciertos cambios en la relación ecológica con los camélidos se están produciendo. Tulán 52 comprende de 20 a 25 recintos en una superficie de 540 m² y aunque Hesse (1982) interpreta el perfil de edad como producto de actividades de caza debido al alto procentaje de individuos adultos (entre un 57% y 68%), una reelaboración de los datos osteométricos efectuada por mi de las falanges permite establecer que un 57% (N= 143) tienen un tamaño similar al de la llama de hoy en día. Hay que tener en cuenta que una estructura poblacional en la que predominan los adultos no es contradictoria con condiciones de domesticación y puede ser observada entre los pastores actuales de llamas (Yacobaccio, Madero y Malmierca 1998: 77-80). En Puripica 1, que consta de 30 a 40 recintos distribuidos en 400 m², Hesse (op. cit.) si interpreta el perfil de edad como producto de prácticas domesticatorias, debido a la alta presencia de animales inmaduros. Esta evidencia, más la presencia de bloques con grabados de camélidos y otros datos contextuales lleva a Núñez (1992: 306) a hablar de "...domesticación, experimentación y mantención de los primeros rebaños de llamas". En este caso, un 14% (N= 55) de las falanges medidas tienen un tamaño similar al de la llama de hoy en día. Esta tendencia de concentración en asentamientos relativamente grandes, con aprovechamiento intensivo de camélidos y signos de jerarquización social se acentúa hacia los 3100 años AP en el sitio Tulán 54.

DISCUSION

Centros de domesticación

Habíamos dicho que la Puna de Junín ha sido propuesta como centro de domesticación de los camélidos. El modelo propone una cadena secuencial de eventos desde la caza generalizada de cérvidos y camélidos silvestres hasta una caza especializada de camélidos que culmina en la domesticación de estos animales. El control territorial ejercido por los grupos humanos a partir de la estrategia de caza especializada de los camélidos habría resultado en un creciente control reproductivo y en el desarrollo de los primeros Camelidae domesticados y, a partir de allí, en la producción de variedades especializadas (Wheeler et al. 1976:489; Moore 1989; Wing 1978, 1986). Principalmente a partir del análisis del sitio Telarmachay, Wheeler (1985:68) plantea una serie de eventos que se resumen así: entre el 9000 y el 7200 AP, una situación de caza generalizada de todos los ungulados (camélidos y cérvidos) de la Puna. Esto se refleja en una relación proporcional entre cérvidos y camélidos que evoluciona hacia el 7200 y 6000 AP a una situación de caza especializada de guanacos y vicuñas medida por el aumento de la proporción de camélidos en los contextos. Esta situación continúa hasta la aparición de los primeros animales domesticados entre los 6000 y los 5500 AP. Estos se determinaron a partir de la aparición de dientes incisivos con morfología de alpaca. Este proceso continúa con el pastoreo después de los 5500 AP denotado por la excesiva presencia de nonatos/neonatos en los conjuntos.

Sin embargo, este planteo no está alejado de ciertas controversias. Jon Kent (1988) al analizar la fauna del sitio Pachamachay, también localizado en la Puna de Junín y a sólo 35 km de Telarmachay, determinó la presencia de animales domesticados (mediante osteometría) al final de la fase 4 (5000-4400 AP) y el aumento de su frecuencia en la

fase 5 (4400-3000 AP). Además, al igual que en el caso de Telarmachay, el primer camélido domesticado fue la alpaca, apareciendo la llama en la fase 5. Por otra parte, también hay discusiones respecto del lugar de domesticación de la llama, si fue en la puna o en los valles intermedios como Ayacucho o Cajamarca (ver Bonavía 1996: 227-245, para una presentación más completa). Wheeler (1988: 89) da a entender que el proceso de Telarmachay involucra a la alpaca y dice en relación a la llama:
"Evidence of llama domestication is less clear, but it is likely to have occurred at the same time somewhat further to the south..."

Cuánto más al sur no lo sabemos, como tampoco sabemos con certidumbre la edad de la aparición de los primeros rasgos morfológicos de la llama, más allá de los 4400 AP estipulado en Pachamachay.

La diferente naturaleza de los procesos inferidos en los andes Centro-Sur llevó al planteo de que un centro independiente de domesticación hubo existido (Núñez 1981; Aschero 1994; Yacobaccio 1994). ¿Cuáles son los factores que operan a favor y en contra de la existencia de un centro independiente de domesticación? En contra se encuentra el hecho de la aparente mayor antiguedad de la primera evidencia de domesticación en el área andina central y, que esto, hubiera permitido una difusión de animales domesticados a otros sectores de los Andes. Pero, la aparente determinación de llamas en la Puna de Junín se da bastante en línea cronológica con lo visto para la porción sureña andina. A favor, puede contarse que, si bien las evidencias son escasas, las capas de guano, el cambio de tamaño en los animales y otros elementos contextuales (importancia de los camélidos en el arte y la funebria) parecen haber sido etapas de un único proceso con continuidad a lo largo del Holoceno. Además, como me sugirió Dolores Elkin, si hubiera habido una introducción de animales domesticados se deberían notar cambios más abruptos en el registro arqueológico.

No se debe olvidar que discernir entre procesos independientes o de difusión y/o migración es una cuestión muy compleja y de difícil solución. Respecto del problema aquí planteado se está en una encrucijada, la que necesita de una información más detallada y profundizar algunas vías recién planteadas.

Causas y determinantes de la domesticación.

¿Porqué se domesticó? y ¿Para qué se domesticó? Aunque estas preguntas no han encontrado aún respuesta definitiva, se ha propuesto que la domesticación fue una estrategia empleada para enfrentar ambientes con climas oscilantes como el de la Puna, lo que motiva que los recursos económicos tengan una distribución irregular, concentrada y no predecible. Si esta característica ambiental hubiera sido el motivo de la domesticación, entonces, producir una reserva de comida habría sido la causa inmediata. El aumento de tamaño en los primeros camélidos domesticados parece avalar esta hipótesis. También se cuenta, sin embargo, con la aparición de nuevos mantos de lana en los animales; por eso, algunos investigadores han pensado que la producción de lana para intercambio y así obtener productos que son escasos en la Puna, ha sido la causa principal.

Estas dos ideas, la producción de alimentos y la necesidad de productos secundarios, principalmente fibra y transporte, están en el centro de los planteos de la determinación de las causas próximas de la domesticación. Dentro del primer grupo se puede citar a Lautaro Núñez:
"...la necesidad de contar con provisiones cárneas más seguras incentivó un mayor control sobre los camélidos al pie de la puna" (Núñez 1989: 86).

Completando más tarde:

"El reajuste adaptativo más exitoso se basó en la crianza de camélidos cuando los regímenes de precipitaciones disminuyeron, junto a la emergencia de tecnologías orientadas a la reducción de riesgos de subsistencia, paralelo a adaptaciones sociales que combinan la práctica de caza con pastoralismo" (Núñez y Grosjean 1994: 21).

Un planteo similar siguen Yacobaccio, Olivera y Elkin (1994: 30) manifestando que diversas presiones ambientales sobre poblaciones de cazadores que "...estaban cerca del límite de la capacidad de sustentación del mismo..." habrían disparado diferentes opciones de cambio entre las que estaba la producción de alimentos.

Carlos Aschero, en cambio, dice que la domesticación pudo darse mediante «...la competitividad entre grupos por incremento demográfico (restricción de la movilidad y territorios de caza), necesidad de incremento de la producción de fibras para tecnofacturas especiales (lanas gruesas para cuerdas resistentes) y/o de la intensidad del intercambio regional (selección de animales aptos para carga)" (Aschero 1994: 16).

Estas hipótesis responden plausiblemente los interrogantes que plantea el registro arqueológico. Sin embargo, en la mayoría de los trabajos no hay una definción clara de domesticación lo que lleva a descripciones de escenarios que se parecen más a situaciones de pastoreo que de caza-recolección. Por ejemplo, "...la selección de procedimientos tendientes a mejorar la conducta, tamaño y calidad de los rebaños" (Núñez 1989: 84) o la selección de animales aptos para carga describen situaciones de un alto control poblacional de los camélidos.

Se debe admitir que, en base a la definición adoptada en este trabajo, muchas de las evidencias discutidas pueden acomodarse dentro de un marco de *"protective herding"* que involucre el manejo libre de rebaños, incluso con alguna particularidad fenotípica, y que incluya amansamiento y confinamiento, pero no un absoluto control reproductivo, que sí se manifestaría en momentos posteriores con la puesta en práctica de conductas similares a las descriptas en el modelo de semicautividad y que su desarrollo haya desembocado en la aparición de tipos económicos especializados de llamas.

El concepto de *"protective herding"* permite manejar la idea de un escenario de cazadores-recolectores que establecen una nueva relación ecológica con los camélidos, pero no dejan de ser cazadores para ser pastores de medio tiempo. Porque hay un elemento en todo esto y que, según mi criterio, es central a este proceso: la movilidad. Harris (1996: 454) plantea que la transición de una situación de flujo genético entre una población amansada y una silvestre a otra en que la población amansada se reproduce en aislamiento genético no ocurriría a menos que los animales amansados estuvieran imposibilitados físicamente de mezclarse con la población silvestre. Esto se puede hacer mediante confinamiento cerca o en los asentamientos, remoción de la población amansada fuera del rango de la silvestre o eliminación de la población silvestre. Aunque los tres mecanismos pudieron haber funcionado en ciertas áreas, sólo el primero de ellos ofrece las mejores condiciones para controlar la población amansada y esto involucra, necesariamente, una reducción amplia de la movilidad. Entonces, el sedentarismo es un primer requisito en el control reproductivo de una población amansada para obtener de ella animales domesticados. Quizás, como muestran algunas evidencias, este fue el escenario probable en las vertientes de la Puna de Atacama después de los 4300 AP (Núñez 1981, Yacobaccio 1994:35). Por eso, la mayor parte del proceso que se denomina *domesticación* haya sido una situación de *"protective herding"*.

CONCLUSIONES

En este trabajo hemos examinado la posibilidad de que poblaciones de cazadores-recolectores que habitaron el NOA hayan participado del proceso de domesticación de los camélidos y se transformaran, luego, en pastores dando continuidad a un proceso histórico de miles de años de duración.

Ahora quiero volver a la punta de iceberg, el que observaron los conquistadores españoles a su arribo al mundo andino: el de la importancia de la ganadería de camélidos. Clutton-Brock (1987) clasifica a los camélidos domesticados sudamericanos como "cautivos explotados" dado que su reproducción permanece más bajo la influencia de la selección natural que de la artificial. Harris (1996) ubica la relación con los camélidos como "protective herding" y McGreevy (1989), en base a un estudio limitado a la zona de Huamachuco en el norte de Perú dice que el "pastoreo puro" no existió en los Andes prehispánicos, porque esta idea contradice el modelo de verticalidad. Rabey (1989) se suma a esta idea planteando que no hay un pastoreo verdadero en la Puna y que la llama ni siquiera está domesticada confundiendo en ese trabajo la tecnología de pastoreo con el control reproductivo de los rebaños. Es evidente que las prácticas actuales de los pastores puneños involucran un control reproductivo de los rebaños y un aislamiento genético de las poblaciones silvestres que implica la selección de machos reproductores y llega al manejo diferencial de tropas de machos y hembras. Este manejo, como hemos visto, ha llevado a la producción de variedades productivas especializadas (Calle Escobar 1984; Lamas 1994). Además, como muestran las momias de camélidos recuperadas del sitio El Yaral en el valle de Moquegua, datadas en 900-1000 años AP, el manejo reproductivo intencional había producido variedades diferenciales de llamas ya en tiempos preincaicos (Wheeler 1995, 1996). Estos hechos nos enfrentan a la realidad de la existencia de un sistema pastoril de camélidos que, en algunos sectores andinos, se encuentra ligado a la agricultura formando sistemas mixtos y, en otros, se presenta como estrategia económica predominante. La clasificación de la llama como animal domesticado se desprende de este razonamiento.

El estudio de la relación ecológica de los grupos humanos con los camélidos silvestres y domesticados plantea una serie de alternativas e interrogantes que, sin embargo, todavía nos hace falta explorar. Espero que este trabajo sea útil para seguir adelante.

NOTAS

1. La autora mencionada expresa que la investigación ha mostrado que los dientes incisivos permanentes de la alpaca tienen la misma morfología que los incisivos deciduos de la vicuña (lados paralelos, raíz cerrada y esmalte del lado labial solamente) y que son claramente diferentes de los de llama y guanaco (forma espatulada, raíz cerrada y esmalte en ambos lados). A partir de esto arguye que la retención de rasgos dentales de las vicuñas juveniles en las alpacas adultas sugiere una relación ancestral.

2. Las unidades básicas de descendencia son los genes que son unidades discretas de información biológica contenidas en un segmento de una molécula de ADN. El ADN es un ácido nucleico que lleva la información que controla la estructura, el desarrollo y el metabolismo de un organismo. El genoma es un complemento entero de moléculas de ADN contenidas en una célula viva.

3. El guanaco, dada su amplia distribución, no es una especie homogénea. Nuevo-Freire y Ozzán (1996) distinguen distintas formas geográficas, entre ellas el guanaco norteño o norandino (*Lama guanicoe f.s. voglii krumbiegel*) y el patagónico austral (*L. guanicoe f.s. huanacus*) que difieren en el pelaje y tamaño. En este trabajo nos referiremos a los parámetros del guanaco norandino. Aparentemente, éste también sería diferente *de Lama guanicoe cacsilensis* definido para Perú y Norte de Chile. Canedi (1995) refiere, a su vez, que las vicuñas de Olaroz (Jujuy) difieren de las peruanas en tanto no presentan vellón pectoral y son de tamaño más pequeño.

4. Para detalles sobre diferentes aspectos del comportamiento de la vicuña y el guanaco pueden consultarse los trabajos en Canedi (1995) y Puig (1995) respectivamente.

5. La figura 2 presenta un diagrama generado por la rutina estadística MDS (Multidimensional Scaling) del paquete estadístico SYSTAT. Esta técnica utiliza el espacio del gráfico para indicar la similitud o diferencia estadística. Los pares de variables (cada variable compuesta, en este caso por las seis medidas distales de los metapodios de cada hueso de un sitio particular), con las más altas correlaciones (similitudes) son ploteados juntos o cercanos y aquellos con correlaciones más bajas (diferencias) son puestos aparte o a cierta distancia.

6. Sotomayor (1990) al resumir las características ambientales de las zonas alpaqueras del Perú explicita que para las zonas "secas" (500-600mm anuales de precipitación) las alpacas son mas pequeñas; tienen mayor frecuencia de abortos y tienen menor peso vivo y de vellón que en las zonas húmedas (600-800 mm).

7. Los artefactos expeditivos son aquellos manufacturados, usados y descartados de acuerdo a las necesidades del momento, mientras que los conservados son mantenidos dentro del sistema en anticipación a su uso.

8. El análisis tecno-tipológico fue realizado por Ana Gabriela Guráieb y Gabriela Ibañez.

9. Debemos notar, sin embargo, que este sólo criterio para discernir domesticación es insuficiente, ya que diversas situaciones que hacen a la estrategia económica tienen influencia sobre el mismo, inclusive dentro de poblaciones de cazadores (para un resumen sobre las limitaciones de este criterio ver Olivera y Elkin {1994}).

10. No hay que suponer que los fenómenos de difusión son siempre muy rápidos. Los primeros indicios de camélidos domesticados en la costa peruana se dan recién a los 1500 AP, unos 3000 años después de su domesticación en las tierras altas (Shimada y Shimada 1985). En Europa, la expansión del sistema agrícola desde el sudoeste al noreste tardó algo más de 2500 años.

11. Este solo hecho ponen en duda los planteos sobre las pretendidas prácticas de domesticación propuestas para las ocupaciones "Casapedrenses" en Patagonia Meridional (Cardich y Paunero 1991).

BIBLIOGRAFIA CITADA

Aguerre, A.M.; A.A. Fernández Distel y C.A. Aschero
1973 Hallazgo de un sitio acerámico en la quebrada de Inca Cueva (Provincia de Jujuy). *Relaciones* VII: 197-235. Buenos Aires

Aldenderfer, M.
1990 Cronología y Definición de Fases Arcaicas en Asana, Sur de Perú. *Chungara_24/25*:13-51.

Aschero, C. A.
1994 Reflexiones desde el Arcaico Tardío (6000-3000 AP). *Rumitacana, Revista de Antropología* 1(1): 13-17.

Aschero, C. A. y H. D. Yacobaccio
1995 20 Años Después: Inca Cueva 7 reinterpretado. *Actas del XI Congreso Nacional de Arqueología Argentina*, San Rafael (en prensa).

Bollati, G.P, O.E. Meto y M.C. Bulaschevich
1991 Mecanismo de Regulación del Consumo Voluntario en Camélidos Sudamericanos Domésticos. *VII Convención Internacional de Especialistas en Camélidos Sudamericanos. Libro de Resumenes*, p. 21. San Salvador de Jujuy.

Bonavía, D.
1996 *Los Camélidos Sudamericanos. Una Introducción a su Estudio.* IFEA-UPCH-Conservation International, Lima.

Browman, D.L.
1989 Origins and development of Andean pastoralism: an overview of the past 6000 years. *The Walking Larder* (ed. por J. Clutton-Brock), pp. 256-268. Unwin Hyman, London.

Cabrera, A.
1932 Sobre los camélidos fósiles y actuales de la América Austral. *Revista del Museo de La Plata* XXXIII: 89-117.

Cajal, J.L.
1985 Origen, evolución y nomenclatura. *Estado Actual de las Investigaciones sobre Camélidos en la República Argentina*, pp. 8-19. SECYT, Buenos Aires.

Calle Escobar, R.
1984 *Animal Breeding and Production of American Camelids.* Talleres Gráficos de Abril, Lima.

Canedi, A. A. (ed.)
1995 *Bioecología y uso sustentable de las poblaciones de vicuñas en la Provincia de Jujuy – Argentina.* UNJu-INTA-SAGJ, San Salvador de Jujuy.

Cardich, A. y R. Paunero
1991-1992 (1994)   Arqueología de la cueva 2 de Los Toldos (Santa Cruz, Argentina). *Anales de Arqueología y Etnología* 46-47: 49-74.

Clutton-Brock, J.
1987 *A Natural History of Domesticated Mammals.* University of Texas Press, Austin.

Dedenbach-Salazar, S.
1990 *Inka Pachaq Llamanpa Willaynin. Uso y Crianza de los Camélidos en la Epoca Incaica.* Bonner Amerikanistidche Studien, Bonn.

Elkin, D.C.
1996 *Arqueozoología de Quebrada Seca 3: Indicadores de Subsistencia Humana Temprana en la Puna Meridional Argentina.* Tesis DoctoraL, UBA.

Fernández Distel, A. A.
1986 Las Cuevas de Huachichocana, su posición dentro del precerámico con agricultura incipiente del Noroeste Argentino. *Beiträge zur Allgemeinen und Vergleichenden Archäologie,* vol. 8: 353-430.

Franklin, W. L.
1983 Contrasting Socioecologies of South America's Wild Camelids: The Vicuña and the Guanaco. En *Recent Advances of Mammalian Behavior* (ed. por J. Eisenberg y D. Kleiman). Human Societey of Mammalogists, Special Publication 7: 573-629.

Garcilaso de la Vega
1980 /1609/ *Comentarios Reales.* Ed. Plus Ultra, Buenos Aires.

Gomez, J., J. Garnica, J. Larico y V. Bustinza
1991 Peso Vivo, Peso Carcasa y su Rendimiento en Alpacas Bajo Dos Condiciones de Alimentación. *VII Convención Internacional de Especialistas en Camélidos Sudamericanos.* Libro de Resumenes, p. 18. San Salvador de Jujuy.

Harris, D. R.
1996 Domesticatory Relationships of People, Plants and Animals. *Redefining Nature. Ecology, Culture and Domestication* (ed. por R. Ellen y K. Fukui), pp. 437-463. Berg, Oxford.

Hesse, B.
1982   Animal Domestication and Oscillating Climates. *Journal of Ethnobiology* 2: 1-15.

Ingold, T.
1986   Reideer economies and the origins of pastoralism. *Anthropology Today* 2: 5-11.

Kent, J.D.
1987   The most ancient south: a review of the domestication of Andean camelids. *Studies in the Neolithic and Urban Revolution. The V. Gordon Childe Colloqium* (ed. por L. Manzanilla), pp. 169-184. BAR International Series 349, London.
1988   El más antiguo sur: una revisión de la domesticación de los camélidos andinos. Estudios sobre la revolución neolítica y la revolución urbana. En *Colloque* V, pp. 181-191. U.N.Autónoma, México.

Kuznar, L.
1995   *Awatimarka. The Ethnoarchaeology of an Andean Herding Community*. Harcourt Brace College Publishers, Fort Worth.

Lamas, H. E.
1994   Avances en la Caracterización y Diferenciación en la Morfología y Morfometría de los Camélidos Domésticos en un Sector del Altiplano Argentino. *Zooarqueología de Camélidos* 1: 57-72. Buenos Aires.

Larramendy, M., R. Vidal-Rioja y M. Bianchi
1983   Camélidos Sudamericanos: Estudios Genéticos. *IX Congreso Latinoamericano de Zoología* (ed. por P.G. Aguilar), pp. 159-163. Arequipa.

Latcham, R.
1922   Los animales domésticos de la América precolombina. *Publicaciones del Museo de Etnología y Antropología de Chile* III: 1-19.

Lavallée, D.; M. Julien; C. Karlin; L.C. García; D. Pozzi-Escot y M. Fontugne
1997   Entre desierto y quebrada. Primeros resultados de las excavaciones realizadas en el abrigo de Tomayoc (puna de Jujuy, Argentina). *Bulletin de l'Institut Francais d'Etudes Andines* 26: 141-175.

Legge, T.
1996   The beginning of caprine domestication in Southwest Asia. *The Origins and Spread of Agriculture and Pastoralism in Eurasia* (editado por D.R. Harris), pp. 238-262. UCL Press, London.

López Aranguren, D.J.
1930   Camélidos fósiles argentinos. *Anales de la Sociedad Científica Argentina*, CIX: 15-35 y 97-126.

McGreevy, T.
1930 Prehispanic pastoralism in northern Perú. . *The Walking Larder* (ed. por J. Clutton-Brock), pp. 231-239. Unwin Hyman, London.

Menegaz, A.
1994 Sistemática, Origen, Diversidad y Extinción de los Camélidos Sudamericanos con énfasis en el registro fósil argentino. *Jornadas de Arqueología e Interdisciplinas* pp. 109-125. PREP-CONICET, Buenos Aires.

Mengoni Goñalons, G.L.
1991 La llama y sus productos primarios. *Arqueología* 1: 179-196.
1996 La Domesticación de los Camélidos Sudamericanos y su Anatomía Económica. *Zooarqueología de Camélidos* 2: 33-45. Buenos Aires.

Miller, G.R. y A.L Gill
1990 Zooarchaeology at Pirincay, a Formative Period Site in Highland Ecuador. *Journal of Field Archaeology* 17: 49-68.

Moore, K. M.
1989 *Hunting and the Origins of Herding in Peru*. Ph. D. diss., U. of Michigan, Ann Arbor.

Murra, J.V.
1978 *La Organización Económica del Estado Inca*. Siglo Veintiuno, Mexico.

Musters, G.C.
1979/1871/ *Vida entre los Patagones*. Solar/Hachette, Buenos Aires.

Núñez, L.
1981 Asentamientos de Cazadores Tardíos de la Puna de Atacama: Hacia el Sedentarismo. *Chungara* 8: 137-168.
1988 Hacia la Producción de Alimentos y la Vida Sedentaria (5000 AC a 900 DC). En *Culturas de Chile: Prehistoria,* (ed. por J. Hidalgo, V. Schiappacasse, H. Niemayer, C. Aldunate del Solar e I. Solimano), pp. 81-105. Ed.Andrés Bello, Santiago.
1992 Ocupación arcaica en la Puna de Atacama: secuencia, movilidad y cambio. *Prehistoria Sudamericana-Nuevas Perspectivas* (ed. por B.J. Meggers), pp. 283-307. Taraxacum, Washington.

Núñez, L. y M. Grosjean
1994 Cambios Ambientales pleistoceno-holocénicos: Ocupación humana y uso de recursos en la Puna de Atacama (Norte de Chile). *Estudios Atacameños* 11: 11-23.

Nuevo-Freire, C. y A.E. Ozzán
1996 Sinopsis de la historia natural del guanaco silvestre y sus formas geográficas. *Excerta Camelidae* III: 1-13.

Olivera, D. E. y D. C. Elkin
1994 De Cazadores y Pastores: El Proceso de Domesticación de Camélidos en la Puna Meridional Argentina. *Zooarqueología de Camélidos* 1: 95-124. Bs. As.

Pino Manrique, J. del
1836/1787/ Descripción de la Villa de Potosí y de los Partidos sujetos a su Intendencia. *Colección Pedro de Angelis*, Tomo VII: 9-58, Buenos Aires.

Pintar, E. L.
1996 *Prehistoric Holocene Adaptations to the Salt Puna of Northwest Argentina*. PhD Dissertation, Southern Methodist University, Dallas.

Puig, S. y F. Videla
1995 Comportamiento y organización social del guanaco. *Técnicas para el Manejo del Guanaco* (ed. por S. Puig), pp. 97-118. UICN. Mendoza.

Rabey, M.
1989 Are llama herders in the South Central Andes true pastoralists?. En *The Walking Larder* (ed. por J. Clutton-Brock), pp. 269-276. Unwyn Hyman. London.

Reigadas, M. C.
1992 La Punta del Ovillo: Determinación de Domesticación y Pastoreo a Partir del Análisis Microscópico de Fibras y Folículos Pilosos de Camélidos. *Arqueología* 2: 9-52
1994a Caracterización de tipos de camélidos domésticos actuales para el estudio de fibras arqueológicas en tiempos de transición y consolidación de la domesticación animal. *Zooarqueología de Camélidos* 1: 125-155. Buenos Aires.
1994b Incidencia de los factores de variación en las especies de camélidos y tipos domésticos especializados en el NOA. Un paso más allá de la taxonomía en la explicación del proceso de domesticación. *Estudios Atacameños* 11:53-72.

Ryder, M.
1973 *Hair*. The Institute of Biology's Studies in Biology no. 41. Edward Arnold, London.

Sarasqueta, D.
1995 Manejo en semicautiverio. *Técnicas para el Manejo del Guanaco* (ed. por S. Puig), pp. 97-118. Mendoza.

Semorile, L.C.; J.V. Crisci y L. Vidal-Rioja
1994 Restriction site patterns in the ribosomal DNA of Camelidae. *Genetica* 92: 115-122.

Shimada, M. y I. Shimada
1985 Prehistoric Llama Breeding and Herding on the North Coast of Peru. *American Antiquity* 50: 3-26.

Sotomayor, M.
1990 *Tecnología Campesina en el Pastoreo Altoandino*. Proyecto Alpacas, INIAA-CORPUNO-COTESU/IC, Puno.

Stanley, H. F., M. Kadwell y J. C. Wheeler
1994 Molecular evolution of the family Camelidae: a mitochondrial DNA study. *Proceedings Royal Society of London B* 256: 1-6.

Van der Hammen, Th. y G.W. Noldus
1985 Pollen Analysis of the Telarmachay Rockshelter (Peru). *Telarmachay. Chasseurs et Pasteurs Préhistoriques des Andes-I* (Dir. de D. Lavallée), pp. 379-387. Editions Recherche sur les Civilisations, Paris.

Vidal-Rioja, L., M. L. Larramendi y L. Semorile
1989 Ag-NOR staining and *in situ* hybridization of rDNA in the chromosomes of the South American camelids. *Genetica* 79: 215-222.

Vidal-Rioja, L.; A. Zambelli y L. Semorile
1994 An assessment of the relationships among species of Camelidae by satellite DNA comparisons. *Hereditas* 121: 283-290.

Wheeler, J.C.
1985 De la Chasse a L'Elevage. *Telarmachay. Chasseurs et Pasteurs Préhistoriques des Andes-I* (Dir. de D. Lavallée), pp. 61-79. Editions Recherche sur les Civilisations,Paris.
1988 An Introduction to Llamas and Alpacas. *60th Western Veterinary Conference*, (ed. por G. M. Thomsen y K. D. Weide), pp. 86-96. Las Vegas..
1996 El Estudio de Restos Momificados de Alpacas y Llamas Precolombinas. *Zooarqueología de Camélidos* 2: 91-101.Buenos Aires.

Wheeler, J. C. , E. Pires-Ferreira y P. Kaulicke
1976 Preceramic Animal Utilization in the Central Peruvian Andes. *Science* 194: 483-490.

Wheeler, J. C., A. J. F. Russel y H. Redden
1995 Llamas and Alpacas: pre-Conquest Breeds and post-Conquest Hybrids. *Journal of Archaeological Science* 22: 833-840.

Wing, E.
1978 Animal Domestication in the Andes. En *Advances in Andean Archaeology,* ed. por D. L. Browman, pp. 167-188. Mouton, La Haya.
1986 Domestication of Andean Mammals. En *High Altitude Tropical Biogeography*, ed. por F. Viulleumier y M. Monasterio, pp. 246-264. Oxford University Press. New York.

Yacobaccio, H.D.
1994   Hilos Conductores y Nudos Gordianos: Problemas y Perspectivas en la Arqueología de Cazadores-Recolectores Puneños. *Rumitacana. Revista de Antropologia* 1: 19-21.
1997   Sociedad y Ambiente en el NOA Precolombino. *De Hombres y Tierras: una historia ambiental del Noroeste Argentino.* (compil. por C. Reboratti), pp. 26-38. Salta.

Yacobaccio, H. D. y C. Madero
1992   Zooarqueología de Huachichocana III (Jujuy, Argentina). *Arqueología* 2: 149-188.

Yacobaccio, H. D., D. C. Elkin y D. Olivera
1994   ¿El fin de las Sociedades Cazadoras? El proceso de Domesticación Animal en los Andes Centro Sur. En *Arqueología de Cazadores-Recolectores. Límites, Casos y Aperturas*, Ed. por J. L. Lanata y L. A. Borrero. pp. 23-32. Arqueología Contemporánea 5, Buenos Aires.

Yacobaccio, H.D., C.M. Madero y M.P. Malmierca
1998   *Etnoarqueología de Pastores Surandinos.* Grupo Zooarqueología de Camélidos, Buenos Aires.

LOS ORIGENES DE LA AGRICULTURA EN LA ARGENTINA

Humberto A. Lagiglia

"La primera revolución que transformó la economía humana dio al hombre el control sobre su propio abastecimiento de alimentos. El hombre comenzó a sembrar, a cultivar y a mejorar por selección algunas yerbas, raíces y arbustos comestibles. Y, también, logró domesticar y unir firmemente a su persona a ciertas especies de animales, en correspondencia a los forrajes que les podía ofrecer, a la protección que estaba en condiciones de depararles y a la providencia que representaban para ellos"
Gordon Childe, 1934.

INTRODUCCION

La humanidad pasó gran parte de su desarrollo, como simple consumidor de la energía suministrada por los recursos de la naturaleza. Recorrió un largo camino temporal como cazadora y recolectora, basando su dieta de subsistencia en el aprovechamiento de las fuentes naturales. En cada lugar donde las comunidades colonizaban un espacio, aprovechaban la fauna y flora, que recibían los naturales embates de su accionar, impactándolos con la disminución pronunciada de especies animales o plantas y con el deterioro del resto del ambiente. Sin embargo, la movilidad territorial de los pueblos mediante los mecanismos de circulación de bandas nómades, atenuó y amortiguó las acciones sobre el medio. Cuando un ecosistema se agotaba, o disminuían sus recursos, se recurría a otros, haciendo uso de circuitos propios de movilidad. Estos recorridos cíclicos marcaban en las bandas de cazadores recolectores, su territorialidad. A veces se utilizaban aquellos que potencialmente se habían recuperado de incidencias anteriores. En otros casos procedían accionando sobre ecosistemas nuevos o que nunca se tuvieron en cuenta.

A nuestro juicio no existe una única clave en el desarrollo o proceso que ha conducido a la humanidad a la productividad de alimentos. Son múltiples las causas en la que convergen una serie de factores, tanto antrópicos como ambientales para que las sociedades humanas logren producir su propia energía a partir del consumo de alimentos. Unos están vinculados con los lentos y graduales cambios climáticos del postglacial, otros, con las necesidades de las comunidades humanas, que van aprendiendo y tomando conocimiento fenoménico[2] del comportamiento de las plantas y de los animales, con las oportunidades de acceso a determinados recursos aprovechables, con condiciones ambientales favorables (de suelos, topografía, clima, de plantas y animales silvestres acondicionables de amansamiento o domesticación, tecnología, etc.).

Las permanentes observaciones realizadas por el hombre sobre la naturaleza, tradicionalmente transmitidas de generación en generación, de su comportamiento y los mecanismos de perduración, dieron el salto de lo cuantitativo a lo cualitativo: el de la no producción a la producción de alimentos. Este cúmulo de integraciones de conocimientos y experiencias cuantitativas, almacenadas y transmitidas durante muchos milenios, permitieron al hombre aplicar los ensayos de la selección biológica y cultural, descubriendo la agricultura y el pastoreo. De esta manera la humanidad logró disminuir su dependencia hacia las prácticas de caza-pesca-recolección (Nuñez 1974:9).

Tres son los nuevos aspectos envolventes que benefician a estos productores:
1. Disminución de la dependencia hacia las prácticas de caza-pesca y recolección (Nuñez 1974:9), aumentando la sujeción hacia las plantas y los animales domesticados.
2. Producción e incremento de las prácticas de control de la domesticación de las nuevas formas biológicas.
3. Cambios consecuentes en las modalidades económicas de los grupos y en su organización social.

La principal preocupación del hombre, esencial para su subsistencia biológica y cultural, ha sido siempre la obtención de alimentos. Por su propia naturaleza, ha llevado a las sociedades al desarrollo de una tecnología apropiada para satisfacer tales exigencias. De no ser así, el hombre, por estar desprovisto de un bagaje tecnológico que le permitiera mediar en la transformación del ambiente, hubiera seguido siempre como un consumidor más de la naturaleza.

En virtud de esos aspectos del comportamiento social del hombre, desde el comienzo de la hominización, tras descubrir mecanismos de destreza, capacidad y conocimientos, se impone para su supervivencia, el éxito de la selección natural y cultural. De no lograrlo, pese a las alternativas que le ofrecía cada uno de los ecosistemas que se conformaban, no hubiera obtenido el alcance de "civilización". Su comportamiento cultural tradicional otorga a las sociedades humanas, una clara tendencia a las clases o tipos de sustancias alimenticias que preferentemente formaban su dieta y a restar valor o importancia a otras, llegando en algunos casos a suprimirlas o desconocerlas. Una relación ecológica clara pone determinantes en la obtención de los recursos del medio circundante que habita o incide, que lo obliga a disponer de una adecuada tecnología. Aparte del criterio selectivo o preferencial, que algunas sociedades mantienen sobre determinados alimentos, carentes algunos, de suficiente valor nutritivo, que desechan o reemplazan por otros, puramente por razones habituales o culturales.

Se ha dicho con toda justicia, que la agricultura y la ganadería representan las infracciones que comete el hombre con respecto a las leyes de la naturaleza (Haroy 1973:23). Aunque el hombre es un transgresor de la naturaleza, al impactar los ecosistemas primitivos con su accionar cultural. Sin embargo con el advenimiento de la agricultura y el pastoreo la situación lo califica no solo como un transgresor sino como el principal de ellos.

Para entender la economía de los pueblos de la tierra, basada en los recursos de la naturaleza, o los que a partir de ella le proporcionan la estabilidad y el equilibrio para la sobrevivencia de las poblaciones, es adecuado conocer los procesos que han conducido a través del desarrollo de la humanidad para alcanzar la productividad de alimentos. Estos procesos se producen bajo tres relaciones (René Gendarme, de sus *"Choques destructores"*, en Harroy 1973:25): 1) Necesidad/recursos; 2) Población/recursos; y 3) Técnicas/recursos.

Siguiendo a Harroy, la clasificación de los cinco tipos económicos sería: *recolectores, cazadores, pescadores, agricultores y pastores*. En los últimos tiempos se ha anticipado otro tipo, basado en las modalidades combinadas en la explotación alternativa de diversos recursos de subsistencia, el de los llamados *Forrageadores* o cazadores-colectores y pescadores (con una nula o mínima proporción de consumo de plantas domesticadas), en otros términos, el *"foragers"* (término sin aparente traducción española, aunque se lo castellaniza libremente como *forrageador*), es simplemente un *"cazador-recolector óptimo"*. Basa su economía de subsistencia en recursos combinados de un amplio espectro de alimentos, que eficientiza el equilibrio de su dieta.

De todos modos, la humanidad después de haber cumplido en su recorrido como recolector, cazador recolector, o pescador, la aparición de la agricultura o del pastoreo, constituyó el *paso de la no productividad a la productividad de fuentes de energía* para su subsistencia. Se ha expresado siempre con toda razón, que no ha existido otro acontecimiento o proceso de relevancia para el desarrollo de la humanidad, que el de la aparición de la agricultura. De su consecuente aplicación y desarrollo, se produjeron las bases económicas que forjaron el nacimiento de las sociedades estatales y consecuentemente, la complejización social. Aún quedan muchas dudas para resolver. No se conoce a ciencia cierta si fue el pastoreo el que antecedió a la agricultura o viceversa. También existen interrogantes respecto de este proceso, si el rol de domesticación de los animales y de las plantas, lo cumplió el hombre, la mujer o ambos. Sin embargo nadie duda que en este aspecto la mujer e incluso los niños desempeñaron un rol protagónico.

Actualmente se sostiene que fue precisamente en las laderas de las colinas del *Creciente Fértil*, en el sudoeste Asiático, donde tuvo nacimiento la agricultura. Pero el mismo fenómeno del nacimiento de la domesticación de las plantas, se repitió en China y en América, como descubrimiento o invención independiente. Así, en diversas partes del globo surgieron puntos donde el inicio de la agricultura fue la respuesta a un cambio generado por una presión interna incontenible, que forzaba a las sociedades a producirlo, como una necesidad imperiosa de lograr otra forma de subsistencia. Cambios éstos sumados a las experiencias tradicionales, con los ensayos de éxito y error, aciertos y desaciertos, de constantes y permanentes procesos de observación y de experimentación. Sin ellos no fue posible alcanzar los lineamientos básicos, consustanciados con la propia evolución cultural de la humanidad, sumados a las condiciones ambientales favorables que hacían permisible los logros de la domesticación, del dominio y control de un determinado espectro del mundo biológico.

Bien han demostrado las disciplinas de las ciencias bioantropológicas, que no existe determinismo ambiental o geográfico, donde los grupos humanos se encuentren subordinados a las leyes de la naturaleza. El medio, puede operar en consecuencia sobre las sociedades humanas, bajo diversas formas: atrasando, acelerando o condicionando el desarrollo sociocultural y económico. Pero al final, quien tiene la última respuesta es el "hombre". Así, trata de cambiar de ambiente, buscando alternativas de subsistencia cuando factores adversos están produciendo alteraciones. Busca en otros sitios o ambientes los medios para lograr una estabilidad y más aún un equilibrio alimenticio (o dietético), de manera contraria no logra supervivencia. Por todas estas causas el conocimiento de las fuerzas de obtención y de producción de energía han constituido el éxito evolutivo del *Homo sapiens sapiens*.

LA AGRICULTURA PREHISPANICA ARGENTINA

El origen de algunas plantas domesticadas de nuestro país.

Para entender y comprender el origen y desarrollo de la agricultura prehispánica en nuestro país se hace necesario observar que es lo que ha sucedido en las áreas andinas y amazónicas, correspondientes a los países del Perú, Bolivia, Brasil y otros del Norte sudamericano.

Si bien es relevante destacar el papel que las regiones áridas y semiáridas del N.O. argentino cumplieron en la implantación y desarrollo de la domesticación de algunas plantas es indudable que su papel protagónico fue la de las regiones aceptadoras y tal vez generadoras endogámicas de algunas variedades, las que por supuesto pudieron dar curso a fenotipos y a genotipos raciales regionales. Pero sin lugar a dudas, no sabemos si alguna de las regiones del N.O. argentino pudieron convertirse en centros productores de un proceso de generación de cultígenos, mediante la domesticación biológica. Es dable anteponer, que durante el manejo secuencial y continuo de diversas variedades de cultígenos, durante largos períodos de los desarrollos culturales de la Etapa Agro-alfarera, el aislamiento geográfico de algunas regiones, en el intercambio de nuevas variedades, el cultivo compartido, la selección natural y los procesos de adaptación ambiental conducidos por estos pueblos, debió dar como respuesta final la aparición de nuevas variedades. El caso claro está bien definido en los relevamientos que se han realizado del maíz en toda América.

Panorama de la prehistoria antes de la llegada de la agricultura.

En América el proceso de domesticación de los animales y las plantas, tiene antecedentes que se remontan a varios milenios. Pero para entender como sobreviene la agricultura y el pastoreo, se hace necesario conocer como los prehistoriadores han dividido en etapas ese largo camino que va desde su arribo hasta el advenimiento de la productividad de alimentos.

Para este esquema, utilizaremos conceptos generalizados que tienen acceso en la literatura arqueológica y que han sido reformulados por numerosos autores. Para este esquema tendremos en cuenta los trabajos de Nuñez (1989, 1989 a.), entre otros autores y a nuestras consideraciones basadas en los estudios realizados para ordenar el conocimiento de las culturas más remotas del continente americano. Está claro en argumentar que las etapas del desarrollo cronológico cultural prehispánico en América puede reunirse en: a) Etapa paleoindia, la que comprende un período de explotación de los ecosistemas con fauna hoy extinta, de cazadores recolectores, anteriores al 7.000 años A.P.[3]. Sin embargo, Nuñez (1989:28-29), divide el Paleoindio en dos momentos, el P. temprano que es anterior al 10.650 años a.C y el Paleoindio tardío (entre el 10.650 a 6.689 años a.C.). Este último comprende para el autor de referencia los estadios de: a) Tagua-Tagua y Quereo II; b) Monte Verde, c) Estadio I de Los Toldos Temprano (10.650 a 9.000 a.C); d) Estadio II de Fell (9.000-6.689 años a.C.). A ésta última cronologización habría que agregar el sitio de la Gruta del Indio del Rincón del Atuel, con el componente Atuel IV. Tras el desarrollo del Paleoindio, ya extinguida la megafauna del pleistoceno, en el inicio del holoceno, se desarrolla una etapa de cazadores recolectores (y pescadores costeros en las zona marítimas), dedicados a la fauna neotrópica sobreviviente, de guanacos, ñandúes y otros componentes menores y a la recolección de vegetales de cada ecosistema pertinente. Esta etapa, cuyo nombre tiene una marcada aceptación en el continente de América del Norte, es el Arcaico. Nuñez (1989), lo divide en tres períodos: el Arcaico temprano (ca. 9000 a 5.000 años a.C.), el Medio (entre el 5000 a 3000 años a.C.) y el Tardío (3000 a 1000 años a.C.). Este esquema que el autor establece para Chile, lo tomamos prácticamente como referencial para el territorio argentino al Oeste de la Cordillera andina.

El *arcaico* se manifiesta como una etapa del desarrollo de cazadores recolectores que están siendo forzados a la búsqueda de nuevas estrategias de caza y de recolección, tras la desaparición de la megafauna del pleistoceno. Período de bandas que deambulan por territorios amplios o restringidos y que se van confinando específicamente adaptándose a los mismos, tras haber adquirido un amplio conocimiento de ellos. Este fenómeno particular de posesión, que llamamos territorialidad, va a establecer algunas particularidades culturales, que permiten distinguirlos entre sus vecinos. Estos se reflejan en el contexto cultural, sobre todo en los elementos singulares para la obtención de las presas a distancia, los cambios de dieta o la incorporación de nuevos elementos alimenticios en la medida que ganan otros ecosistemas. Los grupos costeros perfeccionan los sistemas de pesca, los que disponen de elementos de recolección, desarrollan formas de procesamiento, mediante el empleo de soleras, molinos, majadores, machacadores y percutores. Sin lugar a dudas se cumple un papel preponderante en las practicas funerarias, el desarrollo del arte y las técnicas de preparación, conservación y almacenaje de alimentos. Esto está vinculado con sociedades que van adquiriendo mayor desarrollo en su organización interna, en su estabilidad y su complejización. Seguramente los cambios técnicos producidos con el mejoramiento del utillaje de caza y recolección, acortaron la distancia entre el éxito y el fracaso en la obtención en alimentos, lo cual condujo a mejorar la dieta no solo en diversidad sino en cantidad, que permitió lograr un aumento demográfico. Aunque a veces es factible argumentar, que algunos grupos también los pudo afectar un vector de disminución demográfica.

Este fenómeno bien observado por A. R. González, lo expresa claramente para los finales del arcaico, que registra bajo el nombre de protoformativo[4]. Se trata de un período crítico, como expresa el autor que comentamos, que es cuando las viejas tradiciones de cazadores recolectores van cediendo lentamente el paso a la agricultura inicial o incipiente. Se trata de una etapa de agriculturización o neolitización. En torno a las causas que dieron lugar a producir estos cambios radicales en las sociedades humanas pivotan todas las discusiones de la búsqueda monocausal o pluricausal del origen de la agricultura.

Areas culturales y la dispersión de la Agricultura en la Argentina.

Una de las formas de visualizar donde se desarrolla la agricultura prehispánica dentro del territorio nacional, es la de proceder al análisis de las áreas donde esta actividad económica tuvo lugar.

El territorio puede ordenarse en tres macroáreas: 1. Área del Noroeste y Centro Oeste; 2. Área del Noreste o de los Interfluvios (Mesopotamia) y 3. Área Pampeano-patagónica.

La primera corresponde a un territorio montañoso, de sierras y bolsones, dentro de un clima árido y semiárido, donde se desarrollan pueblos sedentarios, agricultores y pastores. La segunda, de llanuras surcadas por grandes ríos que descienden desde el Norte, con una vegetación en galería de tipo selvático, con llanuras onduladas, de clima húmedo, donde se desarrollan pueblos de economía variada: agricultores-plantadores, cazadores, plantadores, cazadores recolectores y pescadores. Y finalmente, la gran *Área Pampeano Patagónica*, exclusivamente zona de llanuras, mesetas y de serrilladas bajas, con la cordillera andina al Oeste y con una larga franja costera. En ella tuvieron regularidad grupos de cazadores recolectores y grupos costeros con actividades de pesca y recolección marina o combinada. Es un territorio desértico y semidesértico.

Tanto el *Noroeste como el Centro Oeste Argentino* reúne condiciones adecuadas para la implantación de la agricultura andina. Palavecino (1948) dedica un capitulo para estos agricultores andinos. Desde el punto de vista cultural se desarrollan en esta región de valles y montañas como la Valliserrana, que comprende parte de las provincias argentinas de Salta, Tucumán, Catamarca, La Rioja, Santiago del Estero y el Norte de San Juan. En cuanto a los sistemas agrícolas, modelos económicos y urbanismo, puede recurrirse a consultar los estudios de Raffino (1975; 1991).

La *Subárea Centro Oeste Argentina*, la hemos definido como la correspondiente a la porción austral del desarrollo de la agricultura, dentro del Área Andina Meridional. Al sur de ella, tienen lugar en el territorio los grupos cazadores recolectores que se extienden por todo el resto del cono sur. En Chile, la situación es distinta. Favorecida por las condiciones especiales del hábitat, los grupos agricultores, con raíces ándidas, los Mapuches y sus antecesores en el territorio alcanzaron el Bío-Bío.

La etapa preagrícola, el arcaico y la etapa de los protoproductores.

Un cambio radical o substancial como aquel que produce grandes modificaciones económica, con la inducción de hábitos o pautas conductuales vinculadas a relaciones de dependencia que gravitan sobre el resto de la complejización social, merece ser considerado, desde un punto de vista especial como proceso de una etapa distinta. Es dable anteponer, que desde el *arcaico* propiamente dicho, con una economía de cazadores recolectores, la incorporación de la agricultura y el pastoreo no fue una cosa de borrón y cuenta nueva, fue con seguridad un largo y lento proceso de conciliar las clásicas pautas de subsistencia basadas en obtener energía de la naturaleza y producirla con cierta dependencia o lazo cultural. Los argumentos desprendidos del registro arqueológico de los sitios estudiados tanto en el N.O. como en el C.O. argentino más bien son insuficientes, como asimismo los de otras regiones vecinas para tener una idea clara de estos desarrollos transicionales.

LOS PRINCIPALES SITIOS CONOCIDOS DE LA AGRICULTURA INICIAL DEL PAÍS.

Las dificultades en la localización de sitios con agricultura.

Una de las primordiales dificultades para el conocimiento de los diferentes sitios donde se ha desarrollado la agricultura inicial en nuestro país, es la falta de estudios de campo. Por otro lado la precisión y determinación de los lugares donde se han conservado restos vegetales con plantas domesticadas o indicadores del registro arqueológico que permitan su detección. En los últimos tiempos el desarrollo de la arqueología botánica o paleoetnobotánica, ha dado aportes realmente sorprendentes (Buxó 1997). Los métodos de revisión sistemática y separación en malla de los sedimentos de las excavaciones arqueológicas, como las técnicas de flotación de los sedimentos de las excavaciones en agua, permiten recoger una abundante cantidad de elementos botánicos, desde semillas, tallos, hojas, ramas hasta restos florales. Estos restos al ser estudiados con el microscopio e identificados, permiten establecer una valiosa aproximación con una sustanciosa información, de las plantas del ambiente colonizado por el hombre en un determinado momento o de las que el mismo cultivó. Aparte de esta forma de conservación, que solo se produce en algunos sitios, la conservación de macrorestos vegetales depende de las condiciones ambientales y de su conservación. Las zonas áridas y desérticas, son las más propensas para la conservación de los vegetales, entre otros restos orgánicos o perecederos, tales como determinadas regiones de la Puna, de San Juan o de Mendoza.

Para entender como la agricultura inicial comienza, hay que adquirir un conocimiento pleno de los momentos preagrícolas o en otros términos los del *arcaico temprano y medio*. El *arcaico tardío* así considerado por los colegas chilenos, corresponde a nuestro entender a una *etapa cultural* más que a un *período*. Son grandes y profundos los cambios que se producen en estos momentos. Son todos aquellos procesos transicionales que conducen a la agriculturización, es decir a la implantación, y al desarrollo de la agricultura, a la incorporación de nuevas variedades de cultígenos, a la colonización de nuevos espacios y a la producción de nuevas variedades. A esta etapa, siguiendo a González y Pérez (1966), la denominamos en trabajos anteriores *protoformativa*. En los últimos momentos, hemos preferido denominarla *Etapa de los Protoproductores*.

Es aceptable que durante esta transición de cazadores recolectores a productores incipientes de alimentos, llegaron a las regiones del sur, domesticadores de la naturaleza con una larga experiencia de prácticas y hábitos agrícolas, sin lugar a dudas desde los centros andinos del Perú, entre otros. El corredor chileno, fue un vector de movilidad dirigida de Norte a Sur, con una dinámica cultural en la que se vieron favorecidos los intercambios intercordilleranos. Esto debió producirse durante los dos últimos milenios antes del inicio de la Era Cristiana.

Subáreas arqueológicas del N.O. Argentino.

Los pocos sitios conocidos donde han aparecido manifestaciones de una antigua agricultura en el N. O. argentino, están confinados, tres en quebradas y uno en la puna. Estos son: a) Quebrada de Inca-Cueva (Jujuy), b) Quebrada de Huachichocana (Jujuy), c) Alto valles Calchaquíes (Salta) y d) Antofagasta de la Sierra (Puna, Catamarca). Todas se encuentran situadas en altura, entre los 3000 m. y más. Hasta el momento ninguna integración contextual de los sitios del N.O. ha permitido conceptuarlos culturalmente. Es por esto que su tratamiento está confinado a la descripción de los hallazgos por sitios, conforme lo han hecho sus autores originales. En cambio para San Juan y Mendoza, se los define integrándolos culturalmente.

Quebrada de Inca-Cueva

En esta quebrada se destacan numerosos sitios, los cuales establecen un registro arqueológico que se remonta hasta unos 10.000 años de antigüedad. Los yacimientos corresponden a sitios al aire libre, en cuevas y reparos, alguno de los cuales contienen muestras del arte rupestre prehispánico.

Mencionaremos los sitios con agricultura antigua:

Cueva de Inca - Cueva / Huachichocana
(Lámina 1, 2)

Sitio Inca Cueva IC-C1; Sitio Gruta del Inka o de Chulí y Sitio Inca Cueva IC-c4

Sitio Inca Cueva IC-c7.
Este excepcional hallazgo fue realizado en Agosto de 1972. Fue descubierto y estudiado por Aguerre, Fernández Distel y Aschero (1973, 1975); Aschero (1979); Fernández (1968, 1971); Aschero y Yacobaccio, (1994).

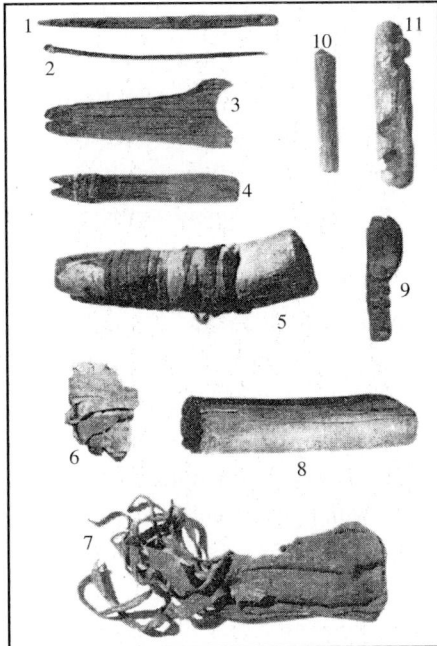

Lámina 1: **Objetos arqueológicos del contexto de los agricultores iniciales precerámicos de Inca Cueva (IC-c.7) Jujuy** *(tomado de Aguerre, Fernandez Distel y Aschero, 1973).*
1. Aguja de astilla de caña; 2. Aguja de espina de cactácea; 3. artefacto de uso desconocido; 4. Intermediario de astil; 5 y 8. Pipas tubulares; 6. Atado de cueros; 7. Bolsita de cuero; 9. Cuchara de madera; 10 y 11. Artefactos de madera para producir fuego.

Lámina 2: **Objetos arqueológicos del contexto de los agricultores iniciales precerámicos de Inca Cueva (ICc.7) Jujuy** *(tomado de Aguerre, Fernández Distel y Aschero, 1973).*
1. Flautas de madera y hueso, algunas grabadas y pintadas de rojo; 2. Esquemas de los distintos tipos de redes confeccionadas con fibra vegetal.

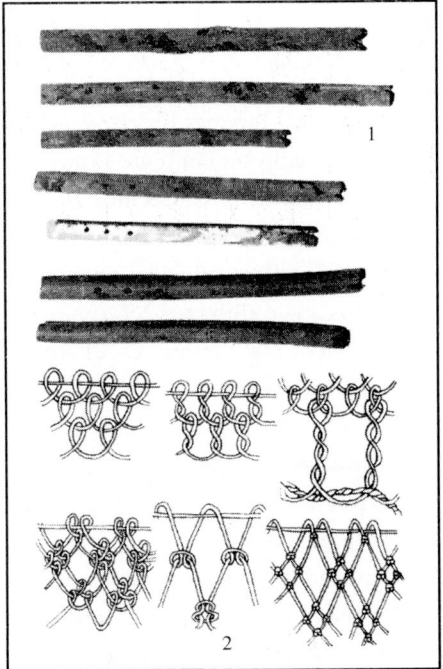

Ubicación: en la margen Este del Arroyo Inca Cueva, en el extremo N.O. del Departamento de Humahuaca, a unos 3.860 m. de altura y a 30 m. de altura sobre el nivel de base local.

Descripción: Se trata de una pequeña pero significativa cueva, con una abertura de 3,20 m. por unos 2,30 m y unos 3 m. de profundidad, disminuyendo su techo hacia el interior alcanzando 1 m.

Cronología. las dataciones obtenidas de este singular componente, como perteneciente al arcaico final dio 4080 ±80 años A.P. y 4030±80 (Beta 64938), (Aschero y Yacobaccio 1994:117)

Hallazgos: Hacia el interior un relleno de paja doblado y apisonado, sin ataduras con lajas y bloques diversos debajo del cual se halló un conjunto arqueológico relevante de instrumentos líticos, cueros, bolsas de textiles y cesterías, artefactos de madera y hueso, objetos de moluscos, y calabazas (*Lagenaria siceraria*). Este último es el único cultígeno hallado.

Dentro del material lítico se destacan 46 piezas, confeccionadas a partir de lascas, en su mayoría con retoque bifacial con retocadores blandos, dentro de las que se mencionan: puntas de proyectil apedunculadas, foliáceas bifaciales con retoque a presión (sólo una a percusión), puntas triangulares y puntas monofaciales. Restos o vestigios de mastic en las puntas sugieren que han sido amarradas con ligadura en el extremo de un astil y luego cubiertas con mastic[5].

Otros objetos líticos que acompañaban al conjunto consistían en bifaces, instrumentos con retoque marginal sobre lascas y artefactos no retocados dentro de los que se encontraban núcleos, lascas, yunques, percutores y guijarros fracturados.

Es el conjunto más significativo de la muestra. Casi el 90 % estaba confeccionado en fibras vegetales, con predominio de la técnica de redes, simple, de medio anillo, doble anudada, triple anudada, semi-telar. También se agregan a la muestras de cestería, hilandería y cordelería, con nudo, ovillos, zurcidos, costura y ojales. También apareció una honda.

Decoración de los textiles. Un rasgo llamativo dentro de este tipo de componentes, tanto en Jujuy como en San Juan y en Mendoza, se destaca en la decoración de los textiles. Dos tipos decorativos se presentan: a) con hilos rojos insertados en el tejido de las redes, formando una figura "almenada" simple en franjas horizontales; b) alternancia de secciones tejidas de color natural con hilos de color rojo, destacando franjas horizontales. La decoración de las piezas de lana (en redes no anudadas de medio anillo, y compactas), juegan las coloraciones naturales de los pelos y la lana, conformando figuras en zig-zag.

La técnica cestera consiste en el coiled o espiralado. Se trata de la famosa cestería con amarrado en espiral o en armazón ciclópeo, sumamente difundida por toda América. También apareció un objeto particular, cuya técnica de confección ha consistido en disponer sobre una varilla haces longitudinales de una gramínea, alineados "...las que a su vez se ven entrecruzadas por dos hilos de fibra vegetal que van saltando de dos en dos, sobre la paja de la base, determinando un dibujo escalonado en diagonal" (Aguerre, et al. 1973).

El siguiente listado de objetos contextuales hallados da una idea clara de la magnitud y de la variedad de técnicas sobre materiales perecederos que nos recuerdan hallazgos similares como los realizados en las costas del Perú, Norte de Chile y en las provincias de San Juan y Mendoza:

Objetos confeccionados en textilería
1) Redes 2) Tejido de semitelar 3) Hilandería 4) Cordelería 5) Cestería (Cestería en espiral (Coiled).
Otros elementos: Nudos, Ovillos, Cordeles ornamentados, ojales. Zurcidos y costuras.

Objetos confeccionados en cueros y tientos
1) Bolsitas: Bolsitas cosidas, Bolsitas dobladas. 2) Atados. 3) Vincha. 4) Ovillos de tiento.

Objetos en madera:
1) Estera 2) Palitos o fragmentos de caña 3) Atados de cañas 4) Artefactos o palitos para hacer fuego 5) Instrumentos musicales 6) Instrumentos anexos de textilería: Agujas y Malleros 7) Recipientes 8) Cuchara 9) Pieza espatular con decoración grabada 10) Instrumentos diversos: Cuenta alargada de madera.

Artefactos de huesos:
1) Pipas tubulares 2) Paletas de pintura 3) Flautas 4) Espátula (larga y corta) 5) Retocadores 6) Pendientes 7) Plaquetas 8) Tubos cortos 9) Pezuñas 10) Garras de felino.

Moluscos: 1) Valva con perforación 2) Redondelas o cuentas 3) Molusco terrestre.

Cultígenos y vegetales silvestres: 1) Calabaza o Lagenaria.

La presencia de *Lagenaria siceraria*

estaría indicando que estos portadores están manejando algún tipo de agricultura o la obtienen de grupos vecinos. Cuando no alcanzan la madurez, estos calabacines son usados con alimentos, hecho que pudo muy bien aplicarse.

Restos vegetales silvestres

Si bien hasta el momento no se han hecho estudios sistemáticos de la arqueología botánica del sitio, la presencia de numerosos restos vegetales está notando la explotación de los recursos del medio. Algunos restos hallados son:

Pasto espuro *(Sporobulus rigens)*, juncos, cortaderas, cactáceas (pasacana y airampo), churqui, algarrobo, resinas vegetal y semillas de diversas plantas. Aparte por supuesto de la *Lagenaria siceraria*.

Restos animales

Se hallaron numerosos restos correspondientes a guanacos *(Lama glama guanicoe)* y a vicuñas *(Vicugna vicugna)*, huemul *(Hippocamelus anticensis)*, Tapir *(Tapirus terrestris)*, Puma *(Felis concolor)*, Vizcacha de la sierra *(Lagidium viscasia)* y de ratas de Cricétidos y Octodóntidos. También aparecieron restos de aves, aún no determinadas y algunos insectos.

Sitio Huachichocana. Cueva CH-III
Investigada por Fernández Distel (1974).

Nivel III: asentamiento acerámico con industrias líticas de puntas de proyectil, triangulares y cultivo incipiente de maíz, poroto y ají. Capas E - media y base (E-2 y E-3).

Es bien conocido que las cuevas son sitios sumamente difíciles de excavar y mas aún de interpretar y establecer sus componentes. Diversos actores producen alteraciones postdepositacionales que modifican la posición de los restos dejados en cada momento de una ocupación. Además es dable anteponer que durante una lapso de varios cientos o miles de años, son numerosos los grupos que tienen oportunidad de ocupar esos sitios, que, por su naturaleza confinada los hace circular por espacios comunes.

En Huachichocana, las dataciones de los niveles más profundos marcan componentes de cazadores recolectores arcaicos comprendidos entre 9.620±130 A.P., 8930 ±300 A.P. y 8670±550. Lo raro y llamativo es que a partir de esos niveles antiguos los autores marcan la presencia de plantas domesticadas tales como el ají *(Capsicum baccatum o C. chacoensis)*, poroto *(Phaseolus vulgaris)* y maíz *(Zea mays)*. Esta antigüedad ha sido muy cuestionada . Es muy probable, que la antigüedad de capa E-3 inferior, de Huachichocana, temporalmente nada tenga que ver con la de las plantas cultivadas. El criterio de capa, en sentido litoestratigráfico no es cronológico, además muchas veces no son tan significativos ni marcados los acontecimientos geológicos locales del holoceno como para dejar diferencias en la naturaleza de los sedimentos. Una misma capa puede contener culturalmente más de un componente. Por eso creemos que los contenidos culturales de las capas superiores condicen con la presencia de una agricultura incipiente y que debe desecharse una agriculturización inicial hacia el 7970 años a.C. como opinan sus autores. Esta misma capa E-3 tiene cinco fechados que en su base llegan a 8930 años A.P. y en su parte superior a 410 ±190 años d.C. El fechado que a nuestro juicio estaría marcando contextualmente la presencia de una agricultura inicial en la zona, es coincidente con el de la Cueva Inca C-7. Es decir, dio 4080±80 A.P. (= 2130 años a.C.) (Aguerre, Fernández Distel y Aschero (1975); Fernández Distel (1980). Para una adecuada contrastación de estos resultados, debe necesariamente emplearse cronologizaciones absolutas directas sobre los cultígenos de ese supuesto nivel mediante AMS (Espectrometría de aceleración de masas).

Contexto de la capa E-3 Parte media e inferior. Sin lugar a dudas los elementos arqueológicos encontrados en esta capa, conforman dos contextos culturales diferentes: uno correspondiendo al arcaico temprano y otro al tardío. El tardío es el que debió responder al proceso de la agriculturización.

Objeto líticos
1) Puntas de proyectil bifacial 2) Otras piezas líticas.

Objetos de Hueso, de aves y de mamíferos
Instrumentos de hueso, Cuentas de collar de hueso, Cañón de pluma. Tiras o colgantes de pelos, lanas y plumas multicolores.

Sonajeros de capullos de insectos.

Objetos de madera
Palitos pulidos y formatizados, Tronco de madera pulido y decorado (N°833), Bastón de madera emplumado, Palitos de madera con restos de substancias adheridas, Varas de madera largas, con extremos aguzados o romos, Cañas coloreadas de rojo, Fragmentos de emplumadura (del bastón ?).

Textilería cordelería y cestería
Nudos de fibra vegetal, Cuerdas de fibras vegetales, Cestería en coiled, arrollado simple sin armadura, Hilos de pelos humanos, hilos de lana natural.

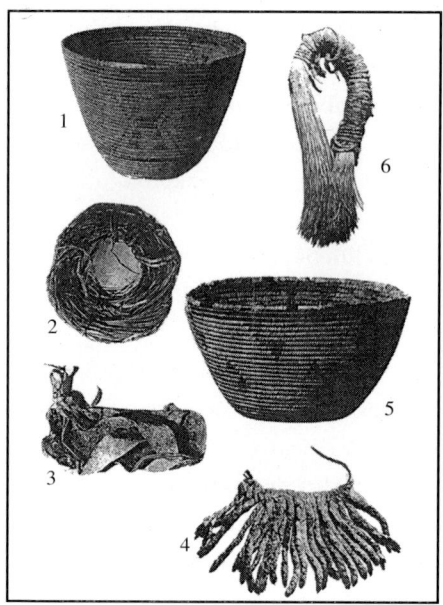

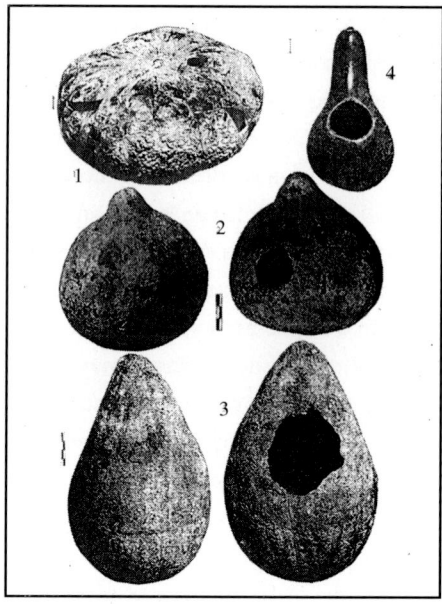

Lámina 3: **Material arqueológico del contexto de la Cultura de Ansilta de San Juan** *(tomados de Palavecino y Micheli, 1977).*
1 y 5. cestillos confeccionados con la técnica del colied o adujas (de varillas empaquetadas con armadura ciclópea), usados como cofias sobre la cabeza de las momias de Ansilta. 2. Corona vegetal del cuerpo Nº 2. 3. Ojota de cuero del cuerpo Nº4 de Los Morrillos. 4. Cubresexo o taparrabo del cuerpo Nº 4 de Los Morrillos. 6. escobilla de fibras vegetales.

*Lámina 4:***Curcubitácea o Zapallos y calabazas de los agricultores de Ansilta** *(tomado de Gambier, M. 1977).*
1.Zapallo (Cucurbita sp.), prácticamente entero de 175 cm. 2. Recipiente en zapallo (Cucurbita máxima), de la Gruta Vega de los Pingos (San Juan). 3. Recipiente en zapallo (Curcubita máxima), relleno con 2,200 Kg. de Chenopodium quinoa, de la Gruta 1 de Los Morrillos de Ansilta. 4. Mate (Lagenaria siceraria), con boca lateral, usado como contenedor, del ajuar del cuerpo Nº2, datado en el año 40 d.C.

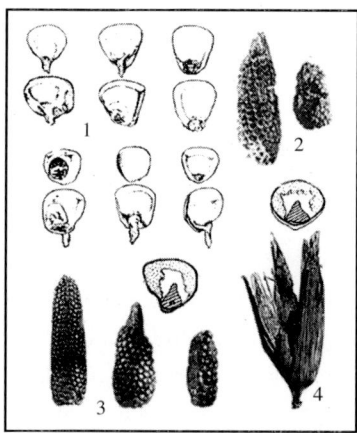

Lámina 5: **Maíces conservados dentro de los niveles prehispánicos de Agricultores de la Cultura de Ansilta en San Juan** *(tomados de Roig F. 1977).*
1. Cariopses o semillas de maíz (Zea mays var. indurata). 2. Espigas o mazorcas de la misma variedad. 3. Espigas o mazorcas de diferentes tamaños del Zea mayz var. indurata. 4. Bracteas de una inflorescencia.

Restos de cultígenos
Maíz *(Zea mays L.)*. Marlos, Ají quitucho (Frutos de *Capsicum cf. frutescens)*, Poroto *(Phaseolus sp.)*, Papa (Solanum tuberosum)

Recolección vegetal
Totora *(Tipha sp.)*, Pasto (*Spororobus rigens* (Trin.) Desvaux), Coirón *(Stipa eriostachya* H.B.K.), Airampo *(Opuntia sp.)*, Cardón *(Trococereus pasacana)*, Cortadera *(Cortaderia sp.)*, Clavel del aire *(Tilladsia sp.)*, Chiragua (Lilifloral, hojas, no det.), Algarroba *(Prosopis sp.)*.

Animales. Restos óseos y otros.

Mamíferos: Rata andina *(Phyllotis sp.)*, Rata choscoriz *(Octododontomys gliroides)*, Ratón chinchilla *(Abrocoma cibnerea)*, Vizcacha de la sierra *(Lagidium viscacia)*, Camélidos *(Lama sp.)* **Aves:** Plumas y huevos de aves, Lechuza de los campanarios *(Tyto alba)*, Guacamayo de frente roja *(Ara militaris)*, Perdiz (?). **Insectos:** Coleópteros *(Phaneus sp.; Anoploderma sp.; Scotiibius sp. Epipedonota sp.)*, Ortóptero *(Schistocerca sp)*

Cultura de Ansilta (Láminas 3, 4 y 5)
Antecedentes:

Hacia fines de la década del 60, se iniciaron una serie de excavaciones arqueológicas en Los Morrillos de Ansilta, ubicado al Oeste del Valle de Calingasta en la provincia de San Juan, su descubrimiento e integración cultural fue realizada por Gambier y Sacchero (1970), Gambier (1977, 1981, 1992, 1993).

Esta cultura de agricultores incipientes habrían arribado al Centro Oeste Argentino, en San Juan hacia el 500 años a.C. Si bien Gambier (1977, 1993), expresa que su inicio se habría producido hacia el 2000 años a.C. Sobre tan alta antigüedad de los cultígenos en el Centro Oeste Argentino se han realizado algunos cuestionamientos. Sobradas razones nos permiten argumentar que al ser los fechados indirectos, es decir efectuados sobre carbón de niveles de cuevas, y no directamente sobre cultígenos, las fechas atribuidas deben revisarse, fechando la Quinoa o los Zapallos encontrados[6].

Estos agricultores iniciales nunca conformaron verdaderas aldeas agrícolas sino mas bien grupos de familias, que aprovechaban los ecosistemas cordilleranos en sus primeras prácticas de colonización e incorporación de cultígenos, sin descuidar los hábitos basados en la recolección y en la caza.

Distribución

Sitios donde se han encontrado los restos de la cultura de Ansilta son:
Faldeos elevados de la Cordillera frontal entre 30 y 32 ° de latitud sur citándose:

Gruta de los Morrillos de Ansilta (Grutas 1,2 y 3), Vega de los Pingos, Gruta Granero o doble Gruta , Gruta o alero del Lagarto, Punta del Agua de los Morrillos, Río Fierro (Gruta 1, 2 y 3), Arroyo Los Arroyos, Gruta del Cortaderal Quemado, Río Salado, Río Colorado, La Pintada, Gruta del Chacaycito, Terraza del Chacaycito, Alero de los Corredores, Hornillas de arriba, La Colorada de la Fortuna, Establecimiento de Guillermo y Bauchaceta.

Economía

Estos grupos Ansilta, están caracterizados por unas pocas familias que hacen aprovechamiento integral del ambiente, los que sin abandonar la caza y la recolección realizan el cultivo del maíz, poroto, zapallo, calabaza y quinoa. Se trata de pequeños predios de cultivos, los cuales debieron estar sometidos a un riguroso control, de protección de los agentes ambientales. Aprovecharon seguramente los micro-ecosistemas cordilleranos con microclimas de alturas comprendido entre 2500 y 3500 m.

Cazaban fundamentalmente auquénidos, como el guanaco (*Lama glama guanicoe*), consumían ñandú (*Rhea americana*), sus huevos y animales menores. Dentro de los frutos de recolección se citan el algarrobo y el chañar.

Explotaron los recursos disponibles de la naturaleza, especialmente la piedra para el tallado de puntas, la madera y los vegetales para confeccionar diversos útiles. La cestería tuvo un notable desarrollo, al igual que el aprovechamiento de las pieles, las lanas, los ocres, las fibras vegetales, las plumas, etc.

Tecnología

Textilería y Cestería: 1) Cestería tipo encordado o por torsión (retorcido), 2) Redes, 3) Cordelería e Hilandería, 4) Mantas, Paños, faldas y cubresexo.

Trabajos con pieles y plumas: 1) Plumas, 2) Pieles, 3) Ojotas .

Alfarería

En algún momento del desarrollo de Ansilta, hacia los alrededores del 250 años a.C. se incorporaría la alfarería. No se conocen los cambios que puedan haberse producido. Responden a recipientes de formas simples, sin asas con bases planas, de cuerpos globulares, cilíndricos, boca de igual o de menor diámetro que el del cuerpo. El tamaño en general es de recipientes pequeños comprendidos entre 4,5 y 20 cm. de altura aproximadamente.

Otros elementos culturales:

Corona vegetal, Materias minerales colorantes y de otra naturaleza. Material lítico tallado. Microesculturas y adornos.

Cronología y desarrollo cultural de Ansilta.

Pese a que su autor data la aparición de esta cultura de agricultores incipientes hacia el 1769 años a.C., las evidencias cronoestratigráficas que presenta, parecen indicar más bien una presencia efectiva de la iniciación de los procesos de agriculturización en San Juan, para el 500 años a.C. Esto en virtud de que Ansilta representa el inicio o cambio hacia un tipo de explotación de los microecosistemas cordilleranos, con cierto sedentarismo. Cambios radicales de las prácticas puramente de cazadores recolectores a la incorporación de las prácticas hortícolas o de la agricultura inicial. De manera contraria, podría pensarse que se trata de grupos de cazadores recolectores que están intercambiando o recibiendo por prestación de grupos de agricultores elementos que no son de su propia producción. Ansilta sería la cultura receptora de la cerámica inicial, seguramente en un segundo momento de su desarrollo. Esto habrá que confirmarlo en un futuro.

De acuerdo a su autor, esta cultura habría perdurado unos "dos mil años en un débil proceso de dudosa continuidad que hubo señales de fortalecimiento en los años 900 a.C., 500 a.C., 250 a.C., 0 a. C., 210 d.C. y 450 d.C. y aunque sus restos son escasos pareciera que fueron los únicos humanos que ocuparon la región por lo menos después de 1300 a. C. Los grupos anteriores abandonaron los lugares en las proximidades del año 2100 a.C." (Gambier 1977:6). Uno de los temas de disidencia respecto a la larga duración de la Cultura de Ansilta, fue planteado por nosotros hace tiempo (Lagiglia 1981). Sin lugar a dudas dentro de Ansilta se encuentran integrados diferentes contenidos de un contexto cultural de cazadores recolectores (sin agricultura), de agricultores incipientes y de grupos que en algún momento reciben cambios tecnológicos con la incorporación de la alfarería. Elemento importante este que debió producir algunas modificaciones substanciales dentro de los procesos contextuales en esta cultura. Además es dable destacar que durante un lapso de unos dos mil años, se están produciendo notables cambios y modificaciones culturales en las regiones vecinas, de grupos con una dinámica cultural y social importante, como para aceptar la inercia cultural de una entidad que aparentemente no tiene cohesión social y sin presión demográfica ni cultural, para no ser receptiva de un sinnúmero de procesos que vienen gravitando desde los centros nucleares, y que como se ha observado caracterizan los desarrollos regionales de las culturas agroalfareras del N.O. Argentino. Además las evidencias de elementos de prestación típicamente de Ciénaga, de la Aguada y de Condorhuasi se hacen sentir, principalmente en San Juan.

Patrón de poblamiento

Como sucede dentro de este tipo de agricultores iniciales, se trata más bien de grupos familiares o grupos muy reducidos que no forman verdaderas aldeas. Se confinan a los sitios cordilleranos o del piedemonte donde el agua de los arroyos y de las vegas cordilleranas produce sectores con microclimas propensos para la explotación agrícola. No dejan de accionar sobre el ambiente procurando para su subsistencia alimentos por medio de la caza o de la recolección, sobre todo, teniendo en cuenta el factor riesgo climático que seguramente y en más de alguna oportunidad debió influir sobre la continuidad anual de las sementeras y la conservación de los recursos genéticos de sus cultígenos.

Algunas cuevas fueron usadas como vivienda, pero construyeron viviendas de materiales perecederos de planta circular, algunas profundizadas debajo del nivel general del piso (semisubterráneas según Gambier 1977:6)[7]. La distribución de los grupos, de acuerdo a su autor, era más bien de familias que vivían aisladas unas de otras. Estaban ubicadas unos pocos kilómetros y en sitios donde se podía contar con los elementales medios de subsistencia. Los ambientes elegidos poseían microclimas especiales que moderaban los rigores de los fríos invernales, próximos a cursos de aguas y a terrenos factibles de ser cultivados.

Armas

Uno de los principales elementos utilizados para la caza a distancia dentro del grupo Ansilta, ha sido la tiradera o lanzadardos. También usaron puñales de huesos y posiblemente bastones.

Arte rupestre y mobiliar

El autor de esta cultura atribuye a

los grupos Ansilta un arte rupestre de "estilo singular e inconfundible de carácter simbólico y por pequeñas microesculturas que representan animales conocidos como la *Rhea americana*, el lagarto, el caracol y el sapo.

Funebria

Uno de los aspectos relevantes por medio del cual ha sido posible establecer numerosos aspectos culturales-contextuales de Ansilta, está vinculado con el hallazgo de numerosos cuerpos conservados momificados, preparados en fardos funerarios envueltos en mantas de lana, o coberturas de fibras vegetales. Los fardos están adecuadamente amarrados con cordelería. Los más antiguos, aparte de las envolturas, presentan en la cabeza una cofia confeccionada en cestería coiled, con diseños geométricos dentro de la trama del cestillo.

Adornos

Uno de los cuerpos de los hallazgos de los Morrillos llevaba adornos transfictivos en las aletas nasales, posiblemente indicatorios de alguna distinción jerárquica.

Los adornos de las vestimentas consisten en una serie de prendedores de huesos, madera y espinas, hallados en los sitios de esta cultura.

Vestimenta

La vestimenta masculina consistía en un cubresexo o taparrabo de cordeles de lana retorcida, de un par de zapatos, sandalias u ojotas y seguramente de una manta externa. La manta fúnebre, podría haber sido el abrigo usual de los individuos o cobertor externo. Las mujeres usaban una especie de pollera de lana amarrada a la cintura, un cubresexo y una capa que cubría la espalda y los hombros. También usaban una manta y ojotas.

Aspecto físico

Los grupos de Ansilta, eran individuos de talla baja. Los hombres, tenían una estatura 1,60 m. las mujeres 1,50 m., contextura física endeble y leptosoma, piel obscura, frente amplia, pómulos salientes, mandíbula firme, nariz aguileña moderada, ojos medianos y oblicuos, cabello lacio, corto peinado hacia atrás.

Conclusiones

El paso o transición de la vida cazadora recolectora a la implantación de los hábitos agrícolas y pastoriles ha constituido un proceso lento y pautado, donde las economías básicas dependientes de la naturaleza nunca fueron abandonadas ni cambiadas de una manera brusca por

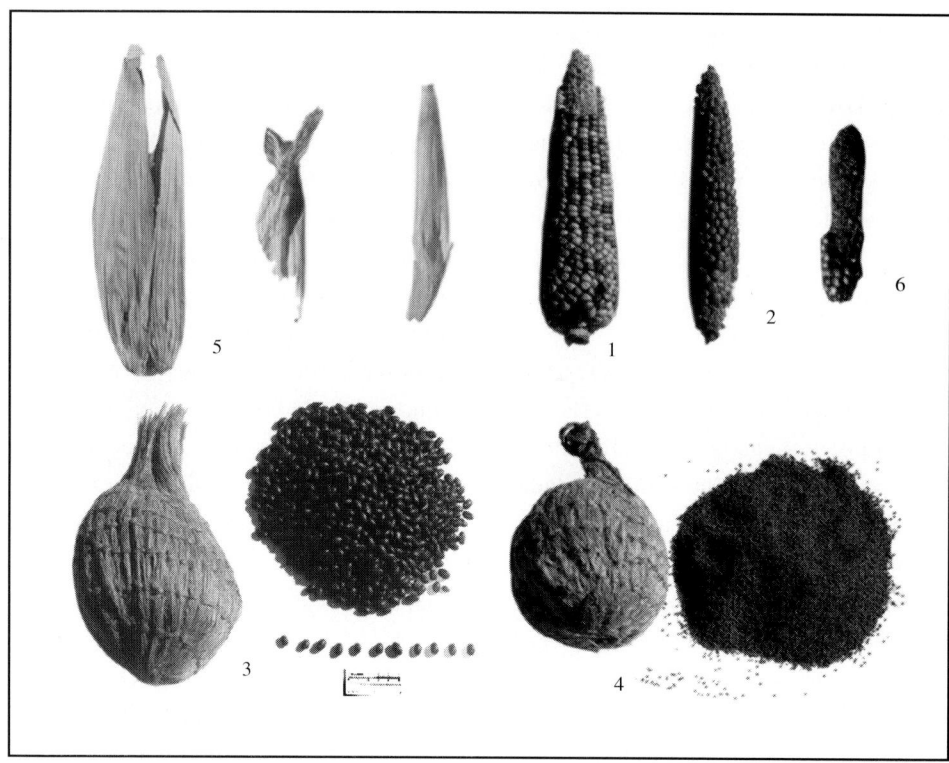

Lámina 6: ***Cultígenos del Atuel II.*** *1. Mazorca de Zea mays var. amilacea (Maíz amiláceo) Gruta del Indio. Rincón del Atuel. 2. Mazorca de Zea mays var. mínima. La mazorca que la acompañaba fue fechada por C-14 en 2065+-40 años A.P. Gruta del Indio. Rincon del Atuel. 3. Bolsa de porotos con 1.500 kg. y 3037 semillas, fechado en 2095+-95 y 2210+-90 años A.P. 4. Bolsa de fibras vegetales con 503 gr. de Quinoa (Chenopodium quinoa y otras), fechado por C-14 en 2200+-70 años A.P. Gruta del Indio. Rincón del Atuel.5. Chalas de maiz. Gruta del Indio. Rincón del Atuel. 6. Marlo con algunos granos de maíz amiláceo. Gruta de Las Tinajas.*

la productividad cultural. Se trataba simplemente de un mecanismo o de una forma de asegurarse la perduración y la estabilidad de los recursos de mantenimiento biológico, ya que los aportes de productividad podrían sufrir los embates de acontecimientos ambientales que gravitaran sobre sus resultados. Se han realizado varios intentos de medir el grado de como las sociedades humanas fueron lentamente incorporando las plantas que enlazaron para domesticarlas y hacerlas suyas, incrementando en variedad y en cantidad su producción. En la mayoría de los casos, estudiando el tema, puede palparse la necesidad que los resultados deben ser sometidos a una minuciosa revisión, tomándose como partida indicadores substanciales como la cuantificación de cultígenos y elementos de recolección y caza, obtenido de los restos por flotación o sencillamente tratando de estudiar el contenido de los excrementos humanos. Todo estos, por supuesto, cuando las circunstancias lo permiten vinculado con el estudio de los restos macrobotánicos que se conservan en el registro arqueológico.

Cultura del Atuel II
Antecedentes

Desde los primeros momentos que se recibieron los fechados radiocarbónicos del nivel superior con agricultura de la Gruta del Indio del Rincón del Atuel, en el Centro Oeste, Argentino, se pudo establecer la integración contextual de un momento definido para el sur de la provincia de Mendoza. Se trataba de un evento trascendente con el cual se daba lugar a la implantación de la agricultura incipiente en la zona. Los cultígenos hallados en el sitio hablaban en favor de una agricultura inicial que habría arribado con grupos experimentados, con plenos conocimientos de los procesos de selección/hibridización y mejoramiento genético de las variedades de cultígenos. Entre ellos se destacaban el maíz, el zapallo, el poroto y la quinoa. La naturaleza especial del sitio, cuya funcionalidad era destinada directamente como lugar de ceremonias o culto, especialmente para el entierro de funerales acompañados con una determinada variedad de elementos ergológicos confeccionados en materiales perecederos, daba un valor particular a este tipo de hallazgos. En casos desfavorables todo ese material, pasaría a formar parte de un registro arqueológico irrecuperable y limitado. Este desarrollo de la agricultura inicial en la zona, está muy bien registrado en varios sitios de las inmediaciones del Río Atuel, extendiéndose hacia la zona del Cerro Nevado, uno de los más altos exponentes del sur, en pleno dominio de cazadores recolectores. Sin embargo puede considerarse la zona arqueológica del Rincón del Atuel, como el relicto más austral del desarrollo de la agricultura incipiente en el Área Andina Meridional, y más precisamente en la Subárea Centro Oeste Argentino. Hacia el sur de este límite, los factores topoclimáticos por un lado, y culturales por otro solo dieron lugar a una presencia vestigial de una agricultura de pequeñas familias o grupos que experimentalmente están haciendo pruebas de su implantación. Sin embargo el dominio patagónico, especialmente dentro del amplio ámbito de la Payunia, como entidad solo hizo permisible la preeminencia y desarrollo de bandas de cazadores recolectores trashumantes. De estos agricultores se ha presentado un informe bastante completo (Lagiglia 1978).

Distribución

Los principales sitios donde se han localizado restos culturales del Atuel II son: Gruta del Indio del Rincón del Atuel, Reparo de las Pinturas Rojas, Reparo del Salto del Morado, Cueva N°1 del Cerro Negro del Escorial, Reparos de El Rincón, Gruta del Puesto de Las Tinajas, Cueva del Zanjón del Morado, Cueva silo de las Lomas del Cerro Negro, Cueva Pájaro Bobo de Ponontrehue y Zanjón de los Buitres de Ponontrehue.
(Lámina 6)

Economía

Basada principalmente en la tríada americana de cultígenos: *maíz, zapallo, poroto*, a la que se le sumaba el llamado "grano sagrado de los Incas", la *quinoa*. Es más adecuado en este caso de hablar de una tétrada Americana. Las variedades botánicas determinadas son:
Zea mays var. amilacea (Strurt) Parodi (Maídeas). maíz amiláceo o capia.; *Zea mays var. mínima* Bonafous (Maídeas). Maíz perla.; *Zea maysvar. indurata* (Sturtevant) Bailey (Maídeas). Maíz amarillo o colorado, morocho, polenta, flint corn y cateto; *Cucúrbita sp.* Calabaza o zapallo; *Phaseolus vulgaris L. var. oblongus Alef.* (Leguminosae). Poroto común; *Chenopodium quinoa var. quinoa (Chenopodiaceae)*. Quinoa; *Chenopodium quinoa var. melanospermun (Chenopodiaceae)* Quinoa; *Amaranthus caudatus*. Quinoa rosada., Quinua, Quinoa del Valle. En los Países de Perú, Ecuador y Bolivia se la denomina: Quihuicha, Millmi, Ciume, Incapachaqui. Carazapa, Achitas, Ckoiotos, y Sangoche (Hunziker 1952).

Recolección silvestre

Geoffroea decorticans Gill.et. Hook et Arn .(Leguminosae). Chañar; Frutos comestibles. *Prosopis flexuosa* A.P.DC. (*Leguminosae*). Vainas de Algarrobo: *Ximenia americana* L., (Olacaceae) Albaricoque o albaricoquillo. Frutos; *Condalia microphylla* Cav. (Ramnaceae). Piquillín; *Ibicela parodii Abb..*(Martiniaceae) Cuernos del diablo. Se hallaron en el nivel superior frutos secos. Los frutos verdes de esta planta son comestibles. Se los puede conservar en encurtidos.

Caza de animales.

Lama glama guanicoe (Camelidae). Guanaco; *Lama sp.* (Camelidae); *Rhea americana albascens* (Lynch Arribálzaga y Holmberg), Avestruz o Ñandú. *Ducsicion griseus gracilis* (Burm.), Canidae. Zorro gris chico; *Geochelone chilensis* (Gray) (Testudinae), Tortuga terrestre; *Dolichotis patagonica* (Caviidae), Liebre patagónica.

Tecnología.

Alfarería. No es un elemento característico del contexto. Solo dos pequeños fragmentos encontrados en el nivel superior de la Gruta del Indio del Atuel, de no ser intrusivos podrían indicar, que esta cultura fue la receptora o la que trajo a estas regiones la cerámica.

Material de piedra. Se reducen a puntas triangulares y a restos líticos tales como lascas y residuos.

Material de hueso. Incluyen espátulas y punzones.

Objetos de madera. a) Astiles b) Varillas con extremos trabajados y varillas entrecruzadas c) Cañas coligüe divididas longitudinalmente, d) Cañitas de carrizo (*Phragmites comunis*, Gramineae).

Textilería: *Cordelería.* a) cordeles cilíndricos formando trenzados simples y dobles, b) Cordeles cilíndricos de lana retorcida, simples y dobles y c) cordeles cilíndricos de pelos retorcidos. También se incluyen: *Trenzados* en fibras vegetales, diversos tipos de *Cestería*, sobre todo en espiral y nudos de cordeles.

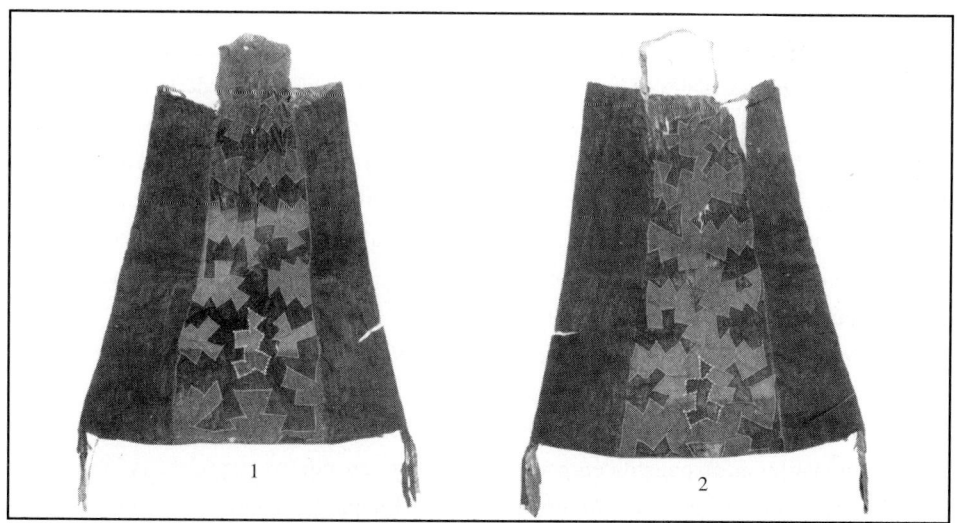

Lámina 7: **Trabajos artísticos en cuero de la Cultura del Atuel II.** *(Técnicas especializadas en el trabajo del cuero: curtido, pintado, calado simultáneo de franjas, combinación y bordado). Gruta del Indio. Rincón del Atuel.*
1. Anverso de la bolsa de cuero curtida, pintada y bordada.
2. Reverso de la bolsa.
Observése que las coincidencias de las partes obedece al calado simultáneo de franjas de cuero y invertir las partes para luego coserlas.

Tenería. Los trabajos de curtido de pieles y cueros son importantes. Los trabajos en mosaico de cuero relevantes con combinaciones de figuras. *(Lámina 7)*

Habitaciones y patrón de poblamiento:

Posiblemente ocuparon las terrazas más próximas de los ríos, especialmente las del Atuel, y debieron ser construidas con materiales perecederos, puesto que solo se conservan los niveles ocupacionales antiguos. En cuanto a la densidad poblacional puede argumentarse en base a la existencia y distribución de los restos del registro arqueológico, que mas bien se trata de unas pocas familias, que no llegan a conformar aldeas. Con ellas se manifiesta la agricultura incipiente en la región.

Funebria.

Acostumbran a enterrar sus funerales en camas o lechos de fibras vegetales (coirón y otras gramíneas). Los cuerpos, en algunos casos momificados por medio de resinas vegetales (momificación artificial), eran dispuestos en posición decúbito dorsal, con sus cubiertas de vestimentas de cuero, y finalmente envueltos en una piel curtida con la lana hacia el interior del cuerpo y posteriormente amarrado con cordeles de lana. El cuero externo corresponde a una piel mosaico. La cabeza era protegida con una cofia, que consiste en un cestillo semiesfereoidal en técnica del coiled o adujas. Este tipo de costumbre funeraria, ha sido registrada en San Juan en tiempos de desarrollos cronológicos locales compartidos (Lagiglia 1997). Uno de los casos analizados es un párvulo infantil de recién nacido, muerte perinatal por parto distósico, que conserva el cordón umbilical (Lagiglia 1976). Su fechado radiocarbónico arrojó una edad de 1910±60 años A.P. (ver calibraciones, de esta fecha). *(Lámina 8)*

Armas.

Aunque no existen evidencias directa suponemos el empleo de la estólica, conforme se han encontrado evidencias en la Cultura de Ansilta. El empleo de puntas proyectil talladas en obsidiana, de tipo triangular, medianas y pequeñas es lo que muestra el registro arqueológico.

Vestidos y adornos.

El empleo de vestimentas confeccionadas en cueros y pieles. Asimismo la existencia del semitelar, de mallas y especialmente del mosaico en cuero permite suponer su empleo para estos fines. Los adornos a modo de collares confeccionados en redondelas o huairas es otro de los elementos contextuales registrados.

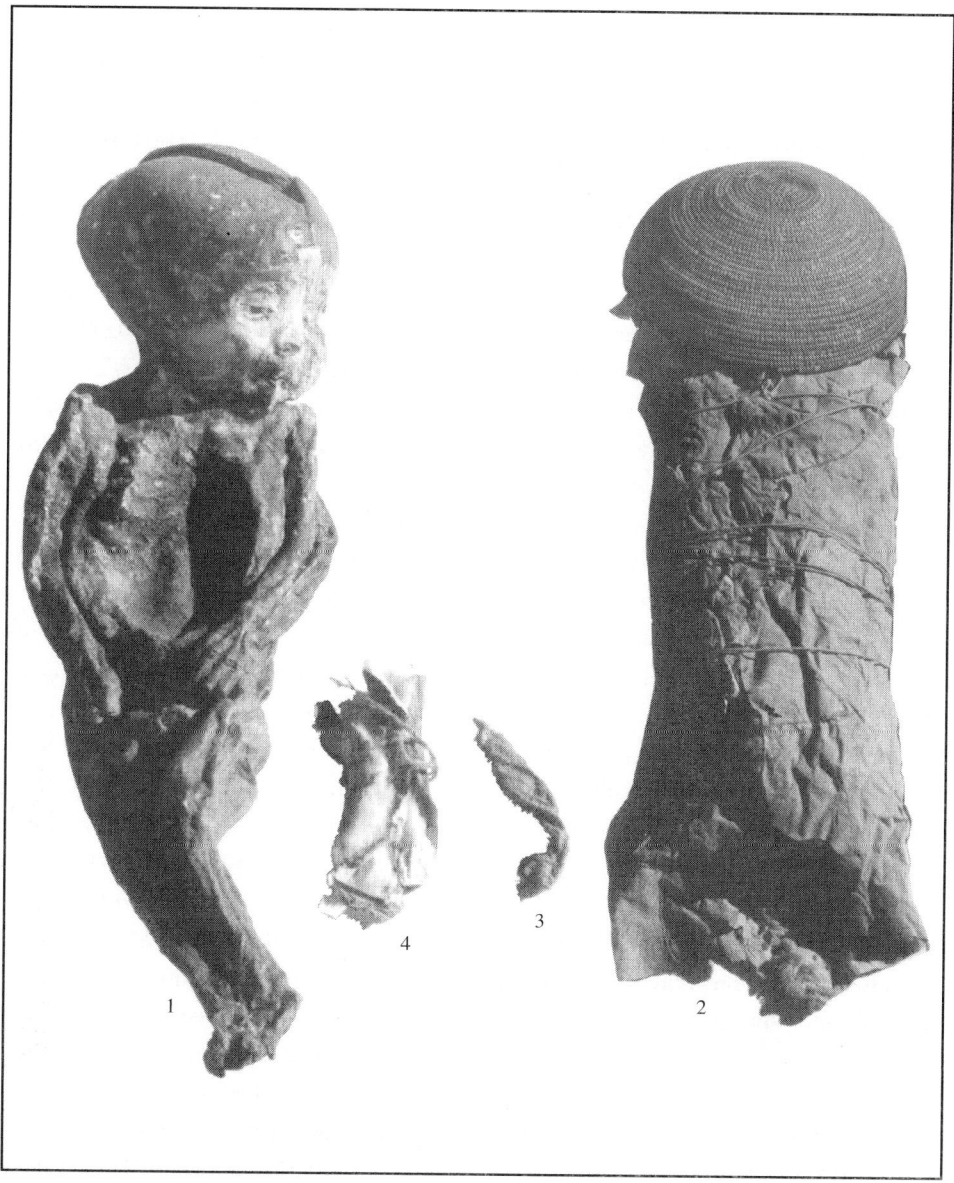

Lámina 8: **Funebria de los agricultores incipientes del Atuel II**. *Gruta del Indio. Rincón del Atuel.*
1. Párvulo momificado del Atuel II, fechado en 1910±60 años A.P.
2. Envoltorios de pieles en cuyo interior se encontraban el cordón umbilical.
3. Córdon umbilical.
4. Envoltorio o fardo funerario de pieles con cofía de cestería en espiral.

Sociedad.

Pocos aspectos pueden argumentarse. Solo lo que el registro arqueológico anticipa. Se trata de grupos sociales sedentarios, simplemente de grupos familiares. Para ser concretos nos da impresión de agrupaciones que nunca llegaron a formar aldeas. Reiterando, solo de grupos estables, con un patrón de asentamiento de dos o mas viviendas situadas próximas al reborde de los ríos. Es decir cercanas al recurso hídrico que le permitiría una agricultura de riego en las planicies aluviales de inundación, donde al agua puede tomarse por desnivel. Se trata de grupos reducidos, marginales, a modo de sociedades que explorando territorios en contacto con cazadores, colonizan espacios restringidos, con hábitos agrícolas tradicionalmente asimilados.

Las dataciones obtenida sobre restos culturales pertenecientes al registro arqueológico de Atuel II, son las siguientes:
1) GrN-5397. Lana y cuero de la Momia o párvulo N°1: 1910±60 años A.P. (G.I.= Gruta del Indio).
2) GrN-5396. Maíz:(Zea mays var. mímima) 2065 ±40 años A.P. (G.I)
3) GrN-5398. Porotos (Phaseolus vulgaris var. oblongus): 2095±95 años A.P. (G.I.)
4) GrN- 5473. Porotos: 2210±90 años A.P. (G.I.)
5) LP-823. Quinoa: 2200±70 años A..P. (G.I.)
6) LP- 953. Coirón con nivel de maíz (Zea mays var. indurata). 2010 ±70 A.P. Gruta de Ponontrehue).
7) Gak- 8387 . Carbón: 1560±110 A.P. Reparo de las Pinturas Rojas.
8) LP-927 Carbón asociado a maíz . 1360 ±60 años A.P. Gruta de Las Tinajas.
9) AA26195. Cuero de choique . 645±40 años A.P. Zanjón de los Buitres.(Gil, A. Com. Pers.)

El análisis de los fechados radiocarbónicos presentes permite establecer un desarrollo para estos agricultores incipientes de áreas marginales del Centro Oeste Argentino, dentro del Área Andina Meridional, entre el 300 años a.C. al 100 años d.C. dentro de su etapa de desarrollo inicial. Sin embargo, estos agricultores perduraron hacia el 600-700 de la Era Cristiana. De demostrarse que todos los elementos afines a Atuel II, hallados en el Zanjón de Los Buitres, (si el fechado uno de ellos hacia el 1400 años de la Era Cristiana es el del contexto), seguramente estarían indicando perduraciones de modalidades contextuales propias para la región que nos preocupa.

Religión y arte

Se destacan la preparación mortuoria de los restos funerarios, vinculados seguramente a prácticas religiosas particulares por la forma especial y el cuidado en la disposición de los restos o despojos humanos. La existencia de una bolsita con *Myzodendron* hace pensar en algún tipo de empleo mágico o ritual, ya que se desconocen propiedades farmacognósicas de esta planta. El arte, de acuerdo a nuestro criterio de vinculaciones estilísticas, el tipo zig-zagueado estaría representado en el Reparo de las Pinturas Rojas del Atuel y el Salto del Morado.

Puericultura.

El especial cuidado de los niños al nacer, y la conservación del cordón umbilical resguardado en trozos de piel de guanaco con la lana hacia el interior del mismo, su deshidratación y por medio de cenizas o sedimentos de algún tipo y ocre rojo, habla en favor del cuidado especial que estos agricultores empleaban perinatalmente (en los alrededores del nacimiento).

Origen y conclusiones

Estos grupos de agricultores incipientes tienen un origen andino típico de grupos sedentarios que marginalmente van ganando territorios factibles de ser cultivados en el borde de la llamada Área Andina Meridional en contacto con pueblos nómades, de cazadores recolectores. Estos grupos traen a la región las prácticas agrícolas con conocimientos de irrigación artificial, mejoramiento y selección genética de cultígenos, tales como el maíz, el zapallo, el poroto y la quinoa. No dejan las prácticas de caza ni de recolección y conservan sus restos funerarios con preparaciones especiales. Su arte pictórico y decorativo consiste en motivos geométricos escalonado o con bordes en zigzag, con figuras rellenas. Cobran singular importancia el arte decorativo en la preparación y calado del cuero, como en la cestería. Su entidad homónima en San Juan, está representada por la cultura de Ansilta (Gambier 1977).

LOS CULTIGENOS Y LAS CULTURAS AGROALFARERAS DEL N.O. ARGENTINO

La agricultura inicial tiene particulares modalidades que consisten en los primarios lineamientos de la sociedades agrícolas que aún no han desarrollado en forma intensiva la alfarería. Aunque en algunas de ellas su presencia va tomando gravitación, en el N. O. Argentino, los grupos agroalfareros tempranos debieron conformar aldeas primarias estables. Este patrón está ya establecido en algunas centurias antes del inicio de la Era Cristiana.

Faltan estudios de tan rica e interesante región, la que permanece a la espera de los nuevos registros, los que sin lugar a dudas darán sorpresas. Las naturaleza de los particulares desarrollos culturales agroalfareros y precedentes, están indicando que algunos valles de esta vasta región pudieron ser centros del origen de alguna de las variedades de cultígenos. Idea esta planteada por Krapovickas (1968, 1969), sobre la base de un pariente silvestre de Maní *(Arachis hypogea)*. Establece este autor que su centro de origen (o genocentro), se encuentra ubicado desde Brasil (Mato Grosso), -especialmente la zona del gran pantanal- hasta Bolivia (al pie o en las vertientes orientales de Los Andes). También el mencionado autor incluye asimismo al Noroeste Argentino, en alturas de hasta 1800 m.

A continuación daremos una lista de los cultivos hallados contextualmente dentro de las diferentes culturas agroalfareras del N.O., en el siguiente cuadro (González y Pérez 1968). Asimismo se le han agregado datos obtenidos por otros autores.

Período Temprano (...-600 d. C.).

Cultígenos:

Maíz: (Lámina 9)
Zea mays var. microsperma (maíz perla). Costa de Reyes
Zea mays. Cerro del Dique. 260 años d.C. Formativo Regional inferior (Raffino y Togo 1975)
Zea mays. Potrero Grande. 240 años d.C. Formativo Regional inferior (Cigliano, Calandra y Raffino 1977)
Zea mays. Campo Colorado. 55 años d.C..
Zea mays var. microsperma. Alamito 240-450 años d.C. Cultura Alamito del Formativo regional inferior (Nuñez Regueiro 1971).
Zea mays. Palo Blanco. 0-500 años d.C. (González y Sempé 1975), Cultura Saujil del Formativo regional inferior.
Zea mays. Pampa Grande 700 años d.C .(Alzogaray y Hernández, 1996).

Zapallo (Lámina 10)
Cucurbita máxima D. (zapallo). Costa de Reyes
Cucurbita sp. Alamito 250-450 años d.C. Cultura Alamito del Formativo regional inferior (Nuñez Regueiro 1971).
Cucurbita sp. Pampa Grande. 700 años d.C.
Cucurbita máxima. Pampa Grande. 700 años d.C.

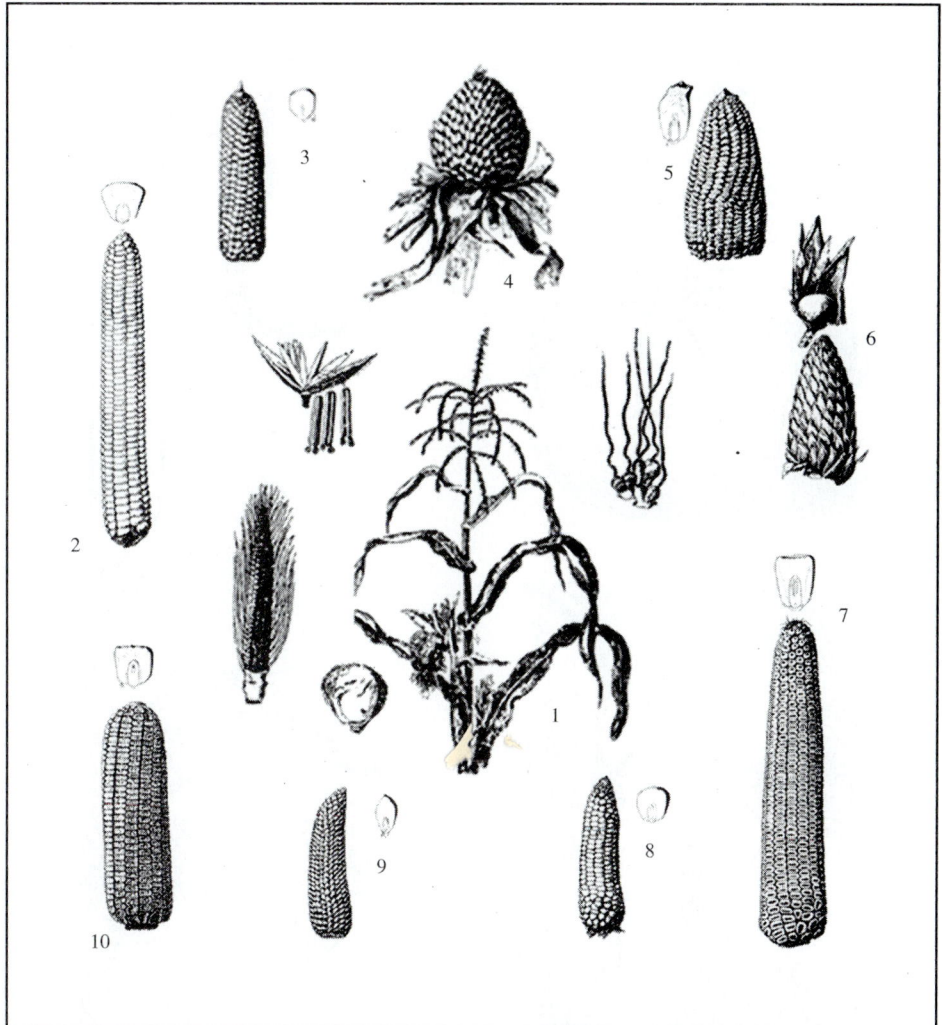

Lámina 9: **Principales tipos de míces de la Agricultura Prehispánica Argentina.**
1. Maíz (Zea mays L.), planta con inflorescencias y cariopse (tomado de Opisso y Viñas, 1904). a. Parte superior de la planta con sus dos inflorescencias, masculinas y femeninas; b. Flor masculina; c. Flores femeninas; d. Mazorca con parte del pedúnculo de la inflorescencias y los estilos o «pelos de choclos»; e. Fruto o cariopse. Espigas de maíz con corte de granos (tomados de Dimitri, 1972)
2. Z.m. var. indurata (maíz amarillo). 3. Z.m. var. mínima (maíz perla). 4. Z.m. var. oryzaea (maíz mora). 5. Z.m. var. amyleasaccharata (maíz chulpi). 6. Z.m. var. tunicata (maíz envuelto). 7. Z.m. var indentata (maíz diente de caballo. 8. Z.m. var. amylacea (maíz amiláceo). 9. Z.m. var oryzaea (maíz pisingallo blanco). 10. Z.m. var. rugosa (maíz dulce)
Los cortes de granos grisados son de endosperma corneo; grisado oscuro, de endosperma dextrinoso; blanco, amiláceo.

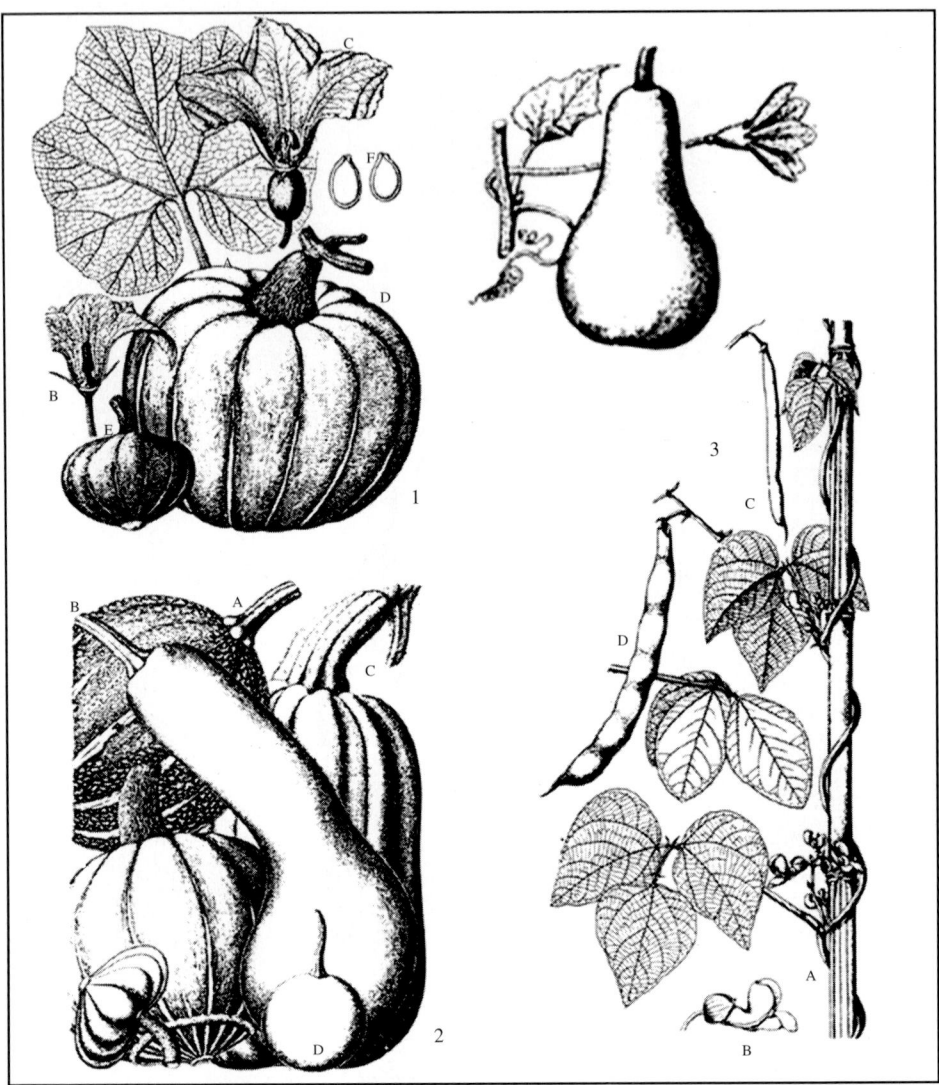

Lámina 10: (Tomado de Dimitri, 1972)
1. Zapallos (Curcubitáceas): *Cucurbita maxima (zapallo criollo)*
A. Hoja; B. Flor masculina; C. Flor femenina; D. Fruto; F. Semilla; E. Curcubita maxima var. zapallito (Zapallito de tronco)
2. Distintas especies de Cucurbita:
A. Cucurbita ficifolia (alcayota); B. C. moschata (Calabaza); C. C. pepo (Zapallo de Angola); D. C. pepo, var. melopepo; D. C. máxima var. Zapallito (Zapallito del tronco).
3. A. Phaseolus vulgaris L. Poroto de rama. variedad trepadora.
B. Flor; C. vaina tierna chaucha; D. vaina submadura.

Calabaza o Mate
Lagenaria siceraria. Potrero Grande. 240 años d.C.

Maní.
Arachis hypogea. Costa de Reyes.
Arachis hypogea. Alamito 250-450 años d.C.

Porotos
Phaseolus sp. Alamito 250-450 años d.C.
Phaseolus lunatus Pampa Grande. 700 años d.C.
Phaseolus vulgaris. Pampa Grande. 700 años d.C.

Quinoa rosada
Amaranthus caudatus. Pampa Grande. 700 años d.C. (Hunziker 1943)

Quinoa.
Chenopodium quinoa. Pampa Grande. 700 años d.C. (Hunziker 1943)

Recolección:

Geoffroea decorsticans Gil ex Hook. et Arn.(Chañar). Costa de Reyes
Prosopis alba G. (Algarrobo blanco). Costa de Reyes.
Bixa orellana (Urucú). Costa de Reyes
Opuntia quimilo (cacto). Costa de Reyes.
Ximenia americana L. Pata, albaricoque o albaricoquillo). Saujil
Zizypus mistol (Mistol). Sauji

Período Medio (600 - 1000 años d.C.).

Cultígenos:

Maíz
Zea mays var. microsperma Bañados del Pantano; Cuesta de Zapata.
Zea mays var. oryzaea Kul. Cultura de la Aguada.
Zea mays var. amylaceae (Sturtevan) Parodi (maíz capia)

Zapallo
Cucurbita maxima . Cuesta de Zapata. Cultura de la Aguada.

Recolección:
Geoffroea decorsticans Gil ex Hook. et Arn.(Chañar). Sitio: S. 10 Guyischi.
Prosopis alba (Algarrobo blanco) Sitio S.10. Guyuschi.

Período Tardío (1000- 1480 d.C.)

Maíz
Zea mays .Juella. 1335 años d.C.
Zea mays. Santa Rosa de Tastil. 1362-1439 años d.C. (Cigliano 1973; Hernández 1973)
Zea mays var. amylaceae (Maíz capia). Pucará de Asampay

Poroto
Phaseolus vulgaris . Santa Rosa de Tastil. 1362-1439 años d.C. (Cigliano 1973)

Zapallo
Cucurbita sp. Juella. 1335 años d.C.
Cucurbita sp. Santa Rosa de Tastil. 1362-1439 años d.C. (Cigliano, 1973)

Maní.
Arachis hypogea (Maní). Pucará de Asampay

Achira
Canna sp. Santa Rosa de Tastil. 1362-1439 años d.C. (Cigliano 1973; Sivori y Nakayama 1973).

Recolección
Prosopis alba (Algarrobo blanco). Pucará de Asampay.

ETAPAS DEL DESARROLLO DE LA AGRICULTURA EN EL N.O. ARGENTINO.

Hasta el presente faltan estudios del desarrollo de la agricultura en diferentes subáreas del N.O. argentino. Sin embargo nos parece sumamente adecuado esbozar el tentativo esquema de agriculturización para la subárea Valliserana, sobre la base del planteado para el Valle Calchaquí por Tarragó (1974, 1980):

I. Etapa de "Cosecha salvaje" con inicios de una agricultura incipiente.
Se incorporan los primeros cultígenos y la domesticación de animales
Cronología: arcaico y ? - 500 años a.C.

II. Etapa de agricultura de huerto.
Formación de comunidades aldeanas sedentarias, confinadas a determinados valles, en forma aisladas y aprovechando ecosistemas propicios para la productividad de las plantas domesticadas.
Desarrollo cultural: Formativos Regional inferior.
Cronología: 500 años a.C. al 600 años d. C.

III. Etapa de Agricultura con introducción de nuevos recursos técnicos y cultígenos
Desarrollo de las obras de regadío, control de suelos, erosión, etc.
Desarrollo cultural : Formativo medio y superior - Aguada.
Cronología: 600 años al 1000 años d.C.

IV.. Etapa de Agricultura Hidráulica
Construcción de terrazas, canchones o cuadros de cultivos siguiendo las curvas de nivel del relieve. Realización de cultivos intensivos. Establecimiento y desarrollo de una agricultura programada. Intercambio y circulación de productos (Puna-Valles-Selvas Occidentales).
Desarrollo cultural: Desarrollos Regionales
Cronología: 1000 a 1480 años d.C.

V. Etapa de producción Agrícola para un estado centralizado dominante

Introducción de nuevas técnicas agrícolas y de variedades de cultígenos. Desajustes y reacomodamientos sociopolíticos y económicos. Mejoramientos tecnológicos y de circulación de productos. *Desarrollos culturales:* Período de expansión Estatal Incaica.
Cronología: 1480 al 1535 años d.C.

Síntesis

Para la gran región del N. O. argentino, existen algunas dataciones de cultígenos que deben ser revisadas, sobre todo del período arcaico, donde muestran una presencia del maíz con una antigüedad mayor que la establecida en otros centros andinos. Como éstas dataciones se han realizado en forma indirecta, es decir cronologizando la capa y no los cultígenos las muestras deben ser sometidas a un AMS, lo propio que para Tiliviche en Chile. De acuerdo a los recientes estudios el origen del Maíz para Sudamérica, este habría aparecido en los registros arqueológicos entre el 3200-3000 años A.P. o no sobrepasando los 4000 años A.P. (Pearsall 1992:191).

CONCLUSIONES

La agricultura inicial tiene desarrollos regionales dentro de diferentes partes del Área Andina Meridional, durante los últimos dos mil años antes de Cristo. Si bien algunos cultígenos habrían llegado de otras zonas antes de los finales del arcaico, no alcanzan, al parecer, a implantarse modificando la economía básica cazadora recolectora.

Esencialmente la *"tetrada americana": Maíz, Zapallo, Poroto y Quinoa*, es la que da surgimiento al cultivo hortícola inicial, con amplios conocimientos en experimentados grupos que practican con estabilidad los hábitos agrícolas: selección, mejoramiento, hibridización, conservación y conocimientos del suelo. Estas prácticas pudieron o no ser emuladas por los grupos cazadores-recolectores del territorio, dando la impresión de que se debió producir entre ambos, no una simbiosis sino más bien alguna forma de protocooperación de subsistencia como intercambios de granos por productos de caza o de explotación del ambiente. En los primeros momentos experimentales, en que aun no se conforman aldeas, simples familias con hábitos agrícolas que se desplazan de los genocentros van colonizando los nuevos ambientes, instalándose en aquellos microecosistemas propensos para los desarrollos hortícolas, donde el agua va drenando en forma más o menos permanente, permite generar formas de irrigación artificial. Esta hipótesis que llamaré de *"Exploradores y colonizadores agrícolas iniciales"*, confinan la posesión de la tierra (posesión puntual), dentro de territorios de cazadores recolectores sin llegar a competir con ellos, de tal suerte que al ser de número reducido, no ocasionan presión de caza sobre los ambientes. Pero sin lugar a dudas, estos asentamientos sedentarios o semisedentarios, controlados, ubicados en los fondos de los valles, en los alrededores de alguna fuente de agua cordillerana o andina (vertiente, manantial) o en el borde de ríos y arroyos, también les permitieron alguna forma de caza menor y de pastoreo, o de crianza de animales pequeños como el Cuy o Cuis *(Cavia porcellus).*

Tras la implantación e incremento de los desarrollos aldeanos, la agricultura de comunidades estables y sedentarias que van ganando la conquista de la tierra y la experiencia en la mejora o dominio de los sistemas de irrigación artificial, incrementan su densidad demográfica. Esto los lleva a ampliar áreas de cultivos y a una fuerte presión interna de reorganización social y cultural. Tras estos surgimientos aldeanos, la alfarería va a ganar un espacio transcendental que permitirá modificaciones en las formas de procesar los alimentos, de registrar un valioso mundo simbólico que va a acompañarlos en la eternidad (tema de la *Arqueología de la Muerte*). Este simbolismo vinculado a complicadas formas de surgimiento en la complejidad social, da lugar a la aparición de los señoríos de los valles, los cuales tuvieron mayor gravitación en el área Valliserana. Los desarrollos locales, intensificaron la incorporación de nuevas formas de enriquecer la dieta, con diferentes cultígenos, algunos sufriendo procesos de selección cultural que dieron lugar a la aparición de *Genocentros de variedades,* cuyos genomas se conservaron asegurando la perdurabilidad y estabilidad de los cultígenos y consecuentemente de la subsistencia social. Cada grupo o señorío ganando un valle en particular, conjuntamente con otros, compartieron con sus vecinos, desarrollos cúlticos. Hubo grupos que profesionalmente comerciaban con los valles vecinos diversos recursos, los llamados *"caravaneros",* que integraron subáreas durante los períodos Medio, Tardío e Inca (del N.O). Entre el Norte y el Centro Oeste del país se compartieron rasgos culturales y se intercambiaron numerosos bienes. A la llegada de los españoles, en Cuyo, confín del Área Andina Meridional, se cultivaba maíz, frijoles y quinoa (Bibar 1558).

Argumentamos que una agricultura sostenida para las regiones andinas argentinas, iniciada 2000 años antes del inicio de la Era Cristiana dio lugar al surgimiento de comunidades aldeanas y a grupos familiares sedentarios. Estos desarrollos llegaron hasta época de la conquista hispánica del territorio, donde gran parte de las variedades de cultígenos perduraron dentro de las economías regionales, convirtiéndose en los recursos potenciales agrícolas que alcanzaron el resto del mundo.

NOTAS

1. Abreviaturas utilizadas en el texto:
AP= Antes del Presente. Notación empleada para establecer que los fechados radiocárbonicos son anteriore al año 1950, que se toman como punto de partida tras el descubrimiento del método de datación del Dr. Libby.
a.C.= Significa datación antes de la Era Cristiana.
d.C.= después de Cristo. Datación dentro de la Era Cristiana.

2. Entendemos por «fenoménico», todo aquello perteneciente o relativo a «fenómeno». Esta palabra de origen griego es mostrar, hacer visible. Significa: aparición, lo que se muestra (inmediatamente), lo que se hace visible, cosa observable, hecho, caso o escena. Es lo que se «muestra en la percepción sensible y luego también en la conciencia» (Brugger, W. 1994). La distinción válida establecida por Dunnell, R. (1977), entre Ideacional y Fenomenológico, como instrumento de trabajo teórico es útil y significativo. Estas distinciones conllevan un grado de arbitrariedad y son artificiales. Sin embargo conviene señalar que son adecuadamente aprovechables para entender los análisis que se realizan dentro del campo de la investigación científica. Lo fenomenológico es lo que podemos observar, las cosas y los sucesos, como dice Dunnell, op. cit. P. 39). esto en oposición a lo ideacional, que conforma todo aquello que no tiene existencia objetiva, e sen otros términos, la idea. Siguiendo al autor que comentamos, Dunnell, op. cit., lo expresa claramente diciendo: «hay que distinguir claramente y de modo analítico entre aquellas cosas que son observables (cosas y sucesos) y aquellas que no lo son (ideas)». Es dable destacar que en un reciente libro, por cierto relevante en el campo de una arqueología, que nos llegó muy distantes en el tiempo, comienza su prólogo con la palabra «Fenómeno»(Klejn,L. 1993:1)

3. AP.= Antes del Presente: notación convencional que se utiliza para los fechados de las dataciones radiocarbónicas o de C-14, para indicar que las fechas son antes del año 1950. este año fue tomado como punto de partida para el método tras su descubrimiento del mismo realizado por el Dr. Willard Libby.

4. Denominación esta que adoptamos durante mucho tiempo. Conviene recordar, que los primeros trabajos entorno a las divisiones en etapas de nuestra prehistoria del Area Andina Meridional, se señalaban: la Paleoindia, la Protoformativa y la Agroalfarera (González y Perez, 1966)

5. El mastic es una pasta resinosa que se fabrica a partir de las resinas exudadas por determinadas plantas, a las cuales se la mezclan, amazándola en forma homogénea con algún polvo mineral a veces se le agrega cera animal. Por lo general al material plástico (resina), se le agrega un ocre, un ocre arcilloso, una arcilla, un limo o cualquiera sedimento absorbente y pulvurulento que le quite el poder adherente y pegajoso. Este polvo mineral actúa como liga, por tener la propiedad de cementar la masa resinosa. de esta manera cuando los componentes que integran la resina se volatilizan (en el

caso de las pináceas, la esencia de trementina o aguarrás vegetal), queda formado un cuerpo sólido, tenaz y duro, reduciendo su elasticidad. Previamente modelado, antes que endurezca, se adhiere fuertemente determinados objetos. También la ayuda de calor permite trabajar su plasticidad. Tambien se usa para fabricar el mastic y darle mayor plasticidad, la cera animal mezclada con resina y polvo mineral. Originariamente el mastic o Mástique es la goma almáciga. Jugo resinoso éste producido por la *Pistacia lenticus* (Terenbintáceas), del archipiélago Griego. Demás está destacar que numerosas piezas arqueológicas de la Colección Aguiar, procedentes de San Juan, y conservadas en el Museo de la Plata tienen restos de mastic, los cuales aún no han sido analizados desde el punto de vista de sus composición química.

6. La fuerte compresión vertical que sufren los sedimentos de la cuevas y la lenta sedimentación o agradación en muchos casos, hace que un piso ocupacional no se desarrolle en el sentido esperado. Por otro lado, las muestras de verdaderos recipientes de un tamaño considerable, conteniendo en uno de los casos, 2200 gr. de Quinoa, fueron enterradas para que se conservaran, sin lugar a dudas en sedimentos ya formados y más antiguos.

7. Conviene aclarar que a veces el término subterráneo, significa debajo del nivel general del suelo y semi subterráneo, indicando que la mitad o poco menos de la vivienda construida está debajo de la superficie general del suelo. Ello significa que una parte de la misma queda expuesta.

BIBLIOGRAFIA CITADA

Aguerre, A. M., A. Fernández Distel y C. Aschero
1973 Hallazgo de un sitio acerámico en la Quebrada de Inca Cueva (Provincia de Jujuy). *Relaciones*. VII: 197-235.

Alzogaray, A. M y J. Cámara Hernández
1996 Restos arqueológicos de maíz (Zea mays ssp. mays) de Pampa Grande, Provincia de Salta, Argentina. *Relaciones*. XXI: 149-159.

Aschero, C.
1979 Aportes al estudio de del Arte Rupestre de Inca Cueva-1 (Departamento de Humahuaca, Jujuy). *Primeras Jornadas de Arqueología del Noroeste Argentino*, U. del Salvador. Buenos Aires.

Aschero, C. A. y H.D. Yacobaccio
1994 20 años después: Inca Cueva 7 reinterpretando. *Actas y Memorias del XI Congreso Nacional de Arqueología Argentina*, (Resúmenes, 1ª Parte). t. XIII(1/4):116-119. San Rafael.

Buxó, R.
1997 *Arqueología de las plantas. La explotación económica de las semillas y los frutos en el marco mediterráneo de la Península Ibérica*. Ed. Crítica, Barcelona..

Cámara Hernández, J.
1973 Restos arqueológicos de maíz en Tastil. En: Cigliano, Eduardo M.(dir.) *"Tastil, una ciudad preincaica argentina"*. Ed. Cabargón. 559-564. Buenos Aires.

Cámara Hernández, J. y J.C. Rossi
1968 Maíz arqueológico de Cafayate, Salta. *Boletín de la Sociedad Botánica Argentina*, Vol 12: 234-242.

Childe, G. V.
1936 *Los orígenes de la civilización*. Fondo de Cultura Económica, 1965. México.

Cigliano, E. M.
1973 *Tastil, una ciudad preincaica argentina*. Ed. Cabargón. Buenos Aires.

Cigliano, E. M. , R.A. Raffino y H. Calandra
1977 La aldea formativa de Las Cuevas (Provincia de Salta). *Relaciones* 10:73-130.

Dimitri, M.
1972 Enciclopedia Argentina de Agricultura y Jardinería. Vol. Y, *Descripción de Plantas Cultivadas*. Ed. Acme. Buenos Aires.

Dunnell, R. C.
1977 *Prehistoria Moderna. Introducción sistemática a la Arqueología Prehistórica*. Ed. Istmo., Madrid.

Fernández Distel, A.
1974 Excavaciones arqueológicas en las cuevas de Huachichocana, Dpto. Tumbaya. Prov. de Jujuy , Argentina. *Relaciones* VIII:101-126.

Fernández, J.
1968 Instalaciones humanas en la gruta del Inca. Jujuy, Argentina. *Anales de Arqueología y Etnología* XXIII:75-94.
1971 La gruta del Inca. Nueva contribución al estudio de las culturas en el Noroeste Argentino. *Cuadernos del INAPL*. 7: 239-280. Buenos Aires.

Gambier, M.
1977. *La Cultura de Ansilta*. Instituto de Investigaciones Arqueológicas y Museo. U. N. de San Juan, San Juan.
1992 Secuencia cultural agropecuaria prehispánica en los Valles preandinos de San Juan. *Instituto de Investigaciones Arqueológicas y Museo. Publicación 18*: 1-23. U. N. de San Juan.
1993 *Prehistoria de San Juan*, Ed. Efu, San Juan.

Gambier, M. y P. Sacchero
1970 Secuencias culturales y Cronológicas para el S.O. de la provincia de San Juan, República Argentina. Hunuc-Huar, *Publicaciones del Museo Arqueológico de la U. D.F. Sarmiento*, n° 1 año I. San Juan .

González, A.R. y J.A. Pérez.
1966 El área andina meridional. *Actas y Memorias del XXXVI Congreso Internacional de Americanistas*. I:241-265. Sevilla,
1968 Una nota sobre etnobotánica del N.O. Argentino. *Actas y Memorias del XXXVII Congreso Internacional de Americanistas*, II:209- 228. Buenos Aires.

González A.R. y C. Sempé.
1975 Prospección arqueológica en el valle de Abaucán. *Revista del Instituto de Antropología*, 3ª Serie, 2:49-130. Tucumán.

Hunziker, A.T.
1943 Granos hallados en el yacimiento arqueológico de Pampa Grande (Salta, Argentina). *Revista Argentina de Agronomía*, 10: N° 2:146-154. Buenos Aires.
1952 *Los pseudocereales de la agricultura indígena de América*. 1-104. Córdoba.

Krapovickas, A.
1968 Origen, Variabilidad y difusión del maní (Arachis hypogea). *Actas y Memorias del XXXVII Congreso Internacional de Americanistas*. II: 517-534. Mar del Plata.
1969 *The origin, variability and spread of the groundnut (Arachis hypogea)*. En Ucko y Dimbleby, Ed. pp.427-442.

Lagiglia, H.
1963 Presencia de Phaseolus vulgaris var. oblongus Alef., en las excavaciones arqueológicas del Rincón del Atuel, Dpto. de San Rafael (Mendoza) Arg. *Revista Universitaria*, U. C. de Chile. 48:235-242.
1968 Secuencias culturales del Centro - Oeste Argentino: Valles del Atuel y Diamante. *Revista Científica de Investigaciones del Museo de Historia Natural de San Rafael*. I (4): 159-174.
1968a Plantas cultivadas en el área Centro Andina y su vinculación cultural contextual. Apéndice al trabajo de Alberto Rex González y José Pérez: "Una nota sobre etnobotánica del N.O. Argentino. *Actas y Memorias del XXXVII Congreso Internacional de Americanistas*. II: 209 - 228.
1976 Párvulo momificado del Atuel. (Estudio bioantropológico y arqueológico). *Actas del IV Congreso Nacional de Arqueología Argentina*, (1a. Parte): 159-181.
1977 *Arqueología y Ambiente Natural de los Valles del Atuel y del Diamante*. Tesis doctoral 2 tomos. 270 y 408 U. N. de La Plata.
1978 El proceso de agriculturización en el sur de Cuyo: La Cultura del Atuel II. *Actas del V Congreso Nacional de Arqueología Argentina*. I: 231-252. San Juan.
1982 Problemática del Precerámico y del proceso de Agriculturización en el Centro Oeste Argentino. *Boletín 2*: 73-93 . Museo de Ciencias Naturales y Antropológicas J. C. Moyano . Mendoza
1997 Nuevos fechados radiocarbónicos para los agricultores incipientes del Atuel *Actas del XII Congreso Nacional de Arqueología Argentina*. La Plata.

Nuñez R., V. A.
1971 La Cultura Alamito de la Subárea Valliserrana del Noroeste Argentino. *Journal de la Societé des Americanistes* 60:7-64.

Nuñez A., L.
1974 *La agricultura prehispánica en los Andes Meridionales.* Ed. Orbe. Santiago
1989 Los primeros pobladores (20.000 ? a 9.000 a.C.). En *Culturas de Chile: Prehistoria* pp.13-31. Ed. A. Bello. Santiago
1989a Hacia la producción de alimentos y la vida sedentaria (5.000 a. C. a 900 d.C.) En *Culturas de Chile: Prehistoria* pp.81-105. Ed. A. Bello. Santiago.

Palavecino, E.
1948 Áreas y Capas Culturales en el Territorio Argentino. *Gaea* VIII:.447-523. Buenos Aires.

Palavecino, D. M. yT.C. Michieli.
1977 Textilería y vestimenta de la Cultura de Ansilta. *Instituto de Investigaciones Arqueológicas y Museo.* U. N. de San Juan, pp.169-213.

Pearsall, D. M.
1992 The origins of Plant Cultivation in South America. En Cowan Wesley and P.J. Watson: *De origins of agriculture.* Smithsonian Institution Press pp. 173-205.

Raffino, R. A.
1975 Potencial ecológico y modelos económicos en el N.O.Argentino. *Relaciones* IX:.(n.s.) 21- 45.
1991 *Poblaciones indígenas en Argentina. (Urbanismo y proceso social precolombino).* Ed. Tea, Buenos Aires.

Raffino, R.A. y J. Togo.
1975 El yacimiento arqueológico de Cerro El Dique, Quebrada del Toro, Provincia de Salta. Nota Preliminar *Actas y Trabajos del Primer Congreso de Arqueología Argentina,* pp.113-124.

Roig, F. A.
1977 Frutos y Semillas Arqueológicos de Calingasta, San Juan. En Gambier, M.: *La Cultura de Ansilta.* pp. 217-250. U. N. de San Juan.

Sivori, E. M., F. Nakayama
1973 Plantas de "Achira" (Canna sp.). En Cigliano, E. M. (dir.) *"Tastil, una ciudad preincaica argentina".* Ed. Cabargón. pp.546-548. Buenos Aires.

Tarrago, M. N.
1974 Aspectos ecológicos y poblamiento prehispánico en el valle Calchaquí, Provincia de Salta, Argentina. *Revista del Instituto de Antropología,* 5: 195-216. U. N. de Córdoba.
1980 El proceso de agriculturización en el noroeste argentino, zona Valliserrana. *Actas del V Congreso Nacional de Arqueología Argentina.* I: 181-218. U. N. de San Juan.

SOCIEDADES AGROPASTORILES TEMPRANAS: EL FORMATIVO INFERIOR DEL NOROESTE ARGENTINO

Daniel E. Olivera

La bibliografía arqueológica referida al Noroeste Argentino ofrece interesantes aportes sobre sitios o sistemas culturales que fueron identificados como Formativos. Este término se refiere a sociedades que poseían un componente productivo (agricultura y/o pastoreo en su economía), lo cual se asocia a un mayor grado de sedentarismo y a la utilización de tecnologías particulares (p.e., la cerámica).

Si se revisan los registros del Formativo del NOA surge que, dentro de los contextos arqueológicos recuperados, existen elementos recurrentes y otros de manifiesta singularidad. Desde un punto de vista cronológico, la mayor parte de los asentamientos se ubican entre los 2500 a 1200 años A.P., aunque existen dataciones que sugieren que el proceso puede haberse iniciado varios siglos antes. Siendo este lapso prolongado, es obvio esperar modificaciones que se manifiesten a nivel de los sistemas de asentamiento-subsistencia y de los contextos materiales de los sitios. Esta sería una de las causas que justificaría las diferencias observadas, pero no necesariamente la única.

Uno de los elementos claves que interesan al análisis del Formativo en el Noroeste Argentino es la variable medioambiental. La zona ofrece ciertas recurrencias (p.e., alto grado de aridez, regímenes de lluvias estivales, sistemas hídricos de tipo semi o no permanente), pero existen también marcadas diferencias que permiten distinguir regiones ecológicas singulares. El asentamiento humano en las diversas regiones se manifestó de manera diversa, en relación a las necesidades del grupo y a las características potenciales del ambiente. Por otra parte, la adaptación de los diferentes camélidos sudamericanos es variada en relación al ambiente y, por lo tanto, el manejo de este recurso (por medio de estrategias de caza y/o pastoreo) no pudo ser el mismo en todo el Noroeste Argentino.

Ciertos asentamientos ubicados en sectores ecotonales, como el Valle Calchaquí Norte, algunos de la Quebrada del Toro y quizás otros de la Quebrada de Humahuaca pueden estar representando situaciones que responden a un modelo de cierta semejanza con asentamientos base ubicados en sectores de ecotono que controlan desde allí microambientes cercanos con una oferta diferencial de recursos.

Otros asentamientos estuvieron ubicados en ambientes más definidos, como son los casos de Casa Chavez Montículos o Tebenquiche, en la Puna sur, o los diversos sitios del Valle de Tafí. Sin embargo, existe una gran coincidencia en que todas las ocupaciones asociadas a sistemas Formativos presentan evidencias de explotar una diversa gama de recursos a través de variadas estrategias (agricultura; pastoreo; caza/recolección).

Respecto de los patrones estructurales de los sitios existen, asimismo, similitudes y diferencias. Si bien el patrón de Las Cuevas y Casa Chavez Montículos se aproximan, están distantes del interesante patrón definido para El Alamito. Obviamente inciden en este problema tanto factores cronológicos y evolutivos, como funcionalidad del sitio, ambiente involucrado y tecnología disponible.

Un análisis de las tecnofacturas indica que existen ciertos patrones tecnológicos comunes, pero también aquí se destacan singularidades notables. La cerámica, por ejemplo, presenta grupos tipológicos característicos que, según los investigadores, se asocian a regiones particulares y definen estilos propios. Pero, es común hallar tipos cerámicos característicos de determinadas zonas en sitios muy alejados de ellas y donde los estilos dominantes son marcadamente diferentes.

El hecho anterior es interpretado como evidencia de contactos culturales, de distinto tipo, entre esas regiones. De esto puede deducirse que los sistemas Formativos no solo poseían una importante dinámica intra-regional, sino también inter-regional estableciendo cadenas de relaciones que alcanzaban largas distancias. Los elementos apuntados implican que el mayor grado de sedentarismo no le restó necesariamente dinámica a la movilidad del grupo ni variabilidad a las manifestaciones culturales del Formativo, mas bien lo contrario.

En resumen, desde la década de 1960, el aporte de numerosos investigadores ha contribuido a ampliar nuestro conocimiento sobre las más tempranas sociedades agro-pastoriles del Noroeste Argentino. Si bien este avance ha sido importante aún quedan interrogantes importantes por resolver. En este capítulo revisaremos los mencionados avances e intentaremos analizar su significación para resolver los interrogantes planteados.

Antes de comenzar con el análisis de las evidencias arqueológicas del período que nos ocupa, creo importante clarificar ciertos conceptos sobre la significación otorgada al término Formativo y al tipo de sociedades al cual se hace referencia con él.

EL CONCEPTO DE FORMATIVO Y SUS IMPLICANCIAS

Anteriormente (Olivera 1988) expuse mi intención de considerar el término Formativo no en referencia a un Período o Estadío cultural, sino para definir un tipo de sociedad que maneja un conjunto de estrategias adaptativas determinadas.

Esto significa apartarse del criterio tradicional en el uso del término dentro de la Arqueología Americana tal como fuera popularizado por Willey y Phillips (1958:146). Para esos autores, como para la mayoría de los que aplicaron el término, el Formativo identificaba un estadío, dentro de una secuencia histórico-cultural areal o regional, definido por un determinado contexto, entendido como un conjunto integrado de rasgos culturales. Es oportuno aclarar que, en forma más o menos explícita, la intención de reinterpretar el uso del término Formativo está clara en muchos trabajos a partir de fines de la década del '60 (ver, p.e., Flannery. Ed.-1976).

Me he interrogado sobre la oportunidad de mantener en uso este término para aplicarlo a otro tipo de marco explicativo. Sin tener, por el momento, una posición definitiva al respecto prefiero mantenerlo debido a que:

1. El término está ampliamente extendido y su uso es inmediatamente identificable con un conjunto de elementos que caracterizan determinado tipo de sistemas culturales : presencia de agricultura u otra actividad de subsistencia comparable; patrones de asentamiento con alto grado de sedentarismo (comúnmente identificado con la presencia de aldeas estables); advenimiento de nuevas tecnologías (en particular, la alfarería); el desarrollo de arquitectura ceremonial (Willey y Phillips 1958; Raffino 1977).

Mas allá de los contenidos teóricos que pueden estar implícitos, los elementos enunciados describirían, aunque de manera incompleta, los aspectos básicos de un sistema cultural que puede o no corresponder a una cronología específica en el proceso cultural del Nuevo Mundo. Dicho de otra manera, el concepto de Formativo despojado de su contenido temporal resulta aplicable a infinidad de sistemas culturales antiguos y contemporáneos.

2. El término da una idea clara de la

aparición de cambios organizacionales en los sistemas culturales humanos, que están en la base del desarrollo de las sociedades proto-estatales y estatales. Indica una situación en que se comienzan a establecer y afirmar cambios decisivos en los sistemas de asentamiento-subsistencia de los grupos humanos. Es decir, a «formarse» nuevas cadenas de relaciones apuntaladas en la economía de producción y el sedentarismo.

3. No encuentro, por el momento, otro término que explicite claramente el conjunto de variables involucradas en sistemas de este tipo. Es decir, un término que, etimológicamente, no represente una intención de otorgar mayor relevancia a alguna de las variables (v.g., la económica) por encima de las otras, en la definición de la nueva situación organizacional del sistema cultural.

No obstante sería importante en el futuro establecer una discusión crítica que pueda arrojar mayor luz sobre el tema, analizando la conveniencia de mantener el término o reemplazarlo por otro más adecuado.

Por mi parte, reitero que utilizaré el término Formativo para referirme a un tipo de sociedad que posee una serie de estrategias determinadas para proveer a su subsistencia en relación con el medio externo. Obviamente, el funcionamiento de un sistema cultural no debe resumirse a una mera obtención de recursos y las motivaciones últimas de su funcionamiento pueden ser altamente complejas.

Existen cuatro elementos básicos a tener en cuenta para estudiar un sistema Formativo:

a- Ambiente, con especial referencia a disponibilidad de recursos.
b- Demografía, entendida en términos de densidad de población.
c- Tecnología disponible.
d- Sistema de Asentamiento, utilización del espacio a nivel regional.

Tal como lo han señalado otros investigadores, no son estas las únicas variables que intervienen en el funcionamiento y evolución de los sistemas Formativos, pero sí se puede pensar que de su adecuado interjuego depende, en gran medida, el éxito del sistema (ver al respecto, p.e.,Binford1968,1988:210-247; Chang y Koster 1986; Cohen 1981; Flannery1976 ; Hayden1981; Rafferty 1985).

Sostener que los diferentes investigadores coinciden sobre la importancia de las variables: ambiente, tecnología y y, ante la posible utilización de materias primas provenientes de la Sierra del Aguilar, adjudica una importante cuota de movilidad a estos grupos culturales.

Dentro de la misma región, los trabajos de Fernández (1888-89) en la cueva San Cristobal (Pcia. de Jujuy) y de Lavallée, Julien y García en las vertientes occidental y oriental de la Sierra del Aguilar (Lavallée y García 1992; García 1988/89; Lavallée et al., 1997) apuntan, aparentemente, en la misma dirección. Se trata de sitios de funcionalidad específica que parecen integrarse en sistemas de asentamiento de mayor complejidad y, en todos los casos, parece que nos enfrentamos a una alta dinámica logística.

En el Norte de Chile las investigaciones de Benavente (1982) en el sitio Chiu-Chiu 200 (Pcia. del Loa, Chile) son de sumo interés. Benavente interpreta el sitio como parte de un sistema básicamente pastoril, con un patrón de movilidad estacional entre las vegas y cañadones del Río Salado-Loa (pastoreo de invierno) y «nichos» a mayor altitud de precordillera y puna (verano).

También en Chile, pero esta vez en la región del Loa Superior (Turi-Toconce), se han encontrado sitios como Turi 2 (02-Tu-002) y Chulqui (aldea) (02-To-110), cuyo registro apunta a posibles Bases Residenciales de Actividades Múltiples de ocupación permanente o semipermanente. Otros en la misma región, como Alero Toconce (02-To-021) y Alero Chulqui (02-To-104), parecen corresponder a sitios de actividades específicas y ocupación transitoria (Aldunate et al., 1986). Los investigadores chilenos destacan la posibilidad de ciertas relaciones de estos sitios con los del Loa Medio mencionados anteriormente (op.cit., 1986). Por otra parte, L. Nuñez observa la posible relación de asentamientos como los que tratamos con aspectos del proceso de consolidación de las economías productoras en el Norte de Chile (1989).

Los trabajos de los colegas mencionados ponen en evidencia, a mi entender, dos aspectos fundamentales para la investigación de procesos formativos en los Andes:
1°. la necesidad de asumir que las economías agro-pastoriles andinas poseían, junto a un alto grado de sedentarismo, una importante cuota de movilidad para aprovechar los recursos focalizados de diferentes sectores microambientales. Esto se traduce en sistemas de asentamiento que integraban sitios de funcionalidad específica y características estructurales diferentes.

2°. que solamente a través de enfoques de investigación regionales se podrá avanzar en dirección a la clarificación de estos problemas.

Por mi parte, utilizaré la misma definición que Rafferty adopta de Rice: "Sistemas de asentamiento sedentarios son aquellos en los cuales al menos parte de la población permanece en el mismo lugar a través de un año entero". (Rice 1975: 97; citado en Rafferty 1985: 115; la traducción es mía).

Esta definición permite abarcar tanto asentamientos con un solo año de ocupación continua, como aquellos que poseyeron una ocupación recurrente durante cientos e, incluso, miles de años. Además, como también resaltan Rafferty (op. cit, 1985:116) y García (1991), el criterio de permanencia permite incorporar aquellos sitios ocupados durante ciertos períodos solamente, sin que por ello el sistema pierda su condición básica de sedentarismo.

De la misma manera integrada en que consideramos asentamiento y subsistencia, se debe analizar la aparición de nuevas tecnologías asociadas al Formativo. La incorporación de las prácticas alfareras, por ejemplo, no es imprescindible en sí misma, pero su advenimiento trae aparejadas nuevas y sustanciales potencialidades, especialmente, en las prácticas de transporte, conservación, procesamiento, almacenamiento y cocción de los alimentos.

Asimismo, la elaboración de alfarería o la necesidad de tierras aptas para el laboreo agrícola y/o el pastoreo son nuevas variables que condicionan la elección de los espacios de asentamiento en función de disponer de los recursos necesarios para esas prácticas.

Numerosos investigadores han asociado a las prácticas sedentarias y, por extensión, a las sociedades con economías agro-pastoriles, una mayor variedad y cantidad de tecnologías, en especial aquellas con mayor vida útil (Cohen 1981; Schiffer 1976; Whalen 1981). Un ejemplo de ello serían, además de la cerámica, otros elementos de almacenamiento (cestería, depósitos, etc.) (Rafferty 1985; Redman 1978).

Según Rafferty (1985: 135), quién se basa en varios autores, el incremento en el número de artefactos se relaciona con:

a- la mayor permanencia en los sitios;
b- la tendencia de la gente a acumular más posesiones cuando no las deben transportar a menudo de lugar en lugar.

Por otra parte, el incremento de la variedad de artefactos podría deberse a que la permanencia anual llevaría a un alto rango de actividades, incluida la conservación de herramientas, desarrolladas en un solo lugar (Binford 1978; Rafferty 1985; Whalen 1981).

De acuerdo a lo expuesto, se puede considerar que existe una relación importante entre los sistemas de asentamiento-subsistencia sedentarios y agropastoriles con la aparición de nuevas y variadas tecnologías relacionadas con actividades específicas. Además, es posible esperar, dentro de ciertos límites, una mayor evidencia cuali-cuantitativa de tecnofacturas en sitios asociados a los mencionados sistemas.

Sin embargo, se debe tener en cuenta que la mera variedad cuali-cuantitativa de artefactos en los sitios no es prueba concluyente del tipo de sistema de asentamiento-subsistencia involucrado. En este sentido, son interesantes las observaciones de Robins (1973) en sitios abandonados por pastores del Lago Turkana (Africa del Este) donde se estableció que el 63% de elementos abandonados estaban manufacturados sobre materiales perecederos, la mayoría de los cuales desaparecería pasado cierto tiempo y sesgaría la información arqueológica de manera importante.

Chang y Koster (1986:129) sostienen que, tanto cazadores-recolectores como pastores, remueven la mayor parte de los artefactos aún utilizables antes del abandono del sitio. Sin embargo, citan las investigaciones en el campamento base de Prolonged Drift (Kenya) donde fueron hallados grandes y pesados instrumentos líticos, lo que permite suponer la posibilidad que los objetos pesados fueran dejados en los campamentos durante los abandonos periódicos de los mismos (Guifford et al., 1980, citado en Chang y Koster 1986: 129). De acuerdo a ello, creo posible esperar que nuevos elementos relativos a la tecnología productiva (v.g., molinos y morteros de piedra), fueran dejados en los sitios aún ante un abandono definitivo.

Resumiendo, la tecnología (infraestructural y artefactual) disponible es un elemento íntimamente ligado al funcionamiento de las estrategias adaptativas de una población humana, esté o no directamente asociada con actividades de subsistencia, y debe ser interpretada en un contexto integrado con las otras variables. Sus modos y tiempos de producción no son absolutamente independientes de los del conjunto del sistema como tal.

Finalmente, es de destacar que la incorporación de los elementos enunciados traerán aparejados cambios, de diferente intensidad, en la organización social del grupo. Según Flannery (1976) estas tendencias pueden ser interpretadas en términos de *segregación* (cantidad de diferenciación interna y de especialización de los subsistemas) y de *centralización* (grado de vinculación entre los diferentes subsistemas y los controles superiores de la sociedad).

En un sistema Formativo los niveles de segregación y centralización deberían ser relativamente bajos, con mecanismos de estratificación social y jerarquización política poco acentuados (Olivera 1988: 87).

De acuerdo a lo expuesto, ninguno de los aspectos mencionados por sí solo puede definir un sistema como Formativo, sino que es la conjunción de ellos en un nuevo estado organizacional -que involucra subsistencia, asentamiento, tecnología y organización social- el que lo define como tal y lo distingue de uno cazador-recolector puro. Desde un punto de vista evolutivo, el proceso que lleva de uno al otro no parece haber sido violento y debe ofrecer un espectro de situaciones intermedias entre ambos extremos. Una situación similar debe plantearse para distinguir a los sistemas Formativos de otros sistemas productivos más complejos.

Debe entenderse que, como en el modelo planteado por J. Rafferty para el origen del sedentarismo (op. cit. 1985: 123, Fig. 4.1), los sistemas pueden modificarse dentro de ciertos límites frente a desequilibrios, motivados por variadas causas últimas, sin que se produzcan alteraciones profundas en su organización. Pero, en determinadas circunstancias el cambio producido es tan profundo que el nuevo nivel de organización alcanzado no puede ya ser definido como Formativo.

Resumiendo, un sistema Formativo se caracteriza por organizarse en función de cierta opción productiva (agrícola y/o pastoril), complementada por caza y recolección, que obliga a determinado grado de sedentarismo y a incorporar cierta tecnología adecuada (de la cual la cerámica es solo una de las opciones). Pero debe ser definido y explicado por la red de relaciones internas y externas que el sistema establece.

Las estrategias Formativas tienen una definida manera de manipular el entorno medioambiental y permiten sostener, en general, grupos de población reducidos, lo que se traduce en una organización social con escaso nivel de diferenciación y/o jerarquización interna (Olivera 1988: 87-88).

HACIA LA ECONOMIA PRODUCTIVA:
de cazadores a pastores iniciales

En otros capítulos de este volumen se hace un análisis detallado de las sociedades cazadoras recolectoras del N.O.A., sin embargo creo oportuno recordar ciertos aspectos claves de las evidencias conocidas relacionadas al proceso de domesticación que derivará en la producción de alimentos y el sedentarismo.

Aún existen numerosas dudas respecto de si existió un proceso de domesticación local en el N.O.A. o sí, por el contrario, las especies domesticadas y el sedentarismo llegaron junto a la tecnología cerámica provenientes de otras regiones del Area Andina. Asimismo, tampoco existe acuerdo sobre si estos elementos llegaron como un "paquete" completo o fueron ingresando paulatinamente en forma separada. Finalmente, se discute si se trató de una adquisición por contacto/intercambio entre grupos locales y foráneos o se produjo el ingreso de poblaciones portadoras del nuevo modo de vida y eventualmente desplazaron o se integraron con las poblaciones preexistentes.

Respecto de la cerámica y la agricultura la arqueología no nos ofrece todavía registros adecuados para discutir las diferentes posiciones, sin embargo hemos avanzado algo más en lo relativo a la domesticación de los camélidos sudamericanos.

Las evidencias de domesticación animal en el área andina, incluyendo el Perú, se remontan según los datos conocidos a aproximadamente 6.000/6.500 años atrás. Hasta hace poco tiempo, los investigadores sostenían que esos procesos estaban focalizados básicamente en dos lugares de los Andes Centrales: la Puna de Junín y la cuenca del Titicaca (ver p.e., Baied y Wheeler 1993, Browman 1989). Se especulaba que más tardíamente los camélidos ya domesticados se habían extendido a las otras regiones del área, incluyendo el noroeste argentino.

Sin embargo, más recientemente, investigaciones realizadas por científicos argentinos y chilenos, empiezan a dudar de la aseveración de que solamente existieron centros de domesticación en la zona central, desde los cuales se habría irradiado el animal domesticado al resto de los Andes. La Puna de Atacama, que incluye territorios del norte de Chile, el sur de Bolivia y el noroeste de Argentina, aparece como uno de los más probables escenarios alternativos (Elkin *et al.* 1991; Nuñez y Santoro 1988; Olivera y Elkin 1995; Yacobaccio *et al.* 1994).

En el Cuadro 1 se pueden observar algunos de los más importantes sitios que ofrecen un registro relacionado con un probable proceso de domesticación. Si bien las evidencias son aún ambiguas, la hipótesis de probables *loci* de domesticación independiente parece ir cobrando cada vez mayor relevancia y debe ser tenida muy en cuenta.

En Tulan 52 y Puripica 1(Nuñez 1989), sitios del Norte de Chile, con fechados que oscilan entre 4400 y 5000 años se han determinado por osteometría dos grupos de camélidos: uno muy pequeño, que esta dentro de los estándares de tamaño asociados a la vicuña actual, y uno más grande que se divide en dos: uno que se asocia a los estándares de guanaco y otro que se aso-

SITIO	CAPA	CRONOLOGIA C14	CAMELIDO DOMESTICADO	CRITERIOS DE IDENTIFICACION
Quebrada Seca 3 (QS3)	2b3	4770 ± 80	X?	Análisis de fibra (?)
	2b2	4770 ± 110		Osteometría (?)
Huachichicana (CHIII)	E2	3400 ± 130	X	Alometría y Dentición
Inca Cueva 7 (IC 7)	Capa II	4080 ± 80	X?	Guano, cautiverio ?
Tulan 52 (Tu 52)	E I-III	4340 ± 95	X	Osteometría
		4270 ± 80		
Puripica 1 (PUR 1)	E I-IV	4050 ± 95	X	Osteometría
		4815 ± 70		

Cuadro 1: Sitios del Area Centro-Sur Andina relacionados con un posible proceso de domesticación de camélidos.

cia a los de llama actual (Yacobaccio 1991; Yacobaccio et al. 1994). Si bien estas fechas están alrededor de 1000 años por encima de las propuestas para Perú el hecho es llamativo.

En el noroeste argentino hay dos sitios uno en Antofagasta de la Sierra Quebrada Seca 3 (Elkin 1996; Olivera y Elkin 1994), y otro en la Quebrada de Inca Cueva en Jujuy, Inca Cueca 7. En QS3 por análisis de fibra se ha sugerido la existencia de un proceso de domesticación, mientras que en IC7 la existencia de una capa de huano ha sugerido posible cautiverio de animales. También, existen datos osteométricos que apuntan en esa dirección pero son pocos los huesos factibles de ser medidos.

Más aún, a través de análisis de fibra, Reigadas (1994, 1995) identificó lo que denominó "tercer grupo" de camélidos por debajo de los 8.000 años antes del presente en QS3 e Inca Cueva 4 (Aschero 1979), que corresponderían a los estándares de llama actual de tipo intermedia (asociada a la producción de carne y lana, sin una alta especialización).

No significa afirmar que había llama intermedia 8.000 años atrás, lo que sabemos es que había un animal con una fibra similar a la de llama intermedia actual. Tal vez, ya a principios del Holoceno existía una diversidad de opciones de selección sobre «pooles» genéticos de camélidos que pudieron constituir la base de líneas evolutivas que finalmente llevarían a una llama intermedia, posteriormente muy habitual en los sitios de 3000 a 2500 años atrás.

La coexistencia evolutiva de los camélidos y el hombre en la Puna de Atacama fue extremadamente íntima desde principios de la ocupación humana y, por lo tanto, el conocimiento del comportamiento, fisiología y requerimientos ambientales de esos animales debía ser muy profundo entre los grupos cazadores de 6.000 años atrás.

Aparentemente, nunca existió un absoluto despoblamiento de la Puna y los registros cronológicos parecen tender a confirmar esta idea (Fernández Distel 1980; Lavallé y García 1992; Olivera y Elkin 1995, Yacobaccio et al. 1994). Durante varios miles de años los camélidos parecen haber constituido un recurso básico dentro de las estrategias económicas de los grupos y su sobreabundancia relativa respecto de otros recursos de caza podría indicar que no estuvo expuesto a situaciones de "estrés" importantes. Se puede hipotizar que los grupos humanos puneños establecieron estrategias cazadoras-recolectoras relativamente bien adaptadas a sus condiciones poblacionales y disponibilidad de recursos durante un lapso prolongado.

La pregunta es: si los cazadores-recolectores estaban bien adaptados al ambiente y tenían una estrategia simple y precisa para manejar los recursos del mismo ¿porqué la gente domesticó?. En mi opinión no existe una respuesta única y universal a este problema, sino un conjunto de circunstancias que pueden haber contribuido a disparar el proceso.

Como se ha señalado alrededor de 5000/6000 años atrás se produjeron cambios climáticos que parecen haber incrementado la rigurosidad del ambiente puneño (Núñez 1989; Núñez y Santoro 1988; Olivera y Elkin 1995).

En un ambiente de desierto de altura con condiciones de alto riesgo y baja predictibilidad en el corto y mediano plazo respecto de la disponibilidad y abundancia de los recursos se ha sugerido que las economías diversificadas de amplio espectro son las que poseen mayor cuota de seguridad (Hayden 1981). La biomasa animal en la Puna ofrece baja diversidad de especies animales y vegetales de utilidad alimenticia, siendo especialmente escasas aquellas de alto rendimiento en energía por individuo. Así, las alteraciones mencionadas, si bien no bruscas ni extremas, pueden haber tenido consecuencias fundamentales para los grupos humanos que los impulsaran a buscar nuevas alternativas para incrementar la diversidad en el espectro de recursos lo cual tendería a disminuir las condiciones de riesgo e incertidumbre propias de un desierto de altura.

Si bien las evidencias con que contamos son todavía escasas y algo ambiguas, la hipótesis de que procesos de domesticación del camélido se desarrollaron en ciertos sectores de las tierras altas meridionales independientemente de los Andes Centrales ofrece una posibilidad que merece ser explorada en profundidad.

Respecto del origen de las prácticas agrícolas aún no existen evidencias demasiado claras. La presencia de cultivo desde épocas muy tempranas en Huachichocana (Puna de Jujuy) (Fernández Distel 1974) no es totalmente segura, ya que existen formas silvestres de las especies registradas allí, como el ají (*Capsicum baccatum*) y el poroto (*Phaseolos vulgaris*). Dentro de la misma región, en Inca Cueva-7 se registra presencia de calabaza (*Lagenaria siceraria*) en 4.080±80 AP (Aguerre et al. 1975), junto con elementos de un complejo tecnológico que incluye cestería y cordelería. Este complejo se comparte con Huachichocana e Inca Cueva-4 que, a nuestro juicio, formaron parte de un proceso regional en marcha, del cual no estaría ausente Inca Cueva-Alero 1 donde aparece tecnología cerámica en 2.900±70 AP (García 1988/89).

De acuerdo a lo expuesto, podemos plantear la hipótesis de que durante el período de unos 1.200 años que transcurren entre los fechados de Inca Cueva-7 y el de Inca Cueva-Alero 1, se habría producido la transición de un modelo pastoril inicial, con fuertes componentes de caza y recolección, a un sistema de asentamiento-subsistencia de pastores-cultivadores con alto grado de sedentarismo en sus bases residenciales. Este tipo de patrón incorpora nuevas tecnologías tales como alfarería y trabajo en metales, introduciendo modificaciones en otras ya existentes como textilería y cestería.

No estamos en condiciones de precisar aún el origen de la agricultura en el Noroeste Argentino, pero todo parece indicar que tuvo un importante componente alóctono como se ha postulado sugiriéndose vías alternativas de ingreso (González 1963a; Cigliano et al. 1972; Nuñez Regueiro 1974, Raffino 1977).

ALDEANOS, CERAMISTAS Y PRODUCTORES DE ALIMENTOS:
las primeras sociedades agro-pastoriles

Las causas últimas que dieron origen a la aparición de sociedades agro-pastoriles, con alto grado de sedentarismo y tecnología cerámica son, como vimos, aún motivo de discusión entre los especialistas. Podríamos resumir las distintas posiciones en tres categorías básicas:

1- Las nuevas sociedades surgen como consecuencia directa del propio proceso cultural del Noroeste Argentino, a partir de grupos cazadores-recolectores que las precedieron.

2- Los nuevos elementos culturales llegan desde otras regiones (p.e., norte de Chile o sur de Bolivia), sea a través de mecanismos de contacto, intercambio o por la intrusión de grupos humanos que ya habían incorporado las prácticas agro-pastoriles y la tecnología cerámica.

3- Una combinación de las dos anteriores.

Existen, como dijimos, algunas evidencias de que en el Noroeste Argentino se había iniciado ya un proceso de domesticación de animales y plantas en épocas precerámicas. Esto debió estar relacionado con ciertos cambios en los sistemas de asentamiento que, paulatinamente, pueden haber alcanzado mayores restricciones a la movilidad. Sin embargo, a partir del 3000 A.P. parece evidente que se produce la aparición de un «paquete» de elementos tecnológicos, quizás ingresados por grupos humanos pertenecientes a sociedades con economías agro-pastoriles bien consolidadas. Este último hecho puede haber acelerado el proceso de consolidación de sociedades agro-pastoriles o bien impuesto éstas en aquellas regiones en que aún no se había comenzado a desarrollar dicho proceso.

La introducción de la economía productiva produjo profundos cambios en las sociedades andinas. Se trató de un proceso complejo, cuyas características y cronología no fueron las mismas en todas las regiones del Noroeste Argentino. Los nuevos sistemas Formativos, si bien basados en una economía mixta con variada incidencia de la agricultura y el pastoreo, no dejan de lado las prácticas cazadoras y recolectoras. Pero, las nuevas estrategias productivas exigen una manera diferente de seleccionar y explotar los espacios disponibles.

Las características del ciclo agrícola o del forraje para los rebaños, impulsan la aparición de sitios denominados Bases Residenciales de Actividades Múltiples («aldeas») usualmente ocupados durante todo el año. Estos sitios se ubican en sectores topográficos con disponibilidad de agua permanente, cercanos a tierras aptas para el cultivo y próximos a áreas de pasturas. Asimismo, existen otros tipo de sitios de ocupación no permanente, ubicados en sectores ecológicos de características diferentes, que permiten acceder a recursos complementarios (materias primas líticas, caza, recolección, pastura, etc.), a menudo con periodicidad estacional.

En las «aldeas» se recogen evidencias arqueológicas de procesamiento y consumo de alimentos, fabricación de artefactos (p.e., instrumentos líticos y alfarería), estructuras de depósito, recintos habitacionales, estructuras de fogón y arrojado de basura, que permiten establecer las condiciones de una larga ocupación temporal y, en general, durante el año completo.

Los recintos, que en épocas anteriores parecieron limitarse a la cueva o a construcciones de material perecedero, son ahora construidos de manera más sólida (piedra y/o adobe) y en los sitios su número se incrementa. Este hecho ha sido interpretado como ligado a un crecimiento relativo de la demografía y a condiciones de mayor agregamiento poblacional.

Esta apretada caracterización de los sistemas Formativos, no constituye más que una simplificación de los principales elementos que definen a un conjunto de sociedades, cada una de las cuales poseía su propia identidad. Estos grupos ocuparon las distintas regiones del Noroeste Argentino entre 3.000 y 1.400 años antes del presente (900 a.C.- 550 d.C.), lapso denominado por la arqueología Período Agro-alfarero Temprano, aunque en ciertas regiones este tipo de sociedades llegan hasta épocas más tardías.

Examinaremos, a continuación, el registro correspondiente a esas tempranas sociedades agro-pastoriles ya consolidadas para luego discutir su significación en el proceso cultural general del N.O.A. En primer lugar revisaremos lo referente a la tecnología, especialmente a la cerámica, ya que durante muchos años fue el material más usualmente utilizado por la arqueología para determinar diferencias y/o pertenencias a grupos culturales distintivos.

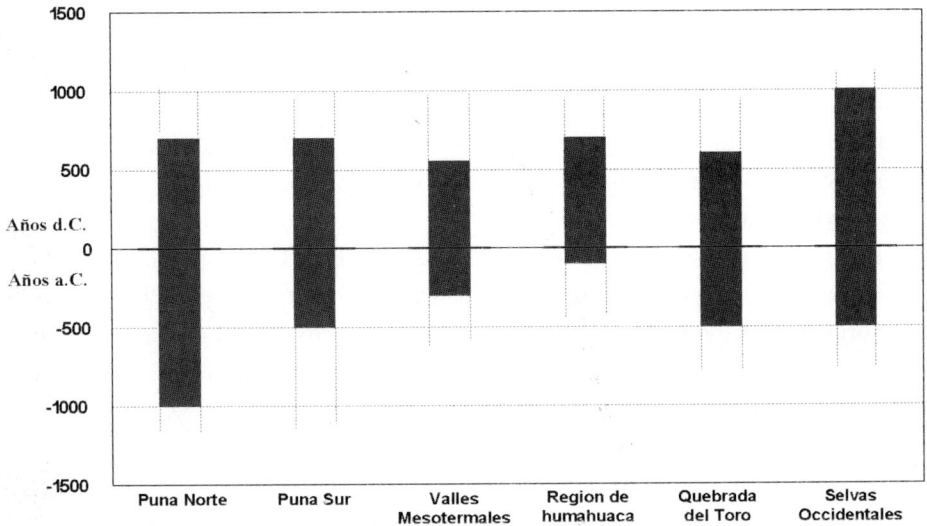

Los sectores considerados son aquellos donde se han realizado investigaciones con distinto grado de intensidad. Las líneas llenas establecen lapsos fechados de C14 en sitios que se estima corresponden a sistemas agro-pastoriles de tipo Formativo. Las líneas punteadas indican que no conocemos exactamente el inicio y final de esos procesos regionales.

Gráfico 1: Periódo Formativo del Noroeste Argentina (Cronología estimada para diferentes regiones).

La tecnología en el Formativo: entre la diversidad y la regularidad

Desde comienzos de este siglo fue en los valles longitudinales de Catamarca, Salta y Tucumán, junto a la Quebrada de Humahuaca, donde se desarrollaron las mayores expediciones arqueológicas del Noroeste Argentino. Las más destacadas fueron las llevadas adelante por el Ing. Weiser, financiadas por Muñiz Barreto, con el objeto de obtener materiales para su colección personal (actualmente depositada en el Museo de La Plata). Si bien muchos aficionados, viajeros y naturalistas siguieron los pasos de Weiser, no fue hasta mediados de la década del '50 cuando podríamos decir que se inicia el verdadero período científico de investigaciones arqueológicas en la región con los aportes de A. Rex González, primero, y Cigliano, ya en la década del 60'.

A partir de allí, con numerosas excavaciones de sitios arqueológicos y la revisión de las colecciones ya depositadas en los museos, se comenzó a construir un panorama de esas tempranas sociedades agro-pastoriles basado, muy especialmente, en las características distintivas de la alfarería. Con el posterior apoyo de la cronología aportada por el método del C14 se establecieron una serie de entidades culturales a las que se les dio el nombre de "Culturas", pretendiendo identificar con ello antiguos grupos étnicos.

Este criterio llevó a establecer "Secuencias Culturales" (González 1955; 1960) constituidas por Períodos históricos o Etapas Culturales sucesivas, cada una de las cuales aglutinaba un paquete de rasgos distintivos. El Formativo o Agro-alfarero Temprano fue una de estas etapas en la cual se habían desarrollado diversas "Culturas" a menudo identificadas con un espacio geográfico determinado (v.g., un valle), pero que habían mantenido diferente tipo de contactos entre sí.

Este esquema adolecía de un bajo nivel explicativo respecto de las características de vida de los grupos humanos y del proceso de evolución de las poblaciones, pero además se aceptó que la cerámica era un material distintivo de la pertenencia a una etnía determinada sin prestar una atención más delicada a las relaciones establecidas entre las poblaciones y el ambiente, sus intercambios genéticos, sus estrategias económicas y sus procesos de cambio. En resumen, conocemos relativamente el esqueleto material de esos grupos pero muy poco aún de su cuerpo biológico-social y su dinámica evolutiva.

La cerámica de los grupos Formativos posee una gran variabilidad en cuanto a sus formas y decoraciones, pero existen también elementos técnicos muy regulares a los diferentes conjuntos. Esta regularidad es la utilizada para definir las "Culturas" o Estilos del Formativo en el N.O.A., aunque esto llevó en parte a perder de vista la gran cantidad de piezas "únicas" o que compartían rasgos técnicos o decorativos de diferentes estilos en la misma pieza.

Esta primera etapa de investigación fue importante, pero se requiere profundizar con nuevas bases teóricas y metodológicas el estudio de las sociedades agro-pastoriles tempranas. De hecho, desde hace algunos años, se ha comenzado a profundizar el estudio tanto regional como tecnológico a través de nuevos criterios aunque aún queda mucho camino por andar.

Con lo apuntado precedentemente en la cabeza, revisemos brevemente los estilos más relevantes del Formativo temprano en las diferentes regiones ecológicas del Noroeste.

En la región de los valles mesotermales fue donde, como dijimos, se focalizó la mayor parte de las investigaciones, especialmente hasta la década del '70 (González 1963b; 1978). Allí se identificó la denominada «Cultura Condorhuasi» (González 1956), que se caracteriza por un estilo cerámico bien definido, cuyos vestigios arqueológicos se han ubicado en sitios de Catamarca, La Rioja y sectores de Santiago del Estero, llegando incluso hasta la Puna Meridional.

La alfarería Condorhuasi es realmente notable por su diversidad y belleza estéticas, acompañadas de un aceptable nivel técnico en la manufactura. Dentro de sus manifestaciones más tempranos se asocia una cerámica de tonos grises oscuros, con decoración por técnica de inciso y modelado, conocida con el nombre de "Fase Río Diablo" (200 a.C. a 100 d.C.).

Desde comienzos de la Era Cristiana, se incorporan numerosos tipos pintados, incluidos los realizados por técnica negativa[1], tanto monocromos como polícromos. En los tipos polícromos son habituales los colores rojo (generalmente de base), negro y blanco, formando escalonados y otras figuras geométricas, a veces combinados con técnica de incisión.

Tal vez, lo más destacado de la cerámica Condorhuasi sean las piezas modeladas de caracteres antropo y zoomorfos (particularmente con rasgos felínicos), muchas veces combinados. Una de las formas más características son las extrañas figuras de cuerpo cónico alargado y cuello esbelto, conocidas como «zeppelines». Estas suelen tener, hacia la base, una cara en relieve con boca y pico, lo que les otorga una apariencia ornitomorfa.

Se han asociado al estilo Condorhuasi diversos objetos líticos como pipas, «tembetás» (adornos labiales), cuentas, etc. Se destacan, muy especialmente, recipientes y morteros, a menudo esculpidos y grabados con motivos antropo y/o zoomorfos. Lamentablemente, como ocurre en la mayoría de los casos con estas excepcionales piezas, no fueron halladas por arqueólogos profesionales y, al provenir de saqueos, se carece de datos exactos de procedencia y contexto arqueológico.

Son prácticamente desconocidas las características del patrón de asentamiento y sistema de subsistencia asociados a la cerámica Condorhuasi, ya que el material disponible proviene de enterratorios ubicados en cementerios de la denominada «Cultura Ciénaga» (González 1963a; 1978) y asociados con materiales de ésta.

La cronología de Ciénaga se extiende, aproximadamente, entre el 100 y el 650 d.C. y sus vestigios se distribuyen especialmente en las Provincias de Catamarca y La Rioja, pero llegan a la alta Puna y hasta el norte de Chile. Su patrón de asentamiento, si bien poco conocido, parece limitarse a recintos agrupados en pequeños núcleos o dispersos aisladamente entre los campos de cultivo.

La cerámica Ciénaga más abundante es la monocroma en tonos grises, decorada por incisión con motivos geométricos, antropo y zoomorfos. También, se encuentran tipos pintados monocromos (ante amarillento) o polícromos (rojo sobre ante; negro sobre ante; etc), aunque son menos abundantes. Se registran vasos modelados y es en ellos que se observan mayores influencias de otras entidades culturales.

Si bien son notables las influencias de otros estilos, como Condorhuasi o Candelaria, esta cerámica posee rasgos propios bien definidos. Es en la sencillez geométrica donde mayor impacto causa la solidez estética propia del artesano de Ciénaga.

Las formas de las piezas son muy variadas destacándose vasos subcilíndricos, a veces con asa («jarras»), formas abiertas («pucos o escudillas») y urnas para el entierro de niños. También, se manufacturaron pipas de cerámica (probablemente para consumo de tabaco y/o alucinógenos), numerosos instrumentos líticos (puntas de proyectil, azadas, instrumentos de molienda, recipientes, etc.) y objetos de cobre.

Además de las mencionadas, existieron en la región Valliserrana Sur otras entidades o estilos culturales notables, a veces más restringidos en su dispersión espacial.

En el Valle de Abaucán se desarrolló, entre el 400 a.C. y el 850 d.C. aproximadamente, un extenso proceso cultural caracterizado por la denominada «Cultura Saujil» (Sempé 1977). Si bien se notan influencias sucesivas de elementos Condorhuasi, Ciénaga y Aguada, el estilo cerámico Saujil presenta características propias. Entre estas últimas se destaca una particular técnica decorativa denominada «pulido en líneas o bandas», que se basa en la alternancia de líneas pulidas con opacas formando motivos iconográficos.

En el Valle de Tafí (Pcia. de Tucumán) (González y Nuñez Regueiro 1962) se han ubicado numerosos sitios que podrían pertenecer a dos grandes momentos del proceso cultural en Tafí asociados con variaciones en las estrategias de adaptación agro-pastoriles implementadas para la subsistencia (Berberián y Nielsen 1988).

La cerámica más antigua en Tafí es de tipo monocroma y, posteriormente, aparecen una variedad de tipos relacionados con la denominada Tradición Candelaria de las Selvas Occidentales (Heredia 1968). Además, se han rescatado hachas de piedra, puntas de proyectil, instrumentos de molienda de granos y algunas evidencias de metalurgia de cobre. Son particularmente importantes los «menhires» (grandes piedras paradas, a veces grabadas y/o pintadas) y las máscaras de piedra. La llamada «Cultura Tafí» se desarrolló entre, aproximadamente, el 400 a.C. y el 600 d.C.

En la zona del Campo de Pucará (Dpto. de Andalgalá, Catamarca) se pueden observar los vestigios de numerosos sitios que, como luego veremos, se encuentran entre los más singulares del noroeste. Estas «aldeas" fueron identificadas como pertenecientes a la denominada «Cultura Alamito» (200 d.C. a 450 d.C.,aproximadamente) (Nuñez Regueiro 1970; 1971). En los primeros momentos de desarrollo se observan diversos tipos cerámicos locales, asociados a cerámica de estilo Condorhuasi. Según algunos investigadores, esta primera ocupación humana habría terminado en forma violenta y los elementos culturales Alamito fueron reemplazados en los sitios por los de tipo Ciénaga.

Sin embargo, Nuñez Regueiro, el investigador que trajo a la luz Alamito, postula que en realidad esta corresponde a una manifestación particular de Condorhuasi que denomina Condorhuasi-Alamito (Nuñez Regueiro 1994; Tartusi y Nuñez Regueiro 1993). Volveremos sobre esta idea posteriormente al referirnos al uso del espacio durante el Formativo.

Lo cierto es que los pobladores de Alamito fueron hábiles artesanos de la piedra y produjeron un gran desarrollo de la escultura en bulto, quizá unida a la tradición análoga de Tafí y Condorhuasi.

Las figuras antropomorfizadas de Alamito, denominadas «suplicantes", constituyen la expresión escultórica más notable del Noroeste Argentino. También, se hallaron en piedra cabezas humanas, de gran sencillez y expresividad de rasgos, morteros y recipientes adornados con relieves.

Otra sector de donde se poseen importantes vestigios son las Quebradas Altas de acceso a la Puna, tanto en Salta como en Jujuy, un ambiente ecotonal entre la Puna y los valles mesotermales.

La cerámica más abundante del Formativo temprano de la Quebrada del Toro, como en general de las altas quebradas con cabeceras en la Puna, fue de tipo monócroma con tonos que varían del negro al marrón. Sin embargo, asociada con la anterior aparecen tipos pintados polícromos que pueden integrarse en el estilo Las Cuevas Polícromo (Cigliano, et al., 1972; 1976) o Vaquería (González 1978).

El estilo Vaquería de gran belleza estética, fue originalmente confundido con tipos de la cerámica Condorhuasi. Parece tener uno de sus focos principales de desarrollo en el Valle de Lerma (Salta), pero aparece intrusivo en sitios de la región Valliserrana e, incluso, del norte chileno.

Respecto de la región de la Quebrada de Humahuaca, son escasos los registros del Formativo más temprano (Olivera y Palma 1998). Sin embargo, recientes trabajos pusieron en evidencia fechados muy tempranos (alrededor de 2.000 años A.P.), tanto en el sitio Estancia Grande (Olivera y Palma 1997; Palma y Olivera 1992), asociados a cerámicas monocromas y evidencias de agricultura y explotación de camélidos, como en El Alfarcito (Tarragó y Albeck 1997). Asimismo, en la propia Localidad de Tilcara, sitios como Til 20 (Mendonca et al., 1991) y Til 22 (Rivolta y Albeck 1992) arrojaron evidencias de contextos Formativos con características propias.

En El Alfarcito comienza a configurarse, quizás hacia mediados del primer milenio de la era cristiana, el estilo de cerámicas pintadas negras y rojas que caracterizarán todo el proceso cultural posterior en Humahuaca. Es posible que en ciertas cerámicas negras sobre rojo de Til 20 se encuentren antecedentes aún más tempranos, pero aún carecemos de fechados radiocarbónicos para ese sitio.

Asociada a la tecnología cerámica se han ubicado en las quebradas altas evidencias de herramientas líticas variadas, metalurgia, textilería, etc., todo lo cual indica una variedad tecnológica rica y compleja no siempre bien conocida y estudiada.

El Formativo de la Puna está mejor definido en el sector meridional, donde aparecen las primeras evidencias de sistemas agro-pastoriles desde por lo menos 2400 años AP (400 a.C.) en Antofagasta de la Sierra (Catamarca) (Olivera 1991; 1992; Olivera y Podestá 1995).

En los primeros momentos (400 a.C.- 100 d.C.) del proceso parecen existir fuertes contactos con el norte de Chile, manifestados en las formas y características técnicas de las cerámicas monócromas (rojas o negras). Posteriormente, desaparecen los tipos asimilables a cerámicas chilenas y se incrementan de manera notable las alfarerías de la región Valliserrana (Ciénaga, Saujil y Aguada) (200 d.C.- 900 d.C.). Las ocupaciones con elementos de los valles mesotermales (Hualfín o Abaucán) son, asimismo, notables en el Oasis de Laguna Blanca (Catamarca) y en la región del salar de Antofalla (Escola, et al. 1992/93). En la mayoría de los casos mencionados las cerámicas oscuras de formas simples, abiertas o cerradas, son las más características de las sociedades Formativas puneñas y encuentran altas similitudes con otras de la Quebrada del Toro y el Valle Calchaquí Norte.

Los sitios de Puna otorgan un variado instrumental lítico (Escola 1996a), desde puntas de proyectil de obsidiana a grandes instrumentos de basalto para laboreo de la tierra ("azadas líticas"), cuentas de valva y piedra, cestería, instrumentos de hueso, etc. Aquí también la tecnología de los pueblos Formativos demuestra su rica complejidad, su alto grado de variabilidad y su capacidad funcional.

En la región de las Selvas Occidentales, se desarrollaron procesos con características particulares, pero que establecieron importantes contactos con las otras regiones del noroeste. Los mejor conocidos son las denominadas «Tradición del Río San Francisco» (con un fechado de alrededor del 600 a.C.) (Dougherty 1977), que se extiende por el sur de Jujuy y noreste de Salta, y «Tradición o Cultura La Candelaria» (200 a.C. a 1000 d.C., aproximadamente) (Heredia 1968), cuyos vestigios son muy abundantes en el sur de Salta y el norte y este de Tucumán.

Esta última se distingue, especialmente, por una cerámica modelada (superficie natural pulida o semipulida) con caracteres antro o zoomorfos, muchas veces combinados. Algunos de los elementos de esta cerámica presentan fuertes similitudes con las formas del estilo Condorhuasi y son muy abundantes en los sitios del Valle de Tafí.

En las cerámicas de estas regiones orientales son comunes las técnicas de corrugado, aplicado, unguiculado, etc. que les otorgan un aspecto característico, pero que han sido detectadas también en otras regiones del NOA y el Norte de Chile, muchas veces con carácter intrusivo.

De lo expuesto podemos deducir algunas inferencias de interés para comprender el proceso Formativo temprano del N.O.A.. En primer lugar, la tecnología cerámica sufrió, a partir de los 3000/2500 años A.P., una expansión exhuberante con una alta cuota de diversidad en sus formas y decoraciones. Sin embargo, se puede observar que existen ciertos aspectos destacables.

Por un lado, se observa que en ciertos estilos (Condorhuasi, Candelaria) las formas modeladas son muy abundantes (incluso dominantes), mientras que otros, que son mayoría, optan por formas más simples (jarras, vasos abiertos, etc.) donde se enfatiza la decoración. Además, en todos los casos, cuando analizamos la cerámica de acuerdo a la funcionalidad de los sitios observamos que en los lugares de habitación los tipos ordinarios (sin decoración) o lisos pintados y/o pulidos son los absolutamente dominantes.

Esto no debería extrañar, ya que si la cerámica cumplía funciones de objeto de uso cotidiano para cocina o depósito expuesta a un seguro y, muy probablemente, rápido deterioro, no merecía una inversión alta de trabajo en su confección estética sino que se haría hincapié en sus propiedades técnicas (dureza, permeabilidad, resistencia térmica, etc.) asociadas a la función a que la vasija estuviera destinada.

En este tipo de cerámicas se observa una importante cuota de estandarización técnica en las distintas regiones, como ejemplo destacan las cerámicas oscuras con manchas de superficie asociadas a los sitios de Puna y quebradas de acceso.

Sin embargo, la cerámica utilizada para caracterizar las "Culturas" del Período fue la decorada que proviene especialmente de cementerios. Esta cerámica decorada muestra, dentro de tendencias comunes, una gran variabilidad entre piezas resumida, digamos, en una escasa "estandarización" formal.

Este último hecho podría sugerir que la manufactura no estaba limitada a grupos seleccionados dentro de la población ni seguía las directivas de una entidad política de gran envergadura, sino que predominaba probablemente la manufactura a nivel de unidades familiares con un gran número de artesanos involucrados. En resumen, no existía una especialización artesanal marcada ni una homogeneidad estilística muy acentuada en estas poblaciones. A medida que avanza el proceso en el N.O.A. aparecerán entidades que sí respondan a esos parámetros de estandarización más rígidos en asociación a una evidente complejización sociopolítica.

Lo dicho no significa que el grupo careciera de una concepción ideológico-mítica más o menos común, en parte expresada en la cerámica funeraria, sino que los niveles de organización social y política no habían llegado a grados de estratificación o especialización como los que se alcanzarían en épocas posteriores. Similares conceptos que los ejemplificados en el caso de la cerámica podrían extenderse a las otras variedades de la tecnología del Formativo.

Asimismo, la alta presencia de elementos de una región en otras pudiera estar evidenciando como se ha sugerido (ver, p.e., González 1978; Tarragó 1984; entre muchos otros) una importante dinámica de contacto intergrupos e, incluso, que ciertos estilos fueran incorporaciones o adopciones que tuvieran que ver con esos mecanismos de dinámica social y económica. Por ello, el concepto tradicional de "Culturas", definido especialmente en base a las tecnologías cerámicas y a su distribución espacial, parece como extremadamente ambiguo cuando se pretende equipararlo con criterios étnicos supuestamente aceptados por los grupos humanos en su tiempo.

La dinámica de interrelación de las poblaciones humanas durante el Formativo del N.O.A. parece exceder en complejidad el componente artesanal y el mero intercambio de objetos materiales para involucrar movimiento de poblaciones, intercambio genético y una variada gama de relaciones sociales y económicas. El modo como reconocían esas poblaciones humanas su carácter de identidad y pertenencia étnica es un tema del cual poseemos aún muy escasa información y donde la paleoantropología tendrá, en el futuro, seguramente mucho para aportar.

Economía y Paisaje: subsistencia y sistema de asentamiento durante el Formativo

Las poblaciones humanas poseen una íntima relación con el paisaje que las rodea y hacen de este espacio un uso sistemático e intensivo. Esta afirmación es particularmente válida cuando nos referimos a la obtención de recursos para la subsistencia. Ambos elementos, espacio y recursos, no pueden ser entendidos en forma independiente sino que la dinámica de movilidad de los grupos tiene una directa relación con las estrategias implementadas para proveerse su subsistencia.

Cuando los grupos humanos pasan de ser absolutamente predadores -dependientes de la caza y la recolección- para incorporar estrategias agrícolas y/o pastoriles, su logística de asentamiento y movilidad debe sufrir necesariamente cambios. Estos cambios se manifiestan muy especialmente, como dijimos, en aumentar su cuota de sedentarismo de tal modo que ciertos asentamientos, en general cercanos a los terrenos agrícolas y de pastura más rendidores, son ocupados durante el año completo y, usualmente, durante varios años consecutivos. Es decir, durante el Formativo aumenta la permanencia en los sitios de "aldea" y se ocupan con alta recurrencia.

Sin embargo, las afirmaciones anteriores no significan que exista un único patrón asimilable a todos los grupos ni que la dinámica de movilidad sea necesariamente menor. Los sitios sedentarios suelen complementarse en un sistema complejo con otros de ocupación temporaria, a menudo relacionados con explotación de forrajes o para prácticas predadoras de caza y recolección. Este último elemento es importante, la incorporación de prácticas agro-pastoriles no elimina las estrategias cazadoras-recolectoras, que siguen siendo muy importantes y se complementan con las primeras.

Los conjuntos faunísticos recuperados en sitios agro-pastoriles de la Puna indican que la caza, especialmente de camélidos silvestres, constituyó un importante aporte proteico a la subsistencia, incluso hasta épocas inkaicas (Olivera 1998; ver también Madero 1993).

Por otra parte, los camélidos domesticados y silvestres constituyen las especies dominantes en los basurales frente a la, en general, escasa representatividad de las otras (cérvidos, roedores y aves, especialmente) (Gráfico 2).

Esta variabilidad en los patrones de asentamiento -disposición de las ocupaciones en el espacio regional- fue destacada por diversos investigadores para el Formativo del N.O.A. (ver Raffino 1991, para un adecuado resumen analítico). Asimismo, las estrategias de subsistencia son muy variables según la ecología de la región y las características culturales de cada grupo humano.

En los Valles Mesotermales (Hualfín, Abaucán, etc.) la estrategia agrícola parece haber sido la más relevante y los asentamientos sedentarios están íntimamente ligados a sectores con disponibilidad de agua y tierras aptas para el cultivo. La presencia de camélidos domesticados en los basurales demuestran que estos tuvieron importancia en su economía aunque aún poseemos poca información en ese sentido. Asimismo, la caza (camélidos y cérvidos, especialmente) y la recolección vegetal (chañar, algarrobo, leña, etc.) cumplió un rol importante.

En el Valle de Tafí (Pcia. de Tucumán) se han ubicado numerosos sitios constituidos por uno a tres grandes círculos de piedra a los que se adosan un número variable (1 a 6) de círculos similares más pequeños (González y Nuñez Regueiro 1962; Berberián y Nielsen 1988). Los círculos mayores se han identificado como patios, donde se desarrollaban diversas actividades cotidianas, y los pequeños como habitaciones y/o depósitos. Asimismo, existen recintos aislados semisubterráneos a los que se adjudica una posible funcionalidad religiosa. Los sitios podrían pertenecer a dos grandes momentos del proceso cultural en Tafí, asociados con variaciones en las estrategias de adaptación agro-pastoriles implementadas para la subsistencia (Berberián y Nielsen 1988).

En la zona del Campo de Pucará (Dpto. de Andalgalá, Catamarca) se pueden observar los vestigios de numerosos sitios que se encuentran entre los más singulares del noroeste (Núñez Regueiro 1971). Se trata de núcleos de 5 a 7 recintos en torno a un espacio central de forma ovalada o redonda.

Sobre uno de los costados, en general hacia el poniente, se levanta un montículo artificial, de hasta 30 m de largo por 3 m de altura, formado en gran parte por arrojado de basura. Junto a estos montículos se hallan dos plataformas de paredes de piedra, de hasta 2,5 m de alto, y con su eje mayor orientado en dirección norte-sur. Todo el conjunto parece haber cumplido fines ceremoniales.

Estas «aldeas», que se separan unas de otras entre 100 y 150 m, fueron identificadas como pertenecientes a la denominada «Cultura Alamito» (200 d.C. a 450 d.C., aproximadamente). Como ya mencionara (ver *supra*) actualmente se discute si estos sitios correspondían a auténticas "aldeas" o a centros cúlticos (Tartusi y Nuñez Regueiro 1993) relacionados con Condorhuasi.

En la Puna Argentina, a diferencia de lo observado para los valles más bajos, el pastoreo de camélidos parece haber sido el eje logístico alrededor del cual se

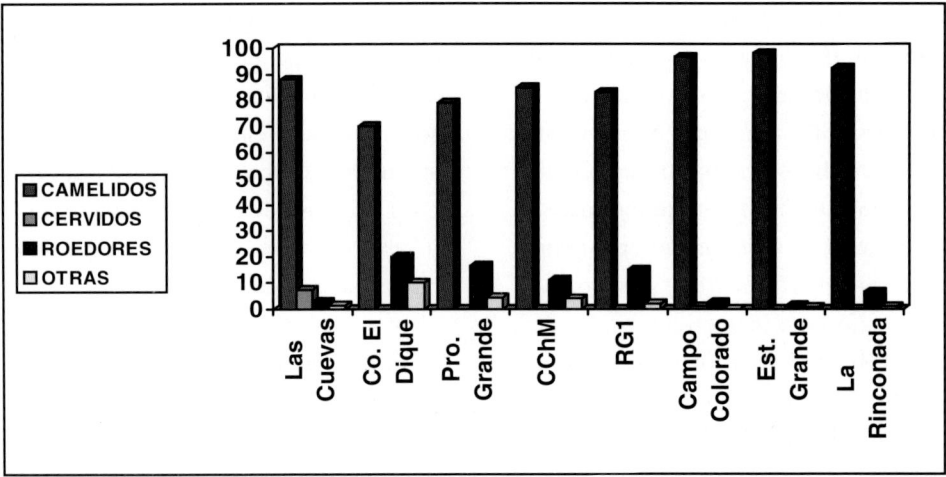

Gráfico 1: Representación de especies en conjuntos arqueofaunísticos de sitios del Noroeste Argentino (2600 a 1000 AP, aproximadamente), expresados en porcentajes de NISP (2).

organizaba el sistema de asentamiento-subsistencia. Sin embargo, la agricultura también parece haber sido practicada por los grupos y la caza de camélidos y la recolección (vegetales, material lítico) ocuparon posiciones de importancia. El enfrentar un ambiente como el desierto de altura parece haber llevado a las poblaciones humanas a diversificar todo lo posible el espectro de recursos (cuyo número no era muy numeroso) en una estrategia de disminución del riesgo y las condiciones de mayor incertidumbre ambiental (Escola 1996b; Olivera 1998; Yacobaccio 1994).

En Antofagasta de la Sierra, Puna Meridional, asentamientos de pequeñas «aldeas» de ocupación permanente, ubicados en los fondos de cuenca (3.450 m.s.n.m.), ofrecen evidencias de diferente tipo de actividades (procesamiento y consumo de camélidos; agricultura; manufactura de artefactos líticos y cerámica; etc.) (sitio Casa Chavez Montículos). Estos sitios se integraban con otros en quebradas más altas (4.000 m.s.n.m.), utilizados como puestos de caza y pastoreo solo en ciertas épocas del año (sitio Real Grande 1) (Olivera 1991; 1992).

Algunos sitios, como Tebenquiche (Krapovickas 1955) (región del salar de Antofalla), alcanzaron gran desarrollo arquitectónico y espacial, cubriendo grandes sectores de terreno con unidades habitacionales, cementerios y estructuras agropecuarias.

Es importante el aporte realizado por P. Escola quién fue la primera en estudiar en detalle el material lítico de los sitios Formativos en la Puna, poniéndo especial énfasis en el análisis de las materias primas. Escola pudo constatar que la variedad de materias primas utilizadas (obsidiana, basalto, cuarcita, etc.) provenía de fuentes ubicadas en diferentes microambientes. La utilización diferencial y la abundancia de una u otra materia prima estaría relacionada tanto con la funcionalidad del instrumento como con la distancia entre la fuente y el sitio, la funcionalidad de éste, sus períodos de ocupación, etc. (Escola 1991/92, 1996a). Estos elementos refuerzan la idea de una alta dinámica por parte de los grupos Formativos en relación a la explotación de recursos en su entorno medio-ambiental.

En la Puna norte de Argentina, en la zona de la Quebrada de Inca Cueva, L. García (1988/89; 1991; Aschero, Podestá y García 1992) viene estudiando diversas ocupaciones en aleros y cuevas que formarían parte de un sistema de asentamiento mayor. García considera, por ejemplo, que el grupo agro-alfarero temprano que ocupó el Alero 1 de Inca Cueva mantenía algún grado de complementaridad económico-social con Alto Zapagua, zona de menor altitud sobre el nivel del mar (op. cit., 1988:5). Además,

postula la presencia de prácticas de caza complementarias de las agro-pastoriles y, ante la posible utilización de materias primas provenientes de la Sierra del Aguilar, adjudica una importante cuota de movilidad a estos grupos culturales.

Dentro de la misma región, los trabajos de Fernández (1988-89) en la cueva San Cristobal (Pcia. de Jujuy) y de Lavallée, Julien y García en las vertientes occidental y oriental de la Sierra del Aguilar (Lavallée y García 1992; Lavallée, et al. 1997; García 1988/89) apuntan, aparentemente, en la misma dirección. Se trata de sitios de funcionalidad específica que parecen integrarse en sistemas de asentamiento de mayor complejidad y, en todos los casos, parece que nos enfrentamos a una alta dinámica logística.

Como se desprende de los registros descriptos, en la Puna el advenimiento de las estrategias productoras no habría implicado una drástica reducción de la movilidad, sino más bien una reorganización de la logística para el aprovechamiento de diferentes sectores ambientales con recursos diferenciados.

Pero, ¿qué sucede con las Quebradas Altas de acceso a la Puna que presentan características ecotonales respecto de ésta y los valles?. La ubicación estratégica con fácil acceso a distintas ecozonas pudo haber sido indicativo de un proceso que habría desembocado en el sedentarismo.

Así parece sugerirlo, en la región de Humahuaca, la ubicación de los sitios agro - alfareros más antiguos registrados: Antumpa (3.300 m.s.n.m.), El Alfarcito (entre 2.900 a 3.400 m.s.n.m.) y Estancia Grande (3.500 m.s.n.m.) (ver Olivera y Palma 1997). Por ejemplo, en El Alfarcito, un complejo sitio de largo desarrollo temporal, se observan pequeños núcleos habitacionales asociados a estructuras de producción agrícola. Allí, comienza a configurarse el estilo de cerámicas pintadas negras y rojas que caracterizarán todo el proceso cultural posterior en Humahuaca

El tipo de instalación, consistente en recintos aislados o en pequeños grupos, generalmente de planta circular y directamente asociados o dispersos entre los campos de cultivo, es semejante al registrado en la quebrada del Toro, ecológicamente comparable a la de Humahuaca. En ella se encuentra el sitio de Las Cuevas (3.400 m.s.n.m.) (Cigliano et al. 1972; 1976), localizado dentro de un ecosistema prepuneño y posible representante de un momento inicial en un proceso agro-pastoril que se extendería a lo largo de 900 años (Raffino 1977).

En la Quebrada del Toro se habría desarrollado un patrón de subsistencia basado en el pastoreo, complementado por la agricultura y la caza. Un fechado radiocarbónico del sitio Las Cuevas (2.485±60 AP) (Cigliano et al. 1972), sería la primer evidencia que poseemos de ese proceso regional pero no necesariamente la más temprana expresión del mismo.

Las tempranas evidencias de la «aldea» de Las Cuevas (550 a.C. a 200 d.C.) con una rica variedad tecnológica, es luego continuada por sitios de patrones arquitecturales cada vez más complejos como Cerro El Dique (100 a 400 d.C) (Raffino 1977). Las estrategias de subsistencia agro-pastoriles en la región habrían otorgado, también aquí, más énfasis al pastoreo de camélidos que en los valles más al sur.

Asimismo, existen registros en otros sectores de la Puna y su borde de procesos cuyo desarrollo presenta cierta analogía con Humahuaca. A los ya mencionados de la Quebrada del Toro (Raffino 1977) y Antofagasta de la Sierra (Olivera 1991; 1992), se pueden agregar el valle Calchaquí norte (Tarragó 1975; 1980). En todos estos casos el pastoreo y la caza de camélidos parecen haber constituido actividades relevantes, de acuerdo a los análisis de los basurales (Olivera 1992;

1998), pero la agricultura y la recolección fueron asimismo importantes en diferente grado según la región.

En resumen, sugerimos que en algún momento entre 3000 y 2000 años A.P., se consolidan y extienden en una vasta zona del borde de puna sociedades con economías agro-pastoriles características de quebradas intermedias, con acceso a microambientes de recursos diferenciados ubicados a cortas distancias. Complementariamente, la asociación de la agricultura junto a la domesticación de camélidos y la caza, sería la optimización de un «...control diversificado de zonas ecológicas... [que indicaría] A mayor diversificación, mayores alternativas y menores riesgos.» (Camino 1980:28). Por otra parte, en los valles mesotermales y las regiones orientales parece haber sido la agricultura la actividad productiva preponderante, mientras que las demás ocuparon posiblemente un papel más complementario.

Las similitudes y recurrencias apuntadas no pretenden oscurecer la alta cuota de variabilidad que está presente en cada caso y que debe ser materia principal de análisis en la arqueología evolutiva. Cada región debe haber ofrecido particularidades notables, sin embargo deseo destacar el hecho de que los procesos que derivaron en la economía productiva y el sedentarismo en los grupos humanos del NOA se extendieron rápidamente a partir de los 3000 años AP e involucraron a toda el área.

Sociedad e Ideología: hacia una mayor complejidad.

Si bien es difícil para la arqueología profundizar en el universo mítico de los pueblos sin escritura ni contacto con otros que la tuvieran, siempre constituyó un desafío apasionante.

Los grupos Formativos del NOA debieron tener un rico universo ideológico, cuyas manifestaciones materiales son patentes tanto en su rico arte rupestre (Olivera y Podestá 1995; Podestá 1986/87; Aschero et al., 1991) como en la decoración de sus artesanías.

Los elementos del paisaje y sus habitantes, entre los que se destacan los camélidos, las aves y el felino, se confunden con complicadas construcciones geométricas cuyo contenido simbólico es difícil de determinar y fue motivo de muchas especulaciones (ver especialmente el clásico y profundo trabajo de A.R. González 1978).

Es indudable una coherencia básica de ese universo ideológico, manifestada en cierta regularidad en los motivos tanto en la cerámica como en el arte rupestre, donde los conjuntos temáticos no parecen azarosos internamente (Podestá 1986/87) ni con la funcionalidad de otros sitios cercanos (Olivera y Podestá 1995). La comparación de motivos del arte rupestre y de la cerámica muestra evidencias de esta coherencia (Figura 4).

Las prácticas mortuorias, que van desde entierros en las mismas áreas de vivienda (habitaciones y patios) hasta verdaderos cementerios fuera de las aldeas, tienen un denominador común: en general los muertos eran acompañados por un ajuar que incluía desde objetos de uso cotidiano (p.e., instrumentos de labranza o flechas) hasta cerámicas decoradas y objetos de adorno (collares, metalurgia, etc.). Muchas veces estos objetos provienen de áreas alejadas (la costa del pacífico o los bosques orientales) o bien son característicos de otros estilos culturales.

Estos elementos, indicativos de una elevada dinámica intercultural, parecen estar fuertemente relacionados con necesidades económicas y simbólicas, pero también sociobiológicas. Tratándose de grupos sociales de población pequeña (30 a 100 individuos, estimativamente) las necesidades de intercambio genético y de información intergrupales no debe ser considerado un elemento de tono menor.

Las poblaciones agro-pastoriles tempranas debieron sostener un complicado entretejido de sistemas de parentesco, alianzas político-sociales y redes de intercambio cuyas características detalladas constituyen un interrogante apasionante y muy difícil de develar.

Es posible considerar que no se observan elementos que indiquen una estratificación social marcada ni una organización política compleja, como ocurrirá en períodos posteriores, pero aún así podemos intuir que la vida social y el mundo espiritual de estas sociedades estuvo lejos de ser simple y mostró una variedad excitante de grupo a grupo.

A manera de conclusión.

Como se desprende de las páginas anteriores, existían diferencias culturales importantes entre y aún dentro de las distintas regiones del Noroeste Argentino durante el Período Agro-alfarero temprano. Sin embargo, con las lógicas variantes locales, todas las entidades descriptas poseían un rasgo en común: sus estrategias de adaptación incluían, en diferente grado, la agricultura y el pastoreo de camélidos como bases primordiales de su subsistencia, combinando esta economía mixta agrícola-pastoril con importantes componentes de caza y recolección.

La consideración anterior, manifestada en sistemas de asentamiento con alto grado de sedentarismo y la explotación integrada de varios ambientes con recursos alternativos y/o complementarios, permiten agrupar estas sociedades bajo la categoría de Formativas.

Las sociedades Formativas tempranas debieron poseer identidades distintivas, fuertes lazos económicos-sociales entre ellas e, indudablemente, un rico universo ideológico como lo atestiguan sus prácticas mortuorias, su tecnología mobiliar y un arte rupestre pleno de belleza estética y contenido simbólico.

De la misma forma que se distinguen variedades en la identidad de las distintas sociedades norteñas durante el Formativo, es evidente que los sistemas culturales no constituyen sistemas estáticos e invariables a través del tiempo. Así como la aparición de los primeros grupos humanos con economía agro-pastoril forma parte de un proceso cultural iniciado mucho antes, los nuevos sistemas deben ir produciendo ajustes en su organización para adecuarse a cambios en las condiciones ambientales y/o internas a la propia sociedad.

Las distintas entidades culturales del Formativo Temprano fueron cambiando, a lo largo de más de 1.500 años, hasta desembocar en los sistemas del llamado Período Agro-alfarero Medio cuyos inicios se ubican alrededor del 550 d.C. Sin embargo, no se trata de una ruptura abrupta entre dos situaciones absolutamente diferentes. Son evidentes en el registro datos que nos indican una continuidad procesual entre ambos momentos.

Si bien muchos aspectos de las estrategias de subsistencia y uso del espacio comenzaron a configurarse en distinto grado durante el Formativo temprano, posteriormente al 500 d.C. aproximadamente se inicia un proceso evidente hacia una mayor complejidad socio-política. Pero, el nuevo y apasionante capítulo de esa "historia" de nuestro Noroeste precolombino se apoyó sensiblemente en el desarrollo alcanzado por las sociedades agro-pastoriles iniciales que lo precedieron.

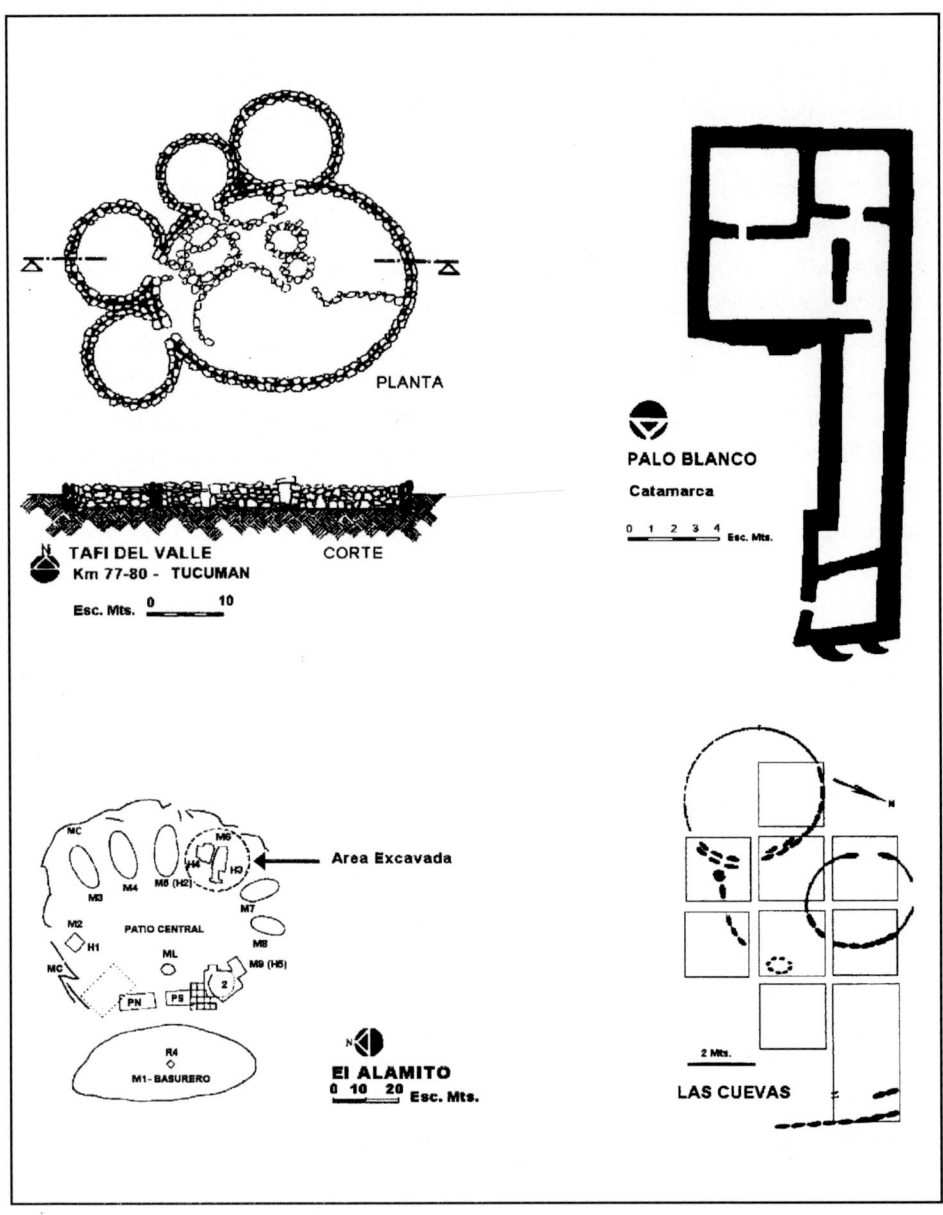

Figura 1: Plantas de Recintos en sitios Formativos Tempranos del Noroeste Argentino (tomadas de Raffino 1991, con modificaciones).

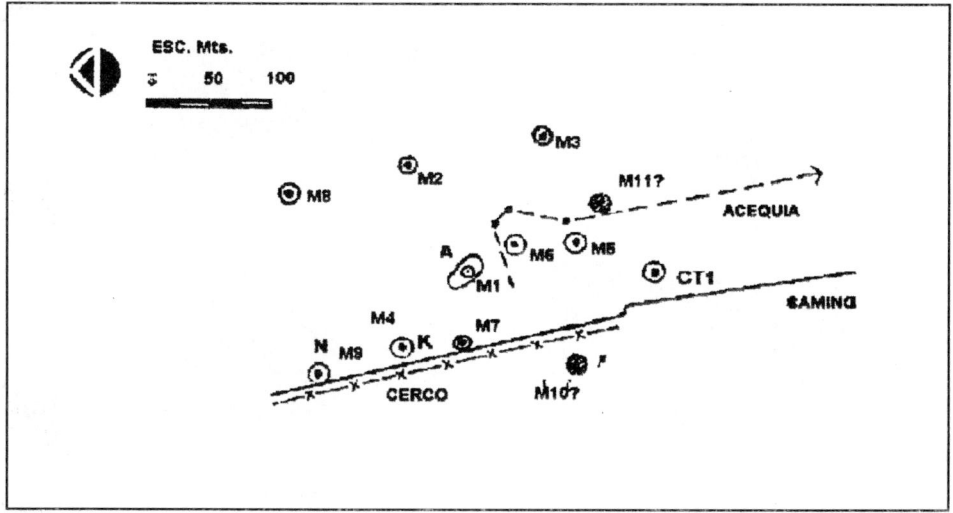

Figura 2: Casa Chavez, monticulos, Antofagasta de la Sierra.

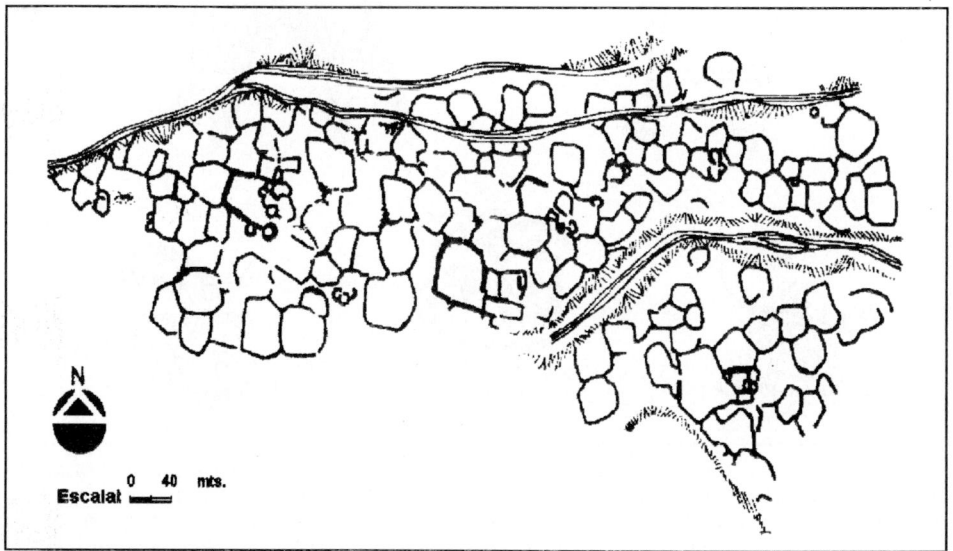

Figura 3: Sitio Buey Muerto (de Raffino 1991, modificado)

Figura 4: Arte rupestre y alfarería (tomado de Olivera y Podestá 1995). A.1: Rectángulo con diseños (sitio CT); A.2: Diseño de la Alfarería La Ciénaga (González 1977); B.1: Figura de Simio (Sitio CT); B.2: Alfarería La Ciénaga (Puppo 1979); C.1: Figura de llama con rasgos felínicos (Sitio PCh3); C.2: Alfarería La Ciénaga II (González 1977); D.1: Camélido cuadricéfalo (Sitio PCh3); D.2: Camélido bicéfalo Condorhuasi (Puppo 1979); E.1: Figura de máscara (Sitio PtaP); E.2: Diseño similar de la Alfarería La Aguada (Puppo 1979); E.3: Tiesto de Alfarería de Montículo 4 de Casa Chaves.

NOTAS

1. La técnica negativa es aquella donde sobre un baño de pintura inicial o la superficie natural de la pieza se diseña el motivo aplicando cera, resina o una substancia no resistente al calor y luego se cubre la pieza con pintura de diferente color. Cuando se cocina la pieza, se derrite la substancia utilizada y surge el dibujo con el tono del fondo original.

2. El NISP corresponde al número de especímenes óseos, enteros o fragmentados, identificados en la muestra arqueofaunística de cada sitio para cada especie animal.

BIBLIOGRAFIA CITADA

Aguerre A., A. Fernández Distel y C. Aschero
1975 Comentarios sobre nuevas fechas en la cronología arqueológica precerámica de la Pcia. de Jujuy. *Relaciones(n.s), IX:211-214.

Aldunate C., J. Berenguer, V. Castro, L. Cornejo, et al.
1986 *Cronología y Asentamiento en la Región del Loa Superior. Proyecto Sistemas de Asentamiento en la Región del Loa Superior: Patrones Arqueológicos y Etnográficos.* Chile

Aschero C.
1979 Un asentamiento acerámico en la Quebrada de Inca Cueva. *Actas de las 1ras. Jornadas de Arqueología del Noroeste Argentino.* U. del Salvador. Buenos Aires.

Aschero C., D. Elkin y E. Pintar.
1991 Aprovechamiento de recursos faunísticos y producción lítica en el precerámico tardío. Un caso de estudio: Quebrada Seca 3 (Puna Merdional Argentina). *Actas del XI Cong. de Arqueología* Chilena II. Chile

Aschero C., M. Podesta y L. Garcia
1992 Pinturas Rupestres y Asentamientos Cerámicos Tempranos en la Puna Argentina. *Arqueología*, (1) : 9-49.

Baied, C. and J. Wheeler
1993 Evolution of high Andean Puna ecosystems: Environment, climate, and culture change over the last 12,000 years in the Central Andes. *Mountain Research and Development*, 13 (2):145-156.

Benavente Animat M.A.
1982 Chiu-Chiu 200. Una comunidad pastora temprana en la Provincia del Loa (II Región*). Actas del IX Congreso Nacional de Arqueología* pp. 75-94. La Serena, Chile.

Berberián E. y A. Nielsen.
1988 *Sistemas de asentamiento prehispánicos en la etapa Formativa del Valle de Tafí.* Ed. Comechingonia. Cordoba.

Binford L.R.
1968 Post-Pleistocene adaptations. *New Perspectives in Archaeology* (Eds. Binford S.R. y L.R. Binford): 267-283. Aldine Publication Co. Chicago.
1978 *Nunamiut Ethnoarcheology*. Academic Press Inc. New York.
1988 *En Busca del Pasado*. Editorial Critica (Grijalbo). Barcelona.

Browman D.
1989 Origins and development of Andean pastoralism: an overview of the past 6.000 years. *The walking larder. Patterns of domestication, pastoralism and predation* (Ed. J. Clutton-Brock): 256-268. Unwin Hyman. London.

Camino, A.
1980 Tiempo y Espacio en la estrategia de subsistencia andina: un caso en las vertientes orientales sudperuanas. Museo Nacional de Etnología, Simposio Internacional *El hombre y su Ambiente en los Andes Centrales*: 11-38, Osaka.

Chang C. y H.A. Koster.
1986 Beyond Bones: Toward an Archaeology of Pastoralism. *Advances in Archaeological Method and Theory* (Ed. Schiffer M.B.) 9:97-147. Academic Press Inc. New York.

Cohen M.N.
1981 *La Crisis Alimentaria de la Prehistoria*. Ed. Alianza. Barcelona.

Cigliano E.M., R. Raffino y H. Calandra
1972 Nuevos aportes para el conocimiento de las entidades alfareras más tempranas del Noroeste Argentino. *Relaciones (n.s.)*, VI.
1976 La aldea formativa de Las Cuevas (Pcia. de Salta). *Relaciones (n.s.)*, X.

Dougherty, B.
1977 Análisis de la variación cerámica en el complejo San Francisco. *Obra Centenario del Museo de La Plata*, II: 237-252. U. N. de La Plata.

Elkin, D.
1996 *Arqueozoología de Quebrada Seca 3: Indicadores de Subsistencia Humana Temprana en la Puna Meridional Argentina*. Tesis Doctoral. UBA.

Elkin, D.C, C.M. Madero, G.L. Mengoni, D. Olivera y H.D. Yacobaccio
e.p. Avances en el estudio arqueológico de los camélidos en el noroeste argentino. *Actas de la VII Convención Internacional de Especialistas en Camélidos Sudamericanos*, 1991. Jujuy.

Escola P.
1990 *Estudio de los conjuntos líticos de sistemas Agro -alfareros Tempranos: Puna meridional Argentina*. Informe al CONICET (m.s.)
1991/92 Explotación y Manejo de Recursos Líticos en un Sistema Adaptativo Formativo de la Puna Argentina. *Arqueología Contemporánea*, III (1): 5-19.

ep. La variable tecnológica en contextos agropastoriles. Revista *Humanitas*. 1996a. Tucumán.
1996b Riesgo e incertidumbre en economías agropastoriles: consideraciones teórico-metodológicas. *Arqueología*, 6: 9-24.

Escola P., A. Nasti, J. Reales y D. Olivera
1992/93 Prospecciones Arqueológicas en las Quebradas de la Margen Occidental del Salar de Antofalla, Catamarca (Puna Meridional Argentina): Resultados Preliminares. *Cuadernos del INAPLA*, 14: 171-189.

Fernández J.
1988/89 Ocupaciones alfareras (2.880±140 años A.P.) en la Cueva de San Cristobal (Puna de Jujuy, Argentina). *Relaciones.(ns)* XVII (2): 139-182.

Fernández Distel A.
1974 Excavaciones arqueológicas en las cuevas de Huachichocana, Dpto. de Tumbaya, Pcia. de Jujuy. *Relaciones.(ns)* VII: 101-127.
1980 Los fechados radiocarbónicos de la arqueología de la Provincia de Jujuy. Fechas radiocarbónicas de la cueva CH III de Huachichocana, Tiuiyaco e Inca Cueva. *Argentina Radiocarbono en Arqueología*, I (4/5):89-100.

Flannery K.V.
1976 La Evolución Cultural de las Civilizaciones. *Lecturas en Arqueología*. U. N. de San Marcos. Lima, Perú.

García L.
1988/89 Las Ocupaciones cerámicas Tempranas en Cuevas y Aleros en la Puna de Jujuy, Argentina-Inca Cueva, Alero 1. *Scripta Paleoetnológica*. 5:179-190. C.A.E.A.
1991 Variabilidad funcional de sitios con cerámica en cuevas y aleros de la Quebrada de Inca Cueva (Jujuy). *Shincal*, 3: 64-68. Publicación Especial en adhesión al X Cong. Nac. de Arqueología Argentina. UNCa, Catamarca.

González A.R.
1955 Contextos culturales y cronología en el área central del Noroeste Argentino (Nota preliminar). *Anales de Arqueología y Etnología*, X. Mendoza.
1956 La cultura Condorhuasi del Noroeste Argentino (Apuntes preliminares para su estudio). *RUNA*, VII. Buenos Aires.
1960 Nuevas Fechas de la cronología arqueológica argentina obtenidas por el método de radiocarbón (4). *Revista Instituto de Antropología* I. Córdoba.
1963a Cultural Development in Northwestern Argentine. *Aboriginal Development in Latin America: An Interpetative Review* (Ed. B. Meggers y C. Evans). Smithsonian Institution. Washington.
1963b Las tradiciones alfareras del período temprano del Noroeste Argentino y sus relaciones con las de las áreas aledañas. *Cong. Intern. de Arqueología de San Pedro de Atacama*. Antofagasta, Chile.
1978 *Arte Precolombino de la Argentina*. Filmediciones Valero. Buenos Aires.

González A.R. y V. Nuñez Regueiro
1962   Preliminary report on archaeological research in Tafi del Valle, N.W. Argentina. *Presentado al XXXIV Cong. Intern. de Americanistas*, Viena.

Hayden B.
1981   Research and development in the Stone Age: Technological transitions among hunter-gatherers. *Current Anthropology*, 22(5): 519-548.

Heredia O.
1968   Arqueología de la subárea de las Selvas Occidentales. *Actas y Memorias del XXXVII Cong. Intern. de Americanistas*, Vol II. Buenos Aires.

Krapovickas P.
1955   El Yacimiento de Tebenquiche (Puna de Atacama). *Publicaciones del Instituto de Arqueología*, III. Buenos Aires.

Lavalée, D. y L. García
1992   Investigaciones en el Alero Tomayoc: 1987-1989. *Cuadernos*, Facultad de Humanidades y Cs. Sociales, U. N. de Jujuy 3: 7-11.

Lavalée, D.; M. Julien; C. Karlin; L.C. García; D. Pozzi-Escot y M. Fontugne.
1997   Entre Desierto y Quebrada: Tomayoc, un Alero en La Puna. *Avances en Arqueología*, 3: 9-39. F.F.yL., UBA. Tilcara, Jujuy.

Madero, C.
1993   Explotación faunística, tafonomía y economía en Humahuaca antes y después de los Yupanki. En: *Inka, Arqueología, Historia y Urbanismo del Altiplano Andino*. (R. Raffino, comp.): 145-168. Ed. Corregidor. Buenos Aires.

Mendonça, O.; M. Bordach; M. Ruiz; B. Cremonte
1991   Nuevas evidencias del Período Agroalfarero Temprano en la Quebrada de Humahuaca. Los hallazgos del sitio Til 20 (Tilcara, Jujuy). *Comechingonia*, 7: 29-46.

Nuñez L.
1989   Hacia la Producción de alimentos y la vida sedentaria. *Culturas de Chile. PREHISTORIA*: 81-106. Ed. Andrés Bello. Chile.

Nuñez, L. y C.M. Santoro
1988   Cazadores de la puna seca y salada del área centro-sur Andina (Norte de Chile). *Estudios Atacameños*, 9: 11-60

Nuñez Regueiro V.
1970   The Alamito Culture of Northwestern Argentina. *American Antiquity*(35).

1971   La Cultura del Alamito de la subárea Valliserrana del Noroeste Argentino. *Journal de la Soc. Americanistes*, LX. Paris.

1974   Conceptos Instrumentales y marco teórico en relación al análisis del desarrollo cultural del Noroeste Argentino. *Revista del Instituto de Antropología*, 5: 169-90. U. N. de Córdoba.
1994   Aproximación Teórica al Estudio de las Comunidades Agropastoriles del Noroeste Argentino durante el Período Formativo. *Rumitacana*, 1 (1): 23-28 (Comp. D. Olivera).

Olivera D.
1988   La Opción Productiva: apuntes para el análisis de sistemas adaptativos de tipo Forma tivo del Noroeste Argentino. *Precirculados de las Ponencias Científicas a los Simposios del IX Cong. Nac. de Arqueología Argentina* :83-101. I. de Cs. Antropológicas (UBA). Buenos Aires.
1991   Formativo en Antofagasta de la Sierra (Puna Meridional Argentina): Análisis de sus posibles relaciones con contextos arqueológicos Agro-alfareros Tempranos del Noroeste Argentino y Norte de Chile. *Actas del XI Cong. de Arqueología Chilena*. Chile
1992(ms) *Tecnología y Estrategias de Adaptación en el Formativo (Agro-alfarero Temprano) de la Puna Meridional Argentina. Un caso de estudio: Anto-fagasta de la Sierra (Catamarca, RA).* Tesis Doctoral. U.N.La Plata.

Olivera, D. y D. Elkin
1995   De Agricultores y Pastores: El proceso de domesticación en la Puna Meridional Argentina. *Zooarqueología de Camélidos*, 1: 95-124. Buenos Aires.

Olivera D. y J. Palma
1988   Sistemas adaptativos prehispánicos durante los períodos agro-alfareros de la Qda. de Humahuaca, Jujuy, R.A. *Cuadernos del INA*, 11: 75-98. Buenos Aires.

Olivera, D. y M.M. Podestá
1995   ART RESOURCES: Rock Art and Formative Settlement-Subsistence Systems in the Argentine Meridional Puna. *Andean Art: Visual Ex-pression and its Relation to Andean Beliefs and Values* (Ed. by Penny Dransart).Worldwide Archaeology Series: 265-301. Glasgow.

Palma J. y D. Olivera
1988   Hacia la contrastación de un modelo arqueológico para el Formativo regional en Humahuaca: El caso Estancia Grande. *Cuadernos del INA*, 14: 237-259.

Podestá, M. M.
1986/87 Arte Rupestre en Asentamientos de Cazadores-Recolectores y Agro-alfareros en la Puna Sur Argentina: Antofagasta de la Sierra, Catamarca. *Relaciones.(ns.)*, XVII (1): Buenos Aires.

Rafferty J.E.
1985   The Archaeological Record on Sedentariness: Recognition, Development and Implications. *Advances in Archaeological Method and Theory* (Ed. M. B. Schiffer), 8:113-156. Academic Press Inc. New York.

Raffino R.
1977 Las Aldeas del Formativo Inferior de la Quebrada del Toro (Pcia. de Salta). *Obra Centenario del Museo de La Plata*, II. Universidad Nacional de La Plata. La Plata.
1991 *Poblaciones Indígenas en Argentina. Urbanismo y Proceso social Pre-colombino*. Ed. TEA. Buenos Aires.

Redman C.
1978 *The rise of civilization*. W.H. Freeman. San Francisco.

Reigadas, M.C.
e. p. Las fibras como indicador temprano de control cultural de camélidos en el NOA. *Estudios Atacameños*. 1994
1995 Caracterización de Tipos de Camélidos Domésticos Actuales para el Estudio de Fibras Arqueológicas en Tiempos de Transición y Consolidadción de la Domesticación Animal. *Zoarqueología de Camélidos*, 1: 125-154.

Rivolta M.; M. Albeck
1992 Los asentamientos tempranos en la localidad de Tilcara: SJuj Til.22, Provincia de Jujuy. *Cuadernos*, 3:86-93. U.N. de Jujuy

Robins L.
1973 Turkana Material Culture viewed from an archaeological perspective. *World Archaeology* 5 (2): 209-214.

Schiffer, M.
1976 *Behavioral archaeology*. Academic Press. New York.

Sempé de Gómez Llanes M.C.
1977 Caracterización de la cultura Saujil. *Obra Centenario del Museo de La Plata*, II. La Plata.

Tarragó M.
1975 Panorama arqueológico del sector septentrional del Valle Calchaquí, Salta. *Actas y Trabajos del 1er. Cong. Nac. de Arqueología Argentina, Rosario, 1970*. Bs. As.
1980 Los asentamientos aldeanos tempranos en el sector septentrional del Valle Calchaquí, Pcia. de Salta, y el desarrollo agrícolo posterior. *Estudios de Arqueología*,(5): Cachi, Salta.
1984 La historia de los Pueblos Circumpuneños en relación con el Altiplano y los Andes Meridionales. *Estudios Atacameños*, 7:116-132. Chile.

Tarragó, M y Albeck M.E.
1997 Fechados Radiocarbónicos para el Sector Medio de la Quebrada de Humahuaca. *Avances en Arqueología*, 3: 101-130. F.F.yL., UBA. Tilcara, Jujuy.

Tartusi, M. y V. Nuñez Regueiro
1993 Los Centros Ceremoniales del NOA. *Publicaciones del Instituto de Arqueología de la UNT Serie Ensayo y Crítica*, S.M. de Tucumán.

Whalen M.
1981 Cultural ecological aspects of the pithouse to pueblo transition in a portion of the Southwest. *American Antiquity*, (46):75-92.

Willey G.R. y P. Phillips
1958 *Method and Theory in American archaeology*. University of Chicago Press. Chicago.

Yacobaccio, H.
1991 *Sistemas de Asentamiento de los Cazadores-recolectores Tempranos de los Andes Centro-Sur*. Tesis Doctoral. UBA.
e. p. Biomasa Animal y Consumo en el Pleistoceno-Holoceno Surandino. *Arqueología*. Secc. Preh., Inst. Cs. Antropológicas, UBA,1994

Yacobaccio, H., Elkin, D. y D. Olivera
1994 ¿ El fin de las sociedades cazadoras ? : El proceso de domesticación animal en los Andes Centro-Sur. *Arqueología Contemporánea*, 5, Edición Especial: *«Arqueología de Cazadores-Recolectores»* (L. Borrero y J.L. Lanata, comp.).

FENOMENOS CULTICOS TEMPRANOS EN LA SUBREGION VALLISERRANA

Marta R. A. Tartusi
Víctor A. Núñez Regueiro

INTRODUCCION

El objeto de este trabajo es, analizar la evidencia disponible acerca de la existencia de centros ceremoniales prehispánicos en la subregión Valliserrana del Noroeste argentino.

Es indudable que el tema de la religión encierra riesgos, y resulta mucho más difícil de encarar y contrastar científicamente que muchos otros que corrientemente atraen la atención de los especialistas. Pero la dificultad, e incluso, la incertidumbre, que implica su abordaje, no es motivo para que lo dejemos de lado, porque lo que representa ha tenido tanta importancia para el hombre, como la que tuvieron la economía o el entorno físico con los que se ha tenido que enfrentar.

Para el hombre andino han sido comunes determinadas concepciones que hay que tener en cuenta: el manejo del concepto de dualidad (esto es, considerar que el mundo y todas las cosas están compuestas por dos entes opuestos y complementarios, como frio-calor, hombre-mujer, vida-muerte); la tradición de cultos de la muerte (con la creencia de que los espíritus de los muertos desempeñan un papel activo y crucial en el mundo de los vivos); la continua circulación de ideas a través del tiempo y del espacio; y la reciprocidad y la redistribución de los bienes producidos, entre distintas comunidades.

El estudio de las estructuras ceremoniales ha hecho cambiar radicalmente la perspectiva respecto al surgimiento de las sociedades complejas de los Andes; en este sentido, ha tenido más importancia que el análisis de la iconografía, tecnología o las variables económicas. Debido a su trascendencia, creemos que es necesario definir con claridad ciertos conceptos.

Entendemos por *estructura ceremonial* toda estructura, simple, como puede ser un montículo, o compleja, como pueden ser los denominados "complejos de plataformas en forma de U", cuyas características y elementos asociados permitan inferir que su finalidad ha sido de carácter ceremonial.

En cambio un *centro ceremonial* es una institución representada por un espacio socialmente organizado para desempeñar funciones cúlticas, que actúa, además, como centro de administración y de poder. En los centros ceremoniales residían permanentemente los shamanes o sacerdotes, que ofrecían determinados tipos de servicios a una colectividad dispersa o concentrada en poblados cercanos, la cual acudía periódica o eventualmente al centro. Arqueológicamente se puede identificar como un tipo especial de asentamiento caracterizado por la presencia de estructuras ceremoniales y un área de reunión o lugar de concurrencia.

EL FORMATIVO INFERIOR (desde el 450 a.C. hasta el 500 d.C.)

Por razones de exposición, centraremos nuestra exposición en la región de valles intermontanos del Noroeste argentino, referida generalmente como "Valliserrana". Comprende los valles intermontanos situados al oriente de la Puna y al sur de las Quebradas de Humahuaca y del Toro; por el este se halla rodeado por las Yungas hasta el norte de la provincia de Catamarca, y por las subárea de Sierras Centrales y Centro-Oeste hacia el sur. Dentro de los límites provinciales actuales, abarca el centro-sur de Salta, occidente de Tucumán, la mayor parte de Catamarca y La Rioja, y norte de San Juan.

Dentro de la historia cultural de esta región podemos diferenciar distintos "períodos". Los períodos son divisiones convencionales que establecen los arqueólogos dentro del desarrollo histórico, sobre la base de los cambios que consideran más importantes. Sobre esta base podemos decir que después de un período *de Transición* o *Arcaico* de las sociedades de cazadores-recolectores, en la que se realizaron las primeras experiencias de domesticación de camélidos y plantas, nos hallamos con el período denominado *Temprano* o *Formativo Inferior*. Se halla caracterizado por el establecimiento de las primeras comunidades aldeanas sedentarias e igualitarias, que fabricaron cerámica y fueron sentando las bases agrícolas y pastoriles, la estructura social y las variables culturales, incluyendo las religiosas, que marcaron los desarrollos posteriores.

Si tomamos como indicador de este período a la cerámica, en el Noroeste argentino el Formativo Inferior habría comenzado hacia 1000 a.C., de acuerdo con dataciones radiocarbónicas obtenidas en la provincia de Jujuy; en la región Valliserrana no se han registrado hallazgos anteriores a 450 a.C., pero es probable que antes de esa fecha ya se hallasen asentadas comunidades agropastoriles y alfareras.

Desde el principio, los grupos humanos se fueron conformando a partir de intereses comunes que actuaron como elemento aglutinante, generando un poder consensuado y difuso basado en pautas compartidas. El aumento poblacional y el imperativo de satisfacer las crecientes necesidades básicas, fueron produciendo cambios en la estructura simple, primaria, de los grupos y alteraron el sistema de relaciones, tanto a nivel interno como a nivel externo.

A diferencia de lo que sucedía en los períodos anteriores, a comienzos del Formativo, las relaciones de los grupos sociales no estaban dirigidas a macro-ambientes proveedores de caza y recolección, sino a microambientes más específicos, constituidos por un área que incluía un foco central dado por los campos de cultivo y vivienda, y los alrededores como campo de caza y recolección. Esto trajo aparejado un sentido de propiedad comunal de la tierra, y la necesidad de adaptación a un medio ambiente específico, que produjo algunas diferencias entre comunidades que compartían un origen común y un modo de producción similar.

Las sociedades aldeanas del Formativo Inferior se asentaron en los valles semiáridos como los de Santamaría (o Yocavil), Hualfín y Abaucán, y los valles orientales, más húmedos, como los de Catamarca, Ambato y Tafí, y el Campo del Pucará. La instalación se realizó: en los valles semiáridos preferentemente en zonas próximas a cuencas hidrográficas importantes, y en los valles orientales en zonas ubicadas en la proximidad del piedemonte oriental andino, que ofrecen un fácil acceso a variados recursos naturales existentes en la selva.

El típico patrón de asentamiento (esto es, la forma en que un grupo social organiza el espacio que utiliza para instalar sus construcciones), lo constituían aldeas compuestas de habitaciones de paredes de piedra y/o adobe, distribuidas en torno a un patio central, o habitaciones, agrupadas o aisladas, diseminadas entre los campos de cultivo. Esto refleja una organización social simple, estructurada sobre bases de parentesco.

La relativa sencillez de las sociedades hizo que las relaciones entre las distintas aldeas se estructurasen a partir de circuitos de comunicación con características asociativo-comunitarias. Con el transcurso del tiempo, algunas aldeas fueron adquiriendo mayor importancia, pasando a representar el rol de núcleos del sistema de intercambio.

La agricultura en este período, fue intensamente complementada con la caza y la recolección, que siguieron desempeñando un importante papel para la dieta.

Las tareas agrícolas produjeron una modificación del espacio causada por el despedre de los campos donde se iba a practicar la agricultura y la construcción de estructuras agrícolas. Se elaboraron instrumentos de labranza, como la «taklla» o palo plantador, que consistía en una estaca de madera dura, de 1 a 1,5 metros de largo, terminada en una punta aguda, con la cual se destrozaban los terrones de tierra y se hacían huecos profundos en los que se plantaban las semillas, tubérculos o estacas.

Entre las especies cultivadas podemos mencionar el maíz perla, de granos pequeños y duros (*Zea mays var. microsperma*), el poroto (*Phaseolus sp.*), el maní (*Arachis hipogaea*), el zapallo (*Cucurbita sp.*), la quinua (*Chenopodium quinoa*), de granos pequeños y alto valor alimenticio; y tubérculos como la papa (*Solanum sp.*), la oca (*Oxalis tuberosa*) y el ulluco o papa lisa (*Ullucus tuberosus*). Entre las de recolección, especies locales cuyas semillas o frutos fueron utilizadas para la alimentación, como el algarrobo (*Prosopis sp.*), el chañar (*Geoffroea decorticans*), el mistol (*Zyzypus mistol*) y el cactus o cardón (*Opuntia sp.*), de fruto comestible, conocido como «tuna» (voz de posible origen antillano).

Además, otras especies vegetales fueron explotadas con finalidades diversas, como el ya mencionado algarrobo, de madera dura empleada para la construcción, fabricación de distintos artefactos y como combustible; el achiote o urucú (*Bixa orellana*), empleado para teñir, que crece en las selvas tropicales; plantas con propiedades alucinógenas como el cebil *Anadenanthera colubrina;* y plantas con propiedades medicinales.

La tecnología se fue modificando, incorporándose la pulimentación de artefactos de piedra, la elaboración de cerámica, el empleo del metal para objetos de adorno o ceremoniales; y se desarrollaron los textiles a partir de la utilización del telar. Este progresivo avance tecnológico se tradujo en modificaciones radicales en el modo de vida, ya que al asegurar un mínimo de provisión alimenticia se propició el proceso de sedentarización y el crecimiento de las poblaciones.

De estos asentamientos más estables se conservan vestigios arqueológicos bien identificables, que posibilitan disponer de una considerable riqueza de información, en notable contraste con el período anterior, respecto al cual poseemos relativamente pocos datos.

El sedentarismo, el crecimiento demográfico, y la interacción entre distintas comunidades, unido al surgimiento y/o desarrollo de algunas tecnologías particulares fueron, paulatinamente, introduciendo cambios en la estructura social de las sociedades formativas.

La dinámica cultural generada por la movilidad espacial, que obligaba a constantes adaptaciones a distintos medios ecológicos, y el intercambio de objetos o productos entre grupos de una misma cultura, y entre grupos de culturas distintas, originó una amplia difusión de técnicas, creencias y prácticas culturales; los medios de producción se enriquecieron con la incorporación de nuevos cultígenos y técnicas agrícolas.

Las técnicas de cultivo, rudimentarias a veces, en ocasiones introdujeron el agotamiento de los suelos, y produjeron en algunos casos un aumento de erosión. Este factor, junto con la incapacidad de la organización de estas aldeas para integrar socialmente el aumento demográfico que posibilitaba la agricultura, se tradujo en una fuerte movilidad geográfica de los grupos humanos. Las aldeas crecían por aumento de su población, hasta alcanzar un máximo, más allá del cual se debieron haberse desprendido algunos grupos familiares para instalar un nuevo núcleo en otra zona.

El espacio fue organizado en función de las necesidades emergentes del grado de desarrollo de cada sociedad, entre otras, explotar los recursos naturales disponibles, e intercambiar productos con poblaciones asentadas en otras regiones. De esta manera, muchos bienes e ideas se difundieron por vastos territorios mediante intercambio directo entre distintas aldeas, travesías hacia regiones con recursos naturales distintos, y expansión o traslado de poblaciones.

El Formativo Inferior fue el escenario de un desarrollo de complejidad creciente, mucho más dinámico de lo que se suponía, que se fue estructurando a partir de polos de desarrollo. Dentro de él surgieron ya las bases de sociedades más complejas que las que podemos encontrar en los núcleos aldeanos organizados sobre la base de relaciones familiares e interaldeanas mediante vínculos establecidos por reciprocidad. Como veremos más adelante, parte de los indicadores de esta complejidad está representada por las estructuras ceremoniales que se registran a partir de comienzos de nuestra era, y la organización social que puede derivarse del análisis de los patrones de asentamiento.

Desde que se establecieron las bases para la consolidación de la estructura social adaptada a la economía productora de las primeras comunidades aldeanas igualitarias, podemos hablar dentro del período Formativo Inferior, de un estadio *Inicial*.

Posteriormente, poco antes de comienzos de nuestra era, se fue configurando un estadio *Cultista*, caracterizado por la existencia de sociedades organizadas sobre la base de los centros ceremoniales no unificados, que existieron, primero en el valle de Tafí, y más tarde, en el sector nororiental del Campo del Pucará.

Los cambios que se produjeron hacia el final del estadio mencionado (450-500 d.C.) dieron origen a un período *de Integración Regional*, socialmente estructurado sobre la base de jefaturas cuyo desarrollo inicial se realizó a partir de un centro unificado en el valle de Ambato, y se extendió hacia otros sectores del área ocupada por «Aguada».

LAS SOCIEDADES DEL FORMATIVO INFERIOR

Por medio del estudio de los restos que perduran en los yacimientos, los arqueólogos acostumbran a diferenciar "culturas", o divisiones dentro de éstas que denominan "fases" (si son de índole cronológica) o "facies" (si son de índole regional).

Al igual que el concepto de "período", estos conceptos son abstracciones, herramientas metodológicas que crea y utiliza el investigador social, para poder comprender, y posteriormente describir y tratar de explicar, los fenómenos sociales.

Sobre la base de las diferencias que se observan, entre otros, en la forma y decoración de las vasijas y demás artefactos, las técnicas constructivas de las viviendas, y las características de los entierros, se han podido definir y analizar distintas «culturas» del Formativo Inferior, que por diferentes caminos llegaron al territorio de la región Valliserrana, portando las costumbres y creencias que heredaron de sus ancestros.

Ofreceremos un panorama general de esas poblaciones: las culturas *Condorhuasi* y *Ciénaga*, que se extendieron por gran parte de los valles intermontanos, hasta alcanzar los límites de la Puna; la cultura *Tafí*, que ocupó los valles de Tafí y la Ciénaga, en la provincia de Tucumán; y la cultura *Saujil*, localizada en el valle de Abaucán, situado en la porción suroccidental de la provincia de Catamarca. Nos referiremos también a *Vaquerías*, que hace unos años podríamos haber considerado otra cultura más, y que actualmente se estima es una facie de Condorhuasi.

Las poblaciones pertenecientes a esas culturas, mantuvieron distintos tipos de relaciones entre sí y con poblaciones asentadas en otras regiones, originando lazos económicos y sociales que dieron lugar a un activo intercambio entre distintas aldeas, y profundos cambios culturales cuyo proceso analizaremos por separado, basándonos en el análisis de la información disponible.

CONDORHUASI (200 a.C.-500 d.C.)

Ejemplares de la cerámica conocida actualmente como Condorhuasi, fueron publicados por algunos autores, como Juan B. Ambrosetti, desde fines del siglo pasado y considerados como *alfarerías locales* por Bregante, quien opinó «podrían convertirse en el futuro en cerámica típica de una determinada zona». En 1931 Salvador Debenedetti incluyó un ejemplar en su trabajo sobre la «civilización de los Barreales».

En 1943, Antonio Serrano fue el primero en definir un *tipo cerámico* (en algunos trabajos considerado *estilo*), diferenciable del resto del material existente en el Noroeste argentino, que denominó Condorhuasi.

El primero que definió a Condorhuasi como "cultura" fue Alberto Rex González, en 1955, tratando de integrar el contexto cultural correspondiente.

Cuando, a partir de 1957, bajo la dirección de González, se realizaron excavaciones en el Campo del Pucará, se pensó que ellas podrían resolver el problema de saber cómo eran los poblados Condorhuasi. Para González, la excavación de estos sitios podía ser clave para el conocimiento y ubicación cronológica de esa cultura, y/o de Ciénaga, ya que en superficie aparecían fragmentos de cerámica de ambas culturas.

Desde el punto de vista cultural, la ubicación de los sitios presentaba un problema que, tal como estaba planteado, debía resolverse sobre la base de una alternativa: Condorhuasi o Ciénaga. En las excavaciones de 1957 no se pudo resolver el problema de a cual de las culturas mencionadas pertenecían los sitios de Alumbrera, ya que aparecían fragmentos atribuibles a ambas culturas en todos los lugares trabajados.

Luego de muchas discusiones, y de trabajos de campo realizados en 1958, 1964 y 1966, se impuso la opinión, sustentada por Núñez Regueiro, que los sitios pertenecían a una cultura independiente de Condorhuasi y Ciénaga, que se denominó Alamito.

A partir del análisis de datos recabados surgió, desde un nivel interpretativo, la hipótesis propuesta por Marta R. A. Tartusi y Víctor A. Núñez Regueiro, realizada en 1993: los sitios de Alamito, del Campo del Pucará, provincia de Catamarca, no constituyen una cultura independiente (denominada Alamito), sino que representan los centros cúlticos de Condorhuasi, por lo que pueden ser denominados Condorhuasi-Alamito.

Rasgos Generales

La mayor parte del conocimiento que tenemos sobre la cultura Condorhuasi proviene del estudio de materiales hallados en tumbas, especialmente en el valle de Hualfín, y de los sitios de Alamito existentes en el Campo del Pucará. A excepción de las técnicas arquitectónicas utilizadas en Alamito, es muy poco lo que se conoce respecto a los poblados de Condorhuasi, pero las habitaciones parecen haber sido de paredes de adobe o tapia.

La cultura Condorhuasi se distingue de las restantes culturas del Formativo Inferior, especialmente por su alfarería decorada y por la escultura en piedra, ambas manufacturadas con fines rituales y funerarios, según lo indica la situación de los hallazgos.

La escultórica lítica ofrece los exponentes más elaborados de toda la arqueología argentina: platos, fuentes, morteros y manos, y hachas, tallados con figuras humanas y/o zoomorfas, entre las que es característica un felino; y cabezas, menhires y estilizadas esculturas conocidas como «suplicantes».

Las prácticas funerarias se caracterizan por entierros realizados en forma directa en pozos, a veces provistos de una cámara lateral, donde se deposita al muerto, acompañado por un ajuar que muestra diferencias en cuanto al número y calidad de las ofrendas y adornos corporales.

Facie Condorhuasi-Alamito

Los sitios estudiados en el Campo del Pucará (Dto. Andalgalá, Provincia de Catamarca), conocidos en la literatura como «sitios de Alamito», tienen un patio central que aparece como una depresión cromáticamente diferenciada del resto del terreno debido a una mayor concentración de humedad, claramente visible en las fotografías aéreas. El aspecto de «depresión» se debe a que esa zona se halla rodeada por un anillo sobreelevado causado por distintas estructuras que fueron cubiertas por sedimentos a lo largo del tiempo, formando sobreelevaciones monticulares.

Al ser excavado este anillo, se descubren varios elementos diferentes: dos plataformas rectangulares de paredes de piedra rellenadas con tierra, situadas al occidente; recintos circulares techados, o cobertizos, carentes de paredes (Recintos C), que se levantan en la inmediación de las plataformas; y un conjunto de recintos con paredes de tierra (tapia) con columnas de piedra, que completan el anillo. Dentro de este conjunto se distinguen dos tipos: uno de recintos alargados (Recintos B), de planta trapezoidal, paredes altas y, más de 6 m a 15 m de largo y, poco más de 3 m a casi 5 m de ancho máximo; y otro de recintos de planta cuadrangular o ligeramente trapezoidal (Recintos A), de paredes bajas y dimensiones menores a la del anterior.

Los recintos mayores, en ocasiones recubiertos de pintura roja, se hallan dispuestos al oriente, en oposición al pasillo que separa ambas plataformas.

Al occidente del anillo descripto se encuentra en forma constante un montículo de dimensiones mayores, tanto en extensión como en altura, que las de los montículos que forman el anillo. A diferencia de los otros, este montículo presenta una gran cantidad de fragmentos de cerámica, hueso y desecho lítico en superficie, que permite inferir que se trata de una estructura de depositación de restos, con características particulares.

Con carácter no constante (aproximadamente en un 30% de los sitios prospectados), existe un pequeño montículo de tierra, excepcionalmente con algunas piedras, y situado en la depresión central, por lo general enfrentando al espacio que, a manera de un corredor, separa las dos plataformas de piedra ubicadas al occidente del anillo. Su función se desconoce.

Se han construido muros de contención de piedra, cuidadosamente ejecutados, para contener la tierra donde era necesario, como por ejemplo en la parte occidental de los montículos mayores, rodeando al patio central, o en sectores externos de los recintos.

En la misma zona, pero separados de estos sitios con forma de anillo, existen recintos cuadrangulares de paredes de piedra, que son contemporáneos, y que deben haber sido utilizados como corrales.

Cronología

Sobre la base de variaciones registradas en la cerámica a lo largo del tiempo, se pueden distinguir tres fases cronológicas dentro del desarrollo de Condorhuasi:

Fase Diablo (200 a.C.-200 d.C.). Predomina la cerámica ordinaria, de color rojizo, amarillento o negruzco, de fondo redondeado y sin asas. Existe un tipo de vasijas toscas, de cuerpo globular y cuello cilíndrico, con líneas verticales onduladas, incisas. A estos tipos toscos se asocia una cerámica gris, de superficie pulida, que tiene formas simples, como jarros de cuello cilíndrico, cuerpo globular achatado y asa acintada vertical, que une el cuello y el cuerpo. La decoración de estas vasijas está constituida por incisiones de líneas gruesas, que configuran motivos geométricos muy simples, como rombos y triángulos, frecuentemente bordeados o rellenados de puntos.

Fase Barrancas (200-350 d.C.). Las formas de la cerámica son variadas, distinguiéndose los vasos antropomorfos, zoomorfos y zoo-antropomorfos muy elaborados, similares en muchos rasgos a los vasos modelados Vaquerías, frecuentemente pintados con diseños geométricos blancos, o negros bordeado de blanco (Condorhuasi Polícromo o Clásico), sobre un engobe rojo.

Fase Alumbrera (350-500 d.C.). Desarrollada en los sitios de Alamito. Se mantienen los vasos modelados, pero desaparece la pintura negra bordeada de blanco sobre engobe rojo. En su lugar, se aplican la misma combinación de colores sobre una pintura roja, en grandes recipientes de cuerpo ovoidal, cuello cilíndrico y borde evertido, con representaciones antropomorfas y zoomorfas (Alumbrera Tricolor).

Vaquerías (200 a.C-200 d.C.?) En su trabajo monográfico sobre la cultura Condorhuasi, en 1956 González describió un tipo que denominó "Condorhuasi Tricolor". Años después Heredia, Pérez y González, consideraron que esa cerámica pertenecería a una entidad cerámica distinta, que denominaron *Vaquerías*. Investigaciones posteriores hicieron que el propio González, junto con Baldini, llegara a la conclusión de que "Vaquerías no sería sino una fase de Condorhuasi (...) o ambas, son fases de una entidad mayor». De acuerdo con trabajos recientes de Tartusi y Núñez Regueiro, se considera más adecuada la primera alternativa.

Contexto y cronología

Las formas más comunes son jarros semicilíndricos y recipientes modelados que representan figuras o cabezas humanas (interpretados como «cabezas-trofeo»), pintados con motivos puramente geométricos, que tal vez reproduzcan la decoración que debieron tener las cestas y los tejidos, de rojo oscuro o castaño y negro a gris, sobre un fondo blanco o amarillento. En muchos casos resulta difícil distinguir las vasijas Vaquerías de las Condorhuasi.

Fragmentos de cerámica Vaquerías se hallan rara vez en yacimientos arqueológicos de superficie; por lo general, las vasijas Vaquerías se encuentran como ofrenda funeraria, lo que nos habla de que es una cerámica ritual, producto de artesanos o artistas altamente especializados.

Si hasta ahora no se ha podido definir con claridad la existencia de una «cultura» Vaquerías, es porque no se ha logrado aislar y definir su «contexto», a pesar de que existen algunas piezas de piedra que podrían ubicarse dentro del mismo. Su cerámica ha sido encontrada siempre asociada en forma aparentemente «intrusiva» en otros contextos.

A través de formas de los ceramios Vaquerías se infiere el uso de alucinógenos y la práctica de sacrificios humanos asociados a «cabezas trofeo».

Vaquerías es, al menos en gran parte, contemporánea con la fase Diablo de Condorhuasi (aproximadamente 200 A.C al 200 d.C.), y posiblemente perdure hasta los comienzos de la fase Las Barrancas (aproximadamente 200 d.C. al 350 d.C.).

Cienaga (200 a.C.-600 d.C.).

El análisis del origen histórico del concepto "Ciénaga" no puede separarse del de "Aguada", ya que ambos términos han estado siempre íntimamente relacionados.

Las primeras informaciones publicadas sobre cerámica que ahora denominaríamos «Aguada», fueron las proporcionadas por Lafone Quevedo a fines del siglo pasado, al referirse a fragmentos cerámicos hallados en las proximidades de Las Garrochas (Dto. Andalgalá, Catamarca). La denominación que utilizó para describirla fue la de *draconiana*, término que se popularizó en trabajos posteriores.

Poco después Ambrosetti dio a conocer una pieza procedente del valle de Santa María. A principio de siglo Lafone Quevedo amplió el área de dispersión de la cerámica draconiana, extendiéndola al valle de Hualfín, alrededores de Andalgalá, valle de Catamarca y La Rioja. Es importante señalar que ya en este trabajo supuso que la alfarería «draconiana» debía ser anterior a la de otros tipos encontrados en la región.

En 1912 Uhle, continuando con la línea de pensamiento iniciada por Lafone Quevedo, supuso que la cerámica «draconiana» pertenecía a un período anterior al de la que él denominó «Calchaquí», y que corresponde a la que actualmente asignamos al período de Desarrollos Regionales.

Cinco años después, Debenedetti hizo extender el área de dispersión de la alfarería «draconiana» hacia el sur, hasta la provincia de San Juan, señalando la existencia de una "cultura", representada por esa cerámica, existente en los «barreales».Opinó que las urnas draconianas pertenecían a una época muy antigua, en la que florecían, en territorio extranjero, adelantadas culturas como la de Tihuanaco, Nazca y otras.

El 1923 el denominado *estilo draconiano* fue claramente definido por Boman y Greslebin, quienes realizaron breves excavaciones. Boman rechazó firmemente las aproximaciones cronológicas expresadas en los trabajos de Lafone Quevedo y Uhle, y consideró que la cerámica «draconiana» era contemporánea a la santamariana.

La expresión "alfarería" o "estilo draconiano" se siguió utilizando hasta 1926, año en el que el historiador Leviller propuso el rechazo de esa denominación, por considerar que no eran dragones, sino felinos, los animales representados.

Poco después, y sobre la base de excavaciones practicadas por primera vez con cierta intensidad, Casanova y Debenedetti realizaron importantes modificaciones: describieron por primera vez, materiales excavados cuidadosamente; rechazaron la designación del término "draconiano"; probaron que, a veces, junto con los característicos vasos con decoración "draconiana" o felínica se encuentran en los lugares próximos y aún en los mismos sitios otros vasos pintados con motivos más simples, y de líneas rojas o negras, sobre el fondo natural y también otros grabados con motivos geométricos: rombos, triángulos, ajedrezados, etc., mencionaron o describieron otros objetos de metal, piedra o hueso, que se vinculan con la cerámica antes mencionada; denominaron al conjunto: *cultura de los Barreales*; y establecieron la anterioridad de esta cultura con respecto al "estilo calchaquí" (diaguita).

Sin embargo, en los trabajos posteriores prevaleció la sincronía propuesta por Boman, tal como puede verse en 1946, en la obra de síntesis de Márquez Miranda sobre los Diaguitas.

Un cambio importante fue producido en 1948, cuando Bennett colocó a la cultura de los Barreales en el período «Early» (Temprano), dentro de su propuesta general de diacronización de la arqueología del Noroeste argentino.

Años más tarde, sobre la base de los materiales existentes y excavaciones sistemáticamente emprendidas, González dividió a la «cultura de los Barreales» en dos: *Aguada* y *Ciénaga* (esta última dividida en *dos fases*. Supuso que Aguada (caracterizada, por la iconografía «draconiana») precedía cronológicamente a Ciénaga.Esta misma idea se reflejó en Serrano cuando intentó realizar una seriación estilística que, partiendo de la representación naturalista del felino, desembocaba en motivos que serían claramente Ciénaga, siguiendo la terminología de González.

Dataciones radiocarbónicas obtenidas con posterioridad a esos trabajos, hicieron a González invertir la secuencia. En 1965 el mismo autor describió y analizó exhaustivamente a la cultura Aguada, respecto a la cual pensaba tuvo que existir un momento de comienzo en que las ideas y elementos que la integran empiezan a infiltrarse en el N.O., luego un momento de auge y estabilización de la cultura, y por último, uno de desintegración.

Varios años después, el mismo autor propuso la división de Aguada en sectores geográficos (Septentrional, Meridional y Oriental), diferenciados por particularidades especialmente a nivel cerámico. Años más tarde consideró que Aguada podía dividirse en tres culturas, que corresponderían, a grandes rasgos, a los tres sectores antes mencionados: Aguada sensu stricto, Schaqui y Rinconada.

Respecto a Ciénaga agregó una fase más (*Fase La Manga* o *Ciénaga I*) a las dos fases reconocidas; de esta forma, la anterior fase I pasaría ahora a ser *Ciénaga II,* y la II pasaría a ser *Ciénaga III* (González 1977).

Rasgos generales y cronología

Al igual que lo que ocurre con Condorhuasi, gran parte del conocimiento existente sobre Ciénaga proviene del estudio de tumbas. Las características de los poblados es muy poco conocida; se han hallado habitaciones circulares de paredes de piedra, pero es probable que hayan sido frecuentes las habitaciones de paredes de adobe o tapia, que dada la relativa fragilidad de su materia prima, fueron destruidas con el paso del tiempo.

Las tumbas frecuentemente están agrupadas en cementerios ubicados en las proximidades de los sitios de vivienda. Los adultos se enterraban en forma directa, en fosas cilíndricas abiertas en el suelo, generalmente flexionados, y acompañados de un ajuar que variaba en número y calidad. Los párvulos y niños eran enterrados en urnas de cerámica, en cuyo interior se solían depositar ofrendas consistentes en vasijas, adornos y juguetes.

A semejanza de lo que ocurre con Condorhuasi, se han distinguido tres fases cronológicas dentro del desarrollo de Ciénaga, tomando en cuenta variaciones registradas en la cerámica:

Fase La Manga o Ciénaga I (200 a.C.-250 d.C.) La cerámica es de superficie pulida, gris a casi negra, rojiza o ante, con motivos incisos y/o pintados de rojo, simples, existiendo algunos raros ejemplares con figuras zoo o antropomorfas delineadas con líneas rectas. Es característico un diseño constituido por incisiones horizontales simples y cortas, dispuestos en una hilera vertical delimitada a ambos lados para sendas líneas rectas incisas. Las formas son semejantes a las de la Fase Diablo de Condorhuasi.

Fase Guiyischi o Ciénaga II (250-450 d.C.) Disminuye la frecuencia de la cerámica con motivos pintados de rojo sobre el color ante de la pieza, y surge y comienza aumentar de frecuencia la cerámica pintada negro sobre ante o negro sobre crema. En la cerámica incisa aparecen motivos de series de cuatro o cinco puntos, realizados con un instrumento de varias puntas. Los diseños son geométricos, derivados posiblemente de dibujos de telas, pero existen además caras humanas triangulares, figuras humanas de cara rectangular y cuerpo rectilíneo, y llamas dibujadas con líneas también rectas. Entre las formas son frecuentes los jarros con asa vertical acintada, los pucos de paredes verticales, y vasijas de mayor tamaño que fueron usadas como urnas.

Fase Casa Vieja o Ciénaga III (450-600 d.C.) Perdura la cerámica pintada con dibujos negros. Siguen realizándose dibujos geométricos incisos, pero aparecen figuras de simios muy esquemáticos, de cara triangular y cuerpo y cola curvos, saurios y círculos estampados formando una serie paralela al borde de la vasija. Las formas se asemejan a las que después vamos a encontrar en Aguada, tales como pucos troncocónicos. Estilísticamente estas vasijas estarían indicando un momento de transición entre Ciénaga y Aguada.

Tafí (100 a.C.-900 d.C.)

Las estelas o menhires de Tafí y los recintos de piedra, generalmente circulares, existentes en el valle homónimo, en la provincia de Tucumán, fueron conocidos desde los primeros trabajos de investigación en el Noroeste argentino. En 1897 Ambrosetti realizó una breve descripción de las estelas o menhires, y señaló las diferencias existentes entre los restos arqueológicos del valle respecto a otras regiones del país. Según su opinión, los menhires de Tafí debían corresponder a una cultura distinta, relativamente antigua, cuyo origen debía buscarse en la cuenca del Titicaca. Los pocos trabajos posteriores que se hicieron en la zona, centrados en el estudio de las estelas, dejaron de lado las hipótesis adelantadas por Ambrosetti, y atribuyeron a los indígenas históricos los vestigios encontrados.

En 1948, Bennett definió, sobre la base bibliográfica existente, a la *cultura Tafí*, aseverando que era el único complejo del área central del Noroeste argentino, que no podía ser relacionado con otros, ni ubicado en el tiempo.

Recién en 1960 se realizaron trabajos de excavación intensivos en sitios del valle de Tafí, bajo la dirección de González, que permitieron ampliar el conocimiento sobre la cultura Tafí y obtener las primeras dataciones radiocarbónicas, planteando la posibilidad de dividir a esta cultura en fases.

Los trabajo en el valle del Tafí continuaron realizándose, especialmente a partir de la década de los '80, con trabajos de sendos equipos de investigación dirigidos por Berberián, de la Universidad Nacional de Córdoba, y Núñez Regueiro, de la Universidad Nacional de Tucumán.

Tafí representa un caso excepcional dentro de la arqueología del Noroeste argentino; es el único en que para su definición, desde los primeros trabajos, se han tomado en cuenta elementos no cerámicos como son los menhires y los recintos circulares de piedra.

Fuera del valle de Tafí, fueron descriptos por Krapovickas restos similares en el área del valle de Medina; y por Quiroga, Bernasconi de García y Baraza de Fonts, en el valle de la Ciénega.

Rasgos Generales y Cronología

De acuerdo con las dataciones radiocarbónicas obtenidas hasta el momento, la tradición *Tafí* cubrió cronológicamente el lapso comprendido entre el siglo I d.C. y comienzos del siglo IX d.C., aunque su origen posiblemente se remonte a un siglo antes de nuestra era. Su expansión abarca los valles de Tafí y la Ciénega, y se extiende en dirección a la zona del piedemonte tucumano, por el sur a lo largo de la Quebrada del Portugués, y por el norte hasta alcanzar la mesada del Piquillín, en la ladera de la Sierra de Medina. Poco es lo que se conoce aun sobre esta tradición, especialmente si tomamos en cuenta la magnitud de la variable temporal que abarca, y los cientos de sitios Tafí existentes en el área.

Estos poseen estructuras de paredes de piedra, que forman distintos tipos de sitios: (1) unidades simples pequeñas y medianas, circulares o subcirculares (de 2 a 6 m de diámetro); (2) unidades simples grandes, cuadrangulares o subcuadrangulares y circulares o subcirculares (de más de 6 m); (3) unidades circulares compuestas, de uno o más recintos o patios circulares grandes con recintos circulares pequeños o medianos adosados; (4) unidades cuadrangulares compuestas, de dos o más recintos cuadrangulares grandes apareados (corrales); (5) estructuras de riego; (6) estructuras para la protección del suelo (muros de contención, terrazas, andenes, cuadros de cultivo); (7) montículos (para despedre de campos y basurero); (8) estructura excepcional, cuya posible función se vincula al culto.

Los testimonios recuperados hasta ahora permiten afirmar que desde el comienzo de su desarrollo conocido en el valle de Tafí, existían estructuras ceremoniales en el área de Casas Viejas, en El Mollar: un gran montículo, de aproximadamente 30 m de largo y 3 m de alto, y numerosas estelas o menhires, dos de los cuales fueron hallados en el centro de un recinto de planta circular de alrededor de 20 m de diámetro, de paredes de piedra escogidas. En colecciones privadas existen cabezas de piedra que deben haber formado parte de las paredes de recintos similares.

La cerámica es tosca, o se halla recubierta por un baño delgado o pintura roja, y excepcionalmente se encuentra decorada con incisiones y apliques al pastillage, simples, o formando representaciones de cabezas de animales. En el área ocupada por la tradición Tafí, sobre más de 60.000 fragmentos de cerámica recuperados en las excavaciones de 1960, se hallaron solo tres tiestos Condorhuasi, y dos de Vaquerías. Hasta el momento no se han registrado fragmentos que pudieran ser considerados Aguada.

En cambio, a través de la cerámica, en sitios cronológicamente situados a partir del siglo V d.C., son manifiestas las vinculaciones existentes entre Tafí y la cultura Candelaria de las Selvas Occidentales.

Esto nos lleva a pensar que entre Tafí y las culturas de la subárea de las Selvas Occidentales debió existir una estrecha relación interétnica, posiblemente originada en la necesidad de compartir recursos, alejados de los centros de asentamiento: por parte de Candelaria, esto debió generar un movimiento ascendente hacia la zona de los valles y sierras situadas al occidente de su territorio, y por parte de Tafí un movimiento descendente hacia el piedemonte septentrional tucumano, situado al oriente de los valles de Tafí y la Ciénega. Frente a este fuerte nexo resulta particularmente significativa la aparente ausencia total de Ciénaga y Aguada. A nuestro juicio, esto se debió a que durante el desarrollo de toda la secuencia, existió una fuerte barrera interétnica con poblaciones asentadas en otros valles del Noroeste argentino.

Sin embargo, en esta época debieron existir vinculaciones al nivel de intercambio con otras regiones, como parecería mostrarlo la presencia de cerámica Condorhuasi en el montículo de El Mollar. El desarrollo de la cultura Tafí ha sido dividido en dos fases o estadios:

Fase La Angostura o *Tafí I*. Utilización del montículo ceremonial y desarrollo de los menhires. Ausencia de asas en botón. Escasa cerámica con incisiones y apliques al pastillage. Sistema de asentamiento caracterizado por unidades de residencia familiar/almacenaje/procesamiento y consumo, dispersas en los campos de cultivo.

Fase Carapunco o *Tafí II*. Abandono del montículo ceremonial, y menor importancia de los menhires. Presencia de asas en botón. Cerámica intrusiva «Candelaria III». Sistema de asentamiento caracterizado por estructuras de residencia familiar concentradas que forman verdaderas aldeas, las que a veces incluyen espacios de actividad comunal.

Saujil (0 - 650 d.C.)

Ha sido definida y estudiada sistemáticamente por Sempé de Gómez Llanes, de la Universidad Nacional de La Plata, especialmente a partir de la década de los '70, diferenciándola de las culturas Ciénaga, Condorhuasi y Aguada, de las que es en parte contemporánea.

Rasgos generales y cronología

Saujil se halla precedida por una fase denominada *Los Ranchillos* o *Pre-Saujil* (450 a.C.-0 d.C.), que posee cerámica tosca o alisada, y gris a negro pulida.

Las habitaciones de Saujil eran semisubterráneas, de planta rectangular, y paredes de adobe o tapia. Las prácticas funerarias consistían en entierros directos, tanto de adultos como de niños, con escaso o nulo ajuar fúnebre. Se ha registrado el uso de una cubierta de barro sobre los esqueletos, que muestra la perduración de rasgos muy antiguos, posiblemente originados en la cultura Chinchorro, base de los grupos agrícolas del norte de Chile.

En la cultura Saujil predomina la cerámica tosca, de distintas tonalidades de gris hasta casi negro, y las formas simples, entre las que se encuentran jarros semicilíndricos y pucos o escudillas. A esta cerámica se le asocia otra, de superficie gris pulida, y en menor proporción, vasijas con superficie exterior de color negro, con algunos raros exponentes de color ante-grisáceo.

La decoración consiste en dibujos geométricos sencillos, no figurativos: fajas verticales de líneas paralelas rectas, onduladas o en zig-zag; bandas espigadas; reticulados; bandas paralelas rellenas con trazos cortos y oblicuos; y escalonados de líneas verticales. Las técnicas decorativas incluyen: depresiones acanaladas, incisión, brochamiento realizado con un peine de cuatro puntas, pintura roja o negra sobre la superficie natural gris, y pulimentación efectuada en líneas mediante la utilización de una piedra de superficie bien pulida.

Esta cultura ha sido dividida en tres fases, que se distinguen por la frecuencia y presencia o ausencia de ciertos tipos cerámicos, y por los contactos mantenidos con otras culturas:

Fase Saujil I (0 - 400 d.C.), dividida a su vez en *Saujil Montículo* (0 - 250 d.C.) y *Costa de Reyes* (250 - 400 d.C.), presenta al principio de su desarrollo influencias de la Fase Diablo de Condorhuasi, y más tarde de la Fase La Manga o Ciénaga I.

Fase Saujil II o La Puntilla (400 - 550 d.C.), donde se registran influencias de las fase Guiyischi o Ciénaga II; y

Fase Saujil III o Palo Blanco (550 - 650 d.C.), en la que se encuentran elementos de la fase Casa Vieja o Ciénaga III, y en la que ya se perciben influencias Aguada.

LOS CENTROS CULTICOS TEMPRANOS

El hombre necesita «conocer» el mundo que lo rodea, porque de esta forma puede actuar sobre él. Desde el momento en que surge la agricultura como elemento fundamental para la subsistencia, cobra una particular importancia el poder «conocer» y «actuar» sobre los fenómenos naturales que inciden en el crecimiento y fructificación de las plantas, como las estaciones, las lluvias y las heladas.

Esta necesidad debió satisfacerse, en los comienzos, mediante observaciones regulares y la práctica; así, observando el movimiento aparente del sol, es posible llegar a determinar lo que conocemos como solsticios y equinoccios, y saber, de esta forma, cuando son las épocas propicias para la siembra y la recolección. Lo que resulta más difícil es establecer las causas de los fenómenos, por ejemplo, porqué llueve o porqué existe períodos de sequía. La necesidad de conocer genera respuestas que se estructuran socialmente.

Las causas que provocan los fenómenos naturales a menudo son difíciles de conocer, y la necesidad de respuestas induce a pensar que dichas causas son producto de lo sobrenatural: la manifestación de la voluntad de los dioses o de los ancestros. Al concebir a los mismos como causa, la única forma de actuar sobre ellos es mediante actos que puedan inclinar hacia un lado u otro, la voluntad de quienes se consideran «causa» de los fenómenos que se intentan controlar. Esto va configurando todo un mundo de creencias que se expresan a través de actividades y ceremonias religiosas.

Estas ideas y ceremonias (por ejemplo, la idea de que por medio de sacrificios podemos hacer mejorar las cosechas), no son contrastables. Si después de un sacrificio, mejoran las cosechas, estaremos «comprobando» la validez de esa creencia; si en cambio no se producen modificaciones, la conclusión a la que se arribe podría ser que debemos aumentar los sacrificios.

Todo esto hizo que cada vez fuera adquiriendo mayor relevancia la existencia de personas especializadas en todos los aspectos relacionados con el culto, como son los shamanes.

Con la aparición de las primeras aldeas los dioses de la lluvia y la fertilidad acrecentaron su importancia. El uso de sustancias alucinógenas, como la que se prepara con las semillas tostadas y molidas de la vaina del cebil o «vilca» (*Anadenanthera colubrina*), incrementó la capacidad de «comunicación» con lo sobrenatural, dando origen a expresiones simbólicas muy variadas. Un ejemplo de esto lo constituyen los morteros de piedra, utilizados para moler las semillas de alucinógenos, con magníficas figuras humanas y zoomorfas, especialmente felínicas, talladas en sus extremos.

Los alucinógenos desempeñaron un papel muy importante. El cebil puede ser fumado utilizando pipas de cerámica o piedra (práctica que posiblemente fue la corriente durante el Formativo Inferior), o inhalando, mediante tubos, el polvo del cebil depositado en tabletas de madera; esta última modalidad se desarrolló en épocas posteriores. El efecto de la droga induce a pensar, a quien la ingiere, que se realiza un «viaje», y se produce una transformación, comúnmente asociada con un felino (jaguar). De ahí que el hombre y el felino constituyan dos aspectos de un mismo fenómeno, relacionado con la posibilidad de «comunicarse» con lo sobrenatural, e íntimamente ligado al poder de los shamanes, que eran los encargados de administrar el culto y las prácticas con él asociadas.

La elaboración de algunas de las piezas de cerámica y piedra que actualmente nosotros consideramos como «arte» prehispánico, tenía una finalidad fundamentalmente ligada a la religión. Las dimensiones estéticas se hallaban profundamente subordinadas a las creencias religiosas; constituían la forma en que se expresaba un lenguaje de comunicación con los dioses y la naturaleza.

El incremento de la interacción social entre diferentes aldeas, la acumulación de nuevos conocimientos agrícolas y tecnológicos, y la importancia creciente de los aspectos relacionados con las prácticas ceremoniales, hizo que el proceso de diferenciación entre las distintas aldeas se fuera acentuando. Algunas adquirieron cada vez mayor importancia, especialmente en los aspectos relacionados con el culto. Este, que al principio solo estaba organizado al nivel familiar, o cuando más, compartido por algunas aldeas, se fue centralizando, y haciendo cada vez más complejo.

A comienzos de nuestra era surgieron los primeros centros ceremoniales en el Valle de Tafí (Tucumán), y hacia el año 200 d.C. en los sitios de Alamito, en la provincia de Catamarca.

Los centros ceremoniales coordinaban y administraban las actividades y relaciones religiosas, sociales, económicas y políticas de distintas aldeas, sin necesidad de que existiera algún tipo de aparato formal o legal de represión. Constituyeron un tipo de poder que se extendió, en este período, en forma espontánea, sobre la base del entendimiento de que esas prácticas eran naturales o el resultado de un interés común evidente.

El centro cúltico de El Mollar

En El Mollar, valle de Tafí, la ubicación del montículo, ocupando el centro del área principal de dispersión de los menhires o estelas de piedra (lisos, tallados, y al menos en un caso, también pintado), las cabezas de piedra, el hallazgo de dos esqueletos humanos completos y varios otros restos humanos óseos, y de restos de camélidos posiblemente sacrificados, apuntan hacia una funcionalidad específicamente ceremonial.

La conformación del montículo y la distribución de las estelas no parecen responder a una planificación deliberada, sino ser la resultante de las actividades ceremoniales que se fueron desarrollando en el lugar a lo largo del tiempo. No obstante puede inferirse que las estructuras responden a la concepción de un centro cúltico, del que conocemos poco porque en el área de Casas Viejas prácticamente no se han realizado excavaciones de viviendas. Las estelas, algunas de varias toneladas de peso, no son obras que hayan podido ser ejecutadas mediante labor individual o no organizada, sino que implican trabajo colectivo, realizado por un grupo que extrae su fuerza de trabajo de distintas familias, tanto de una sola comunidad como de comunidades separadas. El trabajo colectivo implica la existencia de algún tipo de autoridad, que tiene el poder y la habilidad de movilizar y dirigir las acciones de la gente.

Los centros cúlticos de Alamito

En Alamito, Campo del Pucará, por sus características generales, los sitios constituyen un caso único dentro de la arqueología del período Formativo Inferior del Noroeste argentino. Representan una facie, o variación regional, de la cultura Condorhuasi (denominada Condorhuasi-Alamito), caracterizada por el desarrollo de las prácticas ceremoniales.

La particularidad de los sitios de Alamito está dada, no solamente por las características arquitectónicas de los recintos, sino por el manejo del espacio, reflejado en el patrón general y la organización de sus estructuras. Viendo el croquis de cualquier sitio, y la información proporcionada por las excavaciones, se observa un plano de simetría que divide a cada uno en dos mitades, una ocupando el sector norte del sitio, y la otra el sector sur del mismo. Cada mitad está integrada por una plataforma, un cobertizo, talleres y habitaciones, que reflejan una estructura dual (dos mitades opuestas y complementarias) en la organización del grupo social.

El montículo mayor, las plataformas, los recintos C o cobertizos, y los recintos A o talleres, integran lo que podemos considerar el área ceremonial, a la que habría que sumarle el patio central. Esto significa que más de la mitad de las estructuras y área ocupada por las mismas tuvo una finalidad íntimamente vinculada con lo ritual. Hacia el naciente, en posición opuesta al área ceremonial, se hallan grandes recintos, de paredes de tapia, con columnas de piedra incorporadas a las paredes para sostener el techo. El piso se halla extraordinariamente consolidado. En algunos recintos se ha podido constatar que el piso y las paredes estuvieron pintados de rojo, y en algunos casos también combinado con blanco. De acuerdo con las evidencias obtenidas, el número de estas construcciones, que han sido denominadas «recintos B» o habitaciones, es muy reducido: solo 2 a 6 por sitio.

Los restantes recintos son menores en tamaño y altura, y difieren entre sí por algunos rasgos y elementos asociados. Algunos podrían ser habitaciones pequeñas, pero la mayoría parecen ser talleres, entre los que sobresale un tipo que ha sido considerado como talleres metalúrgicos.

Por la ubicación que tienen estos recintos dentro del plano general de cada sitio, entre los recintos B o grandes habitaciones y las restantes estructuras (cobertizos, plataformas, montículo mayor) que conforman el área que podemos considerar ceremonial, pensamos que los talleres, y por ende la metalurgia, estuvo muy estrechamente relacionada con las prácticas ceremoniales de Condorhuasi-Alamito. En recintos que suponemos han sido talleres metalúrgicos, se han hallado tubos de cerámica, que deben haber sido utilizados como «huayras» (que en quechua significa «viento») o proto-hornos de fundición. En ellos se introducía el mineral de cobre triturado, mezclado con carbón vegetal, que era encendido; la temperatura se elevaba gradualmente, mediante la circulación del aire dentro de la huayra, por acción del viento, hasta que el cobre comenzaba a fundirse, escurriéndose hacia abajo, hasta llegar al crisol donde se lo recogía; entonces, el metal fundido, cuya temperatura podía llegar a los 1.200° C, podía ser vertido directamente en moldes, o en fuentes donde se lo dejaba enfriar, para poder ser trabajado después.

La metalurgia, estuvo muy estrechamente relacionada con las prácticas ceremoniales de Condorhuasi-Alamito. La explotación del fuego y la domesticación de animales y plantas se basaron en recursos naturales manifiestamente claros. Para inspirar el dominio de tales prácticas, todo lo que se necesitaba era el reconocimiento de cuán útil podría resultar su adopción para las actividades humanas. La elaboración del metal exigió un cambio más radical en el estado natural de los quehaceres: la profunda y permanente alteración de los materiales.

El dominio de la técnica de transformación de la materia que representa la metalurgia debió haber tenido un significado muy importante para la religión de las culturas formativas.

A diferencia de otros sitios formativos, los de Alamito obedecen a un patrón de planificación arquitectónica bien definido, y claramente consciente. Las construcciones se han organizado utilizando las características naturales del relieve. En algunos sitios el área ceremonial principal, especialmente el espacio ocupado por el montículo mayor, fue seleccionada siguiendo un criterio que podríamos denominar «escénico»: elegir una sobre elevación natural del terreno claramente resaltada, para dar mayor altura a las estructuras, respecto al patio central, situado al naciente. En uno de los sitios el montículo mayor tiene una potencia de 1,20 m en su parte más alta, la que se halla a 6 m por encima del nivel del centro del patio. Situándose en este punto, las estructuras ceremoniales resaltan con magnificencia, recortadas contra el cielo.

Las habitaciones propiamente dichas (recintos B), localizadas en forma diametralmente opuesta al área ceremonial, también se destacan por sus dimensiones y su altura, esta última debido al tamaño de las paredes y a la construcción de pisos sucesivos. El montículo mayor, única estructura singular dentro de la arquitectónica dual del sitio, debe haber representado el centro integrador de las dos mitades, y por consiguiente, haber tenido un papel ceremonial de particular importancia, atestiguado por hallazgos de indudable importancia ritual.

Cada vez percibimos con mayor claridad la fuerza que ha tenido la circulación y perduración de ideas en el mundo andino. En el fondo el ordenamiento de los sitios de Alamito al que hemos hecho referencia se asemeja, en cuanto a concepción general, al que existe en la costa desértica del Perú en sitios precerámicos a partir aproximadamente algo antes del segundo milenio a.C., estableciendo cánones que perduraron en la arquitectura ceremonial posterior: la circulación formal a través del complejo sagrado se realiza descendiendo desde la parte posterior hacia el patio central, desde donde se asciende hacia el sector de plataformas.

El análisis que venimos efectuando cambia por completo la interpretación de los sitios de Alamito. Hasta ahora se los había considerado como aldeas con un ceremonialismo organizado exclusivamente a nivel familiar. Si tomamos en cuenta la reducida cantidad de personas que debieron habitar cada sitio y la elaborada planificación ceremonial estructurada sobre la base de una organización dual de la sociedad, se impone la conclusión de que la pequeña y muy bien organizada población que vivía en cada sitio estaba específicamente dedicada a actividades ceremoniales para el servicio de otros grupos. Los rasgos arquitectónicos no son los únicos que permiten sustentar la interpretación de que los sitios de Alamito son centros ceremoniales. La tecnología del tallado de la piedra aplicada a fuentes y otros tipos de recipientes, tallas cefalomorfas, etc., evidencia un alto grado de especialización. Ya a fines del siglo pasado Lafone Quevedo había observado que las mejores piezas de piedra tallada, morteros, ídolos, etc. provenían del Campo de Pucará. Esto se reafirma si consideramos que son características de Alamito las tallas antropomorfas, y con menor frecuencia zoomorfas, conocidas comúnmente como «suplicantes».

Tanto las esculturas de piedra, de alta calidad técnica y artística, como la cerámica polícroma y modelada, y los artefactos de metal, debieron ser hechos por artesanos especializados, que pudieron ser los propios shamanes, y elaborados en función de un ritual complejo, que parece centrarse en torno al culto de un felino (jaguar). Se han hallado además aerófonos (instrumentos de viento) consistentes en ocarinas de cerámica, con figuras humanas o felinos modelados, y flautas o pinkullos de hueso de llama y humano que deben haber sido utilizadas también durante las ceremonias.

Los más parecidos, al menos superficialmente, son sitios localizados en la zona de Agua de las Palomas, en el sector suroccidental del Campo del Pucará. Estos sitios presentan también un anillo de montículos y un montículo mayor, pero aparentemente carecen de plataformas. Existen algunos indicadores de la existencia de estructuras supuestamente ceremoniales, prácticamente inexploradas, localizadas en otras zonas del departamento Andalgalá. Son los «alpataucas» o «allpataucas» (voz de origen quechua que significa "montículos de tierra") que según Lafone Quevedo hay en muchas partes de Catamarca, como en Huasán, y media legua más al Sur, en Chaquiago de Abajo (Andalgalá); algunos de los allpataucas a los que se refiere en su trabajo deben haber correspondido a sitios de Campo del Pucará. El allpatauca de Chaquiago fue parcialmente excavado y dibujado por Methfessel en el siglo pasado, y recorrido por González en 1957, quien dejó un croquis del gran montículo representado por el allpatauca, y de montículos de menor tamaño, similares a los del Campo del Pucará, pero dispuestos alrededor de un espacio cuadrangular. No existen referencias respecto a plataformas asociadas con los allpataucas.

EL DESARROLLO DE LOS CENTROS CULTICOS

Se ha hallado cerámica Vaquerías en asociación con sitios de la fase Diablo de Condorhuasi en el valle del Hualfín; en el valle de Lerma, en asociación con material de la tradición San Francisco, característica de la región de las Selvas Occidentales; en la zona de San Carlos-Cafayate en Salta; en Jujuy; en Chuscha, en el piedemonte tucumano, asociada a material Candelaria; y en el montículo de la tradición Tafí estudiado en El Mollar.

Pensamos que la cerámica Vaquerías constituye un indicador del movimiento de grupos caravaneros, y por ende del intercambio interétnico, y que su distribución no es el resultado de la distribución de un pueblo, sino de ideas y bienes que circularon durante los últimos siglos del estadio inicial del Formativo, siguiendo rutas de interacción materializadas por caravanas específica o preponderantemente dedicadas a la distribución de objetos de carácter ritual: determinados tipos de artefactos, como la cerámica; ornamentos; alucinógenos como el cebil (*Anadenanthera sp.*), estimulantes como la coca (*Erythroxylum sp.*) y otros.

En el área de San Pedro de Atacama, norte de Chile, se han encontrado algunos fragmentos Vaquerías, lo que indica su amplia distribución.

Esto no representa una concordancia cronológica casual. Existen muchas piezas de cerámica a las que en algunos casos se las considera pertenecientes a la cultura Condorhuasi y en otros a Vaquerías.

El uso de alucinógenos y las "cabezas trofeo" son también rasgos compartidos entre Vaquerías y Condorhuasi, que parecerían estar asociados a ritos agrícolas tempranos, extendidos por gran parte de la región surandina. Una vez establecido el modelo aldeano del formativo, se observa una acentuada representación de los aspectos rituales.

Es posible entonces pensar que Vaquerías y Condorhuasi son manifestaciones de una misma cultura, Condorhuasi, solo que Vaquerías (a quien podríamos denominar Condorhuasi-Vaquerías), sería la manifestación de la importancia que desde el punto de vista religioso habría ido desarrollando Condorhuasi sobre otras poblaciones, consolidada en el intercambio de bienes apoyado en el tráfico caravanero.

Si tomamos en cuenta la cabeza-trofeo representada en un ceramio Vaquerías, podemos considerar que el origen de esta práctica ritual asociado a sacrificios humanos, se remontaría en la región, cuando menos, a esta época, a pesar de que sus indicadores más tangibles los observaremos recién en las cabezas de piedra de Tafí y Condorhuasi-Alamito en cráneos trofeo hallados en esta última, y en la iconografía cerámica de Aguada.

Uniendo estos datos, podríamos suponer que la base para el surgimiento de los centros cúlticos de Condorhuasi-Alamito se fue desarrollando durante la segunda mitad de la fase Diablo, estimulada por el efecto que habrían tenido las caravanas Condorhuasi-Vaquerías en los procesos de intercambio y consiguiente difusión de bienes cúlticos y suntuarios.

Las poblaciones de tradición Condorhuasi asentadas en otros sitios, no solamente del Campo del Pucará, sino de otras zonas, como puede ser el valle de Hualfín, estarían en contacto con, y al nivel religioso subordinadas, a los centros ceremoniales de Alamito. Estos deben haber desempeñado un papel significativo en el mantenimiento de la eficiencia y equilibrio del sistema y en la distribución de bienes, especialmente los relacionados con el culto, tanto en forma directa como por medio de tráfico caravanero.

Las caravanas de llamas debieron planearse y organizarse durante reuniones realizadas en esos centros ceremoniales, destinadas a establecer armonía política, ritual y social en términos de resolver conflictos y aumentar las posibilidades para el comercio de larga distancia. Indudablemente, las llamas desempeñaron un importante papel no solo económico, sino también ritual. El sacrificio de llamas se encuentra presente en tumbas Condorhuasi; en Alamito se han hallado restos de llama asociados a las plataformas ceremoniales.

La circulación de bienes desde los centros ceremoniales hacia otras poblaciones, impulsada por el tráfico de caravanas, explicaría la amplia distribución de muchos objetos, cuya semejanza estilística y complejidad tecnológica están indicando que son el resultado de una producción artesanal altamente especializada.

Condorhuasi-Alamito careció, al menos en sus inicios, de una estructura religiosa centralizada, pero sentó las bases para los desarrollos posteriores. Nos encontramos aquí con una organización social mucho más compleja que la de las simples aldeas, que comienza a integrar a otras poblaciones, como Ciénaga, en una circulación de bienes institucionalizada, con ejes de interacción cuyas cabeceras se hallan en los centros ceremoniales que identificamos como sitios de Alamito.

Las diferencias registradas en los ajuares fúnebres de tumbas Condorhuasi sugieren importantes diferencias sociales. Esto, sumado a la existencia de centros ceremoniales, con todo lo que ello representa al nivel de organización social, nos induce a pensar que Condorhuasi constituyó la base para el posterior surgimiento las sociedades de jefaturas o señoríos que van a existir durante el período de Integración Regional caracterizado por la expansión de la ideología Aguada.

LOS CENTROS CULTICOS TEMPRANOS EN EL PANORAMA GENERAL DE LA ARQUEOLOGIA ANDINA

Si tratamos de buscar semejanzas entre Tafí, y Vaquerías/Condorhuasi-Alamito, con otras regiones, resulta clara la existencia de un gran conjunto de rasgos que comparten con sitios de las regiones Circun Titicaca y Valluna del área Centro Sur Andina. Estas relaciones han sido señaladas en diversos trabajos; específicamente, se han hecho resaltar afinidades entre Tafí y Alamito con la cultura «Megalítica» o «de los Túmulos» definida por Ibarra Grasso, entre Alamito con Chullpa-Pampa y con Chiripa, entre Condorhuasi y Sauces, etc. Las afinidades entre los menhires o monolitos de Tafí y los atribuidos originalmente a Pukara y actualmente a Chiripa son también significativas.

La existencia de relaciones entre las mencionadas culturas formativas del NOA con culturas de Bolivia y Perú como las que hemos señalado, resulta clara a través no de rasgos aislados, sino de un conjunto de rasgos compartidos, algunos de los cuales podemos remontar hasta Chavín, y aún más atrás. Esto nos está hablando de la existencia de «relaciones» entre esas culturas, pero no nos explica el carácter de esas relaciones. Igual cosa sucede si comparamos Aguada con Tiwanaku.

Si en lugar de tomar en cuenta rasgos aislados, tomamos en consideración los desarrollos que pueden registrarse, observamos que con la reinterpretación del proceso ocurrido en el Formativo del NOA, surge cierto paralelo de desarrollo entre Qaluyu-Cusipata-Pukara en el Noroccidente de la cuenca del Titicaca y Wankarani-Chiripa-Qeya (Tiwanaku III) en el Suroriente de dicha cuenca, con Tafí y Vaquerías-Condorhuasi-Alamito y Aguada en el NOA.

Desde que se realizó el descubrimiento o colonización del NOA por parte de poblaciones agropastoriles de tradición andina, el NOA siempre se mantuvo integrada al resto de la macroárea Andina. No puede entenderse bien ni el desarrollo del NOA ni del área Centro Sur Andina, si no se toma en cuenta que ambas formaron parte de un universo andino, constantemente sometido a procesos de evolución compartidos.

El culto de los antepasados es una de las formas en que se expresa ese universo andino. Su importancia resulta manifiesta a través de la documentación histórica, que hace referencia a la importancia que tenían las "guacas adoratorios", a las cuales se les ofrecían sacrificios; las "illapas", que eran cuerpos muertos embalsamados de antepasados, a los cuales reverenciaban y ofrendaban; y el principal género de guacas, que llamaban "pacariscas", que quiere decir "creadoras de sus naturalezas", y que podían ser piedras, fuentes, ríos, cuevas, otros animales o plantas, y de las que los indígenas creían descender.

La fuerza de la tradición y religiosidad sustentada en los mitos de origen, el culto a la «pacarisca», el culto a los antepasados, presentes en la concepción de la casa como «cosmos» y como «arte de la memoria», constituyen la base sobre la cual se estructuraron las relaciones y se concatenó la evolución de las sociedades andinas.

Tomemos como ejemplo el uso de alucinógenos. No es claro todavía el origen del "complejo de rapé". Tabletas de rapé han sido halladas en sitios ocupados durante el primer milenio a.C., en Paracas y también en Huaca Prieta. En la costa Chilena, tabletas y tubos para rapé se encontraron en contextos tempranos cerca de Quiani y Pichalo; son encontrados con frecuencia en sitios del complejo Faldas del Morro, datado entre el 1 y el 700 d.C., y sitios relacionados sobre el río Loa; en San Pedro de Atacama las tabletas tienen un desarrollo seguro desde el 250 d.C.

Es indudable que el Noroeste jugó en el norte de Chile, un papel activo en relación al complejo de alucinógenos antes de que se manifestase la influencia de Tiwanaku en esa zona. La presencia de alcaloides de origen vegetal ya se registra en el precerámico, en Inca-Cueva. El total de pipas de todos los cementerios de San Pedro de Atacama es 19; todas, son de estilos del Noroeste argentino. La zona adyacente a las Yungas, donde se sitúan precisamente los centros ceremoniales y «polos de desarrollo», esto es, el Valle de Tafí, Campo del Pucará y Valle de Ambato, resultan de importancia estratégica para la obtención del cebil.

Pensamos que las tabletas de madera estuvieron en uso en el NOA durante el

Formativo Inferior, aunque aun no se han hallado restos de ellas, por razones de conservación de la madera; en los sitios de Alamito se han encontrado pocos fragmentos de tubos de pipas en ocho temporadas de trabajo de campo intensivo; siendo en cambio abundantes, los recipientes y morteros de piedra labrados que se relacionan con el complejo alucinógeno; se ha hallado, además, un tubo posiblemente para contener sustancias sicotrópicas, hecho con la mitad proximal de un fémur de llama, con círculos pintados de negro. Se registraron hallazgos de cuentas de malaquita, pero aisladas, asociadas a entierros; y una cuenta de malaquita adentro de un ceramio Condorhuasi; consideramos que algunas pueden ser indicadores de incrustaciones de tabletas, y no cuentas de collar, a pesar de que las incrustaciones en tabletas en Chile parecen tener una cronología más tardía.

Numerosos morteros ceremoniales de piedra labrada asociados con sitios Chavín, y en muchos sitios pre-Tiwanaku de las tierras altas de Titicaca y Bolivia, hacen que sea claro que este rasgo cultural fue anterior a la expansión Tiwanaku. Morteros y contenedores de poca profundidad relacionados con posible uso de drogas se encuentran también en las fases de Condorhuasi-Alamito en el NOA.

La percepción de un «Area Meridional Andina» marginal y subordinada a las influencias del área nuclear que constituyeron los Andes Centrales, es una supersimplificación que oscurece la comprensión de los procesos que se operaron dentro en las distintas regiones de la macroárea Andina. La organización de este espacio se realizó a partir de «polos de desarrollo», que fueron variando a lo largo del tiempo, y que tuvieron distintos rangos desde el punto de vista de su importancia. Existieron «polos» principales, y «polos» de importancia menor y diferenciada, que constituyeron la base de la estructura que conformó la red de relaciones entre distintas sociedades.

De esta forma, se establecieron diferentes tipos de relaciones entre los polos principales, pero no necesariamente en forma directa, sino a través de la intermediación de polos de importancia menor, y de la interacción entre las poblaciones con ellos relacionadas. Dentro de esta dinámica no se produjo una acción unidireccional de «influencias» de un polo sobre otro, o de éstos con los polos secundarios o las distintas poblaciones que participaban del sistema; por el contrario, existió una dialéctica permanente, estructurada sobre la historia compartida, que los fue modificando a todos.

El NOA no estuvo aislado del resto de la macroárea Andina; siempre, de alguna manera, y con diferencias de intensidad según los períodos, estuvo integrado al resto del área desde sus comienzos, pero no de manera meramente pasiva, sino activa.

EL PAPEL DE LOS CENTROS CULTICOS TEMPRANOS EN EL SURGIMIENTO DE "AGUADA"

Durante toda la secuencia registrada en los sitios de Alamito se mantiene el patrón de asentamiento, técnicas arquitectónicas como las paredes de tapia con columnas de piedra, plataforma ceremoniales con paredes de piedra, elementos representados (felino, hombres con tocado), formas y estilos decorativos, sacrificios humanos y tal vez de camélidos, el uso intensivo de alucinógenos en las prácticas shamánicas, el desarrollo de la metalurgia, importancia del tráfico caravanero, etc.

A pesar de esta continuidad cultural se logran ver algunas modificaciones, no solo en cuanto a la variación en frecuencia de los distintos tipos cerámicos, sino también de la de varios artefactos, a un grado tal que algunos podrían considerarse como indicadores cronológicos locales. Otros cambios parecen manifestarse también en el tratamiento de los restos humanos, en el tamaño de las habitaciones, en el aparente aumento de talleres especializados, etc., que están indicando, en alguna medida, modificaciones en la estructura social.

La presencia de Ciénaga desde los comienzos de la secuencia registrada en los sitios Condorhuasi-Alamito, manifestada por la cerámica, va aumentando paulatinamente a medida que transcurre el tiempo. Esta presencia de elementos Ciénaga en esos sitios puede explicarse sobre la base de la hipótesis de que poblaciones de origen Ciénaga se integraron al sistema de los centros cúlticos de Condorhuasi-Alamito. Esto, y la función distributiva de estos centros, podría explicar la existencia de artefactos de metal en Ciénaga.

Analizando todo esto en perspectiva, y tratando de integrar los datos, pensamos que a lo largo de la existencia de los centros cúlticos Condorhuasi-Alamito se fue operando un proceso paulatino de cambio, posiblemente debido a la interacción con poblaciones de distinto origen. Este proceso dio como resultado que entre los centros se fuese produciendo un proceso de competitividad, que hizo que uno fuese primando sobre los otros, hasta alcanzar a prevalecer.

Por lo que sabemos hasta ahora los centros cúlticos de Condorhuasi-Alamito situados en el Campo del Pucará fueron abandonados hacia finales del siglo V d.C. El polo de desarrollo se trasladó entonces hacia el valle de Ambato, configurándose lo que conocemos como Rinconada o Aguada del Sector Oriental.

El surgimiento del fenómeno «Aguada» como manifestación de una integración regional realizada sobre bases culturales, económicas e ideológicas, de sociedades no igualitarias, organizadas al nivel de señoríos, no constituye un salto cualitativamente significativo dentro de la historia prehispánica del Noroeste argentino. Tiene sus raíces en ese desarrollo histórico de complejidad creciente que se dio durante el Formativo, durante el cual comenzaron a perfilarse nuevos modos de vida que fueron superando en magnitud social a las de las simples aldeas igualitarias.

Las similitudes entre Aguada y Tiwanaku no se deben a un efecto unidireccional de influencias Tiwanaku sobre Aguada, llegadas a través de San Pedro de Atacama. Se deben a la concepción de un «mundo andino» que se fue desarrollando desde sus comienzos como un todo mayor, donde las poblaciones dispersas por los distintos rincones que componen el área, interactuaron permanente, de muy diversas maneras. El tráfico caravanero, importante en esta interacción, solo fue un vehículo dentro de la compleja gama de relaciones sociales; fue un importante elemento coadyuvante a la posibilidad de materializar la perduración en el tiempo de un origen común.

Desde este punto de vista, pensamos que los paralelos que pueden establecerse entre Aguada y Tiwanaku no son resultado de una influencia directa de esta última sobre la primera, llegada a través de San Pedro de Atacama, y mucho menos que el surgimiento de Aguada tenga una relación directa con Tiwanaku.

Antes que Aguada, ya existen claros indicadores de que Vaquerías, y luego Condorhuasi-Alamito, bajo el efecto polarizador que representaba el complejo de centros organizados del Formativo, mantenía relaciones con poblaciones atacameñas, y con otras poblaciones del NOA y de Bolivia; y que las poblaciones del Norte de Chile se hallaban vinculadas con otras poblaciones de la macroárea Andina, como las asentadas en la región Circum Titicaca. Cada una fue parte activa de una extensa y compleja red de relaciones intra e interétnicas, que actuó dialécticamente en el proceso evolutivo de las sociedades andinas.

Mucho antes de que surgiera Aguada, las sociedades formativas del NOA estuvieron de alguna manera integradas al resto de la macroárea Andina, sobre la base de contactos e intercambios a distancia. Hay numerosos ejemplos incontrastables de esta vinculación, como el hallazgo de moluscos marinos en sitios formativos del NOA, o de cerámica Condorhuasi en San Pedro de Atacama; sin contar con las similitudes iconográficas y simbólicas, que podemos rastrear a través de manifestaciones de escultórica lítica desde Chavín en Perú, hasta Tafí y Condorhuasi-Alamito en el NOA.

La posición «marginal» del NOA deriva de haber enfocado tradicionalmente la problemática de la prehistoria andina desde el área Andina Central y desde los preconceptos de la «arqueología monumental». Tampoco estamos de acuerdo con las connotaciones de valoración que usualmente se aplican a los conceptos de periferia o marginalidad. Si por el contrario, ubicamos nuestro punto de observación en el NOA, por su situación geográfica equidistante respecto a los Andes Centrales y Extremo Sur y su fácil acceso hacia las tierras bajas tropicales, veremos que pudo jugar un rol particular dentro del desarrollo de la historia cultural de los Andes del Sur.

Consideramos que esto resulta fundamental para poder comprender el fenómeno «Aguada». El NOA no estuvo aislado del resto de la macroárea Andina; siempre, de alguna manera, y con diferencias de orientación según el interés del momento, se mantuvo integrado y de manera meramente pasiva, sino activa.

En síntesis, pensamos que Aguada es el resultado de una historia regional que siempre estuvo vinculada con el resto del área andina y, que en los orígenes directos de Aguada se hallan los centros cúlticos Condorhuasi-Alamito del Campo del Pucará.

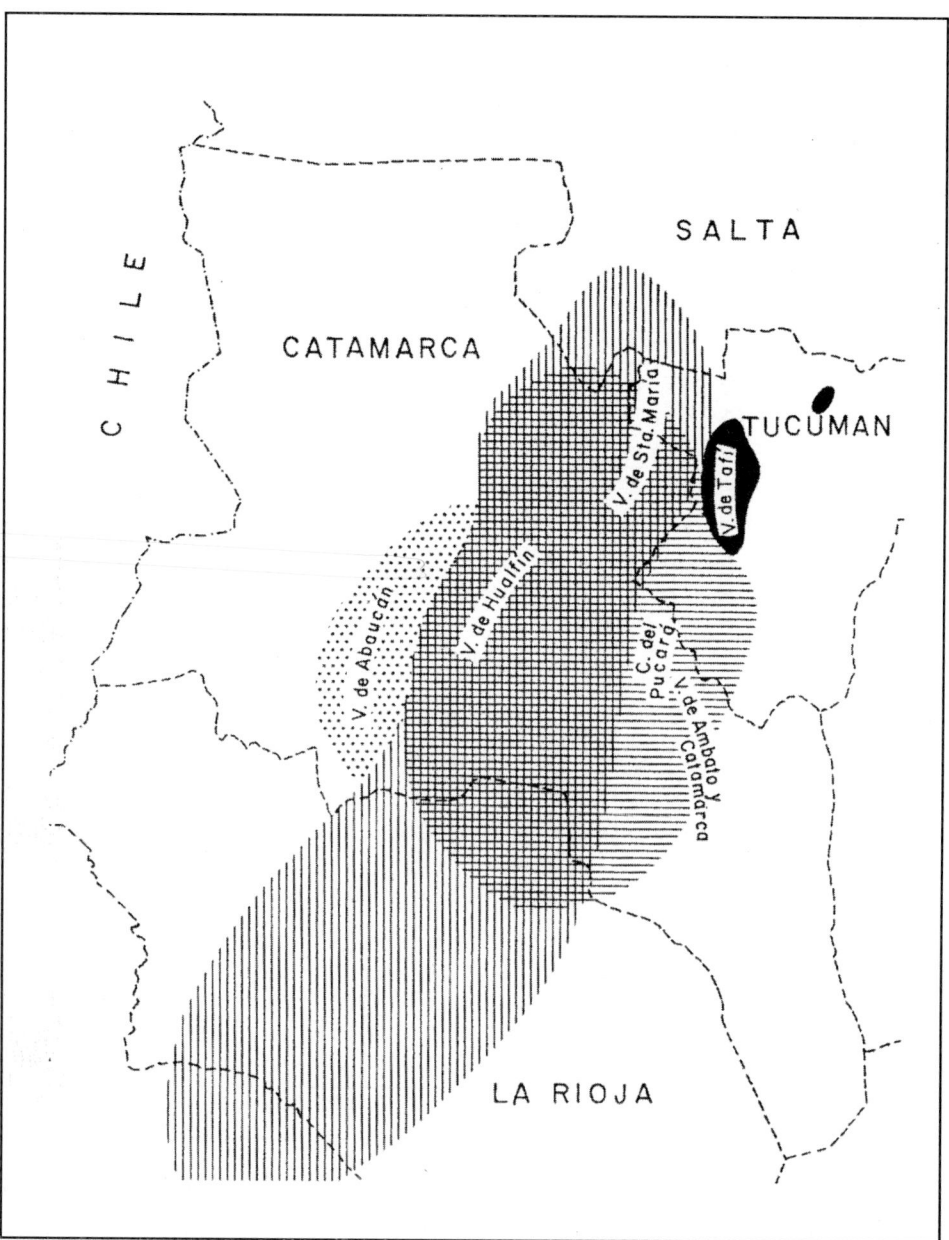

Figura 1: Mapa de la Provincia de Catamarca, con el área de distribución de las culturas: Condorhuasi (rayas horizontales), Ciénaga (rayas verticales), Saujil (punteado) y Tafí (en negro) (basado en A.R. Gonzalez 1977): "Arte precolombino de la Argentina..." con modificaciones.

160 / Historia Argentina Prehispánica

FECHAS	PERIODOS	CULTURAS			
800 d.C.	FORMATIVO SUPERIOR o MEDIO	TAFI II o CARAPUNCO		AGUADA "SENSU STRICTO" o AGUADA SEPTENTRIONAL	SCHAQUI o AGUADA MERIDIONAL
700			RINCONADA o AGUADA ORIENTAL		
600					SAUJIL III o PALO BLANCO
500				CIENAGA III o CASA VIEJA	SAUJIL II o PUNTILLA
400	FORMATIVO INFERIOR o TEMPRANO	TAFI I o ANGOSTURA	CONDORHUASI III o ALUMBRERA	CIENAGA II o LA PUNTILLA	C. DE REYES
300			CONDORHUASI II o GUYISCHI		SAUJIL I / SAUJIL MONTICULO
200			VAQUERIAS / CONDORHUASI I o DIABLO	CIENAGA I o LA MANGA	
100					PRE-SAUJIL o LOS RANCHILLOS
0					
100 a.C.					
200					
300					
400	?	AREA DE DISTRIBUCION CULTURA TAFI	AREA DE DISTRIBUCION DE LA CULTURA CONDORHUASI	AREA DE DISTRIBUCION DE LA CULTURA CIENAGA	AREA DE DISTRIBUCION DE LA CULTURA SAUJIL
500					
600					

Figura 2: Cuadro cronológico del período Formativo en la región Valliserrana.

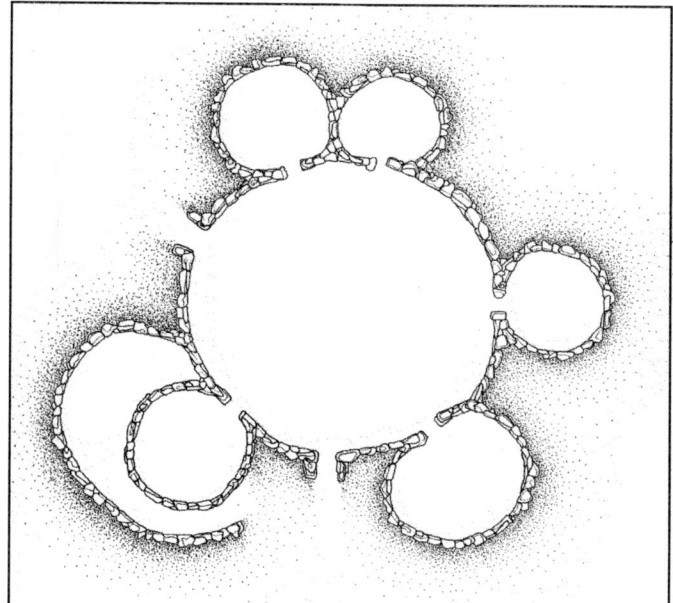

Figura 3: Croquis de un sitio del Periódo Formativo de habitaciones dispuestas alrededor de un patio central. Cultura Tafí.

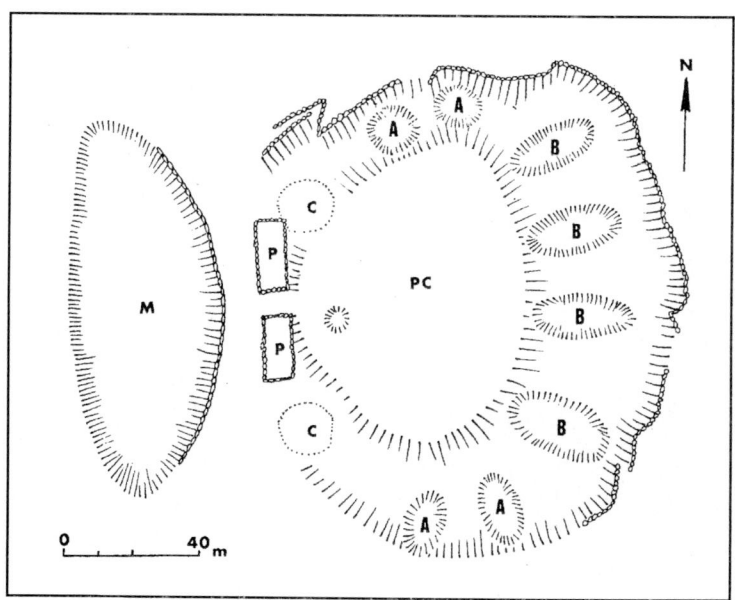

Figura 4: Croquis de un sitio Condorhuasi-Alamito: **M**, Montículo mayor; **ML**, Montículo de tierra; **P**, Plataforma; **PC**, Patio Central; **A**, Recintos «A»; **B**, Recintos «B».

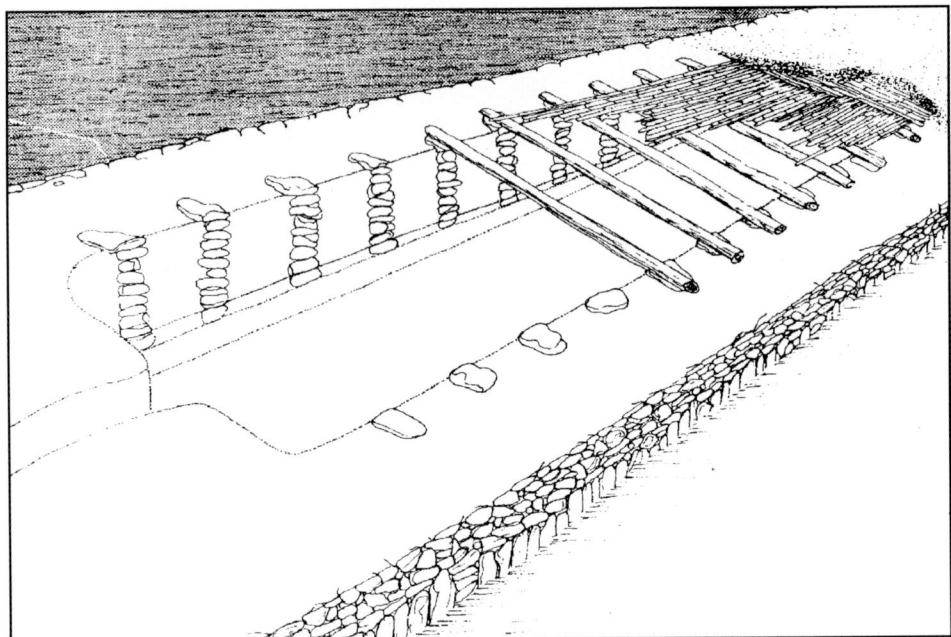

Figura 5: Reconstrucción de un recinto B, mostrando la técnica utilizada para construir el techo. Cultura Condorhuasi-Alamito.

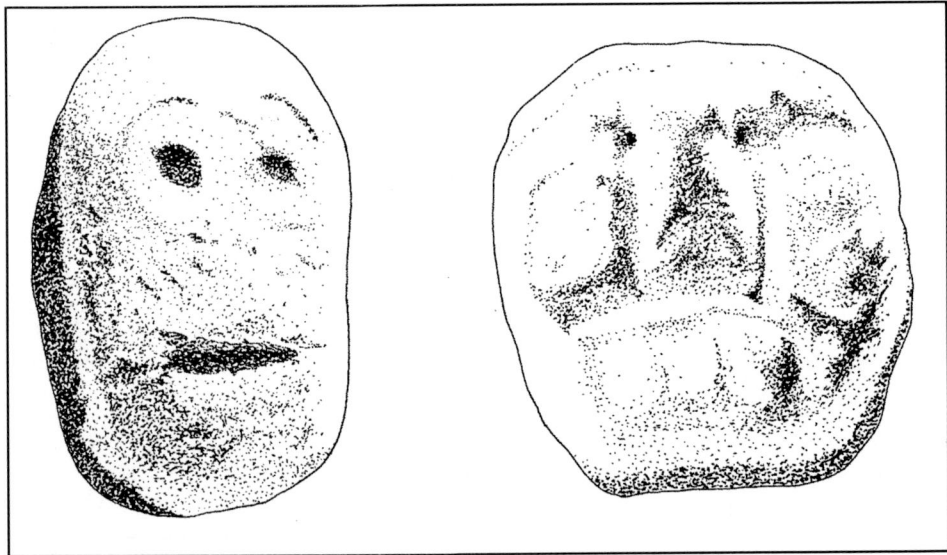

Figura 6: Cabezas de piedra de la cultura Tafí (Izquierda) y Condorhuasi-Alamito (derecha) que formaban parte de muros de áreas ceremoniales.

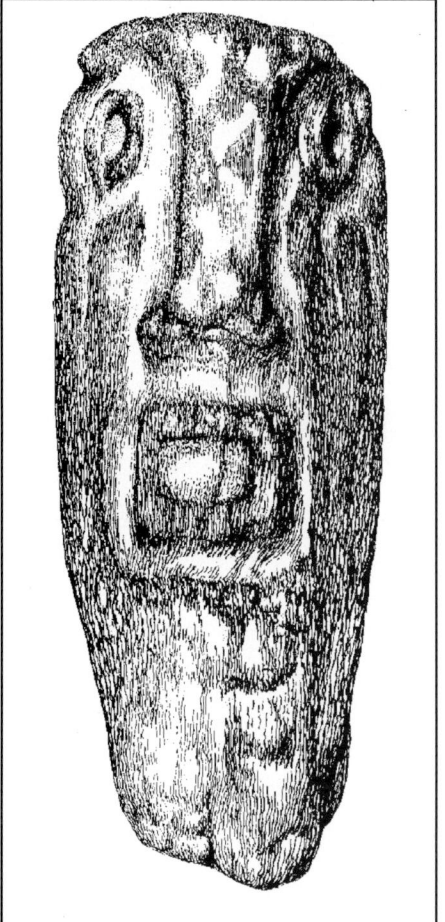

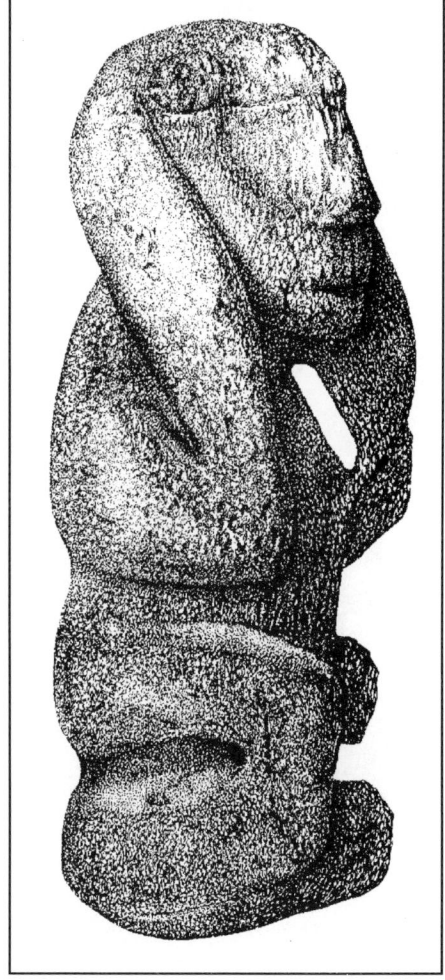

Figura 7: Talla cefalomorfa de piedra. Cultura Condorhuasi-Alamito.

Figura 8: Tallas antropomorfas de piedra, conocidas como «suplicantes».

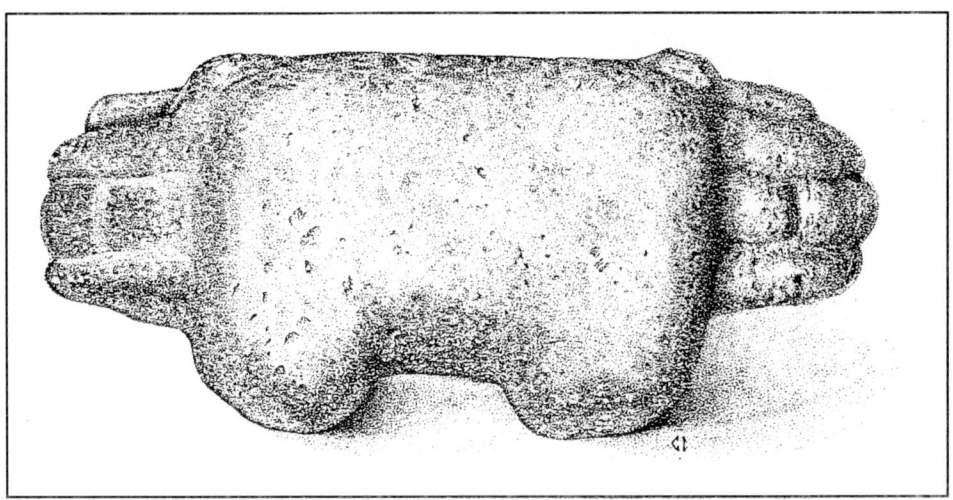

Figura 9: Recipientes de piedra con rostros felínicos en ambos extremos. Cultura Condorhuasi-Alamito.

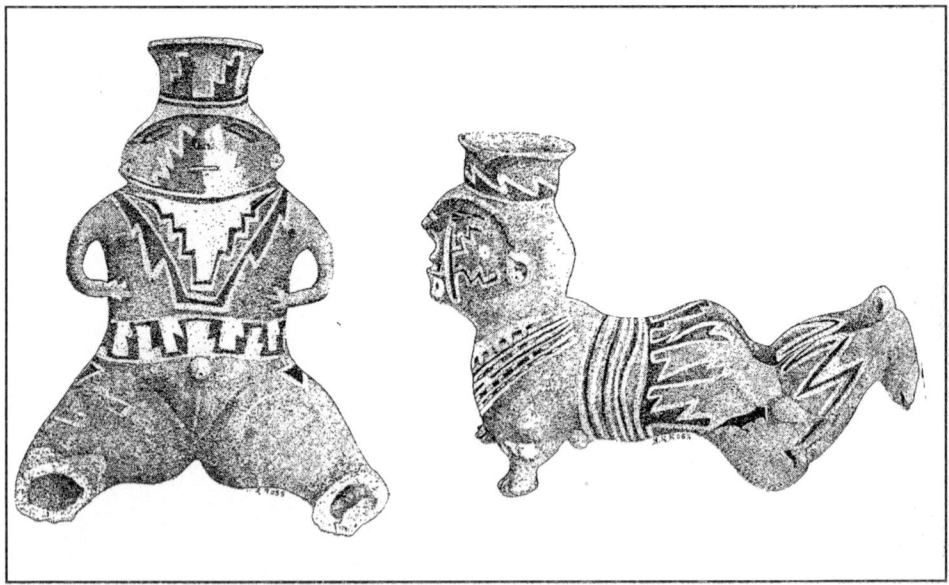

Figura 10: Vasos antropomorfos de estilo Condorhuasi Policromo.

Figura 11: Abajo: vasijas tipo alumbrera tricolor (sitio Alamito); arriba: vasijas estilo Ambato Tricolor (valle de Ambato).

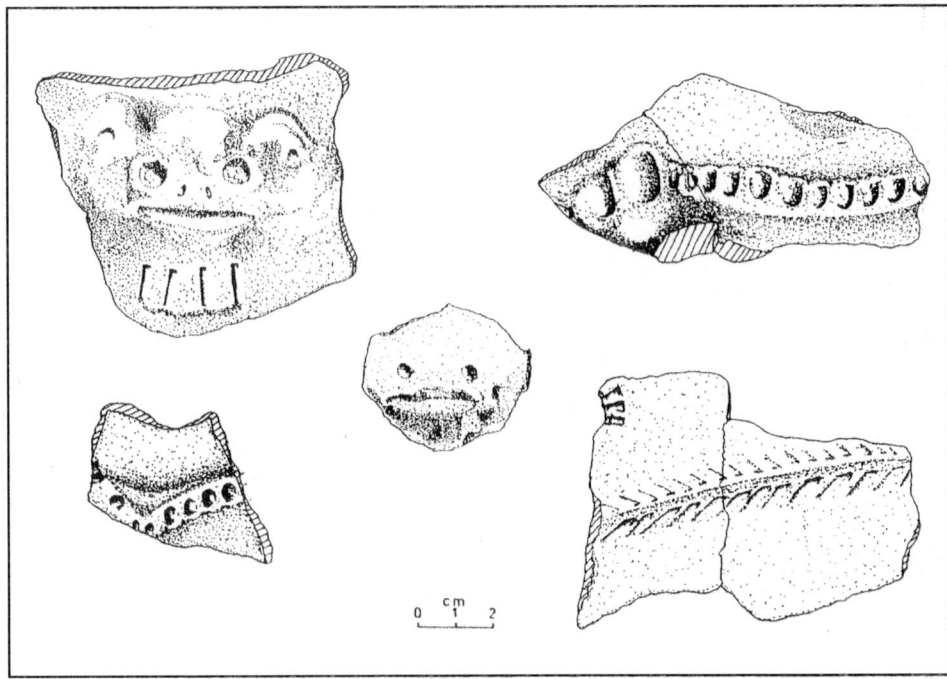

Figura 12: Motivos decorativos de la cerámica de la cultura Tafí, fase I.

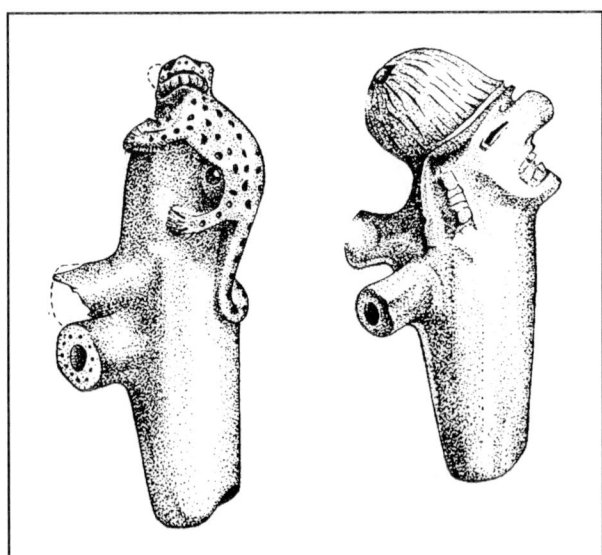

Figura 13: Ocarinas de cerámica. Cultura Condorhuasi-Alamito.

Fenómenos Cúlticos Tempranos... / 167

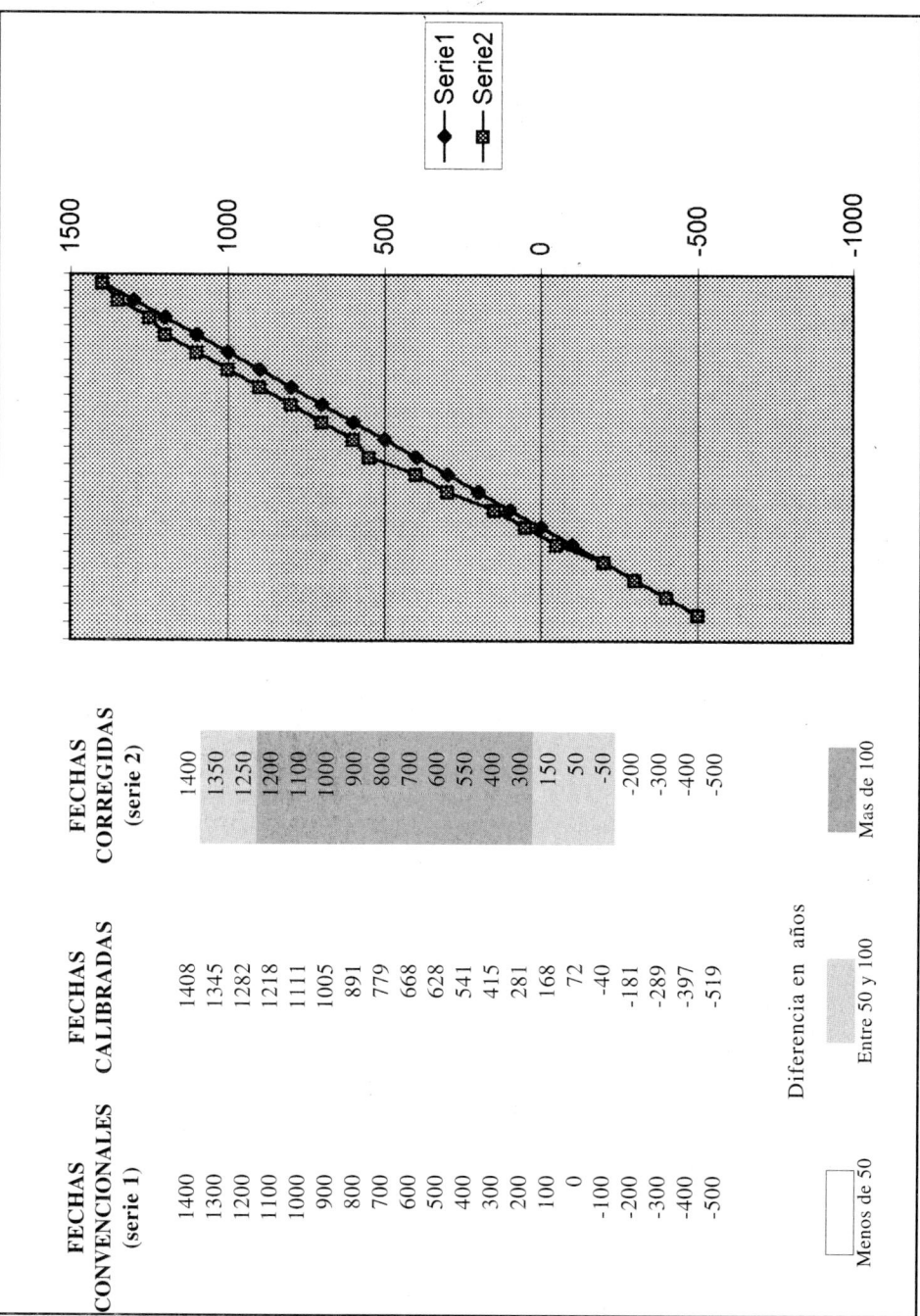

FECHAS CONVENCIONALES (serie 1)	FECHAS CALIBRADAS	FECHAS CORREGIDAS (serie 2)
1400	1408	1400
1300	1345	1350
1200	1282	1250
1100	1218	1200
1000	1111	1100
900	1005	1000
800	891	900
700	779	800
600	668	700
500	628	600
400	541	550
300	415	400
200	281	300
100	168	150
0	72	50
-100	-40	-50
-200	-181	-200
-300	-289	-300
-400	-397	-400
-500	-519	-500

Diferencia en años

Menos de 50   Entre 50 y 100   Mas de 100

BIBLIOGRAFIA CITADA

Ambrosetti, J. B.
1897 Los monumentos megalíticos del Valle de Tafí (Tucumán). *Boletín del Instituto Geográfico Argentino* 18: 105-114. Buenos Aires.
1899 Notas de arqueología Calchaquí (continuación). *Instituto Geográfico Argentino* 20: 253-302. Buenos Aires.

Bennett, W. C.; E. Bleiler and F. H. Sommer.
1948 Northwest Argentine Archaeology. *Yale Publications in Anthropology* 38. New Haven.

Berberián, E. E. et al.
1988 *Sistemas de asentamientos prehispánicos en el valle de Tafí*. Ed. Comechingonia. Córdoba.

Berberián, E. E. y F. Massida.
1975 Investigaciones arqueológicas en Las Barrancas (Dpto.Belén,Catamarca). Nuevas contribuciones para el estudio de la cultura Condorhuasi del Noroeste argentino. *Revista del Instituto de Antropología*. 3ra. serie 2: 7-48. Tucumán.

Bernasconi de García, M. T. y A. N. Baraza de Fonts.
1985 Estudio arqueológico del Valle de la Ciénega (Departamento Tafí, Provincia de Tucumán). *Anales de Arqueología y Etnología* 36-37: 117-138.

Boman, E. y H. Greslebin.
1923 *Alfarería de estilo draconiano de la Región Diaguita (República Argentina)*. Imp. Ferrari Hnos. Buenos Aires.

Bregante, O.
1926 *Ensayo de clasificación de la cerámica del Noroeste Argentino*. Angel Estrada y Cía. Buenos Aires.

Casanova, E.
1930 Hallazgos arqueológicos en el cementerio indígena de Huiliche, Departamento de Belén, Provincia de Catamarca. *Notas del Museo Etnografico* 3. Buenos Aires.

Debenedetti, S.
1917 Los yacimientos arqueológicos occidentales del Valle de Famatina (Pcia. de La Rioja). *Physis* 3: 386-404. Buenos Aires.
1917 Investigaciones arqueológicas en los valles preandinos de la Provincia de San Juan. Publicaciones de la Sección Antropología, 15. *UBA*.
1931 L'ancienne civilisation des Barreales du Nord-Ouest Argentine, La Ciénaga et La Aguada, d'aprés les collections privées et les documents de Benjamín Muñiz Barreto. *Ars Americana* 2. Les Editions G. van Oest. París.

González, A.R.
1944 La cerámica tipo Condorhuasi y sus correlaciones. *Publicaciones del Instituto de Arqueología, Lingüística y Folklore «Dr. Pablo Cabrera» 6*. Córdoba.
1955 Contextos culturales y cronología relativa en el rea Central del N. O. Argentino (Nota Preliminar). *Anales de Arqueología y Etnología 11:* 7-32.
1956 La cultura Condorhuasi del Noroeste Argentino (Apuntes preliminares para su estudio). *Runa 7*: 37-86.
1962 Nuevas fechas de la cronología arqueológica argentina obtenidas por el método de radiocarbón (IV). Resumen y perspectivas. *Revista del Instituto de Antropología 1*: 303-31. Córdoba.
1963 Las tradiciones alfareras del período temprano del N.O. argentino y sus relaciones con las de las áreas aledañas. *Anales de la Universidad del Norte 2:* 49-65. Chile.
1965 La cultura de la Aguada del N.O. argentino. *Revista del Instituto de Antropología 2-3*: 205-253. Córdoba.
1977 *Arte precolombino de la Argentina, introducción a su historia cultural*. Filmediciones Valero. Buenos Aires.

González, A.R. y M. I. Baldini.
1989 Vaquerías: la más antigua alfarería polícroma del Noroeste argentino. Más allá del objeto, *Artinf Edición 78-79 (14)*: 8-12. Buenos Aires.

González, A. R. y V. A. Nuñez Regueiro.
1960 Preliminary report on archaeological research in Tafí del Valle, N.W. Argentina. *Aktendes 34. Internationalen Amerikanistenkongresses*: 485-496. Wien.

Heredia, O. R.; J.A. Perez y A. R. González.
1975 Antigüedad de la cerámica polícroma en el Noroeste argentino. *Revista del Instituto de Antropología 5*: 133-151. Córdoba.

Ibarra Grasso, D.E.
1960 Los primeros agricultores de Bolivia. *Anales de Arqueología y Etnología* 14-15: 205-228.

Krapovickas, P.
1968 Arqueología de Alto de Medina, Provincia de Tucumán, República Argentina. *Rehue 1*: 89-124. Concepción.

Lafone Quevedo, S. A.
1908 Tipos de alfarería de la región Diaguito-Calchaquí. *Revista del Museo de La Plata 15* (2da Serie, 2): 295-395.

Leviller, R.
1926 *Nueva crónica de la conquista del Tucumán*. Buenos Aires.

Marquez Miranda, F.
1946 Los Diaguitas. Inventario patrimonial arqueológico y paleoetnogáfico. *Revista del Museo de La Plata (Nueva Serie) 3, Sección Antropología* 47: 5-300.

Nuñez Regueiro, V.A.
1970 Cronología de dos técnicas decorativas del Formativo Regional del Noroeste Argentino. *Etnía 11*: 12-15. Olavarría.
1971 La cultura Alamito de la sub-área Valliserrana del Noroeste Argentino. *Journal de la Société des Américanistes 60*: 7-62. Paris.
1975 Conceptos instrumentales y marco teórico en relación al desarrollo cultural del Noroeste argentino. *Revista del Instituto de Antropología*, U.N. de Córdoba 5:169-190.
1994 La metalurgia en Condorhuasi-Alamito (siglos III al V D.C.). *Anales de Arqueología y Etnología* 46/47: 107-164.
1998 *Arqueología del Campo del Pucará: historia y antropología de los sitios de Alamito.* INTERDEA. Tucumán.

Nuñez Regueiro, V.A. y M.R. A. Tartusi.
1990 Aproximación al estudio del Area Pedemontana de Sudamérica. *Cuadernos del INAPL 12*: 125-160.

Nuñez Regueiro, V.A. y M. N. Tarragó.
1972 Evaluación de datos arqueológicos: ejemplos de aculturación. *Estudios de Arqueología 1*: 36-48. Cachi, Salta.

Quiroga, A.
1899 Las ruinas de Anfama, el pueblo prehistórico de La Ciénega. *Boletín del Instituto Geográfico Argentino 20*: 95-123. Buenos Aires.

Serrano, A.
1958 *Manual de la cerámica indígena.* Ed. Assandri. Córdoba.

Tartusi, M.R. A. y V.A. Nuñez Regueiro.
1993 Los Centros Ceremoniales del NOA. Publicaciones 5, Serie: *Ensayos 1*. Instituto de Arqueología, U.N. de Tucumán.

Uhle, M.
1912 Las relaciones prehispánicas entre Perú y Argentina. *Actas del XVII Congreso Internacional de Americanistas.* Buenos Aires.

EVOLUCION SOCIAL EN QUEBRADA DE HUMAHUACA (AD 700-1536)

Axel Emil Nielsen

Como no existe lectura inocente, digamos de cuál lectura somos culpables.
Althusser y Balibar "Para Leer El Capital"

La Quebrada de Humahuaca es una de las regiones arqueológicamente más investigadas del territorio argentino. Iniciados durante la primera década del Siglo XX, estos trabajos han generado gran cantidad de datos que ponen de manifiesto la presencia ininterrumpida de grupos humanos desde hace aproximadamente 10 milenios. La mayoría de los estudios, sin embargo, ha centrado su atención en el registro arqueológico de los últimos siglos de la era prehispánica. Durante esta época la cuenca hidrográfica del Río Grande de Humahuaca albergó una población de considerables dimensiones, portadora de una cultura material de características distintivas y dotada de niveles de organización social relativamente complejos. En este trabajo se sintetiza el estado actual del conocimiento sobre este lapso de la historia de la Quebrada de Humahuaca que comprende los Períodos alternativamente denominados Medio, Tardío e Inka (González y Pérez 1972) o Formativo Superior, Desarrollos Regionales e Inka (Núñez Regueiro 1974) en los esquemas de periodificación más utilizados para el Noroeste argentino.

La elección del segmento temporal AD 700-1536 no sólo obedece a la mayor abundancia de datos en comparación con épocas anteriores. Las evidencias disponibles sugieren además que durante este lapso la población experimentó profundas transformaciones en su modo de vida, pasando de una organización relativamente igualitaria en el Período Formativo a convertirse en un sistema internamente jerarquizado al momento de la invasión europea. El estudio de este período en la Quebrada, entonces, ofrece interesantes posibilidades para contribuir -mediante un caso arqueológico concreto- a comprender las múltiples trayectorias que conducen al desarrollo de la desigualdad institucionalizada y evaluar modelos alternativos para su explicación.

La expresión *evolución social* que encabeza este capítulo se refiere a los procesos de cambio que experimentan las relaciones entre personas y grupos a partir del acceso diferencial a los recursos necesarios para la producción y reproducción de su vida material y cultural.[1] Dos aspectos cobran relevancia en la explicación de estos procesos. El primero concierne a las estrategias desarrolladas por los actores sociales para tomar control de recursos o capitales de diversa naturaleza o resistir estas acciones. Estas estrategias, que frecuentemente incluyen la manipulación de la cultura material, pueden entenderse como el principio activo del cambio social. El segundo se refiere a las condiciones estructurales que determinan las consecuencias de tales prácticas para el devenir histórico. Estas propiedades de reproducción y transformación de las formaciones sociales, comprometen no sólo a la estructura social, sino también a características de la base productiva (población, tecnología, sistema de recursos) y del orden específicamente cultural.

Este trabajo comprende seis apartados. El primero describe brevemente la geografía de la Quebrada y zonas aledañas, poniendo énfasis en las posibilidades que ofrece para la actividad humana. El segundo ofrece una reseña de las investigaciones arqueológicas en la región a lo largo del siglo XX. El tercero considera el esquema cronológico y de periodificación a emplear, puntualizando sus diferencias con otras propuestas. La cuarta sección describe las características del registro arqueológico regional en cada período. Sobre esta base, el quinto apartado analiza las transformaciones del modo de vida (Vargas Arenas 1985) a lo largo de la secuencia, poniendo énfasis en la demografía, economía y estructura sociopolítica. Partiendo de estas observaciones e inferencias, la última sección se ocupa de evaluar propuestas alternativas para la explicación del proceso.

EL ESCENARIO NATURAL

Para los fines que motivan este trabajo la Quebrada de Humahuaca puede ser entendida como el área correspondiente a la cuenca hidrográfica del Río Grande de Humahuaca por encima de los 2.000 m.s.n.m., cota que en el fondo del valle principal corresponde aproximadamente a la localidad de Volcán, considerada habitualmente límite meridional de esta región arqueológica (Figura 1). Quedaría excluída de esta definición lo que desde el punto de vista de la geografía (Kühn 1923) se considera la sección inferior de la Quebrada, al sur de la confluencia del Río Grande con el Arroyo del Medio.

Enclavada en la Cordillera Oriental, su límite occidental está formado por las Sierras del Aguilar, Alta y de Chañi, que la apartan de la Puna, mientras que su confin oriental se encuentra en las Serranías de Zenta, Hornocal y Tilcara, que la separan de la región de las yungas.

El colector principal de la cuenca es el Río Grande, que fluye en dirección predominante norte-sur a lo largo de un valle profundo desde las proximidades de la localidad de Azul Pampa (3.600 m.s.n.m.), donde se origina por la unión de los arroyos Tres Cruces y El Cóndor. Este valle o quebrada troncal, no supera los 3 km de ancho y presenta varios estrechamientos o angostos donde esta distancia se reduce considerablemente. A lo largo de su recorrido, el Río Grande recibe el aporte de varios cursos menores que se desarrollan a lo largo de quebradas tributarias, entre las que cabe mencionar a la Cueva por el norte, Yakoraite, Juella, Huichairas, Purmamarca y Tumbaya Grande al oeste, y Calete, La Huerta, Guasamayo y Huajra hacia el este.

La temperatura media anual en el fondo de valle oscila entre 12 y 14°C, con amplitudes térmicas diarias de 16 a 20°C y alrededor de 200 días al año libres de heladas (octubre-abril [Buitrago y Larrán 1994]). La distribución de las lluvias está condicionada por el régimen de vientos y por el relieve. Durante el verano, la formación de un centro de baja presión sobre la llanura Chaqueña atrae masas de aire cargadas de humedad procedentes del Océano Pacífico. Estos vientos precipitan la mayor parte de su carga húmeda sobre el flanco oriental de la Cordillera por debajo de los 2.500-3.000 m.s.n.m. Este fenómeno, que resulta en un elevado nivel de precipitaciones en los valles subandinos de Jujuy y Salta, determina la aridez de la Quebrada de Humahuaca y la Puna situadas al occidente de esta barrera. En el caso de la Quebrada, las precipitaciones son de carácter torrencial, se producen casi exclusivamente entre noviembre y marzo y oscilan entre 100 y 200 mm al año, siendo algo más elevadas en el extremo sur (Volcán) y al oriente del Río Grande (Cianzo, Coctaca), donde superan los 300 mm (Buitrago y Larrán 1994:23).

Fitogeográficamente, la Quebrada de Humahuaca pertenece a la Provincia Prepuneña, con estepas arbustivas y bosques de *Prosopis ferox* (churqui) y *Trichocereus pasacana* (cardón) como comunidades vegetales dominantes (Ruthsatz y Movia 1975). Las dos especies mencionadas, junto con el algarrobo (*Prosopis alba, Prosopis nigra*), son las principales fuentes de maderas de la Quebrada. En lugares protegidos del sector más elevado del área (> 3.700 m) se encuentran además bosquecillos de queñoa (*Polylepis tomentella*).

El accidentado relieve que caracteriza a la región y su incidencia sobre la temperatura, las precipitaciones y el desarrollo de suelos, resulta en un mosaico ecológico muy heterogéneo, en el que se yuxtaponen áreas con aptitudes diversas para el aprovechamiento humano. Desde esta última perspectiva, cabe distinguir tres zonas con potencial productivo diferenciado (Albeck 1992). La primera de ellas, correspondiente al fondo del valle del Río Grande y quebradas tributarias entre los 2.000 y 3.100 m.s.n.m., es ideal para el desarrollo de cultivos mesotérmicos, como maíz, poroto, ají y calabaza. Estos cultivos se practican en las terrazas fluviales del Río Grande y algunos de sus afluentes, donde se encuentran los suelos más fértiles y fáciles de irrigar. En base a fotografías aéreas, Albeck (1993:75) ha calculado en alrededor de 3.360 has la extensión de estas superficies agrícolas. En algunos lugares anegados del fondo de valle prosperan también plantas que pueden ser aprovechadas por el ganado, aunque se trata de un recurso de menor importancia.

La segunda zona se ubica entre 3.100 y 3.500/3.600 msnm. Comprende la cabecera del valle troncal al norte de Humahuaca y las porciones medias y superiores de las quebradas tributarias, nivel más frío, pero donde la humedad y las precipitaciones son más elevadas. Ofrece buenas condiciones para el cultivo de tubérculos y cereales microtérmicos como papa, oca, quinoa y kiwicha. Dentro del valle troncal, se identifica especialmente con los altos piedemontes de las Serranías de Zenta y Tilcara, donde se observan vestigios de grandes centros de cultivo prehispánico (p.ej., El Alfarcito, Coctaca, Rodero) cuya extensión ha sido estimada en más de 8.000 has (Albeck 1993:74).

Por encima de las áreas agrícolas se ubica la zona de mayor potencial para el pastoreo. Prosperan allí estepas arbustivas de *Baccharis boliviensis*, matorrales bajos y vegas, comunidades vegetales propias de la Provincia Puneña con especies de mayor valor forrajero (Ruthsatz y Movia 1975). En la porción más alta de esta zona habitan vicuñas, guanacos y venados, los recursos de mayor importancia para la caza.

Vista desde una perspectiva más amplia, la Quebrada de Humahuaca se ubica como una cuña entre regiones que ofrecen posibilidades contrastantes para la ocupación humana; v.gr., la altiplanicie puneña (> 3.400 msnm) al oeste, cuyo mayor potencial económico reside en el pastoreo, y las selvas occidentales (< 2.000 msnm) al este, con importantes oportunidades para la caza y el desarrollo de cultivos con mayores demandas térmicas. Aún cuando los pobladores de la Quebrada puedan haber obtenido la mayoría de los productos necesarios para la subsistencia dentro de su territorio, debieron obtener de estas áreas vecinas algunos recursos importantes, como sal, materiales para la confección de instrumentos líticos y coca, a los que tal vez se sumaron en ciertas épocas productos pastoriles de la Puna y maderas y otros recursos silvestres de la yunga, teniendo en cuenta su disponibilidad limitada en la propia Quebrada. Ambas regiones se encuentran a corta distancia del Valle del Río Grande, pudiendo ser alcanzadas en una a tres jornadas de marcha, dependiendo del punto de partida.

Al sur del paralelo $23°15'$, los cursos superiores de algunos afluentes del Río San Francisco, forman una serie de valles altos de orientación predominante noroeste-sureste (e.g., Valle Grande, Caspalá, Cimarrones, El Durazno, Tiraxi) que penetran en el flanco oriental de la Sierra de Tilcara inmediatamente al naciente del valle del Río Grande. Esta zona, conocida como Valles Orientales de Jujuy, estuvo estrechamente vinculada a la historia de la Quebrada hacia el final de la era prehispánica (Garay de Fumagalli 1995; Nielsen 1988), lo que justifica su consideración en esta síntesis. Esta zona goza de mayor cantidad de precipitaciones y temperaturas más elevadas a igual altura. Tales condiciones crean condiciones más favorables para la agricultura, que se pueden practicar a temporal e incluir plantas con mayores demandas térmicas (p.ej., variedades de maíz temprano), aún cuando las pronunciadas pendientes limiten las superficies aprovechables con este fin. Como resultado de esta característica, sin embargo, esta región presenta una diversidad ecológica máxima en distancias muy cortas (no mayores que una jornada de marcha), lo que permite desarrollar una economía diversificada con acceso directo a pastizales de altura, sectores agrícolas y zonas de bosque, interdigitados dentro de los confines de cada valle (Nielsen 1988).

No existen hasta el momento datos paleoclimáticos para la Quebrada de Humahuaca que permitan establecer directamente diferencias en las condiciones ambientales durante la era prehispánica. No obstante, los estudios realizados en depósitos paleolacustres de la cuenca del Titicaca (Binford et al. 1997; Kolata y Ortloff 1996) y en los glaciares Quelccaya y Huascarán de la sierra peruana (Thompson 1995; Thompson et al. 1985) podrían ofrecer una buena aproximación a estas variaciones, particularmente teniendo en cuenta que los resultados de estas investigaciones son consistentes entre sí e incluso con algunos registros del continente europeo, indicando que algunos de los fenómenos identificados pueden haber tenido un vasto alcance.

Para el lapso de interés de este trabajo, se advierten las siguientes fluctuaciones:
-Un período de mayor precipitación entre ca. AD 600 y 1000 (AD 610-660 y 760-1040 en el registro de acumulación de nieve de Quelccaya).
-Un período de menor precipitación entre ca. AD 1000 y 1400, con niveles severos de sequía entre AD 1245 y 1310. En este mismo lapso se produce además un ascenso de las temperaturas medias anuales, fenómeno que coincide con la llamada "época cálida medieval" de Europa. La sequía se tradujo en un marcado descenso de los niveles del Lago Titicaca en el lapso comprendido entre AD 1030 y 1280 (^{14}C calibrado [Binford et al. 1997:240]).
-A partir de AD 1400 aumentan las precipitaciones, aunque sólo se alcanzan los promedios de largo plazo hacia AD 1500. Luego de esta fecha se inicia además un descenso de la temperatura media que se corresponde con el fenómeno conocido como "pequeña edad del hielo."

Por último, es preciso enfatizar la intensa actividad de remoción y depositación de sedimentos en forma de aluviones, torrentes de barro y piedras ("volcanes") o erosión y recordar su impacto diferencial en la conservación y visibilidad del registro arqueológico de la Quebrada de Humahuaca. Vestigios arqueológicos originalmente alojados en las terrazas fluviales más bajas, en conos aluviales, o en las porciones inferiores de las laderas -de hecho, las zonas privilegiadas por el asentamiento actual- tienen escasas posibilidades de haberse preservado o de permanecer accesibles a la observación superficial.

RESEÑA DE LAS INVESTIGACIONES

La arqueología de la Quebrada de Humahuaca se inició durante la primer década del siglo XX por obra de Ambrosetti (1912) y especialmente de su discípulo, Debenedetti (1910, 1930), quienes a partir de 1908 realizaron excavaciones de gran magnitud en varios de los sitios de mayor envergadura de la región, como son el Pukará de Tilcara, La Isla, El Alfarcito, El Perchel, La Huerta, Campo Morado, Yakoraite, Los Amarillos y Peñas Blancas. Fruto de estas exploraciones, que privilegiaron la búsqueda de inhumaciones, fue la formación de vastas colecciones -hoy alojadas en el Museo Etnográfico "J. B. Ambrosetti" y en el Instituto Interdisciplinario Tilcara dependientes de la Universidad de Buenos Aires- que ejemplifican la diversidad de la cultura material de quienes habitaron la Quebrada durante el período de interés para este trabajo.[2] El cuidado con que Debenedetti registró los contextos funerarios excavados, hacen de sus libretas de campo una valiosa fuente de información y aún permiten utilizar estas colecciones para abordar múltiples problemas de investigación. Sentó además las bases para una diacronización de estos materiales al diferenciar dos culturas que se sucedieron en la región: la más antigua estaría representada por los hallazgos de La Isla y El Alfarcito, la más reciente por los del Pukará de Tilcara, donde se encontraron además artefactos de filiación hispánica, testimonio de la persistencia de esta población hasta la invasión europea (Debenedetti 1918a:13-14; 1918b:33-34).

La aceptación generalizada de la tesis de Boman (1923) sobre la escasa antigüedad de las culturas arqueológicas del Noroeste argentino, no permitió que las ideas de Debenedetti fueran desarrolladas en aquellos años. Bajo la influencia de esta premisa y de un paradigma particularista-difusionista, las investigaciones en la Quebrada hasta fines de la década de 1940 asumieron un carácter eminentemente descriptivo, limitándose a la presentación de nuevos yacimientos o materiales y supeditando todo ejercicio interpretativo a la exégesis de las fuentes históricas (González 1985:509). Entre los sitios que se dieron a conocer a través de estos trabajos se encuentran Pueblo Viejo de La Cueva, Pukará de La Cueva, Pukará Morado (Casanova 1933), Coctaca (Casanova 1934a), Pukará de Humahuaca o Peñas Blancas (Gatto 1943; Márquez Miranda 1945), Angosto Chico (Casanova 1942a), Huichairas (Casanova 1934b), Hornillos (Casanova 1942b), Estancia Grande (Salas 1948), Ciénaga Grande (Salas 1945) y Volcán (Gatto 1946). Data de esta época la primer síntesis de la arqueología regional, a cargo de Casanova (1936), y una excelente compilación de las fuentes históricas tempranas cuyo autor es Salas (1945).

La sistematización de materiales arqueológicos de la región encarada por Bennett (Bennett et al. 1948), tuvo gran importancia por su influencia en las taxonomías cerámicas empleadas hasta época reciente y por revitalizar el interés por la cronología de las antiguas culturas quebradeñas. Basándose en un cuidadoso análisis bibliográfico y de colecciones, este autor define cinco estilos de alfarería decorada local (Alfarcito

Polícromo, Isla Polícromo, Hornillos N/R, Tilcara N/R y Angosto Chico Inciso) y una variante local del Poma N/R, registrando además la presencia de dos estilos inkaicos de amplia dispersión. Las asociaciones de estos materiales en contextos funerarios y algunas superposiciones estratigráficas sustentan un secuencia temporal relativa que retoma las intuiciones de Debenedetti: (1) *Culturas Medias*, integradas por los estilos tricolores Alfarcito e Isla y ubicadas en el Período Medio; (2) *Cultura Humahuaca* correspondiente a un Período Tardío, con Hornillos N/R como estilo cerámico característico, pero superponiéndose con Isla Polícromo, Tilcara N/R, Angosto Chico Inciso y Poma N/R durante al menos parte de su desarrollo; y (3) *Cultura Inka* representada por Cuzco Polícromo y Casa Morada Polícromo.

En las décadas de 1950 y 1960 continuaron los trabajos de campo, que revelan un creciente interés por la investigación de contextos domésticos no funerarios y por el registro contextual de los hallazgos, dos aspectos en los que sobresale la labor realizada por Cigliano en Juella (1967). Prosiguieron los estudios de yacimientos ya conocidos (Krapovickas 1969; Lafon 1954, 1957; Madrazo 1969a; Marengo 1954; Suetta 1967, 1969), mientras se agregaron a la lista el Pukará de Rodero (Alfaro de Lanzone 1968) y los primeros sitios de los Valles (Madrazo 1965, 1966; Maidana et al. 1965). Lafon publicó en esta época algunas síntesis temáticas (p.ej., 1967), entre ellas una sobre el horizonte inkaico en Humahuaca (1956), donde enumera los rasgos de esta filiación observados hasta ese momento en la región. De acuerdo con la perspectiva dominante en la época, sin embargo, estos indicios no son interpretados como testimonios de dominación, sino como "resultado de una aculturación de segundo grado, a través de pueblos aculturados directamente" (p. 72). Por estos años, Krapovickas estudiaba algunos contextos inka de gran interés, como el taller lapidario del Pukará (1959) y el Tambo de Yakoraite (1968). De especial importancia por sus implicancias cronológicas fueron las excavaciones de Madrazo en el sitio multicomponente de El Alfarcito, donde pudo definir un "momento agro-alfarero antiguo" correspondiente a los Períodos Temprano o Medio de la cronología de González para la región Valliserrana, en el primer milenio de nuestra era (Madrazo 1969b:60).

Lafon (1959) formuló un esquema de periodización con tres "momentos" (I, II y III) que presenta semejanzas con el de Bennett, aunque privilegia los cambios en el patrón funerario y enfatiza la unidad de la "cultura humahuaca" a lo largo de su desarrollo. De acuerdo a este autor, los orígenes del primer momento -cuyo sitio tipo sería La Isla- se ubicarían "después del esplendor de Tiwanaku en su lugar de origen... si consideramos que los estilos Isla Polícromo y Alfarcito Polícromo forman parte de un supuesto 'horizonte negro-blanco-rojo'" (1959: 226), fenómeno que de acuerdo a un trabajo posterior tendría lugar a partir del siglo X d.C. (1965:1).

Una propuesta diferente, articulada años después por Pérez (1968, 1973), postula una mayor antigüedad para estas entidades, homologando los períodos de la Quebrada de Humahuaca con los formulados por González y Pérez (1966) para el Area Andina Meridional. Este esquema ubica en el Período Temprano (pre-AD 700) al estilo Alfarcito Tricolor, junto al contexto Alfarcito antiguo, Estancia Grande (Salas 1948) Antumpa y algunos materiales encontrados por primera vez en Iruya (Márquez Miranda 1939) pero presentes también en la Quebrada (Madrazo 1968). El Período Medio (AD 700-1000), definido por el estilo Isla Polícromo, corresponde a la época en que llega a la Quebrada la influencia Tiwanaku por intermedio del oasis de San Pedro de Atacama -donde se encontraron vasos Isla asociados a materiales del horizonte medio local (Tarragó 1977)- manifiesta en el uso del complejo del rapé, los cráneos trofeo, una metalurgia más sofisticada y formas de organización social más complejas. El Período Tardío (AD 1000-1480) abarcaría los materiales incluidos en los estilos bicolores (Hornillos, Tilcara) e inciso (Angosto Chico) de Bennett y los grandes conglomerados habitacionales de la Quebrada, mientras que el Período Inka no es desarrollado en detalle. Este esquema cronológico para la Quebrada ha sido el más frecuentemente utilizado hasta época reciente.

Aparte de la faz cronológica, el artículo de Pérez (1973) manifiesta un interés nuevo por la comprensión de la subsistencia, la organización social, y otros aspectos del estilo de vida de las poblaciones pasadas, cuyos antecedentes en la región ya se advierten en los trabajos pioneros de Madrazo y Ottonello (1965, 1966). Esta orientación se evidencia en la preocupación por incorporar información sobre patrones de asentamiento, en la aplicación del modelo de control vertical al registro arqueológico local, y en la excavación de los primeros basurales (Casanova et al. 1976; Pérez 1976). Por otra parte, la continuidad de las labores de campo comenzaron a poner de manifiesto la existencia de sitios contemporáneos pero muy diferentes de los grandes conglomerados residenciales o sistemas agrícolas que habían capturado la atención de los investigadores hasta el momento. Ocupaciones en cuevas y aleros (Fernández 1973; Fernández Distel 1974), "puestos" (Fernández Distel 1976a), fortalezas (Fernández Distel 1984); "campos de túmulos" (Fernández Distel 1979) y arte rupestre (Aschero 1979; Fernández Distel 1969, 1978 entre otros) ponen de relieve la variabilidad *funcional* que existe en el registro arqueológico de cada período.

A comienzos de la década de 1980 el dominio efectivo del NOA por parte de los Inkas fue reconocido por varios autores (González 1980; Krapovickas 1982; Raffino 1978, 1981). Los vestigios inkaicos de la Quebrada y zona de influencia fueron investigados por Raffino y su equipo (Raffino et al. 1986, 1991), quienes pusieron particular atención al conglomerado habitacional de La Huerta (Raffino y Alvis 1993). Es preciso destacar la importancia otorgada al registro arquitectónico y de asentamiento, que se refleja en la confección de las primeras planimetrías de sitios (Raffino 1988; Nielsen 1989). Otro proyecto, a cargo de Tarragó (1992; Cremonte 1992; Rivolta y Albeck 1992; Tarragó y Albeck 1997), se focalizó en el Pukará de Tilcara y otros sitios del sector medio de la Quebrada, buscando integrar diversos enfoques disciplinarios, incluyendo la antropología física (Mendonça et al. 1992) y la etnohistoria (Sánchez y Sica 1991; Sica y Sánchez 1992).Durante la última década las investigaciones arqueológicas en la Quebrada de Humahuaca han continuado con renovada intensidad e impulsada por varios equipos (Basílico 1992; Bordach et al. 1998; Cremonte y Garay de Fumagalli 1996; García 1996; Hernández Llosas 2000; Nielsen 1996a; Palma 1998; Rivolta 2000).

Como resultado de esta labor, se han formulado modelos procesuales de diversa orientación teórica (p.ej., Hernández Llosas 1991; Nielsen 1996b; Olivera y Palma 1986) y ha crecido sensiblemente la información sobre el período de interés para este capítulo, aumentando tanto la cantidad y variedad de sitios conocidos (Nielsen 1996b, 1997b; Nielsen y Rivolta 1997) como los estudios especializados (p.ej., Angiorama 1999; Bordach et al. 1999; Cremonte 1991; Gudemos 1998; Madero 1994). Sería prematuro avanzar apreciaciones sobre los logros de la investigación reciente, pero dos tendencias merecen señalarse: (1) la actitud crítica hacia los esquemas taxonómicos y cronológicos vigentes con énfasis en la obtención de fechados absolutos y (2) el interés por la comprensión de los procesos sociales y económicos prehispánicos.

Al finalizar el siglo, el conocimiento sobre la arqueología de la Quebrada es considerable en términos relativos, pero aún muestra importantes sesgos y lagunas que conviene recordar a fin entender el carácter necesariamente preliminar de los modelos que se discuten en este trabajo. Entre estas deficiencias cabe destacar: (1) la escasez de prospecciones sistemáticas, que sesga las muestras disponibles en desmedro de sitios pequeños o ubicados lejos del Valle del Río Grande; (2) la limitada cantidad de excavaciones con registro contextual detallado, en particular sobre las épocas que preceden al momento tardío-Inka; y (3) la infancia en que se encuentran los análisis de ciertas líneas de evidencia (e.g., osteología humana, arqueofauna, metalurgia, tecnología lítica, arqueobotánica) que son cruciales para contrastar propuestas alternativas sobre los antiguos modos de vida y los procesos involucrados en su transformación.

CRONOLOGIA

La cronología empleada en la organización de esta síntesis (Tabla 1) está basada en una reciente reformulación (Nielsen 1997a) del modelo cronológico comunmente utilizado para la región. Desde el punto de vista substantivo, la novedad del esquema puede resumirse en

	Período	Fase	Correspondencia con otros esquemas
1600	Híspano-Indígena	Hispano-Indígena	Período Hispano-Indígena
1500	Inka	Inka	Período Inka (Bennett et. al. 1948); Cultura Humahuaca, Momento III (Lafón)
1400	Desarrollos regionales II	Pukara	Cultura Humahuaca, (Bennett et al. 1948);
1300			Cultura Humahuaca, Momento II (Lafón 1959);
1200		Sarahuaico	Período Tardío (Bennett et al. 1948, Pérez 1973)
1100	Desarrollos Regionales I	Calete	Culturas Medias (Bennett et al. 1948); Cultura Humahuaca, Momento I (Lafón 1959)
1000		Muyuna	Período Medio (Bennett et al. 1948, Perez 1973)
900			
800	Formativo (Final)	Vizcarra	Momento Agroalfarero Antiguo o Cultura Alfarcito (Madrazo 1969b); Período Temprano (Pérez 1973);
700			

Tabla 1

dos puntos principales. El primero de ellos se refiere a la cronología absoluta de las unidades. Las dataciones radiocarbónicas obtenidas durante la última década señalan posiciones temporales diferentes a las habitualmente aceptadas para los materiales considerados diagnósticos de cada uno de los cuatro períodos (Tablas 3 a 6).[3] Las fechas calibradas para contextos comparables a los que integran la "Cultura Alfarcito" de Madrazo (Til-22, Malka, Vizcarra), atribuida a fines del Período Temprano, se agrupan hacia el final del primer milenio de la era. La mayoría de las dataciones para los estilos Alfarcito e Isla Polícromo, (p.ej., Tiuiyaco, Muyuna, CAL-20, San José, Los Amarillos, Muyuna, Alto de La Isla), que sustentan la definición de un Período Medio para la Quebrada, tienden a ubicarse entre los siglos X y XIII. Los fechados para las cerámicas negro sobre rojo e incisa, así como para los grandes conglomerados tardíos se ubican mayoritariamente hacia los siglos XIII y XIV. Finalmente, los contextos con artefactos y arquitectura de filiación Inka arrojan antigüedades mayores a las fechas convencionales de AD 1470 o 1480 (p.ej., Volcán, Los Amarillos, La Huerta, Juire).

Segundo, entre las manifestaciones atribuídas a los Períodos Medio y Tardío parece factible aislar algunos estados de atributo en la cerámica, la arquitectura y el asentamiento que se comportan diferencialmente en el tiempo, señalando la posibilidad de refinar el modelo cronométrico mediante la sub-división de estas dos unidades. Dentro del Período Medio, Casa Grande, Muyuna y Pueblo Viejo de la Cueva representarían un momento anterior a CAL-20, San José, Los Amarillos (Sector Central) y La Isla, mientras que los materiales reiteradamente aislados en los denominados "asentamientos residenciales de ocupación breve" (Nielsen y Rivolta 1997) serían anteriores a los característicos del momento de mayor expansión de los asentamientos conglomerados, que continúan sin mayores cambios durante la época Inka. Sobre esta base, se formuló una secuencia tentativa de seis segmentos temporales o fases (Vizcarra-Muyuna-Calete-Sarahuaico-Pukara-Inka), definidas por un número limitado de estados de atributo de la cultura material que, si bien representan una fracción minoritaria de los conjuntos, parecerían ser "temporalmente diagnósticos." Cuando se encuentran presentes, estos rasgos pueden ser utilizados para la datación cruzada de artefactos o contextos. Es preciso enfatizar que, dada la escasa precisión del método radiocarbónico, las pronunciadas oscilaciones de la curva de calibración dendrocronológica para esta época (Pearson et al. 1986) y el carácter

	PF	PDR I	PDR II	PI
1. Vizcarra *	■			
2. Til-22* - Malka *	■			
3. Estancia Grande *	■	■		
4. El Alfarcito (Deb. A-B)	■	■		
5. Falda del Cerro *	■	■		
6. Pueblo V. de La Cueva *		■		
7. Casa Grande *		■		
8. Pueblo Viejo del Morado		■		
9. CAL-7/10		■		
10. Alto Zapagua		■		
11. Muyuna *		■		
12. Yala de Monte Carmelo		■		
13. Alto Cutana *		■		
14. Hornaditas Bajo		■		
15. Peña Colorada *		■		
16. Rincón de Ciénaga Grande		■		
17. La Isla *		■		
18. Huacalera		■		
19. CAL-20 *		■		
20. Pukará de La Cueva		■		
21. Tapial de Yakoraite		■		
22. San José *		■		
23. Banda de Perchel *		■	■	
24. Pta. de Juella (Algarrobito?)		■	■	
25. Chucalezna *			■	
26. Sarahuaico *			■	
27. Aguirre			■	
28. Qda. del Cementerio			■	
29. La Señorita *			■	
30. Campos Colorados *			■	

cuenta con fechado radiocarbónico

Tabla 2: *Períodos de ocupación tentativos para asentamientos residenciales.*

	PF	PDR I	PDR II	PI
31. Puerta de Maidana *			■	
32. Juella *			■	
33. Hornillos			■	
34. Banda de Los Amarillos			■	
35. Agua Bendita			■	
36. Esquina de Huajra			■	
37. Los Amarillos		■	■	■
38. Yakoraite		■	■	■
39. Campo Morado		■	■	■
40. La Huerta		■	■	■
41. Pukará de Tilcara *		■	■	■
42. Peñas Blancas		■	■	■
43. Volcán *		■	■	■
44. Angosto Chico		■	■	
45. Huichairas			■	■
46. Hornaditas Alto			■	■
47. Ciénaga Grande *			■	■
48. El Perchel			■	■
49. Calete			■	■
50. Pukará de Chijra			■	■
51. Pukará de Ucunazo			■	■
52. Pukará de Rodeo			■	■
53. P. Viejo de Caspalá				■
54. Antiguito				■
55. A.P.I. (Tiraxi) *				■
56. La Bolsa *				■
57. Papachacra				■
58. P. Viejo de Coctaca				■
59. Juire *				■
60. Putuquito *				■

cuenta con fechado radiocarbónico

continuo de la secuencia de cambio que se busca aprehender, los rangos cronológicos absolutos atribuidos a cada fase son sólo aproximados y no pretenden reflejar límites exactos o tajantes.[4]

En cuanto a la *periodificación*, se mantiene el esquema de cuatro unidades (Formativo, Desarrollos Regionales I y II, Inka) seguidas por un período hispano-indígena. Los contextos anteriormente englobados en el Período Medio se agrupan bajo Desarrollos Regionales I, ya que es durante esta época cuando la cultura material de la Quebrada adquiere características que la diferencian progresivamente de otras regiones, mientras que los habitualmente atribuidos al Período Tardío o de Desarrollos Regionales se limitarían al Período de Desarrollos Regionales II de este esquema. Dada la escasez de datos sobre muchos de los sitios considerados, estos períodos serán utilizados como segmentos temporales mínimos en la mayoría de los casos, utilizando sólo ocasionalmente la discriminación en fases para puntualizar la aparente diacronía de algunos fenómenos.

Partiendo de este marco, la Tabla 2 muestra los períodos de ocupación tentativos de los 60 sitios habitacionales conocidos para este período en la Quebrada y Valles. La ubicación cronológica de cada uno se estableció por dos vías: dataciones radiocarbónicas -existentes para la mitad de los sitios considerados- y presencia de estados de atributo temporalmente diagnósticos. En el próximo apartado se sintetiza el conocimiento actualmente existente sobre el registro arqueológico de cada período, poniendo énfasis en los cambios de la conducta de asentamiento. Se empieza por considerar al Período Formativo local en su momento final (Fase Vizcarra), arbitrariamente definido como el lapso posterior al AD 700. Se incluye esta época con el único propósito de establecer algunas características de la sociedad quebradeña anterior al inicio de las transformaciones que son el centro de interés en este trabajo, permitiendo así apreciar la magnitud de los cambios. La dinámica interna de las sociedades formativas y sus transformaciones a lo largo de dicho período son tratadas en otro capítulo de este volumen.

EL REGISTRO ARQUEOLOGICO Y SUS CAMBIOS
Período Formativo Final (AD 700-900)

Los asentamientos identificados para esta época son pocos (Figura 1). Aún considerando la posibilidad de una ocupación inicial ligeramente anterior para algunos de los incluídos en el próximo período (p.ej., Pueblo Viejo de

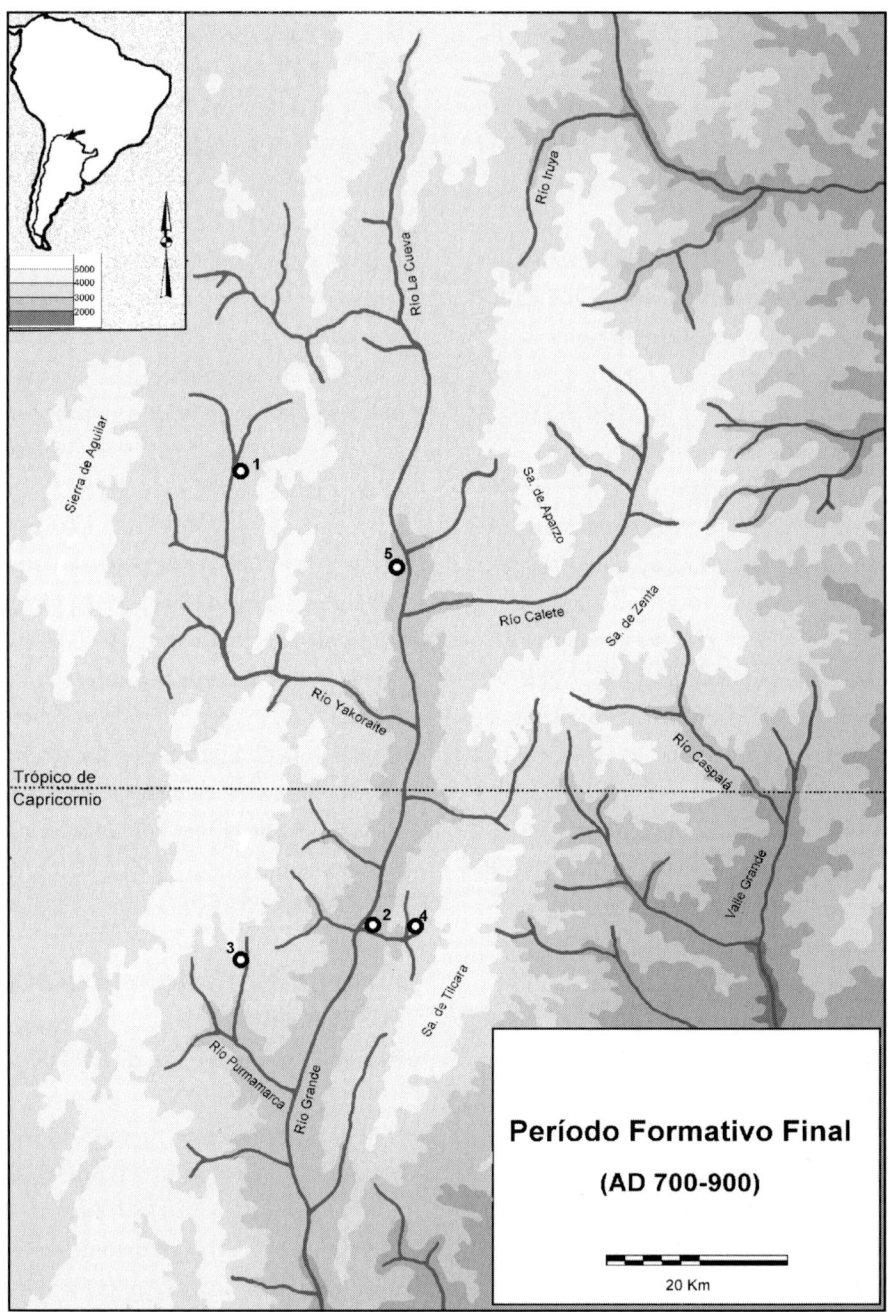

Figura 1: Sitios del Período Formativo final.

La Cueva, Casa Grande), los sitios no llegarían a una decena. Todos ellos están emplazados en lugares bajos y accesibles tales como terrazas fluviales, conos aluviales o porciones inferiores de laderas, en asociación directa con cursos de agua permanente y terrenos favorables para la agricultura, fértiles y fáciles de irrigar.

Además de la relativa escasez de prospecciones sistemáticas, la poca cantidad de sitios conocidos para este momento puede atribuirse a la conjunción de tres factores que dificultan su descubrimiento. Primero, se trata de sitios pequeños, con poca concentración edilicia y, por lo tanto, escasa visibilidad original. Segundo, se emplazan en superficies expuestas a acumulación o a intensos fenómenos de remoción, por lo que muchos de ellos deben haber sido arrasados o sepultados por procesos aluviales. Por esta misma razón, los que se conocen, se encuentran en estado fragmentario (Vizcarra) o cubiertos por espesos mantos de sedimento (Til-22). En Malka, por ejemplo, se identificaron hasta tres pisos de habitación separados por niveles de aluvión o "volcanes," encontrándose el más profundo de ellos a seis metros por debajo de la supeficie actual del terreno. Finalmente, por aprovechar los espacios más favorables para la agricultura, han sido objeto de intensa reocupación, tanto en época prehispánica (El Alfarcito, Estancia Grande) como actual (Falda del Cerro, Malka).

A pesar de estas dificultades, la Figura 1 demuestra que los sitios de esta época se distribuyen por todo al ámbito quebradeño (valle del Río Grande y quebradas tributarias), cubriendo un amplio rango altitudinal. Formalmente, se trata de poblados dispersos o semiconglomerados (Madrazo y Ottonello 1966:12), probablemente de trazado espontáneo (Raffino 1988:81), formados por la repetición de conjuntos de estructuras de uso doméstico, en los que se integran espacialmente las actividades económicas básicas (agricultura y pastoreo) con la residencia y el consumo de la producción.

Hay sóla un a planimetría de sitio para este momento, correspondiente al sector mejor conservado de Vizcarra (Figura 2). Como puede apreciarse, se trata de recintos cuadrangulares simples, a veces vinculados con áreas de actividad exteriores apenas demarcadas arquitectónicamente, que se alternan con canchones de cultivo o corrales y áreas de acumulación de desechos (sectores sombreados del plano). Podría tratarse del asiento permanente de dos o tres unidades domésticas (a lo sumo cinco a 10 extrapolando a la extensión original probable del sitio). El asentamiento más

PERÍODO FORMATIVO

Procedencia	Código	¹⁴C	Cal 95%	Cal 95%	Referencia
Vizcarra	AA - 12138	1220±55	693-889	670-963	Nielsen 1997a
Til - 22	LP - 346	1190±90	693-977	659-1020	Rivolta 1996a
Til - 22	B - 80704	1160±80	776-982	679-1022	Tarragó y Albeck 1997
Til - 22	LP - 349	1025±140	888-1162	687-1280	Rivolta 1996a
Malka	LP - 988	990±50	1000-1152	978-1162	Nielsen s/f
Til - 22	LP - 336	940±60	1021-1183	989-1222	Rivolta 1996a

Nota: Las calibraciones fueron realizadas mediante el programa Calib 4.0 de DStuiver et al. 1998. No se realizaron substracciones para dar cuenta de posibles diferencias en muestras atmosféricas del hemisferio sur.

Tabla 3: Fechas radiocarbónicas para contextos de los últimos momentos del Período Formativo.

extenso conocido para este período se ubica en los sectores este y norte de la ciudad de Tilcara (Til-22, Til-20, Malka). Aunque los sedimentos acumulados y el avance de la edificación actual impiden precisar las dimensiones o el trazado del antiguo poblado en su conjunto, los largos perfiles expuestos recientemente durante la nivelación del terreno para la edificación del plan de viviendas de Malka, muestran conjuntos reducidos de estructuras y desechos separados por áreas con escasos vestigios, lo que ratificaría el carácter disperso del asentamiento. En todos los casos, los recintos de vivienda presentan formas cuadrangulares.

Los hallazgos de Til-20 (Mendonça et al. 1991; Borach et al. 1999), sugieren que las inhumaciones se realizaban en las áreas domésticas y comprendían una variedad de tratamientos, incluyendo entierros individuales o colectivos de adultos en posición genuflexa, directos o en cámaras sepulcrales de planta subcircular, y de párvulos en vasijas o en forma directa (cf. Madrazo 1969b:35; Salas 1948:645). Los cráneos deformados corresponden al tipo tabular erecto. Ciertos individuos están acompañados por algún ornamento de cobre o bronce (brazalete, anillo), cuentas de valva, turquesa y lapislázuli o uno que otro implemento de uso cotidiano (palas líticas, vasijas).

Los conjuntos de este período están dominados por alfarería de factura ordinaria que incluye grandes vasijas

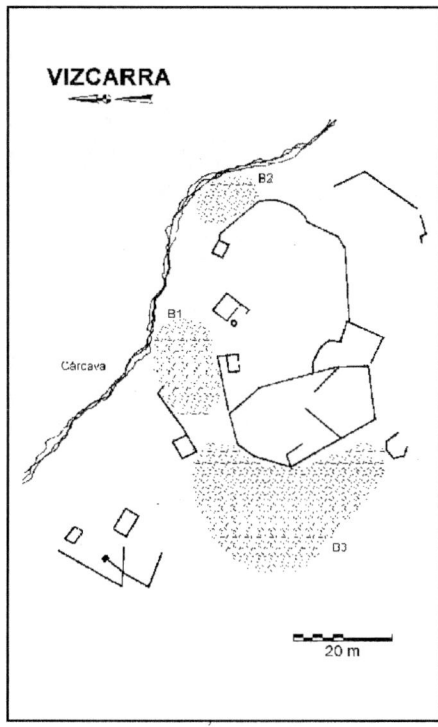

Figura 2: Planimetría de Vizcarra.

globulares y tubulares de hasta un metro de altura con o sin asas (Madrazo 1968), ollas, vasos asimétricos y pucos. Las piezas más pequeñas presentan a veces superficies negras y grises pulidas (pucos, vasos subcilíndricos, en forma de tonel o de contorno compuesto [Figura 3a], con o sin asa) o pintadas con diseños en negro sobre rojo (pucos, vasos de contorno simple o compuesto con o sin un asa vertical [Figura 3b y 3c]). Los motivos son líneas gruesas paralelas, rectas o quebradas (Madrazo 1969b:47; Rivolta y Albeck 1992:90). Estos últimos materiales -que definirían al Alfarcito Bicolor de Madrazo y parecerían continuar en uso durante los primeros momentos del siguiente período- tienen una dispersión que excede a la Quebrada, encontrándose por ejemplo en Tabladitas, Rinconada (Bregante 1926, fig. 302) y San Pedro de Atacama (Tarragó 1989, fig. 24). En esta última localidad se asocian con cerámica San Pedro Negro Pulido. Algunos fragmentos de vasos procedentes de Malka se asemejan por sus formas y tratamientos de superficie a materiales de dicha cerámica del Período Medio trasandino (Tarragó 1976), aunque no hay datos para establecer si se trata de piezas importadas o de factura local (para Til-22 ver Rivolta 1996:131).

Las puntas de proyectil son de limbo triangular con aletas y pedúnculo. Se aprovecharon diversos materiales, incluyendo obsidiana, basalto, ópalo y sílice de diversos colores. También se utilizaron en este período y en los comienzos del siguiente, palas o azadas líticas. La costumbre de fumar está testimoniada por la presencia de pipas cerámicas de hornillo vertical y gruesa rama horizontal (Rivolta y Albeck 1992; Salas 1948).

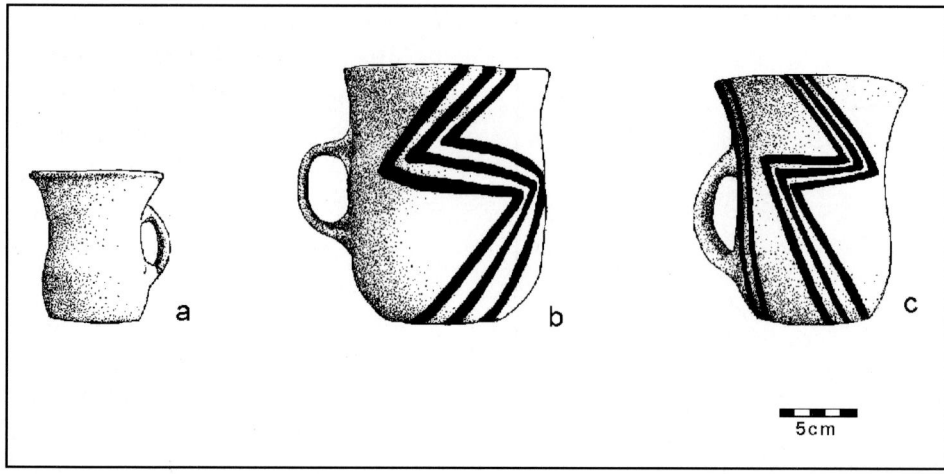

Figura 3: Cerámica del Período Formativo final

Período de Desarrollos Regionales I (AD 900-1200)

Como se advierte en el mapa de la Figura 4 la cantidad de sitios conocidos para este momento es mayor. Este incremento puede ser parcialmente atribuido a la mayor duración del período y a un incremento en la visibilidad arqueológica de los sitios, aunque la frecuente elección de lugares igualmente vulnerables a los agentes fluviales y a la reocupación, podrían indicar que dicho aumento refleja una característica objetiva del registro arqueológico. Algunas de las instalaciones más antiguas continúan siendo ocupadas durante al menos parte de esta época (Pueblo Viejo de La Cueva, El Alfarcito sector Debenedetti A-B). Otras, cuya ocupación se inicia en este momento, serán habitadas sin interrupción hasta la conquista Inka e incluso Hispana (ver Tabla 2). Los sitios se distribuyen en todo el ámbito quebradeño e incluso en los valles orientales (Alto Cutana [Garay de Fumagalli 1995], Yala de Monte Carmelo).

Parecen operarse durante esta época importantes cambios en el emplazamiento, trazado y distribución de los asentamientos. Ciertas instalaciones se ubican en lugares bajos, similares a los del momento anterior (Rincón de Ciénaga Grande,[5] Casa Grande, Pueblo Viejo de la Cueva, Pueblo Viejo del Morado, Estancia Grande, Peñas Coloradas), mientras que otras ocupan terrenos más altos, con mejor visibilidad (San José, Huacalera, Alto La Isla) y en algunos casos con claras ventajas defensivas (p.ej., Pukará de La Cueva y varios de los que continúan siendo habitados hasta el final de la secuencia). La mayor antigüedad aparente de los fechados (Tabla 4), combinada con las características y asociaciones de la alfarería, sugieren que el primer grupo de sitios es más antiguo. También parecería aumentar la densidad edilicia a lo largo de este período, convirtiéndose algunos asentamientos en pequeños conglomerados de límites precisos, con trazados en damero irregular (*sensu* Raffino 1988:116), donde los recintos se apiñan, separados solamente por sendas. El cambio más dramático, sin embargo, se produce al final del período, cuando las mayor parte de las quebradas tributarias del Río Grande -y quizás de los valles orientales- parecen haber sido abandonadas como zonas de habitación permanente (Nielsen 1996b).

San José o Keta Kara (Pelissero 1995) es el único asentamiento planimétricamente relevado que parece haber sido abandonado al final de esta época o poco tiempo después (Figura 5). La edificación es densa e internamente homogénea, con vías de circulación claramente definidas, sin espacios libres o plazas dentro del área de instalación. Se alternan en el poblado estructuras que por sus dimensiones parecen ser de dos tipos, v.gr., habitaciones (techadas) y patios (recintos descubiertos). Su combinación (recintos asociados desiguales *sensu* Madrazo y Ottonello 1966) podría constituir la expresión arquitectónica básica de la unidad doméstica. En el margen del asentamiento más accesible hay un conjunto de grandes recintos, tal vez corrales. Esta posición permitiría reducir la circulación de animales dentro del área residencial, manteniendo así un mínimo de ordenamiento dentro de estos poblados cada vez más concentrados. Más allá del área edificada se advierten montículos de basura claramente definidos. Los trazados de Pukará de la Cueva y Muyuna tienen características muy similares.

Por contraste con los sitios de la fase anterior, las actividades productivas parecen haber sido excluídas o al menos marginadas en el área de instalación. Además de los corrales recién mencionados, en algunos casos se advierte la presencia de terrazas o andenes de cultivo y obras de irrigación o limpieza de terreno en las proximidades de los poblados (Pueblo Viejo de La Cueva). Datan de esta época también sitios que parecen haber sido ocupados en forma temporaria para el desarrollo de actividades productivas complementarias (p.ej., pastoreo). Estos incluirían algunos aleros en la porción superior de las quebradas occidentales tributarias del

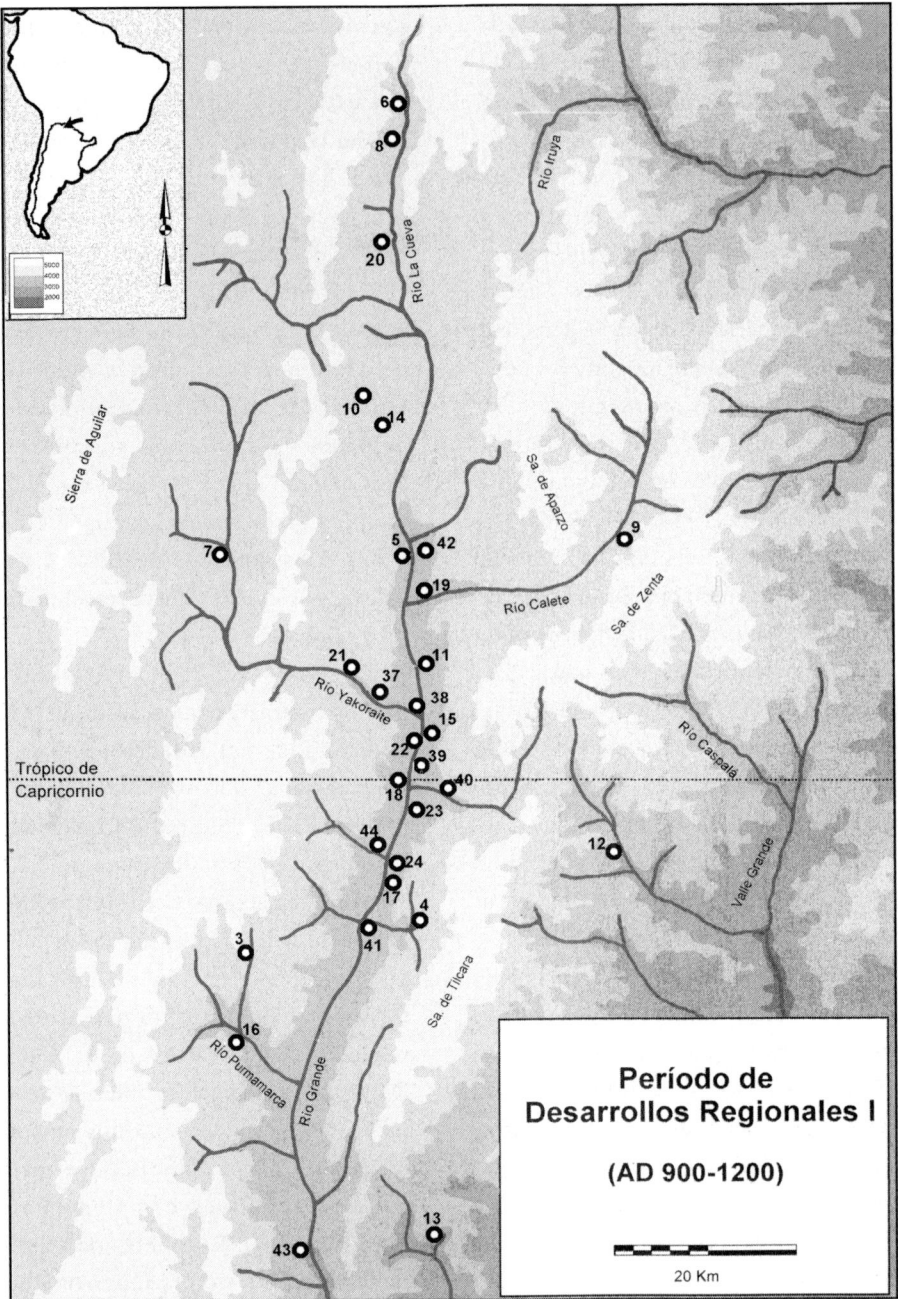

Figura 4: Sitios del Período de Desarrollos Regionales I.

PERIODO DE DESARROLLOS REGIONALES I					
Procedencia	Código	^{14}C	Cal 68%	Cal 65%	Referencia
PV de la Cueva	LP-142	1180±50	778-943	692-982	Basílico 1992
Bda del Perchel	AA-16236	1163±49	780-961	722-989	Rivolta 1997
La Huerta	LP-165	1150±80	778-984	686-1023	Raffino y Alvis 1993
Casa Grande	AA-12139	1060±65	898-1022	783-1155	Nielsen 1997a
Muyuna	AA-13668	1022±50	983-1028	898-1157	Nielsen 1997a
Estancia Grande	LP-551	970±50	1018-1157	983-1207	Olivera y Palma 1997
CAL-20	AA-16231	954±49	1021-1159	995-1212	Nielsen 1997a
CAL-20	AA-16232	948±51	1021-1160	996-1215	Nielsen 1997a
Los Amarillos, AI	LP-659	920±50	1028-1206	1018-1222	Nielsen 1997a
Los Amarillos	AA-12137	915±85	1021-1219	980-1280	Nielsen 1997a
CAL-20	AA-16229	910±50	1033-1209	1019-1245	Nielsen 1997a
Los Amarillos, BI	AA-13670	891±50	1039-1216	1022-1260	Nielsen 1997a
San José	AA-13667	889±57	1038-1218	1020-1271	Nielsen 1997a
CAL-20	AA-16230	879±49	1043-1219	1024-1264	Nielsen 1997a
Alto de La Isla	ISGS-3249	870±70	1040-1256	1019-1283	Rivolta 2000a
Tiuiyaco	GAK-5971	650±100	1278-1406	1211-1441	Fernández Distel 1976b

Nota: Las calibraciones fueron realizadas mediante el programa Calib 4.0 de Stuiver et al. 1998. No se realizaron substracciones para dar cuenta de posibles diferencias en muestras atmosféricas del hemisferio sur.

Tabla 4: Fechas radiocarbónicas para contextos del Período de Desarrollos Regionales I.

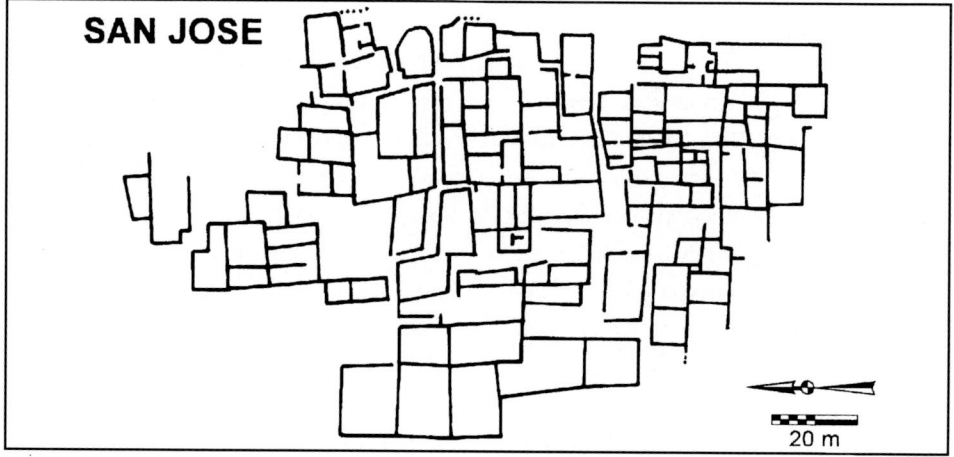

Figura 5: Planimetría de San José o Keta Kara (tomado de Pelissero 1995).

Río Grande (p.ej. Tomayoc [Lavallée et al. 1997], Pintoscayoc [Hernández Llosas 2000]) y tal vez sitios con estructuras circulares dispersas (Tiuiyaco [Fernández Distel 1976a]). También se inicia en esta época la ocupación de los paraderos de caravanas detectados hasta ahora en la Quebrada (p.ej., Terrazas del Alero Cianzo, Wayra Jara 1 en las cumbres de Zenta) y de sitios con arte rupestre del grupo estilístico C (Aschero 1979). En un reciente aporte, este autor define dentro de este grupo "un primer momento (C1.a) en que las figuras humanas tienden a presentarse de perfil, con las piernas rígidas o semiflectadas, con un cuidadoso detalle en la representación de adornos u objetos portados que se extiende también a la representación de los camélidos" (Aschero 2000:37). Se ajustarían a esta definición Cueva de Tres Cruces, Chayamayoc y Kollpayoc, entre otros.

Desde las excavaciones de Debenedetti en La Isla (1910), ha sido habitual considerar que la presencia de cementerios es un aspecto distintivo de la funebria de este período (Lafon 1967: 218). No obstante, nuevos trabajos realizados por Rivolta en este sitio le han permitido constatar que las tumbas se encuentran incluídas en unidades de vivienda, lo que -en opinión de la autora- "caracteriza el área como un espacio de vivienda más que como cementerio" (2000:51). Esta conclusión es consistente con lo observado en otros asentamientos del período, donde los enterratorios se encuentran en áreas domésticas (Casanova 1933, 1937; Debenedetti 1918a; Pelissero 1995). Se trata en su mayoría de inhumaciones directas, individuales o colectivas, aunque existen algunos ejemplos del uso de vasijas para el entierro tanto de adultos como de párvulos (Debenedetti 1910; Lafón 1957) y de cámaras pircadas, tanto cilíndricas (Debenedetti 1918a:19; Pelissero 1995: 48) como cuadrangulares (Casanova 1933).

En algunas de estas tumbas se han encontrado los acompañamientos de mayor riqueza -por la cantidad y variedad de objetos- de la era prehispánica en la Quebrada. Como ejemplo, considérese la Tumba Nro. 11 de la "necrópolis" de El Morro (La Isla), que contenía 63 vasijas, dos figurinas cerámicas representando a camélidos (una fragmentada), cuatro cascabeles de bronce, pedazos de mineral de cobre, un esqueleto de loro, cinco cuentas de piedra, dos instrumentos de hueso, dos piedras de moler, dos cuernos de ciervo, escoria, gran cantidad de maíz quemado y veinticinco piezas de oro laminado (Debenedetti 1910:38-39). Los objetos de oro son relativamente frecuentes en las tumbas, como lo demuestra su hallazgo en la mayoría de los sitios de este período que han sido excavados (Pueblo Viejo de La Cueva, Pueblo Viejo del Morado, Muyuna, San José, Huacalera, Puerta de Juella, La Isla). Aparecen hacia el final de esta época (Fase Calete) los primeros entierros de cráneos trofeos e individuos decapitados (San José, Puerta de Juella, La Isla, El Alfarcito).

La alfarería ordinaria de este período incluye ollas globulares, vasos asimétricos, *yuros* con o sin asas, tazas con un asa vertical, vasos chatos o "hilanderos" (Figura 6m) y pucos, simples o dobles (Figura 6l). Las piezas con diseños (Figura 6a-k), habitualmente incluidas en los estilos Alfarcito Polícromo e Isla Polícromo (Bennett et al. 1948) y tipo Peñas Coloradas (Deambrosis y De Lorenzi 1975), son pequeñas: vasos de contorno simple o compuesto (biglobulares, *k'eros*) con o sin asa, vasos zoomorfos, *yuros*, ollitas, y pucos troncocónicos y hemisféricos, simples o dobles. Los diseños, ejecutados en negro sobre rojo o negro y blanco sobre rojo, incluyen entre sus motivos puntos (Figura 6a) y vírgulas en blanco, campos triangulares rellenos con líneas paralelas (6b-d), chevrones a lo largo del borde interior de vasos y ollas, reticulados finos de malla abierta en el exterior de vasos (6c) o en dos a cuatro campos triangulares al interior de pucos (6k), "carablancas" (6j-k), ganchos y escalerados negros (excepcionalmente reticulados, p.ej., Figura 6i) orlados en blanco (estilo Alfarcito Polícromo, 6g-h). Los pucos interior negro pulido parecen aumentar su frecuencia. Existe también una baja proporción de ollas con diseños grabados en el cuello (Debenedetti 1910:149).

La alfarería alóctona está consistentemente representada; incluye piezas de los grupos Yavi y Yura, procedentes quizás del sur de Bolivia o noreste de la Puna. Algunos de los motivos y formas cerámicas anteriormente enumeradas (p. ej., vírgulas y puntos blancos, campos triangulares rellenos con líneas paralelas, vasos con cintura) son también frecuentes en sitios de la Sierra del Aguilar y otras áreas cercanas de la Puna (p.ej., Agua de Castilla, Santa Ana de Abralaite, Tabladitas [García 1991; Krapovickas et al. 1979; Nielsen 1997a]). En menores proporciones, se los encuentra en sitios más lejanos aún, como Yoscaba y Pueblo Viejo de Lagunillas en Pozuelos (Balbuena 1996:241; Mamaní 1998:270) y algunas tumbas de San Pedro de Atacama (Tarragó 1977), a donde podrían haber arribado mediante intercambio. Esta hipótesis es consistente con el hallazgo de materiales similares en paraderos de caravanas del Altiplano de Lípez, al este de San Pedro (Nielsen et al. 1999).

Figura 6: Cerámica del período de Desarrollos Regionales I

Las puntas de proyectil son de sílice gris u obsidiana y poseen limbo triangular y pedúnculo. Continúan utilizándose las palas o azadas líticas, a lo que se agrega una diversidad de implementos de piedra pulida, p.ej., molinos planos, morteros, pecanas, vasos de lados rectos, hachas, mazas, torteros y silbatos. Se confeccionaron cuentas de collar en minerales de cobre (turquesa, malaquita), esquistos y ceniza volcánica.

El oro y la plata fueron trabajados por martillado en frío y repujado, formando láminas que sirvieron para confeccionar vinchas, cuentas cilíndricas, campanillas piramidales plegadas, sonajas, pendientes con formas geométricas, de camélido o de ave, anillos, brazaletes y máscaras antropomorfas (González 1979). Menos frecuentemente se utilizó el cobre y bronce estañífero para fabricar brazaletes, campanillas, punzones y cinceles.

Los objetos de madera de este período -y el anterior- son muy escasos (un peine y algunas tarabitas), lo que probablemente sólo revela su falta de preservación en los sitios más antiguos. Los artefactos de hueso, en cambio, son relativamente abundantes. Los más frecuentes son tubos confeccionados sobre diáfisis de huesos largos,[6] seguidos por cucharas, punzones, sobadores, torteros, horquetas de atalaje, estuches y cuentas de collar (Vázquez 2000). A ellos cabe sumar el hallazgo de astas de venado modificadas para servir de herramientas (retocadores, punzones, herramientas agrícolas?).

Desde tiempos de Debenedetti (1912) ciertas semejanzas formales entre la cultura material de esta época (p.ej., ornamentos zoomorfos de oro, la forma *k'ero* en la cerámica, el "complejo de rapé") y la de Tiwanaku han llevado a postular la existencia de algún tipo de contacto con aquella formación política altiplánica. Sin embargo, el fuerte sello local que muestra la alfarería de la Isla, y la ausencia de objetos, arquitectura o iconografía que puedan ser directamente relacionados a la cuenca del Titicaca, no permiten pensar en nada más que una influencia indirecta quizás mediatizada por grupos del norte de Chile, o un eco remoto del prestigio generalizado que indudable-mente tuvieron las expresiones culturales de aquél estado en los Andes Centro-Sur (cf. Bennett et al. 1948:146).

Período de Desarrollos Regionales II (AD 1200-1430)

La distribución regional de sitios correspondientes a este momento presenta un marcado contraste con la de épocas anteriores (Figura 7). No se ha documentado hasta ahora para este

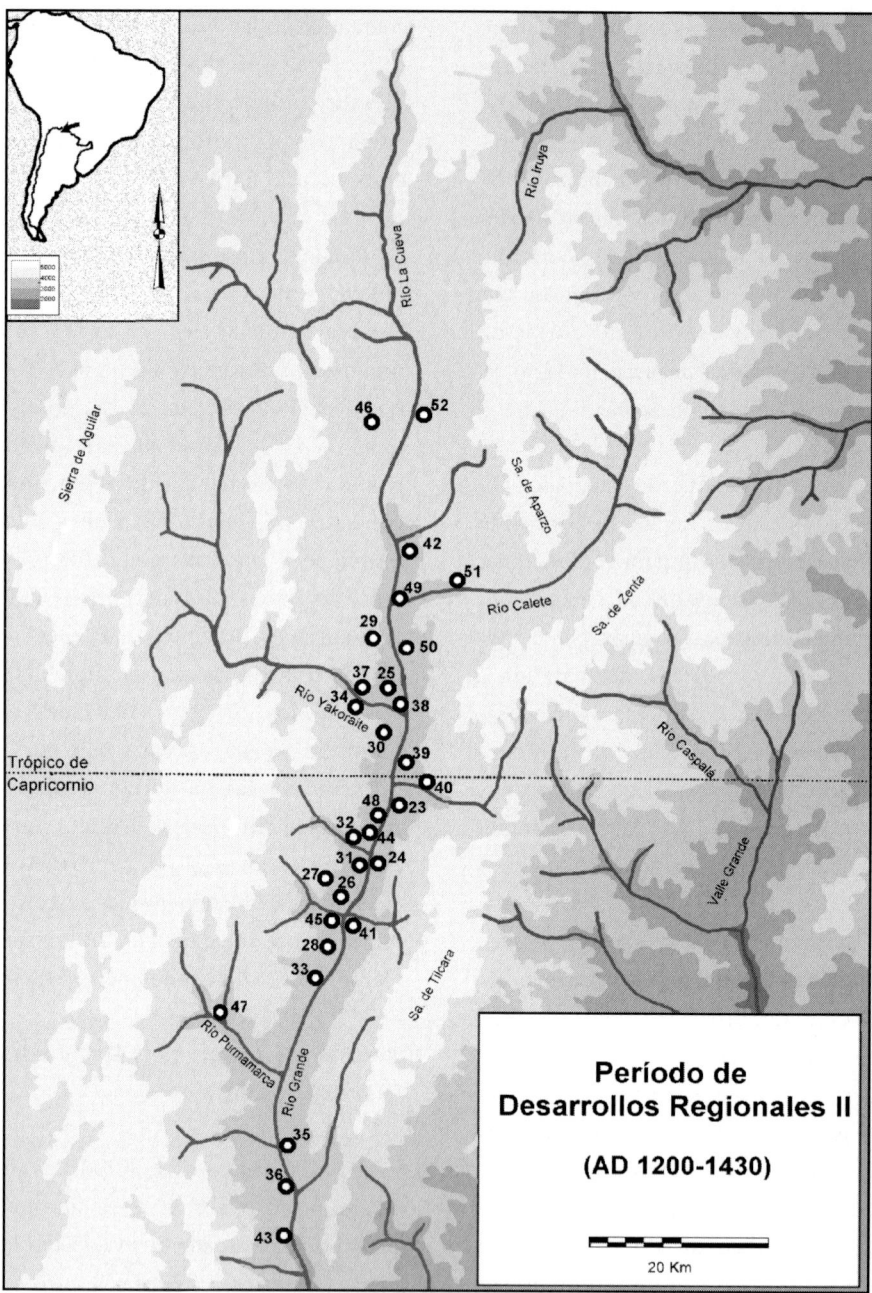

Figura 7: Sitios del Período de Desarrollos Regionales II.

período ningún asentamiento residencial de envergadura fuera del valle del Río Grande y porción inferior de sus quebradas tributarias. Los cursos medios y superiores de estas últimas, el extremo norte del valle del Río Grande, la quebrada de La Cueva y quizás algunos de los valles orientales más próximos a la Quebrada parecen haber sido abandonados como zonas de habitación permanente, aunque no necesariamente como áreas de explotación económica extensiva u ocasional. Prospecciones sistemáticas realizadas a lo largo de las quebradas de Yakoraite y Calete (Nielsen et al. 1997) sugieren que esta ausencia es un aspecto objetivo de la distribución de sitios de esta época, y no el producto de sesgos en la investigación o el resultado de las técnicas de prospección utilizadas.

Dentro de la Quebrada troncal o cerca de ella, varios asentamientos del momento anterior son abandonados al comienzo de esta época (p.ej., CAL-20, San José, La Isla), mientras que otros continúan siendo habitados hasta el final de la secuencia (ver Tabla 2). Otros sitios son ocupados por primera vez en esta época.

La existencia de varias planimetrías de sitios habitacionales de este período permiten un análisis más detallado de la diversidad existente en su estructura interna. Un primer aspecto de esta variabilidad concierne a la densidad relativa del trazado. En un extremo de este continuo se ubican sitios de baja densidad edilicia (p.ej., Sarahuaico, La Señorita, Banda de Los Amarillos, Campos Colorados, Chucalezna [Figura 8]), que en su mayoría comparten otras características, a saber: (1) ausencia de basureros, inhumaciones y relativa escasez de desechos en general; (2) elección de "rincones" o nacientes de cauces estacionales cortos que desembocan al Río Grande, emplazamientos de escaso valor defensivo; (3) aparente escasez de estructuras que pudieran estar techadas a juzgar por sus dimensiones; y (4) aprovechamiento de laderas de pronunciada pendiente que han llevado a construir amplias terrazas a fin de crear superficies niveladas aptas para la ocupación. Estos rasgos no se aplican a todos los sitios; por ejemplo, Chucalezna no responde a la segunda característica, mientras que La Señorita no presenta la tercera.

En el extremo opuesto de este continuo se ubicarían asentamientos de trazado concentrado, verdaderos conglomerados (*sensu* Madrazo y Ottonello 1966; p.ej., Juella, Los Amarillos [Figuras 9]). A diferencia de los anteriores: (1) poseen desechos en abundancia -que en ocasiones forman basurales monticulares fácilmente reconocibles- y parecen albergar

PERIODO DE DESARROLLOS REGIONALES II					
Procedencia	Código	^{14}C	Cal 68%	Cal 65%	Referencia
Pukará de Tilcara	LP-536	910±60	1028-1213	1003-1260	Tarragó y Albeck 1997
Volcán	LP-801	860±70	1043-1260	1021-1285	Garay de F. 1998
Qda. del Cementerio	A-9605	835±40	1164-1258	1065-1279	Nielsen y Vázquez s7f
Puerta de Maidana	ISGS-3250	810±70	1163-1281	1037-1298	Nielsen y Rivolta 1997
Pukará de Tilcara	LP-247	800±40	1215-1277	1163-1285	Tarragó 1992
Los Amarillos, BI	LP-669	780±70	1211-1287	1059-1382	Nielsen 1997a
La Huerta	LP-389	740±110	1212-1385	1033-1417	Raffino y Alvis 1993
Sarahuaico	ISGS-2521	730±70	1255-1376	1164-1396	Rivolta 1996b
Sarahuaico	ISGS-2754	710±70	1262-1382	1195-1401	Rivolta 1996b
Sarahuaico	ISGS-2522	690±80	1269-1390	1211-1413	Rivolta 1996b
Chucalezna	AA-16233	688±55	1279-1384	1244-1399	Nielsen 1997a
La Huerta	LP-335	680±90	1269-1396	1191-1427	Raffino y Alvis 1993
Volcán	Beta 85493	670±60	1282-1390	1258-1407	Garay de F. 1998
Puerta de Maidana	ISGS-3251	660±70	1282-1396	1244-1418	Nielsen y Rivolta 1997
La Huerta	LP-700	660±40	1289-1388	1279-1399	Palma 1998
Juella	AA-16237	655±49	1288-1392	1276-1405	Nielsen 1997a
La Señorita	AA-13669	648±49	1290-1393	1278-1407	Nielsen 1997a
Campos Colorados	AA-16234	642±49	1292-1395	1279-1409	Nielsen 1997a
Juella	A-7733	635±140	1264-1428	1066-1613	Nielsen 1997a
Qda. del Cementerio	A-9606	630±35	1298-1395	1288-1404	Nielsen y Vázquez s/f
Juella	FRA.41	630±120	1278-1421	1165-1477	Cigliano 1967
Los Amarillos, E	A-9602	630±45	1296-1397	1283-1411	Nielsen s/f
Los Amarillos, AI	AA-16239	620±49	1297-1401	1284-1417	Nielsen 1997a
Campos Colorados	AA-16235	600±49	1301-1406	1289-1436	Nielsen 1997a
Juella	?	590±30	1310-1404	1300-1415	Pelissero 1968
Los Amarillos, AI	AA-12135	590±55	1301-1411	1289-1436	Nielsen 1997a
Los Amarillos, AI	A-9600	505±50	1404-1440	1325-1467	Nielsen s/f
Los Amarillos, E	A-9604	495±40	1410-1440	1332-1452	Nielsen s/f

Nota: Las calibraciones fueron realizadas mediante el programa Calib 4.0 de Stuiver et al. 1998. No se realizaron substracciones para dar cuenta de posibles diferencias en muestras atmosféricas del hemisferio sur.

Tabla 5: Fechas radiocarbónicas para contextos del Período de Desarrollos Regionales II.

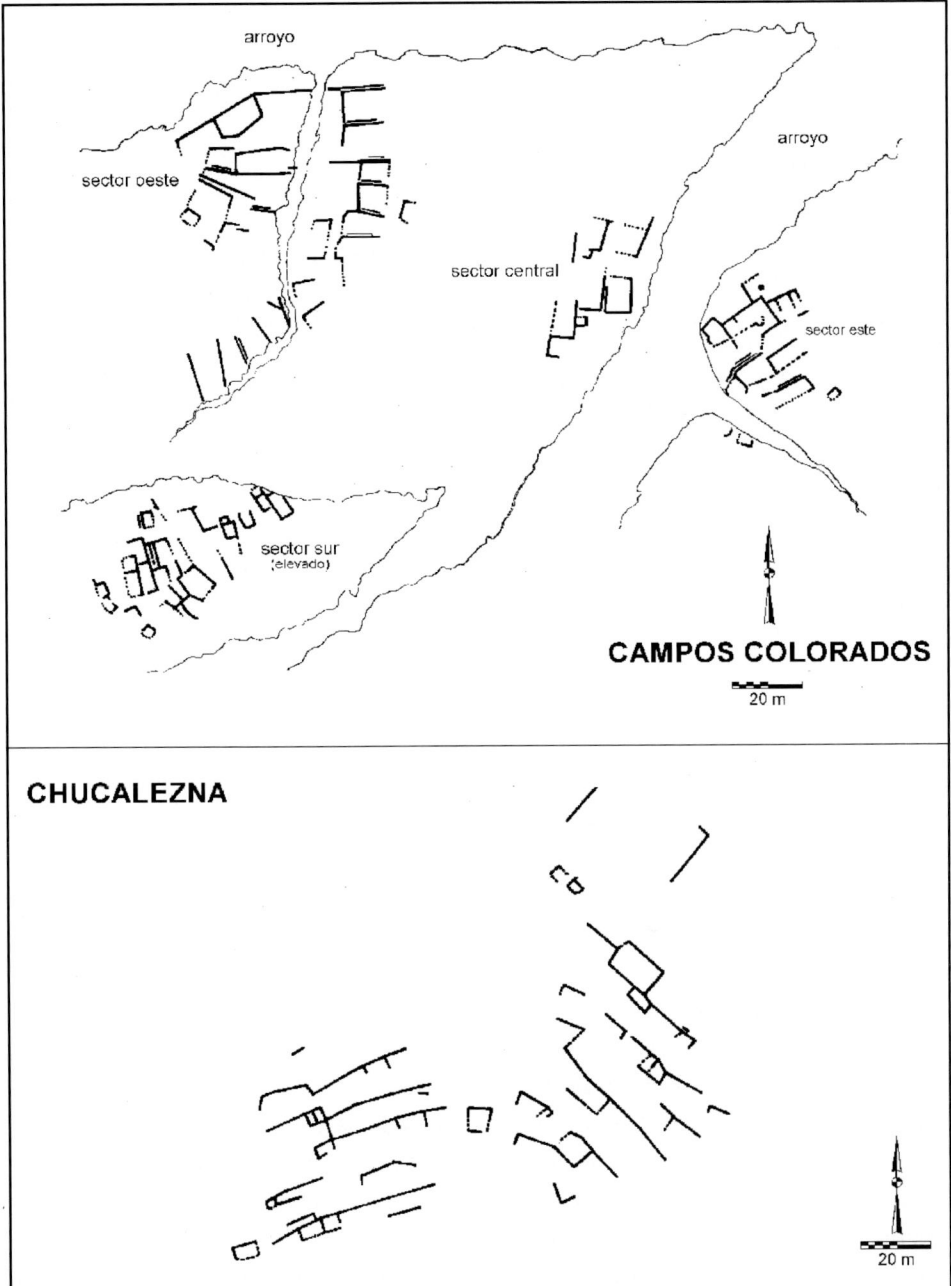

Figura 8: Planimetrías de Campos Colorados y Chucalezna.

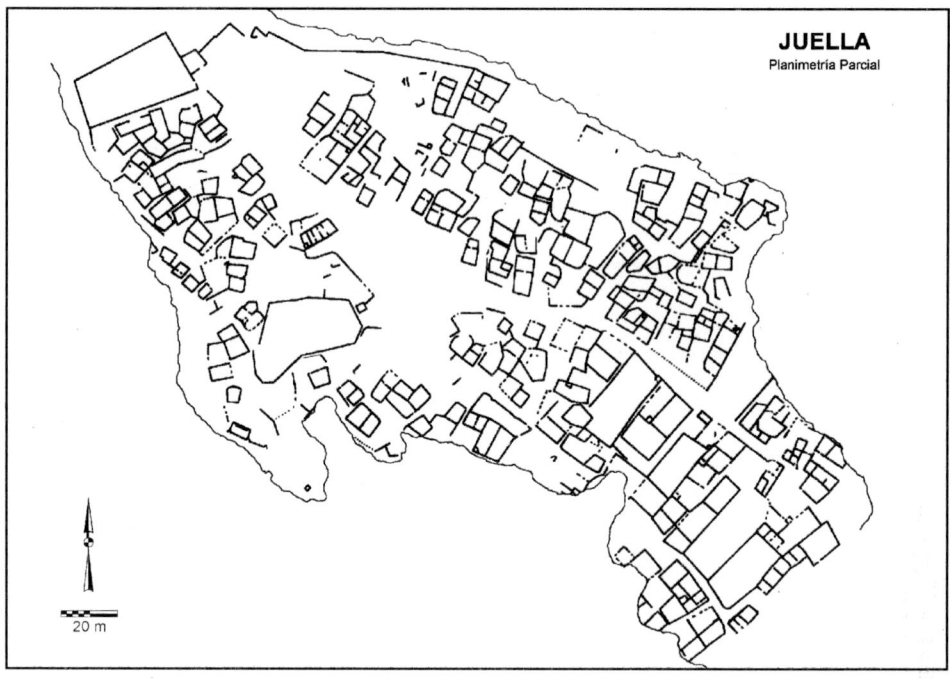

Figura 9: Planimetría parcial de Juella.

gran cantidad inhumaciones; (2) se ubican en lugares altos que ofrecen ventajas defensivas en términos de visibilidad y dificultad de acceso; y (3) tienen abundantes estructuras que a juzgar por su tamaño, pudieron ser techadas. La pendiente y la consecuente necesidad de apelar al uso de terrazas de nivelación es un atributo más variable; algunos conglomerados se ubican en superficies llanas (e.g., Hornillos), otros en laderas muy inclinadas (e.g., Agua Bendita, Esquina de Huajra), mientras que otros combinan ambos tipos de terrenos y de soluciones constructivas (e.g., Los Amarillos).

Ante todo, es preciso descartar la posibilidad de que esta variación revele diferencias funcionales entre sitios complementarios dentro del sistema de asentamiento. Los trabajos realizados hasta el momento en el primer grupo de sitios han arrojado invariablemente indicios de actividades domésticas como las desarrolladas en los conglomerados, lo que elimina la posibilidad de interpretar las terrazas presentes en la mayoría de aquellos como estructuras agrícolas.

Otra posibilidad es que las diferencias apuntadas revelen ocupaciones funcionalmente similares pero de distinta duración (Nielsen y Rivolta 1997). Un lapso de ocupación más prolongado para los conglomerados explicaría la mayor abundancia de desechos, de inhumaciones y de estructuras de menor tamaño, testimonios de la intensificación del uso del espacio por subdivisión progresiva de recintos originalmente más grandes (contrastes 1 y 3). Este último proceso ha sido claramente documentado durante la excavación de dos complejos arquitectónicos de uso doméstico en los sectores norte y noreste de Los Amarillos, donde la pendiente del terreno ha impuesto el uso de grandes terrazas de nivelación. Las excavaciones demostraron la existencia de un mínimo de dos niveles de ocupación doméstica estratigráficamente diferenciados; el más profundo se vincula a la construcción de las terrazas de nivelación pero precede a la edificación de los muros divisorios que definen los "recintos techables," el más reciente corresponde al uso de estas últimas estructuras. En el caso del Complejo E (sector noreste), estos dos niveles fueron datados en 630±45 y 495±40 AP, respectivamente (Tabla 5, fechas 22 y 28). Cabe concluir que, si tales áreas hubieran sido abandonadas antes de la formación del segundo nivel de ocupación y recintos menores asociados, el trazado del sector hubiera sido menos concentrado y presentaría muchas semejanzas con los sitios "en terrazas" (Rivolta 1997) o "de ocupación breve" (Nielsen y Rivolta 1997). En ambos complejos se registró la existencia de tabiques confeccionados en barro además de las paredes de piedra, lo que pone de relieve la necesidad de contemplar que algunas de las terrazas domésticas de los "sitios de ocupación breve" pueden haber estado subdivididos con muros de este material.

Es importante enfatizar que las diferencias hasta aquí señaladas -y los lapsos relativos de ocupación que se postulan como causa- deben entenderse como extremos de una variación continua antes que como una dicotomía de tipos. De hecho, algunos sitios combinan características de ambos, con un núcleo de edificación densa y depósitos de desechos de considerable potencia, y una periferia donde estos indicadores de ocupación parecerían disminuir sensiblemente, p.ej., Puerta de Maidana, Quebrada del Cementerio. Consistentes con esta interpretación, las fechas obtenidas en tales sitios sugieren lapsos de ocupación más prolongados (Tabla 5). En el caso de Quebrada del Cementerio, la mayor duración relativa está independientemente indicada por diferencias estadísticamente significativas entre la dataciones de inicio y de abandono del sitio (fechas 3 y 20), y la presencia de fragmentos de alfarería más tardía (Angosto Chico Inciso).

Quedaría por explicar el contraste en las propiedades defensivas de los sitios. En realidad, este atributo -junto a lo reducido de las poblaciones que albergaron- podría dar cuenta de las diferencias en los lapsos de ocupación. En un contexto de creciente violencia e inseguridad, las comunidades más pequeñas y vulnerables debieron verse obligadas a trasladarse a lugares que ofrecieran mayores ventajas estratégicas y/o el amparo de una población mayor. Este proceso tendría lugar durante la primer parte del Período de Desarrollos Regionales II (Fase Sarahuaico), teniendo en cuenta la distribución de las fechas obtenidas en los asentamientos de ocupación breve (Tabla 5) y la ausencia de materiales de filiación Inka en los mismos.

Como contrapartida de estos abandonos, los conglomerados experimentan un marcado crecimiento e incremento en su densidad edilicia (Figura 10), proceso que culmina en la segunda parte del período (Fase Pukara). Indicios de una expansión rápida y en gran escala durante esta época han sido observados en el Pukará de Tilcara (Madrazo 1969a:26-27), Juella (Nielsen 1996b:322) y Los Amarillos. Las dataciones de este último sitio indican que, si bien el sector central fue ocupado desde AD 1000 (Tabla 4, fechas 9, 10 y 12), las áreas residenciales de trazado más regular al norte del cauce que atraviesa la instalación pertenecen exclusivamente a esta época (Tabla 5, fechas 22 y 28).

Todos los asentamientos conglomerados sirvieron como sitios de habitación permanente, aun cuando su elevado emplazamiento y la presencia de murallas en los flancos más vulnerables de algunos de ellos les hayan valido la denominación de "pukaras" (quechua = fortaleza). Dadas las características que asumen los conflictos en contextos premodernos (e.g., fuerzas de tamaño reducido, armas de poca precisión y alcance), los méritos de estos asentamientos residen en facilitar la defensa de sus habitantes y pueden ser resumidos en tres puntos: (1) gran visibilidad que permitiría detectar la presencia de enemigos a gran distancia y comunicarla rápidamente a comunidades vecinas; (2) superioridad que ofrecerían a sus pobladores laderas escarpadas, murallas y parapetos en el contexto de combates a corta distancia y (3) posibilidad de contar rápidamente con la acción coordinada de un número considerable de personas para la defensa, ventaja dependiente del tamaño de la población que albergaban y potenciada por la comunicación visual entre sitios (continua por lo menos des-

Figura 10: Vista panorámica del Pukará de Tilcara y el Pukará de Huichairas

de Tilcara a Humahuaca). Evidencias etnográficas indican que este último factor -v.gr., superioridad numérica relativa- podría ser el más decisivo en los enfrentamientos (Keely 1996; Maschner y Reedy.Maschner 1998:24), lo que explicaría que las comunidades más pequeñas se ubiquen en los lugares más inaccesibles, compensando su vulnerabilidad numérica con la rispidez del terreno (p.ej., Agua Bendita, Huichairas, Perchel, Pukará de Ucumazo, Calete, Hornaditas).

Al comparar las plantas de los conglomerados entre sí se advierten diferencias en el tamaño, complejidad del trazado y en la cantidad y envergadura de los espacios públicos (Nielsen 1995a). Algunos sitios tienen menos de una hectárea de superficie (p.ej., Hornadita, Huichairas) mientras que otros se extienden por varias hectáreas, a pesar de haber sido abandonados total (Juella > 5 has) o parcialmente (Los Amarillos, 9,5 has) al final de este período. Estos contrastes podrían revelar diferencias de hasta un orden de magnitud en sus antiguas poblaciones. El segundo atributo concierne a la complejidad del trazado, que distingue a sitios internamente homogéneos (Agua Bendita) de otros provistos de sectores formalmente diversos (Pukará de Tilcara). En la medida en que esta heterogeneidad no obedezca a diferencias cronológicas, podría estar reflejando distinciones funcionales, sociales o culturales en el área de instalación. Finalmente, mientras algunos sitios poseen varias áreas de uso comunitario (Volcán [Garay de Fumagalli 1998], Los Amarillos), otros carecen por completo de espacios públicos definidos (p.ej., Pukará de Ucumazo), lo que testimoniaría una distribución diferencial de actividades de importancia pública vinculadas a la reproducción del sistema político. La combinación de estas tres variables sugieren la existencia de distinciones jerárquicas entre asentamientos y probablemente de relaciones de subordinación entre las comunidades que los habitaron o ciertos sectores dentro de ellas.[7]

Los únicos datos sobre las actividades desarrolladas en los espacios públicos del Período de Desarrollos Regionales proceden de las excavaciones en el sector central de Los Amarillos (Nielsen y Walker 1999). Al sur de una de las plazas de mayor tamaño se construyó en esta época (Tabla 5, fecha 26), sobre ocupaciones del período anterior (Tabla 4, fecha 9), una plataforma artificial sobreelevada entre cuatro y seis metros sobre los recintos circundantes. En la parte posterior de este "escenario" se encontraron tres recintos pequeños construidos sobre la superficie con ladrillos de adobe que sirvieron de tumba a un mínimo de dos individuos adultos

con ricos acompañamientos, v.gr., equipos de inhalar, ornamentos de oro, miles de cuentas de concha, turquesa, malaquita y placas de armadillo, varias piezas cerámicas, cornetas, cascabeles de nuez, flechas (astiles y puntas), textiles, instrumentos de hueso varios, maíz y frutos de chañar, entre otros. Estas estructuras y otros recintos detrás de ellas se encuentran ocultos para personas ubicadas en la plaza, las que tampoco contarían con acceso a la plataforma. Estas evidencias sugieren, en primer lugar, que entre otras actividades posibles, los espacios comunitarios eran empleados para ceremonias vinculadas con el culto a los ancestros, que tal vez incluirían periódicamente la manipulación pública del contenido de sepulcros de ciertos individuos o linajes de elevada jerarquía -"sepulcros abiertos" *sensu* Isbell (1997). Segundo, la estructuración arquitectónica de este espacio, que incluye marcadas asimetrías visuales y de acceso, indica la existencia de desigualdades estructurales en el control de estas prácticas.

Las unidades habitacionales presentan considerable variabilidad en su conformación, a juzgar por las combinatorias de estructuras que se advierten en las instalaciones (Cigliano 1967; Krapovickas 1969; Nielsen 1989). Su expresión más simple sería una habitación techada (depósito, refugio nocturno) con su respectivo patio cercado multifuncional (cocción de alimentos, molienda, manufacturas varias). Este módulo básico se complejizaría mediante la adición de otros recintos en respuesta a cambios en la conformación de la unidad doméstica a lo largo de su ciclo de desarrollo. En el caso de los conglomerados, este proceso implicaría con frecuencia la subdivisión progresiva del espacio original, resultando en una gradual concentración del trazado. Los muros son de pirca seca o con mortero, ladrillos de adobe o barro apisonado, los techos de madera de cardón y torta de barro, ocasionalmente sostenidos por columnas de adobe con base de piedras. Rasgos a menudo presentes en estas áreas incluyen depósitos (subterráneos pircados, confeccionados sobre nivel en los ángulos de las habitaciones), grandes cántaros enterrados (reservorios de agua?), tabiques deflectores, plataformas o poyos y techumbres parciales sostenidas con postes en los patios.

Los entierros se realizaron mayoritariamente en áreas domésticas, aunque existe un cementerio bien definido en el Pukará de Tilcara y varios en Volcán. Existen entierros directos, tanto de adultos como de párvulos, pero es más frecuente el uso de cámaras subterráneas de planta subcircular o cuadrangular, con muros de piedra y cierre en falsa bóveda. En su mayoría se trata de entierros colectivos, producto de eventos de inhumación sucesivos. Los individuos se presentan en posición genuflexa, en algunos casos envueltos en tejidos o asegurados con sogas y horquetas de atalaje. Más raramente, se encuentran entierros secundarios -a veces verdaderos osarios- y de adultos en grandes vasijas. Sectores de los sitios ya deshabitados fueron ocasionalmente reutilizados como áreas de inhumación, como lo testimonia la presencia de sepulturas excavadas en los rellenos acumulados dentro de las habitaciones con posterioridad al abandondo (Los Amarillos, Juella; cf. Tarragó 1992:68 para el Pukará de Tilcara). La deformación craneana predominante es la tabular oblicua. Existe considerable variabilidad en el tamaño y composición de los conjuntos funerarios. Los más destacados incluyen equipos de inhalar alucinógenos, armas, cuentas de collar de turquesa o malaquita en abundancia, valvas de molusco, implementos vinculados al tejido, vasijas, instrumentos musicales (campanas, cascabeles, cornetas), y otros objetos de metal, principalmente de bronce (discos, brazaletes, pendientes, topos, hachas). Las prácticas vinculadas a la manipulación de cráneos trofeo alcanzan su mayor popularidad en este momento.

Culminaría en esta época la tendencia a la segregación espacial de zonas residenciales y productivas, fenómeno acompañado por una creciente diferenciación funcional interna del sistema de asentamiento. A la agricultura de fondo de valle, se suman los complejos agrícolas del piedemonte de las Serranías de Aparzo y Tilcara (Coctaca-Pukara, Moya-Kosmate y especialmente cuenca del Guasamayo), que experimentarían durante este período una primer fase de crecimiento masivo. La necesidad de una importante fuerza de trabajo de permanecer por períodos de varios días para atender los cultivos cobra expresión arqueológica en la existencia de puestos de ocupación temporaria, como los registrados en El Alfarcito y en la Quebrada de Calete (Debenedetti 1918b:17; Lafón 1957; Madrazo 1969b; Nielsen et al. 1997 [Figura 11, CAL-2]).

El consumo de la llama está testimoniado por la abundancia de restos óseos este animal en los basureros (Madero 1994). En los conglomerados sólo se advierten corrales formando agrupamientos junto a las vías de acceso (Figura 9), posiblemente utilizados para albergar temporariamente animales para el faenamiento, esquila y carga/descarga de caravanas. Otros indicios vinculados al pastoreo se encuentran en los alrededores de los poblados en forma de conjuntos de corrales (p.ej., Campo Morado), parapetos para la vigilancia diurna del ganado (Nielsen et al. 1997: 211) y corrales con pequeños refugios adosados (Figura 11). Conjuntos similares a éstos últimos se presentan también en las porciones altas de la ladera oriental del valle, p.ej., al este de Campo Morado y en los altos de Moya.[8]

La aparente ausencia de asentamientos permanentes de importancia fuera del ámbito quebradeño no significa que la faja alrededor del valle del Río Grande no haya sido utilizada. La presencia de grupos vinculados a las comunidades de la Quebrada troncal está evidenciada por cuatro tipos de sitios: (1) corrales con recintos pequeños asociados, p.ej., Kollpayoc en las nacientes del Río Yakoraite; (2) conjuntos de parapetos asociados a antiguas rutas, p.ej., Wayra Jara 1-3 en las cumbres de Zenta; (3) niveles estratigráficos en cuevas o aleros situados en las porciones medias y altas de las quebradas tributarias, p.ej., Inca Cueva 5 (Aguerre et al. 1973), Tomayoc (Lavallée et al. 1997), Caverna del Indio (Fernández 1973), Huachichocana 3 capa D (Fernández Distel 1974), Alero Cianzo (Fernández Distel 1984); (4) sitios con pictografías correspondientes al grupo estilístico C -algunos de ellos ya existentes en el período anterior-

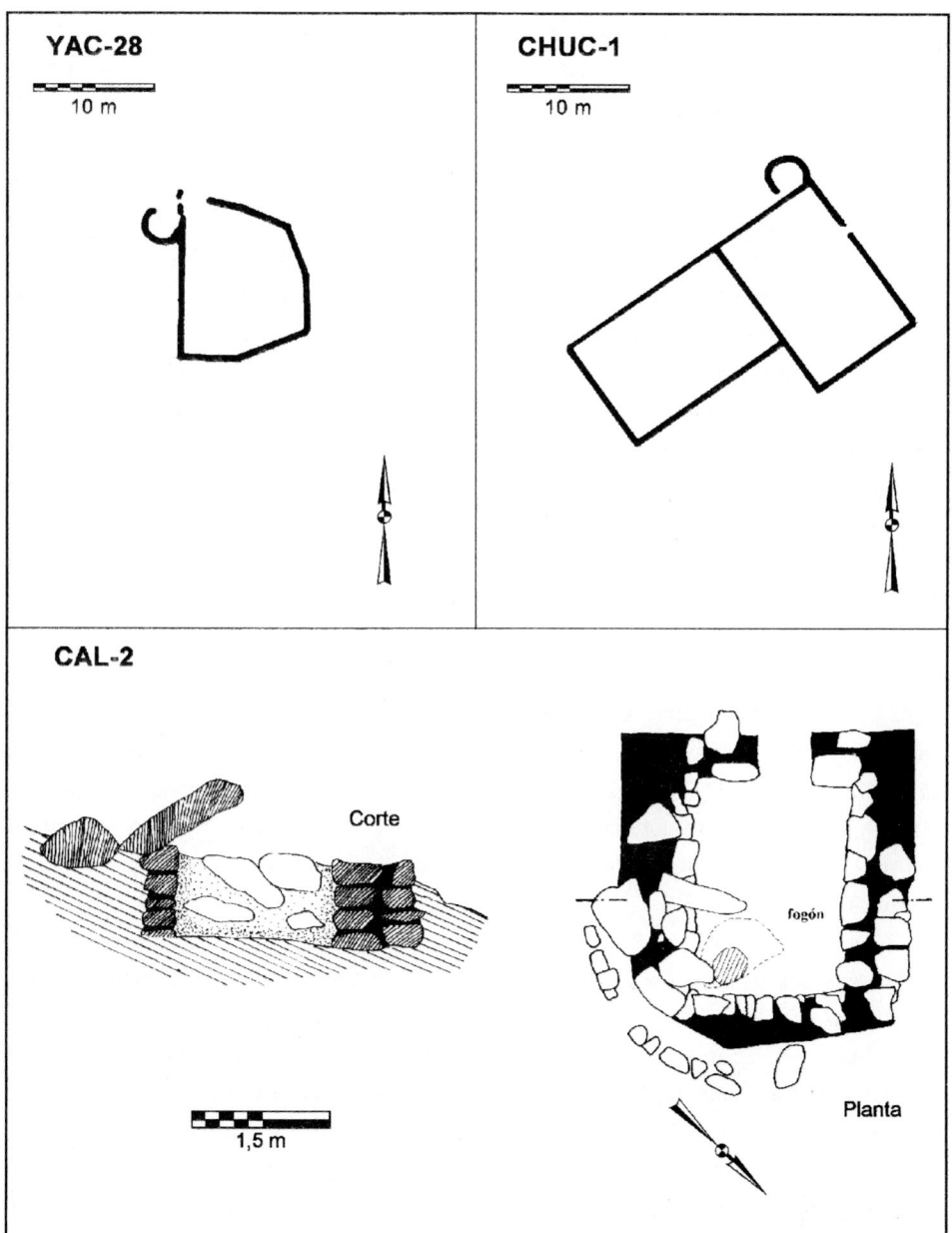

Figura 11: Complejos de corrales y puestos agrícolas

p.ej., Chayamayoc (Fernández Distel 1983b), Cueva de Tres Cruces (Márquez Miranda 1952), Inca Cueva 1 (Aschero 1979), Kollpayoc (Nielsen 1997c), El Portillo (Fernández 1997), Alero Cianzo (Fernández Distel 1983a), Huachichocana IV y V (Fernández Distel 1980). Los primeros serían puestos de pastoreo ocupados estacionalmente por grupos residentes en la Quebrada mientras que los segundos responden a las características de paraderos de caravanas definidas en base a estudios etnoarqueológicos (Nielsen 1997c). Los niveles de ocupación en cuevas y aleros podrían ser el resultado combinado de ambos tipos de actividad, a las que cabe agregar la caza (Yacobaccio y Madero 1992). En cuanto al arte rupestre, ha sido interpretado como expresión tanto de pastores locales (Aschero 1979:442, 1999:131; Hernández Llosas 1991) como de caravanas en tránsito (Nielsen 1997c; Yacobaccio 1979).

Las evidencias arqueológicas de los Valles son más difíciles de interpretar. Arte rupestre del grupo C se encuentra en El Durazno (Madrazo 1966) y San Lucas (Fernández Distel 1988). La asociación de estos sitios con la ruta hacia Valle Grande y con el ambiente de yungas -que no es el entorno ideal para la cría de camélidos- apoyarían la idea de su vinculación con el tráfico,

antes que con el pastoreo. En Finca Tolaba (Valle Grande) De Feo y Fernández (1998) han rescatado alfarería N/R de filiación Humahuaca en asociación con un fechado que podría corresponder a esta época (750±50 AP). La intensa perturbación del lugar por obra de la ocupación actual, sin embargo, no permite determinar la magnitud del sitio o aproximarse a su funcionalidad. Pueblo Viejo (Figura 16) y Antiguito en el Valle de Caspalá son asentamientos habitacionales de clara filiación Quebradeña con cerámica que podría adscribirse a la Fase Pukara. La posibilidad de que estos sitios hayan comenzado a ser habitados en esta época no puede ser descartada hasta realizar excavaciones; sin embargo, la presencia de pisos empedrados en Pueblo Viejo, las semejanzas entre su plaza con montículo y la plaza occidental de Volcán, de época inkaica (Garay de Fumagalli 1998), y la abundancia de indicadores de la presencia cuzqueña en el valle (*inkañan* Abra Colorada-Caspalá, santuario de Cerro Chasquillas), llevan a sospechar que datan del Período Inka.

La alfarería ordinaria mantiene muchas de las formas del período anterior, incluyendo ollas globulares, cántaros, yuros, tazas con un asa vertical (Figura 12d), vasos chatos y vasos

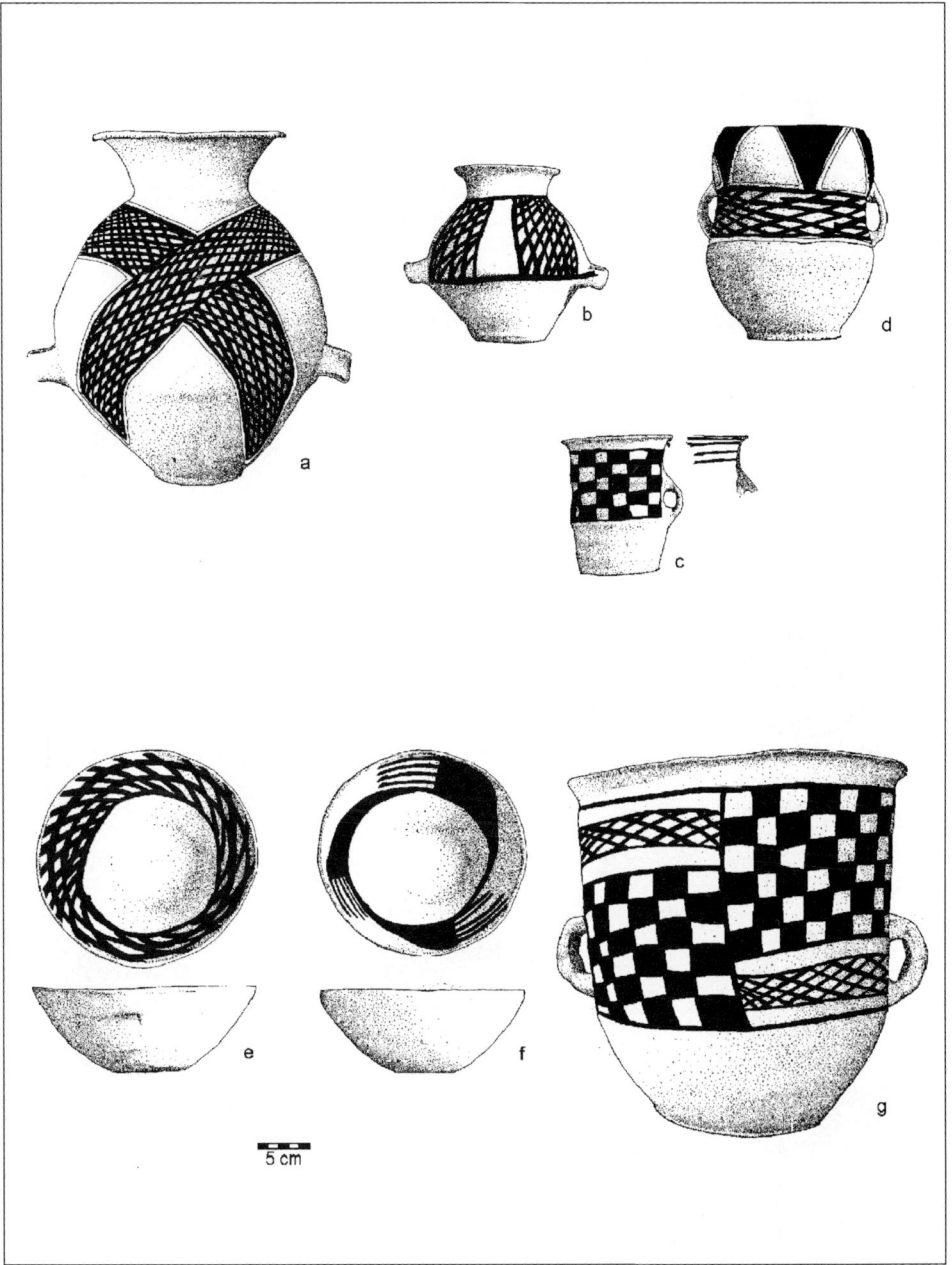

Figura 12: Cerámica del Período de Desarrollos Regionales II.

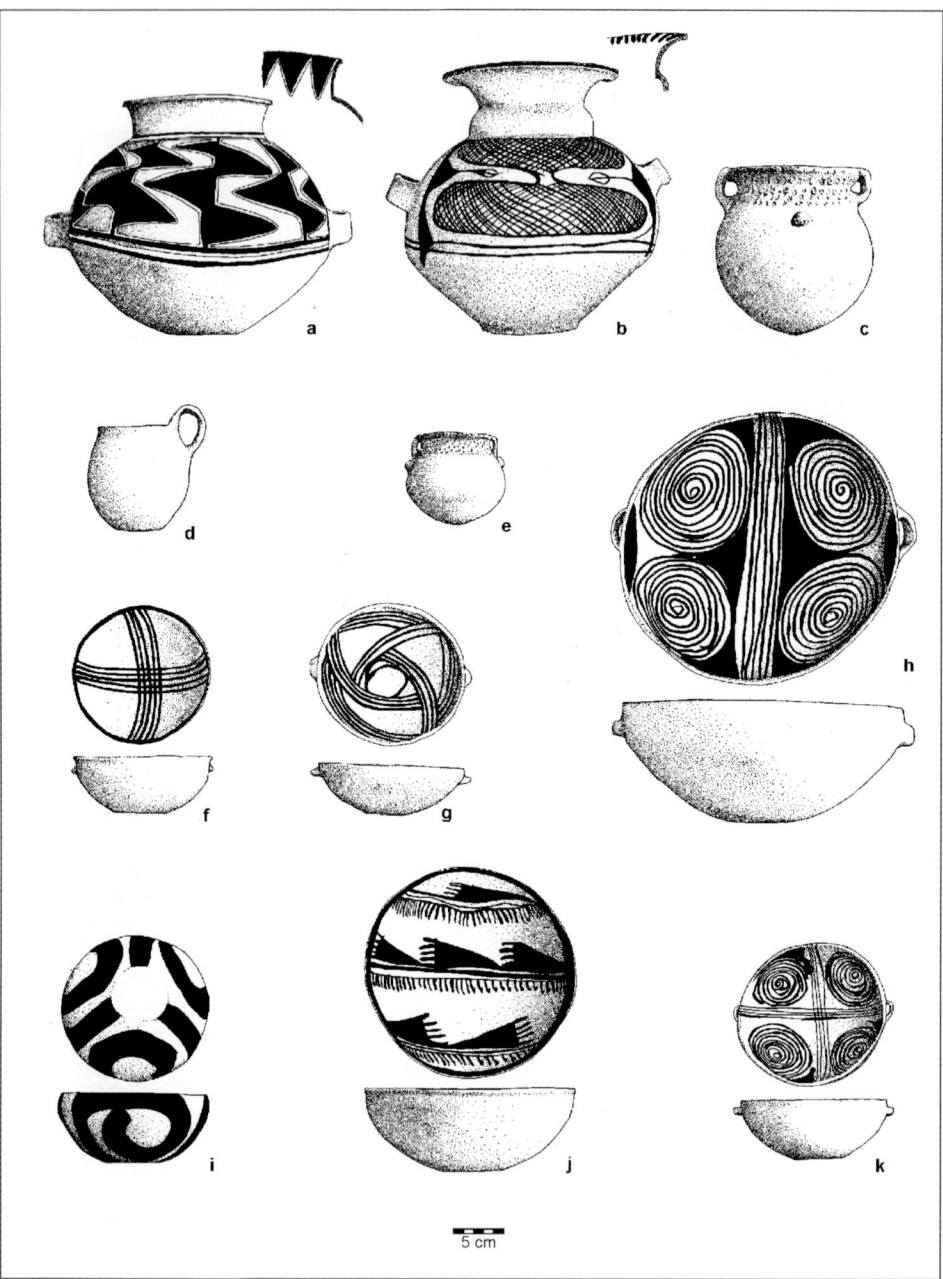

Figura 13: Cerámica del Período de Desarrollos Regionales II.

asimétricos (Figura 6m-n). Continúan utilizándose pucos con interior negro pulido.La cerámica decorada utiliza preferentemente el negro sobre pintura o engobe rojo, aunque el blanco no está ausente (Figuras 12a, 12d, 13a). En los "asentamientos de ocupación breve" ha sido posible aislar algunos diseños que podrían ser diagnósticos de la primera parte de este período (Fase Sarahuaico), p.ej., reticulados gruesos de malla cerrada con o sin contorno blanco, dameros y motivos de "manos" (Figura 12). Motivos característicos de la última parte del período (Fase Pukara), que continúan en época Inka, incluyen reticulados finos de malla cerrada (Figura 13b), triángulos con espirales (13h, 13k), líneas finas paralelas en diferentes combinaciones (13f-g), bandas curvilíneas en la superficie externa de pucos (estilo Poma N/R, 13i) y motivos de gallardetes, en ocasiones con contorno blanco (tipo Juella Polícromo, 13a). También hay motivos incisos en bordes de vasos asimétricos y ollas (estilo Angosto Chico Inciso 13c, 13e). Entre las formas nuevas de este período cabe mencionar los pucos hemisféricos de bordes ligeramente invertidos (13i) y los pucos con asas (13h). La gran capacidad de estos últimos podría relacionarse a la aparición de nuevas prácticas o contextos sociales vinculados al consumo de alimentos. Entre los materiales alóctonos se destaca la cerámica del grupo Yavi-Chicha.

Las puntas de proyectil de este período son de limbo triangular y base escotada. La materia prima más frecuente es la obsidiana, que al menos en parte, era traída en bruto, a juzgar por la presencia de nódulos sin trabajar y abundantes desechos con restos de corteza. Los análisis realizados sobre muestras de diversos sitios por Yacobaccio et al. (1999) indican que este material procede de fuentes en la zona tripartita de Argentina-Bolivia-Chile (ver Nielsen et al. 1999). Con menor frecuencia se utilizó el sílice gris. Los instrumentos de molienda son abundantes y de formas variadas (molinos planos, conanas, morteros). La piedra pulida ha sido también empleada en la fabricación de *sikus*.

En la metalurgia predominan los bronces estañíferos, aunque también se encuentran aleaciones cobre+oro y oro+plata, así como objetos confeccionados en cobre solamente (Angiorama 1999; Cigliano 1967; Salas 1945; Tarragó y González 1998). Con menor frecuencia se emplean el oro y la plata nativos trabajados por martillado. El hallazgo de moldes, escorias y otros desechos de fundición en pisos de habitación indica

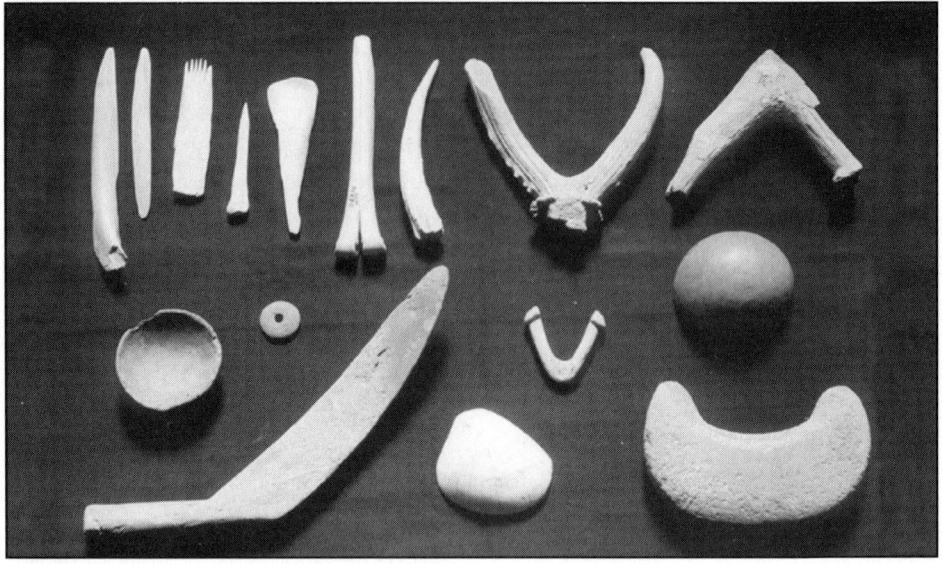

Figura 14: Artefactos de uso cotidiano.

que al menos las etapas finales de la producción metalúrgica se realizaban en las instalaciones. Los objetos fabricados son discos (ocasionalmente repujados), placas con apéndices zoomorfos, pendientes, anillos, pinzas, campanas (plegadas y troncocónicas), cuchillos, punzones, cinceles y agujas.

Se han recuperado gran cantidad de artefactos de uso cotidiano confeccionados en madera, hueso y asta (Figura 14). Entre ellos cabe mencionar instrumentos vinculados a la actividad textil (*vinasas*, peines, *wichuñas*, *kallwas*, husos y torteros), el trabajo en cuero (punzones y sobadores de hueso [Vázquez 2000]) y la agricultura (palas, mangos para azadas), además de armas (arcos y astiles) y horquetas de atalaje o "tarabitas" que aumentan su frecuencia en este período. También hay recipientes de calabaza, algunos de ellos grabados (Hernández Llosas 1984:130). Los mismos materiales han sido empleados en la fabricación de ornamentos (cuentas), instrumentos musicales (campanas o cencerros, cornetas, silbatos), figurinas antropomorfas (Casanova 1942a, Lámina 8) y equipos de inhalar alucinógenos (tabletas, tubos, estuches, cucharas, espátulas). Cabe notar que tanto las figurinas como los equipos inhaladores son muy semejantes a los encontrados en sitios del Loa Medio en Chile (Latcham 1938; Torres 1987).

Período Inka (AD 1430-1536)

A comienzos del siglo XV (Tabla 6) la Quebrada de Humahuaca fue incorporada al Tawantinsuyu. La conquista parece haber estado acompañada de profundas transformaciones en el orden sociopolítico local. Aunque la mayoría de los poblados continuaron siendo habitados (Figura 15), algunos de ellos fueron total o parcialmente abandonados (p.ej., Juella, Hornillos, Los Amarillos). Varias estructuras asociadas a las plazas centrales de Los Amarillos, incluyendo las tumbas sobre la plataforma artificial o Complejo A, fueron violentamente destruídas (Nielsen y Walker 1999). Otros sitios cobraron singular relevancia con la construcción de nuevos sectores de habitación y complejos arquitectónicos destacados, p.ej., La Iglesia-Barrio del Lapidario en el Pukará de Tilcara, el Sector A y "barrios" hacia el norte de La Huerta (Raffino y Alvis 1993). Estructuras de menor importancia pero igualmente vinculadas a la actividad estatal (p.ej., torreones, recintos de almacenaje) se agregaron a sitios de menor porte como Pukará de Chijra y Perchel.

Durante el dominio Inka nuevos asentamientos con arquitectura y ergología quebradeñas -e Inka- se instalaron en zonas que habrían estado deshabitadas o escasamente ocupadas durante el período anterior, como los valles orientales (Papachacra en Cimarrones, Antiguito y Pueblo Viejo en Caspalá [Figura 16], Pukará del Pie de la Cuesta en Coranzulí, API y la Bolsa en Tiraxi [Garay de Fumagalli y Cremonte 1997]) y el sector norte del valle del Río Grande (p.ej., Pueblo Viejo de Coctaca, Juire, Putuquito [Figura 17]). Estas últimas instalaciones albergarían comunidades humahuaqueñas trasladadas para tributar mediante el trabajo en los grandes sistemas agrícolas de Coctaca-Rodero que alcanzarían su máxima extensión durante este período bajo patrocinio inkaico, como lo indica la presencia de rasgos tecnológicos novedosos en estas obras (González 1980; Nielsen 1997b; Raffino et al. 1986). La relativa escasez de infraestructura de almacenaje sugiere que los excedentes producidos en estos "campos del Estado" eran rápidamente trasladados para financiar operaciones administrativas y militares fuera de la región.

La ubicación de este centro agrícola al norte de la Quebrada -extendiéndose quizás hacia Iruya y otros valles- obedecería a la presencia de agua y terrenos aptos, pero escasamente aprovechados al momento de la conquista, cuya explotación podía ser intensificada sin amenazar la autosuficiencia local.

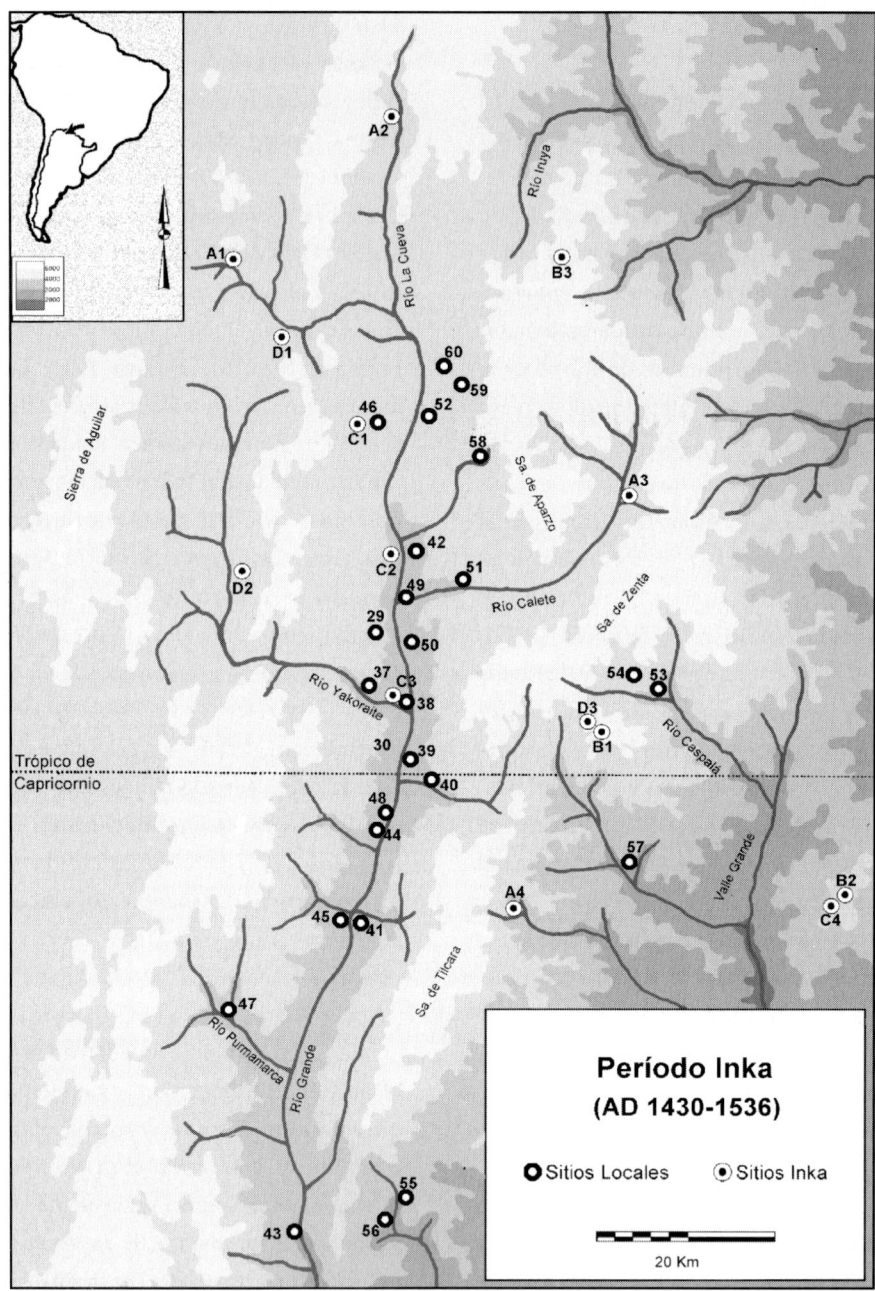

Figura 15: Sitios del Período Inka.

PERIODO INKA					
Procedencia	Código	¹⁴C	Cal 68%	Cal 65%	Referencia
Juire	A-9599	580±55	1303-1415	1292-1437	Nielsen s/f
La Huerta	AC-963	580±60	1302-1417	1289-1439	Raffino y Alvis 1993
Volcán	Beta 80121	560±50	1322-1422	1298-1439	Garay y Cremonte 1997
La Huerta	AC-1069	540±90	1304-1441	1284-1609	Raffino y Alvis 1993
Volcán	Beta 80122	530±70	1327-1439	1297-1478	Garay y Cremonte 1997
Los Amarillos, AII	A-9603	520±40	1402-1435	1326-1444	Nielsen s/f
La Huerta	AC-960	480±100	1331-1482	1295-1642	Raffino y Alvis 1993
Volcán	Beta 80119	450±60	1420-1477	1334-1627	Garay y Cremonte 1997
Los Amarillos, AII	AA-12136	450±50	1425-1470	1404-1616	Nielsen 1997a
Volcán	LP-808	440±50	1429-1478	1408-1622	Garay de F. 1998
Puerta de Zenta	AA-16241	438±48	1431-1478	1410-1621	Nielsen 1997a
Volcán	LP-972	430±60	1429-1487	1405-1635	Garay de F. 1998
Los Amarillos, AII	A-9601	320±50	1485-1645	1447-1662	Nielsen s/f
Putuquito	AA-16240	313±48	1489-1647	1452-1663	Nielsen 1997a

Nota: Las calibraciones fueron realizadas mediante el programa Calib 4.0 de Stuiver et al. 1998. No se realizaron substracciones para dar cuenta de posibles diferencias en muestras atmosféricas del hemisferio sur.

Tabla 6: Fechas radiocarbónicas para contextos del Período Inka.

Las comunidades situadas hacia al sur, donde las tierras son limitadas, debieron tributar en otras actividades, como lo ejemplifica la industria lapidaria del Pukará de Tilcara (Krapovickas 1959), que seguramente aprovechó los yacimientos de alabastro existentes a corta distancia en las quebradas de Huichairas y Juella.

A las instalaciones locales se agregan numerosos sitios Inka "puros," v.gr., carentes de ocupación previa y edificados bajo supervisión del imperio para satisfacer demandas derivadas de su presencia en la región (Nielsen 1998b). Estos incluyen diversas categorías funcionales, p.ej., santuarios de altura, postas de enlace (*tampus, chaskiwasis*) y sitios de almacenaje (ver Tabla 7). Se han identificado además varios segmentos de la red vial inkaica, tanto en la Quebrada como en los Valles (Raffino et al. 1986, 1991).

La relativa escasez de vestigios de filiación humahuaqueña en las quebradas

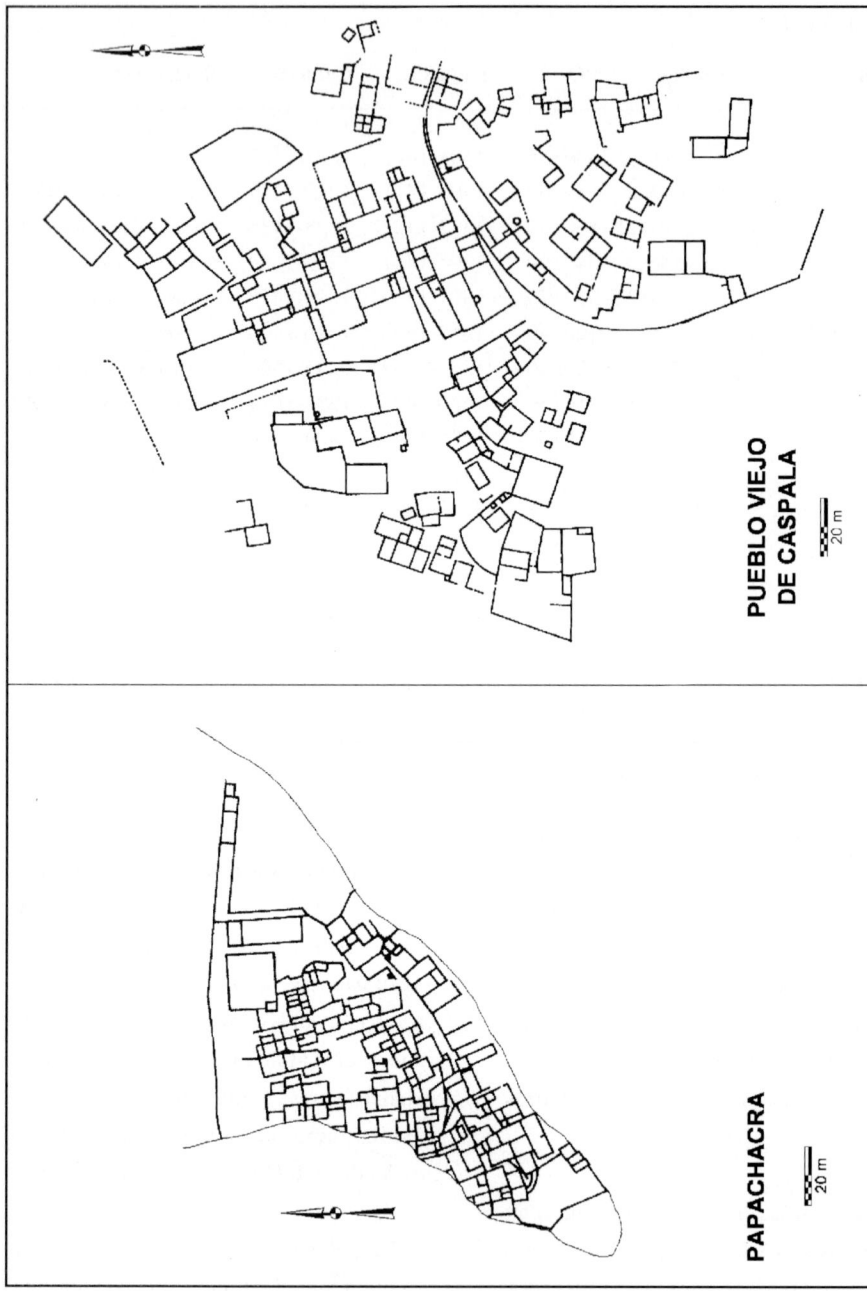

Figura 16: Planimetrías de Papachacra y Pueblo Viejo de Caspalá.

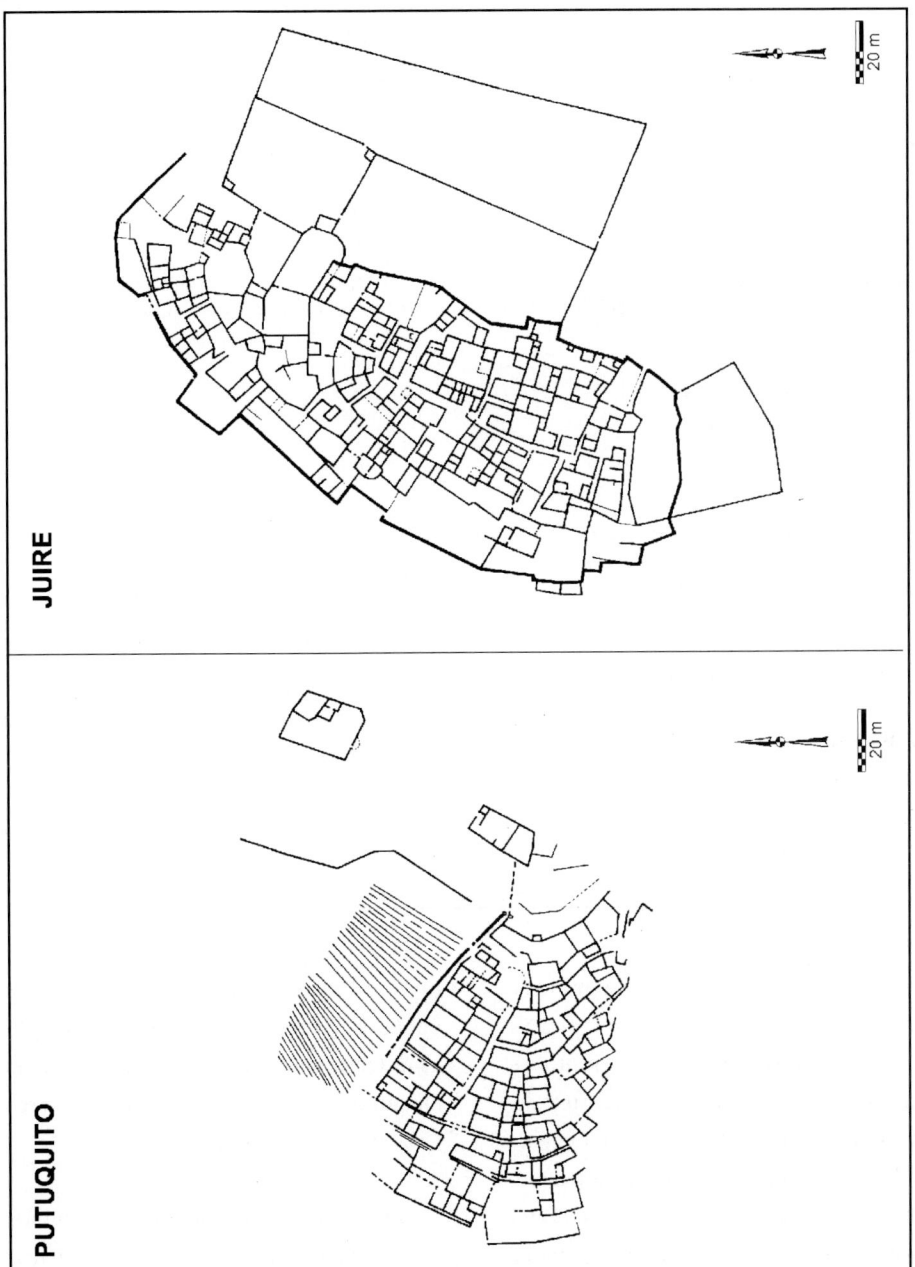

Figura 17: Planimetrías de Putuquito y Juire.

Indicadores:	Arquitectura	Cerámica
A. Fortalezas - Guarniciones		
1. Pucará de Tres Cruces (G)	X	-
2. Pukará Morado (F)	X	-
3. Puerta de Zenta (F)	X	-
4. El Durazno (G?)	X	-
B. Santuarios		
1. Cerro Chasquillas	X	-
2. Cerro Amarillo	X	-
3. Cerro Morado	X	X
C. Almacenaje / Administración		
1. Churqueaguada	X	-
2. Santa Bárbara	X	X
3. Yakoraite Bajo	X	X
4. Pueblito Calilegua	X	-
D. Postas		
1. Puerta de Inca Cueva	X	-
2. Yac-17	X	-
3. Chasquillas Tampu	X	-

Tabla 7: Sitios Inka.

altas continúa, aparentemente sin grandes modificaciones. En las cuevas y aleros de las quebradas occidentales, junto al material local se encuentra cerámica de estilo Inka (Inca Cueva 5, Huachichocana III). La mayor novedad en esta zona, sin embargo, reside en el establecimiento de fortalezas (Pukará Morado, Puerta de Zenta) y guarniciones o núcleos de población alóctonos -a juzgar por el carácter intrusivo del trazado y la arquitectura de estos sitios- emplazados en puntos estratégicos (Pukará de Tres Cruces y El Durazno).

La arquitectura local, que en términos generales parece continuar sin modificaciones substanciales, se ve enriquecida con la introducción de técnicas novedosas (cantería), rasgos (hornacinas, vanos trapezoidales, refuerzos en banqueta, pavimentos de laja) y formas (como el rectángulo perimetral compuesto [Raffino 1981]). Parecerían continuar en vigencia las costumbres funerarias de la época anterior, aunque es más frecuente el empleo de sepulcros de planta cuadrangular (Lafon 1967:244).

Prácticas rituales que aparentemente guardaban relación con la reproducción del poder social durante el período anterior, como el consumo de alucinógenos y la manipulación de trofeos de cráneos, perderían vigencia bajo el dominio cuzqueño a juzgar por la escasez de evidencias vinculadas a ellas en contextos inkaicos.[9] En el nuevo orden político, toman su lugar otras actividades -que vincularían a ciertos individuos o sectores de Humahuaca con el Tawantinsuyu- cuyos referentes materiales se encuentran, por ejemplo, en la presencia de *k'eros* de madera en tumbas y santuarios en cumbres montañosas.

La cerámica humahuaca de la Fase Pukara no experimenta grandes cambios. No obstante, los alfareros locales adoptan nuevas formas (p.ej., vasos "pelike," aribaloides, *puchuelas*, platos de asa lateral y ornitomorfa [Figura 18a, c, d, e y f, respectivamente]) y diseños (p.ej., hileras de triángulos con espirales cortos, gallardetes y figuras estilizadas de camélidos [Figura 18a, c y f]). A este grupo Inka Provincial o Humahuaca-Inka, se suma un grupo Inka Imperial constituido por piezas que por sus formas, diseños, colores y calidad de manufactura se asemejan a las cerámicas características del centro del Imperio (Rowe 1944). Estos objetos, importados de alguno de los grandes centros de producción alfarera estatal, son extremadamente raros (p.ej., Debenedetti 1930, Lámina XIX; Salas 1945:159) y seguramente funcionaron como marcadores de rango en el medio local. Es probable que llegaran a la región como presentes destinados a miembros de la jerarquía política quebradeña en retribución por servicios prestados al Estado (Morris 1978:25). En esta época, además, alcanza su mayor frecuencia en la Quebrada la alfarería Chicha (Raffino et al. 1986), un fenómeno que podría estar señalando a la Puna nororiental/sur de Bolivia como zona privilegiada por el Tawantinsuyu para el aprovisionamiento de cerámica para uso del Estado en la región.

Las puntas de proyectil siguen siendo de forma triangular y sin pedúnculo, pero el uso de la cuarcita como materia prima podría ser una novedad de esta época. Artefactos de piedra pulida introducidos en la región por obra de la expansión Inka son las mazas estrelladas (Figura 18g), y una variedad de ornamentos que incluyen figurinas de auquénidos, pendientes cónicos, etc. (Krapovickas 1959). Se reintroducen con formas nuevas las palas líticas, confeccionadas en esquisto verde o gris (Avalos 1998). Su circulación parece haber sido controlada por el Estado, ya que sólo se las encuentra en los sitios ubicados al norte de la Quebrada de Calete, asociados al centro agrícola de Coctaca-Rodero (también en Iruya [Márquez Miranda 1939]).

La influencia inkaica en la metalurgia se advierte en la introducción de nuevos objetos, confeccionado principalmente en bronce. Entre ellos hay artefactos de uso ornamental o ritual y armas, p.ej., *tumis* con larga rama vertical, *topus*, tabletas de inhalar (Raffino 1981:191) y hachas (González 1979). Las vinchas confeccionadas en láminas de plata encontradas en tumbas Hispano-Indígenas de la región (Bordach et al. 1998; Raffino et al. 1993) podrían tener su origen en el período Inka, a juzgar por su asociación con materiales de inspiración cuzqueña.

Epílogo: Los Inicios de la Era Hispano-Indígena

Los primeros contingentes españoles al mando de Diego de Almagro ingresaron a territorio Omaguaca a comienzos de 1536. Esta fecha señala el inicio de una época de enfrentamientos entre indígenas y europeos que sólo culminará dos años después de la fundación de San Salvador de Jujuy -en 1595- con la captura de los caciques Viltipoco y Teluy. La investigación de los procesos de transformación experimentados por la sociedad quebradeña durante este lapso es una deuda pendiente para la arqueología regional.

Testimonios tempranos de la presencia hispana han sido registrados en varios de los sitios del Período Inka (Juire, La Huerta, Pukará de Tilcara, La Falda de Tilcara, El Alfarcito, Volcán y Papachacra), e incluyen restos óseos de vaca en basureros o inhumaciones, cuentas de vidrio, objetos de hierro, cerámica y textiles de origen europeo (Bordach et al. 1998; Debenedetti 1918; 1930; Lafón 1954, 1957; Maidana et al. 1965; Nielsen 1997b; Rivolta y Nielsen 1996). De especial interés son algunas inhumaciones de este momento. Además de competir con las más destacadas de la época prehispánica por la cantidad y calidad de objetos que las acompañan

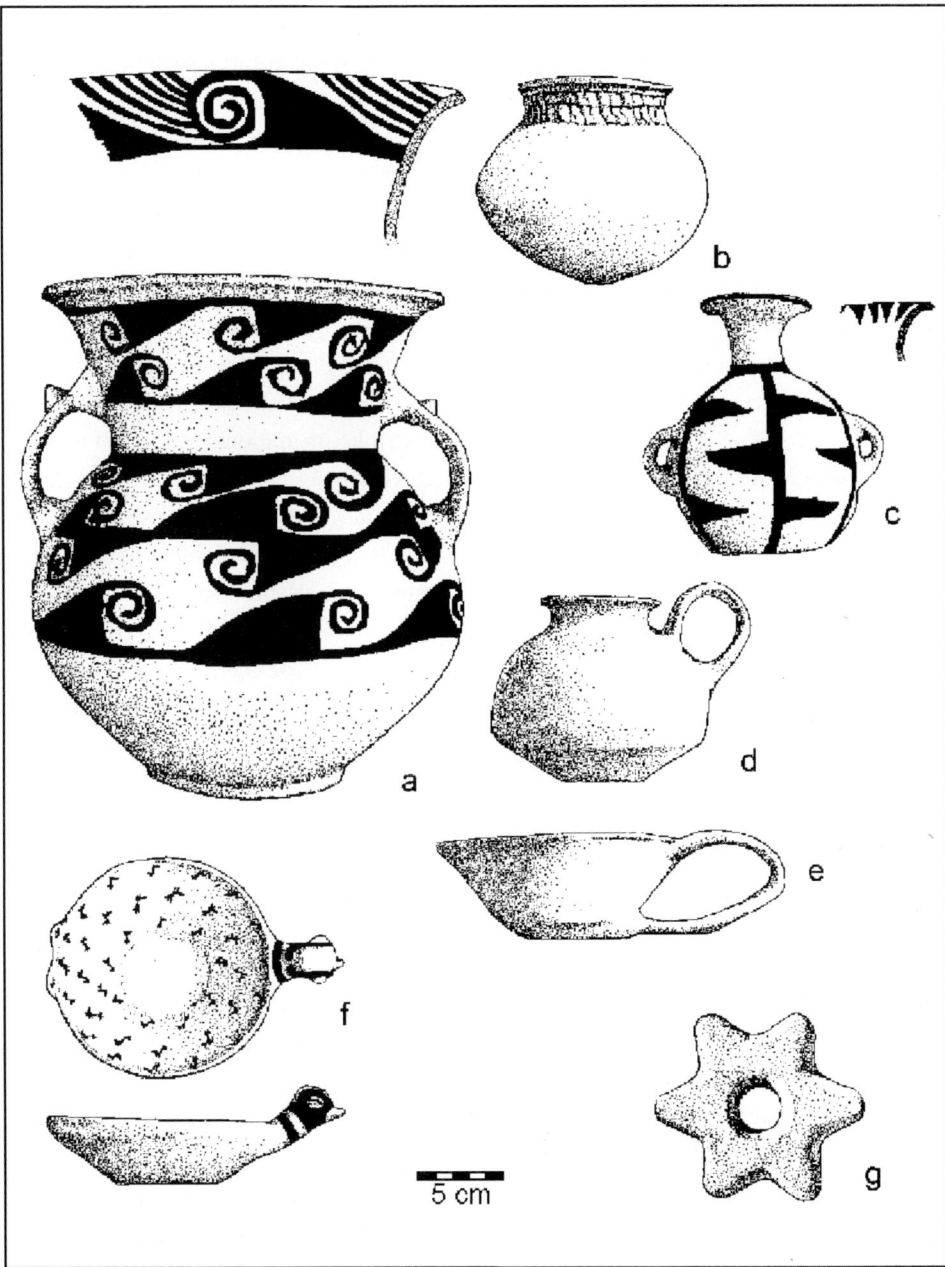

Figura 18: Cerámica y otros artefactos del Período Inka.

(p.ej., LHT88 y LHT94 de La Huerta [Raffino et al. 1993:84, 86]), incorporan elementos de filiación hispana (cuentas venecianas, campanas de bronce con badajos de hierro, vestimentas de terciopelo y batista [Bordach et al. 1998: 201]) a una práctica ritual que por la forma de la sepultura, el tratamiento de los cuerpos y el origen de la mayoría de los objetos que contienen sigue siendo fundamentalmente indígena.

Las fuentes históricas de los siglos XVI y XVII sugieren la existencia en la Quebrada de un número reducido de unidades sociopolíticas con nombres distintivos, territorios demarcados y liderazgo centralizado, aparentemente hereditario (Salas 1945; Sánchez y Sica 1991; Sica y Sánchez 1992).[10]

LAS TRANSFORMACIONES DEL MODO DE VIDA

Demografía

La noción de que existe un crecimiento demográfico dramático durante el Período de Desarrollos Regionales es ubicua en la literatura de la Quebrada de Humahuaca y del Noroeste argentino en general. Esta interpretación, basada en el aumento en la cantidad y tamaño de los sitios, ocupa un lugar prominente en la mayoría de las explicaciones del cambio sociocultural, particularmente en relación al origen de las llamadas "jefaturas" o "sociedades complejas." El propósito de esta sección es destacar que, aún cuando un marcado crecimiento demográfico a lo largo de la secuencia es innegable, (1) la magnitud de este aumento es extremadamente difícil de estimar y (2) existen otros procesos demográficos que generan cambios en la distribución regional de la población y en el tamaño de las comunidades que no han sido adecuadamente considerados. En las siguientes secciones se argumenta que estos últimos procesos son más relevantes que el simple crecimiento vegetativo de la población para la explicación de la trayectoria de cambio (cf. Drennan 1987).

A lo largo de la secuencia, hay cuatro tendencias en las características y localización de los asentamientos. A medida que transcurre el tiempo aumenta el tamaño y densidad constructiva de los sitios, fenómeno especialmente notable a partir de fines del Período de Desarrollos Regionales I (Fase Calete), al tiempo que se eligen emplazamientos cada vez más elevados (remanentes de antiguos conos, terrazas altas y "morros"), caracterizados por superficies geomorfológicamente estables. Dadas las desventajas que ofrecen en términos de acceso a fuentes de agua y a tierras cultivables del fondo de valle, los lugares elegidos en momentos más tardíos rara vez han sido reutilizados por la población actual. Por último, a partir de los siglos XII o XIII, los asentamientos tienden a concentrarse en el valle del Río Grande y porción inferior de las quebradas laterales, donde han sido más accesibles para los arqueólogos debido a la presencia, primero del ferrocarril, luego de la Ruta 9. La combinación de estos factores resulta en un cambio significativo en la visibilidad arqueológica de los sitios que, cuanto más tardíos son cada vez más grandes, ocupan puntos más visibles, son más faciles de detectar porque no han sido reocupados y quedan más cerca de las vías actuales de circulación. El uso de técnicas de prospección intensiva en sectores apartados del Río Grande y una consideración detallada de la dinámica geomorfológica podría revertir parcialmente estos sesgos o dar una mejor idea de sus consecuencias. Entretanto, es muy difícil establecer la cantidad de asentamientos que pudo haber en la región durante el Período Formativo y los primeros momentos de los Desarrollos Regionales. Si uno se concentra en esta última época, surgen nuevos problemas para evaluar cambios en el tamaño total de la población. Como varios de los sitios presentan una larga historia ocupacional, que a veces culmina entrada la época Hispano-Indígena, es imposible determinar el tamaño que tuvieron en cada momento -menos aún su estructura- sin contar con estudios específicos orientados a evaluar la historia ocupacional de cada uno de ellos.

A pesar de estas limitaciones, algunas evidencias indican que a lo largo del período se producen importantes cambios en la distribución espacial de la población, más allá del crecimiento absoluto que pueda haber experimentado. Estos cambios se desarrollarían en cuatro etapas: (1) concentración a escala *vecinal* o microrregional; (2) concentración a escala *regional* sobre el valle del Río Grande y zonas aledañas; (3) nueva concentración a escala *vecinal* sobre los puntos menos vulnerables dentro de dicho ámbito y (4) expansión relativa hacia el norte y valles del oriente. Por las razones apuntadas, no es posible por ahora cuantificar estas tendencias, sino sólo describirlas cualitativamente.

La primer etapa tendría lugar *durante* el Período de Desarrollos Regionales I. Implicaría el abandono de algunos de los caseríos o viviendas aisladas antes distribuídos regularmente en la totalidad del territorio (Vizcarra, Casa Grande, CAL-7/10, Pueblo Viejo del Morado, Falda del Cerro, Pueblo de Tilcara), en favor de ciertos asentamientos (Pukará de la Cueva, CAL-20, San José, Yakoraite, Puerta de Juella, Pukará de Tilcara), algunos de ellos situados en lugares fácilmente defendibles (v.gr., elevados, con buena visibilidad y, a veces, difícil acceso). La segunda etapa, que parece culminar en el Siglo XIII, marca la transición entre los Períodos de Desarrollos Regionales I y II. Resulta en el abandono de las quebradas tributarias del Río Grande (p.ej., Quebrada de La Cueva) o de sus cursos medio y superior (Yakoraite), y posiblemente de los valles orientales, llevando a la concentración de la población en el ámbito quebradeño troncal (cf. Figuras 4 y 7). La construcción por esta época de los "asentamientos residenciales de ocupación breve" podría vincularse a este proceso de relocalización. Estos últimos son abandonados poco después durante una nueva redistribución a escala vecinal (tercera etapa), que llevaría al rápido crecimiento de ciertos poblados (por lo general aquellos ubicados en puntos de mayor valor estratégico), dando origen a los grandes conglomerados "tardíos." Nuevas comunidades se establecerían también en este momento, especialmente en puntos de gran visibilidad y difícil acceso (p.ej., Pukará de Ucumazo, Huichairas).

Finalmente, la expansión hacia el norte y este durante la última época parece relacionarse directamente con la anexión de Humahuaca al Tawantinsuyu. La regularidad interna de los trazados de sitio y su asociación con indicadores de producción agrícola Inka (infraestructura para el cultivo, palas líticas) sugieren que el primero de estos procesos se produjo bajo el imperativo político y económico del Estado y podría incluir el ingreso de contingentes quebradeños a los valles mesotérmicos situados más al norte (Iruya) en calidad de mitayos y/o *mitmaqkuna* (Nielsen 1997b). Algunos de estos asentamientos continuaron siendo ocupados durante el período hispano-indígena, situación que tal vez quedó plasmada en las referencias históricas tempranas a la presencia de indios ocloyas al oriente de la Quebrada, caracterizados como "sujetos a la servidumbre y obediencia del cacique principal de los dichos yndios omaguacas" y al mismo tiempo como "gente del Peru" (Salas 1945:51-52). Si bien la "reocupación" de los valles situados al sur de la Serranía de Hornocal en el Siglo XV podría obedecer a móviles semejantes, no existen por ahora elementos para juzgar el papel que pudieron desempeñar estas comunidades en la economía política imperial. Para Tiraxi, Garay de Fumagalli (1997) ha propuesto que podrían tributar mediante la extracción de recursos de bosque, como cebil, maderas duras, miel y plumas, hipótesis que no podría extenderse a Papachacra y los sitios de Caspalá ya que se encuentran por encima del ambiente de yungas. Cabe considerar que algunos de estos asentamientos tal vez sean simples desprendimientos de población destinados a "descomprimir" el ámbito quebradeño troncal al amparo del control territorial establecido por el Tawantinsuyu.

En síntesis, aparte de haber aumentado el número de habitantes -fenómeno probable pero difícil de monitorear cuantitativamente a lo largo de la secuencia- la trayectoria demográfica en la Quebrada de Humahuaca involucra además procesos de redistribución espacial de la población que demandan explicaciones más complejas que el simple crecimiento vegetativo de la misma.

Proceso Económico

También se advierten transformaciones en la organización productiva a lo largo de la secuencia, las que podrían ser relacionadas a los procesos demográficos recién delineados. Se consideran cuatro aspectos de este proceso: intensificación, especialización, integración y articulación interregional.

Los pocos datos disponibles para la primera época sugieren la existencia de reducidas comunidades formadas por pocas unidades domésticas, distribuidas en todo el territorio de acuerdo a las posibilidades de explotación que ofrece cada ambiente. Desde este punto de vista, las porciones medias y superiores de las quebradas tributarias del Río Grande se encuentran entre los lugares más favorables para el asentamiento, ya que, como lo señalan Olivera y Palma (1986:82), posibilitan acceder a la mayor diversidad de recursos con el menor desplazamiento, al tiempo que son ambientes aptos para las prácticas agrícolas y especialmente ganaderas mediante la aplicación de tecnologías relativamente simples. Algo similar fue observado oportunamente en relación a la porción media de algunos valles orientales (Nielsen 1988). Cabe aclarar que esto no excluye a la Quebrada principal como lugar de habitación, donde de hecho se ubica una de las áreas pobladas de mayor importancia que se conoce para este momento (Til-22/ Malka). Además de ser un ambiente favorable para el desarrollo de cultivos mesotérmicos -aún con modestas inversiones de infraestructura- cabe esperar que, en ausencia de restricciones severas de tipo social, los pobladores ocuparan progresivamente todos los lugares aptos de la región, manteniendo así niveles de competencia económica bajos y resolviendo tensiones intragrupales mediante fisión.

Cada uno de estos pequeños núcleos de población podría abastecerse en sus demandas básicas aprovechando con mínimas mejoras los recursos (tierras, pastos, leña, agua, presas) disponibles en su entorno cercano, un uso de la tierra comparable hasta cierto punto al que caracteriza a muchos de los actuales pobladores rurales de las quebradas de Calete y Yakoraite. Un sistema de explotación extensivo de este tipo sería especialmente viable teniendo en cuenta la existencia de una población relativamente reducida regularmente distribuída en el paisaje. Recursos de subsistencia extralocales (maderas, sal, materias primas líticas) podrían obtenerse por acceso directo mediante partidas logísticas (*sensu* Binford 1980), intercambio encadenado ("down-the-line trade" [Renfrew 1975]) o transacciones vinculadas a obligaciones de reciprocidad (p.ej., parentesco). Estos últimos mecanismos podrían dar cuenta también del ocasional hallazgo de otros bienes no locales de importancia (p.ej., cerámica alóctona, cuentas de piedras semipreciosas). No hay nada que lleve a pensar en formas de especialización que excedan la división del trabajo al interior de la unidad doméstica, excepto quizás la presencia de algunos objetos de metal, aunque no hay elementos suficientes para establecer si han sido localmente producidos. De hecho, los estudios osteológicos de Bordach et al. (1999) en Til.-20, muestran que no hay diferencia entre hombres y mujeres ni en su participación en el trabajo físico ni en sus expectativas de vida, lo que indica una escasa diferenciación del trabajo por género.

Este escenario comienza a transformarse en el curso del segundo período, en coincidencia con la concentración poblacional inicial en algunos sitios. Las terrazas y cuadros de cultivo presentes en la Quebrada de La Cueva o en las adyacencias de algunos sitios como Peña Colorada, CAL-7/10 o Pueblo Viejo de La Cueva son los primeros indicios de intesificación productiva, aunque la cronología de desarrollo de la infraestructura agrícola es un aspecto poco conocido de la arqueología quebradeña. Tampoco hay datos relevantes para hablar de especialización económica.

Más contundentes son las evidencias de cambios en los mecanismos de interacción económica con otras regiones, con la inserción de Humahuaca en redes de intercambio de largo alcance. A los recursos extralocales del momento anterior -presentes o inferidos- se suman objetos de oro y otros elementos de importancia cultural (p.ej., esqueletos de aves tropicales y alfarería alóctona en La Isla), que tienen su correlato en hallazgos de bienes alóctonos similares en regiones vecinas, como la Puna y las selvas occidentales (Ventura 1985, 1994), y de cerámicas que podrían provenir de esta región en lugares distantes, como los oasis de San Pedro (Tarragó 1977). La relación entre este fenómeno y el desarrollo del tráfico de caravanas a larga distancia está independientemente indicada por: (1) la presencia de alfarería de esta época en los primeros campamentos de caravanas de Humahuaca y Sud Lípez; (2) ofrendas de cuentas confeccionadas en minerales de cobre y ceniza volcánica como las de La Isla (Debenedetti 1910:242) en abras desde la Sierra de Zenta a la Cordillera Occidental (Nielsen 1997c); (3) la aparición del "motivo de caravanas" en el arte rupestre y (4) evidencias zooarqueológicas que indican un importante aumento en la proporción de individuos adultos en las muestras de camélidos (Olivera 1997:38), consistente con un énfasis en el aprovechamiento de su capacidad de transporte. Aún cuando estas observaciones no implican que las tropas de llamas no hayan sido utilizadas anteriormente para el traslado de bienes, sugieren que en la Quebrada hay en este momento un salto marcado en la intensidad y alcance del tráfico caravanero y tal vez un cambio en su papel económico y social.

La convergencia demográfica sobre el valle del Río Grande hacia el siglo XIII marcaría el inicio de una intensificación productiva en esta zona, que continuaría ininterrumpidamente hasta el final de la secuencia y llevaría al desarrollo de los vastos complejos agrícolas del piedemonte oriental. La intensificación de la explotación pastoril en el valle principal está sugerida por la abundancia de parapetos y por los complejos de corrales presentes en las proximidades de los sitios mayores (Nielsen et al. 1997). Las quebradas altas del poniente también parecen participar del ciclo pastoril quebradeño, a juzgar por la presencia de puestos (Kollpayoc), parapetos y vestigios en cuevas y aleros como Huachichocana III (Madero 1992) y Tomayoc (Lavallée et al. 1997), que sugieren ocupaciones durante fines del verano-comienzos del otoño. En otras quebradas altas hacia el norte del territorio, como Pintoscayoc, Hernández Llosas (2000) detecta un hiato en la secuencia ocupacional durante este período. El ciclo pastoril comprendería, entonces: (1) la permanencia de los rebaños en ciertas quebradas altas durante el verano para aprovechar los pastos tiernos que proliferan al amparo de las lluvias y (2) su traslado a la Quebrada troncal durante la estación seca, donde aprovecharían los forrajes no estacionales de las riberas de los ríos, las *moyas* en la porción alta de las laderas y la materia vegetal remanente en los rastrojos del fondo de valle tras la cosecha.

La gran presión sobre los recursos de la Quebrada troncal debió tener un impacto significativo en el medio ambiente. Los análisis faunísticos de los basureros de La Huerta indican un cambio económico significativo alrededor del Siglo XIV; disminuye la importancia de la caza, al tiempo que se enfatiza la explotación de animales domésticos (Madero 1994). Sería de esperar que la disponibilidad de otros recursos como los forrajes, la leña (p.ej., el churqui) y los materiales para la construcción de techos (p.ej., el cardón) se haya visto también afectada por la intensa explotación. Por ejemplo, al excavar en algunos sitios del fondo de valle como Los Amarillos y Quebrada del Cementerio, se ha detectado la presencia de yareta (*Azorella sp*), que podría estar indicando la necesidad de recurrir a fuentes de combustible bastante alejadas de los poblados.

Es preciso enfatizar que la redistribución poblacional implicó el abandono de áreas que, no sólo son económicamente aptas, sino que, como se dijo anteriormente, son especialmente favorables. Estos espacios sólo parecen ser aprovechados extensivamente, fundamentalmente para el pastoreo estacional, la caza y obtención de otros recursos silvestres. El escaso aprovechamiento de estos espacios vecinos a la Quebrada en vísperas de la conquista cuzqueña es también sugerido por el registro arqueofaunístico de Papachacra (Madero 1994). Ya en época Inka, esta comunidad de varios cientos de personas ubicada apenas una jornada al este de la Quebrada, podía obtener una importante proporción de sus insumos animales mediante la caza de cérvidos, sugiriendo que los recursos silvestres de esta zona apenas habían sido depredados durante el período precedente. La intensificación económica, entonces, no aparece como una simple consecuencia del crecimiento vegetativo de la población y sus relaciones con la capacidad de sustentación del territorio, sino como la única alternativa frente a una distribución poblacional crecientemente desequilibrada.

La considerable distancia que separa los centros residenciales de las zonas "altas" de pastoreo y los centros de explotación agrícola, así como la superposición de las máximas demandas de mano de obra de estas actividades en el verano, sugiere que estas tareas productivas básicas (y tal vez otras, como el tráfico o la extracción de

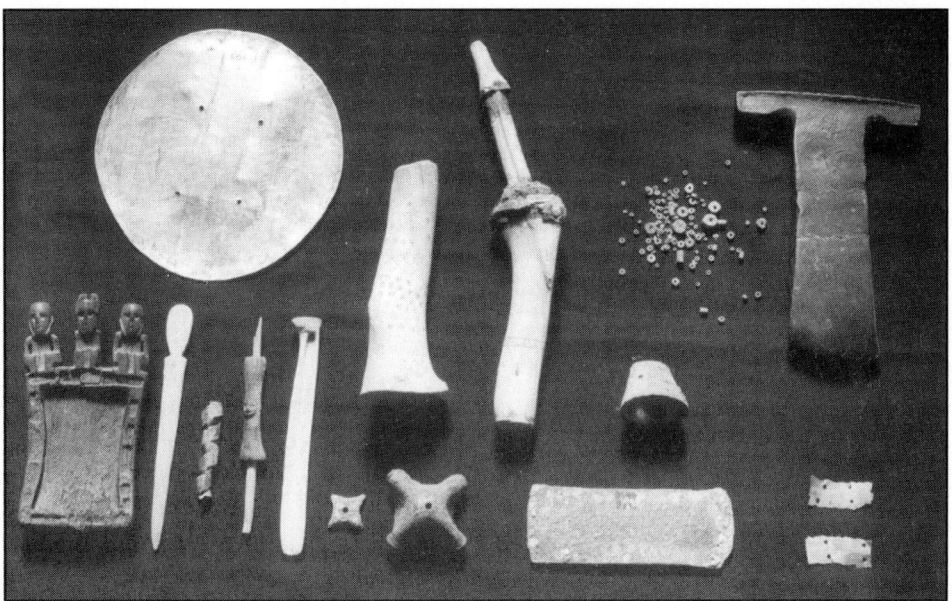

Figura 19: Bienes de prestigio del Período de Desarrollos Regionales II.

recursos silvestres) estaban en manos de unidades sociales diferentes. Los estudios de restos humanos del Pukará de Tilcara muestran para esta época diferencias entre sexos en términos de dieta y de alteraciones osteofuncionales (Mendonça et al.1992), compatibles con una marcada división del trabajo por género. La importancia que cobra en esta época la metaluria del bronce, con claras indicaciones de producción local, implicaría niveles de especialización que tal vez excedan el ámbito de las relaciones intradomésticas, para abarcar por lo menos a ciertos grupos o individuos en la comunidad. La posibilidad de una diferenciación económica-funcional entre comunidades de la Quebrada es factible, pero no puede ser actualmente evaluada. En cualquier caso, las evidencias hasta aquí consideradas, sumadas a la magnitud de los centros agrícolas y las demandas inherentes a su construcción, mantenimiento y administración, indican considerable integración económica en el territorio, con una creciente interdependencia entre unidades sociales para la satisfacción de necesidades básicas.

En cuanto al acceso a elementos extra-locales, podrían estar operando simultáneamente varios mecanismos. La obtención de recursos pertenecientes a las zonas vecinas de yungas y de la Puna oriental (maderas, sal), cuya demanda aumentaría en el contexto demográfico de este período para abarcar ciertos rubros presentes pero tal vez deficitarios en la base económica local (p.ej., productos animales, combustibles), apelaría al intercambio con comunidades social y culturalmente diferentes y/o a la organización de partidas logísticas desde la propia Quebrada. Más allá de las ocupaciones pastoriles en quebradas altas mencionadas anteriormente, no hay hasta ahora evidencias para argumentar la existencia en esta época de control vertical directo mediante la instalación de colonias humahuaqueñas ni en la Puna ni en los valles. El acceso a recursos más distantes, que incluye tanto bienes de prestigio e insumos para su producción (p.ej., oro, estaño, piedras semipreciosas y cuentas, textiles) como otros elementos de diversa importancia cultural (alfarería foránea, materias primas líticas, valvas de moluscos marinos), estaría en manos de grupos caravaneros altiplánicos. La estrecha vinculación entre las caravanas y la circulación macrorregional de bienes de prestigio está independientemente testimoniada por la invariable presencia de cobre y cuentas de malaquita o turquesa en pasos montañosos, rutas, campamentos y lugares de descanso de caravanas a lo largo y a lo ancho del ámbito Circumpuneño (Berenguer 1995; Nielsen 1997c; Nielsen et al. 1999; cf. Núñez 1987). Indudablemente, algunos de los intercambios de productos de subsistencia a "media distancia" mencionados en primer término también pudieron apelar a esta forma de transporte, estar integrados con los circuitos de larga distancia y hasta ser controlados por los mismos grupos, pero este punto debería ser evaluado mediante el estudio de la arqueología de las rutas caravaneras mismas.

Con la conquista Inka, se establece un importante centro de producción agrícola estatal al norte de la Quebrada (Coctaca-Rodero), aprovechando quizás partes de la infraestructura preexistente. Estas explotaciones estaban en plena expansión en vísperas de la invasión europea y parecen haber demandado el traslado de comunidades enteras para suministrar la mano de obra necesaria (Nielsen 1997b). Otros grupos situados más al sur (p.ej., Pukará de Tilcara, La Huerta, Tiraxi) parecen haber participado de forma distinta en la economía política Inka, a través de la producción de bienes suntuarios utilizables como "moneda política" por el estado en sus transacciones con las élites locales (Krapovickas 1982; D'Altroy y Earle 1985). Además de los bienes generados, esta diferenciación abarcaba aparentemente las condiciones sociales en que se desarrollaba la producción, con algunos grupos tributando en calidad de mitayos y otros de *mitmaqkuna*. Estas diferencias podrían derivarse de las condiciones en que cada comunidad fuera sometida, circunstancias que podrían estar plasmadas en los fenómenos de abandono o crecimiento diferencial experimentados por los asentamientos al momento de la conquista cuzqueña.

Resulta difícil establecer qué cambios pudo sufrir la organización económica local bajo el dominio Inka. Si algunas de las comunidades que ingresaron a los valles lo hicieron "espontáneamente", como simples desprendimientos demográficos, tal vez desarrollaron un sistema de economía vertical de tipo compacto (*sensu* Brusch 1976), con énfasis en el aprovechamiento de recursos silvestres, que les permitiría alcanzar una relativa autosuficiencia mediante la explotación de ambientes próximos y diversos (Nielsen 1988). En términos generales, sin embargo, los Inkas parecen haber tomado control directo de la faja escasamente aprovechada alrededor del valle del Río Grande para su propio beneficio, relocalizando mano de obra y realizando las inversiones tecnológicas necesarias para su explotación excedentaria en forma de terrazas, obras de irrigación y caminos.

Esta estrategia se ajustaría de algún modo a la premisa ideológica del Tawantinsuyu de generar las condiciones para el financiamiento del imperio sin alterar las bases de las economías locales.

Proceso Sociopolítico

Los cambios demográficos y económicos delineados parecen tener un correlato en la transformación del orden sociopolítico, aunque este es uno de los aspectos más difíciles de establecer debido a la complejidad del problema y a la falta de estudios sobre líneas de evidencia cruciales para su conocimiento. Actualmente estas inferencias deben apelar principalmente a las características generales de los asentamientos (distribución, tamaño, estructura) y a la evidencia funeraria, en su mayoría registrada hace varias décadas. Varios problemas relativos a la interpretación del registro de asentamiento ya han sido puntualizados, p.ej., muestras sesgadas, falta de planimetrías, diferencias en la duración de las ocupaciones, falta de contemporaneidad.

En cuanto a la funebria, debe notarse que su variabilidad no es sólo una expresión de la estructura social, sino de una multiplicidad de factores, p.ej., las creencias filosófico-religiosas del grupo, las circunstancias de la muerte, etc.

(Carr 1995). Aún cuando la organización social fuera el principal determinante de este registro, es preciso recordar que, puesto que la cultura material desempeña un papel fundamental en la reproducción de las relaciones sociales, los eventos vinculados con la disposición de los difuntos son manipulados para encubrir desigualdades, naturalizarlas, o promover diferencias mediate demostraciones competitivas. Desde esta perspectiva, sería más apropiado considerar al ritual mortuorio como ideología, un modo de negar las contradicciones y legitimar estructuras de dominación a través de conferir a las apariencias las características de una realidad objetiva (Parker-Pearson 1982:100). En tal caso, no sería pertinente tratar a las unidades funerarias como reflejos de la identidad social de los difuntos, cuyas variaciones pueden interpretarse en términos de una "anatomía social" con cierto número de rangos y roles, sino como el resultado de acciones estratégicas entre personas o grupos en el "mundo de los vivos" (p.ej., entre los deudos del muerto y quienes presencian el funeral, cuyo verdadero significado debe buscarse en las tensiones estructurales de la sociedad y en los tipos de estrategias que ellas generan.

Teniendo presentes estas limitaciones, podrían plantearse tentativamente cuatro escenarios sociopolíticos sucesivos. El primero, característico del Período Formativo, comprendería a comunidades pequeñas, similares entre sí, que se repetirían en un paisaje cultural sin marcados contrastes o discontinuidades y parecería extenderse más allá del ámbito quebradeño en todas direcciones. No hay indicios de controles políticos centralizados o desigualdades sociales estructurales. Las evidencias son consistentes con una sociedad carente de divisiones políticas o territoriales marcadas, donde cabe suponer que las relaciones interpersonales y la apropiación de recursos se encuentra regulada por los derechos y obligaciones inherentes a los vínculos de parentesco. El uso de algunos ornamentos o bienes "suntuarios" (p.ej., collares, brazaletes de cobre) que ocasionalmente se encuentran en el registro funerario del momento, es consistente con la voluntad de legitimar efímeras jerarquías de base carismática existentes hasta en las sociedades más "igualitarias" (Flanagan 1989).

Este escenario comienza a transformarse a lo largo del Período de Desarrollos Regionales I con la formación de núcleos poblacionales de mayor densidad y tamaño. Desafortunadamente, son muy pocos los sitios de esta época que han sido objeto de excavaciones sistemáticas (e.g. San José, La Isla). La comparación entre sitios habitacionales aparentemente abandonados hacia el final de este Perìodo (Pukará de La Cueva, CAL-20, San José, Peña Colorada), no justifica por el momento postular relaciones jerárquicas *entre* comunidades. En ninguno de ellos se han registrado áreas o estructuras que por su tamaño, calidad arquitectónica o contenido puedan haber estado destinadas a actividades económicas, políticas o rituales excepcionales, cuyo control pudiera sustentar las subordinación de otros grupos. El registro funerario parece avalar esta idea ya que, si bien hay entierros con acompañamientos de considerable riqueza, especialmente en objetos de metal, este tipo de hallazgos se han producido en la mayoría de los asentamientos explorados (Pueblo Viejo de la Cueva, Pueblo Viejo del Morado, Huacalera, Puerta de Juella, La Isla y Muyuna). Refiriéndose a este último sitio, Schuel (1930:1435) comenta: "en casi todas las sepulturas encontré adornos de oro, en su mayoría anillos y además objetos de oro laminado".

Dentro de la perspectiva teórica anteriormente delineada, aún admitiendo que las variaciones en la calidad de los acompañamientos dentro de cada sitio marcan el surgimiento de diferencias sociales intracomunitarias, lo importante no es decidir si el individuo sepultado con 25 objetos de oro en la tumba Nro. 11 del Morro de La Isla (Debenedetti 1910:37) era un "jefe" o un shamán, sino entender qué revela sobre la naturaleza del sistema social, la generalización de prácticas que conllevan el descarte en ceremonias mortuorias de bienes cuya producción demanda considerables inversiones de trabajo humano. Parker Pearson (1982:112), por ejemplo, propone como principio general que "la publicidad social en los rituales mortuorios puede tornarse particularmente expresiva cuando cambios en las relaciones de dominación resultan en un reordenamiento del status y en la consolidación de nuevas posiciones sociales." Al poner en duda la legitimidad de las jerarquías, estas situaciones generan una pronunciada competencia por el reconocimiento social.

La formación de los primeros conglomerados y la consecuente intensificación de las interacciones sociales, indudablemente produjerons cambios importantes en los modos de relación entre las personas. La riqueza de las tumbas de esta época podría interpretarse, entonces, como la expresión de nuevas ceremonias de ostentación competitiva vinculadas a la lucha por el prestigio en un contexto de intensificación y transformación de las relaciones sociales. La afinidad estilística con Tiwanaku que muestran algunos objetos manipulados en estas acciones podría estar señalando la filiación de las "creencias filosófico-religiosas" (Carr 1995) que las justificaban.

Prácticas como éstas son características de la lucha de facciones en sociedades carentes de mecanismos estructurales para garantizar la desigualdad, ya que crean y reproducen un contexto social y simbólico en el que se negocian y legitiman las pretensiones de control de incipientes acumuladores (Clark y Blake 1994). Estudios interculturales demuestran que "el florecimiento de las tecnologías de prestigio parece ser la marca distintiva de los cazadores/recolectores complejos y otras sociedades (horticultoras o pastoras) transigualitarias" (Hayden 1998:15), v.gr., sin estratificación política ni patrones de asentamiento jerarquizados (Hayden 1995:18). En un sistema social de este tipo, la lealtad de una facción -y el poder que de ella deriva- depende de la capacidad de los aspirantes al liderazgo de movilizar regularmente la riqueza necesaria para satisfacer las demandas de sus seguidores y financiar despliegues de generosidad y ostentación que limitan severamente su capacidad de acumulación económica efectiva.

Las demandas de bienes de prestigio impuestas por esta dinámica crearon las condiciones para el desarrollo del tráfico caravanero de larga distancia, que conectaría a estas élites emergentes en una vasta red - abarcando a grupos de las selvas occidentales (p.ej., Ventura 1985)- destinada a la circulación de objetos cuya propia escasez en cada región, los convertiría en recursos eficaces para la creación de diferencias sociales. Por supuesto, el oportunismo y la flexibilidad que caracterizan las estrategias de articulación de los pastores (Nielsen 2000), no permiten excluir que estos viajes hayan sido aprovechados también para el transporte de múltiples bienes destinados al intercambio con sectores sociales diversos.

La culminación de la tendencia multisecular a la concentración demográfica en los siglos XIII y XIV resultaría en la formación de un nuevo orden social y político. La posible emergencia de relaciones jerárquicas entre asentamientos en esta época, denotaría la aparición de mecanismos de integración supracomunitarios y tal vez de desigualdades institucionalizadas en el control de actividades de importancia pública. Este proceso de integración política debió incidir en los abandonos selectivos de asentamientos a partir del siglo XIII. El despoblamiento de sitios de gran valor defensivo dentro de la propia quebrada troncal, como San José o Chucalezna, quizás se relacione con la resolución de pugnas entre comunidades

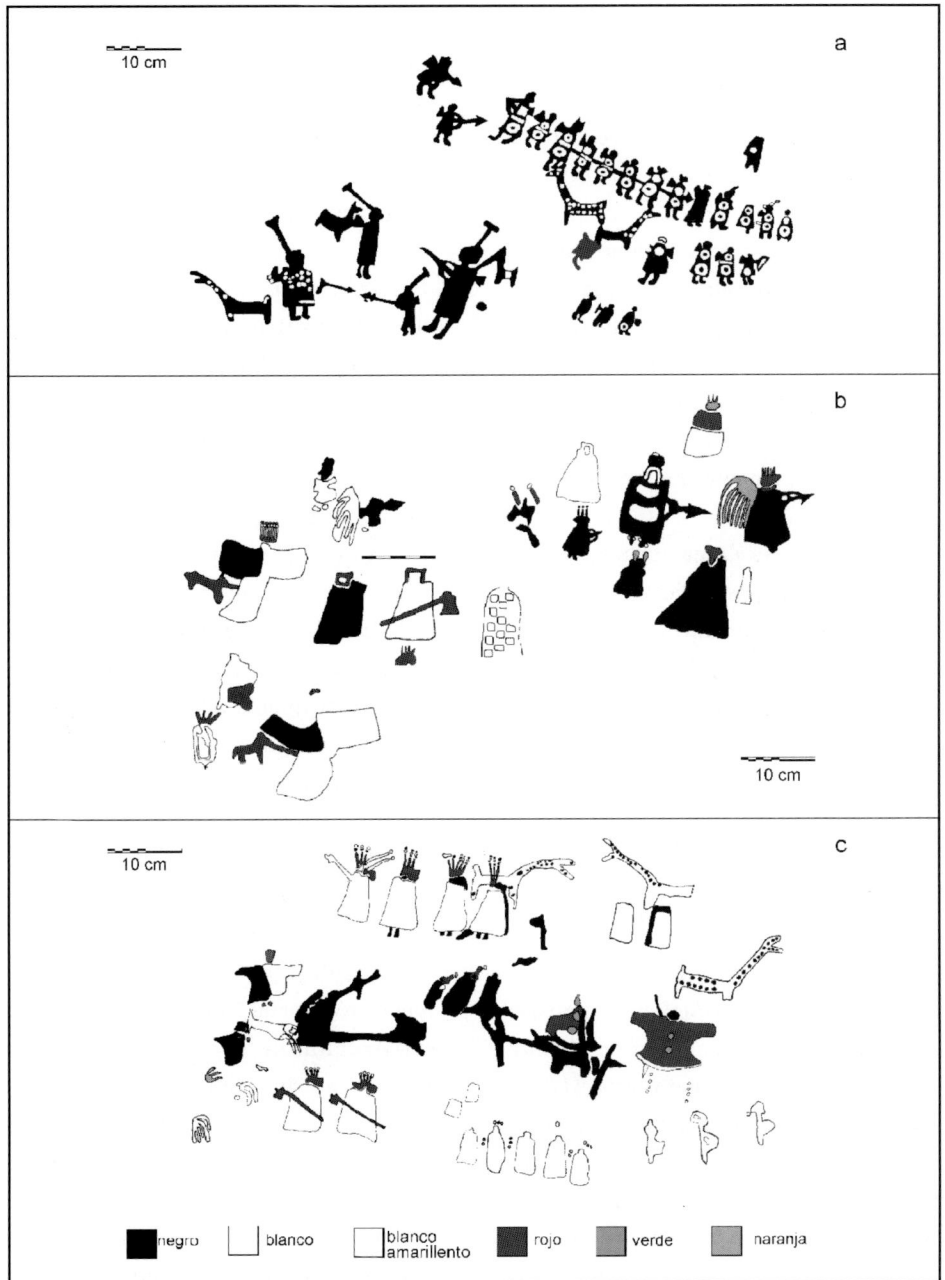

Figura 20: Detalles de las pictografías de Kollpayoc.

por el control de territorios y rutas o por la preeminencia en el esquema político emergente, antes que con consideraciones puramente estratégicas o de conveniencia económica. Las dificultades para la interpretación del registro de asentamiento antes mencionadas impiden definir unidades socioterritoriales específicas, pero la existencia de varios conglomerados de gran tamaño y complejidad sugieren que, a la llegada de los Inkas, la Quebrada aún constituía un espacio políticamente fragmentado.

La frecuencia de enterratorios múltiples, la apertura periódica de las tumbas para la adición de nuevos cuerpos y objetos, y la vinculación de los espacios comunes con la exhibición de sepulcros -y tal vez con la manipulación pública de su contenido- delatan la importancia que cobra en este período el culto a los ancestros,[11] un fenómeno que evidentemente hunde sus raíces en el período anterior. Tal vez estas prácticas se relacionen a la consolidación de unidades comparables al *ayllu* (v.gr., grupo que reconoce su descendencia de un antepasado real o imaginario [Isbell 1997:98]) como mediador en la apropiación de recursos estratégicos. La jerarquización de ciertos sepulcros mediante dispositivos arquitectónicos y otras formas de manipulación del entorno construido (Nielsen y Walker 1999), denotarían la existencia de desigualdades estructurales entre grupos, cuyo carácter hereditario encontraría su justificación en el énfasis que se pone en el principio de descendencia como fundamento de la organización social.

La frecuencia creciente de bienes alóctonos (valvas, alucinógenos, ciertos metales) en las tumbas de esta época indican la vigencia de una "economía del prestigio." Este sistema ofrecería el impulso para la generalización de nuevas tecnologías (p.ej., metalurgia del bronce) que demandan mayor trabajo y conocimiento, potenciando así la capacidad de los objetos para marcar distancias sociales. La falta de excavaciones impide por ahora determinar si la metalurgia se desarrollaba en un contexto independiente o de adscripción a cierto sector de la sociedad (Brumfiel y Earle 1987). El tráfico de caravanas circumpuneño alcanza su auge en este momento en respuesta a los procesos de complejización política y diferenciación social interna, más que a la satisfacción de necesidades de complementación económica para la subsistencia -aunque esta últimas no queden excluidas. En este escenario, la emergencia de grupos de pastores especializados en el tráfico, que mantuvieran su autonomía de elites particulares en los "intersticios" del mosaico político circumpuneño, no debería ser descartada (Nielsen 2000).

En contraste con la regionalización estilística que presentan artefactos de uso cotidiano (p.ej., cerámica), los conjuntos de bienes de prestigio de esta época en la Quebrada (Figura 19) son semejantes a los del Norte de Chile y otros lugares del Noroeste argentino (Puna, Quebrada del Toro, Valle Calchaquí). Este fenómeno revela el surgimiento de un "estilo internacional" (Blanton et al. 1996:5) que definiría un marco simbólico-esotérico común a las élites circumpuneñas, apuntalando la posición de preeminencia de cada una de ellas en su territorio (Renfrew 1986). Dicho marco facilitaba el acceso regular a los bienes "exóticos" necesarios para la reproducción del sistema y reforzaba el contexto ideológico en que la desigualdad era legitimada, aún cuando ninguna sociedad tenía la capacidad de dictar sus cánones formales o su contenido. Respecto a este último, los objetos señalan relaciones con el consumo de alucinógenos (equipos de inhalar) y con el conflicto armado (armas, discos, trompetas y otros emblemas guerreros [Martínez 1995]). El segundo tema aparece también enfatizado -junto a emblemas de símbolos e identidad en forma de tocados y vestimentas- en las pictografías de la época, como lo ilustran algunos ejemplos del arte de Kollpayoc en la Figura 20.

Seguramente las élites acumulaban algo más que el capital simbólico (Bourdieu 1977) derivado del acceso preferencial a bienes suntuarios y contactos inter-regionales, o del control de ritos y eventos sociales de importancia cultural. La magnitud y concentración de la población y la alta productividad que debió caracterizar a los vastos complejos agrícolas, implican la existencia de considerables cantidades de plustrabajo apropiable en esta época. No obstante, mayores precisiones sobre la ventajas económicas que presuntamente gozaban ciertos linajes o sectores deberán aguardar la realización de estudios específicos.

El Tawantinsuyu impuso cambios en la escena política local que recién se empiezan a vislumbrar. Entre ellos se encontrarían: (1) desplazamientos en los centros de poder regional, con la marginalización o abandono de asentamientos de gran relevancia en la época anterior (p.ej., Los Amarillos) y (2) cambios en los marcos de legitimación de la desigualdad, plasmados en la destrucción pública de sepulcros de linajes locales destacados,[12] la declinación del uso de alucinógenos y trofeos de cráneos, y la incorporación de nuevos rituales (p.ej., ceremonias en santuarios de altura) y artefactos de estilo "oficial" a los repertorios de bienes de prestigio local. El orden político que revelan las fuentes históricas de los siglos XVI y XVII (Salas 1945; Sica y Sánchez 1992), sería el resultado de este reordenamiento, combinado con los reajustes que acompañaron a la invasión europea.

CONFLICTO Y CAMBIO SOCIAL: HACIA UNA EXPLICACION

"...el surgimiento de una elite puede entenderse sin referencia al bien común. Lo que necesita ser explicado es cómo las elites adquieren y mantienen su poder a pesar del hecho que, la mayor parte del tiempo, sus acciones van contra los intereses de la mayoría" (Gilman 1981:4)

La desigualdad es una condición básica de las sociedades humanas y por lo tanto se encuentra presente hasta en los grupos más simples, p.ej., en forma de asimetrías entre géneros o clases de edad (Bender 1989; Flanagan 1989). La pregunta importante para la arqueología de la desigualdad no es, entonces, "cuándo y cómo surgieron las diferencias de status, sino cuándo y cómo se formalizaron e institucionalizaron," v.gr., "se tornaron hereditarias y socialmente reproducidas" (Price y Feinman 1995:4). En la sección anterior se desarrolló una interpretación del cuándo, aunque la cronología exacta del proceso debe ajustarse en el futuro mediante la obtención de nuevos fechados absolutos. Más importante, sin embargo, es la consideración del cómo -sobre el que se adelantaron ya algunas hipótesis- y el porqué, que será el tema de este último apartado. Antes de pasar a la discusión, sin embargo, es preciso detener la atención sobre lo que parece ser un eje conductor a lo largo del proceso analizado, el conflicto.

Evidencias de Conflicto y sus Características

La caracterización del Período Tardío, de Desarrollos Regionales o Intermedio Tardío como una era de conflicto en los Andes es lugar común en la literatura y es explícitamente señalada en las fuentes históricas (p.ej., Guamán Poma 1980 [1615]). El indicador arqueológico más frecuentemente citado en apoyo de esta idea es el cambio en el patrón de asentamiento que se traduce en el surgimiento de los "pukara." El propio Guamán alude a este fenómeno en su descripción del *Auca Runa* o edad de los guerreros: *"De sus pueblos de tierra baja se fueron a poblarse en altos y serros y peñas y por defenderse y comensaron a hazer fortalezas que ellos les llaman pucara..."* (Vol. I:52)

En la Quebrada de Humahuaca las evidencias de conflicto comienzan a notarse *durante* el Período de Desarrollos Regionales I y continúan hasta el final de la secuencia:

-PDRI: concentración demográfica a escala vecinal, primeros sitios con emplazamiento defensivo (e.g., La Cueva), cuerpos decapitados, cráneos-trofeo, escenas de combate en el arte rupestre (Grupo Estilístico C1.a de Aschero 2000, p.ej., Figura 20).

-PDRII: concentración demográfica regional y local, elección sistemática de emplazamientos defensivos, murallas y accesos restringidos a sitios, abundancia de puntas de proyectil en los asentamientos,[13] cuerpos decapitados, cráneos trofeo, traumas osteológicos (Mendonça et al. 1992:), armas y emblemas guerreros en tumbas, representación de armas y emblemas guerreros en el arte (y escenas de combate?).

-INKA: abandono de asentamientos, saqueo de tumbas destacadas, emplazamiento de fortalezas/guarniciones alrededor del valle del Río Grande.

Como se advierte, el conflicto se anuncia en el Período de Desarrollos Regionales I -particularmente en sus contextos más tardíos (Fase Calete)- alcanzan su clímax en la época siguiente y cambian de característica en el momento Inka. ¿Quiénes se enfrentan? Cabe postular dos alternativas: que sean luchas internas, entre comunidades culturalmente afines dentro de la propia Quebrada o que se trate de conflictos con grupos ajenos a la región (¿altiplano, selvas occidentales, sur de Bolivia?), que en el contexto de creciente fragmentación cultural del Período de Desarrollos Regionales II, detentarían una identidad diferente.

La segunda interpretación (Nielsen 1996b) se vería avalada, entre otras razones, por: (1) la tendencia centrípeta del proceso demográfico, que situaría el eje de enfrentamiento fuera de la región y no en su interior; (2) la diferenciación estilística interregional observada en la cerámica, ámbitos domésticos, prácticas funerarias y posiblemente elementos de indumentaria que, atendiendo a ciertas evidencias etnoarqueológicas (Hodder 1982), indicaría relaciones de reciprocidad negativa entre las entidades así definidas; (3) la representación reiterada de escenas de enfrentamiento entre individuos dotados de marcadores étnicos contrastantes (tocados, vestimenta) o de grupos de guerreros con atributos de identidad diferenciados (p.ej., Kollpayoc, Figura 20) en varios sitios con arte rupestre localizados en las quebradas altas del territorio, p.ej., El Portillo, Kollpayoc, Cueva de Tres Cruces y Chayamayoc; y (4) testimonios históricos como el de un curaca de Humahuaca quien declara en 1640 que *"...antes tenía por tradicion de sus antepasados que antiguamente los yndios de su nación omaguacas y tilcaras ticas y otras naciones circunbezinos suyos abian tenido guerra y batalla con los dichos yndios mataguayes"* (Salas 1945:54). A estos cabe agregar indicios menos seguros, como el estudio osteológico de Vignati sobre trofeos de la Quebrada, que le llevan a concluir "que los cráneos utilizados no responden al mismo tipo que los cráneos de los pobladores del lugar" (1930:58). Esta propuesta debe ser tomada con precaución atendiendo a los nuevos análisis de Bordach (citado en Palma 1998:46), que indican que aquél autor cometió errores en la identificación del sexo de varios de los cráneos considerados. Este último punto, sin embargo, no sería contradictorio con la hipótesis de conflictos que implicaran asaltos sorpresivos a poblaciones, que podrían resultar en la muerte de individuos de cualquier sexo. (Keely 1996:66)

Por otra parte, cuesta imaginar cómo podrían haber funcionado la economía y vida cotidiana de los pobladores de la Quebrada durante el Período de Desarrollos Regionales II en una situación de conflicto permanente entre vecinos, aún cuando hubieran acordado treguas periódicas o ritualmente reguladas. Algunos de los asentamientos presuntamente enfrentados se encuentran uno a la vista del otro. Bajo la vigilancia de sus enemigos ¿cómo accederían a sus campos de cultivo, algunos de ellos situados a más de una hora de marcha? Más aún, dada su ubicación, algunos sitios de gran importancia como La Huerta, quedarían privados por sus rivales de todo acceso a la Puna y a los sistemas agrícolas del alto piedemonte. Por las razones enumeradas, y teniendo en cuenta las evidencias de una creciente integración económica del territorio, parece necesario descartar la hipótesis de que el conflicto haya tenido como eje el enfrentamiento entre vecinos inmediatos.[14] Esta conclusión coincide con lo observado por colegas en el Norte de Chile, quienes "sostienen que el sinnúmero de pukaras o fortalezas que hay más o menos en la cota de 2500 a 3000 m.s.n.m., desde Arica hasta el Salar de Atacama, no es otra cosa que una línea de contención establecida durante el Período Intermedio Tardío por las sociedades Arica, Pica/Tarapacá y Lasana/Atacama para detener la expansión altiplánica" (Berenguer 1993:51).

Cabe enfatizar que esta conclusión no se contradice con la existencia de rivalidades, violencia y otras tensiones al interior de la sociedad quebradeña. Por el contrario, la competencia entre facciones, la subordinación de comunidades y la institucionalización de formas desiguales de acceder a recursos, debieron necesariamente producir conflictos entre los habitantes de la propia Quebrada. Lo que importa destacar, sin embargo, es que son las pugnas interregionales las que parecen asumir un papel protagónico en la definición de la trayectoria evolutiva.

En cuanto al Período Inka, los indicadores de tensión se trasladan al enfrentamiento entre la sociedad local -particularmente los sectores privilegiados dentro de ella- y el Tawantinsuyu. El posicionamiento de las fortalezas y posibles guarniciones sobre importantes vías de acceso al territorio por el norte y este podría estar relacionado al control de la interacción interregional o a la vigilancia de la propia población de la Quebrada.

Discusión

Como se expresara al inicio de este trabajo, la explicación del cambio social debería, por una parte, identificar las estrategias implementadas por individuos o grupos para tomar control de recursos claves y por otro, identificar las condiciones estructurales que determinan que, en ciertos momentos de la trayectoria histórica, estas ambiciones se realicen contra el interés de la mayoría. En páginas anteriores algunas estrategias ya han sido delineadas, p.ej., economía de bienes de prestigio, incluyendo el tráfico a larga distancia y la promoción de "tecnologías de prestigio," manipulación del entorno construido, etc.

En su tratamiento de las "estrategias de red" (*network strategies*), Blanton et al. (1996) destacan la inestabilidad inherente a las economías de prestigio debido la capacidad de cualquier individuo o unidad doméstica de ingresar a la pugna por el reconocimiento social, desarrollando sus propias redes sociales. En este contexto, resulta crucial el uso de una "retórica patrimonial," v.gr., "la afirmación de lazos domésticos, de descendencia y etnicidad [que] sirve para coartar la libre migración de los miembros de facciones entre estrategas de red en competencia, dentro de lo que de otro modo, sería un paisaje social más abiertamente fluido y competitivo" (p. 5). La importancia que adquieren estos lazos durante el Período de Desarrollos Regionales II queda evidenciada en (1) la regionalización de la cultura material más cotidiana (cerámica, espacio doméstico), que podría estar efectivamente reflejando en este caso pertenencias étnicas, y (2) el énfasis en el culto a los ancestros. Estos fenómenos testimoniarían el éxito de estrategias de "retórica patrimonial" anunciadas por el énfasis puesto en el ceremonial mortuorio del período anterior.

¿Qué condiciones inciden en el éxito de estas estrategias durante el tránsito entre los Períodos de Desarrollos Regionales I y II? Para responder esta pregunta es necesario analizar las relaciones entre los diferentes procesos delineados. Tiempo atrás, Madrazo y Ottonello (1966:45) propusieron que la presión demográfica podría haber incrementado la competencia por los recursos básicos (tierras cultivables, riego, pastos), generando conflictos entre comunidades por su control. La secuencia de cambio analizada a lo largo de este trabajo no parece ajustarse a este escenario explicativo. Como se indicó oportunamente, las primeras evidencias claras de conflicto ya se presentan durante el Período Desarrollos Regionales I. Aún cuando los datos disponibles sugieren que, por lo menos al comienzo de esta época, todos los niveles altitudinales de la Quebrada (y tal vez valles) estaban habitados, difícilmente pueda justificarse la idea de que los espacios aprovechables estaban saturados. En general, tampoco parece haber indicios de un intensificación de la explotación de recursos (p.ej., mediante obras de riego o puesta en valor de nuevos terrenos) como la que se esperarían de una población que experimenta gradualmente la insuficiencia de una base productiva de tipo extensivo. Una posible excepción son las terrazas de cultivo de la Quebrada de La Cueva, donde los síntomas de inseguridad (Pukará de La Cueva) también parecen anunciarse más tempranamente que en el resto del territorio.

La disparidad con aquella propuesta se hace más notable a partir del abandono de las porciones elevadas del territorio al final del Período y posterior aglomeración en los pukaras. Esto cambios en la distribución espacial de la población suponen formas crecientemente disfuncionales e inestables de utilizar el espacio regional, que tampoco se condicen con la idea de una gran población buscando formas de aprovechar las oportunidades que le ofrece su territorio. Primero, porque implica gran presión sobre los recursos del valle central y un escaso aprovechamiento de las posibilidades de la faja que lo circunda. Segundo, la necesidad de elevar el rendimiento de las explotaciones supone inversiones cada vez mayores en infraestructura. Tercero, la elección de puntos elevados y de gran visibilidad compromete la proximidad al agua y tierras de cultivo del fondo de valle, factores que suelen ser prioritarios en la organización de los sistemas de asentamiento en ausencia de restricciones de otra índole. Cuarto, el hacinamiento evidente al interior de los poblados debió resultar en un considerable deterioro de las condiciones higiénicas en las instalaciones. Tampoco parece ser la concentración de la población en las proximidades del Río Grande, entre los 2000 y 3200 msnm, una forma óptima de aprovechar las oportunidades que ofrece la diversidad del paisaje andino.

Otra posibilidad sería que el "descenso" a la quebrada troncal se relacionara con las ventajas ofrecidas por un cambio tecnológico (p.ej., nuevas técnicas de irrigación) o en las preferencias de consumo (p.ej., en favor del maíz) que "atrajera" a la población hacia el fondo de valle. Tampoco parece sostenible esta idea si se acepta que durante el Período de Desarrollos Regionales II comienza la construcción de los sistemas agrícolas del piedemonte oriental, presuntamente destinados al cultivo de plantas microtérmicas similares a las que prosperan en las quebradas altas que se abandonan. De hecho, todo parecería indicar que es allí -no en el fondo de valle- donde se realizaron las mayores inversiones de trabajo y tecnología. Parecería que se busca disponer, dentro de la quebrada troncal, de recursos semejantes a los que no se aprovechan en las quebradas tributarias.

El establecimiento de una situación de conflicto con poblaciones ajenas a la Quebrada durante el Período de Desarrollos Regionales I podría dar cuenta de los demás procesos. Pudo motivar los repliegues sucesivos de la población, primero sobre el valle troncal, luego sobre los puntos de mayor valor defensivo. El estado de inseguridad resultante, impediría aprovechar plenamente el potencial económico de las porciones medias y altas de las quebradas tributarias, obligando así a intensificar la producción en el valle del Río Grande. La competencia por el reconocimiento (favorecida por los cambios en las formas de convivencia y la amenaza que ellos representarían para el orden interno de la sociedad), resultaría -quizás como una consecuencia no anticipada de aquellas acciones- en la consolidación de una ideología que enfatizaba la descendencia como principio para la legitimación del acceso a los recursos. Hacia afuera de la sociedad, el enfrentamiento proporcionaría fundamentos obvios para el éxito de estrategias de retórica patrimonial basadas en la lealtad étnica.

Un estado de conflicto endémico generaría además circunscripción social, al tornar extremadamente riesgosa la fisión como forma de resistencia de los individuos a las imposiciones de facciones opuestas. Si a ello se suman los costos que implicarían el abandono de las inversiones productivas y de un sistema económico integrado (cf. Gilman 1981), es necesario concluir que, durante el

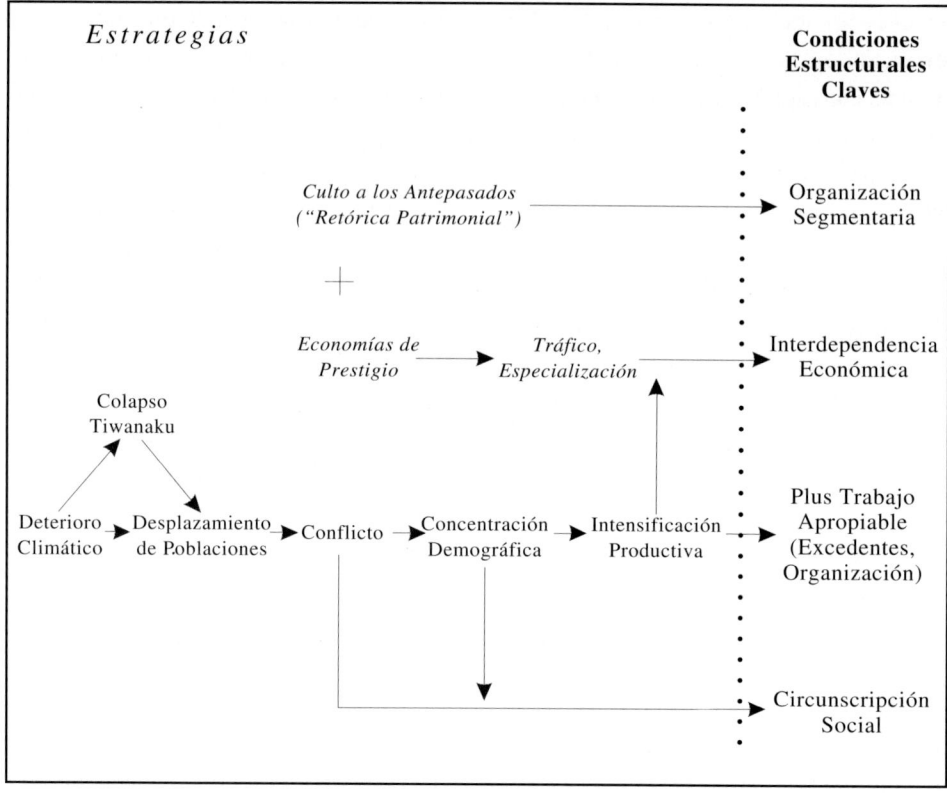

Figura 21: Síntesis del modelo explicativo propuesto.

Período de Desarrollos Regionales II, estaban dadas todas las condiciones para el establecimiento de la desigualdad, a pesar de "los intereses de la mayoría." (ver figura 21)

Quedaría por explicar cuáles fueron los disparadores iniciales del conflicto entre pueblos. Los cambios climáticos aludidos anteriormente ofrecen un punto de partida. Binford et al. (1997) plantean una relación entre la creciente aridez que se produce a partir de AD 1000 aproximadamente, el abandono de los campos de camellones en la cuenca del Titicaca y el colapso de Tiwanaku hacia AD 1100. Este último evento pudo haber desencadenado pugnas, por la supremacía o por el control de recursos específicos, entre grupos antes aliados o sometidos bajo aquella formación política, cuya "onda expansiva" podría arribar a la Quebrada a fines del Período de Desarrollos Regionales I.

Sin embargo, si los fenómenos climáticos planteados afectaron al área en su conjunto, la disminución de las precipitaciones pudo tener consecuencias más dramáticas aún para los pueblos del altiplano sur o puna seca. En el norte de Lípez, por ejemplo, la población depende en la actualidad del cultivo de quinua y papa a temporal, complementado con el pastoreo camélidos y ovinos (Nielsen 1998a). Con los patrones de precipitación actual, los años de sequía provocan el fracaso masivo de las cosechas y altos índices de mortandad entre el ganado, obligando a la mayor parte de la población masculina a migrar a los valles y ciudades en busca de sustento. El registro arqueológico de la zona indica una base productiva semejante para el Período de Desarrollos Regionales, quizás con un énfasis algo mayor en el pastoreo. No sería muy aventurado, entonces, pensar que un período de aridez como el planteado sería razón suficiente para desencadenar movimientos masivos de grupos hacia las quebradas, valles y oasis a ambos lados del macizo andino en busca de condiciones más favorables (p.ej., oportunidades para la agricultura de riego), enfrentando allí la resistencia de los grupos ya instalados (no necesariamente numerosos), e iniciando de este modo la era de los *Auca Runa*.

Más allá de sus causas, una vez iniciado, el conflicto pudo movilizar procesos sociales dotados de una dinámica propia y hasta cierto punto independiente de sus orígenes. Si en algún momento el conflicto generó las condiciones estructurales para la cristalización del poder social, su perpetuación pudo constituir una estrategia importante para la reproducción de la desigualdad (cf. Roscoe 2000:88-92). Así lo indicaría la ostentación de ciertas formas de violencia ritualizada (v.gr., los trofeos de cráneo) o de los emblemas guerreros. El propio Guamán Poma (1980[1615] I:52) así lo sugiere:

"Y comensaron a rreñir y batalla y mucha guerra y mortanza con su señor y rrey y con otro señor y rrey, brabos capitanes y ballentes y animosos hombres... Y se quitauan sus mugeres y hijos y se quitauan sus sementeras y chacaras y asecyas de agua y pastos. Y fueron muy crueles que se rrobaron sus haziendas, rropas, plata, oro, cobre... Y tenían mucho oro y plata... y tenían muy mucha riquezas entre ellos."

NOTAS

1. La perspectiva teórica desde la que se aborda el trabajo combina elementos del neomarxismo, la economía política y las teorías de la práctica y ha sido explícitamente desarrollada en otro trabajo (Nielsen 1996a).

2. Otra gran colección arqueológica de esta época es la formada por Schuel (1930), hoy conservada en el Museo de La Plata (Krapovickas 1961). Desgraciadamente, la falta de documentación sobre los contextos excavados y procedencia de los materiales limita la información que puede obtenerse de su estudio.

3. Las Tablas 3 a 6 reunen los fechados radiocarbónicos para sitios habitacionales de la Quebrada de Humahuaca publicados hasta comienzos del 2000 para el período aproximado AD 700-1600. No se incluyen fechas que carecen de asociación segura (p.ej. Falda del Cerro y Ciénaga Grande [González y Lagiglia 1973]) o que han sido desestimadas por sus autores (e.g., Krapovickas 1988; Tarragó y Albeck 1997:114). Por razones de espacio, se excluyen las dataciones provenientes de sitios en aleros (García 1997; Hernández Llosas 2000; Lavallee et al. 1997) y de los Valles (De Feo y Fernández 1998; Garay de Fumagalli y Cremonte 1997). Tampoco se incluyeron los fechados del basurero del Pukará de Tilcara (Tarragó y Albeck 1997). Teniendo en cuenta la complejidad de este depósito, que presenta un marcado buzamiento y aparentes inversiones estratigráficas, resulta difícil relacionar los fechados (procesados sobre muestras extraídas a posteriori de los perfiles) con materiales arqueológicos específicos recuperados durante la excavación.

4. Aunque la estructura de la secuencia es la misma, los rangos temporales absolutos atribuidos a cada fase difieren ligeramente de los propuestos en 1997, en parte para acomodar nuevas dataciones obtenidas en los últimos años, pero principalmente por no haber realizado substracción alguna a las fechas para corregir por posibles diferencias en muestras del hemisferio sur. Se prefiere abandonar provisoriamente esta corrección debido a la incertidumbre que surge sobre la magnitud de estas diferencias en ausencia de curvas locales de calibración.

5. Agradezco a Oscar Branchesi la información sobre la existencia de este sitio.

6. Estos artefactos difieren de los tubos de inhalar del Período de Desarrollos Regionales II por su tamaño y morfología. Los elementos del complejo de alucinógeno de esta época en la Quebrada son pocos: cucharas de hueso de La Isla (Debenedetti 1910) y una tableta con tubo inhalador recientemente encontrada por nosotros en Muyuna.

7. Dado que varios conglomerados continuaron siendo habitados hasta la invasión europea y experimentaron cambios de diversa envergadura durante el dominio Inka, no parece factible establecer el número de rangos implicados en estas jerarquías, clasificar todos los asentamientos por nivel jerárquico o agruparlos en presuntas unidades políticas hasta contar con información específica sobre el tamaño y trazado de cada sitio antes de la conquista cuzqueña.

8. Moya (quechua) = pastos escogidos (Rostworowski 1988:298)

9. La persistencia del consumo de alucinógenos podría estar indicada por el hallazgo de tubos en tumbas de cronología hispano-indígena en La Huerta (Raffino et al. 1993:84-86) y La Falda (Bordach et al. 1998), pero sólo excepcionalmente se han encontrado tabletas, que responden a patrones formales muy diferentes, sugiriendo cambios en dichas prácticas.

10. Trabajando bajo la premisa de que la conquista Inka no había alterado signi-

ficativamente el escenario sociopolítico local, propuse hace algunos años (Nielsen 1995c:59) que estas unidades podían ser el reflejo de divisiones políticas preinkaicas. No obstante, los resultados de las investigaciones que luego realizáramos en diversos sectores de Los Amarillos (que invalidaron también algunas de mis interpretaciones sobre la arqueología del Complejo A presentadas en aquél trabajo) y en comunidades tributarias del norte de la Quebrada e Iruya me han llevado a desechar esta propuesta (Nielsen 1996:333, 1997b, 1998; Nielsen y Walker 1999).

11. Estas prácticas tendrían paralelos a escala circumpuneña en la proliferación de chullpas y monolitos o *wankas*. En López las chullpas también aparecen asociadas a espacios públicos (Nielsen 1998a).

12. Esta estrategia de "conquista ritual" (Nielsen y Walker 1999) guarda interesantes paralelismos con el saqueo de sepulturas Tiwanaku en Moquegua y Arica al inicio del Intermedio Tardío (Berenguer 1993:50).

13. Prospecciones de tipo distribucional realizadas en diversos puntos de la Quebrada (Nielsen et al. 1997) indican que, por contraste con puntas de proyectil arcaicas y tempranas (con pedúnculo) las puntas triangulares de base escotada del PDRII prácticamente no se encuentran representadas en el registro arqueológico de baja densidad. Por contraste, son muy abundantes en las áreas habitacionales, lo que sería consistente con su utilización mayoritaria como recurso defensivo.

14. Limitaciones de espacio impiden discutir las relaciones entre tráfico de larga distancia y conflicto interregional, pero véase Renfrew (1986, también Núñez 1996).

AGRADECIMIENTOS

Ante todo debo manifestar mi gratitud al equipo del Proyecto de Investigación Omaguaca, amigos y allegados (C. Adams, J. Adams, C. Angiorama, J. Avalos, S. Dip, M. Elson, F. Gil, H. Mamani, K. Menacho, P. Mercolli, R. Peralta, R. Quinteros, E. Rivas, F. Roldán, D. Swartz, V. Seldes, C. Taboada, P. Teltser, J. Theisen, P. Trenque, A. Vargas, M. Vázquez, W. Walker, M. Zaburlín, N. Zedeño, J. Zurita) por una década de mucho trabajo, sin el cual no hubiera podido escribir este capítulo. Los fondos que hicieron posibles estas investigaciones fueron otorgados por la Universidad Nacional de Jujuy, CONICET y la Fundación Earthwatch. La AMS Facility y el Laboratorio de Radiocarbono de la University of Arizona contribuyeron con substanciales descuentos en las dataciones. Los dibujos de artefactos que ilustran este trabajo son obra de J. Avalos y las fotografías de las figuras 14 y 19 de Lucio Boschi. Malena Vázquez compuso todas las figuras en la computadora. Una síntesis como esta se beneficia necesariamente del trabajo y las ideas de muchos colegas. He tratado de expresar esta deuda a través de citas a lo largo del texto, pero éstas no pueden hacer justicia a todo lo aprendido a través del intercambio de ideas en congresos, talleres y conversaciones informales. Evidentemente, el resultado es de mi exclusiva responsabilidad.

BIBLIOGRAFIA CITADA

Aguerre, A. M., A. Fernández Distel y C. A. Aschero
1973   Hallazgo de un Sitio Acerámico en la Quebrada de Inca Cueva (Provincia de Jujuy). *Relaciones* VII:197-235.

Albeck, M. E.
1992   El Ambiente como Generador de Hipótesis sobre la Dinámica Cultural Prehispánica en la Quebrada de Humahuaca. *Cuadernos* 3:95-106. U.N. de Jujuy,
1993   Areas Agrícolas y Densidad de Ocupación Prehispánica en la Quebrada de Humahuaca. *Avances en Arqueología* 2:56-77.
1994   La Quebrada de Humahuaca en el Intercambio Prehispánico. En *De Costa a Selva*, ed. por M. E. Albeck, pp. 117-132. Instituto Interdisciplinario Tilcara, Tilcara.
1995   Funcionalidad y Cronología Relativa de los Recintos de Cultivo de Coctaca, Prov. de Jujuy, Rca. Argentina. *Hombre y Desierto 9: Actas del XIII Congreso Nacional de Arqueología Chilena*, Vol. I:317-321. Antofagasta.

Alfaro de Lanzone, L. C.
1968   *El Pucará de Rodero*. Publicación N°1 del Inst. de Arqueología, U. del Salvador, Bs. As.

Ambrosetti, J. B.
1912   Resultados de las Exploraciones Arqueológicas en el Pucará de Tilcara. *Actas del XVII Congreso Internacional de Americanistas,* pp. 497-498. Buenos Aires.

Angiorama, C. I.
1999   *La Metalurgia Prehispánica en la Quebrada de Humahuaca (Provincia de Jujuy, Argentina).* Tesis de Maestría, Universidad Internacional de Andalucía.

Aschero, C. A.
1979   Aportes al Estudio del Arte Rupestre de Inca Cueva-1. *Jornadas de Arqueología del Noroeste Argentino*, pp. 392-407. U. del Salvador, Buenos Aires.
1999   El Arte Rupestre del Desierto Puneño y el Noroeste Argentino. En *Arte Rupestre en los Andes de Capricornio*, ed. por J. Berenguer y F. Gallardo, pp. 97-135. Chile.
2000   Figuras Humanas, Camélidos y Espacio en la Interacción Circumpuneña. En *Arte en las Rocas: Arte Rupestre, Menhires y Piedras de Colores en Argentina*, ed. por M . Podestá y M. de Hoyos, pp. 15-44. Buenos Aires.

Avalos, J. C.
1998   Modos de Uso de Implementos Agrícolas de la Quebrada de Humahuaca y Puna a través del Análisis de Huellas de Desgaste. En *Los Desarrollos Locales y Sus Territorios: Arqueología del NOA y Sur de Bolivia*, ed. por M. B. Cremonte, pp. 285-317. U. N. de Jujuy.

Balbuena, J.
1996   Investigaciones Arqueológicas en Yoscaba, Departamento Santa Catalina, Provincia de Jujuy. *Actas y Memorias del XI Congreso Nacional de Arqueología Argentina (13a parte)*, pp. 237-251. San Rafael.

Basílico, S.
1992 Pueblo Viejo de La Cueva (Dpto. de Humahuaca, Jujuy): Resultado de las Excavaciones en un Sector del Asentamiento. *Cuadernos* 3:108-127. U.N. de Jujuy.

Bender, B.
1989 The Roots of Inequality. En *Domination and Resistance*.

Bennett, W.; E. C. Bleiler y F. H. Sommer
1948 *Northwest Argentine Archaeology*. Yale University Publications in Anthropology, Nro. 38, New Haven.

Berenguer, J.
1993 Gorros, Identidad e Interacción en el Desierto Chileno Antes y Después del Colapso de Tiwanaku. En *Identidad y Prestigio en los Andes: Gorros, Turbantes y Diademas*, pp. 41-64. Santiago.
1995 Impacto del Caravaneo Prehispánico Tardío en Santa Bárbara, Alto Loa. *Actas del XIII Congreso Nacional de Arqueología Chilena*, Tomo I:185-202. Antofagasta.

Berenguer, J.; A. Deza; A. Román y A. Llagostera
1986 La Secuencia de Myriam Tarragó para San Pedro de Atacama: Un Test por Termoluminiscencia. *Revista Chilena de Antropología* 5:17-54. Santiago.

Binford, L. R.
1980 Willow Smoke and Dog's Tails: Hunter-Gatherer Settlement Systems and Archaeological Site Formation. *American Antiquity* 45:4-20.

Binford, M., A. Kolata, M. Brenner, J. Janusek, M. Seddon, M. Abbott y J. Curtis
1997 Climate Variation and the Rise and Fall of an Andean Civilization. *Quaternary Research* 47:235-248.

Blanton, R., G. Feinman, S. Kowalewski y P. Peregrine
1996 A Dual - Processual Theory for the Evolution of Mesoamerican Civilization. *Current Anthropology* 37:1-14.

Boman, E.
1923 Los Ensayos para Establecer una Cronología Prehispánica en la Región Diaguita (República Argentina). *Boletín de la Academia Nacional de la Historia*, Vol. VI, pp. 1-31. Quito.

Bordach, M. A., L. Dalerba y O. Mendonça
1999 *Vida y Muerte en Quebrada de Humahuaca*. U. N. de Río Cuarto, Río Cuarto.

Bordach, A., O. Mendonça, M. A. Albeck y M. Ruiz
1998 El "Joven Señor" de La Falda: Indicadores de una Persona Social en el Tilcara Hispanoindígena. En *Los Desarrollos Locales y Sus Territorios: Arqueología del NOA y Sur de Bolivia*, ed. por M. B. Cremonte, pp. 199-208. U.N. de Jujuy

Bourdieu, P.
1977 *Outline of a Theory of Practice*. Cambridge University Press, Cambridge.

Bregante, O.
1926 *Ensayo de Clasificación de la Cerámica del Noroeste Argentino*. Buenos Aires.

Brumfiel, E. y T. K. Earle
1987 Specialization, Exchange, and Complex Societies: An Introduction. En *Specialization, Exchange, and Complex Societies*, ed. por E. Brumfiel y T. Earle, pp. 1-9. Cambridge.

Brush, S. B.
1976 Man's Use of an Andean Ecosystem. *Human Ecology* 4:147-166.

Buitrago, L. G. y M. T. Larran
1994 *El Clima de la Provincia de Jujuy*. U. N. de Jujuy.

Carr, C.
1995 Mortuary Practices: Their Social, Philosophical-Religious, Circumstantial, and Physical Determinants. *Journal of Archaeological Method and Theory* 2:105-200.

Casanova, E.
1933 Tres Ruinas Indígenas en la Quebrada de La Cueva. *Anales del Museo Nacional de Historia Natural "Bernardino Rivadavia"* XXXVII:255-320. Buenos Aires.
1934a Observaciones Preliminares sobre la Arqueología de Coctaca. *Actas del XXV Congreso Internacional de Americanistas*, Vol. II:25-38. Buenos Aires.
1934b Nota sobre el Pucará de Huichairas. *Actas del XXV Congreso Internacional de Americanistas*, Vol. II:39-44. Buenos Aires.
1936 La Quebrada de Humahuaca. *Historia de la Nación Argentina*, Volumen 1:207-249. Buenos Aires.
1937 Contribución al Estudio de la Arqueología de La Isla. *Runa* 1:65-70.
1942a El Yacimiento Arqueológico de Angosto Chico. *Relaciones* III:73-87.
1942b El Pucará de Hornillos. *Anales del Instituto de Etnografía Americana* III:149 y ss.

Casanova, E., H. Difrieri, N. Pelissero y J. Balbuena
1976 Un Corte Estratigráfico en el Pucará de Tilcara. *Revista del Museo de Historia Natural* 3(1/4):21-30. San Rafael.

Cigliano, E. M.
1967 Investigaciones Antropológicas en el Yacimiento de Juella (Dep. de Tilcara, Provincia de Jujuy). *Revista del Museo de La Plata* (NS), Sección Antropología, VI:123-249.

Clark, J. E. y M. Blake
1994 The Power of Prestige: Competitive Generosity and the Emergence of Rank Societies in Lowland Mesoamerica. En *Factional Competition and Political Development in the New World*, ed. por E. M. Brumfiel y J. W. Fox, pp. 15-30. Cambridge

Cremonte, M. B.
1991 Análisis de Muestras Cerámicas de la Quebrada de Humahuaca. *Avances en Arqueología* 1:7-42. Tilcara
1992 Algo Más sobre el Pucará de Tilcara: Análisis de una Muestra de Superficie. *Cuadernos* 3:35-52. U. N. de Jujuy.

Cremonte, M. B. y M. Garay de Fumagalli
1996 Estado Actual de las Investigaciones Arqueológicas en el Sector Meridional de la Quebrada de Humahuaca y su Borde Oriental. *Actas del I Congreso de Investigación Social*, pp. 379-393. S. M. de Tucumán.

D'Altroy, T. N. y T. K. Earle
1985 Staple Finance, Wealth Finance, and Storage in the Inka Political Economy. *Current Anthropology* 26:187-206.

Deambrosis, M. S. y M. De Lorenzi
1975 Definición de Nuevos Tipos Cerámicos (Análisis de Materiales Procedentes de Peña Colorada, Provincia de Jujuy). *Actas y Trabajos del Primer Congreso de Arqueología Argentina*, pp. 451-464. Buenos Aires.

De Feo, C. y A. Fernández
1998 Una Aproximación al Período Tardío en la Arqueología de Valle Grande (Jujuy). En *Pasado y Presente de un Mundo Postergado*, comp. por A. Teruel y O. Jerez, pp. 341-361. U. N. de Jujuy.

Debenedetti, S.
1910 *Exploración Arqueológica en los Cementerios Prehistóricos de la Isla de Tilcara (Quebrada de Humahuaca, Provincia de Jujuy*. Publicaciones de la Sección Antropológica N°6, UBA. Buenos Aires.
1912 Influencias de la Cultura de Tiahuanaco en la Región del Noroeste Argentino (Nota Preliminar). *Publicaciones de la Sección Antropológica* 11:5-27. UBA.
1918a La XIV^a Expedición Arqueológica de la Facultad de Filosofía y Letras. *Physis* IV:196-207. Buenos Aires.
1918b Las Ruinas Prehispánicas de El Alfarcito (Departamento de Tilcara, Provincia de Jujuy). *Boletín de la Academia Nacional de Ciencias de Córdoba* 23. Córdoba
1930 *Las Ruinas del Pucará, Tilcara, Quebrada de Humahuaca*. Archivos del Museo Etnográfico II. Buenos Aires.

Drennan, R.
1987 Regional Demography in Chiefdoms. En *Chiefdoms in the Americas*, ed. por R. Drenan y C. Uribe, pp. 307-324. University Press of America, Maryland.

Ensor, B. E.
2000 Social Formations, Modo de Vida, and Conflict in Archaeology. *American Antiquity* 65:15-42.

Fernández, J.
1973 Arqueología de la Caverna del Indio (Pisungo, Dto. Humahuaca, Jujuy). *Anales de Arqueología y Etnología* XXVII-XXVIII:19-37.
1997 Arqueología de la Cueva de El Portillo, Departamento Humahuaca, Provincia de Jujuy. *Avances en Arqueología* 3:41-69. Tilcara.
2000 Algunas Expresiones Estilísticas del Arte Rupestre de los Andes de Jujuy. En *Arte en las Rocas: Arte Rupestre, Menhires y Piedras de Colores en Argentina*, ed. por M. Podestá y M. de Hoyos, pp. 45-62. Buenos Aires.

Fernández Distel, A. A.
1969 *Petroglifos de Cerro Negro en la Quebrada de Humahuaca*. Publicación de la Dirección Provincial de Cultura, S. S. de Jujuy.
1974 Excavaciones Arqueológicas en las Cuevas de Huachichocana, Departamento de Tumbaya, Provincia de Jujuy, Argentina. *Relaciones* VIII (N.S.):101-126.
1976a Tiuiyaco, Un Asentamiento Agro-alfarero con Características Tempranas en el Norte de la Quebrada de Humahuaca, Jujuy. *Actas del IV Congreso Nacional de Arqueología Argentina*, Tomo III:55-73. San Rafael.
1976b Reciente Fechado Radiocarbónico para una Entidad Agro-alfarera Tardía en la Quebrada de Humahuaca, Jujuy. *Relaciones* (N.S.) 10:167-172.
1978 Un Nuevo Exponente del Arte Pictórico de la Región Humahuaca: Las Pictografías del Angosto de La Cueva, Provincia de Jujuy, Argentina. *Cuadernos Prehispánicos* 5:41-53. Valladolid.
1979 Un Nuevo "Campo de Túmulos" en el N.O.A.: Churque Aguada - Dpto. Humahuaca (Jujuy). *Entregas del I.T.* 5. Instituto "Tilcara," Tilcara.
1980 El Arte Rupestre del Area de Huachichocana. *Runa* 13.
1983a Mapa Arqueológico de Humahuaca. *Scripta Ethnologica,* Suplementa 4. CAEA.
1983b Continuación de las Investigaciones Arqueológicas en la Quebrada de La Cueva: Chayamayoc (Pcia. de Jujuy), República Argentina. *Scripta Ethnologica*, Suplementa 2:43-52. CAEA.
1984 Arqueología del Oriente del Departamento de Humahuaca: Alero Rocoso y Fortaleza de Cianzo (Provincia de Jujuy, Argentina). *Ampurias* 45-46:30-41.
1988 La Cueva con Pictografías de San Lucas, Dpto. Valle Grande, Jujuy (Argentina). Informe Preliminar. *Boletín SIARB* 2:53-60. La Paz.

Flanagan, J.
1989 Hierarchy in Simple "Egalitarian" Societies. *Annual Review of Anthropology* 18:245-266.

Garay de Fumagalli, M.
1995 Vinculaciones Transversales en el Período de Desarrollos Regionales entre los Valles Orientales y el Sector Centro Meridional de la Quebrada de Humahuaca. *Cuadernos* 5:63-73. U. N. de Jujuy.
1997 Diferenciación Cronológica y Formal de los Yacimientos de la Cuenca Superior del Río Corral de Piedra (Provincia de Jujuy). *Cuadernos* 9:71-85. U.N. de Jujuy.
1998 El Pucará de Volcán, Historia Ocupacional y Patrón de Instalación. En *Los Desarrollos Locales y Sus Territorios: Arqueología del Noa y Sur de Bolivia*, comp. por M.B. Cremonte, pp. 131-153. U. N. de Jujuy.

Garay de Fumagalli, M. y M. B. Cremonte
1997   Correlación Cronológica del Yacimiento de Volcán con Sitios de los Valles Orientales (Sector Meridional, Quebrada de Humahuaca). *Avances en Arqueología* 3:191-212. Tilcara.

García, L. C.
1991   Cerámicas de la Sierra del Aguilar, Puna de Jujuy. *Actas del XI Congreso Nacional de Arqueología Chilena.* Tomo II, pp. 79-88. Santiago.
1996   Hallazgo en el Antigal de Alto Sapagua, Depto. Humahuaca, Puna de Jujuy. *XXV Aniversario Museo Arqueológico Dr. Eduardo Casanova*, pp. 65-82. Tilcara.

Gatto, S.
1943   Ruinas del Pucará de Humahuaca. *Congreso de Historia Argentina del Norte y Centro*, Vol. I:130-142. Córdoba.
1946   Exploraciones Arqueológicas en el Pucará de Volcán. *Revista del Museo de La Plata*, N.S., Sección Antropología IV:5-91.

Gilman, A.
1981   The Development of Social Stratification in Bronze Age Europe. *Current Anthropology* 22:1-23.

González, A. R.
1979   Northwest Argentina Pre-Columbian Metalurgy Historical Development and Cultural Process. En *Pre-Columbian Metallurgy of South-America*, ed. por E. Benson, pp. 133-202. Dumbarton Oaks, Washington.
1980   Patrones de Asentamiento Incaico en una Provincia Marginal del Imperio: Implicancias Socio-culturales. *Relaciones* XIV(1):63-82.
1985   Cincuenta Años de Arqueología del Noroeste Argentino (1930-1980): Apuntes de un Casi Testigo y Algo de Protagonista. *American Antiquity* 50:505-517.

González, A. R. y H. A. Lagiglia
1973   Registro Nacional de Fechados Radiocarbónicos: Necesidad de su Creación. *Relaciones* 7(NS):291-312.

González, A. R. y J. A. Pérez
1966   El Area Andina Meridional. *Actas y Memorias del XXXVI Congreso Internacional de Americanistas*, Vol. 1, pp. 241-265. Sevilla.
1972   *Argentina Indígena, Vísperas de la Conquista.* Paidós, Buenos Aires.

Guamán Poma de Ayala, F.
1980 [1615] *Nueva Crónica y Buen Gobierno.* Siglo XXI, México.

Gudemos, M. L.
1998   *Antiguos Sonidos: El Material Arqueológico Musical del Museo Dr. Eduardo Casanova.* Instituto Interdisciplinario Tilcara, Tilcara.

Hayden, B.
1995   Pathways to Power: Principles for Creating Socioeconomic Inequalities. En *Foundations of Social Inequality*, ed. por D. Price y G. Feinman, pp. 15-86. Plenum, New York.

1998   Practical and Prestige Technologies: The Evolution of Material Systems. *Journal of Archaeological Method and Theory* 5:1-55.

Hernández Llosas, M. I.
1984   Las Calabazas Prehispánicas de la Puna Centro-Oriental (Jujuy, Argentina): Análisis de sus Representaciones. *Anales de Arqueología y Etnología* 38-40:77-159.
1991   Modelo Procesual acerca del Sistema Cultural Humahuaca Tardío y Sus Modificaciones ante el Impacto Invasor Europeo: Implicaciones sobre las Representaciones Rupestres. En *El Arte Rupestre en la Arqueología Contemporánea*, ed. por M. M. Podestá, M. I. Hernández Llosas y S. Renard, pp. 53-65. Buenos Aires.
2000   Quebradas Altas de Humahuaca a través del Tiempo: El Caso Pintoscayoc. *Estudios Sociales del NOA* 4 (2):167-224. Tilcara.

Hodder, I.
1982   *Symbols in Action.* Cambridge University Press, Cambridge.
1984   Burials, Houses, Women and Men in the European Neolithic. En *Ideology, Power, and Prehistory*, editado por D. Miller y C. Tilley, pp. 51-68. Cambridge.

Isbell, W. H.
1997   *Mummies and Mortuary Monuments: A Postprocessual Prehistory of Central Andean Social Organization.* University of Texas Press, Austin.

Keely, L.
1996   *War Before Civilization: The Myth of the Peaceful Savage.* Oxford.

Kolata, A. L. y C. R. Ortloff
1996   Agroecological Perspectives on the Decline of the Tiwanaku State. In *Tiwanaku and Its Hinterland, Vol.1: Agroecology*, ed. by A. L. Kolata, pp. 181-201. Smithsonian Institution Press, Washington.

Krapovickas, P.
1959   Un Taller de Lapidario en el Pucará de Tilcara. *Runa* IX(1-2):137-151.
1961   Algunos Materiales de Tilcara, Pertenecientes a la Colección Schuel del Museo de La Plata. *Revista del Instituto de Antropología* I:249-269. Rosario.
1968   Una Construcción Novedosa en la Quebrada de Humahuaca (Jujuy). *Etnía* 7:22-26. Olavarría.
1969   La Instalación Aborigen en Pucará de Yacoraite. *Etnía* 10:8-12. Olavarría.
1982   Hallazgos Incaicos en Tilcara y Tacoraite (Una Reinterpretación). *Relaciones* XIV (2) n.s.:67-80.
1988   Nuevos Fechados Radiocarbónicos para el Sector Oriental de la Puna y la Quebrada de Humahuaca. *Runa* 17-18:207-219.

Krapovickas, P.; A. S. Castro; M. Pérez Meroni y R. J. Crowder
1979   La Instalación Humana en Santa Ana de Abralaite, Sector Oriental de la Puna; Jujuy, Argentina. *Relaciones de la Sociedad Argentina de Antropología* XIII:27-48.

Kühn, F.
1923 Algunos Rasgos Morfológicos de la Región Omaguaca. *Anales de la Facultad de Ciencias de la Educación*, Universidad del Litoral, Paraná.

Lafón, C. R.
1954 Arqueología de la Quebrada de La Huerta (Quebrada de Humahuaca, Provincia de Jujuy). *Publicaciones del Instituto de Arqueología* I. U BA. Buenos Aires.
1956 El Horizonte Incaico en Humahuaca. *Anales del Instituto de Arqueología y Etnología* XII:63-74. Buenos Aires.
1957 Nuevos Descubrimientos en El Alfarcito. *Runa* VIII(2):43-59.
1959 Ensayo sobre Cronología e Integración de la Cultura Humahuaca. *Runa* IX:217-230.
1965 Tiempo y Cultura en la Provincia de Jujuy. *Etnía* 3:1-5. Olavarría.
1967 Un Estudio Sobre la Funebria Humahuaca. *Runa* X:195-255.
1969 Dos Notas de Arqueología Humahuaca. *Etnia* 9:15-20. Olavarría.

Latcham, R. E.
1938 *Arqueología de la Región Atacameña*. Prensas de la Universidad de Chile, Santiago.

Lavallée, D.; M. Julien; C. Karlin; L. García; D. Pozzi-Escot y M. Fontugne
1997 Entre Desierto y Quebrada-Tomayoc: Un Alero en la Puna. *Avances en Arqueología* 3:9-39.

LeBlanc, S. A.
1999 *Prehistoric Warfare in the American Southwest*. The University of Utah Press, Salt Lake City.

Little, B. J.; K. M. Lanphear y D. W. Owsley
1992 Mortuary Display and Status in a Nineteenth-Century Anglo-American Cemetery in Manassas, Virginia. *American Antiquity* 57:397-418.

Madero, C. M.
1992 Análisis Faunístico de Huachichocana III (Jujuy): Identificación Arqueológica de la Caza y el Pastoreo de Camélidos. *Palimpsesto* 2:107-122. Buenos Aires.
1994 Ganadería Incaica en el Noroeste Argentino: Análisis de la Arqueofauna de Dos Poblados Prehispánicos. *Relaciones de la Sociedad Argentina de Antropología* XIX:145-163.

Madrazo, G. B.
1965 Misión Arqueológica a Caspalá (Dpto. de Valle Grande, Pcia. de Jujuy). *Etnia* 1:23-27. Olavarría.
1966 Investigación Arqueológica en el Durazno (Dpto. de Tilcara, Provincia de Jujuy). *Etnia* 3:21-25. Olavarría.
1968 Alfarería pre-Humahuaca en Tilcara. *Etnía* 16-18. Olavarría.
1969a Los Sectores de Edificación en el 'Pucará' de Tilcara (Pcia. de Jujuy). *Etnia* 9:21-27. Olavarría.
1969b *Reapertura de la Investigación en Alfarcito (Pcia. de Jujuy, Rep. Argentina)*. Monografías Nro. 4, Museo Etnográfico Municipal "Damaso Arce", Olavarría.

Madrazo, G. B. y M. Otonello
1965 Arqueología del Noroeste Argentino: Algunas Interpretaciones Funcionales para el Período Tardío. *Etnía* 3:17-19. Olavarría.
1966 *Tipos de Instalación Prehispánica en la Región de la Puna y su Borde*. Monografías Nro. 1, Museo Etnográfico Municipal "Damaso Arce", Olavarría.

Maidana, O.; T. Chafatinos y A. Arias
1965 *Papachacra: Un Yacimiento Arqueológico en los Valles, Dpto.Tilcara, Pcia. de Jujuy*. Salta.

Mamaní, H.
1998 El Paisaje Arqueológico en el Sector Occidental de la Cuenca de Pozuelos (Jujuy, Argentina). En *Los Desarrollos Locales y Sus Territorios: Arqueología del NOA y Sur de Bolivia*, ed. por M. B. Cremonte, pp. 257-283. U. N. de Jujuy.

Marengo, C.
1954 El Antigal de Los Amarillos (Quebrada de Yacoraite, Provincia de Jujuy). *Publicaciones del Instituto de Arqueología* II. UBA. Buenos Aires.

Márquez Miranda, F.
1939 Cuatro Viajes de Estudio al Más Remoto Noroeste Argentino. *Revista del Museo de La Plata* (N.S.), Sección Antropología, Tomo I.
1945 Dos Investigaciones en el Pucará de Humahuaca (1933 y 1944). *Revista del Museo de La Plata* (NS): 123-141.
1952 En la Quebrada de Humahuaca, Argentina. *Proceedings of the XXX Congreso Internacional de Americanistas* Vol. I:101-109. Londres.

Martínez, J. L.
1995 *Autoridades en los Andes, los Atributos del Señor*. Pontificia Universidad Católica del Perú, Lima.

Maschner, H. y K. Reedy Maschner
1998 Raid, Retreat, Defend (Repeat): The Archaeology and Ethnohistory of Warfare on the North Pacific Rim. *Journal of Anthropological Archaeology* 17:19-51.

Mendonça, O., A. Bordach, M. Ruiz y B. Cremonte
1991 Nuevas Evidencias del Período Agroalfarero Temprano en Quebrada de Humahuaca: Los Hallazgos del Sitio Til 20 (Tilcara, Jujuy). *Comechingonia* 7:29-48. Córdoba.

Mendonça, O., A. Bordach y S. G. Valdano
1992 Reconstrucción del Comportamiento Biosocial en el Pukará de Tilcara (Jujuy): Una Propuesta Heurística. *Cuadernos* 3:144-154. U. N. de Jujuy.

Morris, C.
1978 The Archaeological Study of Andean Exchange. *Actas del 42⁰ Congreso Internacional de Americanistas*, Vol. 4:19-29. París.

Nielsen, A. E.
1988 Un Modelo de Sistema de Asentamiento Prehispánico en los Valles Orientales de Humahuaca (Pcia. de Jujuy, Rep. Argentina). *Comechingonia* 6:127-155.
1989 *La Ocupación Indígena del Territorio Humahuaca Oriental Durante los Períodos de Desarrollos Regionales e Inka.* Tesis Doctoral, U. N. de Córdoba.
1995a El Pensamiento Tipológico como Obstáculo para la Arqueología de los Procesos de Evolución en Sociedades sin Estado. *Comechingonia* 8:2146. Córdoba.
1995b Asentamiento y Proceso Sociocultural Prehispánico en la Quebrada de Humahuaca, Jujuy, Argentina. *Anales del Instituto de Arte Americano e Investigaciones Estéticas "Mario J. Buschaizzo"* 30:101-112. UBA. Buenos Aires.
1995c Architectural Performance and the Reproduction of Social Power. En *Expanding Archaeology*, ed. por J. M. Skibo, W. H. Walker y A. E. Nielsen, pp. 47-66. U. of Utah Press, Salt Lake City.
1996a Apuntes para el Estudio Arqueológico de la Evolución Social en la Quebrada de Humahuaca (Jujuy, Argentina). *Actas del I Congreso de Investigación Social*, pp. 435-442. U. N. de Tucumán.
1996b Demografía y Cambio Social en Quebrada de Humahuaca (Jujuy, Argentina) 700-1535 d.C. *Relaciones*. XXI:307-385.
1997a *Tiempo y Cultura Material en la Quebrada de Humahuaca 700-1650 d.C.*. Instituto Interdisciplinario Tilcara, Tilcara.
1997b Nuevas Evidencias sobre la Producción Agrícola Inka en el Sector Norte de la Quebrada de Humahuaca. *Estudios Sociales del NOA* 1(1):31-58. Tilcara.
1997c El Tráfico Caravanero Visto desde la Jara. *Estudios Atacameños* 14:339-371.
1998a Tendencias de Larga Duración en la Ocupación Humana del Altiplano de López (Potosí, Bolivia). En *Los Desarrollos Locales y Sus Territorios: Arqueología del NOA y Sur de Bolivia*, ed. por M. B. Cremonte, pp. 65-102. U. N. de Jujuy.
1998b Impacto y Organización del Dominio Inka en Humahuaca (Jujuy, Argentina). *Tawantinsuyu* 4. Canberra.
2000 *Andean Caravans: An Ethnoarchaeology*. Tesis Doctoral, U. of Arizona, Tucson.

Nielsen, A. E., J. C. Avalos y K. A. Menacho
1997 Lejos de la Ruta Sin un Pucará. *Cuadernos* 9:203-220. U. N. de Jujuy.

Nielsen, A. E. y M. C. Rivolta
1997 Asentamientos Residenciales de Ocupación Breve en la Quebrada de Humahuaca (Jujuy, Argentina). *Chungará* 29(1):19-33.

Nielsen, A. E., M. M. Vázquez, J. C. Avalos y C. I. Angiorama
1999 Prospecciones Arqueológicas en la Reserva "Eduardo Avaroa" (Sud López, Dpto. Potosí, Bolivia). *Relaciones*. XIV.

Nielsen, A. E. y W. H. Walker
1999 Conquista Ritual y Dominación Política en el Tawantinsuyu: El Caso de Los Amarillos (Jujuy, Argentina). En *Sed Non Satiata: Teoría Social en la Arqueología Latinoamericana Contemporánea*, ed. por A. Zarankin y F. A. Acuto, pp.153-169. Buenos Aires.

Núñez, L.
1987   El Tráfico de Metales en el Area Centro-Sur Andina: Factos y Expectativas. *Cuadernos del Instituto Nacional de Antropología* 12:73-107.
1996   Movilidad Caravánica en el Area Centro Sur Andina: Reflexiones y Expectativas. En *La Integración Surandina Cinco Siglos Después*, pp. 43-61. Centro Regional de Estudios Andinos "Bartolomé de Las Casas," Cuzco.

Núñez Regueiro, V.
1974   Conceptos Instrumentales y Marco Teórico en Relación al Análisis del Desarrollo Cultural del Noroeste Argentino. *Revista del Instituto de Antropología* V:169-190. Córdoba.

O'Brien, M. J. y R. L. Lyman
1999   *Seriation, Stratigraphy, and Index Fossils: The Backbone of Archaeological Dating*. Plenum, New York.

Olivera, D. E.
1997   La Importancia del Recurso *Camelidae* en la Puna de Atacama entre los 10.000 y 500 años A.P. *Estudios Atacameños* 14:29-41.

Olivera, D. E. y J. R. Palma
1986   Sistemas Adaptativos Prehispánicos Durante los Períodos Agro-alfareros de la Quebrada de Humahuaca, Jujuy, R.A. *Cuadernos*. 11:75-97.

Palma, J. R.
1991   Arquitectura Inka Provincial en Peñas Blancas, Quebrada de Humahuaca. *Comechingonia* 7:5-13. Córdoba.
1998   *Curacas y Señores: Una Visión de la Sociedad Política Prehispánica en la Quebrada de Humahuaca*. Instituto Interdisciplinario Tilcara, Tilcara.

Parker Pearson, M.
1982   Mortuary Practices, Society, and Ideology: An Ethnoarchaeological Study. En *Symbolic and Structural Archaeology*, ed. por I. Hodder, pp. 99-113. Cambridge

Pearson, G. W.; J. R. Pilcher; M. G. L. Baillie; D. M. Corbett y F. Qua
1986   High-Precision ^{14}C Measurement of Irish Oaks to Show the Natural ^{14}C Variation from AD 1840 to 5210 BC *Radiocarbon* 28:911-934.

Pelissero, N.
1969   *Arqueología de la Quebrada de Juella: Su Integración en la Cultura Humahuaca*. Dirección Provincial de Cultura, Jujuy.
1995   *El Sitio Arqueológico de Keta-Kara*. Centro Argentino de Etnología Americana, Buenos Aires.

Pérez, J. A.
1968   Subárea de Humahuaca. *Actas y Memorias del XXXVII Congreso Internacional de Americanistas*, Vol. II, pp. 273-293. Buenos Aires.
1973   Arqueología de las Culturas Agroalfareras de la Quebrada de Humahuaca (Provincia de Jujuy, República Argentina). *América Indígena* XXXIII:667-678.

1976   *Análisis Cerámico de las Investigaciones Arqueológicas en el Yacimiento Ciénaga Grande (Depto. Tumbaya, Pcia. de Jujuy)*. Tesis Doctoral, U. N. de Córdoba.

Price, D. y G. Feinman
1995   Foundations of Prehistoric Social Inequality. En *Foundations of Social Inequality*, editado por D. Price y G. Feinman, pp. 3-11. Plenum, New York.

Raffino, R. A.
1978   La Ocupación Inka en el Noroeste Argentino. *Relaciones*. XII:95-121.
1981   *Los Inkas del Kollasuyu*. Ramos Americana, Buenos Aires.
1988   *Poblaciones Indígenas en Argentina*. Buenos Aires, TEA.

Raffino, R. A. y R. J. Alvis
1993   Las Ciudades Inka en Argentina: Arqueología de La Huerta de Humahuaca. En *Inka: Arqueología, Historia y Urbanismo del Altiplano Andino*, ed. por R. A. Raffino, pp. 37-76. Corregidor, Buenos Aires.

Raffino, R. A., R. J. Alvis, D. E. Olivera y J. R. Palma
1986   La Instalación Inka en la Sección Andina Meridional de Bolivia y Extremo Boreal de Argentina. En *El Imperio Inka: Actualización y Perspectivas por Registros Arqueológicos y Etnohistóricos*, pp. 63-131. Ed. Comechingonia.

Raffino, R. A., V. García Montes y A. Manso
1993   La Funebria de La Huerta. En *Inka: Arqueología, Historia y Urbanismo del Altiplano Andino*, ed. por R. A. Raffino, pp. 77-92. Corregidor, Buenos Aires.

Raffino, R. A., A. E. Nielsen y R. J. Alvis
1991   El Dominio Inka en Dos Secciones del Kollasuyu: Aullagas y Vallegrande (Altiplano de Bolivia y Oriente de Humahuaca). En *El Imperio Inka: Actualización y Perspectivas por Registros Arqueológicos y Etnohistóricos*, Vol. 90 II, pp. 97-150. Ed. Comechingonia.

Renfrew, C.
1975   Trade as Action at a Distance: Questions of Integration and Communication. En *Ancient Civilization and Trade*, editado por J. Sabloff y C. C. Lamberg-Karlovsky, pp. 3-59. U. of New Mexico Press, Albuquerque.
1986   Introduction: Peer Polity Interaction and Socio-Political Change. En *Peer Polity Interaction and Socio-Political Change*, editado por C. Renfrew y J. Cherry, pp. 1-18. Cambridge.

Rivolta, M. C.
1996a Calle Lavalle y Sorpresa: Aportes a la Investigación Arqueológica de la Quebrada de Humahuaca. *XXV Aniversario Museo Arqueológico Dr. Eduardo Casanova*, pp. 129-135. Instituto Interdisciplinario Tilcara, Tilcara.
1996b Quebrada de Sarahuaico: Nuevas Perspectivas (Dpto. Tilcara, Provincia de Jujuy). *Actas y Memorias del XI Congreso Nacional de Arqueología Argentina (13a parte)*, pp. 253-263. San Rafael.

1997   Terrazas Domésticas: Un Caso de Estudio en la Quebrada de Humahuaca, Provincia de Jujuy. *Estudios Sociales del NOA* 1(1):59-79. Tilcara.
2000   *90 Años de Investigación en la Quebrada de Humahuaca: Un Estudio Reflexivo.* Instituto Interdisciplinario Tilcara, Tilcara.

Rivolta, M. C. y M. E. Albeck
1992   Los Asentamientos Tempranos en la Localidad de Tilcara: S.Juj.Til.22, Provincia de Jujuy. *Cuadernos* 3:86-93. U. N. de Jujuy.

Rivolta, M. C. y A. E. Nielsen
1996   La Falda: Un Cementerio Hispano-Indígena en Tilcara (Pcia. de Jujuy). *Palimpsesto* 5:173-182.

Roscoe, P.
2000   New Guinea Leadership as Ethnographic Analogy: A Critical Review. *Journal of Archaeological Method and Theory* 7:79-126.

Rostworowski, M.
1988   *Historia del Tawantinsuyu.* Instituto de Estudios Peruanos, Lima.

Rowe, J. H.
1944   *An Introduction to the Archaeology of Cuzco.* Papers of the Peabody Museum of American Archaeology and Ethnology, Vol. 27, Nro. 2. Cambridge.

Ruthsatz, B. y C. P. Movia
1975   *Relevamiento de las Estepas Andinas del Noreste de la Provincia de Jujuy.* Fundación para la Educación, la Ciencia y la Cultura, Buenos Aires.

Salas, A.
1945   *El Antigal de Ciénaga Grande (Quebrada de Purmamarca, Provincia de Jujuy).* U.B.A., Museo Etnográfico, Serie A. Buenos Aires.
1948   Un Nuevo Yacimiento Arqueológico en la Región Humahuaca. *Actas del XXVIII Congreso Internacional de Americanistas*, pp. 643-647. París.

Sánchez, S. y G. Sica
1991   Algunas Reflexiones acerca de los Tilcara. *Avances en Arqueología* 1:81-99. Tilcara.

Schuel, K.
1930   Ruinas de las Poblaciones de los Indígenas de la Provincia de Jujuy. *Quinta Reunión de la Sociedad de Patología Regional del Norte Argentino*, vol. 2, pp. 1430-1450. Buenos Aires.

Sica, G. y S. Sánchez
1992   Testimonio de una Sociedad en Transición: El Testamento de un Curaca deHumahuaca. *Cuadernos* 3:53-62. F.H. y C.S., U. N. de Jujuy.

Stuiver, M., P. J. Reimer, E. Bord, J. W. Beck, G. S. Burr, K. Hughen, B. Kromer, F. McCormac, J. Plicht y M. Spurk
1998 Calib 4.0. *Radiocarbon* 40:1041-1083.

Suetta, J.
1967 Construcciones Agrícolas Prehispánicas en Coctaca (Prov. de Jujuy). *Antiquitas* 4:1-9. Buenos Aires.
1969 Aportes a la Arqueología de Volcán (Provincia de Jujuy). *Antiquitas* 8:1-6. Buenos Aires.

Tarragó, M. N.
1976 Alfarería Típica de San Pedro de Atacama. *Estudios Atacameños* 4:37-73.
1977 Relaciones Prehispánicas entre San Pedro de Atacama (Norte de Chile) y RegionesAledañas: La Quebrada de Humahuaca. *Estudios Atacameños* 5:50-63.
1989 *Contribución al Conocimiento Arqueológico de las Poblaciones de los Oasis de San Pedro de Atacama en Relación con los Otros Pueblos Puneños, en Especial, el Sector Septentrional del Valle Calchaquí*. Tesis Doctoral, Universidad Nacional de Rosario.
1992 Areas de Actividad y Formación del Sitio de Tilcara. *Cuadernos* 3:64-74. U. N. de Jujuy.

Tarragó, M. N. y M. E. Albeck
1997 Fechados Radiocarbónicos para el Sector Medio de la Quebrada de Humahuaca. *Avances en Arqueología* 3:101-129. Tilcara.

Tarragó, M. N. y L. González
1998 La Producción Metalúrgica Prehispánica en el Asentamiento de Tilcara (Prov. Jujuy): Estudios Preliminares sobre Nuevas Evidencias. En *Los Desarrollos Locales y Sus Territorios: Arqueología del NOA y Sur de Bolivia*, editado por M. B. Cremonte, pp. 179-199. U. N. de Jujuy.

Thompson, L. G.
1995 Datos Climáticos y Medioambientales Deducidos de Testigos de Hielo de los Andes Tropicales (Perú) en el Holoceno Reciente. *Bulletin de L'Institut Francais d'Etudes Andines* 24:619-629.

Thompson, L. G., E. Moseley-Thompson, J. F. Bolzan, and B. R. Koci
1985 A 1500-year Record of Tropical Precipitation in Ice Cores from the Quelccaya Ice Cap, Peru. *Science* 229:971-973.

Torres, C. M.
1987 *The Iconography of South American Snuff Trays and Related Paraphernalia*. Etnologiska Studier 37, Goteborg.

Vargas Arenas, I.
1985 Modo de Vida: Categoría de las Mediaciones entre Formación Social y Cultural. *Boletín de Antropología Americana* 12:5-16. Méjico.

Vázquez, M. M.
2000 Artefactos de Hueso de la Quebrada de Humahuaca (ca. 700-1536 d.C.). Tesis de Licenciatura, UBA.

Ventura, B. N.
1985 Representaciones de Camélidos y Textiles en Sitios Tardíos de las Selvas Occidentales. *Relaciones.* XVI:191-202.
1994 Un Verde Horizonte de Sucesos. En *De Costa a Selva*, editado por M. E. Albeck, pp. 301-328. Tilcara, U.B.A.

Vignati, M. A.
1930 Los Cráneos Trofeo de las Sepulturas Indígenas de la Quebrada de Humahuaca (Provincia de Jujuy). *Archivos del Museo Etnográfico* 1. U. B. A.

Yacobaccio, H. D.
1979 Arte Rupestre y Tráfico de Caravanas en la Puna de Jujuy. *Jornadas de Arqueología del Noroeste Argentino*, pp. 392-407. U. del Salvador, Buenos Aires.
1996 Comentario a "Demografía y Cambio Social en Quebrada de Humahuaca (Jujuy, Argentina) 700-1535 d.C." *Relaciones.* XXI:355-358.

Yacobaccio, H. D. y C. Madero
1992 Zooarqueología de Huachichocana III (Jujuy, Argentina). *Arqueología* 2:149-188.

Yacobaccio, H. D., P. S. Escola, F. Pereyra, M. Glascock y M. Lazzari.
1999 Desde Dónde y Hacia Dónde: Localización de Fuentes y Distribución de Obsidianas en el NOA. *Libro de Resúmenes del XIII Congreso Nacional de Arqueología Argentina*, p. 262. Córdoba.

ESTRUCTURA DE LA POBLACION ANTIGUA DE LA QUEBRADA DE HUMAHUACA

José A. Cocilovo
Héctor H. Varela
Silvia G. Valdano

INTRODUCCION

La llamada subárea Quebrada de Humahuaca se encuentra ubicada en la precordillera Salto Jujeña integrando el sistema de drenaje fluvial atlántico. Su posición geográfica y las particularidades climáticas determinaron en todas las épocas un ambiente adecuado para el establecimiento humano. La obra de Dillenius (1913) en la cual se describen materiales de La Isla y el Pucará de Tilcara, constituye el primer trabajo referido al área de estudio. En ésta, se vincula aquella localidad con grupos que habitaban al norte de la subárea y ésta con los Valles Calchaquíes. Desde esta fecha hasta 1980, se publicaron solamente algunos informes sobre restos óseos hallados en excavaciones (Constanzó 1945; Chávez de Azcona 1967; Pastore 1974 y 1980; Madrazo 1966 y 1968, entre otros). A partir de 1980 se logra una visión global de la dinámica del poblamiento del Noroeste Argentino mediante el establecimiento de las principales relaciones y afinidades biológicas entre distintas localidades del Area Andina Centro Meridional (Cocilovo 1981; Cocilovo y Di Rienzo, 1984-85; Rothhammer et al. 1984).

La estructura de la población antigua es el resultado de la interacción de factores ambientales, biológicos y culturales razón por la cual la explicación requiere la participación de varias fuentes de información y en particular las de aquellas generadas principalmente por la arqueología, la etnohistoria y la antropología biológica. Existen detalladas descripciones geográficas y arqueológicas que fueron realizadas por numerosos autores cuyas citas y principales referencias se dan en un trabajo anterior (Cocilovo et al. epa), pero la síntesis del desarrollo cultural que presentamos a continuación como un marco de referencia y fuente de hipótesis sobre el poblamiento fue obtenida de los trabajos de Olivera y Palma (1986) y Palma (1989 y 1993). En este sentido, nos fue particularmente útil el análisis de los tipos de asentamientos realizado por Nielsen (1989).

Los primeros pobladores de la Quebrada de Humahuaca habrían arribado cerca del 13000 AC dando comienzo a la etapa Preagroalfarera para la cual se citan los paraderos taller en Maimará, Chorrillos, Overa y Zapagua. Hacia el final de la misma se observa un patrón de transhumancia con evidencias de actividad pastoril basada en camélidos, caza, recolección y prácticas de horticultura inicial. Se comprueba además, la existencia de relaciones con la Puna, las quebradas altas (suni), y regiones subtropicales orientales.

La etapa Agroalfarera se desarrolla a partir del 500 AC para la cual se propone un modelo con tres momentos: Ocupaciones Tempranas, Ocupaciones Medias y Ocupaciones Tardías. Las Ocupaciones Tempranas (hasta 500 DC) se ubican en los sectores centrales en ambientes de transición hacia las quebradas subsidiarias de la de Humahuaca con cabeceras en la Puna, cerca de las vegas de altura aptas para la práctica de pastoreo (sector suni). Existe un alto grado de sedentarismo con una economía mixta agrícola ganadera. Se citan, por ejemplo, Pueblo Viejo de la Cueva, Antumpa con un fechado de 590 DC, Tiuiyaco y Estancia Grande.

En las Ocupaciones Medias (700 - 1000 DC), sin abandonar las quebradas laterales la población temprana avanza hacia el sector central (q'eschwa). Las aldeas ubicadas en las partes altas de faldeos montañosos y también en sectores pedemontanos están formadas por agrupaciones de recintos simples o compuestos de planta cuadrangular. La cerámica polícroma presenta rasgos de inspiración tihuanacoide, observándose estilos definidos con influencias de tipo altiplánico. Se produce la regionalización de las culturas y se instala en forma efectiva un control directo de diversos ambientes. Las localidades típicas son: Quetacara, Angosto Chico, Juella, La Isla, El Alfarcito, Pucará Morado, Pucará de la Cueva, Volcán y Perchel.

En las Ocupaciones Tardías.(1000-1470 DC) e Incaicas (1470-1536 DC), se produce un aumento significativo en el número de asentamientos indicando un incremento substancial de la población. Los poblados se distribuyen en la parte central de la quebrada, las quebradas laterales, la vertiente oriental y en sectores de las sierras subtropicales, constituyendo aldeas y concentraciones semiurbanas en elevaciones naturales de difícil acceso, con divisiones en sectores, espacios abiertos y vías de circulación interna, alejados de los sitios dedicados a la agricultura. Se plantean relaciones estrechas con la Puna (por la presencia de alucinógenos, cerámica Yavi, e inhumaciones en hoquedades de faldeos), con los valles meridionales (cerámica Santa María y Famabalasto), y con los bosques subtropicales (entierros de párvulos en urnas y excepcionalmente de adultos, con elementos arquitectónicos Iruya). El sector norte tiene mayores contactos con la Puna y el sector sur con los valles Calchaquíes. Se destacan varias localidades: Hornaditas, Coctaca, Yacoraite, La Huerta, Tilcara, Hornillos, Peñas Blancas, Calete, Huichairas, Maimará, Rodero, El Pobladito y Papachacra.

El estudio del patrón de asentamiento tardío indica una jerarquización en sitios de primer y de segundo orden. Un primer subsistema está integrado con Rodero, Coctaca (mayor centro productivo) y Peñas Blancas (sitio de segundo orden), otro con Yacoraite (primer orden) y Los Amarillos que controlan la circulación hacia el norte, y un tercer grupo con La Huerta (primer orden) y Campo Morado que son claves para el contacto con tierras bajas.

Desde el punto de vista etnohistórico la Quebrada de Humahuaca era un hábitat compartido por diferentes grupos de gran afinidad cultural. Estaba dividida territorialmente en dos sectores: Omaguacas, desde el Angosto de Perchel hasta Iturbe, con centro de residencia en Los Amarillos y Yacoraite; y Tilcaras desde la quebrada de Yucara hasta el río de Omaguaca. Aunque no se descarta la presencia de otras entidades menores, se plantea la existencia de jefaturas con autonomía política y alianzas confederativas (Sánchez y Sica 1991; Sica y Sánchez 1992).

En la composición de la población deben haber intervenido grupos provenientes principalmente de la Puna, Bolivia, Selvas Occidentales y de la subárea Valliserrana, y es posible que la propia dinámica histórica condujera a la configuración de una estructura compleja, cambiante en el tiempo y en el espacio de acuerdo con las particulares relaciones sociopolíticas predominantes establecidas en cada momento y en cada localidad. Sin embargo, la información bioantropológica actualmente disponible corresponde a 11 localidades (Fig. 1) que cubren un espacio restringido y poseen un registro temporal que no llega a 40 generaciones, razón por la cual desde el punto de vista genético poblacional no se esperaría al final de la historia una población fuertemente estructurada por el tamaño de cada unidad y por el flujo migratorio experimentado dentro de la Quebrada y entre ésta y otras subáreas vecinas. Si no fuese así, cabría pensar entonces en la existencia de ciertas restricciones al libre apareamiento y la presencia de asentamientos de subunidades poblacionales provenientes de regiones distantes que no alcanzaron la definitiva integración con la población local.

En 1991 fue realizado un estudio preliminar de la estructura de la población de la Quebrada de Humahuaca basado en la utilización de una muestra de 270 individuos descripta por nueve variables craneométricas, a partir del cual se comprobó una variabilidad morfológica considerable para el limitado espacio geográfico abarcado. En efecto, además de las diferencias estadísticas producidas por algunos grupos, un análisis de agrupamientos reveló la configuración hipotética de dos grandes conglomerados, uno de ellos integrado por las muestras de los períodos Temprano, Medio y Tardío y otro con restos asignables a los períodos Tardío e Incaico (Bordach y Cocilovo 1991). En 1993, los excepcionales materiales del Pukará de Tilcara permitieron la reconstrucción de algunos aspectos del estilo de vida y de las principales actividades desarrolladas por el grupo que habitó en esta localidad a partir de la observación de rasgos morfofuncionales asociados con patologías nutricionales, funcionales, infecciosas y traumáticas (Mendonça et al. 1993). En el sitio Til 20 (Tilcara) se exhumaron importantes restos culturales y osteológicos del Formativo Inferior, pertenecientes la mayoría de ellos a individuos adultos, de ambos sexos, con deformación artificial tabular erecta e inhumados en posición genuflexa. La información sobre las características biológicas de este grupo se encuentra actualmente en proceso (Mendonça et al. 1991b).

A pesar de los nuevos conocimientos adquiridos quedan una serie de problemas sin resolver. Por un lado la falta de estudio de los materiales arqueológicos asociados con cada serie genera incertidumbre sobre cualquier propuesta de poblamiento y la carencia de datos sobre las condiciones de vida de la población (salud y nutrición) impide hacer inferencias sobre el impacto ambiental. Por otro lado, en algunos casos las muestras disponibles son tan exiguas que no puede ser evaluada la variación producida por el dimorfismo sexual, la edad y la deformación artificial como para garantizar estimaciones ecuánimes de los valores medios por localidad. Por último, una evaluación definitiva de la posible estructuración de la población requiere el aporte de una mayor cantidad de información que la contenida en sólo nueve variables métricas.

Por las razones antes mencionadas se llevaron a cabo una serie de trabajos con la finalidad de recuperar una mayor cantidad de información y encarar el estudio de la propiedades de la población antigua y sus relaciones con otras áreas del

N.O. Argentino y Norte de Chile (Cocilovo et al. epa y epb; Varela et al. ep). En esta oportunidad son presentados en forma resumida los principales resultados de dichos trabajos con el objeto de ampliar la difusión de los mismos y generar una discusión que permita el desarrollo de futuras líneas de investigación.

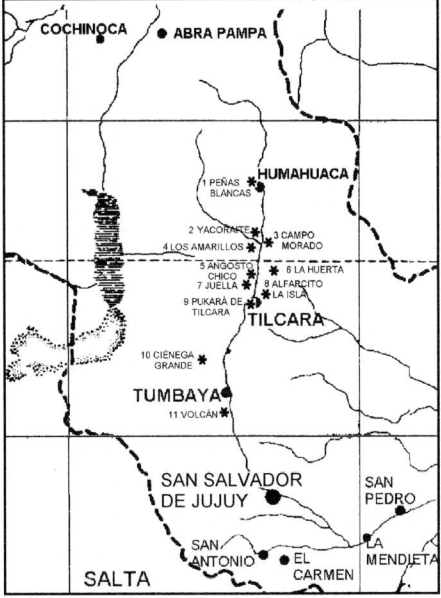

Figura 1: Quebrada de Humahuaca. Distribución de las localidades con muestras.

Las localidades estudiadas (Figura 1) se distribuyen en una franja de no más de 10 km a ambos lados de la quebrada principal por 90 km de largo aproximadamente y 861 m de diferencia de altitud (entre El Volcán y Humahuaca). Los materiales disponibles fueron excavados por distintos investigadores desde principios de siglo (Debenedetti 1910, 1918a y b; Gatto 1943; Marengo 1954; Casanova 1942 a y b, etc.) y se encuentran asociados con restos culturales de los períodos Temprano, Medio y Tardío, Inca e Hispánico, lo cual implica un intervalo de 1000 años aproximadamente, durante el cual suponemos que predominó un proceso de formación de cementerios en condiciones ambientales relativamente uniformes y semejantes a las actuales.

LA DISTRIBUCION INDIVIDUAL DE VARIABLES METRICAS

En una primera etapa, de naturaleza exploratoria, se emplearon técnicas de análisis estadístico univariado para evaluar la distribución de un conjunto de mediciones entre localidades. El Alfarcito y La Isla fueron tomadas como una unidad en base a consideraciones derivadas de experiencias anteriores (cfr. Bordach y Cocilovo 1991). Se utilizó la prueba Chi^2 en asociación con tablas de doble entrada para el análisis de atributos como el sexo y las clases de edad. Las dócimas de diferencia entre promedios para variables métricas fueron realizadas por la técnica del análisis de la varianza de una vía (Rao 1952) controlando los supuestos de normalidad y homogeneidad de varianzas (Shapiro y Wilk 1965; David et al 1954; Rao 1952; Bliss 1967). Los resultados de estos estudios están basa-

	DEFORMACION					SEXO			EDAD				
	TE	TO	CE	CO	ND	M	F	I	I	J	A	M	S
Peñas Blancas	8	14			2	10	12	2	2	2	9	10	1
Yacoraite	7	24	4			20	12	3	4	1	14	14	2
Campo Morado	17	19	1		3	27	13		4	1	18	13	4
Los Amarillos	12	50		4	2	32	36		1	2	46	18	1
Angosto Chico	7	8			1	9	7		1		9	5	1
La Huerta	26	21			6	28	24	1	4	2	30	16	1
Juella	3	7			1	4	5	2		3	3	4	1
La Isla	11	2	1	1		6	6	3	3	2	1	7	2
El Alfarcito	8		1			6	3				3	5	1
Pukará de Tilcara	40	53				56	37				37	53	3
Ciénega Grande	10	29	3		1	24	19			1	32	8	2
Volcán	3	6				4	5				2	6	1
Total	152	233	10	5	16	226	179	11	18	15	204	159	20

TE: tabulares erectos; TO: tab. oblicuos; CE: circular erectos; CO: circ. oblicuos; ND: no deformados; M: masculinos; F: femeninos; I: indeterminados; I: infantiles; J: juveniles; A: adultos; M: maduros; S: seniles.

Tabla 1: Quebrada de Humahuaca, descripción de la muestra estudiada (Cocilovo et al., epa)

dos en medio centenar de mediciones correspondiente a 416 individuos (Tabla 1).

Algunos sitios están pobremente representados como El Alfarcito, El Volcán y Juella, y son escasos los individuos sin deformación artificial (3,8%). Se comprueba además, que predominan los tabulares oblicuos y son poco frecuentes los circulares. La mayor proporción de la muestra se encuentra representada por individuos adultos y maduros. Los individuos de sexo indeterminado incluyen en su mayoría niños.

Aunque la muestra total (Tabla 1) se encuentra constituida por un mayor número de observaciones masculinas que femeninas porque en algunas localidades existen más hombres que mujeres, se comprobó que dichas diferencias no eran significativas (ver Tabla 4, Cocilovo et al. epa). No sucede lo mismo con la distribución de los tipos deformatorios. En Ciénega Grande, El Volcán, Juella, Los Amarillos, Peñas Blancas y Yacoraite los tabulares oblicuos superan en un 50% a los tabulares erectos, ambos tipos se encuentran aproximadamente en frecuencias similares en Angosto Chico, Campo Morado, La Huerta y el Pukará de Tilcara, y en El Alfarcito y La Isla son mayoría los tabulares erectos. En Campo Morado, Ciénega Grande, El Alfarcito, La Isla, Los Amarillos y Yacoraite se registraron los únicos casos de tipos circulares erectos y oblicuos; excepto en La Isla y en El Alfarcito, la presencia de estos tipos coincide con una mayor frecuencia de tabulares oblicuos. Estos últimos predominan ampliamente en las colecciones de Puna (Mendonça et al. 1994), los tabulares erectos representan una gran mayoría de casos en las series de Valles Calchaquíes y los circulares son ejemplos conspicuos en muestras arcaicas del Norte de Chile (Valle de Azapa y Pisagua), aunque su distribución alcanza hasta épocas tardías. Este tipo de deformación entre otros se observa también en el sitio Tiahuanaco (Posnansky 1914; Hjortsjo y Lindh 1938-39) (Cocilovo et al. epa).

El análisis de la variación métrica entre localidades permitió comprobar que existe un conjunto considerable de mediciones que presentan valores medios diferentes (ver Tabla 6, Cocilovo et al. epa), mientras que otras permanecen invariantes. Entre las primeras citamos la longitud máxima, la altura basilo bregmática y el diámetro frontal mínimo, las anchuras bimastoidea mínima, bicigomática, biauricular, y la de la nariz, la distancia interorbitaria anterior, las dimensiones de las órbitas, la longitud del paladar, la anchura fronto malar, la anchura bimaxilar máxima, la anchura biastérica, la anchura maxilo alveolar, y las curvas transversal, nasion bregma y bregma lambda. Los principales modelos de variación se exponen en la Figuras 2 y 3. El grupo de Juella se caracteriza por poseer los menores promedios en la anchura y altura del cráneo, anchura y longitud del hueso frontal, curva transversal, anchura biastérica, bicigomática y altura orbitaria, mientras que Volcán presenta valores medios que superan al de otras localidades en las anchuras máxima tanto del cráneo, como del hueso frontal, bimastoidea y bimaxilar, maxilo alveolar y palatina (Cocilovo et al. epa).

Del análisis estadístico realizado resultó la selección de un conjunto de 23 mediciones útiles por presentar distribuciones aproximadamente normales y varianzas homogéneas entre localidades. Además se logró un conocimiento actualizado no sólo de las distribuciones de los factores sexo, edad y deformación, si no también del comportamiento de los valores medios por localidad, los cuales poseen en algunos casos distribuciones no aleatorias (ver figuras 2 y 3). Esta información fue de suma utilidad para el desarrollo de las etapas siguientes.

LA VARIACION METRICA MULTIVARIADA

Esta experiencia requirió la ejecución de los siguientes pasos: a) Eliminación de los efectos sexo y edad, b) Evaluación

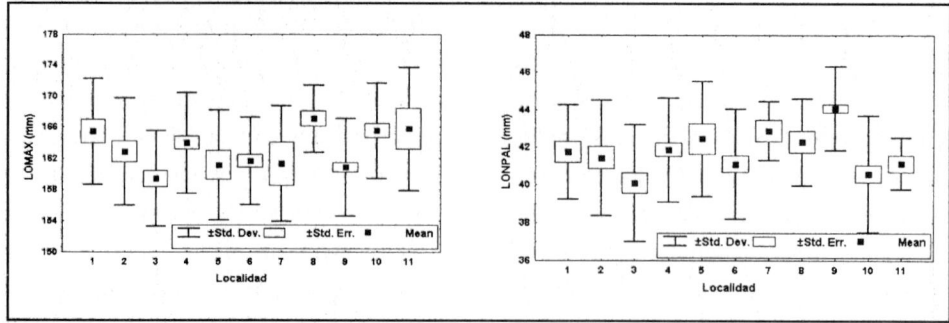

Figura 2: Quebrada de Humahuaca. Distribución de la longitud máxima del cráneo y de la longitud del paladar por localidad. 1:Peñas Blancas, 2:Yacoraite, 3:Campo Morado, 4:Los Amarillos, 5:Angosto Chico, 6:La Huerta, 7:Juella, 8:El Alfarcito-La Isla, 9:Pukara de Tilcara, 10:Ciénega Grande, 11:Volcán (Cocilovo et al., epb).

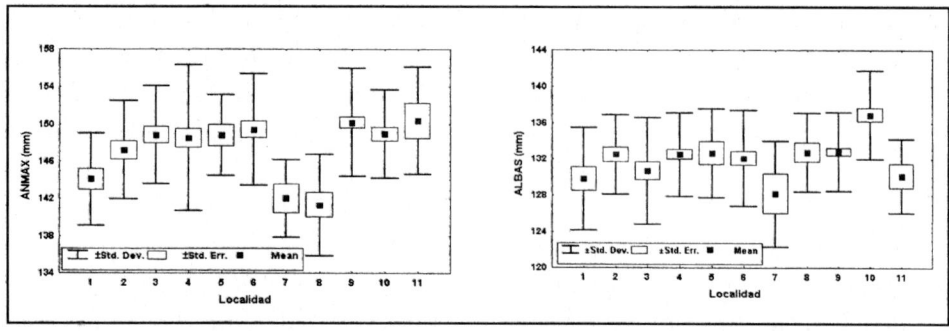

Figura 3: Quebrada de Humahuaca. Distribución de la anchura máxima del cráneo y de la altura basilo bregmática por localidad. 1:Peñas Blancas, 2:Yacoraite, 3:Campo Morado, 4:Los Amarillos, 5:Angosto Chico, 6:La Huerta, 7:Juella, 8:El Alfarcito-La Isla, 9:Pukara de Tilcara, 10:Ciénega Grande, 11:El Volcán (Cocilovo et al., epb).

del factor deformación en los resultados y c) Análisis de la estructura multivariada de la población a partir de la estructura canónica de la muestra, incluyendo además un proceso de selección de variables por su mayor poder discriminante. Se emplearon técnicas de análisis de la varianza múltiple, análisis discriminante canónico y de análisis de agrupamientos (Rao 1952; Seber 1984; Späth 1980; Sokal y Rohlf 1979; Sokal y Sneath 1963; Sneath y Sokal 1973; Cooley y Lohones 1962). Los datos originalmente relevados correspondían a 416 cráneos, pero en esta experiencia no se consideraron los individuos de sexo indeterminado y tampoco los infantiles, juveniles y deformados circulares, quedando la muestra final (Tabla 2) constituida por 356 observaciones (Cocilovo et al. epb).

Localidad	Sexo		Deformación		Edad			Total
	Masc.	Fem.	T. Erecta	T. Oblicua	Adulto	Maduro	Senil	
1: Peñas Blancas	9	10	8	11	9	9	1	19
2: Yacoraite	16	10	6	20	11	13	2	26
3: Campo Morado	23	9	15	17	18	12	2	32
4: Los Amarillos	29	30	11	48	46	12	1	59
5: Angosto Chico	8	6	6	8	9	4	1	14
6: La Huerta	22	20	23	19	27	14	1	42
7: Juella	3	4	2	5	3	3	1	7
8: El Alfarcito-La Isla	11	5	16	-	2	11	3	16
9: Pukará de Tilcara	56	37	40	53	37	53	3	93
10: Ciénaga Grande	23	16	10	29	31	8	-	39
11: El Volcán	4	5	3	6	2	6	1	9
Total	204	152	140	216	195	145	16	356

Tabla 2: Quebrada de Humahuaca. Descripción de la muestra estimada (tomado de Cocilovo et al., epb).

Las seis primeras variables discriminantes canónicas representan el 93% de la variación total, y para cada una de ellas se rechaza la hipótesis nula de igualdad entre los grupos a un nivel de probabilidad menor que 0.01. El valor lambda de Wilks generalizado indica la existencia de diferencias estadísticamente significativas entre todos los vectores medios de las distintas localidades (ver Tabla 3, Cocilovo et al. epb).

Variables Resultantes del Análisis de Selección	
Altura Porio-Bregmática	Diám Interorbitario Ant.
Anchura Máxima	Diámetro Frontal Máx.
Longitud Máxima	Anchura Bimastoidea
Anchura Maxilo Alveolar	Anchura Nariz
Altura Basilo-Bregmática	Altura órbita
Diám. Frontal Mínimo	Diám. Nasion-Sphenobasion
Anchura Biorbitaria	Anchura Bicigomática
Anchura Fronto-Malar	Anchura Biauricular

Tabla 3: Quebrada de Humahuaca. Variables seleccionadas según su poder discriminante (tomado de Cocilovo et al., epb).

La influencia de la deformación artificial en los resultados fue probada analizando su correlación con cada uno de los componentes discriminantes canónicos, comprobándose una escasa correlación parcial en la segunda y en la quinta variable discriminante (r = 0.125; p= 0.019; r = 0.128; p = 0.016 respectivamente). Puesto que ambas representan el 22.4% y 4.9% respectivamente de la varianza total entre localidades, y el efecto de la deformación artificial sólo explica el 1.6% (R^2) de esta variación, podemos aceptar que la práctica cultural constituye un factor menor en la determinación de la variabilidad biológica total existente en la subárea (Cocilovo et al. epb). Este resultado comprueba la acertada elección de las variables, lo cual junto con la eliminación previa al análisis de otras fuentes de variación como la edad y el dimorfismo sexual, garantiza la objetividad en la evaluación de las diferencias entre localidades.

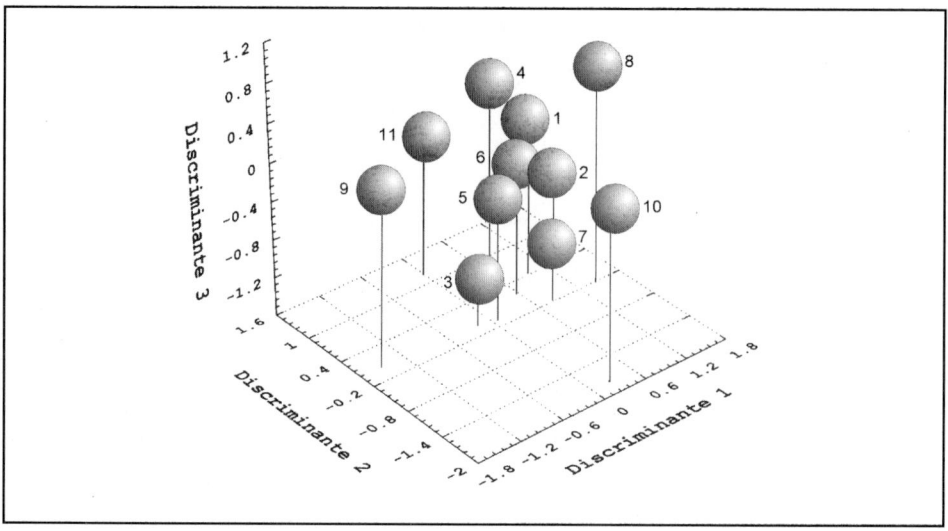

Figura 4: Quebrada de Humahuaca. Distribución de las localidades por los centroides de las tres primeras variables discriminantes. 1: Peñas Blancas, 2: Yacoraite, 3: Campo Morado, 4: Los Amarillos, 5: Angosto Chico, 6: La Huerta, 7: Juella, 8: El Alfarcito-La Isla, 9: Pukará de Tilcara, 10: Ciénega Grande y 11: Volcán (tomado de Cocilovo et al., epb)

En la Figura 4 se representa la distribución de los grupos por sus centroides según las tres primeras variables canónicas que explican el 74% de la variación total. El primer componente permite diferenciar el Pukará de Tilcara (9) y el segundo a Ciénaga Grande (10) y Volcán (11). El tercero discrimina El Alfarcito-La Isla (8) que se ubican en el campo de los valores positivos y a Juella (7) y Campo Morado (3) en el de los valores negativos. Además, se comprueba la configuración de un conglomerado central formado por Peñas Blancas (1), La Huerta (6), Angosto Chico (5), Los Amarillos (4) y Yacoraite (2), Juella (7) y Campo Morado (3).

La evaluación de los valores D^2 de Mahalanobis entre pares de muestras indicó una heterogeneidad biológica mayor a la esperada en una región de aproximadamente 90 km de longitud. Las mayores distancias se encuentran entre el Pukará de Tilcara (9) y Juella (7), entre aquella localidad y El Alfarcito-Isla (8), entre Juella (7) y Ciénega Grande (10) y entre esta última y El Volcán (11), mientras que La Huerta (6) presenta las más pequeñas con respecto a Los Amarillos (4) y a Yacoraite (2). Un análisis de agrupamientos realizado con estos valores permite proponer un conglomerado formado por las series de Peñas Blancas, Yacoraite, Campo Morado, Los Amarillos,

Angosto Chico y La Huerta de la siguiente manera (((5,3), ((6,4)2))1). Además existen dos conjuntos formados por el Pukará de Tilcara y Ciénega Grande (10,9) y Juella con El Volcán (11,7). El primero parece corresponder al sector norte de la subárea y los dos restantes al sur de la misma (Cocilovo et al. epb).

Los Amarillos (4), Campo Morado (3), Pukará de Tilcara (9), El Alfarcito-La Isla (8), El Volcán (11), Ciénega Grande (10) y Juella (7) son los que más se diferencian estadísticamente del resto. Ciénega Grande y Juella pueden ser claves para explicar las relaciones con La Puna, junto con Los Amarillos (4) y Yacoraite (2). Los cuatro últimos sitios y Peñas Blancas (1) presentan una mayor proporción de individuos deformados tabulares oblicuos. El Alfarcito-La Isla (8) puede constituir la muestra más temprana del sistema en la cual la deformación tabular erecta es predominante. Los materiales excavados en el sitio Til-20 por Mendonça et al. (1991b) muestran el uso exclusivo de este último tipo de deformación en un momento mucho más temprano.

Sin dudas, los grupos ancestrales más probables deben haber sido los habitantes de Pueblo Viejo de la Cueva, Antumpa, Tiuiyaco y Estancia Grande, los cuales junto con El Alfarcito-La Isla presiden el poblamiento del período de ocupación media estrechamente relacionado con Angosto Chico, Juella y Volcán. Sin embargo el distanciamiento de estas dos últimas localidades refleja la existencia de factores estructurantes actuando sobre la población local posiblemente desde épocas anteriores. Dichos grupos se proyectan en tiempos tardíos integrando por un lado Peñas Blancas, Los Amarillos, Yacoraite, La Huerta y por el otro parte del Pukará de Tilcara que se diferencia en forma marcada quizá por el aporte externo igual que Ciénega Grande y Volcán, los cuales registran el momento incaico y el contacto hispano indígena. En estas etapas se debieron producir una serie de eventos biosociales importantes que influyeron en la distribución de la variabilidad genética. A partir de los resultados expuestos y puesto que la magnitud de la diferenciación comprobada no puede ser explicada en el escaso lapso temporal y en el restringido espacio en el que fueron obtenidas las muestras, podemos concluir que la variación biológica existente fue el resultado de un proceso microevolutivo que determinó una fuerte estructuración de la población local con el aporte migratorio de otros grupos humanos diferenciados en regiones limítrofes. Los resultados obtenidos no son incompatibles con la reconstrucción etnohistórica (cfr. Sánchez y Sica 1991; Sica y Sánchez 1992).

La estructura de la población antigua de la Quebrada de Humahuaca obtenida aquí coincide en líneas generales con el modelo que cabría esperar en base a los sistemas de asentamientos durante los períodos de Desarrollos Regionales e Inka estudiados por Nielsen (1989). En efecto, Los Amarillos, ubicado al oeste de la Quebrada en la Quebrada de Yacoraite, es un centro polinuclear complejo, con una población estimada de más de 2000 personas, ubicado en la q'shwa, asociado con otras sitios llamados mononucleares complejos (400 a 1000 habitantes) como Yacoraite, Campo Morado y La Huerta y un conjunto de asentamientos simples, todos integrando una Máxima Unidad de Subsistencia (Figura 4). Los Amarillos constituyó un importante punto de intercambio de productos hacia la Puna por la Quebrada de Yacoraite y hacia los valles del este por Calete y La Huerta. El análisis de conglomerados marca eficazmente esta relación (Cocilovo et al. epb), incluyendo además en ese sistema a Angosto Chico, Campo Morado y Peñas Blancas. Además, recordamos que en Los Amarillos, Yacoraite, Peñas Blancas, Juella, Ciénega Grande y Volcán, los tabulares oblicuos predominan frente a los tabulares erectos, y que en los dos primeros sitios junto con Campo Morado y Ciénega Grande se registraron los únicos casos de tipos circulares coincidiendo con una mayor frecuencia de tabulares oblicuos.

El Pukará de Tilcara también fue otro asentamiento polinuclear complejo ubicado al sur de la Quebrada, representando un verdadero enclave de comunicación e intercambio de productos con la Puna por la Quebrada de Huichairas y con los Valles Orientales por El Alfarcito y Valle El Durazno. Ciénega Grande es una localidad de la franja inferior (2000 a 2500 msnm) que constituyó un punto clave de conexión con la Puna, mientras que Volcán ubicado en las misma franja también lo fue pero con relación a la yunga y los Valles Orientales (Nielsen 1989). La desviación de estos grupos puesta de manifiesto por el análisis refleja su integración con componentes de orígenes distintos a los del sistema anterior presidido por Los Amarillos.

LAS RELACIONES DE LA QUEBRADA DE HUMAHUACA CON OTRAS REGIONES

En la Tabla 4 se presentan las colecciones empleadas en esta experiencia. Las muestras del Norte de Chile provienen de Arica, Pisagua, Calama y San Pedro de Atacama, y las del N.O. Argentino de Puna, Quebrada de Humahuaca y Valles Calchaquíes. Se emplearon 12 variables métricas (Tabla 5) elegidas de acuerdo con

Muestra	Obs.	Período	Referencias
Puna (Cuenca Miraflores-Guayatayoc-Salinas Grandes)	72	Agroalfarero Tardío	Mendonça et al., 1991a, 1994
Valles Calchaquíes	96	Agroalfarero Tardío	Cocilovo y Baffi, 1985; Baffi y Cocilovo, 1989-90; Baffi, 1992.
Quebrada de Humahuaca	59	Agroalfarero Tardío	Bordach y Cocilovo, 1991; Cocilovo et al., epa.
San Pedro de Atacama	118	Agroalfarero Temprano, Medio y Tardío	Cocilovo et al., 1984; Varela, (1997)
Calama o Chunchurí	81	Agroalfarero Tardío	Cocilovo, 1995
Morro de Arica	66	Arcaico Tardío	Cocilovo et al., 1982
Pisagua	64	Agroalfarero Temprano, Medio y Tardío	Cocilovo, 1995
Total	556		

Tabla 4: Quebrada de Humahuaca, Relaciones biológicas, periodo cultural, número de individuos y referencias bibliográficas de cada muestra (Varela et al., ep).

Diámetro frontal mínimo	Anchura biorbitaria
Anchura bicigomática	Anchura de la órbita
Altura nasio alveolar	Altura de la órbita
Altura de la nariz	Longitud del foramen magnum
Anchura de la nariz	Anchura fronto malar
Diámetro interorbitario anterior	Anchura biomaxilar máxima

Tabla 5: Variables métricas empleadas en la presente experiencia.

los criterios que se explican en Varela et al. (ep). Como en el caso anterior se dispuso de una matriz de valores D^2 de Mahalanobis entre pares de muestras, y se efectuó un análisis discriminante canónico. La hipótesis de igualdad entre los vectores medios de cada grupo se puso a prueba mediante el criterio Lambda de Wilk. Con el fin de evaluar su importancia en la definición de la variación total se estudió la asociación entre las variables discriminates canónicas y los factores deformación, sexo y edad mediante un análisis de correlación parcial y múltiple (Varela et al. ep).

La colección de Puna está integrada con ejemplares de los sitios de Casabindo, Sorcuyo, Río Negro, Queta, Tablada Abrapampa y Río San Juan Mayo pertenecientes al Período de Desarrollo Regional (Mendonça et al. 1991a y 1994); la de Valles Calchaquíes incluye los sitios tardíos de La Poma, La Paya, Fuerte Alto, Cachi, Luracatao, Tacuil y Payogasta (Cocilovo y Baffi 1985; Baffi y Cocilovo 1989-90; Baffi 1992); y la serie de la Quebrada de Humahuaca esta constituida por materiales de los sitios Alfarcito, La Isla, Los Amarillos, Angosto Chico, Ciénega Grande, Juella, La Huerta, Campo Mora abarcando desde el Período Medio hasta el Tardío e Incaico (Cocilovo et al. epa y epb).

La muestra de San Pedro de Atacama procede de 12 cementerios (Quitor 1, 2, 5, 6, 8; Coyo Oriental; Larrache; Yaye 1, 2, 3, 4; Toconao Oriental) excavados por el Padre Le Paige en diferentes sectores de los ayllos de esa localidad, cubriendo un registro desde el 500 aC hasta 1536 dC (Varela 1997). La serie de Calama corresponde a un grupo tardío preincaico del 1490 dC ± 100 exhumado en el sitio Chunchurí (Dupont 1), con un patrón de subsistencia básicamente agrícola. Pisagua constituye una muestra de una población de pescadores de la costa Norte de Chile (300 aC-1400 dC), integrada con materiales pertenecientes a cuatro cementerios de los períodos Formativo, Tiwuanaku, Desarrollo regional e Inka (Cocilovo 1995). La colección de Morro de Arica proviene de un cementerio preagroalfarero (2700-3000 aC) de la costa de Arica perteneciente a la llamada Tradición Chinchorro, basada en una economía de pesca y recolección de recursos marinos (Cocilovó et al. 1982).

Las distancias D^2 calculadas presentan valores que van desde 0.47 entre Calama (2) y San Pedro de Atacama (1), hasta un máximo de 17.95 entre Valles Calchaquíes (7) y Pisagua (4). Todas estas distancias indican diferencias significativas con excepción de la citada entre San Pedro de Atacama (1) y Calama (2). Desde el punto de vista biológico se comprueba una vez más el efecto de la dispersión espacial en la diferenciación de las poblaciones. En el N.O. Argentino, Valles Calchaquíes (7) es la serie que más se distingue del resto, mientras que la menor distancia se comprobó entre la Puna Jujeña (6) y la Quebrada de Humahuaca (5). La Quebrada de Humahuaca (5) se encuentra más próxima y permite inferir una mayor relación con el Norte de Chile, mientras que Valles Calchaquíes (7) y Puna (6) se diferencian en forma marcada de las series trasandinas. San Pedro de Atacama (1) y Calama (2) parecen pertenecer a una misma población a la cual se agrega el grupo costero de Pisagua (4). La población arcaica de Morro de Arica (3) se encuentra razonablemente más alejada biológicamente de las restantes por efectos de la distancia espacial y temporal (Varela et al., ep)

Las tres primeras componentes canónicas explican el 90% de la variación total entre los grupos. En la Figura 5 se observa que la variable I permite diferenciar entre las muestras del N.O. Argentino (centroides con valores positivos) y las del Norte de Chile (centroides con valores negativos). Valles Calchaquíes se aleja del resto con una media mayor de dos. En la segunda componente (II) Morro de Arica se distancia de San Pedro de Atacama, Calama y Pisagua, mientras que Valles Calchaquíes, a su vez, se aparta de la Quebrada de Humahuaca y de la Puna. La tercera variable señala la dispersión en direcciones opuestas de Morro de Arica y Pisagua, y en menor magnitud de Puna. Además se comprobó que del total de la variación explicada, el 82% es producido por las diferencias entre los grupos y el 18% restante a los efectos deformación, sexo y edad (Varela et.al. ep). Este hecho que en muchos trabajos anteriores no fue justamente valorado debe ser tenido en cuenta para la evaluación definitiva del modelo de diferenciación a nivel regional aquí presentado.

El análisis efectuado sobre grupos humanos prehistóricos del N.O. Argentino y Norte de Chile demuestra que el macizo andino ejerció una fuerte influencia en el proceso de diferenciación de las poblaciones que habitaron a ambos lados del mismo. Esto se observa claramente en la Figura 6 en donde se representan las distribuciones normales bivariadas de estas regiones en función de las dos primeras variables canónicas (Varela et.al. ep). El solapamiento observado indica que ambas regiones comparten una porción del total de la variabilidad genética existente en el sistema (Varela et.al. ep). El parentesco tanto entre poblaciones del norte chileno como entre poblaciones del noroeste argentino fue sin dudas mayor que entre dichas regiones.

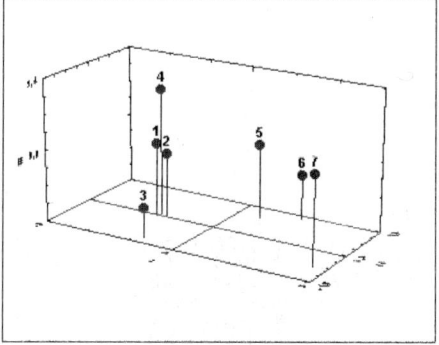

Figura 5: *Distribución de los grupos de acuerdo a los centroides de las tres primeras variables canónicas. 1: San Pedro de Atacama, 2: Calama, 3: Morro de Arica, 4: Pisagua, 5: Quebrada de Humahuaca, 6: Puna, 7: Valles Calchaquíes (Varela et al., ep).*

La mayor variabilidad biológica observada entre las subpoblaciones de Argentina con respecto a las de Chile, el relativo aislamiento del grupo de los Valles Calchaquíes, la mayor interacción entre los habitantes de la Puna y la Quebrada de Humahuaca, la gran similitud entre Calama y San Pedro de Atacama y su relación con Pisagua en primer lugar y luego con el grupo de Morro de Arica y, las evidencias de contactos entre las poblaciones de los oasis del desierto de Atacama con la Quebrada de Humahuaca, son resultados que deben discutirse con los antecedentes existentes (Varela et. al.ep)

La existencia de dos grandes conglomerados de poblaciones humanas separados por la Cordillera de los Andes fue

propuesto por Cocilovo y Rothhammer (1990) en un trabajo en el cual además se estableció una estrecha relación entre Pisagua y San Pedro de Atacama. Esta hipótesis posteriormente fue desarrollada más en detalle por Varela et al. (1993) analizando las relaciones entre San Pedro de Atacama, Calama, Pisagua y Morro de Arica. En la primera experiencia citada también se había comprobado la existencia de relaciones estrechas entre la fase más tardía de San Pedro de Atacama y Juella en la Quebrada de Humahuaca. Estos grupos se asociaban además con Agua Caliente en la Puna Jujeña, con Belén, Valles Calchaquíes y Santa Rosa de Tastil formando un gran conglomerado argentino junto con La Isla y El Pukará de Tilcara (Cocilovo y Rothhammer 1990).

Si bien en el presente trabajo no se han incluido las muestras de Belén y Santa Rosa de Tastil, la principal relación se comprueba entre la Puna Oriental y la Quebrada de Humahuaca, siendo la interacción entre ambos más intensa que la que existió con San Pedro de Atacama (Varela et al. ep). Si bien esta es una conclusión razonable por la proximidad cronológica y espacial entre los sitios de la cuenca Miraflores-Guayatayoc-Salinas Grandes y los de la Quebrada, no pueden ocultarse las diferencias biológicas existentes entre las poblaciones tardías de ambas subáreas.

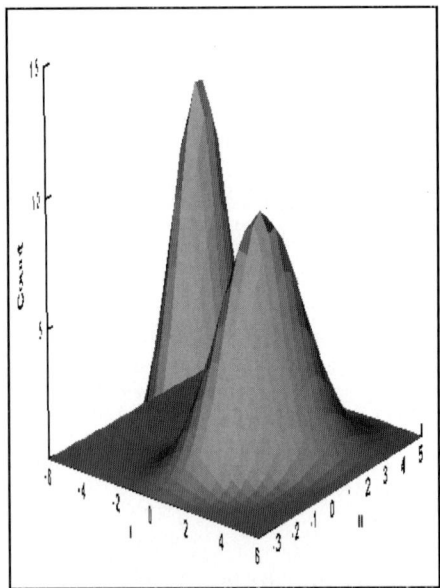

Figura 6: Quebrada de Humahuaca, distribución normal bivariada de las poblaciones del Norte de Chile y del N.O. Argentino

Entre el 400 y el 700 dC, con la llegada de las primeras influencias de Tiwanaku, se inicia la fase Quitor en San Pedro de Atacama con la cerámica negra pulida ubicada en varias localidades del Norte de Chile, en sitios del N.O. Argentino (Tarragó 1968) y en el límite de Chile con Argentina y Bolivia (Fernández 1978). Entre el 700 y el 1000 dC se produce el apogeo de la primera experiencia imperial de los andes centrales con una profunda influencia a nivel local y regional. En San Pedro de Atacama se desarrolla la fase Coyo con la cerámica "casi pulida" de Le Paige (1963) relacionada con la gris pulido grueso de Tarragó (1968). Alfarería de estilo Isla de la Quebrada de Humahuaca fue identificada por Tarragó (1977) en San Pedro de Atacama, y el hallazgo de cerámica Aguada en el cementerio de Coyo reveló contactos de la fase homónima con el N.O. Argentino (Munizaga 1963). Las relaciones entre ambas regiones parecen haber sido más intensas durante las fases III y IV de San Pedro de Atacama, inferencia que se apoya tanto en resultados del análisis biológico como en la información arqueológica. La magnitud de la interacción biosocial puede ser evaluada por la multitud de ejemplos expuestos por Tarragó (1976 y 1977) y por la información etnohistórica (Fernández 1978).

El proceso evolutivo en el Area Andina Centro Sur debe ser interpretado como un conjunto de eventos biológicos, ambientales y culturales que actuaron e interaccionaron con magnitud variable a través del espacio y del tiempo. La colonización y adaptación en microhábitats adecuados para la supervivencia, la existencia de pequeños grupos humanos fundadores, el azar, la migración de corto y amplio rango, el aislamiento, los cambios culturales y ambientales, el tamaño efectivo de la población, son algunos de los hechos que deben ser tenidos en cuenta en el momento de analizar e interpretar la historia biológica humana en un área geográfica y en un intervalo temporal determinado. Se puede pensar, a modo de hipótesis que la historia biológica del Norte de Chile y N.O. de Argentina pudo iniciarse a partir de una población ancestral andina arcaica de la cual se derivaron varias líneas de descendencia que se distribuyeron por un amplio territorio sufriendo procesos evolutivos locales y regionales hasta adoptar la estructura poblacional aquí propuesta. Dicha estructura refleja la configuración de dos grandes áreas biológicas: El Norte de Chile y El N.O. argentino entre las cuales se han señalado las vías más probable de intercambio. Por su parte, dentro de esta última se observa, al menos en tiempos tardíos, la conformación de grupos poblacionales muy diferentes en Puna (Cuenca

Miraflores, Guayatayoc, Salinas Grandes), Quebrada de Humahuaca y Valles Calchaquíes. La homogeneidad biológica de Valles Calchaquíes fue suficientemente demostrada así como sus probables vinculaciones con Santa Rosa de Tastil a través de Fuerte Alto-Cachi por Baffi y Cocilovo (1989-1990) y por Baffi (1992). Comprobaciones similares fueron realizadas en la Puna Oriental por Mendonca et al. (1991a,1994) después de las cuales no quedan dudas del desarrollo de una población propia asociada tal vez a la llamada Cultura de Casabindo (Krapovickas 1983). La Quebrada de Humahuaca por su parte refleja en su composición una variación morfológica mucho mayor posiblemente producida por el efectivo asentamiento de grupos provenientes tanto de subáreas vecinas como desde regiones más distantes. Su estructura se manifiesta (Figura 4) integrada por un conjunto central de localidades más próximas al promedio de la variación de la subárea y otras que se desvían en distintas direcciones como Pukara de Tilcara (9), El Alfarcito-La Isla (8), El Volcán (11) y Ciénega Grande (10).

La información presentada en esta oportunidad está basada en la recuperación de la mayor cantidad de información métrica actualmente disponible sobre la subárea Quebrada de Humahuaca, lamentablemente no disponemos de datos de otras regiones como el sur de Bolivia o de zonas subtropicales orientales los cuales podrían habernos dado una mayor resolución y la evidencia de otras interacciones biosociales. Por otra parte, el modelo de estructura poblacional aquí presentado debe ser tomado como una propuesta pues seguramente en el futuro cambiará de acuerdo con la nueva información disponible. Seria deseable, por ejemplo, el incremento de excavaciones modernas con un control estratigráfico mayor en distintas localidades, particularmente en aquellas más escasamente representadas. Una consecuencia necesaria es la generación de una crítica interdisciplinaria amplia sobre los resultados alcanzados. Esto permitirá el establecimiento de nuevas hipótesis de trabajo y la permanencia de una importante línea de investigación.

Trabajo realizado con fondos de los proyectos PIA 331/92 CONICET, Subsidios 3059/94 y 3461/95 CONICOR y SECYT-UNRC.

BIBLIOGRAFIA CITADA

Baffi, E.I
1992   Caracterización biológica de la población prehispánica tardía del sector septentrional del Valle Calchaqui (Provincia de Salta). Tesis Doctoral. UBA.

Baffi, E.I. y J. A. Cocilovo
1989-90 La población tardía del sector septentrional del Valle Calchaquí (Salta, Argentina. *Runa* 19: 11-26.

Bliss, C.I.
1967   *Statistics in Biology*. Mc Graw-Hill Book, New York

Bordach, M.A. y J.A. Cocilovo
1991   Composición y Estructura de la Población Prehistórica de la Quebrada de Humahuaca, Primera Aproximación. *Antropología Biológica* 1 (1): 15-32. Santiago, Chile.

Casanova, E.
1942a   El Yacimiento arqueológico de Angosto Chico. *Relaciones* 3:73-87.
1942b   El Pucará de Hornillos. *Anales del Instituto Etnografía Americana*. 3: 249-265.

Chávez de Azcona, L.
1967   Estudio osteológico, en Cigliano, E.M. 1967 Investigaciones antropológicas en el yacimiento de Juella (Dep. de Tilcara, Jujuy), *Rev. Museo de La Plata*, 6:205-225.

Cocilovo, J.A.
1981   Estudio sobre discriminación y clasificación de poblaciones pre-hispánicas del N.O. Argentino, *Publicación Ocasional* N° 36, Museo Nacional de Historia Natural, Santiago, Chile.
1995   *Biología de la población prehistórica de Pisagua. Cambio y continuidad biocultural en el norte de Chile*. Tesis Doctoral. U. N. de Córdoba.

Cocilovo, J.A. y E. I. Baffi
1985   Contribución al conocimiento de las características biológicas de la población prehistórica de Puerta de La paya (Salta). *Runa* 15: 153-178.

Cocilovo, J.A. y J.A. Di Rienzo
1984-85Un modelo biológico para el estudio del poblamiento prehispánico del territorio argentino. Correlación fenético-espacial, *Relaciones* 16:119-135.

Cocilovo, J.A. y F. Rothhammer
1990   Paleopopulation biology of the Southern Andes: Craniofacial chronological and geographical diferentiation. *Homo* 41(1):16-31.

Cocilovo, J.A.; F. Rothhammer; S. Quevedo y E. Llop
1982   Microevolución en poblaciones prehistóricas del Area Andína. III. La población del Morro de Arica. Craneometría. *Revista U.N.de Rio Cuarto* 2(2): 91-111.

Cocilovo, J.A.; H.H. Varela; E.I. Baffi y S.G. Valdano
epb   Estructura y composición de la población antigua de la Quebrada de Humahuaca. Análisis multivariado.

Cocilovo, J.A.; H.H. Varela; E.I. Baffi; S.G. Valdano y M.F. Torres
epa   Estructura y Composición de la población de la Quebrada de Humahuaca. Análisis exploratorio.

Constanzó, M.M.
1945   Análisis del material extraído. Restos antropológicos, En El Antigal de Ciénega Grande (Quebrada de Purmamarca, pcia. de Jujuy) por A. Salas, *Publicaciones del Museo Etnográfico*, serie A, 5: 99-101.

Cooley, W.W. y P.R. Lohones
1962   *Multivariate Procedures for the Behavioal Sciencies*. John Wile & Sons, Inc. New York

David, H.A.; O. Hartley y E.E. Pearson
1954   The distribution of the ratio in single normal sample of range to standard deviation. *Biometrika* 41 (3-4): 482-497.

Debenedetti, S.
1910   Exploración arqueológica en los cementerios prehistóricos de La Isla deTilcara (Quebrada de Humahuaca, pcia. de Jujuy). *Publicaciones de la Sección. Antropología* 6: 5-263. UBA.
1918a Las ruinas prehispánicas de El Alfarcito (Departamento de Tilcara, Provincia de Jujuy). *Boletín de la Academia Nacional de Ciencias* 23: 287-318. Córdoba.
1918b La XIV expedición arqueológica de la Facultad de Filosofía y Letras. Nota preliminar sobre los yacimientos de Perchel, Campo Morado y La Huerta, en la Provincia de Jujuy. *Publicaciones de la Sección Antropología* 17: 1-14. UBA.

Dillenius, J.
1913   Craneometría Comparativa de los Antiguos Habitantes de La Isla y del Pucará de Tilcara (Prov. de Jujuy). *Publicaciones de la Sec. Antropología* 12:1-104,UBA.

Fernandez, J.
1978   Los chichas, los lipes y un posible enclave de la cultura de San Pedro de Atacama en la Puna limitrófe argentino-boliviana. *Estudios Atacameños* 6:19-35. Chile

Gatto, S.
1943   Ruinas del Pucará de Humahuaca. *Congreso de Historia Argentina del Norte y del Centro* 1:130-142. Córdoba.

Hjortsjo, C.H y J. Lindh
1938-39 Anthropological investigation of the craneal and skeletal material from Dr. Stig Ryden's archaeological expeditions to the Bolivian highlands, Appendix 2:517-559. En: S. Ryden 1947 *Archaeological Research in the Highlands of Bolivian*. Gotenborg.

Krapovickas, P.
1983   Las poblaciones indigenas históricas del sector oriental de la Puna. *Relaciones* 15:7-24.

Le Paige, G.
1963   Continuidad y Discontinuidad de la Cultura Atacameña. *Anales de la Universidad del Norte* 2:7-25. Chile.

Madrazo, G.B.
1966   Investigación arqueológica en El Durazno (Dpto. de Tilcara, pcia. de Jujuy). *Etnía* 3:21-25, Olavarría.
1968   Alfarería prehumahuaca en Tilcara. *Etnía* 8:16-18, Olavarría.

Marengo, C.
1954   El antigal de los Amarillos (Quebrada de Yacoraite, Provincia de Jujuy). *Publ. Inst. Arqueol.* 2, Buenos Aires

Mendonça, O.J.; M.A. Bordach y S.G. Valdano
1993   Reconstrucción del comportamiento biosocial en el Pucará de Tilcara (Jujuy). Una propuesta heurística. *Bol. Soc. Esp. Antrop. Biol.* 14:105-122., España.
1991a La población prehistórica de la cuenca Miraflores-Guayatayoc-Salinas Grandes en el sector Oriental de la Puna Jujeña. *Avances en Arqueología* 1:59-80, I.I.T UBA.

Mendonça, O.J.; S.G. Valdano y J.A. Cocilovo
1994   Evaluación del diformismo sexual y de la deformación craneana en una muestra del borde oriental de la Puna Jujeña. *Antropología Biológica* 2 (1):25-37. Colombia.

Mendonça, O.J.; M.A. Bordach; M. Ruiz y B. Cremonte
1991b Nuevas evidencias del período agroalfarero temprano en Quebrada de Humahuaca. Los hallazgos del sitio Til 20 (Tilcara, Jujuy), *Comechingonia* 8 (7): 29-48, Córdoba.

Munizaga, C.
1963   Tipos cerámicos en el sitio Coyo en la región de San Pedro de Atacama. *Anales de la Universidad del Norte* 2: 99-131. Chile

Nielsen, A.E.
1989   *La Ocupación Indígena del Territorio Humahuaca Oriental Durante los Períodos de desarrollos Regional e Inka*, Tesis Doctoral. U. N. de Córdoba.

Olivera, D. y J. Palma
1986   Sistemas adaptativos prehispánicos durante los períodos Agroalfareros de la quebrada de Humahuaca, Jujuy, R.A. *Cuadernos del INAPL* 11:75-98. Buenos Aires.

Palma, J.
1989   *Proceso cultural Agroalfarero prehispánico en la quebrada de Humahuaca*. Tesis Doctoral. UBA.
1993   Aproximación al estudio de una sociedad compleja: un análisis orientado en la funebria. *Arqueología* 3.

Pastore, M.A.
1974 Aspectos descriptivos y diagnosis racial del esqueleto E-1 Capa C de Huachichocana. *Relaciones*. 8:127-134.
1980 Nuevos aportes a la paleoantropología de Huachichocana. *Actas del V Congreso Nacional de Arqueología Argentina* 1: 103-121, San Juan.

Ponansky, A.
1914 *Una metrópoli Prehistórica en la America del Sud.* 1, 275 pp. Dietrich Reiner (E. Vohsen). Berlin

Rao, C.
1952 *Advanced statistical methods in biometrics research.* John Wiley & Sons, USA.

Rothhammer, F.; J.A. Cocilovo y S. Quevedo
1984 El poblamiento temprano de Sudamérica. *Chungará* 13: 99-108. Chile.

Sánchez, S. y G. Sica
1991 Algunas reflexiones acerca de los Tilcaras. *Avances en Arqueología* 1:81-99, I.I.T. UBA.

Seber, G.A.F.
1984 *Multivariate observation.* John Wiley & Sons, USA

Shapiro, S.S. y M.B. Wilk
1965 An analysis of variance test for normality (complete sample). *Biometrika* 52 (3-4): 591-611.

Sica, G. y S. Sánchez
1992 Testimonio de una sociedad en transición: El testamento de un curaca de Humahuaca. *Cuadernos* 3: 53-62. U.N.Jujuy

Sneath, P.H.A. y R.R. Sokal
1973 *Numerical Taxonomy.* W.H. Freeman Co. San Francisco.

Sokal, R.P. y P.H.A. Sneath
1963 *Principles of Numerical Taxonomy.* W.H. Freeman Co., San Francisco.

Späth, H.
1980 *Cluster Analysis Algorithms for data reduction and classification of objects.* E. Horwood Ltd. England

Tarragó, M.
1968 Secuencias culturales de la etapa agroalfarera de San Pedro de Atacama (Chile). *37 Congreso Internacional de Americanistas*, Tomo 2, Buenos Aires.
1976 Alfarería Típica de San Pedro de Atacama. *Estudios Atacameños* 4:37-64. Chile
1977 Relaciones prehispánicas entre San Pedro de Atacama (Norte de Chile) y regiones aledañas: la Quebrada de Humahuaca. *Estudios Atacameños* 5:50-63. Chile

Varela, H.H.
1997   La Población Prehistórica de San Pedro de Atacama, Chile. Composición, Estructura y Relaciones Biológicas. Tesis Doctoral. U.N. de Río Cuarto.

Varela, H.H.; J.A. Cocilovo y S.G. Valdano
1993   Evaluación de la influencia del efecto sexo, edad y deformación artificial en la estimación de distancias biológicas por medio de la D^2 de Mahalanobis. *Boetín de la Sociedad Española de Antropología Biologica.* 14: 135-148, España.

Varela, H.H.; J.A. Cocilovo; E.I. Baffi y S.G. Valdano
ep   La población antigua de la Quebrada de Humahuaca y sus relaciones biológicas con areas aledañas.

LA ARQUEOLOGIA DEL NORTE DEL VALLE CALCHAQUI

Elizabeth DeMarrais

Este capítulo presenta una síntesis de la arqueología del norte del Valle Calchaquí, un valle longitudinal en la vertiente oriental de los Andes. Ubicado en la Provincia de Salta, el Valle Calchaquí conecta las tierras de la Puna y el Altiplano con los valles más bajos y húmedos situados hacia el sur y este (Figura 1). Aunque el Valle Calchaquí tiene más de 200 km de largo, su ancho no supera los 10 km. Este capítulo se focaliza en el segmento septentrional del valle, el área ubicada entre las actuales poblaciones de La Poma y Cachi, una distancia de aproximadamente 50 km (Figura 2).

La ocupación más temprana del Valle Calchaquí está documentada principalmente a través de concentraciones de material lítico y campamentos de cazadores-recolectores del Período Arcaico (?6000-200 a.C.). Estos sitios y artefactos son tratados por Tarragó y DeLorenzi (1976) en un trabajo de síntesis y no serán considerados en este artículo. En este capítulo se pone énfasis en los sitios de los períodos agrícolas (cerámicos) recientemente investigados por los miembros del Proyecto Arqueológico Calchaquí (PAC). El período agrícola se inició cuando los habitantes del Valle Calchaquí se establecieron en pequeñas aldeas como parte de una forma de vida más sedentaria basada en el cultivo. Con el tiempo, estas aldeas aumentaron en tamaño y complejidad. Tras un prolongado Período Formativo (200 a.C.- 950 d.C.), el crecimiento de la población y la emergencia de las jerarquías políticas durante el Período de Desarrollos Regionales (950 –1430 d.C.) llevaron al establecimiento de centros regionales. Posteriormente, la conquista y ocupación del valle por los Inkas (ca. 1430 d.C.) nuevamente transformó el patrón de asentamiento, con la construcción de caminos e instalación de nuevos sitios para satisfacer las necesidades administrativas del estado.

Los artefactos recuperados en estos sitios incluyen cerámica, metales, valvas de moluscos, malaquita, obsidiana, además de instrumentos y desechos líticos. Los torteros (por lo general confeccionados en cerámica) dan testimonio del tejido y la producción textil; a veces se encuentran además fragmentos de telas y fibras en los contextos excavados. La cultura material del Período de Desarrollos Regionales incluye un corpus simbólico de imágenes zoomorfas y antropomorfas, parte de la tradición Santamariana que se encuentra en gran parte del Noroeste argentino. Placas de bronce decoradas y urnas funerarias asociadas con esta tradición han sido recuperadas en varios sitios de las proximidades de Cachi y Payogasta[1].

Este capítulo discute recientes avances en la comprensión de la arqueología de los Períodos Formativo, de Desarrollos Regionales e Inka. En las secciones que siguen se presenta, primero, una reseña de las anteriores investigaciones, del medio ambiente y del marco cronológico. Los siguientes apartados presentan resultados del trabajo en curso del Proyecto Arqueológico Calchaquí. La información procede de prospecciones regionales y relevamientos de sitios, como así también de trabajos orientados a refinar la cronología. El capítulo presenta datos sobre patrones de asentamiento a escala regional, organización comunitaria y recolecciones de superficie (particularmente de cerámica). El objetivo general es sintetizar nuestro conocimiento actual de los pobladores prehispánicos del valle a través de una discusión de la organiza-

ción social y política, la identidad étnica, las relaciones económicas y las formas simbólicas.

INVESTIGACIONES ARQUEOLÓGICAS PREVIAS EN EL NORTE DEL VALLE CALCHAQUÍ

Los arqueólogos han trabajado en el valle por más de un siglo documentando los restos materiales de la era prehispánica. Entre los primeros exploradores se encuentran Debenedetti que investigó por primera vez el sitio de Quipón (1908), y Dillenius (1909), quien describió la cerámica de La Poma. Otra importante publicación temprana fue la descripción de Ambrosetti (1902) de una colección comprada por el museo de Buenos Aires. Años más tarde, Ambrosetti (1907-8) excavó y describió el contenido de más de 200 tumbas de La Paya. Por esta época, Eric Boman incluyó a La Paya (y varias colecciones de este sitio) en su profusamente ilustrada obra *Antiquités de la Region Andine* (1908).

El trabajo de Ambrosetti proporcionó la primer cronología para La Paya. Sus cuidadosas descripciones y bien ilustradas publicaciones formaron la base de una síntesis publicada varias décadas más tarde (Bennett et al. 1948). Esta reseña de las secuencias arqueológicas del Noroeste argentino llamó la atención so-

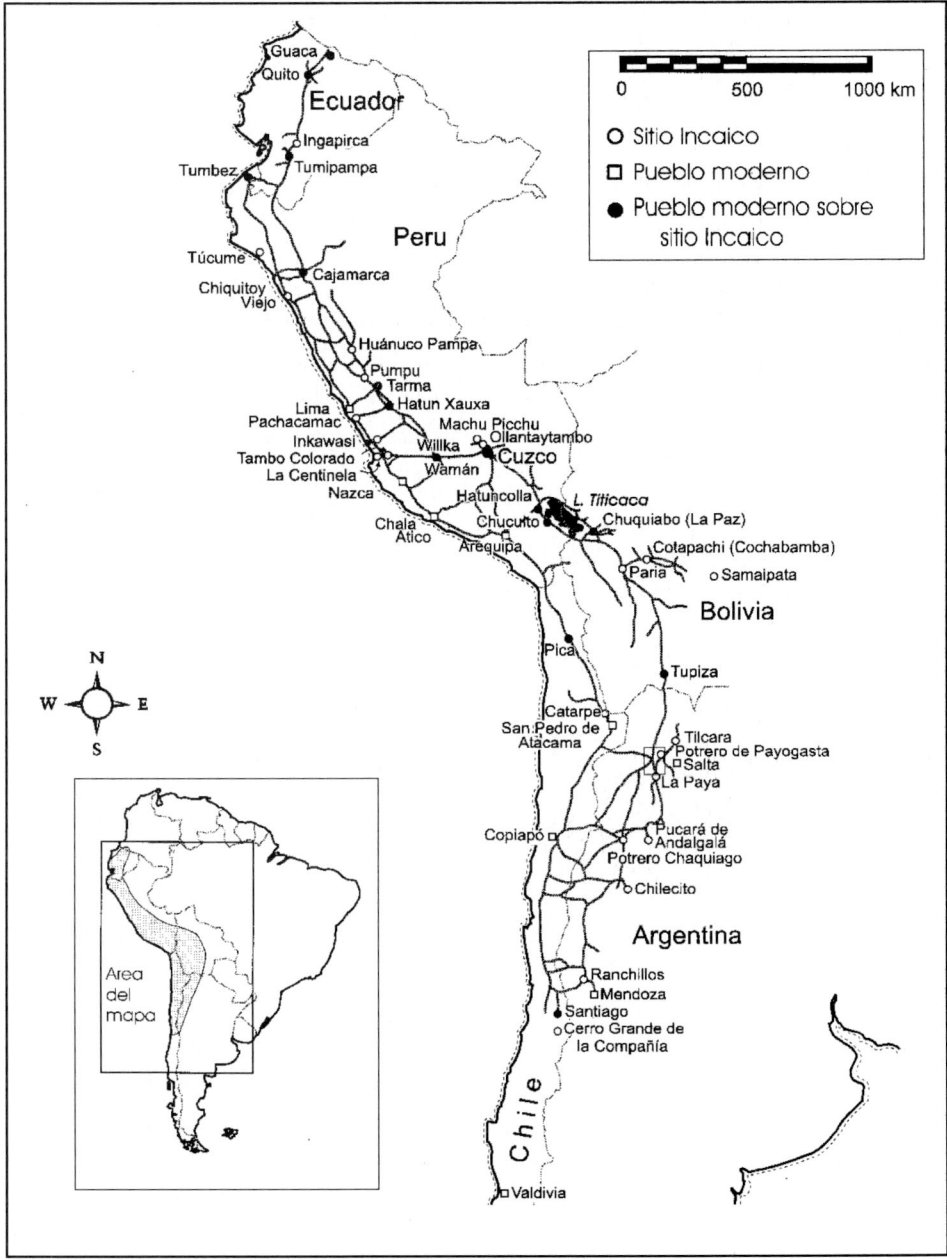

Figura 1: Mapa de los Andes, mostrando el sistema vial Inka en su totalidad (tomado de la portada de Hyslop 1984). El área encerrada en el cuadro inmediatamente al norte de La Paya (en el Noroeste argentino) es la región de estudio del PAC.

bre la asociación de ciertas sepulturas de La Paya con cerámica Inka (Cuzco Polícromo y Casa Morada Polícromo, que incluía formas Inka tales como aríbalos y platos patos). Otros dos grupos de tumbas no contenían cerámica del Período Inka. Estos patrones fueron la base para la definición de un estilo local más temprano (La Paya) que pertenecía a la tradición cerámica más amplia de Santa María con sus distintivas urnas funerarias decoradas.

Como parte de su estudio más amplio de la cerámica del Noroeste argentino, Bennett y sus colegas (1948) documentaron una secuencia con cuatro fases: Candelaria, Calchaquí, Transicional e Inka. Aunque estas categorías han sido reformuladas más recientemente, las observaciones de estos autores sobre las distribuciones geográficas de la cerámica siguen siendo útiles. Por ejemplo, mencionan la presencia de vasijas rojas pulidas, probablemente de la Quebrada de Humahuaca, en tumbas del Período Inka en La Paya, al tiempo que notan la amplia distribución de los estilos de La Paya en el Valle Calchaquí central. Esta publicación, junto con el trabajo de Ambrosetti (1902, 1907-8), ofrecen una base sólida para la investigación del desarrollo de las secuencias cerámicas locales. Otras introducciones generales incluyen la síntesis de Lafone Quevedo (1908), el ensayo de clasificación de Bregante (1926) y el *Manual de Cerámica Indígena* de Serrano, publicado por primera vez en 1958.

Durante la década de 1940 Difrieri trabajó en Potrero de Payogasta, uno de los sitios Inka del valle, mientras que Ardissone investigó varios sitios, incluyendo el Pucará de Palermo (1940, 1942). También Márquez Miranda publicó en esta época síntesis generales sobre la tradición Diaguita (1942, 1946). Reseñas más recientes sobre la arqueología del norte del Valle Calchaquí incluyen las discusiones de Tarragó y sus colegas. Estas publicaciones sintetizan datos sobre sitios excavados, considerando su potencial para desarrollar una secuencia cronológica específica para el norte del Valle Calchaquí. Estos informes proporcionan también una excelente introducción a los sitios y a su cultura material (Tarragó 1974, 1978, 1980; Tarragó y De Lorenzi 1976). Los inventarios de sitios compilados por Tarragó y el entonces director del Museo Arqueológico de Cachi, Pío Pablo Díaz, han sido publicados por el Museo (Tarragó y Díaz 1972, 1977) y por Díaz (1974, 1992). Finalmente, problemas relativos a los de diseños de investigación y a los requerimientos de datos han sido tratados en artículos de Núñez Regueiro y Tarragó (1972) y Tarragó y Núñez Regueiro (1972).

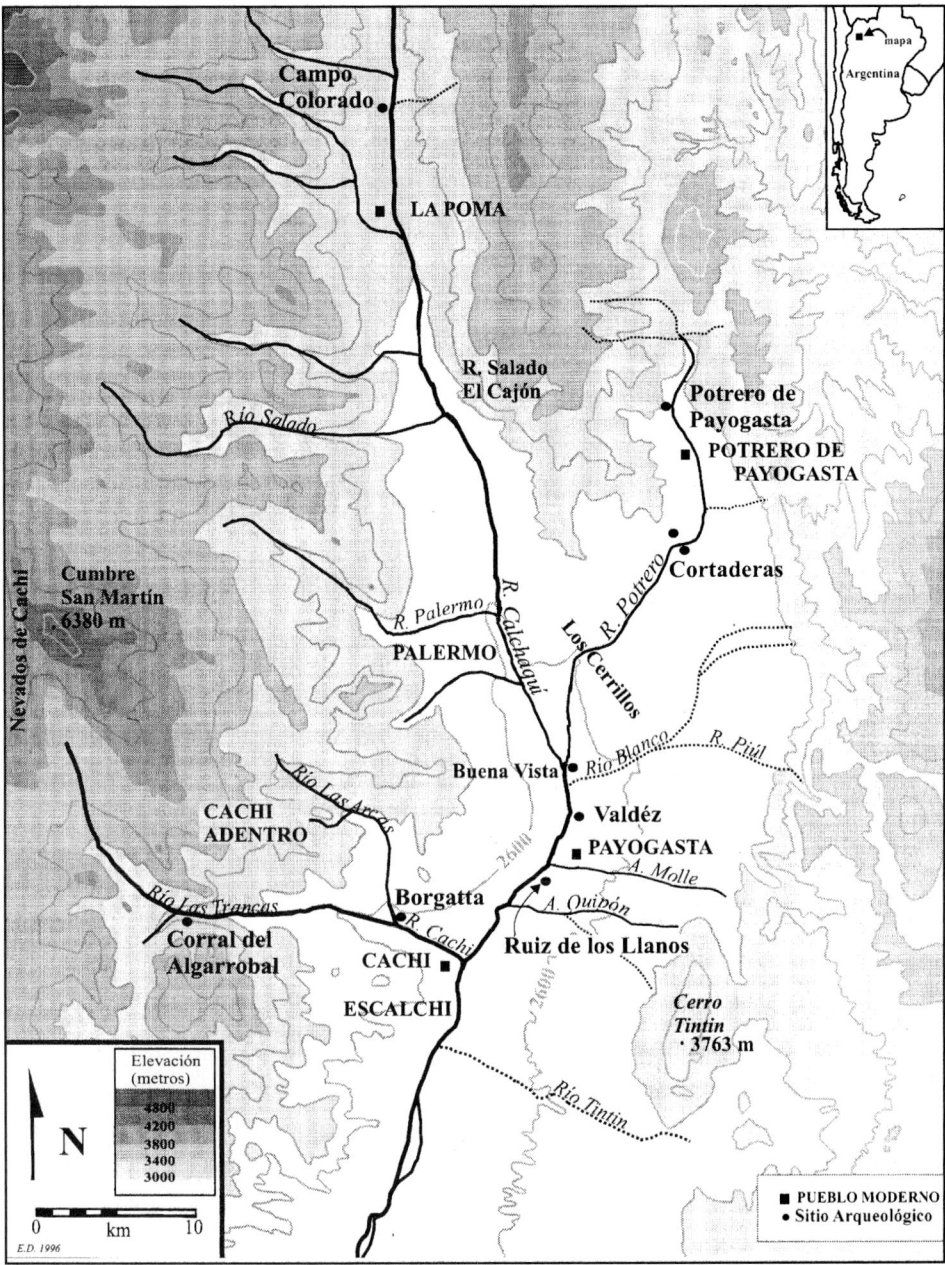

Figura 2: Mapa del norte del Valle Calchaquí mostrando los pueblos modernos y los sitios arqueológicos discutidos en el texto.

Las excavaciones proporcionaron nuevos datos sobre cultura material y organización de los asentamientos. Existen informes sobre el sitio Formativo de Campo Colorado (Tarragó 1980) y varios sitios del Período de Desarrollos Regionales, incluyendo Tero (SSalCac 14) (Tarragó et al. 1979), Las Pailas (SSalCac 18) (Tarragó 1977, 1980) y Borgatta (SSalCac 16) (Pollard 1983). Hay varios trabajos adicionales sobre La Paya (SSalCac 1) además de los mencionados anteriormente (Calderari sf; González y Díaz 1992).

A nivel regional, el trabajo de Baldini ha ayudado a clarificar la distribución y cronología de los estilos locales de urnas funerarias (1980, 1981-82). Los sitios del Período Inka han recibido atención de Acuto (1994, 1997); De Lorenzi y Díaz (1976); D´Altroy et al. (sf); Earle (1994); González (1982, 1983a); Hyslop (1984); Raffino (1981, 1993) y Shávelson y Magadán (1992). Los sitios y la cultura material del norte del Valle Calchaquí han sido mencionados en muchas síntesis generales de la arqueología y etnohistoria del Noroeste argentino (González 1979, 1982, 1983b; González y Pérez 1990; Ottonello y Lorandi 1987; Raffino 1991).

Finalmente, la evidencia documental del período colonial contribuye a la reconstrucción de los límites étnicos, políticos y sociales entre grupos prehispánicos en los Valles Calchaquíes (Canals Frau 1951; Fortuny 1966; González 1982, 1983b; Lorandi 1984, 1988, 1992; Lorandi y Boixadós 1987-88; Lorandi y Bunster 1987-88; Pollard 1985; Raffino 1983). La llegada de los primeros españoles al Noroeste argentino en 1536 fue parte de la campaña de conquista de Chile liderada por Diego de Almagro (Lizondo Borda 1942:83-85; Strube Erdman 1958; Pollard 1985). Siete años después, en 1543, Diego de Rojas llegó a ocupar el área conocida como Tucumán. Los españoles encontraron una tenaz resistencia, entrando en una dilatada lucha con los grupos indígenas que duró más de 100 años, concluyendo en 1664.

En época colonial, la Gobernación de Tucumán abarcaba una región que incluía las modernas provincias de Jujuy, Salta, Tucumán, Catamarca, La Rioja y partes de Santiago del Estero (Ottonello y Lorandi 1987). Como frontera topográfica y política, las montañas y profundos valles longitudinales de esta región constituyen una zona de transición ambiental que comprende diversos entornos locales, desde la alta puna hasta el borde del chaco. Al momento del contacto, este amplio espectro de escenarios ecológicos estaba poblado por un "mosaico cultural" (Lorandi 1992) de grupos étnicos.

EL AMBIENTE

El Valle Calchaquí, como otras regiones de los Andes, ha sido moldeado por procesos tectónicos, volcánicos, meteorológicos y sedimentarios, como así también por cursos de agua de origen glaciar que han labrado quebradas profundas. Las principales formaciones geológicas son un estrato Precámbrico de *gneiss*, filitas y pizarras, sobre el que se disponen depósitos sedimentarios Cretácicos-Terciarios y Cuaternarios (Ruiz Huidobro 1960; Vilela 1956). Dentro de esta base metamórfica, se encuentran intrusiones ígneas que incluyen formaciones graníticas masivas visibles en el área cercana a Cachi.

Altos cordones montañosos, con elevaciones superiores a los 5.000 m y llegando a una altura máxima de 6.380 m en el Nevado de Cachi, definen los límites del valle. El fondo del mismo se encuentra a 2.400 m cerca de Cachi y sube gradualmente hasta 3.000 m cerca de La Poma hacia el norte. La orientación y altura de las montañas obstruyen los vientos húmedos procedentes del Océano Atlántico y limitan las precipitaciones anuales a 100-200 mm. El paisaje es de tipo semi-árido, caracterizado por cardones, árboles y arbustos bajos, espinosos y adaptados al desierto, parte de las zonas de monte y prepuna descriptas por Cabrera (1976). Estas zonas incluyen especies arbustivas, árboles adaptados al desierto y cactus (Tarragó y De Lorenzi 1976; Tarragó 1978). La vegetación de Cachi y áreas ubicadas al sur puede ser caracterizada como monte[2]. Al norte de Payogasta, elementos de la zona pre-puneña[3] aparecen mezclados con vegetación de monte; estas plantas prevalecen gradualmente a medida que uno se desplaza hacia el norte. En el límite septentrional del valle, la vegetación es enteramente pre-puneña.

El principal curso de agua del valle, el Río Calchaquí, ha depositado rocas meteorizadas, grava y arena, creando una serie de terrazas aptas para la agricultura donde hay disponibilidad de agua (Figura 3). Estos suelos son poco compactos, permeables, arenosos y frecuentemente rocosos; su aptitud para el cultivo varía como resultado de la composición del suelo, la pendiente y el drenaje (Valencia 1970). Debido a las bajas precipitaciones anuales, la agricultura sólo puede ser practicada en áreas próximas a fuentes de agua, localizadas principalmente a lo largo del río principal y en los drenajes tributarios permanentes que disectan las pendientes occidentales del valle.

El Río Calchaquí o drenaje principal, con su estrecha faja de tierra cultivable,

Figura 3: Foto mirando hacia el oeste a través del Río Calchaquí al norte de Cachi. El primer plano muestra un sitio del Período de Desarrollos Regionales tardío sobre una terraza elevada. Al centro de la foto, el Río Calchaquí y la franja de campos cultivados modernos. En la distancia, los acantilados que bordean la margen occidental y al fondo el Nevado de Cachi.

Figura 4: Foto mirando hacia el noreste a través de Cachi Adentro hacia la quebrada de Las Arcas. En primer plano se observan acumulaciones de rocas que demarcaban los cuadros de cultivo prehispánicos, hoy abandonados. Más allá del abanico coluvial se encuentran los cultivos actuales; canales de riego con álamos marcan el límite de la zona cultivable.

fue ocupado en primer término, a medida que los habitantes del valle se tornaron cada vez más dependientes de la agricultura. Los drenajes tributarios, incluyendo la zona fértil hoy conocida como Cachi Adentro (Figura 4), fueron ocupados con posterioridad. Las diferencias ambientales parecen haber influenciado la organización económica y social, en la medida en que las condiciones locales variaban lo suficiente como para influir el potencial agrícola. Por ejemplo, quebradas transversales como Cachi Adentro atrapan los vientos húmedos del verano, resultando en lluvias localizadas que crean un "microclima" favorable para el cultivo (Ruiz Huidobro 1956; Tarragó 1978; Tarragó y De Lorenzi 1976). En un entorno semi-árido, esta variación probablemente fue un factor significativo que influyó el potencial agrícola y, por lo tanto, la localización de los asentamientos.

Los otros recursos del valle incluyen praderas aptas para rebaños de camélidos en la puna circundante y depósitos minerales. El intercambio para la obtención de materiales tales como sal y obsidiana, cuyas fuentes se encuentran fuera del valle, parece haberse establecido en épocas tempranas.

LA CRONOLOGIA

Como en otras regiones, el estudio arqueológico de la cronología del norte del Valle Calchaquí comprende varias líneas de evidencia, incluyendo la datación radiocarbónica, la seriación cerámica (de urnas y escudillas) y estudios arquitectónicos (para identificar sitios construídos durante la ocupación Inka, por ejemplo). Esta sección reseña la evidencia radiocarbónica y presenta nuevos resultados de estudios de hidratación de obsidiana realizados para sitios del norte del Valle Calchaquí. Como lo sugieren sus resultados, los estudios de hidratación de obsidiana pueden complementar la información obtenida mediante dataciones radiocarbónicas para el Valle Calchaquí.

Fechados Radiocarbónicos

Las determinaciones radiocarbónicas publicadas hasta ahora para la región han sido resumidas en la Tabla 1. Se incluyen también fechas obtenidas para sitios ubicados más al sur, pero relativamente próximos a la región prospectada (incluyendo La Paya o SSalCac 1). Como lo muestra la Tabla 1, las etapas finales de la secuencia prehispánica están mejor datadas mediante radiocarbono; actualmente hay sólo una fecha para el Formativo. Aunque un número

Sitio	Ubicación o unidad	Fecha	Fecha Calibrada Stuiver/Reimer 1987	Publicación
El Churcal (SSalMol 2)	Molinos		1257 (1277) 1282	Raffino y Baldini 1981-82:26
Humanao (SSalMol 16)	Molinos	1081+90		Raffino y Baldini 1985:114
Humanao (SSalMol 16)	Molinos	910+110		Raffino y Baldini 1985:114
Humanao (SSalMol 16)	Molinos	790+100		Raffino y Baldini 1985:114
La Paya (SSalCac 1)	Cachi	620+100	1280 (1315,1369,1386) 1420	Baldini 1983:164
La Paya (SSalCac 1)	Cachi	1120+95	1041 (1215) 1277	Baldini 1983:164
Borgatta (SSalCac 16)	Cachi Adentro	1257+85	1260 (1281) 1388	Pollard 1983:19
Borgatta (SSalCac 16)	Cachi Adentro	1184+89	1192 (1260) 1281	Pollard 1983:19
Borgatta (SSalCac 16)	Cachi Adentro	1202+140	1160 (1263,1273,1275) 1387	Pollard 1983:19
Borgatta (SSalCac 16)	Cachi Adentro	1110+89	1037 (1193,1202,1206) 1260	Pollard 1983:19
Borgatta (SSalCac 16)	Cachi Adentro	1119+89	1041 (1210) 1262	Pollard 1983:19
Valdez (SSalCac 12)	12=2-40		1040 (1161) 1196	Williams y D'Altroy 1998
Valdez (SSalCac 12)	12=3-41		1213 (1229) 1277	Williams y D'Altroy 1998
Valdez (SSalCac 12)	12=1-40		1216 (1237) 1278	Williams y D'Altroy 1998
Valdez (SSalCac 12)	12=1-40		1229 (1263) 1281	Williams y D'Altroy 1998
Valdez (SSalCac 12)	12=1-50		1217 (1278) 1295	Williams y D'Altroy 1998
Potrero (SSalCac 42)	42=4-20		1250 (1283) 1296	Williams y D'Altroy 1998
Potrero (SSalCac 42)	42=14-1		1277 (1287) 1296	Williams y D'Altroy 1998
Potrero (SSalCac 42)	42=7-20		1405 (1426) 1441	Williams y D'Altroy 1998
Potrero (SSalCac 42)	42=16-50		1432 (1445) 1474	Williams y D'Altroy 1998
Potrero (SSalCac 42)	42=15-90		1444 (1459) 1483	Williams y D'Altroy 1998
Potrero (SSalCac 42)	42=21-20		1461 (1486) 1628	Williams y D'Altroy 1998
Potrero (SSalCac 42)	42=4-20		1444 (1537) 1954	Williams y D'Altroy 1998
Campo Colorado	(SSalLap 2)	1895+70		Tarragó 1980:33

Tabla 1: Dataciones radiocarbónicas publicadas para los sitios del norte y centro del Valle Calchaquí.

limitado de sitios de los Períodos de Desarrollos Regionales e Inka han sido datados, varios sitios han arrojado un número de fechas consistentes que demuestran una ocupación que se prolonga por varios siglos.

Para el Período de Desarrollos Regionales, la evidencia muestra que Borgatta (SSalCac 16) y Valdéz (SSalCac 12) estaban ambos ocupados a fines del siglo XII; otras fechas calibradas para ambos sitios muestran una ocupación continuada en el siglo XIII. Este patrón indica ocupaciones contemporáneas durante la fase temprana del Período de Desarrollos Regionales (comenzando ca. AD 950[4]).

Fechas recientemente obtenidas para Potrero de Payogasta (SSalCac 42), uno de los dos grandes centros Inka en el norte del Valle Calchaquí, plantean interrogantes respecto a la cronología exacta de la intrusión Inka (Williams y D´Altroy 1998). Estas dataciones radiocarbónicas recientes caen en dos grupos; el primer grupo de cinco fechas pose en valores medios que van desde AD 1426 a 1537. Otras dos fechas tienen valores medios mucho más tempranos, de AD 1283 y 1287. Las excavaciones estratigráficas en Potrero revelaron profundos depósitos (hasta 2 m). En varias partes del sitio, dos niveles se encontraban separados por una capa quemada situada inmediatamente por debajo de los cimientos de la arquitectura superficial. Esto sugiere una ocupación más temprana subyacente la componente principal del Período Inka, lo que coincide con la distribución de las fechas radiocarbónicas en dos grupos separados por alrededor de un siglo.

La evidencia radiocarbónica señala la posibilidad de una ocupación más temprana (durante el Período de Desarrollos Regionales tardío) en Potrero de Payogasta. También plantea interesantes preguntas sobre la época de la conquista Inka, que pudo haber tenido lugar algunas décadas antes que las estimaciones tradicionales de 1460 a 1480. Las investigaciones sobre el momento de la conquista Inka se encuentran actualmente en curso; aunque una discusión más detallada se encuentra fuera del alcance de este trabajo, los lectores interesados deberían ver Nielsen (1997) y Williams y D´Altroy (1998).

Desde la perspectiva de la evidencia radiocarbónica, existen todavía una cantidad de problemas por resolver. Los interrogantes no sólo conciernen al momento de la conquista Inka, sino también a la fecha de inicio de la fase tardía del Período de Desarrollos Regionales. En la Quebrada de Humahuaca al norte, Nielsen (1997) ha documentado cambios dramáticos en la localización de los asentamientos que tuvieron lugar alrededor de AD 1300, quizás en respuesta a conflictos. Existen ciertas evidencias de un cambio semejante en el norte del Valle Calchaquí, pero no contamos aún con fechas radiocarbónicas para datar estas transformaciones en el patrón de asentamiento. Las fechas tempranas para Potrero de Payogasta antes mencionadas podrían corresponder a un cambio en la localización de los asentamientos en el valle durante el siglo XIII, aunque mayor cantidad de evidencias serán necesarias para confirmar estos paralelos.

Hidratación de Obsidiana

A través de análisis de hidratación de obsidiana se ha obtenido nueva información cronológica para el Valle Calchaquí. La obsidiana, un vidrio volcánico, tuvo que ser traída de fuentes fuera del valle, puesto que no hay fuentes conocidas dentro de la región. Aún así, la obsidiana se encuentra en casi todos los sitios del Valle Calchaquí, en forma de puntas de proyectil, lascas u otros desechos.

La datación mediante hidratación de obsidiana se basa en el principio de que los iones de agua se difunden en las obsidianas riolíticas a un ritmo que puede ser medido (Freter 1993; Michels 1973). Cuando un trozo de obsidiana es partido durante la producción o uso de instrumentos, una nueva superficie queda expuesta al ambiente y comienza a absorber agua. El frente de difusión puede ser observado al microscopio en un corte delgado y el grosor de la porción hidratada puede medirse (en micrones). Mientras más tiempo ha sido expuesta una superficie al aire, mayor será el espesor de esta pátina. Por lo tanto, compilando el rango de espesores de las porciones hidratadas de diferentes fragmentos de obsidiana de un sitio, puede obtenerse una estimación de la duración de la ocupación. En forma similar, las comparaciones de espesores de pátinas de obsidianas de diferentes sitios puede contribuir al desarrollo de una secuencia relativa para la región.

Los desechos de obsidiana empleados en este estudio cronológico incluyen gran cantidad de fragmentos procedentes de colecciones superficiales y una proporción menor procedente de excavaciones (DeMarrais 1997). Estas diferencias de contexto son importantes ya que el ritmo de difusión puede ser afectado por factores externos, como humedad y temperatura, así como por la composición interna de la obsidiana. Sin embargo, resultados recientemente obtenidos de contextos excavados son comparables a los valores observados en colecciones superficiales. Por lo tanto, el método parece generar mediciones confiables y útiles para desarrollar una cronología relativa que puede ser empleada junto con la evidencia radiocarbónica.

Las Figuras 5-7 muestran los resultados de hidratación de obsidiana para los siguientes sitios: Buena Vista (SSalCac 87), Ruiz de los Llanos (SSalCac 10), Corral del Algarrobal (SSalCac 27), Borgatta (SSalCac 16), Valdez (SSalCac 12) y Potrero de Payogasta (SSalCac 42). Los valores de hidratación están expresados en micrones; para el período agrícola en el Valle Calchaquí, el rango de valores se extiende desde alrededor de 5,0 micrones (lo más temprano) hasta 0,9 micrones (lo más reciente). La Figura 5 muestra los resultados para Buena Vista y Ruiz de los Llanos en el Río Calchaquí, dos sitios de los que se cree que tuvieron componentes Formativos y de los Desarrollos Regionales tempranos. Como muestra el histograma, los valores de hidratación para estos sitios se agrupan entre 5,0 y 3,0 micrones.

Por contraste, las mediciones de hidratación de obsidiana para los sitios de Cachi Adentro Corral del Algarrobal y Borgatta sugieren una ocupación más reciente (Figura 6). Borgatta ha sido fechado por radiocarbono en el Período de Desarrollos Regionales (ver Tabla 1). Los valores de hidratación de obsidiana para este sitio se agrupan entre 3,1 y 2,1 micrones (con algunos valores marginales alrededor de 1,0 micrón). No se han publicado dataciones radiocarbónicas para Corral del Algarrobal, pero la evidencia de la obsidiana sugiere que este sitio también fue ocupado durante el Período de Desarrollos Regionales. La dispersión de valores en un rango más amplio, de 3,8 a 1,9 micrones (excluyendo posibles valores marginales) sugiere la posibilidad de que el sitio haya estado ocupado un poco antes que Borgatta, tal vez durante el final del Período Formativo. Ambos sitios en Cachi Adentro cuentan con ocupaciones substanciales durante la fase temprana del Período de Desarrollos Regionales, tal vez iniciada alrededor de AD 950-1000.

Finalmente, la Figura 7 muestra la distribución de valores de hidratación para Valdez, sobre el Río Calchaquí, y para Potrero de Payogasta, el centro Inka. Las tendencias en Valdez sugieren una ocupación prolongada que abarca los Períodos Formativo, de Desarrollos Regionales e Inka. Potrero, por su parte, muestra un agrupamiento relativamente estrecho de valores de hidratación de obsidiana entre 2,2 y 0,9 micrones; este sitio puede haber tenido una ocupación relativamente breve durante el Período de Desarrollos Regionales, seguida de una ocupación más intensa durante el Período Inka.

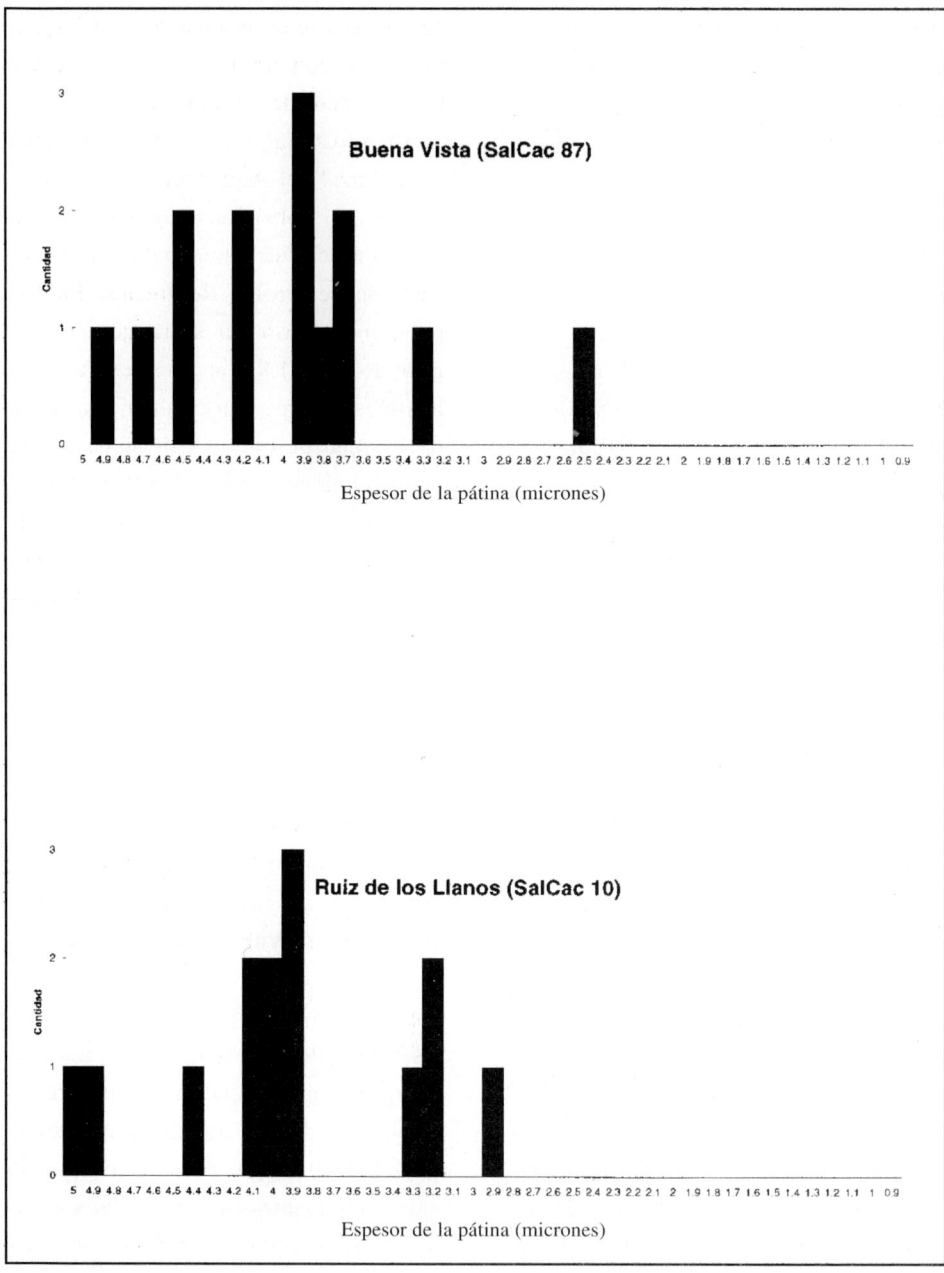

Figura 5: Resultados de la hidratación de obsidiana para los sitios

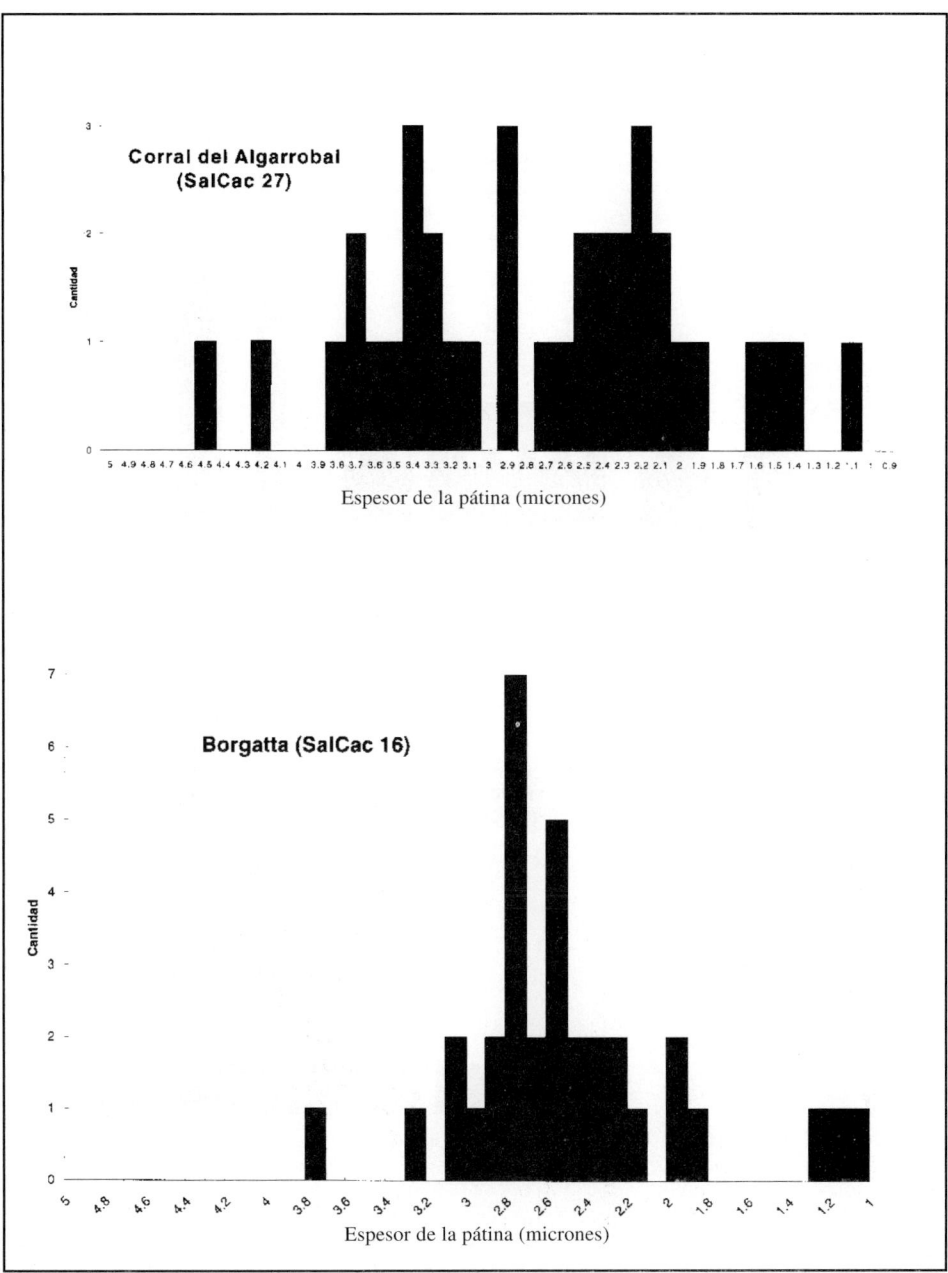

Figura 6: Resultados de la hidratación de obsidiana para los sitios de Corral del Algarrobal (arriba) y Borgatta (abajo).

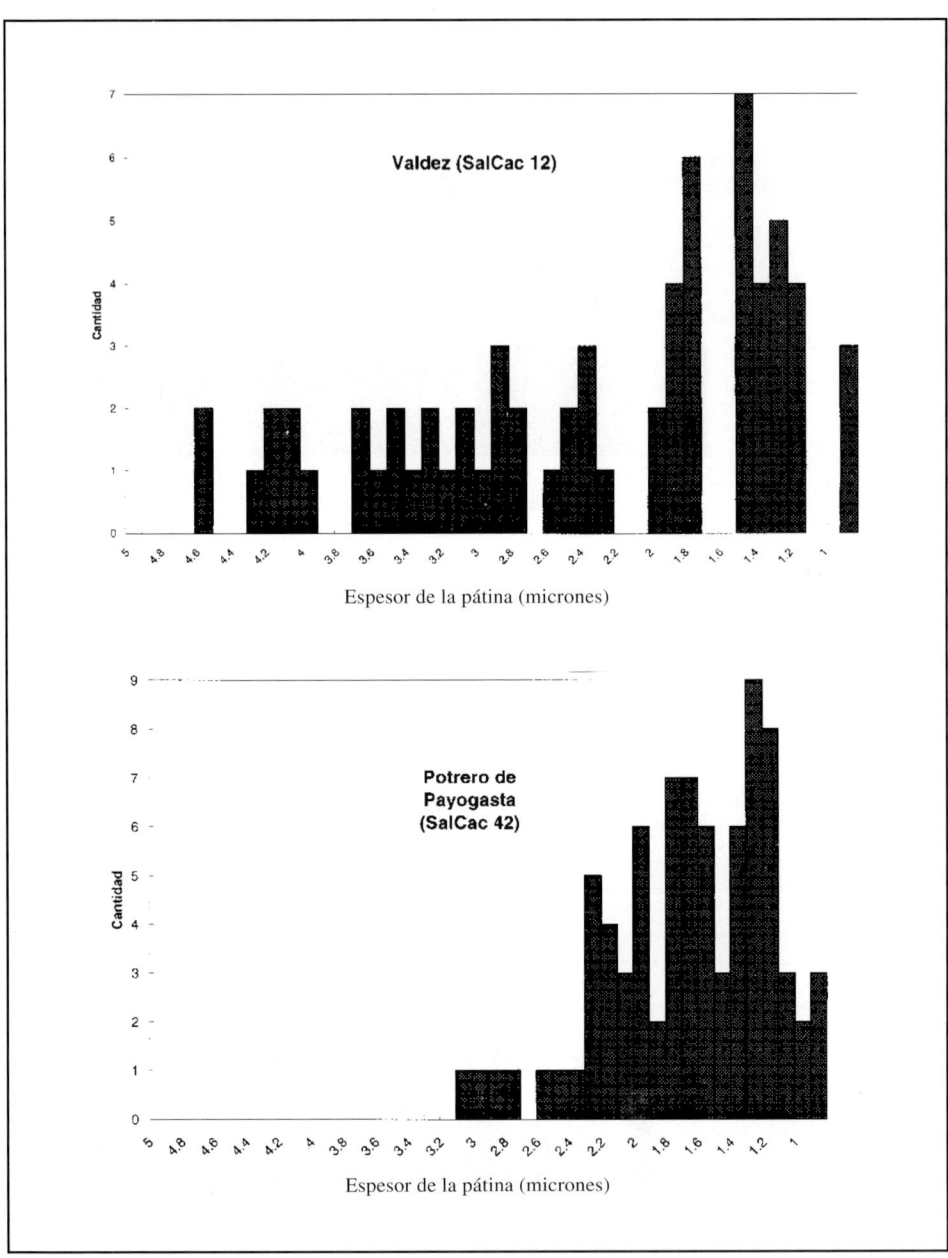

Figura 7: Resultados de la hidratación de obsidiana para los sitios de Valdez (arriba) y Potrero de Payogasta (abajo).

En este caso, los datos de la obsidiana reflejan el patrón observado en la evidencia radiocarbónica.

Los datos de hidratación de obsidiana, entonces, parecen confirmar los resultados obtenidos mediante la datación radiocarbónica. Más aún, la evidencia de la obsidiana sugiere cambios regionales en el patrón de asentamiento. De acuerdo a los datos de obsidiana, las ocupaciones más tempranas estaban concentradas a lo largo del Río Calchaquí en Buena Vista, Valdez y Ruiz de los Llanos. En Cachi Adentro, Corral del Algarrobal puede haber estado ocupado antes que Borgatta, tal vez hacia fines del Período Formativo. Sin embargo, tanto Borgatta como Corral del Algarrobal fueron ocupados principalmente durante el Período de Desarrollos Regionales. Estos sitios muestra sólo evidencia limitadas de ocupaciones de la época Inka.

Los datos de obsidiana también muestran con claridad que el sitio Potrero de Payogasta estuvo ocupado principalmente durante el período Inka. Finalmente, los resultados de hidratación muestran que el sitio de Valdez, en el Río Calchaquí, tuvo el lapso de ocupación más prolongado, aunque los valores tienden a concentrarse hacia el final de la secuencia, sugiriendo una ocupación mayor durante el Período de Desarrollos Regionales tardío y el Período Inka.

Hasta el momento, el Período Hispano-Indígena (AD 1536-1664), que siguió a la conquista hispana, no ha sido fácil de reconocer. Una de las fechas obtenidas para Potrero de Payogasta (ver Tabla 1) tiene un punto medio de 1537, lo que significa que la ocupación del sitio puede haber continuado durante el período de resistencia que siguió al arribo de los españoles. Cerámica y otros materiales de este período han sido encontrados, aunque en muchos sitio el reconocimiento de elementos de esta fase sigue siendo problemático.

El estudio y síntesis de la cronología del Valle Calchaquí está en proceso, pero los resultados aquí presentados sugieren que el trabajo con hidratación de obsidiana puede contribuir a refinar la secuencia para la era prehispánica. En las próximas secciones se consideran el patrón de asentamiento regional, la organización de las comunidades y la cultura material. La exposición se desarrolla en orden cronológico, abarcando los Períodos Formativo (200 a.C.-AD 950), de Desarrollos Regionales (AD 950-1430) e Inka (AD 1430-1536).

PERIODO FORMATIVO (200 a.C. al AD 950)

Trabajos anteriores (descriptos más arriba) han establecido que un giro gradual hacia la agricultura se inició ya en el 200 o 100 a.c., cuando pequeñas aldeas sin planeamiento se establecieron en abanicos coluviales a lo largo del río principal. Estos sitios se ubicaban junto a las tierras a lo largo de las terrazas fluviales más bajas que podían ser fácilmente inundadas para la agricultura (Tarragó 1978). Actualmente se considera al Período Formativo como un lapso prolongado que supera los 1000 años.

Patrón de Asentamiento

Las prospecciones a lo largo del Río Calchaquí permitieron recuperar cerámica del Período Formativo en pequeñas aldeas (en su mayoría de menos de una hectárea) situadas cerca de sectores cultivables en el lecho del Río Calchaquí. Los sitios formativos son los más difíciles de estudiar a partir del examen superficial, ya que tienden a estar dañados o enterrados por actividades posteriores. Sin embargo, la prospección superficial reveló el espaciamiento de los sitios formativos, que pudieron ser identificados por la presencia de cerámica y otros materiales. Un grupo de aldeas formativas se encontró cerca de la confluencia de los Ríos Blanco, Calchaquí y Potrero, cerca de la localidad moderna de Buena Vista (ver Figura 2). La cerámica, que incluía fragmentos de pipas pulidas e incisas, así como vasijas utilitarias pulidas en gris y castaño, proporcionó los mejores indicadores de ocupaciones formativas en esta área. Esta cerámica se considerada en mayor detalle más adelante; algunos ejemplos se ilustran en la Figura 8.

Desafortunadamente, la arquitectura formativa no está bien documentada, ya que muchos sitios formativos fueron nuevamente ocupados durante los Períodos de Desarrollos Regionales e Inka, y por lo tanto los vestigios superficiales típicamente muestran reconstrucción y modificaciones por parte de habitantes posteriores[5].

La cerámica formativa, recuperada en bajas cantidades en las quebradas del alto Río Las Arcas y Las Pailas (Tarragó 1980:44), y en la quebrada del Río Las Trancas (DeMarrais 1997), también sugiere una densidad de ocupación baja en Cachi Adentro. Evidencias menos seguras sugieren la presencia de aldeas formativas en el drenaje del Río Potrero, pero la confirmación de esta conclusión requiere mayores investigaciones. Los sitios formativos se encuentran hasta La Poma por el norte, aparentemente en

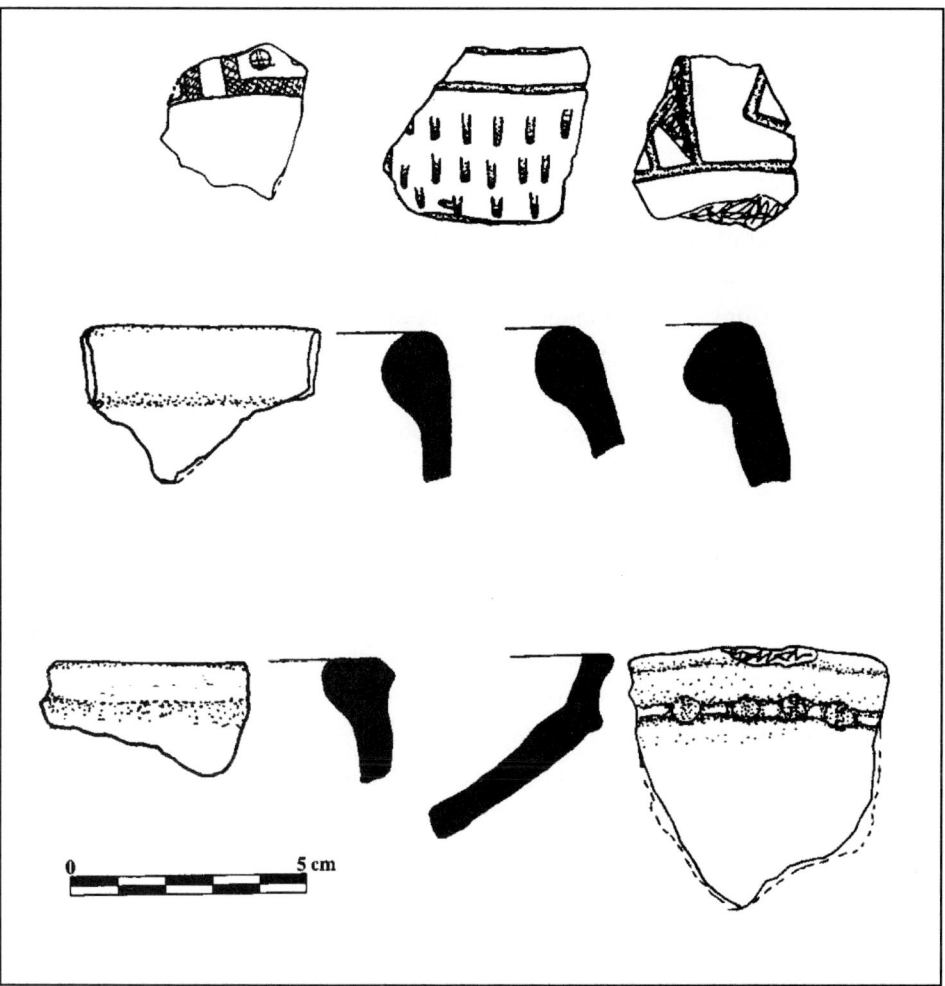

Figura 8: Ejemplos de pipas formativas (hilera superior), bordes de ollas sin cuello (hilera media) y otras formas abiertas (hilera inferior). El fragmento de pipa arriba a la izquierda procede de Las Pailas (SSalCac 18). Los demás tiestos son de una aldea formativa cerca de Buena Vista (s/n), a excepción del borde en el ángulo inferior izquierdo, que es de Buena Vista (SSalCac 87).

momento tempranos, como lo sugiere la excavación y mapeo por Tarragó (1980) del sitio de Campo Colorado (SSalLap 2), que se ubica 10 km al norte de la moderna población de La Poma. El sitio produjo una fecha radiocarbónica de AD 55.

La distribución regional de sitios durante el Período Formativo se conforma a un patrón no azaroso. A lo largo del Río Calchaquí, el espaciamiento de los asentamientos formativos muestra una tendencia obvia al emplazamiento de los sitios junto a pequeñas áreas (1-3 ha) de tierras irrigables en el lecho del río. Más aún, el conjunto de aldeas alrededor de Buena Vista puede ser explicado por la presencia de la existencia de una amplia faja de tierra cultivable en el lecho fluvial donde se unen los Ríos Potrero y Calchaquí. El suelo fértil depositado en esta faja ancha y llana del lecho del río cubre un área de 1220 ha, formando así la mayor extensión de tierra cultivable a lo largo del Río Calchaquí en toda la zona de estudio. Las aldeas formativas que se encuentran alrededor en las terrazas bajas, normalmente entre 10 y 25 m por encima del lecho, dominando visualmente los campos, fueron evidentemente ubicadas aquí para aprovechar este importante recurso.

Al norte de Buena Vista, el Río Calchaquí se estrecha y la tierra cultivable se torna más escasa. Como podría esperarse, las aldeas se encuentran también más separadas. Los asentamientos a lo largo de este tramo rara vez superan las dos hectáreas y en su mayoría son más pequeños. Hacia el sur, cerca de Cachi, la faja irrigable a lo largo del Río Calchaquí también es más estrecha, por lo que decrece la densidad de asentamientos. Sin embargo, las aldeas formativas se disponen a intervalos regulares a lo largo del Río Calchaquí, así como en los alrededores de los arroyos Molle y Quipón, cursos de agua permanente en la margen oriental (ver Figura 2). Se encuentran sitios a lo largo de cada una de estas fuentes de agua. Los habitantes de esta zona tendrían además acceso a las áreas de caza en el piedemonte del Cerro Tintin.

La margen occidental del Río Calchaquí consiste en altas barrancas que se elevan abruptamente sobre el lecho del río (ver Figura 3). Mientras que la cima de estos acantilados han brindado escasas evidencias de aldeas formativas, los acantilados desaparecen hacia el sur, cerca de la actual Cachi. Allí, en las terrazas bajas se encontró un importante cementerio formativo (Salvatierra, SSalCac 91), donde se obtuvieron numerosas botellas y escudillas negras pulidas durante las excavaciones auspiciadas por el Museo Arqueológico de Cachi.

Dado que resulta difícil estudiar los sitios del Período Formativo a partir de los restos de superficie, serán necesarias mayores excavaciones para expandir nuestro conocimiento de este largo período de vida aldeana temprana. Las prospecciones permitieron identificar otros asentamientos, particularmente cerca del sector con mayor cantidad de tierra cultivable a lo largo del río principal. La excavación y datación de estas aldeas reviste una alta prioridad para el estudio de esta poco conocida fase de agricultores tempranos.

Cerámica

La cerámica formativa del norte del Valle Calchaquí es descripta por Tarragó (1980) en su informe sobre las excavaciones en el sitio de Campo Colorado (RC-70, SSalLap 2), situado en la margen occidental del Río Calchaquí, al norte de La Poma. Tarragó define la tradición cerámica de Campo Colorado en base a la recuperación de cerámica con pastas medianas a relativamente finas, normalmente de color gris (resultado de la cocción en atmósfera reductora). Las superficies están a menudo pulidas y algunas vasijas (y pipas) tienen decoración incisa. Campo Colorado Negro Pulido posee gran densidad de inclusiones y varias formas diagnósticas, incluyendo cántaros globulares con un cuello cilíndrico estrecho y un asa correa vertical adherida al hombro. Otras formas incluyen jarras cilíndricas con asas verticales (ver ilustraciones en Tarragó y De Lorenzi 1976). Tarragó también describe dos estilos con pastas más finas y decoraciones más elaboradas: Campo Colorado Líneas Bruñidas, con líneas horizontales y verticales sobre una superficie pulida, Campo Colorado Exciso, con diseños incisos.

Los equipos de prospección del PAC trabajaron sólo con recolecciones superficiales, por lo que sólo recuperaron fragmentos cerámicos (antes que vasijas enteras) de los sitios formativos. Muchos de los tiestos recuperados en la zona del valle medio cerca de Buena Vista y Valdez se parecen a los estilos de Campo Colorado. Aunque es difícil reconstruir formas completas a partir de fragmentos, los fragmentos de borde de esta zona sugieren la presencia de una olla sin cuello (ver Figura 8), además de botellas globulares Negras Pulidas, jarras cilíndricas y escudillas abiertas. También son comunes los cuerpos de vasijas utilitarias grises y castañas pulidas. Muchos tiestos se encontraron en asociación con fragmentos de pipas incisas (Figura 8).

El Formativo tardío o Período Medio (AD 650-900), es la menos conocida de las fases cerámicas del norte del Valle Calchaquí y, en ausencia de fechas radiocarbónicas, es poco lo que puede agregarse. Más al sur y hacia el este, La Aguada, una tradición caracterizada por fina cerámica y metalurgia elaborada, y La Candelaria, en el Valle de Lerma, han sido más estudiadas. Estas tradiciones son la base para la definición del Período Medio en aquellas áreas (González y Pérez 1972). Sin embargo, tanto Baldini (1981-82:171) como Tarragó (1980) creen que Aguada no se extendió hasta el norte del Valle Calchaquí; ubican el límite norte de Aguada cerca de Seclantás. Los resultados de las prospecciones confirman esta conclusión.

PERIODO DE DESARROLLOS REGIONALES (AD 950-1430)

El momento preciso del tránsito del Período Formativo al de Desarrollos Regionales es objeto de debate, aunque muchos arqueólogos ubican esta transición entre AD 850 y 1000. El Período de Desarrollos Regionales (AD 950-1430) es conocido como un lapso de rápido crecimiento demográfico e intensificación agrícola. Durante esta era hay también un marcado aumento de la complejidad social en todo el Noroeste argentino (Raffino y Cigliano 1977), como lo atestiguan materiales finamente elaborados que se encuentran en cementerios y asentamientos residenciales. Se introdujeron nuevas variedades de maíz, porotos, calabazas y tubérculos, incrementando así el rendimiento de la agricultura (Tarragó y De Lorenzi 1976), mientras que la realización de grandes proyectos de aterrazamiento e irrigación permitieron expandir el área total disponible para el cultivo.

El surgimiento de las diferencias de rango social y las jerarquías políticas durante el Período de Desarrollos Regionales puede ser también inferido a partir de la sofisticación tecnológica de algunos artefactos encontrados en sitios como La Paya (SSalCac 1). Como se mencionó anteriormente, durante las excavaciones de Ambrosetti a comienzos del siglo XX en este sitio se recuperaron objetos de oro (un ornamento cefálico y varios alfileres), numerosas hachas de bronce, cuchillos, cinceles y otras piezas decorativas y herramientas. Las tumbas contenían también vasijas cerámicas con elaborada decoración (Ambrosetti 1902; Sommer 1948; Calderari sf; González y Díaz 1992). Muchos de los objetos de metal fueron aparentemente fabricados para ser exhibidos antes que utilizados, sugiriendo que los bienes de prestigio o de valor eran importantes para negociar y establecer la desigualdad social, como así también para financiar actividades políticas. La destreza y conocimiento tecnológico que muestran muchos objetos sugieren también cierto grado de producción artesanal especializada (González 1979; Pollard 1981).

Evidencias de metalurgia han sido recuperadas en varios otros sitios locales, incluyendo Borgatta (SSalCac 16), Corral del Algarrobal (SSalCac 27) y Valdez (SSalCac 12). Estas evidencias comprenden crisoles y moldes (usados para procesar metales y formar lingotes), así como recortes de metal y otros desechos (indicando las etapas finales del proceso productivo). Los objetos terminados son relativamente escasos, probablemente porque estos valiosos objetos eran cuidadosamente conservados y eventualmente colocados en tumbas. Otras actividades artesanales están representadas por torteros, malaquita y moluscos (ambos empleados para cuentas de collar), instrumentos de obsidiana y hojas de mica perforadas en forma de pequeños discos, tal vez empleados como decoración en vestimentas (Earle 1994).

Mientras que la diferenciación social era marcada por la inclusión de estos valiosos objetos en tumbas, el Período de Desarrollos Regionales probablemente incluyó también una cantidad de proyectos cooperativos destinados a incrementar la productividad agrícola. En Cachi Adentro, muchas de las terrazas y canales de irrigación en la porción superior de la quebrada muestran tecnologías simples pero que demandan gran cantidad de mano de obra. Es posible que algunas de estas obras fueran ejecutadas por los miembros de comunidades locales trabajando en coordinación, tal vez bajo la dirección de un líder local. Muchas preguntas aguardan ser contestadas a través de un estudio detallado de las terrazas agrícolas, particularmente del complejo de terrazas de cultivo de Las Pailas que se extiende por más de 500 ha en la porción superior de la quebrada del Río Las Arcas (Figura 2).

Será importante en el futuro estimar, no sólo el trabajo invertido en la construcción de los complejos de terrazas de Cachi Adentro, sino también el ritmo de construcción. Dado que las ocupaciones más intensivas de Borgatta y Corral del Algarrobal datan del Período de Desarrollos Regionales, es posible que algunas de las terrazas hayan sido construídas y utilizadas en esta época. Sin embargo, los trabajos de aterrazamiento eran también emprendimientos comunes bajo la dominación Inka. Hasta datar los principales episodios de construcción de terrazas, esta posibilidad debe ser tenida en cuenta. No obstante, la gran población que residía en Cachi Adentro durante el Período de Desarrollos Regionales sugiere que algunas partes del complejo anteceden a la conquista Inka.

Patrón de Asentamiento

Los sitios del Período de Desarrollos Regionales son más grandes y están mejor preservados que los del Período Formativo. Por lo tanto, se pueden identificar dos cambios claros en el patrón de asentamiento regional. Primero, las pequeñas aldeas y viviendas aisladas a lo largo de la margen occidental del Río Calchaquí fueron abandonadas, mientras que comunidades de mayor tamaño fueron establecidas en las terrazas bajas de la margen oriental, inmediatamente por encima de la faja irrigada. Entre los sitios del Período de Desarrollos Regionales temprano se encuentran Buena Vista (SSalCac 87, ver más adelante) y Ruiz de los Llanos (SSalCac 10). Al mismo tiempo, la localización de los sitios estaba aún fuertemente influenciada por el ancho de la faja cultivable en el cauce del río; el acceso a tierras aptas para la agricultura continuó siendo el principal factor condicionante de la localización de asentamientos a lo largo del río principal.

El segundo cambio significó el movimiento de mayor cantidad de gente hacia las quebradas tributarias, donde se establecieron nuevas aldeas y centros. Esto puede ser visto más claramente en el aumento substancial del número de sitios a lo largo de los Ríos Las Trancas, Las Arcas y Las Pailas en Cachi Adentro. Como se discutió anteriormente, la secuencia de hidratación de obsidiana sugiere que el movimiento hacia Cachi Adentro (en Corral del Algarrobal, por ejemplo) puede haber comenzado hacia el final del Período Formativo. Al inciarse el Período de Desarrollos Regionales, tanto Borgatta (SSalCac 16) como Corral del Algarrobal (SSalCac 27), como así también los asentamientos que los rodean, poseían poblaciones de considerable tamaño.

En otras partes del valle, sin embargo, las evidencias del Período de Desarrollos Regionales es menos clara. El drenaje del Río Potrero puede haber albergado asentamientos pequeños o dispersos al comienzo del Período, aunque carecemos de evidencias para demostrarlo concluyentemente. Los equipos de prospección tampoco encontraron mayores evidencias de sitios del Período de Desarrollos Regionales temprano en el área alrededor de La Poma. A pesar de la falta de evidencia, también pueden haber habido pequeñas ocupaciones en esta zona.

Los sitios del Período de Desarrollos Regionales temprano varían también en tamaño y trazado interno. La creciente complejidad y tamaño de algunos sitios sugiere la emergencia de jerarquías políticas en esta época. Por ejemplo, Borgatta (SSalCac 16), Corral del Algarrobal (SSalCac 27) y Valdez (SSalCac 12) crecieron para convertirse en grandes comunidades que funcionaron como centros regionales, cada uno de ellos el centro de una entidad política pequeña e independiente. Aunque estos sitios varían tremendamente en escala y organización interna, poseen arquitectura -plazas, plataformas de tierra y otras construcciones no residenciales- que probablemente sirvió de escenario para actividades ceremoniales y reuniones públicas en las que participaban grandes audiencias (ver más abajo).

En base a las diferencias emergentes entre centros regionales y aldeas pequeñas que los rodean, para la fase temprana del Período de Desarrollos Regionales se puede proponer una jerarquía de asentamientos con dos niveles. Los cambios en las dimensiones de los sitios a lo largo del tiempo son difíciles de establecer, ya que todos estos sitios tuvieron ocupaciones prolongadas y multi-componentes que continuaron en el Período Inka. Sin embargo, el agrupamiento de fechas tempranas (siglo XIII), tanto radiocarbónicas (Tabla 1) como de hidratación de obsidiana (Figuras 5-7), indican la existencia de centros regionales rodeados por aldeas menores[6] tempranamente en el Período de Desarrollos Regionales. La inferencia basada en el patrón de asentamiento indica varios miles de habitantes que estaban cada vez más integrados bajo alguna forma de autoridad centralizada. Esto queda reflejado no sólo en las diferencias de escala entre asentamientos, sino también en las altas densidades de cerámica decorada, espacios públicos y otras actividades artesanales en Valdez, Borgatta y Corral del Algarrobal (DeMarrais 1997).

Durante la fase tardía del Período de Desarrollos Regionales, los patrones de asentamiento cambiaron nuevamente, probablemente en respuesta a un conflicto creciente o un estado crónico de enfrentamientos. Este cambio significó el desplazamiento de los asentamientos a lugares más altos y estratégicos sobre terrazas elevadas, especialmente a lo largo del Río Calchaquí. En Cachi Adentro, donde los sitios están mejor protegidos por las montañas circundantes (Figura 4), este cambio no es tan evidente. Sin embargo, algunos asentamientos de la fase más tardía en Cachi Adentro tienen muros de circunvalación, posiblemente fortificaciones, que sugieren una preocupación creciente por la defensa.

Como se mencionó anteriormente, Nielsen (1997) sostiene que alrededor del AD 1300 en la Quebrada de Humahuaca, el patrón de asentamiento experimentó un cambio dramático en respuesta al conflicto. Aunque no podemos asumir directamente un proceso paralelo en el Valle Calchaquí, hay una tendencia hacia la ocupación de lugares más estratégicos y defendibles durante la fase más tardía del Período de Desarrollos Regionales.

Un cambio relacionado durante la fase tardía del Período de Desarrollos Regionales implicó un incremento en el *tamaño* de las comunidades. El número total de asentamientos a lo largo del Río Calchaquí aumentó, al igual que en Cachi Adentro. Más áreas marginales hacia el norte fueron ocupadas y Valdez creció hasta alcanzar casi 70 ha, convirtiéndose en el asentamiento más extenso del Valle (aunque tal vez no todas las unidades residenciales de este sitio hayan estado ocupadas en forma contemporánea). Los sitios de Borgatta y Corral del Algarrobal se tornaron más complejos e internamente diferenciados, y una cantidad de nuevas aldeas se establecieron sobre los conos aluviales aguas arriba de Borgatta.

También se instalaron grandes asentamientos (o crecieron en tamaño) a lo largo del Río Calchaquí, incluyendo RC-30 (SSalCac s/n), una extensa aldea de 48 ha de montículos semejante a Valdez. Este sitio, ubicado en los altos acantilados que dominan el Río Calchaquí cerca de la moderna Payogasta, ocupa una gran área. El sitio recuerda a Valdez, aunque la menor altura de los montículos y los escasos restos superficiales sugieren un lapso de ocupación más breve. Su ubicación es estratégica y su tamaño sugiere que la escala de los conjuntos de sitios continuó aumentando durante el Período de Desarrollos Regionales tardío. El sitio de Ruiz de los Llanos (SSalCac 10) en el valle medio, también parece haber sido abandonado; dos aldeas más pequeñas (5-7 ha) se establecieron en la terraza más alta, directamente por encima de este sitio. Estas localizaciones más elevadas cuentan con una vista clara hacia arriba y hacia abajo del valle, incrementando el potencial defensivo de estos sitios.

A pesar de estos cambios en la escala y localización de los asentamientos, la estructura de la jerarquía de sitios no cambió. Es decir, aunque los sitios aumentaron en tamaño y cantidad, el mismo patrón estructural -centros regionales rodeados por varias aldeas- continuó sin alteraciones. Esto significa que la jerarquía política y sus actividades, como se la infiere a partir de la diferenciación funcional entre sitios, continuó sin mayores cambios desde la fase temprana.

Más aún, mientras que nuevos factores afectaron la ubicación de las comunidades, incluyendo la defensa y la creciente necesidad de vigilancia, la localización de los sitios continuó dependiendo de la proximidad de tierras irrigables y el acceso al agua para riego.

Sitios y Arquitectura

El sitio de Buena Vista (SSalCac 87) ofrece un ejemplo de una aldea temprana a lo largo del Río Calchaquí. En este sitio se recuperó algo de cerámica formativa, por lo que seguramente fue ocupado por primera vez hacia fines del Formativo. Sin embargo, la mayor parte de su cerámica y de su arquitectura de superficie sugieren una ocupación durante la fase temprana del Período de Desarrollos Regionales. Se ubica sobre una terraza que domina visualmente la confluencia de los Ríos Calchaquí y Potrero, cerca de una amplia faja de tierra cultivable, pocos kilómetros al norte del pueblo moderno del mismo nombre (Figura 2).

La arquitectura visible superficialmente en Buena Vista consiste en recintos semi-subterráneos y montículos de tierra de poca altura. Los recintos son pozos de diferente forma y tamaño, excavados alrededor de un metro de profundidad en el terreno. Rocas planas marcan los lados del pozo formando un muro o cimiento bajo y ancho, a menudo compartido entre recintos vecinos. Los topes de estas paredes bajas de piedra sirvieron como senderos, permitiendo el paso entre recintos. El tamaño de los recintos varía entre alrededor de 6 x 6 m y 12 x 15 m, con algunos más grandes aún. Los recintos de este tipo, comunes en los sitios del Período de Desarrollos Regionales, han sido interpretados como residencias debido a su tamaño, su presencia en gran número en muchos sitios, y porque contienen residuos domésticos, vasijas de almacenaje e instrumentos de molienda, p.ej., morteros (Tarragó 1980). Actualmente no contamos con muchas evidencias arqueológicas sobre los materiales empleados para construir la parte superior de los muros y el techo. La superestructura probablemente consistió en barro o ramas, en tanto que los techos pudieron haber sido construídos de cañas cubiertas con una capa de barro (Serrano 1936). En general, la madera es escasa, aunque los cardones pueden haber proporcionado madera para las vigas del techo.

El plano del sitio de Buena Vista (Figura 9) muestra alrededor de 65 recintos semi-subterráneos que cubren un área de alrededor de 70 m de ancho por 300 m de largo. Los recintos fueron edificados en grupos de 6 a 15 estructuras separadas por espacios abiertos. Los espacios entre grupos de recintos contienen montículos bajos de tierra cubiertos con concentraciones de artefactos. Claramente, los recintos varían en tamaño a lo largo del sitio, con una tendencia de los recintos grandes a estar rodeados por otros pequeños. Este trazado puede indicar que los recintos grandes y centrales eran espacios sin techo a modo de plazas, utilizados para reuniones u otras actividades públicas. En el extremo sur del sitio, varios de estos recintos grandes se ubican hacia el borde de la terraza, donde dominan visualmente el río y los campos de cultivo. El mayor de estos recintos de gran tamaño mide 28,5 x 24 m; puede haber servido como un lugar de público de reuniones.

Otros rasgos arquitectónicos en Buena Vista, también comunes a muchos sitios del Período de Desarrollos Regionales, incluye los montículos de tierra en las esquinas de los recintos y distribuidos entre grupos de recintos. Muchos montículos poseen cistas de piedra insertas en ellos, probablemente empleadas como tumbas. Los montículos varían en tamaño; en Buena Vista el mayor de los montículos tiene seis metros de diámetro y se eleva 1,5 m.

Valdez (SSalCac 12) es un gran centro regional ubicado al sur de Buena Vista sobre la margen oriental del Río Calchaquí (Figura 10). Como se discutió anteriormente, Valdez estuvo ocupado, quizás en forma continua, desde el Formativo hasta época Inka. Situado sobre una terraza baja en el límite de la zona cultivable, se trata de un gran centro de población que creció para convertirse en el mayor sitio del norte del Valle Calchaquí. La arquitectura de Valdez es atípica para el Período de Desarrollos Regionales; el sitio consiste en montículos circulares u ovales en lugar de recintos. Las piedras para construcción son escasas en la vecindad inmediata de Valdez, lo que constituye la explicación más simple para la ausencia de arquitectura de este material en el sitio. Las excavaciones conducidas por el PAC en 1990 sugieren que algunos montículos fueron basureros, mientras que otros constituyen los restos de muros de viviendas colapsados, posiblemente construídos con adobe y/o ramas. La altura de algunos montículos (hasta 2,5 m), así como la densidad de los basureros que contienen, indican una larga historia de ocupación en Valdez.

El plano de Valdez muestra que los montículos de menor altura se disponen por lo general en grupos de tres a ocho rodeando plazas abiertas de 20-60 m de lado. En estos estos agrupamientos con plaza, los montículos bajos también forman arreglos lineales a lo largo del bor-

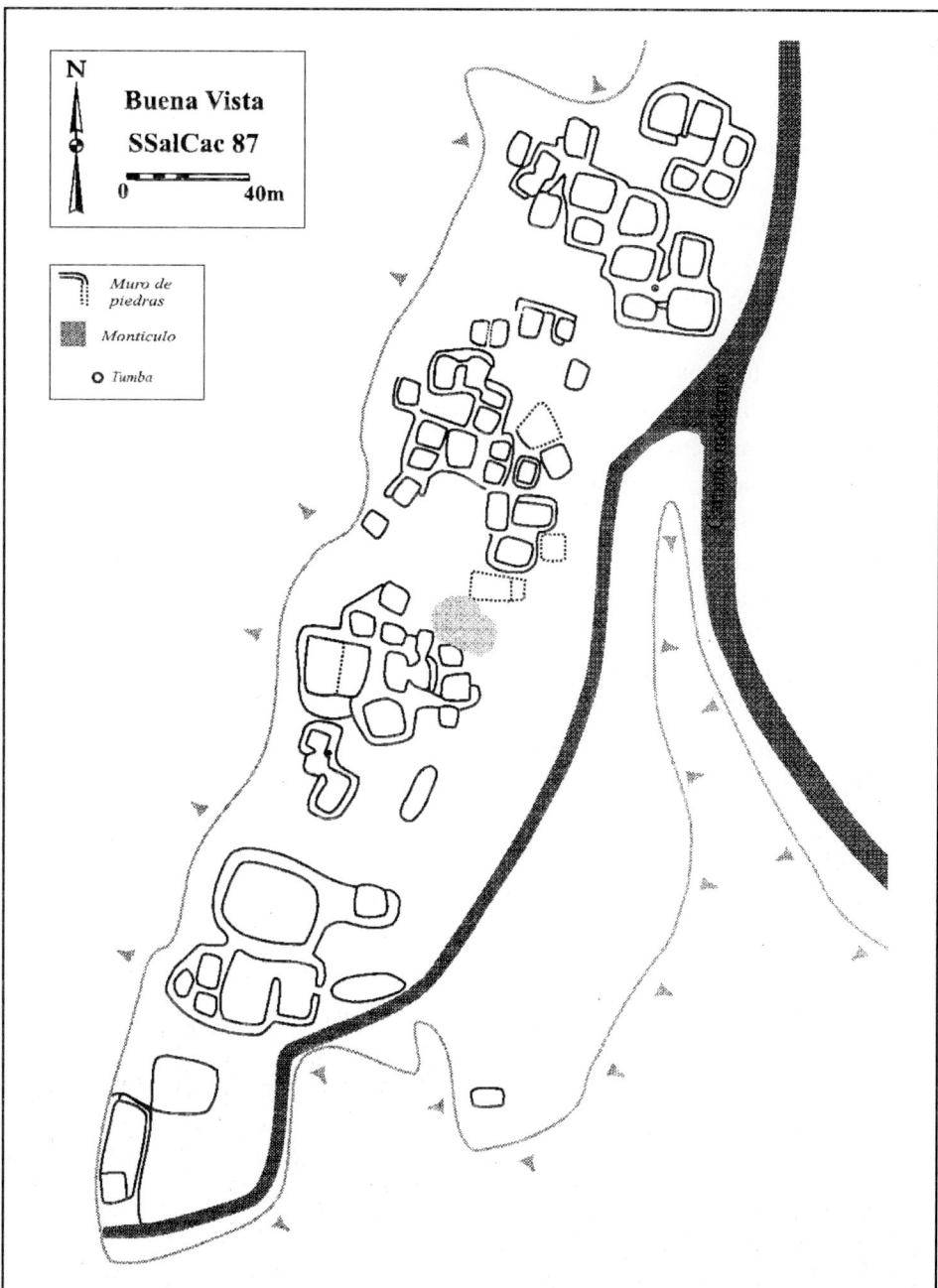

Figura 9: Plano del sitio Buena Vista (SSalCac 87).

de de una plaza, mientras que otros alineamientos se extienden a lo largo de los lados de varias plazas. Estos alineamientos varían entre 20 y 100 m de longitud. En la mayoría de los casos, los montículos bajos no superan los 30-50 cm de altura, por lo tanto difieren notablemente de los de mayor tamaño.

Por contraste, los montículos más altos tienden a formar distribuciones lineales de 200 o más metros de longitud a través de una porción significativa del sitio. Siete u ocho de los montículos más altos del sitio se disponen en forma paralela al borde septentrional del arroyo, formando una hilera de unos 200 m. Como grupo, estos son los montículos más altos del sitio, incluyendo uno que actualmente se eleva 2,5 m. Otros alcanzan alturas de 1,5 m por lo menos.

Generalmente, la altura de los montículos de crece con la distancia desde el centro del sitio. Aunque Valdez cubre un área extensa (70 ha), el tamaño y la frecuencia de los espacios abiertos entre montículos indican que la densidad residencial es menor (especialmente en comparación con la mayoría de los sitios con recintos, donde las viviendas están por lo general estrechamente agrupadas). Aquí, ocupaciones residenciales de baja densidad se extienden en un área de gran tamaño. Aún así, las dimensiones del sitio, su asociación con una cantidad de aldeas adyacentes y su larga secuencia ocupacional confieren a Valdez un papel prominente como centro regional en el valle.

Un marcado contraste surge cuando uno compara Valdez con Borgatta, en Cachi Adentro. Borgatta se ubica en la margen oriental del Río Las Arcas (Figura 2), donde cubre dos abanicos aluviales adyacentes, abarcando un área total de casi 20 ha. Su posición en la base de esta quebrada de gran tamaño y con una buena provisión de agua, permitió a sus habitantes monitorear el tránsito a través de una amplia extensión de tierra irrigable en Cachi Adentro. Quizás a causa de esta ventaja estratégica, el sitio creció hasta convertirse en uno de los asentamientos más grandes e internamente complejos en el norte del Valle Calchaquí. Más de 200 estructuras residenciales están densamente agrupadas, cubriendo la base del abanico coluvial y la porción inferior de las laderas de los cerros que lo rodean.

El sector norte de Borgatta es considerablemente menor que el densamente poblado sector principal al sur. El sector sur (que se muestra en el plano de la Figura 11) circunda una colina central y se extiende hacia arriba por la superficie coluvial hacia un arroyo estrecho, donde

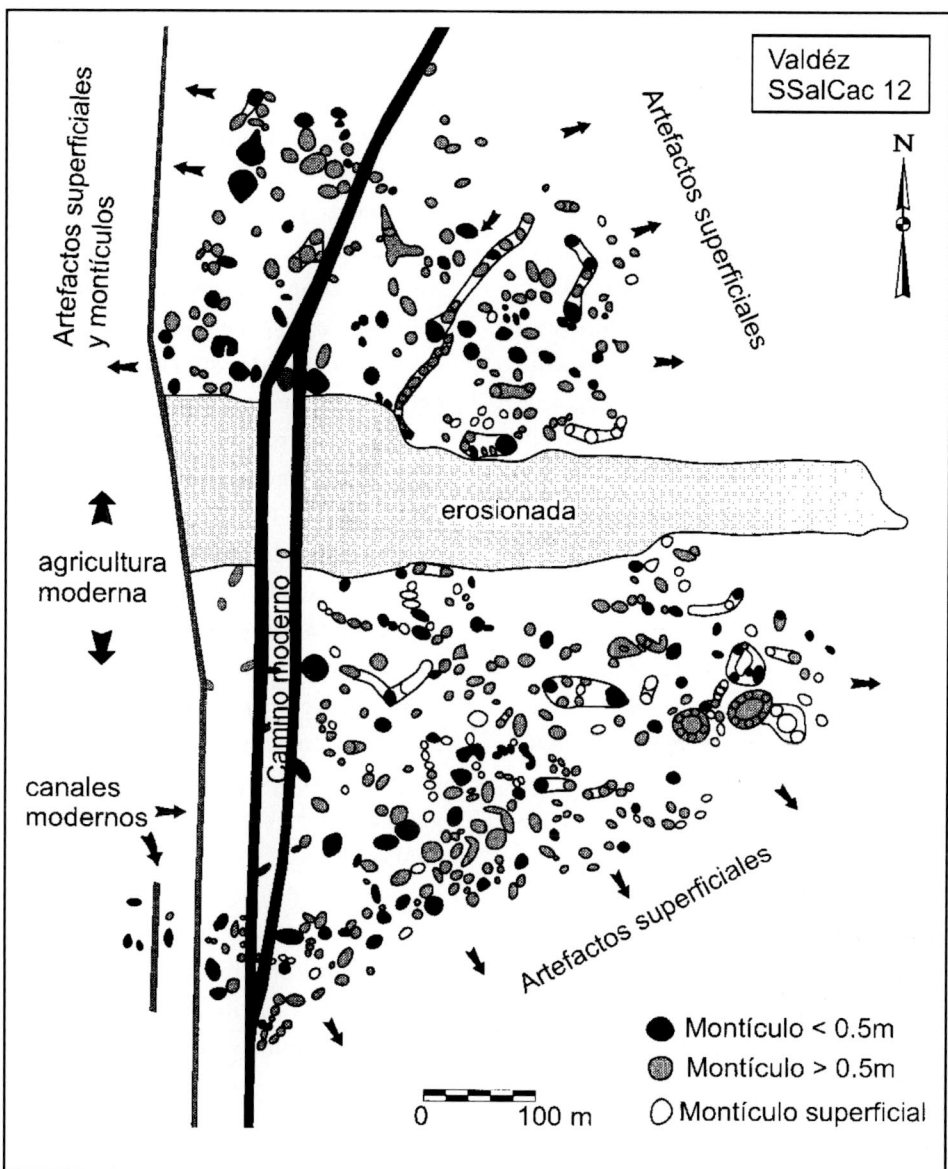

Figura 10: Plano del sitio Valdez (SSalCac 12).

Pollard (1983) identificó tres grupos de tumbas circulares. El sitio se extiende también hacia el oeste, cruzando la ruta moderna hacia el canal del río, aunque los campos agrícolas y las casas actuales cubren esta porción del sitio.

La zona más densamente ocupada por arquitectura residencial en Borgatta se encuentra al norte del drenaje que divide en dos el sector principal. Aquí, conjuntos de viviendas formando grupos de 20 a 30 recintos están separados por montículos de tierra que se elevan entre dos y cuatro metros y se extienden por 50 metros o más. Muchos de estos montículos elongados sirvieron como muros de contención que sostienen hileras de recintos construídos sobre terrazas. Varios conjuntos de recintos fueron relevados en detalle; sus paredes se muestran como líneas negras sobre el fondo blanco en el plano del sitio. Otras áreas con recintos, aún no relevadas, están representadas en el plano del sitio como sombreados grises claros. Algunos de los montículos elongados que dividen el sitio en sectores se muestran en gris oscuro.

El sitio recuerda a Buena Vista por la naturaleza de la arquitectura, aunque es mucho más grande y su trazado interno más complicado. Las formas de los recintos de vivienda varían significativamente, tal vez para adaptarse al terreno irregular y a la voluntad de compartir muros entre estructuras vecinas. El trazado resultante parece en gran medida desordenado y carente de planeamiento, a excepción de las terrazas construídas en la ladera. Estos recintos aterrazados parecen haber sido edificados durante un único episodio de construcción. Gran parte del sector norte, por ejemplo, se dispone sobre largas terrazas con muros de contención que son entre 1,3 y 2 metros de ancho. La nivelación de la terraza, la construcción del muro de contención pendiente abajo y la edificación de los recintos probablemente sucedieron durante un mismo evento y como resultado de un esfuerzo cooperativo. La anchas paredes de las terrazas forman senderos largos y estrechos que también facilitan la circulación dentro del sitio. Como resultado, el sector norte tiene una estructura más ordenada y regular que los recintos en la base del abanico coluvial.

Otros rasgos arquitectónicos visibles en Borgatta son los montículos de tierra. Como se describió anteriormente, se trata de montículos elongados que rodean y dividen conjuntos de recintos. Estos montículos representan una inversión de mano de obra considerable que pueden reflejar esfuerzos cooperativos bajo la supervisión de líderes. Muchos montículos siguen crestas naturales del

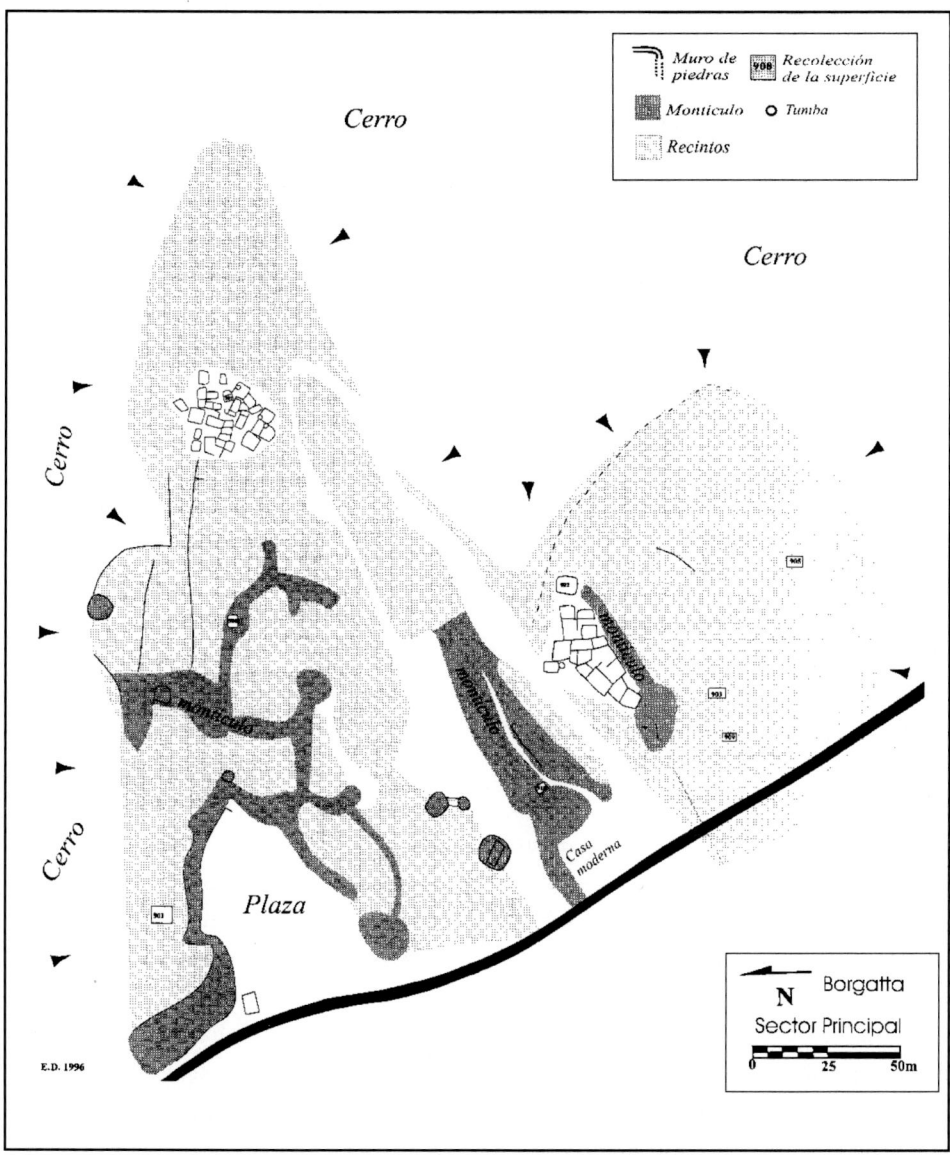

Figura 11: Plano parcial del sitio Borgatta (SSalCac 16).

terreno, otros poseen muros de retención internos, mientras que otros parecen ser acumulaciones de basura. En general, sin embargo, los montículos parecen ser construcciones deliberadas destinadas a facilitar el paso a través del sitio, a servir de muros de contención de terrazas y a subdividir el asentamiento en barrios residenciales.

En las intersecciones, donde se encuentran montículos elongados, se encuentran montículos circulares con relleno de tierra y rodados. Estos se elevan entre dos y cuatro metros y miden hasta 15 m de diámetro. Muchos tienen también paredes internas de retención, sugiriendo que eran construcciones deliberadas antes que simples acumulaciones de basura, aunque las excavaciones mostraron que la mayoría de los montículos también contienen gran densidad de desechos. Muchos de estas plataformas monticulares poseen a su vez varias tumbas en cistas de piedra insertas en su superficie. Estas miden entre 1 y 1,5 m de diámetro y alrededor de 1,5 m de profundidad. La mayoría de las tumbas de Borgatta han sido abiertas y vaciadas, aunque resulta claro que contuvieron inhumaciones. Estos montículos circulares, contectados mediante montículos elongados que van de uno a otro, constituyen los rasgos más visibles que organizan el asentamiento. Dividen la zona residencial en sectores más pequeños, cada uno de ellos aparentemente asociado con una plataforma monticular de planta circular.

Borgatta también cuenta con una gran plaza central situada en el ángulo noroeste del sector principal. La plaza es un espacio vacío rodeado por montículos en todos sus lados, excepto el borde occidental, donde se abre hacia el río (donde la ruta actual atraviesa el sitio). La plaza mide 60 x 100 m y se estrecha levemente en su lado superior (oriental). Contiene una estructura simple en el ángulo noroccidental, que tiene forma rectangular y piedras de muro dispuestas en hileras paralelas de alrededor de 50 cm de ancho. Las paredes y la forma del edificio sugieren una posible influencia Inka; sin embargo, este puede ser el único edificio del sitio que puede reflejar un diseño Inka.

Puede plantearse aquí algunas inferencias en base al relevamiento inicial y al estudio de superficie. Borgatta posee plataformas monticulares de tierra que contenían tumbas en ubicaciones destacadas. Las estructuras elongadas del sitio conectaban estas plataformas y servían como vías de circulación. Conjuntamente, estas construcciones representan inversiones de mano de obra de una escala que probablemente excede a unidades domésticas individuales. El tamaño del sitio, la presencia de la plaza y el trazado planeado que se observa en las terrazas de la ladera sugieren integración política y supervisión de al menos algunas de las actividades constructivas.

Más aún, la presencia de la plaza y la alta proporción de cerámica decorada recuperada en Borgatta también señalan la importancia de las ceremonias y los festines. Los actuales trabajos de excavación en este sitio están centrados en investigar la naturaleza del liderazgo y las fuentes del poder de la elite. Oportunidades para el desarrollo del poder político pueden haber surgido en Cachi Adentro en forma de proyectos cooperativos (tales como las construcciones de terrazas), necesidad de liderazgo en la guerra o en la defensa (Márquez Miranda 1942), control de la manufactura e intercambio de objetos de valor, o en alguna combinación de estas fuentes. La continuidad de las excavaciones en Borgatta nos ayudarán a elegir entre estas posibilidades para entender mejor la naturaleza del liderazgo durante el Período de Desarrollos Regionales.

González (1983a) ha sostenido que la mayoría de los centros pre-Inkas del Noroeste argentino albergaron menos de 2.000 individuos y ha caracterizado a las formaciones políticas más complejas como señoríos, con una población total no superior a las 10.000 personas. Las entidades políticas del norte del Valle Calchaquí probablemente fueron más modestas en escala, abarcando las mayores de ellas tal vez entre 5 y 6 mil individuos. En otros lugares del Noroeste argentino Cigliano (1973) estimó en 2.016 la población de Tastil, el mayor centro santamariano en Quebrada del Toro. Otro centro, Quilmes, ubicado al sur en el centro del Valle de Santa María también albergó aproximadamente 2.000, de acuerdo a varios cronistas, según lo informan Pelissero y Difrieri (1981). Raffino (1991) estima 1.980 habitantes para Tastil y 3.000 para Quilmes, calculando las extensiones de estos sitios en 15 ha para Tastil y 25 ha para Quilmes.

Si se utiliza el número de unidades residenciales para estimar población, suponiendo que una familia nuclear de cinco miembros habitó cada recinto, la población de Borgatta debió ser de alrededor de 1.000 personas. Del mismo modo, si cada montículo de Valdez representa una unidad doméstica de cinco, entonces la población debió ser al menos 2.500 (si los montículos estuvieron todos ocupados al mismo tiempo). Estas comparaciones son sólo estimaciones aproximadas; más trabajo será necesario para comprender la naturaleza de las unidades domésticas. Sin embargo, estas cifras permiten arribar a algunas conclusiones generales respecto a la escala de los centros y entidades políticas durante este período.

Cerámica

La forma cerámica más característica del Período de Desarrollos Regionales es la urna funeraria santamariana, utilizada para el entierro de infantes. Su nombre proviene del sitio de Santa María, ubicado en el valle homónimo. Estas altas vasijas ovoides de borde evertido están decoradas con complejos motivos geométricos, zoomorfos y antropomorfos. Algunas urnas están decoradas de modo tal de asemejarse a formas humanas, con ojos, cejas, boca y mentón modelados adornando el cuello de la vasija; algunas tienen también brazos pintados en la porción inferior de la urna. Las urnas funerarias decoradas eran muy utilizadas en los Valles Calchaquíes y de Santa María (Sommer 1948), así como en el Valle de Lerma (al este de la región prospectada) y en los Valles de Cajón (Catamarca), Hualfín, Tafí y la cuenca de Tapia-Trancas en Tucumán (Baldini 1981-82).

Aunque las urnas constituyen probablemente la forma más visible en estos conjuntos, las escudillas con diseños son también comunes, con un amplio rango de formas y rasgos decorativos. Las escudillas abiertas y poco profundas, que representan una proporción substancial de los conjuntos santamarianos (Serrano 1976[1958]:56), normalmente poseen bordes directos o invertidos. Las escudillas varían en tamaño entre pequeños (20-25 cm de diámetro) y grandes de tipo "campanuliformes." Las escudillas decoradas tienen diseños bicolores (negro sobre crema), tricolores (negro y rojo sobre crema) o negro sobre rojo. Las escudillas fueron usadas como tapas para urnas funerarias; probablemente sirvieron además para otros usos, p.ej., servir alimentos y bebidas, rituales y posiblemente intercambio. Algunos vasos libatorios tienen forma de animales, con piernas, cola y cabeza modeladas adheridas al borde.

Varios esfuerzos de seriación de urnas santamarianas han contribuido a nuestro entendimiento de su variabilidad durante el Período de Desarrollos Regionales (Baldini 1980; Perrota y Podestá 1978; Weber 1978). Aún cuando los resultados de seriaciones particulares continúan siendo debatidos, los importante es que las urnas varían considerablemente de un lugar a otro. Las seriaciones locales, basadas en estas variantes regionales, puede ser en última instancia más útiles para fines cronológicos.

Baldini (1980) ha prestado atención a lo que Sommer (1948) llamó la urna "La Paya," una forma distintiva constituída por tres segmentos separados apilados sobre la base, cada uno separado por una constricción (de allí su nombre local de "tres cinturas"). Luego de descubrir numerosos ejemplos de estas urnas con tres bandas durante sus excavaciones en La Paya, Baldini examinó otras vasijas completas de Quipón (ilustradas en Debenedetti 1908:23), El Tero (SSalCac 14), así como de El Churcal (SSalMol 2, situado al sur de La Paya). La urna también apareció en sitios localizados más al sur, cerca de Cafayate. Estas urnas poseen asas correa horizontales asimétricas, cuello y borde hiperbólicos y base cóncavo-convexa. Los motivos decorativos incluyen diseños geométricos, rasgos antropomorfos (ojos, cejas y boca) y motivos zoomorfos. A menudo, cada una de las tres bandas posee un registro decorativo auto-contenido que puede estar ejecutado en negro sobre rojo, negro sobre crema o negro y rojo sobre crema (Baldini 1980:52-53).

Baldini además subdividió las urnas de tres bandas en dos subtipos. El primero (su grupo A) no poseen cuellos bien definidos ni elaboraciones antropomorfas. Las urnas del grupo B habitualmente tienen una extendida región de cuello que sirve como "cara" a la que se adhieren rasgos tales como cejas, ojos y boca (1980:55). Baldini concluye que la urnas del grupo A se encuentran distribuídas en toda la parte central del Valle Calchaquí, desde Quipón hacia el sur hasta Cafayate. Por contraste, el grupo B (el estilo antropomorfo) está limitado al área entre Quipón y El Churcal, siendo su centro La Paya.

Las recolecciones superficiales en sitios del norte del Valle Calchaquí recuperaron algunos fragmentos grandes de vasijas, pero en su mayoría incluyen tiestos pequeños. Los estudios basados en la frecuencia de bordes y fragmentos de cuerpos decorados, junto con comparaciones entre las fases temprana y tardía del Período de Desarrollos Regionales sugieren algunos cambios a través del tiempo en la cerámica. Estos deberán ser confirmados a medida que avancen los estudios sobre conjuntos procedentes de niveles de excavación. Por ejemplo, la frecuencia relativa del estilo bicolor parece disminuir en colecciones de la fase tardía del Período de Desarrollos Regionales y de la época Inka. Varias formas de vasijas bicolores aparecen en gran frecuencia a partir de la fase temprana de los Desarrollos Regionales, incluyendo Ruiz de los Llanos, Buena Vista y Borgatta. La primera de ellas es un cántaro o urna con un borde sumamente evertido. Las vasijas con este tipo de borde tienden a tener paredes delgadas (ca. 4-6 mm) y la pasta suele poseer inclusiones micáceas. Algunas de estas piezas tienen un ligero engrosamiento o pliegue de arcilla en la parte exterior del labio (Figura 12).

Una segunda forma que puede ser diagnóstica de la fase temprana del Período de Desarrollos Regionales es la escudilla bicolor de borde directo (Figura 13). Variaciones de esta forma incluyen bordes ligeramente invertidos o evertidos. Estas escudillas frecuentemente tienen pastas con inclusiones micáceas; los motivos decorativos comprenden puntos y líneas, así como diseños geométricos (círculos concéntricos y espirales cuadrangulares). La mayoría son negro sobre crema. Muchos de los bordes están decorados con líneas negras dispuestas perpendicularmente al borde. Algunas escudillas poseen pequeñas asas mamelonares, singulares o en pares, o un rodete retorcido o una pequeña trenza adherida al exterior cerca del borde. Estos rasgos son más comunes en escudillas asociadas con la fase temprana del Período de Desarrollos Regionales.

Estas escudillas pueden pertenecer al estilo "Las Pailas" que también incluye vasos libatorios (una escudilla de forma cerrada ilustrada por Pollard [1983]) con asas en forma de alas y otras formas diseñadas para asemejar el cuerpo de un animal. Los resultados aquí discutidos concuerdan en términos generales con la interpretación de Baldini y Raffino (1981-82) respecto a esta variante como una fase temprana del Período de Desarrollos Regionales. Estos autores sugieren además que tal vez este estilo temprano constituya un conjunto "transicional" que surge alrededor del AD 850.

Los patrones temporales para las frecuencias de los estilos negro sobre rojo y tricolor son menos claros. En todo el valle estos estilos aparecen en frecuencias generales más bajas que el bicolor y no ha sido posible determinar aún si la frecuencia de alguno de ellos aumenta o disminuye a lo largo del tiempo. Los bordes de vasijas negro sobre rojo (Figura 14) y tricolores (Figura 15) difieren de los de cántaros bicolores de bordes evertidos ilustrados anteriormente; son menos evertidos y la mayoría de las vasijas tienen también paredes más gruesas (6-8 mm). Como lo revelan las ilustraciones, en muchos casos el labio y la superficie interna de estas piezas estaban pintados de rojo (formas cerradas y abiertas).

Los estilos santamariano bicolor, tricolor y negro sobre rojo se encuentran en muy baja frecuencia en La Poma. En su lugar, la cerámica de los sitios de La

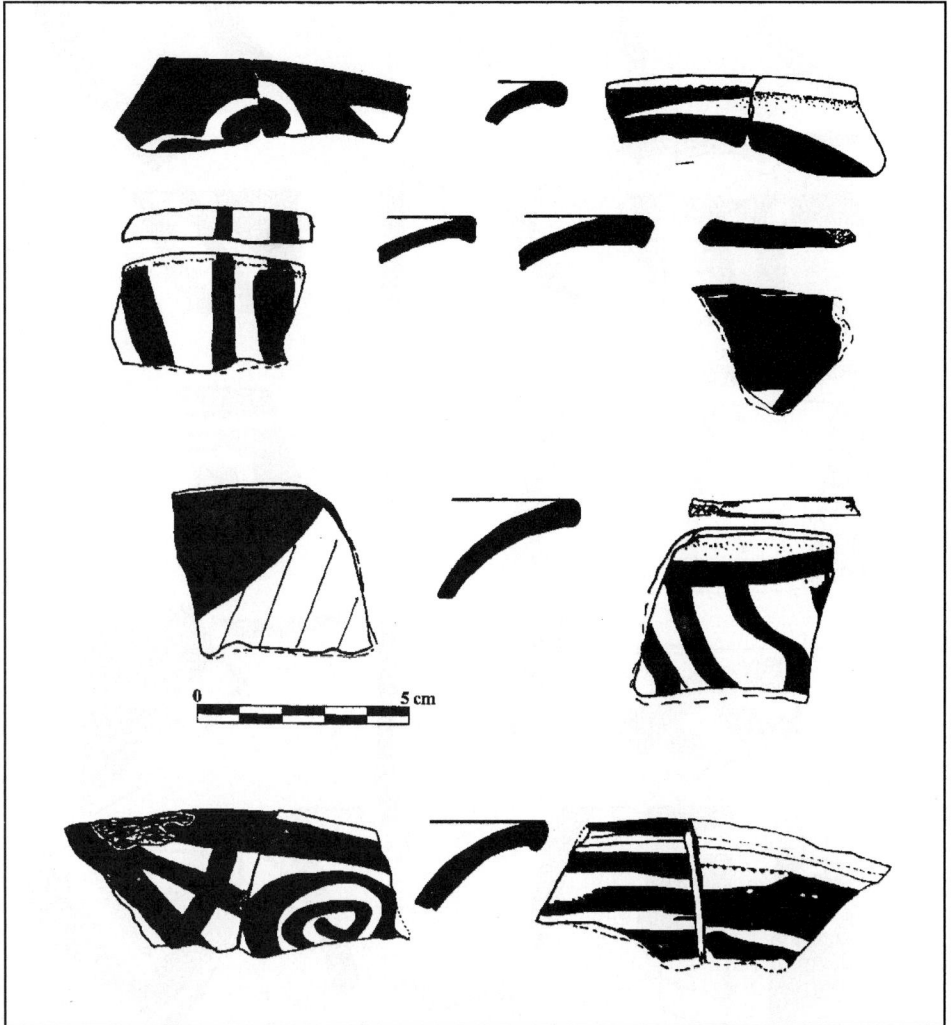

Figura 12: Cántaros con bordes evertidos. Los tres bordes de arriba son de Buena Vista; el borde debajo de aquellos es de Ruiz de los Llanos y el de más abajo es de Borgatta.

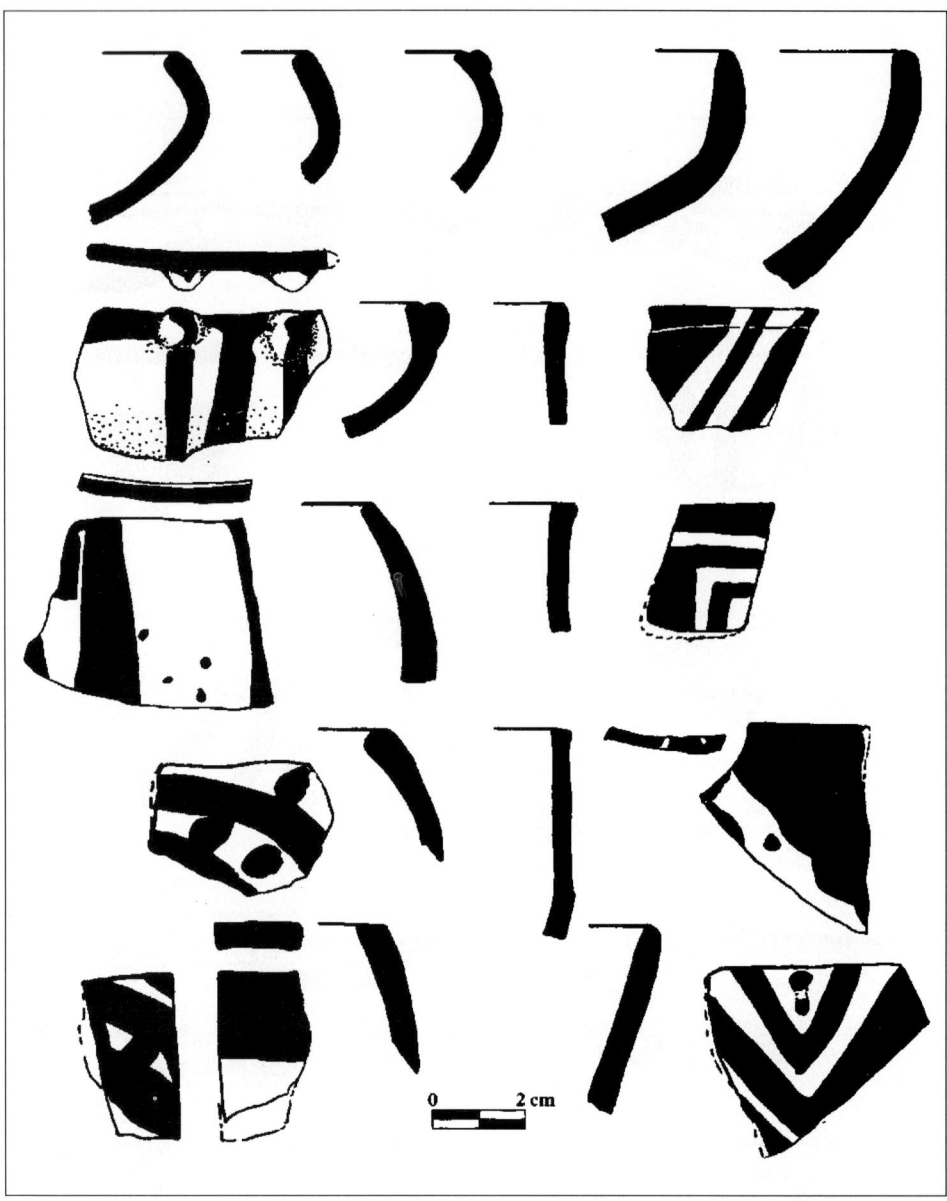

Figura 13: Bordes de escudillas, todos bicolores. De derecha a izquierda las procedencias son: hilera superior, cuatro bordes de Ruiz de los Llanos y uno de Corral del Algarrobal; segunda hilera, Ruiz de los Llanos y Borgatta; tercera hilera, Valdez y una pequeña aldea cerca de Valdez (s/n); cuarta hilera, Corral del Algarrobal, Ruiz de los Llanos; quinta hilera, Corral del Algarrobal y Ruiz de los Llanos.

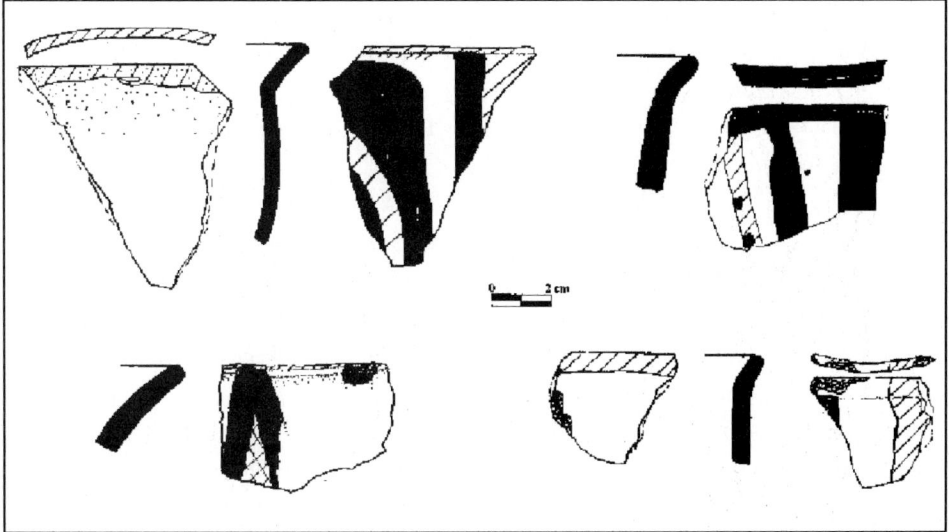

Figura 14: Ejemplos de bordes de vasijas en negro sobre rojo. La pintura roja se representa como sombreado. Todos los fragmentos son de Valdez, excepto el borde de la tercera hilera que es de Borgatta.

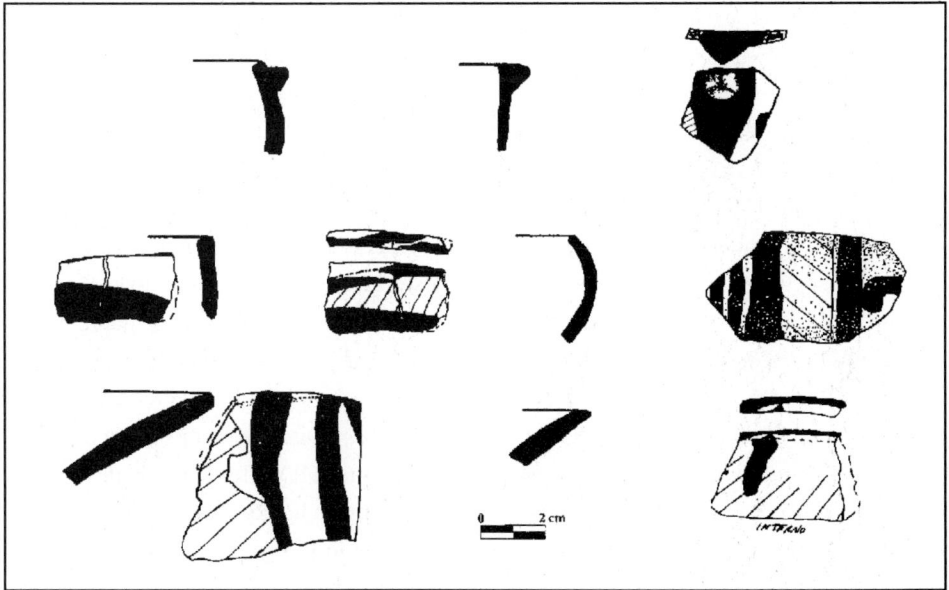

Figura 15: Ejemplos de bordes tricolores. El sombreado representa areas pintadas de rojo. De derecha a izquierda, las procedencias son: hilera superior, Ruiz de los Llanos, Borgatta; segunda hilera, El Director, Borgatta; tercera hilera, dos bordes de Valdez.

Poma se asemeja a los conjuntos descriptos para la Quebrada de Humahuaca y zonas vecinas hacia el norte (Bennett 1948; Cigliano 1973; Nielsen 1997). Formas comunes incluyen grandes cántaros de cuello alto, mientras que los tratamientos de superficie comprenden grises pulidos y engobes rojos pulidos. Algunas vasijas con engobe rojo están decoradas con motivos en negro. La mayoría de las cerámicas de esta área contienen inclusiones de materiales felsíticos.

PERIODO INKA (AD 1430 a 1536)

La conquista Inka transformó dramáticamente el norte del Valle Calchaquí durante el siglo XV. El camino Inka se extendió por el valle a lo largo de dos rutas; una siguió el Río Calchaquí y la otra fue paralela al Río Potrero (Hyslop 1984). Como en muchas otras áreas del imperio, los principales sitios inkaicos en la región de estudio poseen arquitectura característica Inka y trazados rectilíneos. Los estudios de arquitectura sugieren que los Inkas controlaron el drenaje del Río Potrero mediante la construcción de un número de fuertes y sitios administrativos. Estos centros estaban separados y diferenciados de los asentamientos locales que se ubican más al sur (p.ej., Cachi Adentro, La Paya y Valdez), aunque muchos centros locales también muestran evidencias de ocupaciones inkaicas.

Patrón de Asentamiento

A lo largo del ramal del camino Inka que sigue el Río Potrero, desde Cortaderas hasta el límite norte del valle y más allá, hay una serie de asentamientos con sectores enteros de arquitectura que siguen los cánones y métodos constructivos inkaicos. El ramal caminero del Río Potrero pasa por el gran complejo de Cortaderas (Figura 16) y el centro elevado de Potrero de Payogasta (Figura 17). Varias aldeas menores con arquitectura de estilo Inka se encuentran al norte de Potrero de Payogasta. El tamaño de estas aldeas varía entre 1,5 y 3 ha; se ubican en la cima de colinas o en pendientes aterrazadas que dominan visualmente al Río Potrero. Aquí el canal del río es estrecho, con márgenes de pendiente pronunciada; más allá de este grupo de asentamientos el camino inkaico sube abruptamente hacia el norte, siendo transitable sólo a pie. El camino está asociados con *tambos* inkaicos más pequeños a medida que abandona el Valle Calchaquí y sube a gran altura hacia las montañas del norte (Hyslop 1984). Esta ruta eventualmente desciende hacia el noreste en la Quebrada del Toro, donde ingresa al sitio de Tastil.

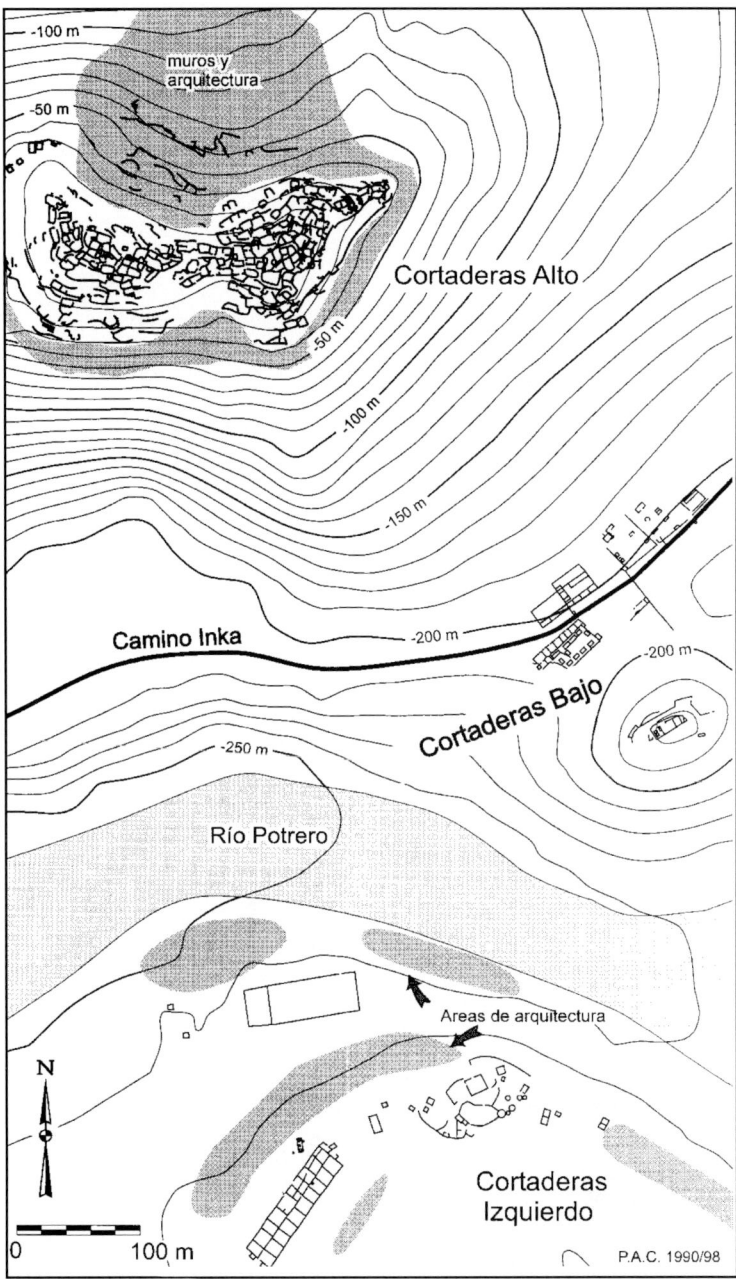

Figura 16: Plano de los sitios Cortaderas Alto, Cortaderas Bajo y Cortaderas Izquierdo (SSalCac 65, 44, 43).

332 / Historia Argentina Prehispánica

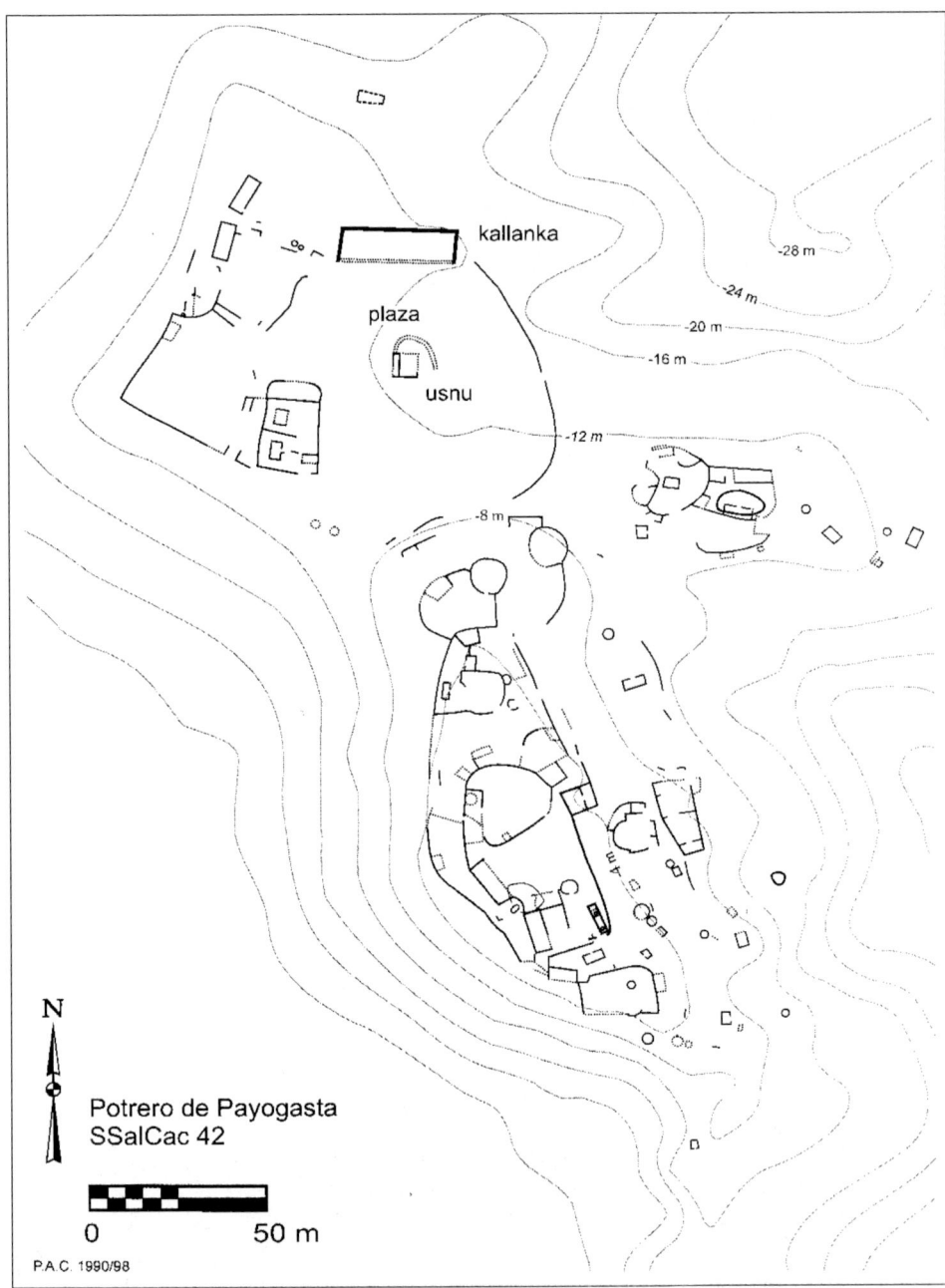

Figura 17: Plano del sitio Potrero de Payogasta (SSalCac 42).

Por contraste, los sitios a lo largo del segundo ramal del camino Inka, que sigue el Río Calchaquí, están menos estudiados. El camino ingresa por el norte del Valle Calchaquí y pasa el área que rodea a La Poma avanzando hacia el sur con dirección al valle principal. Alrededor de La Poma, el Río Calchaquí fluye entre estrechas terrazas aluviales que limitan la extensión de tierras cultivables. Aquí la elevación del fondo de valle también supera los 3.000 m, lo que aumenta el riesgo de heladas tempranas, poniendo límites a la productividad agrícola. La Poma está además aislada de las áreas hacia el sur, tanto por la distancia como por la topografía. Inmediatamente al sur del pueblo moderno se encuentra un campo de toba volcánica negra depositada por los volcanes que se encuentran al este del Río Calchaquí. Más allá de esta vasta extensión de roca, el Río Calchaquí ha labrado abruptos acantilados al atravesar lechos de arenisca al fluir hacia el sur con dirección a El Cajón. Este estrecho y empinado corredor ofrece escaso potencial para el asentamiento humano, aún cuando se encuentran pequeños sitios distribuídos a lo largo de las cimas de los acantilados.

Alrededor de La Poma hacia el norte, la faja cultivable permitió sustentar una cantidad de asentamientos grandes que se encuentran predominantemente en posiciones estratégicas sobre cimas de elevaciones[7]. Estos asentamientos pueden anteceder la presencia Inka por alrededor de un siglo o pueden ser tempranas fortificaciones construídas como parte de una primera incursión Inka en la región. Hasta ahora, no hay fechados radiocarbónicos para estos sitios, aunque los valores de hidratación de obsidiana se superponen con los obtenidos para Potrero de Payogasta, sugiriendo claramente una ocupación durante el Período Inka[8]. En base a estos datos, cabe confirmar una ocupación de época Inka para estos sitios de La Poma, dejando por ahora abierto el interrogante sobre el momento de su construcción original.

En el Valle Calchaquí principal hacia el sur, la arquitectura Inka, con sus formas rectilíneas y muros de pirca, es menos frecuente, pero varios sitios locales incorporan una mezcla de edificios inkaicos y recintos semisubterráneos locales. La Paya (SSalCac 1), que se encuentra inmediatamente al sur del límite de la región prospectada por el PAC, no fue estudiada durante este proyecto, pero su bien publicada "Casa Morada" representa un sector intrusivo de arquitectura Inka. Esta estructura es un gran edificio rectangular construído con bloques de arenisca roja cuidadosamente formatizados (González y Díaz 1992), rodeado por recintos de factura santamariana.

Como asentamiento de gran tamaño (30 ha), La Paya ha sido identificado por algunos investigadores como la capital Inka de Chicoana descripta en los documentos (González 1983a, 1983b; Calderari sf; compárese con Lorandi y Boixadós 1987-88).

Otras comunidades locales presentan evidencias más limitadas de arquitectura Inka intrusiva. Valdez, por ejemplo, cuenta con evidencias substanciales de una ocupación del Período Inka en forma de dataciones radiocarbónicas y por hidratación de obsidiana, así como cerámica del Período Inka, pero hay pocos rastros arquitectónicos de la presencia Inka en el sitio. Los sitios de Cachi Adentro también muestran escasos indicios de sectores arquitectónicos Inka intrusivos (como se describió anteriormente, tal vez un único edificio en la plaza de Borgatta) y la cerámica Inka sólo se presenta en frecuencias bajas en la mayoría de las recolecciones superficiales de sitios de esta zona. Los datos de hidratación de obsidiana sugieren una ocupación continuada de algunos sitios de Cachi Adentro durante el Período Inka, pero los valores de esta época son relativamente escasos, tanto para Corral del Algarrobal como para Borgatta (ver Figura 6), en comparación con los del Período de Desarrollos Regionales. Así, mientras Cachi Adentro continuó siendo ocupado tras la conquista Inka, la evidencia disponible sugiere que el foco de la ocupación Inka se ubica a lo largo del Río Calchaquí en La Paya y Valdez, en La Poma y en los principales centros administrativos del Río Potrero.

Sitios y Arquitectura

Los grandes sitios inkaicos a lo largo del Río Potrero han recibido la atención de los arqueólogos durante varias décadas, incluyendo a Difrieri (1947), De Lorenzi y Díaz (1976), Hyslop (1984), D'Altroy et al. (en prensa) y Acuto (1994, 1997). Además, las campañas de 1990 y 1992 del PAC se centraron en comprender la naturaleza de la ocupación Inka a través de excavaciones en Potrero de Payogasta (SSalCac 42) y Valdez (SSalCac 12) y mediante el estudio superficial del complejo Cortaderas (SSalCac 43, 44, 65 y El Director s/n) y otras instalaciones menores del Período Inka.

Cortaderas y Potrero de Payogasta son los dos sitios inkaicos más reconocibles en el norte del Valle Calchaquí. En estos sitios los edificios, los conjuntos de trazado rectilíneo y la mampostería son claramente de diseño Inka. Partes del complejo Inka de Cortaderas, tales como Cortaderas Bajo (SSalCac 65) están formados casi totalmente por estructuras rectilíneas con muros de *pirka* dispuestos en forma de conjuntos celulares a ambos lados del camino Inka (ver Figura 16). A diferencia de los muros de cimiento bajos y anchos de los recintos santamarianos, los muros de piedra inkaicos consisten en una doble hilera de rocas asentadas con mortero que promedian 50-60 cm de ancho y se elevaban originalmente a una altura de 1-2 m. En Cortaderas Bajo, el muro de la plaza aún hoy tiene casi dos metros de altura.

El complejo de Cortaderas incluye Cortaderas Alto (SSalCac 44), Cortaderas Bajo (SSalCac 65), Cortaderas Izquierdo (SSalCac 43) y El Director (s/n). Los tres primeros están incluidos en el plano del sitio (Figura 16; El Director está siendo actualmente estudiado por Acuto [1997]).

Cortaderas Alto cubre la cima y laderas altas de un pequeño cerro que se eleva alrededor de 250 m sobre el lecho del río. La superficie superior de la montaña comprende dos lomas que han sido artificialmente niveladas y aterrazadas para permitir la construcción de más de un centenar de recintos que conforman el sitio. La mayoría de los recintos son de factura santamariana, aunque hay varias paredes que pueden reflejar influencias inkaicas. Las laderas de la montaña son de pendiente pronunciada en todos los lados, lo que dificulta el acceso al sitio. Los recintos están distribuidos en hileras sobre terrazas que cubren la parte superior de las laderas y la cresta de la montaña. Muchos son adyacentes, aunque no todos comparten muros con unidades adyacentes. Muchas paredes aún tienen entre 0,5 y 1 m de altura; los muros de las terrazas siguen las cotas de nivel de la colina. La ubicación de este sector es claramente estratégica; la construcción de las terrazas demandó gran cantidad de trabajo debido a la gran pendiente de las laderas que debió ser nivelada para poder edificar los recintos.

Cortaderas Bajo se encuentra al pie de la misma montaña; cuenta con dos sectores: uno superior, consistente en una fortaleza amurallada en la cima de un morro, y un sector inferior de conjuntos dispuestos en un patrón lineal a ambos lados del camino del Inka, que atraviesa el sitio. La fortaleza posee muros concéntricos de piedra de diseño Inka, mientras que el sector inferior incorpora, no sólo estructuras construídas con aparejos de estilo Inka, sino conjuntos de configuración rectilínea típicos de los trazados inkaicos. Excavaciones de sondeo en una de las estructuras del lado este del camino sugieren que fue utilizado para almacenaje (D´Altroy et al. sf).

Cortaderas Izquierdo se encuentra al otro lado del Río Potrero, en la segunda terraza. Se ubica directamente al frente de Cortaderas Alto. El sitio consiste en estructuras con plazas, espacios abiertos (o plazas) y montículos asociados. Gran parte de la arquitectura muestra muros de piedra inkaicos, entre 50 y 70 cm de ancho. Algunas estructuras están asociadas con áreas de patio; éstos tienen entre 3 x 3 m y 10 x 15 m. Una estructura que se asemeja a una *kallanka* Inka mide 4,7 x 13 m y tiene una pequeña plataforma cerca de ella. El plano del sitio (Figura 16) muestra la arquitectura relevada y áreas adicionales con edificaciones que no han sido aún mapeadas. La arquitectura cubre un área cercana a 8 ha; otras 7 ha de dispersiones poco densas de artefactos (especialmente desechos líticos) se encuentran al este de la ruta actual.

El Director (o Cortaderas Derecho) es el último sector que se encuentra en la margen occidental hacia el sur (no incluido en el mapa). Su arquitectura es en su mayor parte santamariana, aunque hay un área central abierta con un gran recinto rectangular que ha sido modificado para ser utilizado como corral moderno. Es posible que esta haya sido una estructura Inka intrusiva, aunque esto no ha sido aún confirmado debido a la perturbación reciente. Acuto (1997) continúa las investigaciones en este sitio; a medida que su trabajo progrese se clarificarán las relaciones con los demás sectores del complejo de Cortaderas.

Potrero de Payogasta está al norte de Cortaderas, en la porción superior del drenaje del Río Potrero, en el punto donde la quebrada se estrecha (ver Figura 2). El sitio se encuentra sobre una colina en la margen occidental del río. Consiste en un sector residencial superior al sur, una plaza central en pendiente y un área norte sobre una loma con la *kallanka* y varios otros conjuntos (Figura 17). Una guarnición separada (no incluida en el plano) se sitúa al noroeste al otro lado de un arroyo, sobre un morro que domina visualmente el área principal del sitio.

En comparación con otros sitios del valle, este fue construído con especial esmero. Las rocas fueron cuidadosamente seleccionadas y asentadas con argamasa para edificar estructuras rectangulares y circulares que se abren hacia áreas abiertas o patios. Muchas piedras fueron canteadas o elegidas para crear fachadas lisas en los muros. El esmero puesto en la construcción queda testimoniado por el hecho de que algunas paredes aún tienen 1-2 m de altura. El muro oriental de la *kallanka* de Potrero de Payogasta, un edificio de doble altura con techo a dos aguas, se mantiene en pie hasta la actualidad (Figura 18).

Figura 18: Foto de la kallanka de Potrero de Payogasta, mirando hacia el este. En primer plano se observan los ladrillos de adobe del muro norte de la kallanka, que ha colapsado. La pared este es la única que se mantiene en pie.

Figura 19: Ejemplos de cerámica Inka (y del Período Inka) recuperada en recolecciones de superficie.

El sector residencial superior se emplaza en la cumbre de la colina principal. El análisis preliminar de los materiales excavados en este sitio indica que la producción regional de bienes de gran valor, particularmente metales, fue reorganizada por los Inkas (D´Altroy et al. sf). Las etapas finales de producción de objetos metálicos parecen haber tenido lugar en Potrero de Payogasta bajo control Inka (Earle 1994). Al norte de este sector se encuentra una plaza más baja, en pendiente, que ocupa una depresión en forma de cuenco. La plaza está demarcada por un muro perimetral bajo y tiene al centro una plataforma *usnu*, confeccionado en piedras con mortero y relleno, con una escalinata para acceder al tope del mismo. Al otro lado de la plaza, sobre una loma, se levanta la *kallanka*, un edificio con techo a dos aguas (Figura 18) construido en piedra (muro oriental) y ladrillos de adobe. Esta estructura mide alrededor de 40 m de largo. Al oeste hay una cantidad de conjuntos que pueden haber estado destinados a preparativos relacionados con las celebraciones desarrolladas en la plaza.

Cerámica

La producción cerámica fue reorganizada por los Inkas, aunque variaba el grado en que la producción era controlada por el Estado. Los conjuntos de La Paya sirven como referencia para identificar las formas inkaicas producidas en el norte del Valle Calchaquí. Luego del trabajo pionero de Ambrosetti (1907-08), otros estilos han sido identificados para este sitio, incluyendo los Casa Morada Polícromos, también llamados Inka Paya (González y Díaz 1992). Estas vasijas son imitaciones locales de los Cuzco Polícromos, que generalmente incorporan elementos de forma y decoración Inka, pero que no muestran los rigurosos estándares de producción que se advierten en la alfarería inkaica importada.

Las cerámicas manufacturadas bajo el dominio Inka en otras partes del norte del Valle Calchaquí muestran una variación de formas y estilos aún mayor. Sólo unos pocos tiestos, la mayoría encontrados en Cortaderas y Potrero de Payogasta, pertenecen a alfarería importada de calidad, confeccionada bajo supervisión estatal directa. La mayor parte de la cerámica era producida localmente. Algunas piezas tienen formas inkaicas decoradas con elementos y motivos santamarianos, mientras que otras son vasijas de formas locales con tratamientos de superficies o motivos decorativos Inka. El resultado es un conjunto muy variable que incluye alfarería Inka imperial (importada), Inka provincial (producida bajo estrecha supervisión) y muchas variantes Inka locales. Por supuesto, la cerámica local continuó siendo fabricada en áreas donde la intervención Inka fue menos directa.

A pesar de esta variabilidad, la introducción de las formas inkaicas significa que algunas vasijas del Período Inka pueden distinguirse fácilmente de los estilos locales. Las más obvias son el aríbalo, el plato pato y las ollas con pie; otros rasgos diagnósticos incluyen pinceladas delgadas, superficies bruñidas o pulidas y pastas bien cocidas sin inclusiones visibles.

La alfarería claramente asociada con el estado Inka se encuentra con mayor frecuencia en sitios con arquitectura de estilo Inka. Así, la cerámica Inka (y del Período Inka) se concentra en Potrero de Payogasta y Cortaderas, así como en sitios más pequeños en el drenaje del Río Potrero (aunque con menor densidad). Las recolecciones de superficie y excavaciones en Valdez recuperaron densidades moderadas de cerámica Inka y los trabajos publicados indican que cantidades significativas de estos materiales se encontraron también en La Paya. Los sitios de La Poma poseen densidades bajas a moderadas de cerámica del Período Inka, mientras que los sitios de Corral del Algarrobal y Borgatta tienen en general cantidades substancialmente menores en las recolecciones superficiales. Lo mismo se aplica a las aldeas de Cachi Adentro. Aunque la cerámica Inka está presente con baja frecuencia en toda esta zona, la cantidad de tiestos es muy reducida. En la Figura 19 se ilustran ejemplos de fragmentos cerámicos inkaicos (y del Período Inka) procedentes de recolecciones superficiales del norte del Valle Calchaquí.

CONCLUSION

Este capítulo ha presentado un resumen de la arqueología de los sitios del período agrícola en el norte del Valle Calchaquí antes de la conquista Hispana. Adoptando una perspectiva regional, la discusión se ha concentrado en la distribución regional de los sitios, la organización de los asentamientos y la arquitectura como fuentes de información sobre organización social, crecimiento de entidades políticas y surgimiento de liderazgos y jerarquías. La extensión del Valle Calchaquí y la diversidad de sus sitios significan que, aunque los arqueólogos han logrado grandes avances a lo largo de un siglo de investigaciones, queda mucho trabajo por hacer. Futuras investigaciones buscarán refinar la cronología, identificar fronteras sociales y étnicas y reconstruir unidades políticas durante cada período.

El capítulo se ocupó también, aunque más brevemente, de las evidencias de la labor de la gente con el mundo material, representada por los artefactos. Se ha considerado la obtención y procesamiento de materiales, junto con evidencias de la distribución y consumo de bienes terminados. El análisis puso énfasis en la cerámica porque estos artefactos son especialmente aptos para estudiar filiaciones culturales (variación estilística), actividades tales como la cocción de alimentos y el almacenaje, cronología, actividades simbólicas y cambios en la representación de las cosmovisiones. En estas investigaciones, los datos de recolecciones superficiales son más limitados que los obtenidos de excavaciones, por lo que se ha buscado sugerir los tipos de estudios que se pueden desarrollar a medida que se realicen excavaciones en los diferentes sitios. Esperamos que en el futuro la arqueología continúe incrementando nuestra comprensión de la vida de los habitantes prehispánicos del norte del Valle Calchaquí y el resto del Noroeste argentino.

AGRADECIMIENTOS

Deseo expresar mi gratitud hacia las personas e instituciones de la Argentina que han apoyado el trabajo de campo del Proyecto Arqueológico Calchaquí. Por su apoyo institucional, agradezco al Ministerio de Educación (Salta) y a la Secretaría de Cultura (Salta), al Museo de Antropología de Salta, al Museo Arqueológico de Cachi y a la Comisión Nacional de Monumentos y Lugares Históricos. Agradezco a A.M. Guia de villada, M. Lazarovich, V. Márquez, M. Santoni, M. Xamena y G. Flores. Un agradecimiento especial merece P.P. Díaz, el fallecido director del Museo Arqueológico de Cachi. También debo reconocer con gratitud las contribuciones de las siguientes personas: T. D´Altroy, V. Williams, A. M. Lorandi, c. Hastorf, T. Earle, C. Buliubasich, T. Sulca, E. Peñaloza de Mulvany, M. Hagstrum, M. de Hoyo, L. Arenas, C. Heyne, M. DeMarrais, M. Calderari, F. Acuto, A. Di Baja, M. Lanza, M. Cuéllar, R. Ledesma, M. Martínez, S. Soria, C. Subelza, M. Monné, C. Gifford, V. Vasvári, M. Emery y K. Olson. Excepto los datos y planos de sitios del Período Inka, muchos de los datos presentados en este artículo han sido tomados de la tesis doctoral de la autora (DeMarrais 1997).

NOTAS

1. Muchos de estos objetos están expuestos en el Museo Arqueológico de Cachi, Provincia de Salta.

2. La zona de monte en la parte sur de la región prospectada está caracterizada predominantemente por los géneros *Larrea* (jarillas), *Bulnesia* (retama), *Plectocarpa* (rodajilla) y *Prosopis* (algarrobo). En áreas más húmedas, cerca de los cursos de agua, se encuentran acacias, sauces y varias especies de algarrobo (*Prosopis nigra, P. alba* [Valencia et al. 1970:14]). Pastos y gramíneas, arbustos y pequeños árboles constituyen el resto de las plantas de la zona de monte. Esta zona se caracteriza por sue-

los arenosos, sueltos y bien drenados en el fondo de valle, rodeados por pendientes rocosas.

3. La comunidad pre-puneña incluye grandes cactáceas (*cardón*); las Zygophyllaceae (plantas arbustivas) *Larrea, Bulnesia, Plectocarpa*, así como el *Prosopis* (acacia o algarrobo) son otras plantas comunes en esta zona.

4. Algunos investigadores ubican el inicio del Período de Desarrollos Regionales un poco antes, alrededor del AD 850 o 900, dado que es posible que haya en esta época estilos cerámicos "transicionales" (Raffino y Baldini 1981-82; Baldini 1981-82).

5. Por ejemplo, Tapia (SSalCac 61) y Fermín Lera (SSalCac 121) en la margen norte del Río Cachi, han sido en su mayor parte destruídos por la agricultura moderna. La mejor forma de investigar los sitios formativos es mediante excavación. Por esta razón, el informe de Tarragó (1980) sobre las excavaciones en Campo Colorado (SSalLap 2), continúa siendo la mejor fuente de información so-bre la arquitectura y cultura material del Período Formativo.

6. La mayoría de las aldeas tienen menos de 5 ha de extensión y muchas tienen sólo 2-3 ha (DeMarrais 1997).

7. Incluyen los sitios de Pum Pum (SSalLap 44) y El Candado (SSalLap 6), así como varios sitios pequeños en los alrededores.

8. Hay 30 valores de hidratación de obsidiana para sitios de la margen oriental en La Poma, representando ocho sitios con una pátina de hidratación media de 1,9 micrones (rango 0,9 a 2,6 micrones).

BIBLIOGRAFIA CITADA

Acuto, F.
1994 *La organización estatal: La ocupación Inka en el sector norte delValle Calchaquí y sus alrededores*. Tesis de Licenciatura. UBA.
1997 *Investigaciones sobre la dominación Inka en el Valle Calchaquí norte*. Informe entregado al CONICET.

Ambrosetti, J.
1902 El sepúlcro de La Paya ultimamente descubierto en los valles Calchaquíes,Provincia de Salta. *Anales del Museo Nacional* 8:119-148.
1907-08 Exploraciónes arqueológicas en la ciudad prehistórica de La Paya. *Revista de la Universidad de Buenos Aires* IX: 15-97, 139-176.

Ardissone, R.
1940 La instalación indígena en el valle Calchaquí. A propósito del Pucará del Palermo. *Anales del Instituto de Etnografía Americana*. I:169-189. U.N. de Cuyo.
1942 Un ejemplo de instalación humana en el valle Calchaquí. El pueblo de Cachi. U. IEG. 2a.edición. U.N. de Tucumán.

Baldini, L.
1980 Dispersion y cronología de las urnas de tres cinturas en el noroeste argentino. *Relaciones* XIV:49-61.

1981-82 Observaciones al trabajo de Gordon C. Pollard titulado "Nuevos aportes a la prehistória del Valle Calchaquí, noroeste argentino." *Anales de Arqueología y Etnología.* 36-37:161-176. U.N. de Cuyo

Bennett, W., E.F. Bleiler, y F. H. Sommer
1948 *Northwest Argentine Archaeology.* Yale University Publications in Anthropology, No. 38.

Boman, E.
1908 *Antiquites de la region andine de la Republique Argentine et du desert d'Atacama.* Paris.

Bregante, O.
1926 *Ensayo de clasificación de la cerámica del noroeste argentino.* Ed. Estrada, Bs. As.

Cabrera, A. L.
1976 *Enciclopedia Argentina de agricultura y jardineria.* Ed. ACME . Buenos Aires.

Calderari, M.
n.d. Estilos cerámicas Incaicos de La Paya. Ms..

Canals Frau, S.
1951 División y unidad en las poblaciones prehispánicas del noroeste argentino. *Anales de Instituto Etnico Nacional.* IV. Segunda Entrega: 67-68. Buenos Aires

Cigliano, E. M.
1973 *Tastil, una ciudad pre-Incaica Argentina.* Ed. Cabargon. Buenos Aires.

D'Altroy,T.N.,A. M. Lorandi, V.Williams, M. Hagstrum, M.Calderari, y E. DeMarrais
n.d. The economy of the southern Inka empire: A view from the Valle Calchaquí, Argentina. *Journal of Field Archaeology,* en prensa.

Díaz, P. P.
1974 Notas sobre el sector septentrional del Valle Calchaquí. *Actualidad Antropológica,* 15:2-4. Olavarría.
1992 Sitios Arqueológicos del Valle Calchaquí (IV) . *Estudios de Arqueología* 5:63-77. Cachi. Salta.

DeLorenzi, M. y P. P. Díaz
1976 La ocupacion Incaica en el sector septentrional del Valle Calchaquí. *Actas y Memorias del IV Congreso Nacional de la Arqueología Argentina (Primera Parte).*Tomo III:75-88. San Rafael. Mendoza.

DeBenedetti, S.
1908 Excursión arqueológica a las ruinas de Kipón. *Publicaciones de la Sección Antropología,* No. 4. UBA.

DeMarrais, E.
1997 Materialization, ideology, and power: The development of centralized authority among the pre-Hispanic polities of the Valle Calchaquí, Argentina. Unpublished Ph.D. dissertation. University of California, Los Angeles.

Difrieri, H.
1947 Las ruinas de Potrero de Payogasta. *XXVIII Congreso Internacional de Americanistas*, pp. 599-604. Paris.

Dillenius, J. A.
1909 Observaciones arqueológicas sobre alfareria funeraria de La Poma. *Revista de la Universidad de Buenos Aires* XI:67-86 y 133-152.

Earle, T.
1994 Wealth finance in the Inka empire: evidence from the Calchaquí Valley, Argentina. *American Antiquity* 59:443-460.

Fortuny, P.
1966 *Nueva historia del norte Argentino. Descubrimiento y conquista.* Ed. Theoría. Bs As.

Freter, A.
1993 Obsidian-hydration dating: Its past, present, and future application in Mesoamerica. *Ancient Mesoamerica* 4:285-303.

González, A. R.
1979 The Pre-Columbian metallurgy of NW Argentina. *Pre-Columbian Metallurgy of South America*, ed. E. Benson, pp. 133-202. Dumbarton Oaks,Washington DC.
1982 Las "Provincias" Inca del antiguo Tucumán. *Revista del Museo Nacional* XLVI: 317-380. Lima.
1983a Inca settlement patterns in a marginal province of the empire: Sociocultural implications. *Prehistoric settlement patterns: Essays in honor of Gordon R .Willey*, ed. E. Vogt and R. Leventhal, pp. 337-60. Harvard University Press, Cambridge.
1983b La provincia y la población Incaica de Chicoana - Historia y arqueología en la solución de un viejo problema. *La presencia Hispanica en la arqueología Argentina*, 2, ed. E. Morresi y R. Gutierrez, pp. 633-674. U.N.del Noreste. Resistencia.

González, A.R. y J.A. Pérez
1990 *Historia Argentina 1: Argentina indígena, vísperas de la conquista.* Ed. Paidos, Buenos Aires.

González, A.R. y P.P. Díaz
1992 Notas arqueológicas sobre la "Casa Morada," La Paya, Provincia de Salta. *Estudios de Arqueología* 5:11-61. Cachi. Salta.

Hyslop, J.
1984 The Inka road system. Academic Press. New York.

Lafone Quevedo, S. A.
1908 Tipos de alfarería en la región Diaguito-Calchaquí. *Revista del Museo de La Plata* XV (Ser. II, Tomo II):295-400.

Lizondo Borda, M.
1942 *Historia del Tucumán (siglo XVI)*. Instituto de Historia, Linguistica y Folklore, No. VIII. U. N. de Tucumán.

Lorandi, A.M.
1984 Pleito de Juan Ochoa de Zárate por la posesión de los indios Ocloyos. ¿Un caso de verticalidad étnica o un relicto de archipiélago estatal? *Runa* XIV:125-44.
1988 Los diaguitas y el Tawantinsuyu: Una hipótesis de conflicto. *45 Congreso Internacional de Americanistas, 1985*. ed. T. Dillehay and P. Netherly, pp. 235-259. Oxford.
1992 El mestizaje interétnico en el noroeste Argentino. *500 Años de Mestizaje en los Andes*, ed. H. Tomoeda y L. Millones, pp. 159-200. Osaka, Japón. Osaka. Biblioteca Peruana de Psicoanálisis, y Sem. Interdisc. de Estudios Andinos, Lima.

Lorandi, A.M. y C.V. Bunster
1987-88 Reflexiones sobre las categorías semánticas en las fuentes del Tucumán colonial. Los Valles Calchaquíes. *Runa* XVII-XVIII:221-262.

Lorandi, A.M. y R. Boixadós
1987-88 Etnohistória de los Valles Calchaquies en los siglos XVI y XVII. *Runa* 17-18:263-420.

Márquez Miranda, F.
1942 Los Diaguitas y la guerra. *Anales del Instituto de Etnografia Americana*. III:83-117.
1946 The Diaguita of Argentina. *Handbook of South American Indians, Vol. 2*: 637-654. Bulletin No. 143. Smithsonian Institution. Washington DC.

Michels, J. W.
1973 Obsidian hydration dating. *Dating methods in archaeology*, J. Michels, pp. 201-218 Seminar Press, New York.

Nielsen, A.
1997 *Tiempo y Cultura Material en la Quebrada de Humahuaca, 700-1650 d.C.* Tilcara. UBA.

Nuñez Regueiro, V.A. y M. N. Tarragó
1972 Evaluación de datos arqueológicos: ejemplos de aculturación. *Estudios de Arqueología* 1:36-48. Cachi. Salta.

Ottonello, M.M. y A.M. Lorandi
1987 *Introducción a la arqueologia y etnologia: Diez mil años de Historia Argentina*. Ed. Eudeba. Buenos Aires.

Pelissero, N.A. y H.A. Difrieri
1981 *Quilmes: Arqueología y etnohistoria de una ciudad prehispanica*. Gobierno de la Provincia de Tucumán.

Perrotta, E. y C. Podestá
1978   Contribution to the San José and Santa María cultures, northwest Argentina. *Advances in Andean archaeology*, ed.D. Browman, pp.525-551. Mouton, The Hague.

Pollard, Gordon
1981   The bronze artisans of Calchaquí. *Early Man* 33:27-33.
1983   The prehistory of NW Argentina: The Calchaquí Valley Project, 1977-1981. *Journal of Field Archaeology* 10:11-32.
1985   The Spanish League and Inca sites: A reassessment of the 1566 itinerary of Juan de Matienzo through northwest Argentina. *Recent studies in Andean prehistory and protohistory*, ed D. Kvietok and D. Sandweiss, pp.177- 195. Ithaca.

Raffino, R.A.
1981   *Los Inkas del Kollasuyu*. Ramos Americana. Buenos Aires.
1983   Arqueología y etnohistoria de la region Calchaquí. *La presencia Hispánica en la arqueología Argentina*, Vol. 2, 817-861. E. Morresi y R. Gutierrez. U.N.Noreste.
1991   *Poblaciones indigenas en Argentina*. Tipográfica Editora Argentina, BuenosAires.
1993   *Inka: Arqueología, historia y urbanismo del altiplano andino*. Ed. Corregidor, Bs.As.

Raffino, R.A. y L.N. Baldini
1981-82 El sitio arqueológico Molinos I (Prov. Salta), nota preliminar. *Anales de Arqueología y Etnología*. XXXVI:101-116. U.N. de Cuyo.

Raffino, R.A. y E.M. Cigliano
1977   Un modelo de poblamiento en el Noroeste argentino para el Período de los Desarrollos Regionales. *III Congreso peruano del hombre y la cultura andina, Lima,* Tomo II.

Ruiz Huidobro, O.J.
1960   *Descripción geológica de la hoja 8e Chicoana (Provincia de Salta)*. Boletín 89. Dirección Nacional de Geología y Minería. Buenos Aires.

Serrano, A.
1936   Arquitectura diaguita. *Revista Geográfica Americana* 5:51-60.
1976[1958]   *Manual de la cerámica indígena* (3ª Edic.) Ed. Assandri. Córdoba.

Shávelson, D. y M. Magadán
1992   Potrero de Payogasta: La arquitectura de una ciudad incaica del noroeste argentino. *Ancient America: Contributions to New World archaeology*, ed N. Saunders. Monographs, 24 pp. 173-88. Oxford.

Sommer, F. H.
1948   The center. *Northwest Argentine archaeology*. Publications in Anthropology, No. 38. ed. W. Bennett, E. Bleiler, y F. Sommer, pp. 44-98. Yale University.

Strube Erdmann, L.
1958   La ruta de Don Diego de Almagro en su viaje de exploración a Chile. *Homenaje a Mons. Pablo Cabrerra*. Revista de la U. N. de Córdoba, Número especial:270-293.

Tarragó, M. N.
1974 Aspectos ecológicos y poblamiento prehispánico en el Valle Calchaquí, Provincia de Salta, Argentina. *Revista del Instituto de Antropología* 5:195-216.
1977 La localidad arqueológica de Las Pailas, Salta, Argentina. *Actas del VII Congreso de Arqueología de Chile.* Vol. II:499-517. Chile.
1978 Paleoecology of the Calchaquí Valley, Argentina. *Advances in Andean archaeology.* ed. D. Browman, pp.485-512. Mouton, The Hague.
1980 Los asentamientos aldeanos tempranos en el sector septentrional del Valle Calchaquí, Provincia de Salta, y el desarrollo agrícola posterior. *Estudios de Arqueología* 5:29-53. Cachi. Salta.

Tarragó, M.N., M.T. Carrara y P.P. Díaz
1979 Exploraciones arqueológicas en el sitio SSalCac 14 (Tero), Valle Calchaquí. *Actas Antiquitas - Jornadas de Arqueología del Noroeste Argentino* 2:231-242.

Tarragó, M.N. y P.P. Díaz
1972 Sitios arqueológicos del Valle Calchaquí. *Estudios de Arqueología* 1:49-61. Cachi.
1977 Sitios arqueológicos del Valle Calchaquí II. *Estudios de Arqueología* 2:61-71.

Tarragó, M.N. y M. De Lorenzi
1976 Arqueología del Valle Calchaquí. *Etnía.*23-24:1-35 Olavarría.

Tarragó, M.N. y V.A. Núñez Regueiro
1972 Un diseño de investigación arqueológica para el Valle Calchaquí: Fase exploratoria. *Estudios de Arqueología.* 1:62-85. Cachi. Salta.

Valencia, R.F.J.
1970 *Levantamiento de suelos de los Valles Calchaquíes.* Gobierno de la Provincia de Salta, U.N. de La Plata.

Vilela, Cesar. R.
1956 *Descripción geológica de la hoja 7d Rosario de Lerma (Provincia de Salta).* Boletín 84. Dirección Nacional de Geología y Minería. Buenos Aires.

Weber, R. L.
1978 A seriation of the late prehistoric Santa María culture of northwest Argentina.*Fieldiana Anthropology* 68:49-98.

Williams, V. I. y T.N. D'Altroy
1998 El sur del Tawantinsuyu: un dominio selectivemente intensivo. *Tawantinsuyu* 5:170-178. Canberra, Australia y La Plata, Argentina.

LA PUNA ARGENTINA EN LOS PERIODOS MEDIO Y TARDIO

María Ester Albeck

a Pedro Krapovickas

Por sus características fisiográficas y ambientales, la puna argentina se diferencia notablemente de las áreas adyacentes. Esto se manifiesta en la gran altura sobre el nivel del mar y en condiciones climáticas extremas de marcado frío y aridez. Dichas características limitaron la instalación humana a lo largo de los milenios pero, por otra parte, crearon condiciones excepcionales para la conservación de los materiales arqueológicos. Esto nos permite conocer muchos objetos que brindan detalles sobre la vida cotidiana de sus antiguos pobladores.

Sin embargo, la información arqueológica accesible para la puna argentina no nos permite distinguir categóricamente entre las sociedades propias del Período Medio (Siglos VIII al X) y las correspondientes al Período Tardío o de los Desarrollos Regionales (Siglos XI al XV). No aparecen diferencias notables en los tipos de asentamiento y tampoco hay indicadores precisos de cambio en los patrones decorativos y formales de los objetos arqueológicos que nos permita asignarlos a uno u otro período. En general, las sociedades indígenas de la puna se perciben como sumamente conservadoras tanto con relación a su modo de vida, patrones constructivos y de instalación como en la producción de bienes.

No obstante sus características ambientales adversas, la puna argentina permitió la instalación permanente de poblados prehispánicos, algunos de gran tamaño. Contó con un importante desarrollo ganadero basado en la cría de la llama y con una agricultura de alto nivel tecnológico en algunas áreas muy favorecidas. Fue una zona de intercambio económico, ideológico y social entre las sociedades que habitaban los diferentes ambientes que la circundan. Esto nos ilustra sobre la intensa dinámica sociocultural prehispánica que vinculaba extensos territorios en el ámbito surandino. La puna constituyó una zona de activo tránsito, al ser el paso obligado entre los oasis del norte chileno, único nexo con la costa pacífica, y los grandes valles que la comunicaban con las selvas y el chaco.

Aunque los estudios arqueológicos se iniciaron a fines del siglo pasado, la arqueología de la puna argentina es conocida de manera insuficiente. El mayor cúmulo de datos corresponde a la puna de Jujuy pero aún allí existen enormes vacíos de información. En toda la puna hay importantísimos sectores donde todavía no se han realizado prospecciones y que, seguramente, contienen una significativa riqueza arqueológica, obviamente desconocida.

LA PUNA ARGENTINA

La puna argentina conforma el extremo meridional del altiplano andino, el mismo se extiende, desde el sur de Perú, por todo el oeste boliviano hasta el noroeste argentino e incluye algunos sectores de Chile. La porción de puna que se encuentra en el territorio argentino presenta importantes variaciones en cuanto a sus características ambientales y oportunidades brindadas al asentamiento humano. En general, está sometida a rigurosas condiciones climáticas, caracterizadas por el frío intenso, la sequedad del aire y la fuerte radiación solar. Se presenta como una elevada planicie, separada por cordones montañosos menores y enclavada entre dos cordilleras elevadas, la oriental o Real y la occidental o Principal. Las cuencas hídricas son mayormente endorreicas, con excepción del sector de frontera entre Argentina y Bolivia que posee drenaje atlántico.

En la porción de puna del territorio argentino se distinguen dos sectores, el septentrional es menos frío y más húmedo, se lo conoce como Puna de Jujuy y comprende la porción nororiental de esta provincia. Incluye cuencas de drenaje atlántico como la cuenca del Río Grande de San Juan y las de Yavi y Sansana. El sector meridional es extremadamente seco y frío, abarca, además de la porción suroccidental de Jujuy, las porciones de puna de las provincias de Salta y Catamarca. Esta parte se corresponde con la antigua Gobernación de Los Andes y su rasgo fisiográfico característico es la presencia de grandes salares en el fondo de los bolsones endorreicos. Algunos denominan a este sector, Puna de Atacama.

Las extremas características climáticas de esta región condicionan la vida del hombre. La agricultura es posible únicamente en áreas restringidas, favorecidas por la disponibilidad de agua para el riego y determinadas condiciones ambientales locales. Las variedades cultivadas se limitan a vegetales microtérmicos autóctonos como la quinoa, la papa y otros tubérculos andinos. En pocos lugares, muy protegidos, prospera el maíz. Entre los vegetales introducidos después de la conquista española debemos destacar las habas, las arvejas y el trigo, además de hortalizas y frutales. A estos últimos los encontramos únicamente en lugares con excepcionales condiciones de protección, como las franjas serranas que limitan algunos bolsones de la puna septentrional.

La presencia de pasturas estacionales en los fondos de cuencas y la existencia de vegas permanentes en las áreas serranas, han permitido el desarrollo de la ganadería de camélidos, de gran importancia en épocas prehispánicas. Luego de la llegada de los europeos, con la introducción de otros animales domésticos como cabras, ovejas, vacas y burros, disminuyó la importancia de la cría de la llama. La utilización de la alfalfa como pastura, también traída desde el Viejo Mundo, sumada a una notable pauperización agrícola, ha llevado a que se utilicen como áreas de pastoreo superficies que antiguamente se dedicaban al cultivo de especies alimenticias. El paisaje de altiplanicie y la presencia de aguadas y pasturas adecuadas para los camélidos andinos permitieron la circulación de caravanas de llamas cargueras que recorrían la puna tanto en dirección norte-sur como este-oeste, portando productos de las zonas ecológicas adyacentes.

Otros recursos, de gran interés en el pasado, fueron la sal, los minerales metalíferos y las rocas volcánicas, como el basalto y la obsidiana, que fueron la materia prima para la fabricación de puntas de proyectil, y la andesita y otras rocas, utilizadas en la confección de palas y azadones líticos de uso agrícola.

SINTESIS DEL CONOCIMIENTO ARQUEOLOGICO

Las primeras evidencias de las sociedades prehispánicas de la puna argentina fueron dadas a conocer a fines del siglo pasado y principios del presente. Sin embargo, las investigaciones han tenido un desarrollo discontinuo y el tipo de información brindado muestra variaciones cualitativas. Tanto por el grado de adelanto científico como por los intereses pertinentes a las distintas épocas en que se realizaron los estudios. Así observamos zonas relativamente bien conocidas como Yavi, Casabindo, Rinconada y Antofagasta de la Sierra. Al margen existen zonas, a veces muy próximas a las primeras, que aún no han sido investigadas (Cochinoca, Pirquitas, cuenca norte del Río Miraflores, puna salteña) y otras para las cuales contamos tan sólo con datos aislados (Río Grande de San Juan, cuenca de Pozuelos). Por todo ésto, la información arqueológica disponible para la región no es homogénea.

El conocimiento arqueológico se corresponde con la intensidad de las investigaciones en cada una de las zonas y el potencial que brinda el ambiente para el asentamiento humano en las mismas. Esta correspondencia pasa por la importancia de los asentamientos arqueológicos en cada zona que reflejan, a su vez, el vínculo entre las sociedades indígenas y el potencial productivo del entorno. La zona para la cual se cuenta con mayor caudal de información arqueológica corresponde a la puna de Jujuy. Para la zona meridional, en cambio, existe información muy puntual y en grandes sectores es prácticamente inexistente. Hasta la fecha, sólo se conocen dos poblados arqueológicos de importancia, correspondientes a los últimos siglos de desarrollo indígena. Esto puede deberse a la falta de investigaciones arqueológicas o ser un reflejo real de las oportunidades brindadas por el ambiente.

El extremo norte de la puna argentina y la zona de Antofagasta de la Sierra son los únicos sectores que tienen documentados una larga secuencia de ocupación humana. Esta se inicia con grupos cazadores-recolectores fechados en el octavo milenio a.C. en la cueva de Yavi (Krapovickas 1987, Laguna 1995), donde también aparecen vestigios de ocupaciones posteriores (Laguna op.cit.). En Cerro Colorado 2 y en La Quiaca Vieja,

también en el Departamento de Yavi, se han identificado ocupaciones que corresponderían al Temprano o Formativo para la zona (Krapovickas 1977, 1987). La secuencia para la zona de Yavi se completaría con asentamientos pertenecientes al Tardío-Desarrollos Regionales como Yavi Chico y Cerro Colorado 1 (Krapovickas 1965, 1968) que continuarían hasta el momento incaico. Otros sitios conocidos para la zona septentrional, como Calahoyo (Fernández, 1978), serían propios del Período Medio, o del Tardío-Desarrollos Regionales como los del Río Grande de San Juan (Krapovickas y Cigliano 1962). Algunos sitios perdurarían hasta el momento incaico que se encuentra representado por el importante tambo de Calahoyo emplazado a ambos lados de la frontera argentino-boliviana.

En Antofagasta de la Sierra hay vestigios de ocupaciones de cazadores-recolectores y grupos aldeanos correspondientes al Período Temprano (Olivera 1991), un asentamiento del Período Tardío y otros asignables al momento Incaico (Raffino y Cigliano 1973).

En los sectores intermedios entre el extremo norte (Yavi) y la zona de Antofagasta de la Sierra, la información arqueológica se ve restringida mayormente a determinados lapsos temporales del pasado. Así, para la zona de la cuenca de Pozuelos las investigaciones se inician a fines del siglo pasado e inicios del presente con los trabajos de Ambrosetti (1902) y Boman (1908), este último como integrante de la Expedición Francesa en 1903. En estos trabajos encontramos las primeras menciones sobre el Pucará de Rinconada, ubicado en el sector sudoeste de dicha cuenca. El antiguo poblado fue tratado posteriormente por Alfaro y Suetta (1970) y en la actualidad por Ruiz (1996). Para la parte oriental de la laguna de Pozuelos, se cuenta con las investigaciones llevadas a cabo por González en el sitio conocido como Pozuelos (González 1963). El sector norte y la margen occidental de la cuenca cuentan con estudios más recientes (Balbuena 1994, Mamaní 1998).

El área aledaña a Cochinoca aguarda aún ser conocida con mayor profundidad. Sólo en trabajos de la década del '40 (Vignati 1941) existen menciones sobre la existencia de algunos sitios. Trabajos más recientes hacen referencia a la presencia incaica en la zona (Raffino *et al.* 1986).

El Río Doncellas fue objeto de investigaciones arqueológicas desde la época de Vignati (*op.cit.*) y continuadas luego por Casanova (1944). Posteriormente, el mismo sitio fue trabajado por Ottonello (1973) quien realizó una caracterización de la cerámica arqueológica de las sociedades del Tardío o Desarrollos Regionales para esta zona. Esta descripción resulta de gran valor para quien intente estudios comparativos con otros sitios de la puna. Las últimas investigaciones realizadas en Doncellas fueron las de Alfaro (Alfaro y Suetta 1976, Alfaro 1988).

En Casabindo los estudios arqueológicos se inician con Uhle en 1893. Las colecciones realizadas por este investigador se encuentran depositadas en el Museo de Berlín y son escasamente conocidas, exceptuando las piezas publicadas por Bregante en la década del '20 (Bregante 1924). Ambrosetti (1901) y Lehmann Nitsche (1901) también publicaron materiales exhumados en Casabindo a fines del siglo pasado. Las Expediciones Sueca y Francesa visitaron la zona a principios de siglo y las colecciones obtenidas se encuentran en los respectivos países de origen. Tres décadas después tuvieron lugar los estudios de Casanova en Sorcuyo (Casanova 1938) y luego pasaron más de 40 años hasta que se retomaron las investigaciones en Casabindo (Albeck 1984, 1993, 1997, Albeck *et al.* 1995). Para el faldeo occidental de la Sierra del Aguilar se registra como único trabajo de envergadura, el desarrollado por Krapovickas y colaboradores en Santa Ana de Abralaite (Krapovickas *et al.* 1981).

La zona de Susques se mantuvo inexplorada por mucho tiempo. Ultimamente se cuenta con los trabajos de Yacobaccio y colaboradores enfocados en el estudio etnoarqueológico de pastores en la zona (Yacobaccio y Madero 1995).

El extenso territorio correspondiente a la puna salteña es virtualmente desconocido para la arqueología pero el panorama cambia al pasar a la puna catamarqueña. Las primeras menciones sobre las sociedades arqueológicas de la zona se deben a Ambrosetti (1904). Posteriormente, en la tercera década de este siglo, las expediciones de Muñiz Barreto recuperaron abundante material arqueológico en este sector de la puna. Entre los años '50 y '70 debemos mencionar los trabajos de Krapovickas (1955) y Raffino y Cigliano (1973). Después de 1980 se retomaron las investigaciones en Antofagasta de la Sierra (Aschero y Podestá 1986, Olivera 1991) y en la década de 1990 en el área del Salar de Antofalla (Haber, com. pers.). Los estudios de Raffino y Cigliano (op.cit.) y algunas referencias de Olivera y Aguirre (1995) son las de mayor interés para el lapso temporal contemplado en este capítulo, dado que el mayor *corpus* informativo corresponde a épocas anteriores.

LA ECONOMIA Y LAS AREAS PRODUCTIVAS

La economía de los grupos que habitaban la puna en los períodos Medio y Tardío fue básicamente ganadera, ocasionalmente complementada con prácticas agrícolas y actividades extractivas de otros productos que sirvieron para el intercambio con las sociedades aledañas.

La producción ganadera, cuyo origen se puede retrotraer a los grupos arcaicos que poblaban la puna en el cuarto milenio antes de Cristo, fue seguramente el sustento básico de todas las sociedades que ocuparon la puna en épocas posteriores. La presencia de abundantes pasturas permitieron el desarrollo de grandes rebaños de camélidos domésticos que sirvieron como proveedores de carne para la alimentación de la población local. La llama proporcionaba también lana, estiércol (utilizado como combustible y abono) y era un versátil animal de carga. Los productos derivados de la ganadería cumplieron también una importante función como bienes de intercambio.

La ganadería fue la actividad con el uso más amplio del espacio en el territorio puneño. En la puna septentrional, menos fría y más húmeda, sólo las altas cumbres, los afloramientos rocosos y las salinas no brindaron forrajes aprovechables por los rebaños de llamas. Como en la actualidad, el manejo del ganado debió exigir su traslado según la disponibilidad de pasturas, integrando circuitos itinerantes de amplitud muy variable. Uno de los circuitos más habituales, en esta parte de la puna, es la alternancia entre las pasturas estacionales del fondo de las cuencas, aprovechadas en la época estival, y los pastizales permanentes que crecen en las vegas de altura, utilizadas en el invierno. El entorno de la Laguna de Pozuelos y el norte de la cuenca de Miraflores (Ruthsatz y Movia 1975) constituyen, hoy en día, unas de las mejores áreas ganaderas de la puna jujeña y probablemente lo fueron también en el pasado.

La puna meridional, en cambio, presenta recursos forrajeros mucho más localizados, restringidos a la presencia de vegas vinculadas, a su vez, con cursos de agua o algunas lagunas. Esta parte del territorio puneño es mucho más desértica, con amplios sectores donde prevalece la ausencia absoluta de vegetación.

Las prácticas agrícolas tuvieron probablemente su origen con las sociedades formativas de la región o, en su defecto, con los grupos arcaicos. Estas etapas del desarrollo sociocultural aún aguardan ser definidas. La agricultura, sin embargo, tuvo su apogeo en el Tardío-Desarrollos Regionales (Albeck 1993). En ese momento se mantuvieron extensas áreas bajo cultivo, reflejadas en grandes superficies cubiertas con andenes y complejas redes de riego que enlazaban quebradas adyacentes (Albeck 1993). Este sistema de producción agrícola debió basarse en el complejo de vegetales microtérmicos andinos (quinoa, papa, oca y ulluco) con la presencia del maíz, de tipo bolita o altiplano, condicionada por la presencia de microclimas muy localizados. La variabilidad del clima que caracteriza al sector debió influir en la producción que, en determinados años, podría fracasar como consecuencia de heladas tardías o muy tempranas, granizo o sequía, sin tener en cuenta eventuales plagas.

La agricultura ocupó los pequeños valles y quebradas con disponibilidad de agua, clima y suelos adecuados. La construcción de andenes en la parte baja de los faldeos y amplios aterrazados en los fondos de valle permitieron aumentar considerablemente las áreas aptas para sembrar.

La importancia de la prácticas agrícolas en la puna estuvo regulada por las variaciones ambientales a nivel local. Altitud, clima, suelo y disponibilidad de agua operaron como severos limitantes quedando muy pocas áreas aptas para la agricultura. Las áreas con mayor desarrollo agrícola corresponden a la zona de Casabindo-Doncellas, en la cuenca endorreica del Miraflores-Guayatayoc, y el Río Grande de San Juan y Yavi-Sansana, estos últimos de drenaje atlántico. El sector sudoeste de la cuenca de Pozuelos evidencia un desarrollo menos significativo.

Las obras agrícolas arqueológicas en las cuencas de drenaje atlántico se diferencian de manera notable de las que aparecen en las cuencas endorreicas del sector jujeño de la puna. En Casabindo, Doncellas y Rinconada lo más notorio es la amplia difusión de andenes sobre los faldeos serranos de los pequeños valles, este tipo de construcciones no ha sido observado para las cuencas de drenaje atlántico. De la misma manera, las redes de riego más complejas acompañan estos sistemas de andenes. En Yavi y Sansana los terrenos agrícolas se emplazan exclusivamente en el fondo de valle de los ríos o sobre las terrazas fluviales más bajas. Las escasas investigaciones arqueológicas efectuadas en el territorio boliviano colindante, no nos permiten corroborar si estas observaciones son válidas también para dicho territorio. En el Río Grande de San Juan, se repite dicha modalidad, aunque se han descripto algunos pequeños sectores con andenes (Krapovickas y Cigliano *op. cit.*).

Para la puna catamarqueña, en Laguna Blanca, existen importantes extensiones agrícolas utilizadas desde los grupos aldeanos del Período Temprano o Formativo (Albeck y Scattolín 1984). Estos terrenos, sin embargo, evidencian escasísima ocupación durante el Período Medio y Tardío. Es probable que esto responda a oscilaciones climáticas que pueden haber afectado el registro térmico o el nivel de precipitaciones en la región. Todo el noroeste argentino adolece de la falta de estudios paleoclimáticos, en particular para los tres últimos milenios.

Si bien es difícil hacer una estimación de la proporción de la economía que dependía de la producción agrícola en relación al componente ganadero, creemos como más seguro, que la agricultura debió operar como complemento de la ganadería. Actualmente el rol de la agricultura es prácticamente nulo, si bien subsiste en muchos lugares de la puna, aunque reducido a su mínima expresión.

Un recurso de notable importancia en la puna fue la extracción de sal (cloruro de sodio). Existen evidencias arqueológicas de esta actividad para la zona de las Salinas Grandes (Boman 1908). La actividad minera también debió ser importante. Aquí consideraremos no sólo la explotación de menas sino también las actividades extractivas de rocas volcánicas de interés económico para los pueblos prehispánicos. Son muy escasos los registros arqueológicos de la explotación de rocas metalíferas, como las identificadas por Boman en las proximidades de Cobres en la puna salteña (Boman 1908), pero seguramente se trata de una consecuencia de la falta de prospecciones exhaustivas. Lo mismo puede plantearse para las actividades de fundición.

El aprovisionamiento de rocas adecuadas para la talla de instrumental lítico, en cambio, ofrece incontables evidencias recogidas en los poblados arqueológicos y áreas de cultivo. En los períodos Medio y Tardío el uso de la obsidiana para la talla de puntas y otro instrumental reemplazó casi totalmente al basalto. Esta última fue la roca favorecida por los cazadores-recolectores y continuó en uso, aunque no en forma intensiva, entre los grupos del Temprano. Las fuentes de aprovisionamiento de estas rocas son objeto de investigaciones en curso (Yacobaccio com. pers.).

Para el laboreo del suelo se utilizaron palas y azadones líticos, fabricados con rocas planas. Habitualmente se trata de andesitas, aunque también se aprovecharon otras rocas duras que permitían una talla adecuada. Las canteras para la extracción de estas rocas también aguardan su identificación. La abundancia de ese tipo de piezas arqueológicas en las áreas agrícolas implica el movimiento de un volumen y peso importante de palas y azadones, trasladados desde las canteras como piezas elaboradas o a medio tallar, hasta los poblados y las áreas de cultivo.

Otras prácticas económicas que mantuvieron su vigencia durante el Período Medio y el Tardío fueron la caza y la recolección. La abundancia de camélidos silvestres como la vicuña y el guanaco constituyó un recurso de importancia para las poblaciones locales. Así lo testifican la presencia de huesos asignables a vicuña en los poblados de la época. La recolección de huevos de suri (ñandú petiso), como complemento de la dieta, mantiene su importancia hoy en día en algunas partes de la puna como en la cuenca de Pozuelos. También perduran variadas prácticas de recolección de vegetales que, seguramente, constituyeron un importante aporte a la alimentación en el pasado prehispánico.

LOS POBLADOS

No obstante la carencia de investigaciones arqueológicas para grandes sectores de la puna argentina, son numerosos los poblados prehispánicos conocidos, particularmente para el sector septentrional. La gran mayoría de éstos pueden ser asignados a los Períodos Medio y Tardío.

Para la puna septentrional, el patrón de poblamiento correspondiente a dichos períodos corresponde, con pocas excepciones, al de asentamientos de tipo semiconglomerado, ubicados sobre terrenos fácilmente accesibles y con viviendas de planta rectangular levantadas con piedras. Este patrón es similar al que caracteriza a la vecina Quebrada de Humahuaca para el Período Medio pero no así para el Período Tardío cuando los asentamientos pasaron a ser de tipo conglomerado, de difícil acceso y ubicados sobre terrenos elevados con una posición estratégica.

El patrón de asentamiento característico para la puna norte en el período Medio y el Tardío lo vemos reflejado en muchos poblados prehispánicos, desde Yavi Chico hasta Ojo de Agua en Casabindo. En el caso de Yavi Chico (Krapovickas 1965) se trata de un asentamiento emplazado sobre una terraza fluvial ubicada sobre la margen derecha del arroyo homónimo. La parte más baja de la terraza, próxima a la barranca del río, estuvo ocupada por terrenos de cultivo y la parte más alta, al pie de una barranca más elevada aún, fue utilizada para la ubicación de las viviendas. La margen izquierda del río se encuentra, hoy en día, ocupada por terrenos de cultivo y también, en el pasado, debió utilizarse para este tipo de actividades. Las viviendas fueron construídas con rodados de forma prismática de tamaño mediano y con adobes. Algunas presentan pequeñas cámaras que sirvieron como silos. El sitio se encuentra actualmente en un grave estado de deterioro por acción meteórica y aluvional, además del factor antrópico.

Otro sitio característico es el poblado de Agua Caliente de Rachaite (Ottonello 1973), también conocido como Doncellas (Alfaro y Suetta 1976, Alfaro 1988). Se trata de un asentamiento que se extiende sobre ambas márgenes de un curso temporario afluente del Río Doncellas. El sitio se halla limitado por elevados farallones verticales que obstruyen totalmente la visión del entorno. Las viviendas son de planta rectangular levantadas totalmente con piedras de forma prismática de tamaño regular. En la base de las paredes es frecuente observar la presencia de piedras mayores que dan solidez a la construcción. Entre las viviendas aparecen recintos mayores que pudieron haber cumplido la función de patios. En la parte más elevada del poblado se encontró una estructura escalonada flanqueada por rocas talladas de forma cilíndrica, esta construcción se encuentra casi totalmente destruída en la actualidad. El valle del Río Doncellas ofrece abundantes pasturas y los faldeos bajos que dan al río, aguas arriba del poblado, se encuentran cubiertos por grandes sistemas de andenes. A juzgar por los hallazgos realizados en las áreas adyacentes al poblado, este sitio estuvo habitado desde el Período Medio hasta la etapa hispana y, probablemente, pueda remontarse a épocas anteriores al Período Medio. Esto se manifiesta, en particular, en los entierros excavados en las grutas tapiadas contra los farallones.

Próximo a Abra Pampa encontramos el sitio de Tabladitas. Se trata de un poblado no muy extenso ubicado a orillas de un curso con agua permanente. Desde el antiguo asentamiento, no se posee un buen dominio del entorno pues se encuentra rodeado parcialmente por algunos cerros. Las viviendas son de planta rectangular levantadas con bloques rocosos de color rojizo de forma irregular o prismática asociados a recintos de dimensiones mayores. Este sitio registra una clara ocupación desde el Período Medio, a juzgar por la abundante presencia de cerámica asimilable al estilo "La Isla" de la Quebrada de Humahuaca. Sin embargo, también aparecen tipos cerámicos característicos de la zona de Casabindo, propios de épocas posteriores.

En la zona de Casabindo se han identificado varios sitios con el patrón típico correspondiente al Período Tardío de la puna, aquí trataremos tres de ellos. El primero es Pueblo Viejo de Potrero (Albeck *et al.* 1999), ubicado en el amplio fondo de valle de la quebrada homónima que baja del faldeo de los cerros de Casabindo. Es un poblado sin defensas, fácilmente accesible y con un dominio relativo del entorno por la presencia de serranías en las inmediaciones. El sitio se encuentra parcialmente destruido por ocupaciones recientes, al haber utilizado el espacio como lugar de asentamiento y terreno de cultivo. El sector noroeste del poblado se encuentra en buen estado de conservación y permite observar la presencia de recintos de diferentes dimensiones. Los de tamaño mediano funcionaron como viviendas, los mayores como patios y los menores, probablemente, fueron lugares de almacenaje. Todos los recintos son de forma rectangular, aunque los más grandes pueden presentar paredes de trazado irregular. Las paredes han sido levantadas con las rocas volcánicas rodadas que aparecen en las inmediaciones, pero los recintos varían en la calidad constructiva, los mejor construídos son los que sirvieron como habitaciones. Se cuenta con un fechado radiocarbónico calibrado en 1220 d.C. y a dos sigma entre 1040 y 1283 d.C. En el predio del sitio existe una vertiente que se aprovecha en la actualidad. Gran parte del fondo de valle de Potrero se halla cubierta por terrenos agrícolas en forma de amplios aterrazados y los faldeos cercanos están cubiertos por andenes de cultivo. Existe una importante vega en las inmediaciones del sitio y aguas arriba, en las partes elevadas de la serranía, aparecen grandes áreas con vegas de altura. Este antiguo poblado se encuentra rodeado por los terrenos agrícolas más extensos de la zona de Casabindo.

En el acceso al poblado moderno de Casabindo existe un pequeño poblado ubicado sobre un promontorio rocoso bajo. Este sitio, denominado Ojo de Agua (Albeck y Dip 1996) por la presencia de una vertiente en las inmediaciones, presenta un emplazamiento estratégico pues domina gran parte del Bolsón Miraflores-Guayatayoc y el acceso hacia las áreas productivas más importantes de Casabindo. El poblado se encuentra bastante deteriorado porque las rocas que conformaban las paredes han sido aprovechadas para la construcción de pircados modernos. Los recintos son de planta rectangular de diversos tamaños, grandes, medianos y pequeños, y fueron construídos con la roca volcánica que constituye la roca de base. El poblado tiene forma alargada y cuenta con una vía de circulación en sentido longitudinal. En la parte más elevada del sitio se observa un recinto de mayores dimensiones que, probablemente, cumplió la función de corral. Al pie del antiguo poblado existen extensas áreas de vega.

Hacia el sur de Casabindo, en las inmediaciones de Río Negro, se encuentra Calaverioj (Albeck 1993), ubicado en la desembocadura de tres pequeñas quebradas con agua permanente que dan lugar a la formación de amplios sectores de vega. Este poblado se encuentra encerrado entre afloramientos rocosos y tiene muy escasa visibilidad del entorno. La parte baja de los faldeos circundantes se halla cubierta por andenes de cultivo y los afloramientos rocosos alojaron antiguamente gran cantidad de cuevas tapiadas o *"chullpas"*, de allí el nombre del lugar. Las antiguas viviendas son de planta rectangular de tamaño mediano y grande, construídas con las rocas propias del lugar. El lugar evidencia una larga ocupación en el tiempo que se podría retrotraer hasta el Período Temprano por la presencia de cierta cerámica característica de este período en los niveles inferiores de la ocupación.

Existen unos pocos poblados que escapan al tipo de asentamiento que acabamos de describir. Trataremos en primer término los de tipo poblado-pucará ubicados en lugares elevados de difícil acceso. Uno de ellos es el Pucará de Rinconada, ubicado en el sector sudoeste de la cuenca de Pozuelos (Boman 1908,

Alfaro y Suetta 1970). El Pucará de Rinconada ocupa una elevada meseta y cuenta con un único acceso. Desde lo alto del poblado se tiene un amplio dominio de todo el sector sur de la cuenca de Pozuelos y de las serranías aledañas. Las viviendas son de planta rectangular levantadas íntegramente con la roca volcánica que conforma la meseta, entre las viviendas se observan espacios mayores que pudieron funcionar como patios. En algunos recintos se registra la presencia de menhires o *wankas* cilíndricos tallados en el mismo tipo de roca. Como una característica curiosa, propia de este asentamiento, cabe señalar la existencia de un sistema de canales subterráneos enlajados que probablemente hayan servido para el drenaje de las aguas meteóricas que se acumulan sobre la superficie rocosa que alberga el asentamiento. Algunos de estos canales conducen a reservorios de agua.

Otro sitio es el de Cerro Colorado 1 que se encuentra en la localidad homónima, en las proximidades de La Quiaca (Krapovickas 1987). Se ubica sobre un pequeño cerro de color rojizo emplazado sobre la margen derecha del Río Sansana, desde la cima se tiene un excelente dominio del pequeño valle y de los sectores de puna circundantes. El poblado, de tipo semiconglomerado, es accesible por una pendiente relativamente pronunciada pero no cuenta con murallas defensivas. Las viviendas son de planta rectangular, levantadas con rocas seleccionadas y ocasionalmente canteadas que dan gran solidez a la construcción. Entre las viviendas aparecen recintos de mayores dimensiones y espacios vacíos. Un fechado radiocarbónico indicaría la perduración de este poblado hasta inicios del siglo XVI (Krapovickas *op. cit.*).

El tercero de los sitios ubicados sobre lugares elevados es el Pucará de Tucute o de Sorcuyo (Casanova 1938, Ruiz y Albeck 1997). Se halla emplazado sobre un afloramiento rocoso de origen volcánico que lo hace naturalmente inexpugnable y cuenta con un único acceso limitado por murallas defensivas. En la reducida superficie que ocupa, se observan paredes levantadas con piedras irregulares que conforman recintos de forma también irregular. El Pucará de Tucute no entraría en la categoría de poblado, se trata de un lugar defensivo, un verdadero pucará. Sin embargo, aún no son claros sus vínculos con el asentamiento que se extiende a sus pies, conocido como Pueblo Viejo de Tucute o Sorcuyo, que trataremos más adelante.

En la puna septentrional aparece un tipo de poblado que hasta ahora es exclusivo de la puna para el Período Tardío. Se trata de la presencia de sitios arqueológicos monticulares, algunos de grandes dimensiones. Estos montículos son el fruto del uso continuado del mismo espacio habitacional durante varios siglos. El uso de paredes de adobe ha dado lugar a la acumulación de tierra, producto de las viviendas abandonadas, que, sumados a los restos propios de las actividades humanas, formaron los montículos. Este tipo de sitios ha sido identificado en el sector norte y oriental de la cuenca de Pozuelos, siempre sobre la planicie lacustre y en relación a cursos de agua. El mayor de los sitios de este tipo es el de Yoscaba (Balbuena 1994), ubicado al noroeste de la laguna de Pozuelos, y consta de numerosos montículos de diferente altura sobre los cuales aparecen algunas líneas de piedra, probables vestigios de paredes, abundantes restos de cerámica, material lítico y óseo. Otro poblado de las mismas características es el de Pozuelos, ubicado sobre la margen oriental de la laguna (González 1963). En este poblado se observó la presencia de viviendas de planta cuadrangular o redondeada levantadas con adobes. Dos fechados radiocarbónicos ubicarían a este asentamiento en los inicios del siglo XII (González *op.cit.*)

En la puna aparecen también dos sitios que se apartan notoriamente del patrón general característico del Período Medio y Tardío, no sólo de la puna sino también de las áreas aledañas como la Quebrada de Humahuaca. Se trata de poblados con la presencia de viviendas de planta circular y no cuadrangular como es la forma típica de esta etapa. Las viviendas de planta circular son características del Período Temprano en la mayor parte del Noroeste Argentino, pero son reemplazadas en épocas posteriores por las de planta cuadrangular. En estos dos casos se ha constatado el uso de viviendas de planta circular en el Período Medio y Tardío. No sabemos si se trata de una perduración de técnicas propias de etapas anteriores o de la presencia de grupos llegados de otras latitudes con una tradición constructiva diferente.

Uno de estos sitios es el que se conoce como Santa Ana de Abralaite (Krapovickas *et al.* 1981), ubicado sobre el pie de monte del faldeo occidental de la Sierra del Aguilar. El poblado tiene un emplazamiento bajo, cercano al curso de un arroyo, se encuentra asociado a terrenos de cultivo arqueológicos y se halla parcialmente protegido por una lomada baja. Desde el poblado, de tipo semiconglomerado, se domina buena parte del bolsón del Miraflores hacia el norte y el oeste. Las viviendas son de planta circular y se hallaban, al parecer, levantadas totalmente con piedra. Las rocas utilizadas eran de forma redondeada, probablemente provenientes del curso de agua cercano y las paredes no fueron construídas con mucha prolijidad. Las viviendas se hallan vinculadas con líneas de piedra que delimitan espacios más amplios, algunos de los cuales funcionaron como patios, otros pudieron haber oficiado como terrenos de cultivo.

El otro caso con viviendas de planta circular es Pueblo Viejo de Tucute (Albeck *et al.* 1998), conocido también como Sorcuyo (Casanova 1938). Se trata de un extensísimo poblado de tipo semiconglomerado que ocupa dos lomadas, una alta y otra baja, ubicadas a ambos lados del arroyo de Tucute. El sitio es de difícil acceso desde el bajo, siguiendo tanto el curso del arroyo como las quebradas vecinas. No posee un emplazamiento estratégico de dominio del entorno: se halla rodeado en gran parte por cerros y afloramientos rocosos más elevados y sólo se observa, a la distancia, el fondo de la cuenca del Miraflores-Guayatayoc. En un promontorio rocoso, ubicado entre ambas lomadas, se encuentra el Pucará de Tucute o de Sorcuyo que, como destacamos arriba, posee características defensivas. A juzgar por el material cerámico y el tipo de construcciones que presenta, este sitio no se vincula claramente con Pueblo Viejo de Tucute. Las viviendas circulares que caracterizan a este último poblado se hallan levantadas totalmente con piedras canteadas en forma prismática, mayormente haciendo uso de la roca volcánica que aparece en las inmediaciones. Los bloques son de tamaño muy regular y entre las hiladas se observa el uso de mortero de barro. Las dimensiones de las viviendas oscilan entre 4 y 6 metros de diámetro y frente a la puerta presentan un deflector de aire oblicuo. Las viviendas se encuentran ubicadas sobre aterrazados que nivelan la pendiente del terreno y ocasionalmente se observan algunos recintos pequeños de planta cuadrangular. Estos son de construcción poco cuidada. En la parte más elevada de la lomada alta aparece un gran recinto rectangular levantado con la misma técnica constructiva que las viviendas circulares. Este recinto presenta tres menhires de forma prismática y en las inmediaciones se observa otro recinto rectangular con menhires cilíndricos. Pueblo Viejo de Tucute se distingue netamente de los demás sitios conocidos de la puna para el Período Tardío y por sus particularidades arquitectónicas constituye un sitio de características únicas para todo el Noroeste Argentino. Se cuenta con tres fechados que calibrados darían 1300 d.C.(dos sigma entre 1217 y 1401), 1160 d.C. (dos sigma entre 1013 y 1275) y (dos sigma entre 1218 y 1402).

Para la puna meridional, el único poblado que ha sido asignado al Período Tardío es el que se conoce como

Pucará de la Alumbrera (Raffino y Cigliano 1973). Se encuentra en la hoyada de Antofagasta de la Sierra, emplazado sobre el faldeo de dos cerros poco elevados. Se trata de un poblado conglomerado poco extenso, con viviendas de planta rectangular levantadas totalmente con piedra sin el uso de mortero de barro. Una gran muralla en U protege la población. Los materiales arqueológicos asociados vincularían a este sitio con las sociedades Belén, propias del Valle de Hualfín en Catamarca, y han llevado a plantear que La Alumbrera fue una colonia Belén en la puna catamarqueña

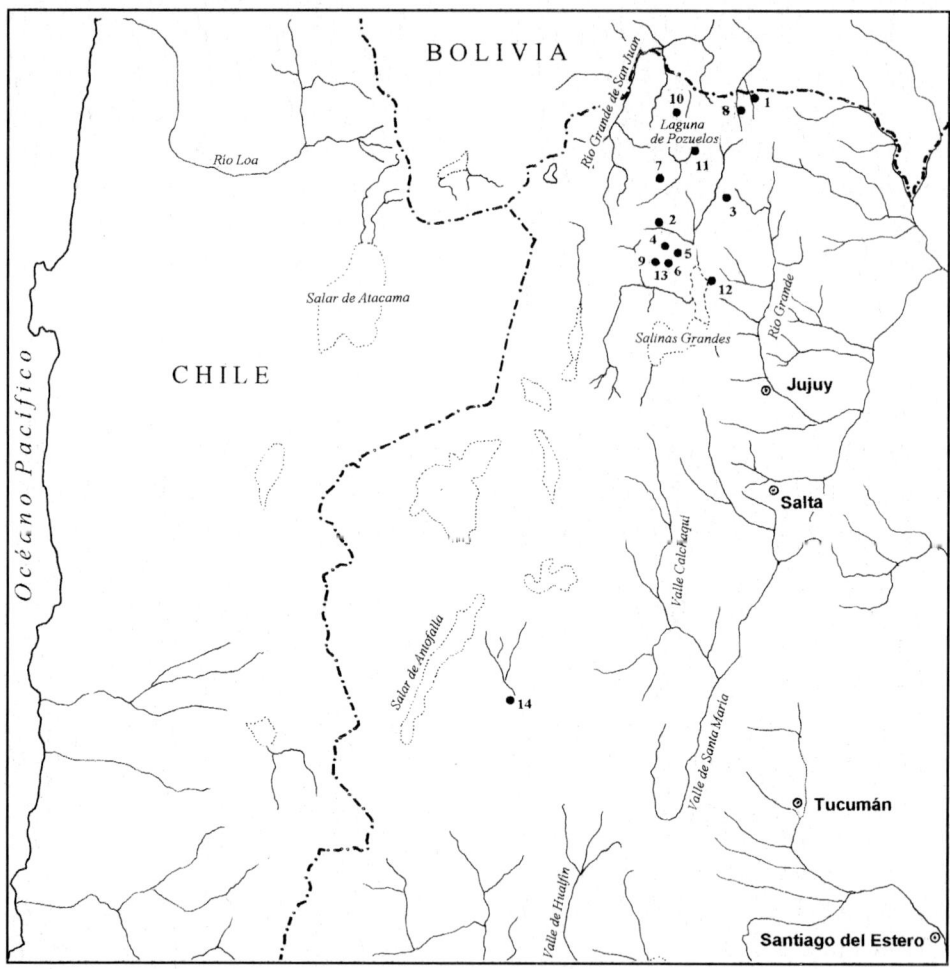

Figura 1: Región de la Puna; localización de los sitios mencionados en el texto.

LAS TECNOLOGIAS

Los pueblos puneños, a juzgar por los restos que han perdurado, elaboraron cerámica de buena o mediana calidad aunque la mayor parte de sus piezas se encuentran exentas de pulido y decoración. Sus empeños se concentraron en la tejeduría que debió ser una de las actividades más importantes entre los antiguos pobladores. Por otro lado, la baja frecuencia de objetos de metal no permite asegurar que esta actividad haya tenido un desarrollo floreciente. La talla en piedra se restringió casi exclusivamente a la elaboración de piezas utilitarias como puntas de proyectil y azadones para las tareas agrícolas. La excelente conservación de los materiales arqueológicos en las cuevas tapiadas o *"chullpas"* ha permitido recuperar muchísimos objetos elaborados con materiales perecederos, algunos seguramente de fabricación local como los tejidos, sogas, cordeles y ojotas. Otros, probablemente, fueron adquiridos por trueque con pobladores de las áreas aledañas como las calabazas pirograbadas, los tocados de plumas y algunos objetos de madera.

La textilería. Son muy abundantes los elementos arqueológicos vinculados con esta actividad. Aquí consideramos en primer término los husos y los torteros para hilar. Estos últimos, elaborados comúnmente de madera, son de formas variadas pero no presentan decoración. En algunos casos se han encontrado instrumentos de madera relacionados con el tejido en telar. Es frecuente también la presencia de agujas elaboradas en madera o con espinas de cactus. Otros objetos que se asocian con el tejido son los vasitos chatos, o "vasos de hilandera". Se trata, por lo general, de escudillas de base plana con bordes ligeramente evertidos, utilizados para apoyar el extremo del uso al hilar. Este tipo de pieza es sumamente común como ofrenda funeraria y tiene, como rasgo característico, la presencia de desgaste en su interior como efecto de la rotación del huso (Krapovickas 1968). Otro tipo de vasija que ha sido vinculado con la textilería son los cuencos con asa interna, mal llamados "tapas de olla". Estos servían para colocar los ovillos de lana al hilar o tejer y, al pasar el hilo por debajo del asa, evitaban que se enredaran (Alfaro 1988). Las prendas, elaboradas en lana de llama y de vicuña, eran muy variadas. Comprenden mantas, ponchos, "unkus" o camisetas, fajas, gorros y bolsas de distintos tamaños. La lana de llama también servía para la elaboración de sogas, diferentes tipos de cordeles y hondas.

La cerámica. Como ya destacamos, en general, la cerámica de la puna es de regular calidad distinguiéndose diferencias estilísticas y tecnológicas entre las distintas zonas. La cerámica conocida como de estilo Yavi, propia del extremo norte de la puna argentina, es de excelente calidad. Se trata de una alfarería sumamente compacta de pasta rosada clara o anaranjada que presenta el agregado de antiplástico de color blanco (Krapovickas 1968, 1977). La cerámica es pulida o muy alisada y, en los casos en que se encuentra decorada, presenta dibujos negros con una traza muy delicada. Estos pueden aparecer sobre la superficie natural de la pasta o sobre pintura o engobe. Los colores utilizados son el rojizo, el morado y el ante. Los motivos más comunes son los triángulos espiralados y los contornos arriñonados o gotas, ambos reticulados. Entre las formas cerámicas encontramos escudillas, pequeñas vasijas con asas oblicuas y asimétricas y grandes cántaros con un pie cónico. En este último caso, la pasta es menos compacta y presenta otro tipo de antiplástico. La cerámica de estilo Yavi se ha identificado en los sitios de Yavi Chico, Cerro Colorado 1, Yoscaba, Pozuelos y Río Grande de San Juan. En el Pucará de Rinconada se registra con menor frecuencia y en la zona de Casabindo es sumamente escasa.

Otra cerámica, que no ha sido aún caracterizada como estilo, aunque aquí la denominaremos estilo Casabindo, es propia de la Cuenca Miraflores-Guayatayoc. Se trata de piezas alisadas pintadas en negro o en negro y blanco sobre el fondo pintado en color rojizo. Corresponde a grandes vasijas globulares con cuello y dos asas horizontales en la parte media del cuerpo. La decoración puede ser únicamente en negro, compuesta por líneas oblicuas paralelas que determinan campos triangulares. Estos están limitados por una línea que corre en la base del cuello y por otra que pasa por las asas. Cuando presenta el color blanco éste se da en forma de lunares, llenando los campos triangulares entre las líneas negras. En ocasiones, la pintura blanca se da en forma de vírgulas o comas (Krapovickas *et al.* 1981). Otra pieza típica es una pequeña vasija pulida con boca ancha y asas verticales, decorada en negro sobre rojo. La decoración se da en dos campos limitados por las asas donde cada uno consta de dos paneles rellenos de líneas reticuladas oblicuas. Este motivo decorativo se ha confundido con otro propio de la Quebrada de Humahuaca (Krapovickas 1968). Entre las escudillas, de tamaños y formas variables, son sumamente frecuentes las que presentan el interior negro pulido y el exterior rojizo y alisado (Ottonello 1973). Dentro de éstas tenemos los vasitos chatos o de hilandera que ya describimos. Otro rasgo que aparece con frecuencia es la presencia de mica dorada en la pasta cerámica (Ottonello *op.cit.*), ésta aparentemente fue agregada en forma intencional.

En algunos sitios de la puna, por ejemplo Tabladitas, Pueblo Viejo de Tucute (Casanova 1938), Agua Caliente de Rachaite y en otros próximos y aún inéditos, han aparecido piezas correspondientes al estilo La Isla, propio de la Quebrada de Humahuaca. Corresponde mayormente a vasos en forma de reloj de arena, con o sin asa, decorados en negro sobre rojo o en negro y blanco sobre rojo. Presentan diversos motivos entre los cuales se destacan los triángulos rellenos por líneas paralelas de trazado alternado, grecas y lunares blancos. Otro rasgo distintivo de este estilo cerámico es la presencia de rostros pintados de blanco o crema y con ojos en grano de café. Estas representaciones antropomorfas se dan en la parte superior de pequeñas vasijas o como apéndices en escudillas.

Pueblo Viejo de Tucute, en cambio, se distingue por la presencia de cerámica alisada de excelente factura pero sin decoración o apenas con un baño rojizo muy liviano. Las formas corresponden a grandes piezas globulares con cuello, escudillas y pequeñas piezas con modelados zoomorfos en forma de llamas (Albeck, Mamaní y Zaburlín 1995).

La talla en piedra. La talla lítica la vemos reflejada principalmente en las puntas de proyectil y en el instrumental de labranza, aunque también en los menhires y rocas para la construcción. En la zona de Yavi-Sansana son sumamente abundantes las puntas de flecha en la superficie de los poblados arqueológicos. Se trata de puntas pequeñas de forma triangular con pedúnculo, talladas en sílice. En la zona de Casabindo-Cochinoca las puntas de proyectil son mucho menos frecuentes como hallazgos de superficie en los poblados arqueológicos y aparecen en escaso número al practicar excavaciones. Son mayormente de forma triangular con la base escotada y se encuentran talladas en obsidiana. Esta roca también es utilizada para la fabricación de otros instrumentos como raederas. En los terrenos de cultivo de la zona de Casabindo es frecuente observar la presencia de palas o azadones elaborados sobre lajas de andesita u otra roca dura. Estas piezas tienen forma rectangular plana presentan en el lado anterior un filo activo y en la parte opuesta una pequeña prolongación donde se fijaba un mango curvo que servía para manejar el instrumento (von Rosen 1924).

La talla en madera. Gran parte de los hallazgos hechos en tumbas, en particular los que corresponden a cuevas tapiadas o "*chullpas*", corresponden a materiales de madera. Estos conforman un espectro variado de objetos como cucharas, cuchi-llones, estuches, vasos, tabletas, tubos, peines, arcos y flechas (Krapovickas 1958). La madera, sin embargo, es un recurso limitado en la puna y las especies maderables se restringen a la queñoa y al cardón. Aún no se han realizado análisis de la fibra de la madera para definir si dichos objetos proceden de la puna o han sido obtenidos por intercambio con pobladores de otros ambientes. A pesar de esto, creemos que los arcos, de los cuales se conocen varios ejemplares, son de procedencia alóctona. Estos fueron elaborados con maderas flexibles presentes en otras regiones, probablemente las selvas.

Objetos de procedencia alóctona. Entre estos objetos debemos considerar los mates o calabazas, muy comunes en las tumbas de la puna (Krapovickas 1958, Alfaro y Gentile 1978). Sin embargo, los requerimientos climáticos de este vegetal hacen muy difícil su cultivo en la puna. Se trata, por lo tanto, de un bien introducido de otras áreas. Los mates o calabazas con frecuencia se encuentran decorados con motivos pirograbados en su cara externa, en su gran mayoría con guardas geométricas. Otros objetos de indudable procedencia alóctona son los cascabeles elaborados en nueces de nogal criollo, rescatados en contextos de tumba. Las tabletas de madera, utilizadas para la inhalación de sustancias psicotrópicas y recuperadas en el mismo tipo de contexto, probablemente también hayan sido exóticas. Lo mismo cabría para algunos objetos de metal, como los discos metálicos, poco frecuentes en la puna (González 1992). Las rocas de turquesa y sodalita, utilizadas para elaborar cuentas de collar, aparentemente procedían del norte de Chile y Bolivia, respectivamente.

El manejo del ganado. Es muy poco lo que se puede rescatar de esta tecnología con la información arqueológica disponible. A partir de los restos óseos recuperados en basureros y pisos de vivienda, se observa que en algunos casos los camélidos constituían más del 90 % de los animales consumidos en los lugares habitacionales (Albeck y Zaburlín 1996). También se registra un consumo preferencial de animales jóvenes o viejos. Esto implica una selección en la matanza preservando los individuos adultos, ya sea para carga, producción de lana y reproducción. El hallazgo de cencerros de madera en viviendas y tumbas arqueológicas (Krapovickas 1958) indicaría que la práctica de manejar la tropa con animales guía también era habitual en épocas prehispánicas. Las llamas, además de proveedoras de carne y lana eran utilizadas como animales de carga y esto se halla atestiguado por la presencia de "tarabitas" u horquetas de atalaje (Krapovickas 1958), utilizadas en vez de argollas para fijar las cargas a los animales. Algunos hallazgos excepcionales de elementos elaborados en fibra vegetal, han sido interpretados como bozales para llamas.

La tecnología agrícola. La zona de Casabindo y Doncellas puede enmarcarse como el área de la puna donde la tecnología agrícola alcanzó su mayor desarrollo. Esta incluía la construcción de extensas andenerías en la parte media y baja de los faldeos serranos y amplios aterrazados en los fondos de valle. Abarca, además, complejas redes de riego, a veces de varios kilómetros, y represas para el almacenamiento del agua (Albeck 1993, 1997). El laboreo del suelo se hacía con el esfuerzo humano y con la ayuda de instrumentos sencillos como las palas y los azadones líticos. En este contexto debemos nombrar la presencia de unos artefactos denominados "cuchillones" que tradicionalmente fueron vinculados con las tareas agrícolas. Sin embargo, a juzgar por la pátina lustrosa que presentan, es difícil que hayan sido empleados para contactar el suelo o los vegetales cultivados. Para prevenir la erosión se construían líneas transversales en los cauces y paredes defendiendo los márgenes de los mismos. Entre las tareas culturales se practicaba la limpieza de los terrenos que dejaron como vestigio amontonamientos de piedra o "despedres". El producto de las cosechas era almacenado en silos u hoyos subterráneos. Para la conservación de tubérculos se utilizaban los hoyos y los granos eran almacenados en vasijas, sacos o silos, estos últimos construídos de piedra contra los paredones rocosos. Aquí cabe destacar que estos silos se encuentran casi exclusivamente sobre paredones expuestos al norte, es decir, sobre las laderas más secas.

EL INTERCAMBIO DE BIENES Y PRODUCTOS

La puna estuvo integrada a una compleja red de intercambio que enlazaba el extenso territorio surandino. La notable localización diferencial de los recursos, en franjas con orientación norte-sur, llevó a un intenso intercambio este-oeste y viceversa, realizado en sentido transversal a las distintas fajas ambientales. El extremo occidental de este flujo de productos fue la costa del Océano Pacífico, el extremo oriental, el Chaco. El territorio intermedio comprendía el desierto chileno con su notable riqueza mineral, la puna ganadera, los valles y quebradas de producción agrícola y los bosques y selvas con su oferta en recursos de la más variada índole.

Figura 2: Tucute: planimetría parcial.

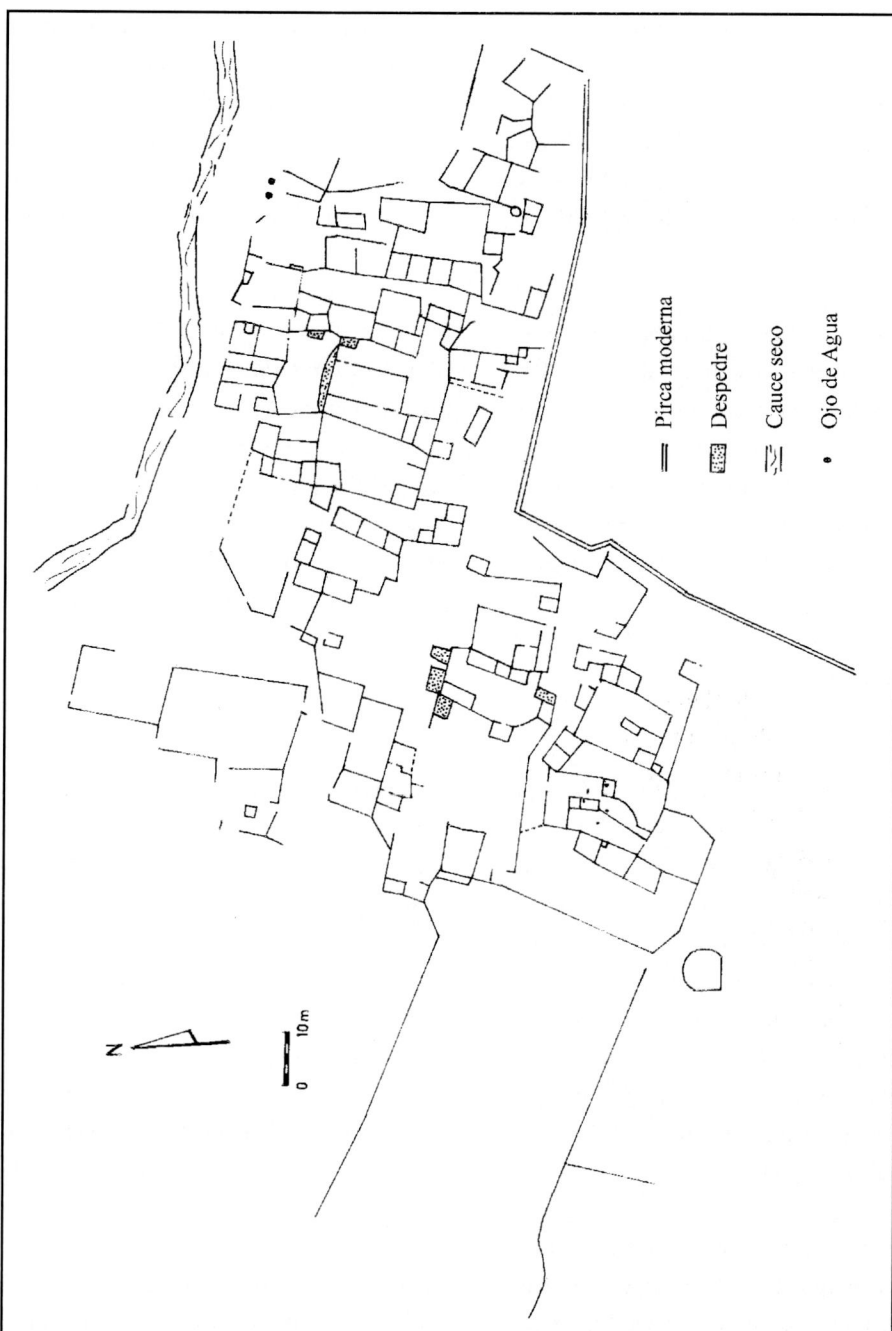

Figura 3: Planimetría del sitio Ojo de Agua.

En el Período Tardío el intercambio de productos estuvo basado en el tráfico caravanero (Núñez y Dillehay 1978). Las llamas cargueras eran guiadas y cubrían grandes distancias en busca de bienes y productos de interés económico y ritual para la comunidad de origen.

Entre los hallazgos arqueológicos existen muchas evidencias de este tráfico. En la puna encontramos productos de los valles como las calabazas, piedras semipreciosas como la turquesa procedentes del desierto chileno, nueces de nogal criollo y plumas de aves multicolores provenientes de los bosques y selvas. Las representaciones pictóricas que muestran recuas de llamas cargadas sólo confirman la existencia de esta circulación de bienes y productos. Es muy probable que haya sido el hombre de la puna el responsable de gran parte del tráfico caravanero. En primer lugar, tenemos la mayor abundancia de llamas en su territorio, en segundo término la escasez de recursos agrícolas en gran parte del área, complemento indispensable para su dieta, y, por último, la importancia que mantienen hasta nuestros días las prácticas de trueque entre los pobladores de la puna y las áreas adyacentes.

Estos sistemas tradicionales desarrollados en épocas prehispánicas y practicados plenamente en épocas históricas continúan, aunque en menor medida, hasta el presente. Esto da la pauta de que el intercambio de productos para el antiguo poblador de la puna fue vital y tuvo una magnitud mucho mayor que la que podemos rescatar a partir del registro arqueológico.

El sistema tradicional en vigencia, donde el componente agrícola de la puna es casi inexistente, muestra como productos puneños de intercambio la carne fresca, el charqui (carne salada y secada al sol), tejidos en telar y a dos agujas, cuerdas y sogas fabricadas con lana, hierbas medicinales y rituales y distintos tipos de sal. Estos productos se cambian principalmente por productos agrícolas como papas, maíz y frutas, objetos tallados en madera procedentes de las zonas boscosas, ollas de barro fabricadas en comunidades especializadas en esta artesanía y, últimamente, productos industrializados.

La gran mayoría de estos elementos debieron participar también en el sistema de tráfico prehispánico, exceptuando las frutas de origen europeo y los derivados de la industria moderna. Existen productos que mantuvieron su importancia y otros que perdieron su valor como bien de trueque en los últimos siglos. Entre éstos tenemos los alucinógenos como el cebil, las maderas para arcos y las cañas macizas utilizadas como astiles. También la miel procedente de las selvas y bosques y los objetos de metal elaborados en los grandes valles. Otros bienes exóticos comprendían valvas de moluscos marinos, la mayoría de ellos identificados en la Quebrada de Humahuaca y que, obligadamente, debieron pasar por el territorio puneño. También tenemos objetos de madera recuperados en territorio chileno que, siguiendo el camino inverso, formaron parte de cargas caravaneras que transitaron por el mismo territorio (Albeck, 1994).

Dada la naturaleza del paisaje y la desigual oferta de recursos, gran parte de este tráfico de productos debió transcurrir por determinados caminos, vigentes por milenios. La presencia de grandes *apachetas* o amontonamientos rituales de rocas, ubicados en las abras y pasos se encuentran íntimamente vinculados con las rutas. Lo mismo corresponde a algunos grabados o pinturas sobre rocas.

EL ARTE Y EL MUNDO SIMBOLICO

El mundo simbólico de los antiguos puneños se encuentra escasamente representado en los restos materiales que han perdurado hasta nosotros. La decoración cerámica es relativamente simple y los motivos geométricos que la caracterizan no permiten referirlos en forma excluyente a representaciones simbólicas, puesto que puede tratarse simplemente de elementos decorativos. La presencia de menhires o *wankas* elaborados en piedra tallada, característicos de algunos sitios, seguramente tuvieron un importante valor simbólico dentro de las sociedades del área de Casabindo y Rinconada. El hallazgo de menhires prismáticos en el interior de un recinto de características excepcionales, emplazado en la parte más elevada de Pueblo Viejo de Tucute (Albeck *et al.* 1998), también podría relacionarse con prácticas rituales íntimamente vinculadas con el mundo simbólico propio de esa sociedad. Lo mismo cabe para la estructura escalonada identificada en Agua Caliente de Rachaite o Doncellas (Alfaro 1988).

Son muy escasas las esculturas o tallas que puedan interpretarse como ídolos, entre ellos contamos un hallazgo en Pozuelos correspondiente a una cabeza antropomorfa asociada a un conjunto de grandes cántaros, al parecer colocados como ofrenda (González 1963). Las prácticas mortuorias registradas en el área de Casabindo-Rinconada-Río Grande de San Juan nos hablan de la creencia de una continuidad después de la muerte. La recurrencia, en los contextos mortuorios de los individuos, de ofrendas de comida y ajuares con objetos propios de las actividades cotidianas, no darían lugar a otro tipo de interpretación.

Las representaciones en el arte parietal son ricas y variadas y permiten vincularlas tanto con el mundo cotidiano como con el mundo simbólico de los antiguos puneños. El arte sobre soporte rocoso utilizaba tanto la técnica del grabado, petroglifos, como la pintura, pictografías. El tipo de técnica utilizado aparentemente se relaciona con la naturaleza de las rocas que aparecen en la región. Los petroglifos son comunes en lugares donde aparecen rocas duras con una pátina en la superficie, que permiten la visualización de las representaciones al remover la capa exterior, normalmente más oscura. Este tipo es común en la cuenca de Yavi-Sansana donde, en algunos de los grabados, se identifican los motivos característicos de la cerámica local (Krapovickas 1961). También en el sector occidental de la Cuenca de Pozuelos se han registrado grabados de motivos abstractos y representaciones de animales como camélidos y reptiles (Mamaní 1998).

En las cuevas y sobre los paredones rocosos verticales característicos del ambiente volcánico de Casabindo, Doncellas y Rinconada, es muy frecuente observar la presencia de pinturas rupestres. Para su ejecución se utilizaron diferentes colores, que incluían el verde, el ocre-amarillo y el rosa, aunque lo más común fue el uso del rojo, el blanco y el negro. Las representaciones más frecuentes son los camélidos pero también se reitera la presencia de la figura humana, a veces con distintos tipos de tocado y vestimenta. Las figuras a veces se integran formando escenas, un ejemplo de ésto es el "Panel Boman", identificado por dicho investigador en las inmediaciones del Pucará de Rinconada (Boman 1908). Se trata de un conjunto complejo de figuras humanas con ropas y tocados identificatorios.

También se registran representaciones de tipo abstracto como círculos o líneas en zigzag de indudable filiación simbólica y personajes enmascarados y disfrazados o animales fantásticos como los identificados en Doncellas (Alfaro 1988). En una cueva tapiada de esta localidad se realizó el hallazgo de una máscara de cuero, seguramente vinculada con prácticas rituales. Tal vez las mismas que se encontraron representadas en el arte. A juzgar por la frecuencia con que aparecen las figuras ecuestres, las representaciones rupestres debieron continuar como práctica habitual hasta la época hispano-indígena.

El riquísimo arte parietal de la puna septentrional aguarda ser estudiado en forma detallada y sistemática, atendiendo a las variantes locales de representaciones, estilo, soporte y emplazamiento. Hasta el momento se cuenta tan sólo con la sistematización efectuada por Aschero y colaboradores para Inca Cueva, un sector de transición entre la puna y la Quebrada de Humahuaca (Aschero *et al.* 1991). La falta de un estudio sistemático más abarcativo del arte en la puna no permite, en la actualidad, ubicar cronológicamente los distintos tipos de motivos o estilos.

LA ORGANIZACION SOCIAL Y LOS TERRITORIOS ETNICOS

Son escasos los datos brindados por los restos arqueológicos que apuntan a la organización social de los grupos puneños. No existen cementerios excavados en forma sistemática que permitan comparar el contenido de los ajuares y a partir de ellos obtener datos sobre status diferenciales dentro de cada grupo social. Los materiales conocidos han sido exhumados de las cuevas tapiadas o *"chullpas"* desde fines del siglo pasado y se encuentran dispersos en distintos museos de Europa y de nuestro país. Estos materiales arqueológicos ameritan una revisión seria y crítica a la luz del conocimiento actual de la arqueología de la puna aunque brindan información tan sólo para los sectores donde aparece este tipo de sepulturas: las zonas de Casabindo, Doncellas, Rinconada y Río Grande de San Juan.

La complejidad de los sitios de vivienda también nos puede ilustrar sobre algunos aspectos de la organización social. La presencia de sectores con construcciones diferenciales, como unidades de vivienda más complejas o de mayor tamaño, pueden indicar sectores residenciales de la elite o de mayor rango. Sin embargo, se cuentan con pocos relevamientos completos de sitios de vivienda que puedan aportar datos de esta naturaleza. En el caso de Pueblo Viejo de Tucute, se ha observado la presencia de sectores de edificación diferencial, en la lomada baja, y en la lomada alta, viviendas que se destacaban de los demás por algún rasgo peculiar (Albeck *et al.* 1998). En un caso por la presencia de revoque de arcilla roja en las paredes y en otro, por presentar un gran deflector monolítico con grabados de llamas. Al no contar aún con un estudio completo de este antiguo poblado es difícil interpretar el significado de estos rasgos arquitectónicos peculiares en el conjunto del asentamiento. Sin embargo, al tratarse de un sitio con más de 300 unidades de vivienda, no sería aventurado pensar en la existencia de una organización social algo más compleja para este sitio que para los demás de la puna.

En el caso de Agua Caliente de Rachaite, la presencia de la estructura escalonada con rocas talladas, ya nombrada con anterioridad, estaría indicando cierta organización del grupo social para la concreción de construcciones relacionadas con el culto. Si esta estructura se vincula con la etapa de Tiwanaku, como sugiere Alfaro (1988), la interpretación se vuelve más complicada, al entrar en juego esta gran entidad político-religiosa del altiplano boliviano.

Es, tal vez, en las obras agrícolas donde mejor se refleja el grado de organización y coordinación que alcanzaron algunas sociedades de la puna. Las grandes extensiones de andenes y las complejas redes de riego son obra, sin dudas, de una sociedad que presentaba al menos cierto grado de jerarquización. La organización del trabajo, al plantear obras de esta envergadura, necesita obligadamente de un agente organizador, respetado por la sociedad y con capacidad de convocatoria. El registro etnohistórico de la presencia de curacas, al momento de la llegada de los españoles, y el hecho de que el curacazgo se heredaba dentro de un linaje (Palomeque m.s.), sería otro indicio que apunta a la presencia de diferentes jerarquías dentro de los grupos puneños. Sin embargo, en el estado actual del conocimiento, es difícil establecer el poder efectivo y el significado que tenían estos curacas dentro de la sociedad.

La información procedente de los documentos etnohistóricos ha dado lugar a planteos contradictorios sobre la adscripción étnica de los grupos que habitaban la puna de Jujuy (Boman 1908; Serrano 1930; Vignati 1931; Krapovickas 1978). La parte de puna árida compartida por los actuales países de Bolivia, Chile y Argentina se percibe como un mosaico de etnías e identidades pero que se resumirían en la presencia de chichas en el sur de Bolivia, aymaras y urus en el territorio de Lípez en el extremo suroeste de Bolivia y atacameños en los oasis transandinos de San Pedro de Atacama. Para el territorio correspondiente a la puna de Jujuy se ha hablado de la presencia de chichas en el extremo norte, atacamas al oeste y sur, urus en el oeste (Carrizo 1935), además de otros grupos como los apatamas, los casabindo y los cochinoca. Los apatamas aparentemente fueron un subgrupo de los chichas (Krapovickas 1978) y los casabindo y cochinoca han sido adscriptos alternadamente como etnía chicha (Vignati *op. cit.*), atacameña (Boman *op. cit.*) y aún se los ha considerado diaguitas (Serrano *op. cit.*).

En la actualidad se percibe a los casabindo y cochinoca como grupos con una identidad distintiva que los diferenciaría de grupos aledaños como los atacameños, los chichas, los omaguaca y los diaguitas (Krapovickas 1978). El territorio de estos dos grupos, a partir de la información histórica, etnohistórica y arqueológica comprendería la cuenca Miraflores-Guayatayoc y la parte sur de la cuenca de Pozuelos.

Los datos etnohistóricos e históricos indicarían que el territorio Casabindo abarcaba como mínimo la cuenca del Río Doncellas, el faldeo oriental de la Sierra de Casabindo y la vertiente occidental de la sierra del Aguilar. Aún no se ha fijado su extensión hacia el sur y hacia el oeste. La documentación colonial indicaría su expansión hasta las proximidades del Río de las Burras. Sin embargo, esta información no ha sido contrastada con los datos arqueológicos por la ausencia de trabajos de investigación en la parte sur de la Cuenca de Guayatayoc. Hacia el oeste no hay datos documentales sobre la presencia de los casabindo y tampoco contamos con información arqueológica.

Los cochinoca, por su parte, y utilizando las mismas fuentes, habrían ocupado la cuenca central y norte del Río Miraflores, el sur de la serranía de Cochinoca y la Sierra de Quichagua. A partir de la información arqueológica, aunque todavía no esté refrendada por documento alguno, se debería incluir también en el territorio cochinoca, al extremo sur de la cuenca de Pozuelos donde se encuentra el importante Pucará de Rinconada. Al norte de la cuenca de Miraflores debió existir una virtual frontera étnica con los grupos chicha o bien una zona de explotación compartida entre ambos grupos.

A partir de la información etnohistórica, se sabe que el territorio chicha, cuya área nuclear se encontraba en el sur del actual territorio boliviano, ocupaba también el extremo norte de la Provincia de Jujuy. Específicamente, las cuencas de drenaje atlántico como las de Yavi y Sansana, y la parte central y norte de la cuenca de Pozuelos (Krapovickas 1978). Esta información procede de los datos arqueológicos para esta zona donde las entidades arqueológicas conocidas como Yavi corresponderían a los chichas etnohistóricos (Krapovickas 1984). Algunos documentos, sin embargo, extenderían el territorio omaguaca hasta Sococha, excluyendo así a la zona de Yavi y Sansana del territorio chicha (Zanolli 1997).

La presencia atacameña en la puna argentina se limita a menciones históricas y no ha sido verificada por investigaciones arqueológicas, excepto el hallazgo de piezas propias de San Pedro de

Atacama en Calahoyo (Fernández 1978). El oeste y extremo sudoeste de la provincia de Jujuy contó con la presencia de pobladores atacameños en la época colonial (Hidalgo *et al.* 1992), pero hasta el momento no podemos hacerla extensiva a momentos prehispánicos.

La cuenca del Río Grande de San Juan, en el ángulo noroeste de la Provincia de Jujuy es un territorio que se percibe como complejo. Sabemos de la presencia de contingentes atacameños para la época colonial (Hidalgo *et al.* 1992) y de la existencia de vestigios arqueológicos, como la cerámica, correspondientes a grupos chichas. Por otra parte, aparecen topónimos que podrían referirse a la presencia de uros (Carrizo 1989) y se registran construcciones funerarias como las *"chullpas"* (Debenedetti 1930, Krapovickas y Cigliano 1962) características del territorio casabindo y cochinoca. Estos datos dejarían abierta la posibilidad de planear a esta parte de la puna como un espacio de explotación multiétnica. De cualquier manera, este planteo está sujeto a contrastación con nuevas investigaciones arqueológicas en la cuenca.

Es aventurado especular sobre la organización territorial para el Período Medio porque no se cuenta con buena información. Sin embargo, todo parece sugerir una notable continuidad y perduración de las tradiciones entre el Período Medio y el Tardío, que lo sucede en el tiempo. Gran parte de los poblados del Período Tardío presentan, aunque en escaso número, materiales arqueológicos vinculados con el Período Medio, como es la cerámica del "estilo La Isla".

El limitado conocimiento que poseemos de la arqueología de la puna meridional para esta época no nos permite plantear la presencia de grupos con identidades diferenciadas y la información histórica es aún más escueta, por no calificarla de inexistente. Los pocos datos con que se cuenta para los Desarrollos Regionales de la puna sur indicarían que los asentamientos humanos correspondían a extensiones o colonias de sociedades asentadas en los valles adyacentes como Hualfín (Raffino y Cigliano 1973).

LAS SOCIEDADES DE LA PUNA ARGENTINA ENTRE LOS SIGLOS VIII Y XV

Se conocen de manera insuficiente las transformaciones ocurridas desde la instalación de las primeras sociedades aldeanas hasta la formación de los grandes poblados que perduran hasta la llegada del español. Importantes sectores de la puna aguardan aún estudios más detallados sobre la época correspondiente a las primeras sociedades aldeanas. En pocos lugares, como por ejemplo en Cerro Colorado, se observa un largo proceso de desarrollo local. Este se inicia en un pequeño núcleo aldeano asentado en áreas cercanas al fondo de valle para culminar en un gran poblado, ubicado estratégicamente sobre un pequeño cerro que le brinda un amplio dominio del entorno. En el resto de la puna norte son muy fragmentarias las evidencias del momento aldeano temprano, una etapa casi desconocida para la arqueología. En el lapso que media entre esta etapa, aparentemente con una baja demografía, y el surgimiento de los numerosos poblados que llegan hasta el momento de la penetración incaica y luego española, median procesos hasta ahora desconocidos. Sin embargo, varios de los poblados del Período Tardío se pueden retrotraer hasta la época de Tiwanaku.

La puna argentina cuenta con pocas evidencias contundentes de la influencia Tiwanaku pero hay varios indicios esporádicos que, con el tiempo, tal vez nos permitan obtener un panorama más acabado sobre el influjo de Tiwanaku en el extremo norte de nuestro país.

Aquí, es preciso tener en cuenta que los procesos sociales, organizativos y económicos que tuvieron lugar en el sector norte de la puna fueron diferentes de los que ocurrieron en el sector sur. Ambos sectores corresponden al ambiente puneño pero participaron de distintas esferas de interacción social y económica y su desarrollo sociocultural siguió derroteros diferentes. La puna norte se hallaba estrechamente vinculada con la puna boliviana, la Quebrada de Humahuaca, los valles orientales e, indirectamente, con la selva jujeña y el chaco. La puna meridional, en cambio, se articulaba con los grandes valles de Salta y Catamarca y, a través de ellos, con la selva tucumana. Uno de los pocos espacios de interacción compartidos por ambos sectores fue San Pedro de Atacama en Chile. Este importante oasis fue el punto de encuentro obligado para las sociedades de la vertiente oriental andina con la vertiente occidental y allí convergían los productos del mar con los de las selvas y el chaco. San Pedro de Atacama atestigua, además, una fuerte influencia Tiwanaku, cuya magnitud no encuentra parangón en las regiones colindantes del norte argentino y sud de Bolivia.

El Período Medio y la influencia Tiwanaku. El estado Tiwanaku tuvo un larguísimo desarrollo en la zona del lago Titicaca, donde se pueden trazar sus orígenes hasta el siglo IV a.C. Entre los siglos VIII y XI, transformado en un poderoso estado, irradiaba influencia y poder en gran parte del ámbito surandino.

Esta influencia Tiwanaku, cuya naturaleza aún se discute, ha sido planteada como de orden ideológico o religioso y vinculada con un culto particular, pero también ha sido interpretada como de orden económico y aún militarista. La mayoría de los estudiosos, sin embargo, está de acuerdo en que no tuvo una expansión militar con el impacto ni la jerarquía del contemporáneo estado de Wari en la sierra peruana.

La influencia Tiwanaku fue más intensa en las regiones relativamente próximas al área del Titicaca, como la costa del sur de Perú, el extremo norte de Chile y los ricos valles de Cochabamba. Allí se han hallado evidencias de colonias agrícolas altiplánicas asentadas en valles más bajos y también son muy frecuentes los hallazgos de piezas inspiradas en modelos Tiwanaku. En el oasis de San Pedro de Atacama son numerosos los hallazgos arqueológicos con iconografía Tiwanaku. Se trata mayormente de piezas de uso ceremonial fabricadas en materiales perecederos que lograron conservarse gracias a las extremas condiciones de sequedad que caracterizan a dicho lugar. Son menos abundantes las piezas cerámicas de influencia Tiwanaku y sólo se encontraron unas pocas piezas de metal. Las diferencias observadas en los elementos de raigambre Tiwanaku que aparecen en las distintas regiones, han permitido plantear que Tiwanaku generó distintos tipos de lazos según las características de las sociedades locales con las cuales interactuaba. Hay lamentablemente grandes vacíos de información, por ejemplo, toda la zona sur de Bolivia, el paso obligado de los elementos Tiwanaku hasta el oasis de San Pedro de Atacama, es muy poco conocida arqueológicamente.

Más al sur, en la Provincia de Catamarca, la iconografía de la sociedad Aguada ha sido vinculada con Tiwanaku (González 1964), pero a través un vínculo ideológico y cúltico, no como una influencia directa. Se postula que el contacto de Aguada con la particular ideología Tiwanaku pudo haber tenido lugar en el oasis de San Pedro de Atacama. Sin embargo, Aguada parece restringirse al área de valles. No se han identificado asentamientos correspondientes al auge de esta sociedad en la puna meridional, tan sólo hallazgos esporádicos de cerámica de filiación Aguada y algunas representaciones en el arte parietal.

En el extremo norte de la Argentina, en parte colindante con el área atacameña, los hallazgos arqueológicos afines a Tiwanaku son sumamente escasos. Se trata mayormente de piezas de metal, vasos tipo "kero" elaborados en oro, de los cuales se conocen siete para la Quebrada de Humahuaca y uno para la zona de Santa Victoria Oeste en la Provincia de Salta. Sabemos, por asociaciones de tumba en San Pedro de Atacama, que Tiwanaku es contemporáneo con el estilo cerámico conocido como "La Isla" en la Quebrada de Humahuaca. En inhumaciones extraordinarias asociadas con cerámica de este estilo y en otros hallazgos ocasionales, se han recuperado adornos del mismo metal en forma de camélidos, semilunas, campanillas y placas. Estos adornos probablemente estuvieron cosidos a la vestimenta e integraban el patrimonio de personas notables dentro de la sociedad. El hallazgo de cerámica alóctona de influencia Tiwanaku en la zona de Iruya, Salta (Fernández y Mammone com. pers.), podría ser un primer indicador de que la zona de valles y quebradas del extremo norte argentino participó de la esfera de influencia Tiwanaku en un grado mayor al sospechado hasta este momento.

En la puna septentrional, la influencia Tiwanaku también se muestra esquiva. El hallazgo de dos vasos tipo "kero" de plata dorada, de clara factura Tiwanaku, en la zona de Doncellas (Rolandi 1974) y una estructura escalonada con piedra canteada, de uso ceremonial, que también podría vincularse con esta entidad altiplánica, estarían marcando una presencia algo más efectiva de Tiwanaku en la puna de Jujuy. A ésto habría que agregar el hallazgo de cerámica de estilo Tiwanaku procedente de Chocoite, al norte de la Sierra de Cochinoca. Otras piezas, con iconografía Tiwanaku, proceden de hallazgos superficiales en poblados arqueológicos pero deben ser consideradas de dudosa autenticidad, hasta tanto se registren en contextos arqueológicos claros.

El Período Tardío o de los Desarrollos Regionales. No sabemos cual fue la real influencia de Tiwanaku en la puna argentina. Tampoco sabemos si los conflictos interétnicos, surgidos en el ámbito surandino *a posteriori* del colapso Tiwanaku y que se traducen en el surgimiento de poblados elevados con ubicación estratégica, son realmente una consecuencia de este colapso. Lo que resulta notable al comparar la puna argentina con las áreas aledañas (quebradas, valles, puna boliviana y área atacameña) es la baja frecuencia con que aparecen los poblados de tipo pucará. En la puna continúa vigente el patrón de poblamiento característico del Período Medio hasta la llegada de los europeos y sólo se conocen unos pocos ejemplos de poblados elevados. Esto podría reflejar que la puna argentina fue escenario de procesos socio-económicos algo diferentes a los que caracterizaron a las áreas vecinas en esta época, que aún es conocida de manera insuficiente (Ruiz y Albeck 1997).

Las sociedades de la puna septentrional, a diferencia de las que habitaron la puna meridional, mantuvieron un desarrollo independiente de las grandes unidades políticas que poblaron los valles adyacentes durante el Período Tardío. El escaso conocimiento que se tenía de la cerámica local llevó a plantear una presencia mucho más efectiva de los pueblos de la Quebrada de Humahuaca en la zona de Casabindo. A la luz de la información actual ésta se percibe como poco significativa, al menos si nos atenemos a la presencia de piezas cerámicas de origen quebradeño en la puna.

La variedad de objetos de procedencia alóctona, identificados en contextos de tumba, y referencias etnohistóricas correspondientes a los primeros años de dominación hispana, nos muestran la presencia de fuertes lazos entre los pobladores de la puna y las sociedades propias de las áreas aledañas. Es probable que esta época, previa a la llegada de los incas, haya estado caracterizada por una gran movilidad de productos y personas.

Se han identificado algunas pocas piezas del estilo Casabindo en sitios de la Quebrada de Humahuaca donde aparece con mucha mayor frecuencia la cerámica de estilo Yavi. Esto podría estar indicando vínculos más estrechos entre los pueblos de la Quebrada de Humahuaca con esta última entidad puneña. Sin embargo, la mayor similitud tecnológica y estilística entre la cerámica arqueológica de Casabindo y la propia de la Quebrada de Humahuaca puede fácilmente llevar a no identificar las piezas de Casabindo en los sitios de la Quebrada de Humahuaca. Hoy en día son aún fuertes los vínculos tradicionales de intercambio entre estas dos zonas ecológicas adyacentes y todo lleva a pensar que dichos vínculos tienen profundas raíces prehispánicas.

El Período Tardío evidencia un florecimiento de las sociedades indígenas de la puna septentrional. La gran mayoría de los sitios arqueológicos conocidos corresponden a poblados adscriptos a este Período y, al igual que en los valles adyacentes, debió registrarse un marcado incremento demográfico para esta época. La presencia de un gran número de sitios, algunos de los cuales eran de gran tamaño, apuntarían en ese sentido. En el Período Tardío se registró el clímax del desarrollo agrícola y probablemente también ganadero de la región. La importancia de la industria textil, reflejada en la abundancia de objetos vinculados con esta actividad, muestran el importante rol que le cupo al tejido en la sociedad puneña prehispánica, probablemente como un bien de intercambio fundamental con las áreas vecinas.

Las huestes incaicas de Thopa Inca Yupanqui pasaron por territorio de chichas y casabindos y los primeros sufrieron en carne propia la osadía de enfrentarse al poder cuzqueño. Es difícil evaluar cuánto se transformaron estas sociedades de la puna con el impacto incaico. La posterior llegada de los españoles dejó huellas profundas. A pesar de ésto, casabindos y cochinocas perduraron como grupo social distintivo durante la época colonial. Podemos trazarlos en su área de origen hasta las primeras décadas del siglo XIX cuando, a raíz de la legislación independentista, pierden sus tierras, sus autoridades indígenas y se diluye su identidad. Sin embargo, gran parte de los actuales pobladores de este sector de la puna pueden, con justicia, retrotraer sus orígenes hasta los pobladores del Período Tardío y, tal vez, aún hasta la época de Tiwanaku.

Foto 1: Olla de estilo Casabindo con lunares blancos.

Foto 2: Vasija de estilo Casabindo.

Foto 3: Vasija Yavi.

Foto 4: "Vasito de hilandera".

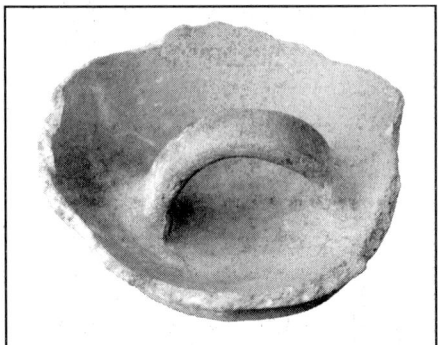

Foto 5: Puco con asa interna.

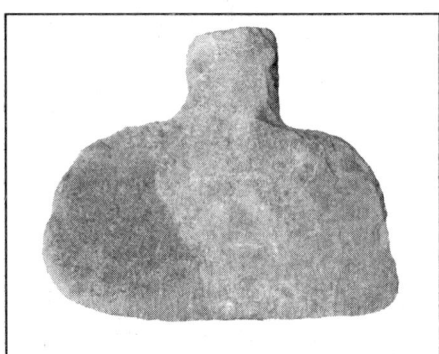

Foto 6: Azadón lítico para tareas agrícolas.

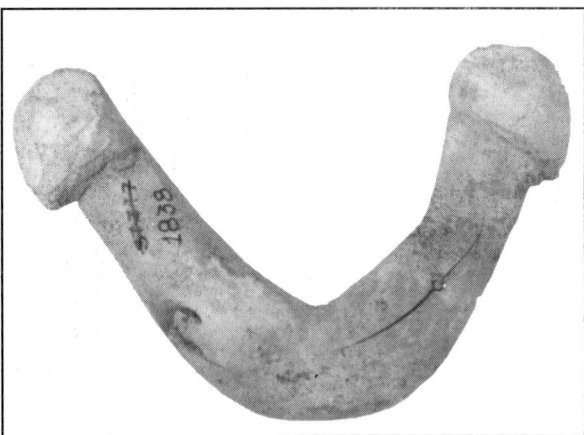

Foto 7: Horqueta de atalaje o "tarabita".

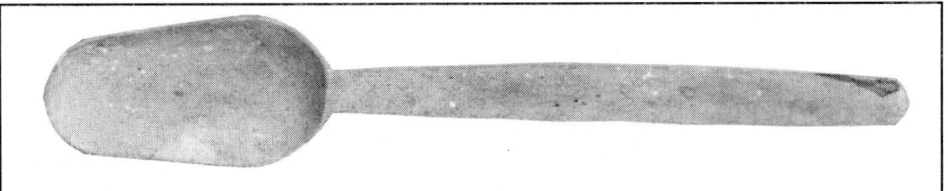

Foto 8: Cuchara de madera.

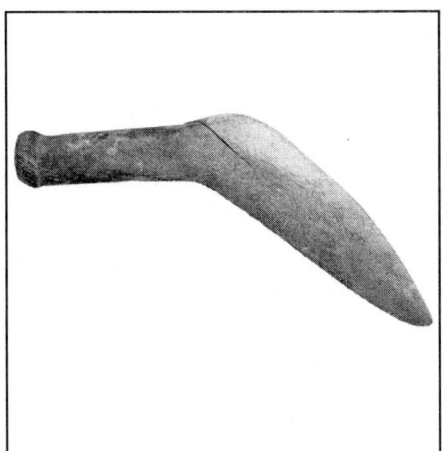

Foto 9: "Cuchillón" de madera.

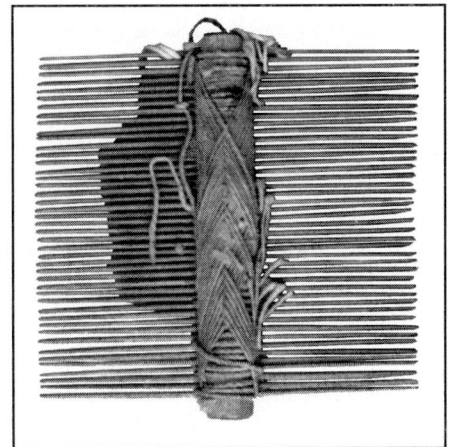

Foto 10: Peine.

Foto 11: Calabaza pirograbada.

BIBLIOGRAFIA

Albeck, M.E.
1984   Riego prehispánico en Casabindo (Provincia de Jujuy). *Revista del Museo de La Plata.* Tomo VIII, Antropología 60.
1993   *Contribución al estudio de los sistemas agrícolas prehispánicos de Casabindo.* Tesis Doctoral. Facultad de Ciencias Naturales y Museo. UNLP.
1997   Tecnología Agrícola e Hidráulica en Casabindo. *Hombre y Desierto* 9. Actas XII Congreso de Arqueología Chilena. Antofagasta.

Albeck, M.E. y S. Dip.
1996   El sitio Ojo de Agua de Casabindo. *Actas del XI Congreso Nacional de Arqueología Argentina* (13ª Parte). San Rafael.

Albeck, M.E., S. Dip y M.A. Zaburlín.
1996   Aproximaciones al estudio de la unidad doméstica arqueológica en el Casabindo prehispánico. *Actas I Congreso de Investigación Social* (349-354).U.N.Tucumán.

Albeck, M.E. y M.C. Scattolín.
1984   Análisis preliminar de los asentamientos prehispánicos de Laguna Blanca (Catamarca) mediante el uso de la fotografía aérea. *Revista del Museo de La Plata* Tomo VIII. Antropología 60.

Albeck, M.E., H.E. Mamaní y M.A. Zaburlín.
1995   La cerámica del recinto R-1. Pueblo Viejo de Tucute. Primera parte Función y dispersión de vasijas. *Cuadernos 5* (205-220). Facultad de Humanidades y Ciencias Sociales. UNJujuy.

Albeck, M.E. y M.A. Zaburlín.
1996   Análisis faunístico del recinto R-1 de Pueblo Viejo de Tucute. *Zooarqueología de camélidos* 2. ICA. UBA.

Albeck, M.E. , M.A. Zaburlín y S. Dip.
1998   Etnicidad y arquitectura doméstica en Casabindo. *Actas del XIII Congreso Nacional de Arqueología Argentina* Tomo II. La Plata.
1999   El patrón arquitectónico de Pueblo Viejo de Tucute. En B. Cremonte (Comp.) *Los desarrollos locales y sus territorios.*U.N.de Jujuy.

Alfaro, L.
1988   *Investigación en la Cuenca del Río Doncellas. Dpto. de Cochinoca. Pcia. de Jujuy. Reconstrucción de una Cultura olvidada en la Puna Jujeña.* Departamento de Antropología y Folklore. Pcia. de Jujuy.

Alfaro, L. y M. Gentile.
1978   Los mates pirograbados de la Cuenca del río Doncellas, Prov. de Jujuy. *Antiquitas* XXVI-XXVII. Bs. As.

Alfaro, L. y J.M. Suetta.
1970 Nuevos aportes para el estudio del asentamiento humano en la Puna de Jujuy. Revisión del Pucará de Rinconada. *Antiquitas* X. Bs. As.
1976 Excavación en la cuenca del Río Doncellas. *Antiquitas* XXII-XXIII.

Ambrosetti, J.B.
1901-1902 Antigüedades calchaquíes. Datos arqueológicos sobre la provincia de Jujuy. *Anales de la Sociedad Científica Argentina*. Tomos LII, LIII y LIV. Buenos Aires.
1904 Apuntes sobre la arqueología de la Puna de Atacama. *Revista del Museo de La Plata*. Tomo XIII.

Aschero C.A. y M.M. Podestá.
1986 El arte rupestre en asentamientos Precerámicos de la Puna argentina. *Runa* XVI.

Aschero, C.A., M.M. Podestá y L.C. García.
1991 Pinturas rupestres y asentamientos cerámicos tempranos en la Puna argentina. *Arqueología* 1 (9-49) UBA.

Balbuena, J.L.
1994 Investigaciones arqueológicas en Yoscaba. Departamento de Santa Catalina (Provincia de Jujuy). *Actas y Memorias del XI Congreso Nacional de Arqueología Argentina (Resúmenes)* (134-136). San Rafael. Mendoza.

Boman, E.
1908 *Antiquités de la Région Andine de la République Argentine et du Desert D´Atacama.* Paris.

Bregante, O.
1924 Ensayo de clasificación de la cerámica del Noroeste Argentino. Bs. As.

Carrizo, J.A.
1989 *Cancionero popular de Jujuy.* Serie Jujuy en el Pasado. U.N. de Jujuy.

Casanova. E.
1938 Investigaciones arqueológicas en Sorcuyo, Puna de Jujuy. *Anales de Museo Argentino de Ciencias Naturales*, Publ. 80, Tomo XXXIX, Bs. As.
1944 Una estólica en la Puna Jujeña. *Relaciones* IV.

Debenedetti, S.
1930 Chulpas en las cavernas del Río San Juan Mayo. *Notas del Museo Etnográfico* 1, 5-50.UBA.

Fernández, J.
1978 Los chichas, los lipes y un posible enclave de la cultura de San Pedro de Atacama en la puna limítrofe argentino-boliviana. *Estudios Atacameños* 6 (19-35). Chile.

González, A.R.
1963 Problemas arqueológicos de la Puna Argentina. En *A Pedro Bosch Gimpera en el septuagésimo aniversario de su nacimiento.* México.
1964 La cultura de la Aguada del N.O.Argentino. *Revista del Instituto de Antropología* 3, 205-254. U. N. de Córdoba
1992 *Las placas metálicas de los Andes del Sur. Contribución al estudio de las religiones precolombinas.* AVA Materiales 46. Verlag Philipp von Zabern, Mainz am Rhein.

Hidalgo, J., N. Hume, M. Marsilli y R. Correa.
1992 Padrón y revisita de Atacama del Corregidor Alonso de Espejo. *Estudios Atacameños* 10 (79-124). Chile.

Krapovickas, P.
1955 El yacimiento de tebenquiche (Puna de Atacama). *Publicaciones del Instituto de Arqueología* III.UBA.
1958 Arqueología de la Puna Argentina. *Anales de Arqueología y Etnología.* Tomo XIV-XV.
1961 Noticia sobre arte rupestre de Yavi, Provincia de Jujuy República Argentina. *Anales de Arqueología y Etnología* Tomo XVI (135-167).
1965 La cultura Yavi, una nueva entidad cultural puneña. *Etnía* 2 (9-10). Olavarría.
1968 Subárea de la Puna Argentina. *Actas del XXXVII Congreso Internacional de Americanistas.* Tomo II (235-271). Buenos Aires.
1977 Arqueología de Cerro Colorado (Departamento de Yavi, Provincia de Jujuy, República Argentina). *Obra del Centenario del Museo de La Plata.* Tomo II Antropología (123-148). La Plata.
1978 Los indios de la puna en el siglo XVI. *Relaciones* 12.
1987-88 Noticia. Nuevos fechados radiocarbónicos para el sector oriental de la puna y la Quebrada de Humahuaca. *Runa XVII-XVIII* (207-219).

Krapovickas, P., A. Castro, M.M. Pérez Meroni y R.J. Crowder.
1981 La instalación humana en Santa Ana de Abralaito, Sector Oriental de la Puna, Jujuy, Argentina. *Relaciones (N.S.)* Tomo XIII. 27-48.

Krapovickas, P. y E. Cigliano.
1962-63 Investigaciones arquelógicas en el valle del Río Grande de San Juan (Puna Argentina). *Anales de Arqueolgía y Etnología* Tomo XVII-XVIII.

Laguna, R.
1995 *Investigaciones arqueológicas en el Sector Sudoeste de la Cueva de Yavi, Provincia de Jujuy.* Tesis de Licenciatura. U.N.Jujuy.

Lehmann Nitsche, R.
1902 Catálogo de las antigüedades de la Provincia de Jujuy. *Revista del Museo de La Plata.* Tomo XI. 75-120.

Mamaní, H.E.
1998 *Organización espacial de las sociedades agroalfareras prehispánicas en el sector occidental de la Cuenca de Pozuelos (Departamento Rinconada, Jujuy).* Tesis de Licenciatura.U.N. Jujuy.

Núñez, L. y Dillehay.
1978 *Movilidad giratoria, armonía social y desarrollo en los Andes meridionales, patrones de tráfico e interacción económica.* Universidad del Norte Antofagasta.

Olivera, D.
1991 El Formativo en Antofagasta de la Sierra (Puna Meridional Argentina). Análisis de sus posibles relaciones con contextos arqueológicos Agro-alfareros Tempranos del Noroeste Argentino y Norte de Chile. *Actas del XI Congreso Nacional de Arqueología Chilena.* Tomo II. 61-78. Chile.

Olivera, D. y M.J. Aguirre.
1995 Arqueología aplicada a la reactivación de sistemas agrícolas prehispánicos. El aporte interdisciplinario. *Hombre y Desierto 9* (337-349). Antofagasta, Chile.

Ottonello de García Reinoso, M.M.
1973 *Instalación, economía y cambio cultural en el sitio tardío de Agua Caliente de Rachaite.* Dirección de Antropología e Historia, Prov. de Jujuy.

Palomeque, S.
m.s Los antiguos habitantes de la puna. La historia de los caciques de Casabindo y Cochinoca.

Raffino, R., R.J. Alvis, D.E. Olivera y J.R. Palma.
1986 La instalación Inka en la sección Andina Meridional de Bolivia y Extremo Boreal de Argentina. En *El Imperio Inka. Actualización y Perspectivas por registros Arqueológicos y Etnohistóricos* Vol. I. (63-131). Ed. Comechingonia, Córdoba.

Raffino, R. y E. Cigliano.
1973 La Alumbrera, Antofagasta de la Sierra, un modelo de ecología cultural prehistórica. *Relaciones* XII (N.S.) 241-258.

Rolandi, D.S.
1974 Un hallazgo de objetos metálicos en el área del Río Doncellas (Provincia de Jujuy). *Relaciones* VIII. 153-160.

Rosen, E. von.
1924 *Popular account of archaeological research during the Swedish Chaco-Cordillera Expedition.* Estocolmo.

Ruiz, M.
1996 Las unidades K - I y J del Pujara de Rinconada. Provincia de Jujuy. *Tomo Homenaje a los XXV años del Instituto Interdisciplinario Tilcara.* UBA.

Ruiz, M. y M.E. Albeck.
1997 El fenómeno Pukara visto desde la Puna jujeña. *Cuadernos 9* (233-255). UNJujuy.

Ruthsatz, B. y Movia, C.P.
1975 *Relevamiento de las estepas andinas del noreste de la Provincia de Jujuy.* Fundación para la Educación, la Ciencia y la Cultura. Buenos Aires.

Serrano, A.
1930 *Los primitivos habitantes del Territorio Argentino.* Ed. La Facultad. Bs. As.

Vignati, M.A.
1931 Los elementos étnicos del Noroeste Argentino. *Notas del Museo de La Plata.* T. I.
1941 «Novissima veterum». Hallazgos en la Puna jujeña. *Revista del Museo de La Plata.* Tomo I.

Zanolli, C.
1997 En busca de los Omaguacas. En A.M. Lorandi (comp.) *El Tucumán Colonial y Charcas* Tomo I (177-202). Facultad de Filosofía y Letras. UBA.

ARTE RUPESTRE DEL NOROESTE ARGENTINO ORIGENES Y CONTEXTO DE PRODUCCION

María Isabel Hernandez Llosas

INTRODUCCION

Este capitulo trata sobre el arte rupestre del Noroeste argentino. El mismo, tan polifacético como la diversidad de pueblos que lo produjeron en este vasto territorio a través de más de 10.000 años de desarrollo, es un tema difícil de abordar y sintetizar en pocas páginas. A este efecto se intenta presentar una síntesis de las propuestas, pero fundamentalmente de los problemas de investigación, que al momento están siendo sostenidas, evaluadas y discutidas por los especialistas.

Para ello se presenta en primer lugar una introducción al tema del arte rupestre, intentando dar un panorama de su naturaleza y del alcance de sus posibilidades como indicador arqueológico. Luego se ofrece una muy breve caracterización geográfica del Noroeste argentino y de los dos lugares a los que más se va a referir el texto: la Quebrada de Humahuaca y la Cuenca de Antofagasta de la Sierra. A continuación se presenta una síntesis apretada del proceso del desarrollo cultural ocurrido desde el poblamiento temprano hasta la conquista española. Con ese marco se intenta poner en perspectiva temporal y contextual la evidencia disponible al presente sobre el arte rupestre de Noroeste argentino. Finalmente se ofrece una síntesis y evaluación a manera de consideraciones finales.

EL ARTE RUPESTRE

Se denomina *arte rupestre* a todas las manifestaciones gráficas realizadas sobre soportes rocosos de distinto tipo. Estas manifestaciones, según sea el tipo de técnica que se utilizó para su confección, se presentan como grabados o pinturas, y, en algunos casos *grabados/pintados*, los cuales han sido plasmados dentro de cuevas, aleros o paredones de afloramientos rocosos o sobre rocas sueltas dispersas en el campo, al aire libre. Un tipo particular de arte rupestre son los denominados *geoglifos* que son diseños realizados sobre grandes superficies de terreno con distintas técnicas de remoción de tierra o acumulación de rocas para formar distintos motivos de gran tamaño.

El arte rupestre aparece sobre la faz de la Tierra recién con el surgimiento del *Homo sapiens,* hace aproximadamente 60.000 años, y se desarrolla junto con él, de diversas maneras a través de tiempo y espacio. Es una de las primeras manifestaciones tangibles de pensamiento abstracto y, junto con otras manifestaciones gráficas, es un fenómeno distintivo de la humanidad.

Estas manifestaciones gráficas corresponden a la creación de distinto tipo de diseños que, según los diferentes soportes sobre los que han sido realizados, son denominados de distinta manera. Así se conoce como *arte mobiliar* a los diseños que están realizados sobre distintos objetos portables (tales como piezas de cerámica, cestería, madera, hueso, etc.); *litoescultura* a los objetos esculpidos en piedras que presentan diseños; *arte mural* a las pinturas, grabados o escultura que forman parte de complejos de arquitectura monumental y, finalmente, *arte rupestre* a las representaciones gráficas realizadas en cuevas, aleros o paredones (de allí su nombre de "rupestre").

La producción de «arte» es una peculiaridad exclusiva del *Homo sapiens* y estas distintas manifestaciones de las "artes plásticas" son producto de un proceso de creación, estrictamente humano, que involucra un complejo procedimiento de percepción, selección, abstracción y manejo técnico para llegar a concretar una obra. El resultado final es un objeto cuya característica distintiva fundamental es, justamente, su *naturaleza gráfica.*

El estudio de estas manifestaciones gráficas puede ser abordado desde distintas perspectivas: la perspectiva de las *Artes Plásticas* enfoca su análisis desde la valoración estética del objeto, analiza las técnicas aplicadas para su realización, estudia las formas y características de los diseños; la perspectiva de la *Historia del Arte* indaga, fundamentalmente, las formas de desarrollo de las manifestaciones plásticas a través del tiempo, tomando en cuenta no solo las técnicas aplicadas para obtener distintos productos, sino también las variaciones en la construcción y valoración estética ocurridas a lo largo de los siglos. En ambos enfoques, en general, prevalecen conceptos teóricos y estéticos abordados desde la perspectiva occidental. El enfoque desde la *Antropología* es diferente de los anteriores, ya que la perspectiva occidental se desdibuja, tomando énfasis, en cambio, el análisis de las distintas manifestaciones culturales que dan origen a las creaciones artísticas, intentando caracterizar la valorización estética que cada una de ellas

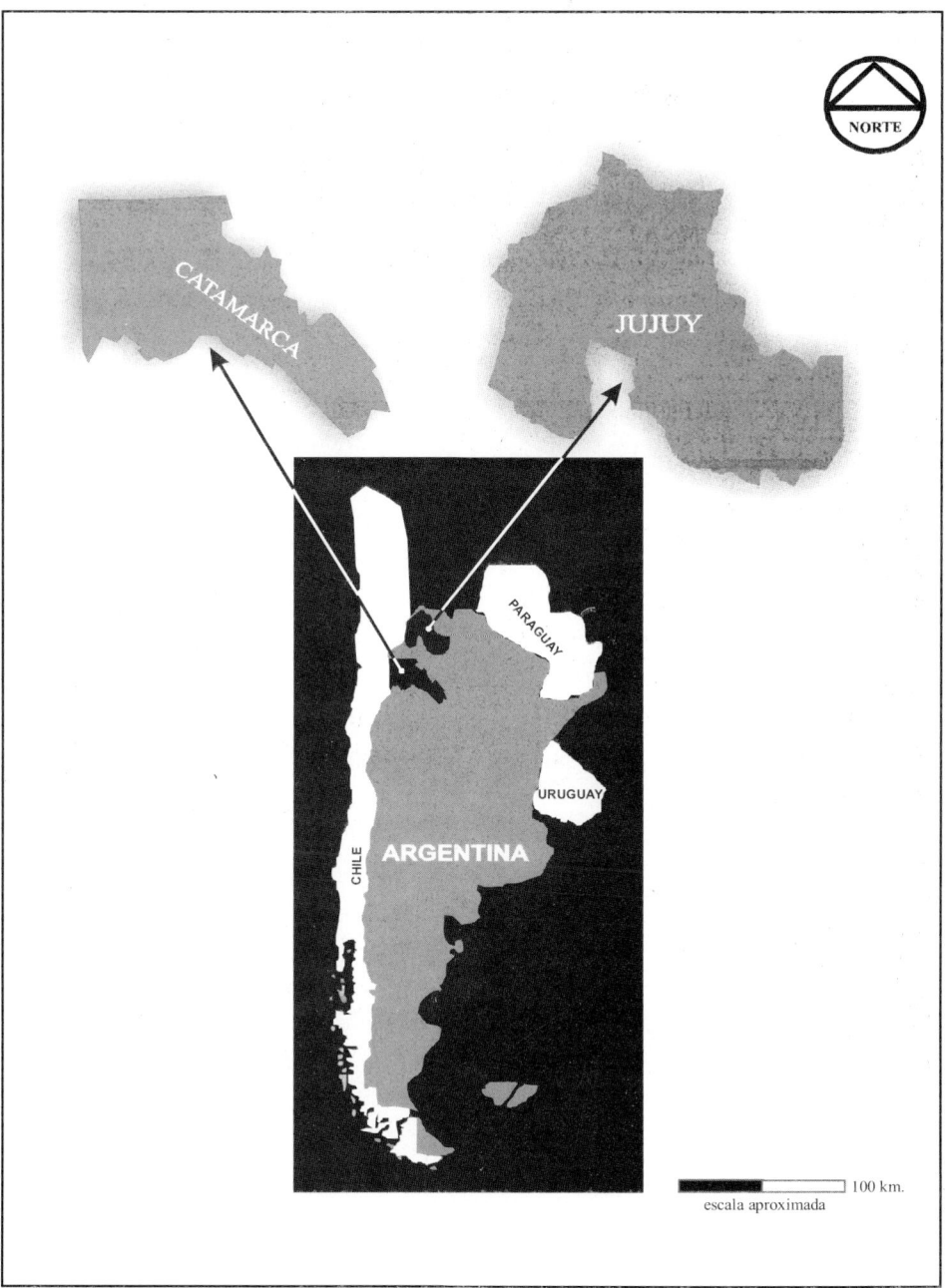

Figura 1: Mapa general de ubicación de los sitios investigados en el N.O. Argentino.

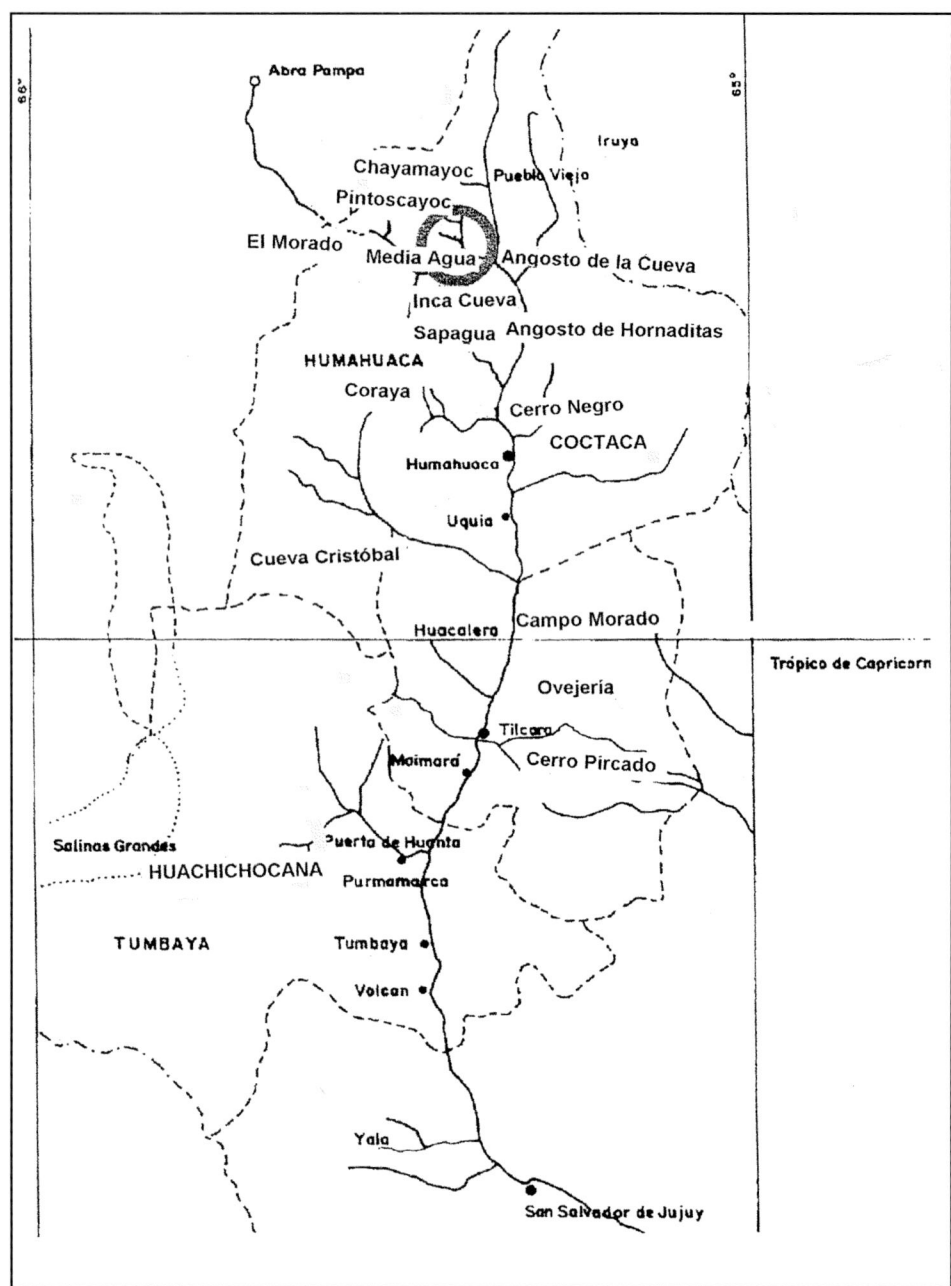

Figura 2: Ubicación de los sitios con arte rupestre en la Quebrada de Humahuaca

detenta, según las distintas nociones de belleza vigentes en cada contexto social. La *Arqueología*, enmarcada dentro de la Antropología, se ocupa del estudio de las sociedades humanas pasadas, su peculiaridad, entonces, es que cuenta solamente con los vestigios materiales que han quedado de ellas para estudiarlas, en este caso busca información acerca de las características de las comunidades humanas que produjeron dichos objetos con representaciones gráficas.

El *arte rupestre*, en este contexto, es un tipo particular de vestigio arqueológico, un resto material creado por sociedades humanas que ya no existen, con distintas motivaciones y diferentes finalidades, según cada caso. Como tal puede brindar un gran caudal de información acerca de las mismas. La particularidad que posee el arte rupestre por sobre cualquier otro vestigio arqueológico es el doble valor de ser testimonios materiales de la vida de las sociedades humanas pasadas y de sus formas de manifestación plástica, la cual brinda un tipo de información diferente y complementaria de las demás. Los diseños gráficos muestran con imágenes la forma de ver el mundo de dichas sociedades extintas y se acercan, más que ningún otro vestigio arqueológico, al sistema de ideas de quienes las produjeron.

El enfoque arqueológico es el que interesa aquí. Este enfoque permite acceder a una variada gama de posibilidades potenciales para obtener información arqueológica, diferente y complementaria de la que se obtiene del estudio de otras clases de vestigios. No obstante, aún dentro de un enfoque desde la Arqueología, los distintos paradigmas van a condicionar el tipo de información que puede obtenerse del estudio de las representaciones rupestres, ya que la misma depende directamente de las preguntas que se formulen. Esta situación no es exclusiva de los estudios de representaciones rupestres, sino que es la manera en que opera la investigación y al presente están vigentes varios paradigmas dentro de la Arqueología.

Así el estudio arqueológico del arte rupestre ha sido abordado de distintas maneras en el mundo académico. En el caso de la Argentina es importante resaltar los aportes de investigadores que han desarrollado criterios analíticos y metodológicos compatibles con los demás criterios aplicados a otros vestigios, que permiten abordar el estudio del arte rupestre dentro de proyectos arqueológicos generales (fundamentalmente Gradín 1978, Gradín *et al.* 1976, así como Aschero 1979, 1988 y Gradín y Schobinger 1981).

Más allá de las distintas preguntas que interesan a los diferentes paradigmas, existe una serie de características propias de las representaciones rupestres que otorgan información que puede ser aplicada para responder distintas preguntas de investigación. En primer lugar su *alta visibilidad,* lo que implica la inmediatez del hallazgo, sin necesidad de practicar excavaciones, como ocurre con la mayoría de los vestigios arqueológicos, por lo cual su estudio no requiere la destrucción del contexto o matriz en el que se encuentran para analizarlas. En segundo lugar su naturaleza gráfica, la cual puede ofrecer un tipo particular de información, tal como la elección de determinados referentes y su interjuego, el «retrato» a veces escénico de determinadas situaciones pasadas, así como una "imagen" de la manera en que sus realizadores se veían a sí mismos y al mundo que los rodeaba. En tercer lugar las características de su distribución espacial específica, dentro de los sitios que contienen determinadas representaciones, que implica elecciones espaciales preferenciales y que pueden dar cuenta de la función de los sitios, la movilidad y la territorialidad de los grupos, entre otros datos.

A su vez con los recientes avances científicos se abren nuevas posibilidades para el estudio del arte rupestre, por ejemplo los nuevos tipos de *análisis de composición de pigmentos*, a partir de equipos con tecnología de punta, permiten conocer las fuentes de abastecimiento de las materias primas minerales, las proporciones de las mezclas de éstos, el tipo de diluyente elegido en cada caso, los procesos de preparación de los mismos, etc. o la posibilidad de realizar dataciones absolutas con el uso de AMS (acelerador de partículas adosado al espectrómetro de masas) lo que permite fechar porciones minúsculas de material orgánico, tales como las contenidas en los diluyentes u otros componentes de las mezclas pigmentarias de las pinturas rupestres.

El tipo y la calidad de información que se puede obtener del estudio sobre representaciones rupestres cobra sentido para la investigación arqueológica si se enmarca en proyectos arqueológicos generales, potenciándose aún más si se abordan con una perspectiva regional. Estos proyectos pueden enfatizar la *variación en el espacio (*como algunos proyectos de arqueología distribucional), o la *variación en el tiempo* (como los proyectos que estudian procesos de cambio en determinadas regiones), o las *variaciones operadas dentro de las sociedades* (en cuyo caso se intenta estudiar cómo se reflejan los cambios económicos, sociales e ideológicos producidos en determinadas sociedades a través del tiempo) a partir de su reflejo en las representaciones rupestres.

Este último punto ha sido escasamente considerado en las investigaciones sobre representaciones rupestres a nivel mundial, dado que la mayor cantidad de casos conocidos en la literatura arqueológica corresponde a sociedades de cazadores-recolectores (tal el caso del «arte parietal paleolítico», las pinturas rupestres de los aborígenes australianos, de los bosquimanos de Sudáfrica, las cuevas pintadas de Baja California, etc.), con niveles organizacionales más simples que los de sociedades productoras de alimentos.

No obstante es sabido que la realización de representaciones rupestres no cesa, aún dentro de sociedades productoras con incipiente diferenciación social (tal el caso en los diferentes momentos del desarrollo de los Andes Centrales y Centro-Sur, del Sudoeste de los EE.UU., del «arte levantino español», etc.) e incluso dentro de la órbita de estados expansivos con niveles organizacionales mucho más complejos (tal el caso de los Mayas, de los momentos tardíos de la secuencia alpina de Valcamónica, de algunas regiones de la China, etc.). Si bien dentro de sociedades con niveles organizacionales más complejos el énfasis en la producción gráfica parece recaer sobre tecnologías más elaboradas, tales como la litoescultura, el «arte mural», el «arte mobiliar» sobre cerámica, textiles, etc., justamente, el estudio de la función de las representaciones rupestres dentro de esos contextos puede ser clave para entender parte de estos procesos y detectar determinados segmentos sociales integrantes de las mismas. En este sentido se pueden formular preguntas que guien la investigación para estudiar estos procesos, tales como:

1.Cómo se refleja el cambio socio-político y económico en las representaciones rupestres?. 2.Qué segmentos sociales son los responsables de la producción de las representaciones rupestres en cada caso?. 3.Qué información sobre la composición social del grupo brindan las representaciones rupestres?. 4.Cómo se articulan los sitios con representaciones rupestres dentro de la jerarquía de sitios de una sociedad compleja en cada caso ?. 5.Dentro de cada contexto, qué función cumplirían las representaciones rupestres?.

Estos temas y preguntas son particularmente importantes para las investigaciones en el caso del Noroeste argentino, dado que a lo largo de su desarrollo cultural en el tiempo ocurrieron complejas variaciones en las características de las sociedades humanas que lo habitaron.

EL ESCENARIO GEOGRAFICO

El Noroeste argentino abarca una porción de las tierras altas que forman parte de la actual República Argentina, en el ángulo noroeste del país, en el límite con las Repúblicas de Bolivia y Chile. Al ser este un límite meramente político, este sector de la Argentina comparte con esos dos países una geografía que en tiempos prehistóricos conformaba una sola región: el area andina centro sur.

Esta region corresponde a una parte del macizo andino en la cual hay varias estructuras geomorfológicas diferentes presentes. La principal corresponde a la Puna, el gran altiplano ubicado por encima de los 4000 m.s.n.m. que abarca una gran extension y es compartido por Peru, Bolivia, Chile y Argentina: El sector argentino-chileno de esta formacion es el más meridional, y, a su vez, el mas arido. La Puna esta enmarcada por la Cordillera Oriental hacia el Este, traspuesta la cual comienza el gran plano inclinado que finaliza en la selva del Gran Chaco. De esta manera, la porcion argentina del area andina centro sur comprende diferentes ambientes: la *Puna*, caracterizada por ser una gran altiplanicie elevada, cuya altura ronda los 4.000 m.s.n.m., surcada en algunos sectores por cadenas montañosas, que en muchos casos incluyen volcanes, con cuencas de desague endorreicas, que forman en sus fondos lagunas o salares. Las variaciones en el tenor de humedad y en las características de sector argentino-chileno de esta formación ha dado lugar a la diferenciación entre Puna Norte o Seca y Puna Sur o Salada (Santoro y Núñez 1987).

Las *quebradas y valles* que bajan de la Puna conectando las tierras altas del oeste con las tierras bajas del este. Las quebradas, fundamentalmente la Quebrada de Humahuaca en Jujuy y la Quebrada del Toro en Salta, presentan distintos tipos de paisajes y recursos según los distintos escalones altitudinales, que van desde 3.900 a los 1.500 sobre e nivel del mar.

Los *valles*, como los denominados genéricamente valles calchaquies y aledaños, han sido diferenciados con la denominación de región Valliserrana (González y Perez 1976) por sus características diferenciales con respecto a las quebradas, tanto en su composición geomorfológica como en clima, flora y fauna.

La *ceja de selva*, también denominada Selvas Occidentales (*ibid*) la cual se ubica hacia el oriente, una vez traspuestas las cumbres de la Cordillera Oriental, cuyas caracteristicas tambien varian de acuerdo a los escalones atitudinales pero fundamentalmente se diferencian de las otras dos por el notorio aumento de la humedad y la presencia creciente de las formaciones de flora y fauna selvática.

Dentro de este marco geográfico general hay dos lugares que han sido objeto de investigaciones arqueológicas que incluyeron al arte rupestre brindando información más detallada. Estas son la *Quebrada de* Humahuaca (Jujuy) y la cuenca de Antofagasta de la Sierra en la Puna sur (Catamarca), razón por la cual requieren de una descripción ambiental más detallada aquí.

Quebrada de Humahuaca

La Quebrada de Humahuaca es una gran falla geomorfológica, contenida en el tramo sur de la Cordillera Oriental, en la Provincia de Jujuy. Nace en sector norte de la Puna argentina (Puna Seca) y desemboca en las Selvas Occidentales, formando un corredor entre las tierras altas con las bajas. Se caracteriza por presentar un ambiente muy diferente a los de la Puna y de las Selvas Occidentales, tanto por la topografía como el clima y la biota, así como por las características de la red hidrográfica, dominada por el Río Grande que discurre por la misma. La estructura de la Quebrada de Humahuaca está dominada por una gran quebrada central, con rumbo N - S. y sus quebradas tributarias. La característica topográfica principal de este ambiente es la presencia de diferentes escalones altitudinales, que marcan diferencias ambientales en la disponibilidad de recursos, en base a los cuales se consideran dos grandes divisiones: 1) los "fondos de quebrada", ya sea la principal por donde corre el río Grande como los tramos inferiores de las quebradas tributarias, situados entre los 1.900 y los 3.000 m.s.n.m. y 2) los tramos medios y superiores de las mismas, situados por encima de los 3.000 m.s.n.m. considerados como "quebradas altas".

Cuenca de Antofagasta de la Sierra

Antofagasta de la Sierra es un cuenca puneña, ubicada en la Puna Sur, en la Provincia de Catarmaca, formada por una cuenca cerrada integrada por varios ríos entre los que se destacan los de Punilla, las Pitas y Miriguaca, que labraron sus cauces entre antiguos depósitos de cenizas volcánicas, dejando expuestos farallones de ignimbritas, donde se formaron cuevas y aleros, llevando sus aguas al fondo de cuenca que corresponde a la laguna de Antofagasta de la Sierra. Presenta condiciones climáticas de gran aridez que corresponden a la Puna Salada. Las características topográficas de esta cuenca permiten diferenciar cinco divisiones: 1) fondos de cuenca, 2) relieve terrazado de los cursos medio inferior de los rios, 3) afloramientos rocosos sobre relieve terrazado alto de los cursos medio superior de los rios, 4) afloramientos rocosos en las nacientes de las quebradas, 5) planicie rocosa inter cuencas (Miriguaca).

EL DESARROLLO CULTURAL

En este marco geográfico se desarrollaron durante milenios distintas sociedades humanas, que dejaron sus huellas materiales en los vestigios arqueológicos que hoy son estudiados por los arqueólogos para conocer cómo vivían y cómo fueron cambiando a través del tiempo.

Este proceso de desarrollo cultural ha sido estudiado e interpretado por distintos autores de distinta manera. En un trabajo anterior se realizó una evaluación de las propuestas vigentes para dividir temporal y culturalmente este desarrollo (Hernández Llosas 1998) y se optó por la utilización de "bloques temporales" como unidades de análisis temporal entendiendo como tales a divisiones arbitrarias del "tiempo continuo" en el que se desarrolló la vida humana en un espacio determinado, en base a distintos criterios. En la *tabla 1* se presenta la caracterización de estos bloques temporales y su correlación con otras secuencias propuestas.

Bloque temporal 1: ca. 11.000-5.000 AP (ca. 9.050-3.050 AC)

Las recientes investigaciones muestran una presencia humana en la region desde hace por lo menos 10.000 años antes del presente, cuando los hielos de la época glaciar (conocida como Pleistoceno) estaban en retracción y grandes territorios, antes cubiertos por hielos o con paisajes periglaciares, empezaban a ser aptos para la vida humana. Este momento es conocido como Holoceno Temprano. Las glaciaciones ocurrieron a escala planetaria, pero tanto el avance como el retroceso de los mantos de hielo se produjeron con algunas diferencias cronológicas según los distintos lugares geográficos. Así, cuanto más al sur o más al norte del Ecuador estaban los territorios, mas tarde se produjo la deglaciación, lo mismo ocurrió con los territorios altos, ya que cuanto más cercanos estaban a las altas cumbres (aun hoy con nieves eternas) mas tarde se retiraron los hielos. Así para todo el noroeste argentino, por su situación latitudinal, y para la Puna y las quebradas por su ubicación altitudinal, se consideran los 10.000 años antes del presente como la fecha alrededor de la cual este proceso estaba teniendo lugar.

Para estos momentos se conoce a través del registro arqueológico la presencia de grupos cazadores y recolectores que tenían una gran movilidad dentro de un amplio territorio y que utilizaban el espacio estacionalmente. Su economía se basaba en la explotación de distintas especies animales y vegetales, entre las que se destacaron siempre los camélidos (guanaco y vicuña), una especie de ciervo denominada huemul, algunos roedores (tales como la vizcacha de la sierra), distintas aves y gran cantidad de vegetales de recolección. De estas poblaciones el registro arqueológico que ha perdurado han sido sus ocupaciones de cuevas y aleros, dentro de los cuales fueron depositados los instrumentos fundamentalmente para la caza y para procesar las presas, en su mayoría confeccionados en piedra y hueso y, en algunos casos donde los tenores de humedad son muy bajos, también cestería y cordelería, así como entierros humanos.

El proceso de poblamiento de este area que comienza a partir de los 10.000 años en adelante tuvo distintas caracteristicas según los distintos lugares del Noroeste argentino. Recientemente se ha discutido la naturaleza de este poblamiento temprano y, para un lugar en particular (quebradas altas de Humahuaca) se ha propuesto la hipótesis (Hernández Llosas 1998 y en prensa)
que las evidencias correspondientes a los primeros momentos (ca. 10.000 años) estarían representando una *etapa de exploración* del nuevo espacio disponible mientras que los momentos posteriores (ca. 9.000 años / 8.000 años) representarían las etapas de *colonización* y/o *ocupación efectiva* del espacio, de acuerdo con el modelo general planteado para la dinámica del poblamiento y ocupación del espacio establecido para otras áreas (Borrero 1994).

Entre los 7.500 y los 5.000 años antes del presente, lapso conocido como Holoceno Medio, ocurre un fenómeno climático conocido como intervalo árido (Hipsitermal) que produce una situación de mucha mayor aridez que en los milenios precedentes y que parece ser la causa del abandono u ocupación esporádica de gran parte de las tierras altas del sector puneño y peri puneño de Argentina y Chile. Este fenómeno ha sido también interpretado como uno de los factores causales de los cambios que se operaron en las sociedades humanas a partir de allí.

Bloque temporal 2: ca.5.000-3.000 AP (ca.3.050-1.050 AC)

Hacia unos 5.000 años antes del presente comienza el lapso conocido como Holoceno Tardío y que perdura hasta la actualidad con respecto a las condiciones climáticas imperantes, que son más húmedas que durante el Holoceno Medio pero más secas que durante el Holoceno Temprano.

En los inicios de este Holoceno Tardío la situación con respecto a las características de las poblaciones humanas era ya bastante diferente. Hay indicios de que estaba ocurriendo un proceso de cambio en las sociedades que habitaban el noroeste argentino y este proceso se reflejaba fundamentalmente en sus practicas de subsistencia, las cuales estaban pasando de economías de caza y recolección hacia la producción de alimentos. ¿Cuales fueron los factores causales de estos cambios?. Este es uno de los grandes temas de la Arqueología, no solo para esta region sino a nivel mundial. Una propuesta interesante, además de la incidencia del factor climático de mayor aridez, ha sido la consideración del papel que pudo tener el aumento en la demografía humana, la consecuente mayor intensidad de ocupación de los territorios disponibles y la saturación del espacio que esto pudo producir en cuanto a la posibilidad de mantener un modo de vida cazador recolector que requería de la utilización de grandes espacios para moverse y obtener recursos económicos. Así, la saturación del espacio es vista como un posible factor gatillo para el proceso que estaba ocurriendo a nivel supra regional (sur de Bolivia y Peru, norte de Chile y Argentina) para estos momentos, dado que este factor actúa como un limitante a la movilidad de los cazadores recolectores, quienes, llegados al límite se ven obligados a generar otro tipo de estrategias de subsistencia (ver Binford 1983:208; Rafferty 1985:120-122 entre otros).

Al respecto se ha dicho para la region puneña que "... entre los 5.000 y los 3.000 años A.P. probablemente se redujo la movilidad, se fijaron los territorios con límites relativamente precisos y, de esta manera, se sentaron las bases espaciales -control efectivo de los territorios y, por ende, de las pasturas- para el desarrollo del pastoreo" (Yacobaccio 1997: 35). El cambio en los sistemas económicos se hace evidente por la presencia de especies domesticadas en el registro arqueológico, pero tambien en las formas de manejo general de espacio completamente diferente con respecto al primer momento, manifestado en un uso muy distinto de los sitios conocidos y en la aparición de nuevos ocupados ahora por primera vez. Concomitantemente con este proceso de cambio en los sistemas económicos se observan cambios en la tecnología utilizada, la cual es mas elaborada que para los momentos anteriores, así en algunos sitios aparecen artefactos fabricados con gran inversión de energía (por ejemplo Inca Cueva 7: Aguerre et al 1973) y aparecen contextos fúnebres con extraordinarios ajuares (Huachichocana III: Fernández Distel 1986) que denotan la aparición de "diferencias" sociales o rituales en el seno de estas poblaciones, mostrando tambien cambios en los sistemas sociales e ideológicos. Este nuevo proceso que parece haberse iniciado en estos momentos generó una nueva gama de situaciones económicas, sociales e ideológicas, las cuales se fueron desarrollando de diferente manera, en los distintos lugares del Noroeste argentino, según pasaron los años.

Bloque temporal 3: ca.3.000-1.000 AP (ca. 1.050 AC-1.050 DC)

Así, hacia unos 3.000 años antes del presente aparecen evidencias de cambios concretos en las prácticas de subsistencia, referidas al establecimiento de actividades de producción de alimentos más establecida, con economías mixtas de agricultura-pastoreo-caza a nivel regional. Las practicas agrícolas, mas vinculadas a los fondos de valle, se realizaban con técnicas simples, en general sin riego; la practicas de pastoreo estaban bien afianzadas y en algunos casos hay evidencias de la existencia de territorios de pastoreo con límites precisos y de mecanismos de control sobre los mismos;

esta practica económica habría tenido un papel preponderante y se habría realizado con mayor intensidad en las tierras más altas (quebradas altas y puna). En conjunto con estas practicas económicas aparecen nuevas tecnologías, entre las cuales se destaca la cerámica. En este contexto habrían surgido nuevas prácticas sociales e ideológicas en concordancia con la nueva situación. El registro arqueológico para estos momentos muestra la presencia de poblados como bases residenciales permanentes, a veces asociados construcciones para el cultivo, otros sitios con actividades específicas para la caza y el pastoreo, así como gran cantidad de vestigios representados en tecnologías cerámicas, lítica e inicio de metalurgia.

Dado el gran lapso que abarca este bloque es posible dividirlo en segmentos temporales a lo largo de su desarrollo, de manera tal que según los distintos sectores del Noroeste argentino que se consideren y según sea hacia los inicios o finales del mismo, los procesos tomaron distintas formas y se desarrollaron de diferente manera. Un caso especial ocurrido en la región Valliserrana es el denominado fenómeno cultural "Aguada" que muestra la existencia de diferencias sociales y rituales dentro de una sociedad que se expande por distintos valles, asociadas a complejas prácticas simbólicas en torno a la representación del felino y de la figura humana reconocida como el "sacrificador".

Bloque temporal 4: ca. 1.000-550 AP (1.050 DC-1.450 DC)

La situación cambia notablemente hacia unos 1.000 años antes del presente, cuando en casi todo el Noroeste argentino hay evidencias de intensificación tanto en las practicas económicas productivas como en las formas de uso del espacio. El registro arqueológico muestra un aumento considerable en la cantidad de sitios habitacionales conocidos, apareciendo grandes poblados conglomerados con agrupamiento de construcciones habitacionales dentro de los sitios, neta separación de las construcciones de producción de alimentos de los núcleos poblacionales, intensificación en la construcción de estructuras destinadas a la agricultura tales como ´canchones´, terrazas y andenes, muchas evidencias de irrigación artificial, elaborada tecnología cerámica la cual aparece más estandarizada así como intensificación en la producción de objetos de metal. Estos cambios estarían reflejando, a su vez, variaciones en las caracteristicas sociales y políticas de las distintas comunidades humanas que lo habitaron por entonces, que se presentan asentadas en los distintos valles y quebradas, en donde se habrían dado desarrollos locales diferenciados.

Bloque temporal 5: ca. 550-450 AP (ca. 1480-1.535 DC)

Hace aproximadamente 550 años atrás el Noroeste argentino fue anexado a los vastos dominios del Imperio Incaico, para estos momentos se asume que no se produjeron cambios substanciales en la economía y organización social previa, la cual fue asimilada dentro del sistema político estatal incaico y la productividad económica absorbida por el mismo.

Bloque temporal 6: *ca* **450-350 AP (***ca.* **1535-1.600 DC)**

Esta dominación fue breve en términos arqueológicos ya que pocos años después la misma terminaría con la invasión y conquista española. La invasión europea provocó un impacto que desencadenó procesos totalmente diferentes a los que se venían desarrollando antes de la irrupción.

EL ARTE RUPESTRE EN PERSPECTIVA TEMPORAL Y CULTURAL

Las sociedades que habitaron el vasto escenario geográfico que presenta el Noroeste argentino a través del tiempo plasmaron representaciones rupestres de distinto tipo, en distintos lugares y con diferentes propósitos. La realización de grabados y pinturas rupestres, como las demás actividades que estos pueblos realizaron y que han dejado un correlato material que aún pervive, formó parte tanto del mundo cotidiano como del sistema de creencias de estas sociedades.

La arqueología ha tratado de estudiar estas manifestaciones con los mismos criterios que aplica a la investigación de todo el registro material, pero se ha enfrentado a un problema adicional: las pinturas y grabados en general no aparecen enterradas, por lo tanto carecen del "contexto de depositación" en capas y niveles arqueológicos que da asociación a los demás vestigios y permite así una evaluación más precisa de contexto cultural y cronológico al que pueden ser asignadas. Sumada a esta situación está la dificultad de obtener dataciones absolutas directas de estas manifestaciones. Ambas situaciones han relegado, en la historia de la investigación arqueológica, el estudio del arte rupestre, y en algunos casos hasta ha sido prácticamente omitido de grandes proyectos de investigación en grandes áreas y regiones.

Más allá de estas dificultades, se han desarrollado métodos que permiten evaluar la asignación cronológica del arte rupestre y su filiación cultural. En efecto, en la actualidad existen tres tipos de indicadores en base a los cuales se pueden llevar a cabo estas tareas:

1. *Indicadores estilísticos*: son aquellas semejanzas observadas en los diseño y temas representados que permiten establecer relaciones entre manifestaciones rupestres y otras manifestaciones gráficas presentes en objetos portables (generalmente referidas como "arte mobiliar") que han sido halladas y datadas en contextos de excavación.

2. *Indicadores contextuales:* son aquellos indicios de producción de representaciones rupestres que han sido hallados en excavación. Los mismos pueden ser directos e indirectos. Los directos corresponden a los vestigios de producción de las representaciones hallados en la excavación de los mismos sitios donde aparece el arte rupestre, en las capas sedimentarias (por ejemplo utensilios utilizados para pintar o grabar, morteros de pigmentos con la misma composición y color de las pinturas, etc.) o directamente bloques caídos o sectores del soporte con pinturas que al caer han quedado dentro de la matriz sedimentaria, conformando una unidad espacial. Los indirectos son aquellos vestigios de producción hallados en la excavación de sitios cercanos a los que contienen las representaciones, pero que con distintos controles permiten adscribirlos a su realización.

3. *Indicadores radiocarbónicos:* dataciones efectuadas directamente sobre las representaciones rupestres.

A su vez, para el relevamiento, análisis e interpretación de los sitios con arte rupestre se aplican procedimientos que permiten establecer cronologías relativas a nivel de sitios y de áreas, tales como un detallado estudio de las superposiciones entre motivos y temas, de sus características formales y técnicas, del grado de desvanecimiento del color y/o de la pátina de los mismos, aplicando controles con observaciones acerca de su grado de exposición diferencial, para lo cual se utilizan unidades analíticas que toman en cuenta tanto las características representativas como de emplazamiento de los diseños rupestres en el sitio y de los distintos sitios en el área (Gradín 1978 y Aschero 1979). Con estos criterios es posible encarar el análisis de las representaciones rupestres e intentar realizar su adscripción cronológica y cultural, así como procurar interpretar el papel que las mismas desempeñaron en las sociedades que las produjeron.

El caso del Noroeste argentino, como muchos otros, muestra una gran cantidad de sitios con representaciones rupestres conocidos en la literatura arqueológica, pero muy pocos casos con análisis exhaustivos de los mismos que permitan articularlos con el resto de la evidencia disponible para el área. Ha habido muy pocos proyectos de investigación que integraran al arte rupestre como parte importante dentro de sus objetivos y esto ha dejado grandes "huecos", vacíos de información o con información insuficiente para poder presentar un panorama de la situación en cada lugar. Esto, sumado a la gran variedad de manifestaciones culturales que ha brindado el Noroeste argentino a lo largo de su desarrollo en el tiempo, otorga al momento un panorama complejo, lleno de enigmas por investigar y preguntas por contestar. Así, este panorama es un desafío por afrontar.

Entre los lugares donde se cuenta con mayor información contextual para las manifestaciones de arte rupestre cabe mencionar aquí dos: la Quebrada de Humahuaca y la cuenca puneña de Antofagasta de la Sierra. En la Quebrada de Humahuaca distintos investigadores con diferentes proyectos han relevado y analizado el arte rupestre (entre otros Aschero 1979; Fernández 1995; Fernández Distel 1974, 1976, 1992; Hernández Llosas 1992, e. p.), ubicando más de 20 sitios, en general correspondientes a cuevas y aleros emplazados en las nacientes de la quebrada principal o sus tributarias, localización referida como "quebradas altas" (Hernández

Llosas 1991). En Antofagasta de la Sierra, un proyecto de investigación de gran alcance ha brindado un análisis detallado del arte rupestre de la cuenca y su asociación con otros importantes sitios arqueológicos excavados y estudiados en el mismo proyecto (Aschero 1999 y Aschero y Podestá 1986-87).

A continuación se brinda una caracterización del arte rupestre del Noroeste argentino, de acuerdo con los Bloques Temporales descriptos y con referencia en particular a estos dos lugares.

Bloque temporal 1: ca.11.000-5.000 AP (ca. 9.050-3.050 AC)

¿Cómo era el arte rupestre de los primeros habitantes del Noroeste argentino?. Como se dijo, estos primeros habitantes eran grupos cuya base económica era la caza y la recolección, la cual procuraban moviéndose estacionalmente por extensos territorios. Los vestigios que han llegado al presente de estos pueblos han sido hallados en cuevas y aleros de las tierras altas, por encima de los 3.700 metros sobre el nivel del mar. El tiempo transcurrido y los procesos de transformación que han ocurrido han hecho desaparecer los otros vestigios dejados por ellos.

Quebrada de Humahuaca

Una porción importante de esta evidencia ha sido hallada en las nacientes de la Quebrada de Humahuaca donde han sido desarrollados distintos proyectos de investigación que han aportado información importante para estos momentos. Los sitios excavados son *Huachichocana III*, *Inca Cueva 1* e *Inca Cueva 4 y Pintoscayoc 1*, todos correspondientes a cuevas o aleros ubicados en quebradas altas, han dado secuencias de ocupación humana que van desde los 10.500 hasta los 7.500 años antes del presente. Luego de esta fecha se observa para todos los sitios conocidos un "vacío" de ocupación que recién reaparece hacia los 5.000 años A.P., vacío que coincide con el intervalo árido (Hipsitermal).

De ellos solamente *Inca Cueva 1* e *Inca Cueva 4* presentan pinturas rupestres asignadas a estos momentos. Es posible que la ausencia de representaciones rupestres en los otros dos sitios sea el resultado de procesos post-deposicionales, ya que *Huachichocana III* tiene completamente exfoliada la superficie de sus paredes y techo mientras que *Pintoscayoc 1* se presenta cubierto por una gruesa capa de negro de humo, bajo la cual pueden observarse vestigios de pintura roja y sobre la cual hay pinturas rupestres tardías.

En el importante sitio de *Inca Cueva 1*, a partir de un detallado trabajo, fue planteada una secuencia para el arte rupestre allí presente basada en las superposiciones y en la variación morfológica de las representaciones así como por la identificación de conjuntos tonales, distribución espacial de motivos y grados de desvanecimiento de los colores (Aschero 1979). Esta secuencia contempla la existencia de tres grupos estilísticos, de los cuales corresponde a este Bloque Temporal 1 el denominado *Grupo Estilítico A*, al que se le superponen otras representaciones, muy diferentes, atribuidas a momentos posteriores (Grupo Estilístico B y Grupo Estilístico C, ver más adelante).

El *Grupo Estilístico A* presenta en términos generales "... pinturas atribuibles a ocupaciones precerámicas, caracterizadas predominantemente por motivos geométrico abstracto simples ...series o alineaciones de puntos o trazos, formas en U invertida, zig-zags y trazos almenados, entre otros" (Aschero y Podestá 1986: 31). En base a observaciones más finas sobre superposiciones entre motivos asignados genéricamente a este grupo, así como teniendo en cuenta variables formales, tonales, temáticas, distribucionales y de desvanecimiento del color, se definieron sub-agrupaciones consideradas como unidades discretas de análisis y se planteó una diacronía entre ellas (*ibid*): *GEA 1:* con motivos de gran tamaño y mayor distribución espacial, alcanzando alturas por encima de los 2,5 m. sobre el piso actual, sin organización del espacio plástico ni repeticiones en la tipología de los motivos; *GEA 2:* con menor distribución espacial, a alturas desde 1 m. hasta 4 m. por sobre el piso actual, mostrando repetición y contraposición de motivos que combinan tonos, con alta proporción de motivos compuestos con repetición rítmica de los elementos, ordenamiento en alineaciones regulares de trazos, líneas almenadas y elementos en U invertida dispuestas horizontalmente así como una mayor organización del espacio plástico; *GEA 3:* con mayor circunscripción espacial y aparición de motivos curvilíneos, a alturas desde 1 m. a 4 m. sobre el piso actual, mostrando alineaciones de trazos y puntos, motivos lineales curvilíneos como zig - zags, trazos con circunferencias interiores, etc.

Las pinturas rupestres de Inca Cueva 4 en su conjunto fueron atribuidas a este *Grupo Estilístico A* por sus características formales, técnicas y temáticas. Las representaciones se distribuyen en tres agrupaciones de motivos y motivos aislados. Los motivos abstractos simples son diseños no repetidos de alineaciones y agrupaciones de puntos o trazos,

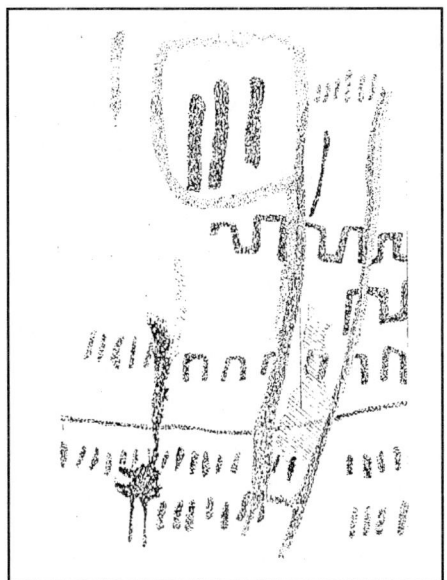

Figura 3: Quebrada de Humahuaca, Inca Cueva 1, Grupo Estilístico A (tomado de Aschero 1979)

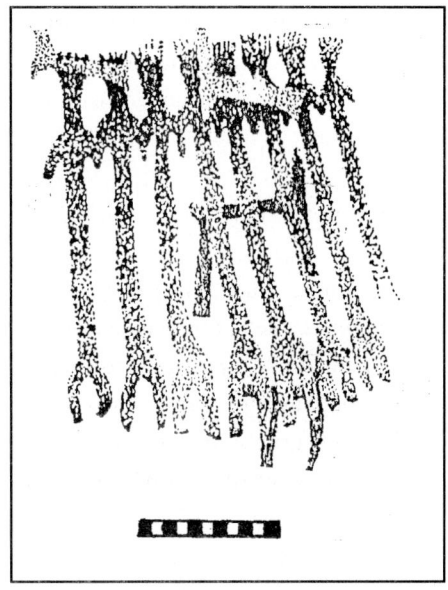

Figura 4: Quebrada de Humahuaca, Inca Cueva 1, Grupo Estilístico B (tomado de Aschero 1979)

peiniformes, cruciforme almenado, formas de rectángulos adosados, escaleriforme vertical combinado con puntos, motivo de doble U invertida con trazos interiores (*ibid*). La excavación de este sitio brindó una asociación contextual de fragmentos de roca de la pared con presencia de soporte preparado con yeso en la cumbre de la capa 2 así como molinos planos con hematita y yeso en las capas 2 y 1B. A partir de estos hallazgos se planteó la hipótesis que las ocupaciones representadas en las capas 2 (con fechados entre 10.600 y 9.200 años A.P.) y 1B estarían relacionadas con la producción de las pinturas. Dado que se observaron rastros de mantenimiento de las pinturas por repintado en lapsos diferentes de ocupación del sitio, se planteó también la hipótesis que éstos podrían estar relacionados con los distintos eventos de ocupación (*apud* Aschero y Podestá 1986).

Para contribuir a la caracterización de estas sociedades es importante tomar en conjunto la información con que se cuenta, tanto la aportada por el análisis de las pinturas rupestres como por los contextos hallados en excavación, ya sea en Inca Cueva 4 o en los otros dos sitios mencionados, Huachichocana III y Pintoscayoc 1, donde la ausencia de representaciones rupestres no es un obstáculo para utilizar la evidencia hallada allí en capa para intentar entender los procesos que pudieron ocurrir en un lapso tan largo.

Así, tomando en cuenta los resultados de las excavaciones practicadas en los tres sitios, puede decirse en términos generales que la función de cuevas y aleros para estos momentos correspondió a campamentos temporarios, estacionales, de grupos de cazadores recolectores, móviles donde están representadas actividades relacionadas con la caza y el procesamiento de las presas capturadas en las inmediaciones de los mismos, el trabajo del cuero, el reacondicionamiento de artefactos, la reactivación de filos y el reemplazo de cabezales líticos. Las proporciones de fauna varían de un sitio a otro pero los camélidos (guanaco y vicuña) y un tipo particular de roedor (chinchilla) son las presas seleccionadas casi con exclusividad, a excepción de los cérvidos cuya aparición varía en los tres casos; las clases de edad representadas sugieren que la predación se efectuó sobre grupos familiares de camélidos durante la estación de nacimientos, mostrando una marcada estacionalidad estival en el uso de los sitios.

La excavación de *Pintoscayoc 1* otorgó información que permite manejar una resolución temporal más fina, dentro del rango temporal entre 10.500 / 7.500 A.P. el cual aparece como un bloque en los otros dos sitios, que brinda la posibilidad de diferenciar por lo menos tres momentos diferentes de ocupación del sitio.: 1. rango de 10.000 años AP, el sitio denota un uso poco intenso y una estrategia de aprovisionamiento de fauna más centrada en roedores (chin-chíllidos y ctenómidos); 2. rango de 9.000 años AP. se observa una ocupación muy intensa y recurrente de sitio, realización de gran cantidad de actividades domésticas (procesamiento y consumo de fauna, fundamentalmente de camélidos, el mantenimiento de artefactos, reemplazo de cabezales líticos pa-ra las armas de caza) y depósito de un importante contexto fúnebre; 3.rango de 8.000 años A.P., se observa disminución en la intensidad de uso del sitio pero una especialización mayor en la caza de camélidos. A partir de un análisis detallado de estas evidencias se planteó como hipótesis (Hernández Llosas 1998) que los cambios observados en las formas de uso del sitio, las variaciones en las estrategias económicas, en la tecnología y en las prácticas mortuorias pueden explicarse por variaciones temporales relacionadas con las formas de ocupación del espacio en base al modelo de exploración /colonización /ocupación efectiva del espacio (*apud* Borrero 1994).

Teniendo en cuenta el amplio lapso temporal considerado es lógico pensar en la ocurrencia de cambios, aún dentro de grupos móviles con economía de caza y recolección, no solo en la dinámica de la ocupación del espacio sino también en las características de los grupos humanos mismos, la cual puede estar también reflejada en la producción de las pinturas rupestres. Así, ¿es posible evaluar en conjunto las evidencias detectadas en excavación con respecto a los cambios ocurridos en el tiempo hallados con las evidencias observadas en Inca Cueva con respecto a las variaciones operadas en el tiempo en las formas de representación del Grupo Estilístico A?

Es factible manejar la hipótesis de la existencia de una *"etapa de exploración"* para los primeros momentos representada en los niveles iniciales de ocupación de Pintoscayoc 1 y, probablemente de los otros dos sitios; ahora bien, pueden corresponder a estos momentos las representaciones asignadas en Inca Cueva 1 al GEA1?. De la misma manera, la evidencia de excavación de los tres sitios muestra un aumento en la intensidad de ocupación y de las características de los contextos depositados en los rangos de *ca.* 9.000 años A.P., situación que ha permitido plantear que estarían representando lo que se ha denominado *"etapa de coloniza-*

ción" o *"ocupación efectiva"* del espacio; a este respecto se ha planteado la pregunta acerca de si las representaciones asignadas al GEA2 en Inca Cueva 1 así como las de Inca Cueva 4 pueden estar relacionadas con estos procesos.

Si esto fuera así, entonces los cambios detectados en excavación con respecto a la intensidad del uso de los sitios, la estructuración del espacio interno de los mismos y las características de los materiales depositados tendrían su contraparte en las representaciones rupestres en las cuales se observa mayor estructuración del espacio plástico y una articulación más compleja de motivos para los denominados GEA2 y GEA3. La continuidad de todo el proceso está dada tanto por las características generales de las ocupaciones detectadas en excavación como por la naturaleza de las representaciones abstractas descriptas, así como por la asociación entre la producción de las representaciones y la ocupación doméstica del único sitio con pinturas asociadas. Las diferencias planteadas serían una función de los cambios ocurridos en los sistemas simbólicos de estos primeros grupos de cazadores recolectores que habitaron la región por un lapso de más de 3.000 años.

Cuenca de Antofagasta de la Sierra

En la cuenca de Antofagasta de la Sierra ha sido hallada otra porción importante de evidencia para este Bloque Temporal 1.

Recientemente (Aschero 1999) han sido establecidas dos modalidades estilísticas en el desarrollo local del equivalente al Grupo Estilístico A definido para la Quebrada de Humahuaca. La más antigua es la denominada *Modalidad Estilística Punta de la Peña* y correspondería a estos primeros momentos. Ha sido definida en el sitio *Punta de la Peña 4* (Alero Don Vicente), que es un gran abrigo de dos pisos que se abre en un farallón, ubicado en el curso medio de Río Las Pitas, en cuya base hay sedimentos excavables y en cuyas paredes están las pinturas rupestres. En los niveles más profundos de la excavación fueron hallados materiales similares a los datados en otro sitio de la cuenca *(Quebrada Seca 3)* entre aproximadamente 8.700 – 7.100 AP; en estos mismos niveles aparecieron asociados fragmentos de roca soporte con la pintura roja característica de los motivos puntiformes y trazos que aun se ven en la pared del alero.

Así esta Modalidad Estilística local se caracteriza por presentar pinturas y unos pocos grabados con motivos de alineaciones, agrupaciones o combinaciones de trazos o puntos, óvalos o rectángulos con puntos interiores y trazos en forma de U invertida o de peines. Los motivos aparecen en varios sitios distantes a no más de una jornada a pie, algunos sin evidencias de ocupación y se ubican junto a vegas con buenas posibilidades para la caza. Si bien los motivos son similares, cada sitio que los contiene parece tener algo que le es particular, un conjunto de signos propios que los identifican: "podríamos decir que estos conjuntos rupestres señalan y conectan dos distintos espacios: los campamentos de máximo reparo y disponibilidad de recursos de caza y recolección, a los que se retorna con cierta periodicidad y los lugares de reparo u ocultamiento, sin evidencias arqueológicas, junto a las mejores zonas de caza accesibles desde esos campamentos..." (Aschero 1999). Esta situación es explicada por el autor citado como la posible aparición de cierta competencia entre los grupos por los espacios con recursos críticos que puede haber llevado a marcar y denotar esos espacios de retorno previsto, importantes para la subsistencia; así, estos motivos podrían haber sido usados como un conjunto de signos visuales identificatorios de los grupos sociales que utilizaban esos espacios o bien como simples marcas de tiempos o lugares recorridos *(ibid)*.

Bloque temporal 2: ca.5.000-3.000 AP (ca.3.050-1.050 AC)

Cuenca de Antofagasta de la Sierra

Corresponde a este rango temporal la segunda modalidad estilística establecida en Antofagasta de la Sierra (Aschero 1999) en el desarrollo local del equivalente al Grupo Estilístico A definido para la Quebrada de Humahuaca. En efecto la *Modalidad Estilística Quebrada Seca* fue establecida a partir de los sitios ubicados en dos afluentes del Río Las Pitas, que conforman vegas de altura, denominados Quebrada Seca y Real Grande.

En Quebrada Seca fueron estudiados tres sitios: *Quebrada Seca 3* correspondiente a un abrigo bajo roca con el mejor reparo de la zona y con potentes sedimentos cuyas excavaciones mostraron que fue un campamento de cazadores, con variadas actividades allí realizadas, ocupado en un lapso que va desde aproximadamente 10.000 a 4.400 años antes del presente; y *Quebrada Seca 1 y Quebrada Seca* 2 correspondientes a dos cuevas con piso de roca viva pero cuyas paredes están cubiertas de pinturas rupestres. En Real Grande está el sitio *Real Grande 3* que consiste en un alero y paredón con pinturas. La distancia entre estos sitios permitiría que los grupos asentados en QS3 podrían haber ido en el día a cazar a la vega de Real Grande y retornar al campamento allí instalado.

La *Modalidad Estilística Quebrada Seca* sigue utilizando los motivos geométricos simples característicos de la Modalidad previa pero agrega signos circulares (circunferencias, circunferencias concéntricas con apéndices inferiores) en el sitio 1 de Quebrada Seca, donde se sitúan dos grandes arcos bicolores a la entrada, en ambos extremos de aquellos signos. Además introduce figuras humanas, camélidos, felinos y aves los que aparecen agrupadas en el sitio 2 de Quebrada Seca, anunciando el tema felino -camélido -ave de patas largas- signo circular que reaparecerá en otros sitios. En Real Grande 3 hay pinturas de alineaciones paralelas de puntiformes y trazos comprendidos en un contorno lineal ovalado (Podestá 1986–87).

La interpretación de los sitios de Quebrada Seca que se ha expresado dice: " La imagen que sugiere esta obra es la de un mapa virtual que guarda referencia a lugares, sendas o huellas, donde nuestro orden cielo tierra puede tener un despliegue horizontal. Frente a estos signos circulares tan entronizados, no podemos dejar de pensar en las vertientes, los manantiales, los ojos de agua, la importancia que adquiere para la vida de las tropas de camélidos el agua que surge desde el fondo de la tierra y se derrama. Dos son los ojos de agua que alimentan la vega de Quebrada Seca; dos también las circunferencias concéntricas unidas. Dos las covachas gemelas. En una, solo signos abstractos, en otra, estos signos más una representación de cada especie: un felino, una pareja de suris o parinas, un camélido y un cazador. La concentración de estos signos circulares en Quebrada Seca sugieren, entonces, una posible relación de significación con esta vega de altura y los manantiales que la forman, un antecedente lejano del papel que adquieren éstos en la reproducción del ganado en la mitología centro sur andina. No hay escenas de caza, pero el felino como predador o metáfora del buen cazador, o más tarde del buen pastor aparece por primera vez aquí en asociación con los camélidos" (Aschero 1999: 104-105).

La cronología asignable a esta segunda modalidad es aun objeto de estudio, pero en principio el autor citado considera que podrían estar asociados a los niveles de ocupación de Quebrada Seca 3 datados entre 5.500 y 4.500 A.P., coincidiendo con el cambio del uso de los sitios y en los conjuntos de artefactos, su duración podría extenderse hasta los inicios del sedentarismo y del cambio tecnológico que implicó el uso de cerámica.

La propuesta de la existencia de dos modalidades estilísticas en este desarrollo local de Antofagasta de la Sierra del Grupo Estilístico A definido en la Quebrada de Humahuaca incluye la consideración que esta situación pudo estar influida por el impacto progresivo que produjo el periodo de menor humedad y ascenso de la temperatura entre el 8.000-5.500 A.P (Hipsitermal) sobre los recursos de subsistencia y la organización de la movilidad estacional en torno a la caza de camélidos. Así las figuraciones biomorfas parecerían ocurrir hacia el final de este lapso, cuando estos grupos humanos ya practicaban los inicios de una economía mixta, a partir del manejo del ganado y la aparición de la llama. De esta manera la introducción de la figuración animal, con el camélido como animal central, podría verse como una respuesta a esta situación, cuando la merma de la caza o de recursos de pasturas para los primeros planteles de camélidos domésticos y el aumento de la competencia humana llevaron a cambios importantes en la organización de estas sociedades (*ibid*).

Quebrada de Humahuaca

En la Quebrada de Humahuaca la evidencia disponible muestra una situación un poco diferente que la descripta para Antofagasta de la Sierra. En este caso para este rango temporal correspondiente al fin del Hipsitermal y a los inicios del Holoceno Tardío, con un mejoramiento de las condiciones de humedad, se registra un "re-poblamiento" a partir del hallazgo de ocupación humana en sitios sin ocupación previa tales como *Coraya* (Cueva Peña "Aujero", Capa D, Fernández Distel *et. al* 1981), Cueva *El Portillo* (Capas 0,52-0,79, Fernández 1997), I*nca Cueva 7* (Aguerre et. al 1973 y 1975; Aschero y Yacobaccio 1994), *Tomayoc* (Niveles IV y III, Lavallé *et al.* 1997) y algunos ya descriptos para el bloque temporal anterior, ahora reocupados: *Cueva III de Huachichocana* (Capa E2, Fernández Distel 1986), *Inca Cueva 4* (Capa 1b, García 1997).

Las evidencias que presentan estos sitios muestran, por una parte ocupaciones breves de pequeñas cuevas (*Tomayoc, Coraya, El Portillo*) donde se realizaron actividades de consumo y procesamiento de fauna local y mínimas actividades de mantenimiento de artefactos, mientras que, por otra parte, aparecen sitios con depósitos de contextos especiales, tales como un entierro humano con singulares características en la *Cueva III de Huachichocana* (Capa E2) y un depósito intencional de artefactos seleccionados en Inca Cueva 7. En estos dos sitios también se hallaron indicios claros de domesticación de camélidos y de vegetales (tales como calabazas, porotos y ají); algunos de los hallazgos provienen de las Selvas Occidentales, mostrando un activo acceso a las tierras bajas del Este. El cambio de los sistemas económicos de estas sociedades se manifiesta, además, en el uso muy diferente de sus asentamientos, donde no aparecen ya restos de campamento densos como en el primer bloque temporal, sino más bien eventos muy breves de ocupación o espacios para depósitos especiales. Estos depósitos especiales, como los descubrimientos excepcionales de ofrendas mortuorias (Cueva III de Huachichocana) o ritualísticas (Inca Cueva 7) indican también cambios importantes en las prácticas ideológicas y en los sistemas de creencias de estas poblaciones, manifestando el inicio de diferencias sociales o rituales en la población y una mayor valoración simbólica de estos objetos depositados como ofrendas, algunos de los cuales presentan diseños grabados, abstractos, con patrones estructurados (ver análisis de los diseños de arte mobiliar en Aschero 1975).

El hallazgo de estos objetos con arte mobiliar con fechados radiocarbónicos asociados en Inca *Cueva 7* (*ibid*) llevó a considerar la pervivencia, para estos momentos, de un arte abstracto, sin rigor geométrico. Así, el arte rupestre hallado en *Coraya* (Peña "Aujero") con pinturas abstractas de agrupaciones de puntiformes y trazos formando composiciones, fue adscripta a estos momentos teniendo en cuenta que en su primer nivel de ocupación fue fechado por radiocarbono en este rango, aunque no fue hallada ninguna evidencia en excavación que permita una asociación contextual de las pinturas con estos eventos (Fernández Distel *et al. op cit.*). Por su parte el arte rupestre de *Inca Cueva 4* ha sido adscripto en su conjunto para los momentos iniciales de ocupación de este sitio (Aschero y Podestá 1986) y si bien la capa 1b brindó un fechado radiocarbónico que cae en este rango (Yacobaccio com pers.) la misma fue alterada por acción de huaqueros antes que se realizaran las excavaciones sistemáticas, razón por la cual la información disponible al respecto es muy escasa.

Los hallazgos para este bloque temporal en conjunto sugieren que entre 5.000 y 3.000 años antes del presente llegaba a su fin el modo de vida cazador recolector, mientras las sociedades transitaban hacia formas más complejas de organización macroespacial de sus recursos, de sus sistemas económicos, sociales y simbólicos.

¿Qué papel ocupó la producción de representaciones rupestres y mobiliares en este contexto?. La misma mantuvo su componente abstracto simple, en composiciones más ordenadas, estructuradas en repeticiones rítmicas, en las que la figuración animal o humana está ausente. Su presencia en artefactos de uso especial o cotidiano, con grabados o incisiones formando zigzags escalonados, almenados o puntiformes en objetos tan variados como astiles, textiles en técnica de malla, bases de cunas, flautas, mazas de madera tallada, pequeñas cucharas o espátulas y pipas tubulares hechas en hueso, asociadas a la presencia de semillas de cebil, muestran una asociación temprana de esta modalidad estilística con el consumo de alucinógenos, relacionado con prácticas rituales insertas en este sistema de creencias que comienza a desarrollarse por estos momentos, manteniendo hasta aquí la estructura previa, la cual va a cambiar en el devenir posterior.

Bloque temporal 3: *ca.* 3.000-1.000 AP (*ca.* 1.050 AC-1.050 DC)

Este bloque temporal, si bien solo abarca 2.000 años, incluye el desarrollo de complejos procesos ocurridos en el seno de las distintas sociedades que habitaron el Noroeste argentino. Así pueden observarse distintos momentos en este desarrollo según los lugares considerados.

Segmento temporal ca. 3.000-2.000 AP

Quebrada de Humahuaca

Los primeros momentos de este bloque corresponden al desarrollo del proceso iniciado en el bloque temporal anterior y presentan evidencias de cambios concretos en las prácticas económicas así como la aparición de nuevas tecnologías, fundamentalmente cerámica. Se trata de sociedades humanas con una economía de producción de alimentos más establecida, consistente en una práctica mixta de agricultura-pastoreo-caza a nivel regional; las tecnologías cambian, apareciendo nuevos tipos de artefactos en piedra y abundante cerámica; se observa cierta continuidad en las formas de uso del espacio, con un aumento en la intensidad de la ocupación de los sitios de quebradas altas para la realización de actividades domésticas, la producción pinturas rupestres y el depósito de contextos fúnebres.

Los sitios conocidos para estos momentos en los que se obtuvieron fechados radiocarbónicos, que consistentemente se ubican alrededor de 2.900 años antes del presente, son: *Inca Cueva Alero 1*(Capas 5 y 6, García y Carrión 1992),*Pintoscayoc 1* (Estructura F, Hernández Llosas 1998), *Cueva Cristóbal* (Capas B, C y D, Fernández 1988-89) y Tomayoc (Niveles III, Lavallé et al. 1997). Las evidencias que presentan estos sitios muestran vestigios de ocupaciones breves de pequeñas cuevas *(Cueva Cristóbal, IC Alero 1, Tomayoc)* con actividades de consumo y procesamiento de fauna asociada a un conjunto de herramientas lítico y cerámico, actividades de mantenimiento de artefactos y en dos sitios de estos sitios, además, la realización de pinturas rupestres en relación con los espacios domésticos de ocupación *(Cueva Cristobal e Inca Cueva Alero 1)*. En un sitio en particular (*Pintoscayoc 1)* se encontró un contexto fúnebre con características especiales y con un ajuar formado por artefactos con nuevas tecnologías (grandes morteros de piedra y puco cerámico negro con incrustaciones de mica).

Las representaciones rupestres adscriptas para estos momentos fueron definidas como *Grupo Estilístico B* (Aschero 1979) y fueron halladas en *Inca Cueva 1* (para donde se carece de asociación con niveles de excavación) y en *Inca Cueva Alero 1* (Aschero *et al.* 1991) donde si hay asociación indirecta con niveles de excavación; las representaciones que aparecen en la *Cueva Cristóbal* por sus características también pueden adscribirse a este grupo. Este Grupo Estilístico está integrado por representaciones figurativas de antropomorfos, con un patrón formal constituido por cuerpo alargado, extremidades cortas y cabezas con indicación de emplumadura, formando motivos compuestos por tres o más individuos, vistos de frente y tomados de las manos; a ellos se les suman grandes antropomorfos sin brazos, tambien de cuerpo alargado, en "forma de cigarro"; la presencia de representaciones figurativas de camélidos es muy baja, así como de motivos abstractos; la técnica predominante es la pintura lineal y el color más usado es blanco aunque hay casos de negro y amarillo aplicado monocromáticamente en la mayoría de los casos (*ibid*).

Como interpretación para este tipo de representaciones características del Grupo Estilístico B, con un énfasis tan marcado en la figuración humana, se ha postulado que resalta intencionalmente al "... grupo humano en su reunión y en la actividad colectiva que genera" relacionando esta situación con "...la importancia que tuvieron, en el proceso de sedentarización, la ampliación y reestructuración de las unidades sociales de explotación y de la solidaridad social, que surge de las nuevas formas de agregación que se estarían conformando ...en este caso denotadas por los sistemas simbólicos" (Aschero *et al.* 1991).

Ante este tipo de representaciones rupestres es muy interesante observar aquí la pervivencia de los patrones de diseño abstracto puntiforme hallados en el único artefacto con arte mobiliar para el que se cuenta con un fechado radiocarbónico: el puco de cerámica interior negro pulido con incrustaciones de mica, las que forman un motivo de círculo con punto central y prolongaciones en zigzag. Este puco, integrante del ajuar fúnebre hallado en Pintoscayoc 1, muestra la continuidad de las representaciones abstractas, las cuales parecen seguir formando parte de los sistemas simbólicos vigentes, tal vez con funciones muy diferentes a las que estarían destinadas las representaciones rupestres de este mismo momento en la misma región.

Cuenca de Antofagasta de la Sierra

La situación en la cuenca de Antofagasta de la Sierra para este bloque temporal es semejante en algunos aspectos del proceso descripto para la Quebrada de Humahuaca, aunque presenta situaciones muy particulares.

Se ha determinado una secuencia de modalidades estilísticas que se suceden en el tiempo, y, aunque en muchos casos no se han hallado contextos arqueológicos en excavación asociados a las representaciones rupestres adscriptas a esos momentos, las mismas han sido definidas en base a indicadores estilísticos y series de superposiciones locales. La primera de ellas, adscribible en términos generales a este primer segmento es la siguiente:

Modalidad Estilística Río Punilla

Para un rango temporal estimado entre 3.500-2.500 años antes del presente fue definida la *Modalidad Estilística Río Punilla* (Aschero 1999) en sitios ubicados sobre su cuenca. En uno de ellos, denominado *Confluencia*, fueron hallados grabados de camélidos con vientre prominente, lomos curvados y patas de perfil rebatidas sobre un mismo plano asociados a una figura de felino insertada dentro del cuerpo de un camélido; éstas fueron interpretadas como representaciones de guanacos, uno de los cuales presenta una cuerda en la pata, interpretada como una figuración de haber sido lazado. En el sitio *Peñas Coloradas 1* aparecen también figuras de camélidos, pero distintas, más esquematizadas, de lomos rectos y patas muy rígidas, lineales, con las pezuñas destacadas en forma de "U" invertida, una de las cuales muestra una cuerda atada al cuello; este tipo de diseño de camélidos fue interpretado como la representación de llamas. Esta diferenciación detectada en la figuración del camélido fue interpretada como la introducción de un código visual distinto para lo salvaje y lo domesticó (*ibid*).

Modalidad Estilística Peñas Coloradas

Para un rango temporal posterior, estimado entre 2.300 y 1.500 años antes del presente fue definida la *Modalidad Estilística Peñas Coloradas,* (Aschero *ibid*: 109) en el sitio homónimo, la cual marca un cambio en los patrones de representación y en los temas, sin que exista una clara ruptura con lo anterior. Uno de los cambios es la preponderancia que adquiere la figura humana, el otro es que esa doble distinción entre figuras genéricas de camélidos con contornos curvilíneos de patas rígidas y aquellas más esquemáticas de lomos rectos (llamas) se polariza, según los paneles.

El diseño de la llama inmóvil de cuerpo rectangular y cuatro patas rectilíneas se adopta y multiplica, pero las otras continúan, asociadas a representaciones de mascaras u otras figuras humanas. Las figuras humanas aparecen con diferencias de tamaño y tratamiento que sugieren un orden de importancia o jerarquía, una forma es la de un cuerpo elongado y desproporcionadamente grande (similares a las descriptas para el Grupo Estilístico B de Inca Cueva en la Que-

Figura 5: Antofagasta de la Sierra, Modalidad Estilística Peñas Coloradas, antropomorfos (tomado de Olivera y Podestá 1993)

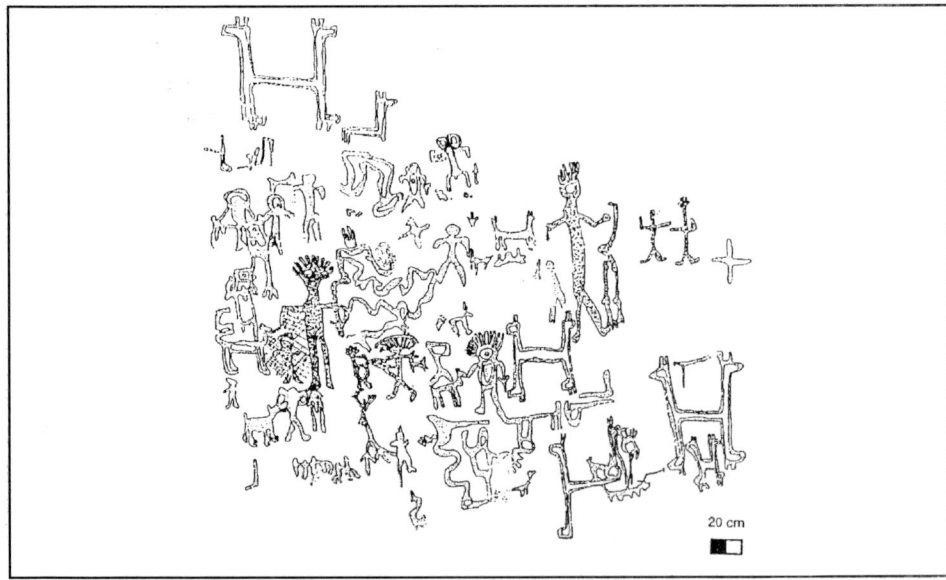

Figura 7: Antofagasta de la Sierra, Modalidad Estilística Peñas Chicas, camélidos bicápites y cuadricápites (tomado de Olivera y Podestá 1993)

brada de Humahuaca) en este caso aparece asociada con una llama felinizada, que tambien aparecen en Real Grande 3 (Podestá 1986-87), otra forma es una figura solar antropomorfa asociada a un felino y a otra figura antropomorfa. Las máscaras aparecen con contornos simples (circulares, elipsoidales, cuadrangulares, etc.) o con apéndices superiores o inferiores. La asociación entre máscaras y representaciones de camélidos aparece aquí como otra forma de asociación de lo humano y los camélidos (Aschero 1999). En Peña Colorada 1 también aparecen representaciones de felinos vistos de perfil con manchas, también figuraciones de simios, los que a su vez están en Campo de las Tobas, con formas muy semejantes a la iconografía Ciénaga (Podestá *op. cit.*).

La asociación representada en esta Modalidad entre mascaras, cuerpos humanos como monolitos y llamas felinizadas constituyen un repertorio iconográfico particular, ligado a las comunidades agrarias localizadas en la región Valliserrana durante los siglos próximos al comienzo de la era y descriptas en la arqueología clásica del Noroeste argentino a través de su arte cerámico (Condorhuasi, Alamito, Tafi, Ciénaga). Estas comunidades agrarias, con fuerte base pastoril, aparecen instaladas en el fondo de la cuenca de Antofagasta de la Sierra hacia 300 años antes de Cristo, a partir de la presencia de sitios tipo montículos, cuya excavación mostró, en base a indicadores cerámicos, que hacia los primeros momentos hubo más relaciones con el area atacameña y más tarde con el ámbito valiserrano (Ciénaga, Saujil, Condorhuasi). Esto muestra un cambio hacia los comienzos de la era asociado a la expansión de las actividades agrícolas y a la interacción con los valles de Abaucan, El Bolsón o Hualfin (Aschero 1999:115).

Segmento temporal ca. 2.000-1.500 AP

Quebrada de Humahuaca

En el devenir de las sociedades humanas que habitaron la Quebrada de Humahuaca ha sido aislada una modalidad estilística en el arte rupestre en un rango temporal de que ronda los 1.900 años antes del presente. La misma coincide con un momento en el cual se afianzaron las prácticas económicas productivas. Los sitios se presentan de dos tipos: aleros y cuevas emplazados en quebradas altas que muestran solamente la presencia de pinturas rupestres, sin que haya habido ocupación doméstica de los sitios y poblados dispersos ubicados en fondos de quebradas que presentan ocupación doméstica y asociación con estructuras productivas relacionadas con prácticas agrícolas. Estos sitios son:

Sitios en cuevas y aleros con pinturas rupestres: *Media Agua 1* para el cual se cuenta con un fechado directo de las pinturas (Hernández Llosas *et al.* 1998 y 1999), *Chayamayoc* (Fernández Distel 1983b), *Angosto de Hornaditas* (Fernández Distel 1976a), un agrupamiento de por lo menos tres sitios ubicados en *Coctaca* (Fernández Distel 1983c; Hernández Llosas obs. pers.; Ruiz Gadda y Casas 1982), algunos motivos de *Inca Cueva 1* (Aschero 1979 y obs. personal) y la *Cueva El Morado* (Fernández 1995 y 2000), así como algunos motivos de *Pintoscayoc 1* (Hernández Llosas 1998).

Sitios de poblados dispersos: *Alfarcito* (Sondeo de barranca Tarragó y Albeck 1997), *Estancia Grande* (Sondeo Niv. VIII Palma y Olivera 1992-93; Olivera y Palma 1997).

Los *sitios de aleros y cuevas* que presentan pinturas rupestres comparten características de emplazamiento, tamaño y del tipo de motivos representados. Todas estas características, así como la definición estilística fue realizada a partir de un detallado análisis hecho en Media Agua 1.

En efecto el análisis de las representaciones rupestres que presenta el sitio *Media Agua 1* (Hernández Llosas y Podestá 1983 a y b; Hernández Llosas et al. 1998, 1999) permitió establecer la presencia de un "conjunto de motivos", con características especiales. Este conjunto está integrado por la asociación representativa de *hileras de antropomorfos (*estilizados, representados de perfil, con minuciosos detalles de vestimenta, emplumaduras dorsales y cefálicas, ornamentos en pies y brazos; se destaca un personaje encabezando una hilera portando un objeto acodado interpretado como una "pipa"), *hileras de camélidos* (con indicación de abultadas "pecheras" y aditamentos indicadores de la representación de llamas*)* y *composiciones geo-métricas complejas* (diseños geométricos con características muy específicas, formados por la articulación de distintas unidades morfológicas mediante diversas operaciones de simetría en diseños complejos). La técnica de manufactura consiste en la aplicación de pincel fino, con pintura lineal, combinando tres colores: rojo, amarillo y blanco y el color de la roca con uso de técnica de fondo-figura; el tamaño de los motivos es muy pequeño. La asociación representativa que se observa en este sitio entre estos tres tipos de motivos se evidencia en el tratamiento de las formas y de las figuras,

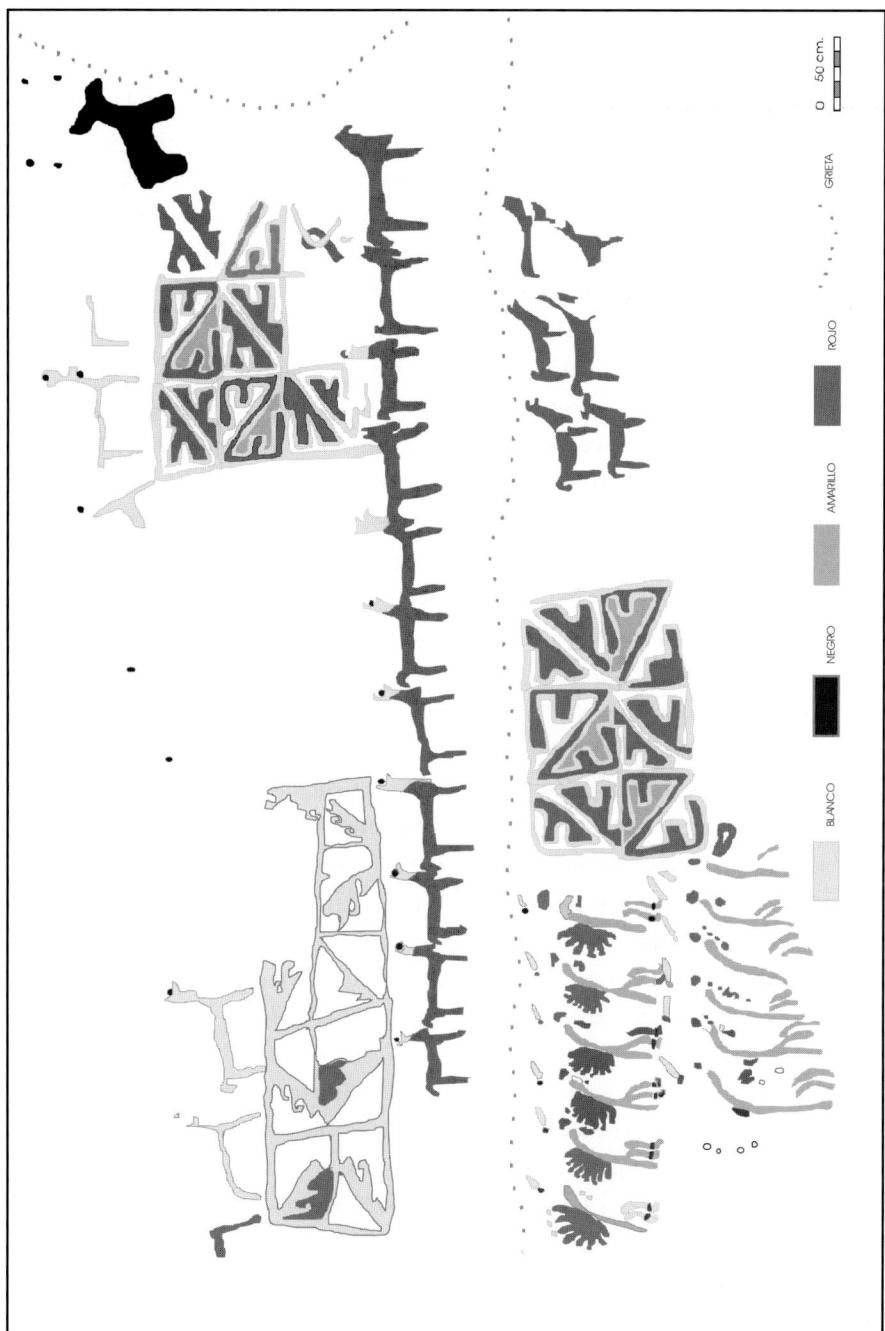

Figura 6: Quebrada de Humahuaca, Media Agua 1, Modalidad Estilística Media Agua (tomado de Hernández Llosas y Podestá 1983)

en la muy cercana ubicación topo-gráfica entre todos ellos, en las técnicas de realización utilizadas, los colores y su combinación, así como en la intensidad tonal y el grado de conservación lo que sugiere, junto con la ausencia de superposiciones, una sincronía de ejecución correspondiente o a un solo evento o a episodios correlacionados entre sí. El fechado radiocarbónico directo obtenido del pigmento de uno de los antropomorfos que componen este conjunto fue de 1.880 ± 110 (CAMS 25383) (Hernández Llosas et al. 1998 y 1999).

Este "conjunto de motivos" fue hallado como tal en los otros sitios del área nombrados y se presenta allí con características semejantes pero distintivas. En algunos de ellos aparecen varias representaciones de antropomorfos con vínculos anecdóticos entre sí, formando "escenas" (en el sentido de Gradín 1978). Por ejemplo en Media Agua 1 una de las hileras de antropomorfos está presidida por un personaje que porta una pipa de rama vertical, que podría corresponder al consumo de substancias alucinógenas; en Inca Cueva 1 hay varias hileras de antropomorfos en distintas actitudes y, en por lo menos un caso, aparece un personaje enfrentado a una de las hileras apuntándola con arco y flecha (obs. personal) que podría corresponder a la figuración de algún tipo de enfrentamiento; esta situación se hace muy evidente en Chayamayoc donde hay claras escenas de antropomorfos enfrentados entre sí con indicaciones de vestimenta diferentes para cada grupo (Fernández Distel 1983 c y obs. personal); el caso más ilustrativo de este tipo de "anécdota" es el de El Morado (Fernández 2000) donde de hay representaciones muy detalladas de enfrentamientos entre antropomorfos ataviados de manera distintiva entre sí. Los camélidos se presentan siempre formando hileras o agrupaciones entre sí y en asociación con antropomorfos y/o composiciones geométricas. Las composiciones geométricas son motivos peculiares no solo por la complejidad de su diseño y la maestría en su ejecución sino por su aparición múltiple en cada uno de los sitios, en donde hay más de una composición, siempre muy semejantes pero diferentes entre sí, observándose en algunos casos solo sutiles variaciones. En todos los sitios mencionados aparece la asociación entre los antropomorfos y los camélidos en estrecho vínculo, la asociación de antropomorfos y camélidos con las composiciones geométricas complejas se observa con toda claridad en particular en Media Agua 1 y Chayamayoc; en Coctaca y Angosto de Hornaditas la asociación existe aunque parecen haber sido privilegiadas las composiciones geométricas por sobre las demás representaciones.

La asociación de estos tres tipos de motivos con sus características distintivas, que dieron lugar a la identificación del mencionado "conjunto de motivos" fue interpretado (Hernández Llosas y Podestá 1983b) como un "tema" (*apud* Gradin 1978). Cada uno de estos motivos y su articulación particular en cada uno de los sitios, tendría un significado específico y una función representativa complementaria de los demás. Este tema recurre en sitios que tienen emplazamientos semejantes, además de presentar características topográficas, visibilidad y tamaños similares entre sí. Además, excepto en Inca Cueva 1, los demás sitios presentan solamente este conjunto de motivos, siendo así unicomponentes desde el punto de vista estilístico. Todas estas características permiten considerar la existencia de una Modalidad Estilística (en el sentido de Gradín 1978) de desarrollo regional en Humahuaca, que se denominará de ahora en más Modalidad Estilística Media Agua.

Los *sitios de "poblados dispersos"* que tienen fechados radiocarbónicos en este rango temporal brindaron contextos compuestos por estructuras vinculadas con actividades domésticas, ubicadas entre estructuras destinadas al cultivo; entre los artefactos fueron hallados puntas de proyectil pedunculadas, cerámica pulida gris, ante, negra y grandes vasos tubulares; es especialmente importante el hallazgo de fragmentos de pipa de cerámica de hornillo vertical y gruesa rama horizontal.

Se ha postulado la vinculación entre los sitios con representaciones rupestres como las descriptas con los componentes de los poblados dispersos en este rango temporal formando parte de un mismo sistema de asentamiento-subsistencia (Hernández Llosas en prensa). Así, estas sociedades humanas habrían abarcado un amplio territorio implementando distinto tipo de asentamientos en emplazamientos diferentes con funciones complementarias. En este contexto, los sitios con pinturas rupestres estarían vinculados con la explotación de la fauna (pastoreo-caza) mientras que los poblados dispersos estarían dedicados más específicamente a la producción agrícola. Una hipótesis funcional para las pinturas rupestres adscriptas a estos momentos sería su consideración como demarcación de territorios relacionados con el pastoreo entre distintas comunidades igualitarias. La presencia en Chayamayoc y en El Morado de las escenas de lucha puede interpretarse como la representación de conflictos entre grupos semejantes, como indicador de tensiones a partir de la demarcación de dichos territorios. En conjunto con esa funcionalidad y en relación con el sistema de creencias estos sitios también pueden haber estado vinculados con prácticas relacionadas con el manejo simbólico de los rebaños y la renovación de lazos sociales dentro del grupo (Hernández Llosas *et al.* 1998: 53-55).

El panorama arqueológico para estos momentos parece indicar la existencia de grupos humanos distribuidos por todo el espacio regional disponible, con una estrategia de aprovechamiento de los recursos diferenciados a partir de un sistema de asentamiento subsistencia de producción básica de alimentos. En este caso, puede postularse la incipiente saturación de este espacio regional a partir de este tipo de economía, plasmado en los conflictos armados intra grupales representados en las pinturas rupestres.

.*Cuenca de Antofagasta de la Sierra*

En la Cuenca de Antofagasta de la Sierra, por su parte, a la *Modalidad Estilística Peñas Coloradas* le seguirían en el tiempo las que se describen a continuación, dentro de este rango temporal:

Modalidad Estilística Peñas Chicas

Denotando una situación semejante a la descripta para Humahuaca, pero con notables diferencias, aparece para este rango temporal la denominada *Modalidad Estilística Peñas Chicas* (Aschero 1999) en un momento donde hay indicios de expansión agrícola por parte de las comunidades descriptas para el segmento anterior, lo que habría acarreado conflictos. Así, en los sitios ubicados en *Peñas Chicas* y también en algunos de *Peñas Coloradas* se pueden ver representaciones de estos conflictos en paneles con forma de estrados, destacados por su cornisa inferior, donde las figuraciones que allí aparecen se interpretan como la aparición de diferencias jerárquicas en el seno de las sociedades bajo la forma de tocados y ornamentos; se pueden observar hombres armados, enfrentamientos y escenas de lucha, temáticas que se multiplican de quebrada en quebrada. Los camélidos siguen acompañando estas temáticas pero integrando conjuntos separados; dentro de este tipo de representación cabe destacar la aparición de las llamas "cuadricápites" y "bicápite" con una figura humana erguida en medio, que semeja los tronos bicápites reconocidos en el estilo la Isla de Alto Loa (Norte de Chile). Además a esta modalidad se vinculan grabados de líneas sinuosas combinando hoyuelos o morteritos y/o figuras de campos o cuadros rectangulares, generalmente utilizando superficies delimitadas de cierta pendiente, lo que llevó a plantear una posible relación con el manejo del agua, como un antecedente de las "maquetas" más tardías que son sistemas de regadío virtuales (que aparecen en *Alero Don Vicente y Punta de la Peña*); con estos motivos el tema del agua reaparece, ya no como agua que surge naturalmente, sino como el agua que corre y debe ser encauzada controlada y dominada (*ibid:*115-118).

Segmento temporal ca. 1.500-1.000 AP

Para este segmento temporal aparecen en la Cuenca de Antofagasta de la Sierra y en otras partes del noroeste argentino, aunque no en la Quebrada de Humahuaca, diseños correspondientes a un importante fenómeno cultural cuyo desarrollo principal ocurre en el ámbito valliserrano y, por el alcance territorial que llega a abarcar, ha sido denominado "Período de Integración" (*apud* Perez 1994), momento en que la estilística de Aguada aparece conectando distintos valles y quebradas a través de ciertos iconos o temas iconográficos.

Cuenca de Antofagasta de la Sierra

Modalidad Estilística Punta del Pueblo

Para momentos fue descripta la *Modalidad Estilística Punta del Pueblo*, donde aparecen motivos adscribibles claramente a Aguada, aunque solo algunos de los iconos y rasgos de diseño Aguada llegan a estos espacios puneños de Antofagasta de la Sierra, lo que sugiere que la integración que ocurre a partir de la expansión de este fenómeno operó con intensidades diferentes (Aschero 1999).

El principal sitio donde aparece esta modalidad es el sitio homónimo de *Punta del Pueblo* que presenta motivos figurativos de animales y representaciones humanas. Los camélidos muestran un tratamiento de contornos abiertos y compartidos con otras figuras, tales como mascariformes que presentan los ojos rasgados en posición oblicua y los apéndices cefálicos que aparecen también en momentos anteriores; esos ojos son recurrentes en la iconografía de la cerámica Aguada pintada e incisa del Valle de Hualfin. Esta es una imagen que parece cerrar el tema máscara-camélido que aparece en distintos sitios desde la *Modalidad Peñas Coloradas*. Otras figuras en forma de máscara se inscriben en esta modalidad pero no asociadas a camélidos, son representaciones de cabezas con tocados y cabezas trofeos, identificadas por la característica boca cosida. Entre las figuras humanas el canon es la norma frontal, de cuerpo rectangular completo o incompleto y cabezas con tocados diversos.

En *Campo de las Tobas,* sitio consistente en un piso de roca expuesta sobre el que pasa el camino a la Vega de Real

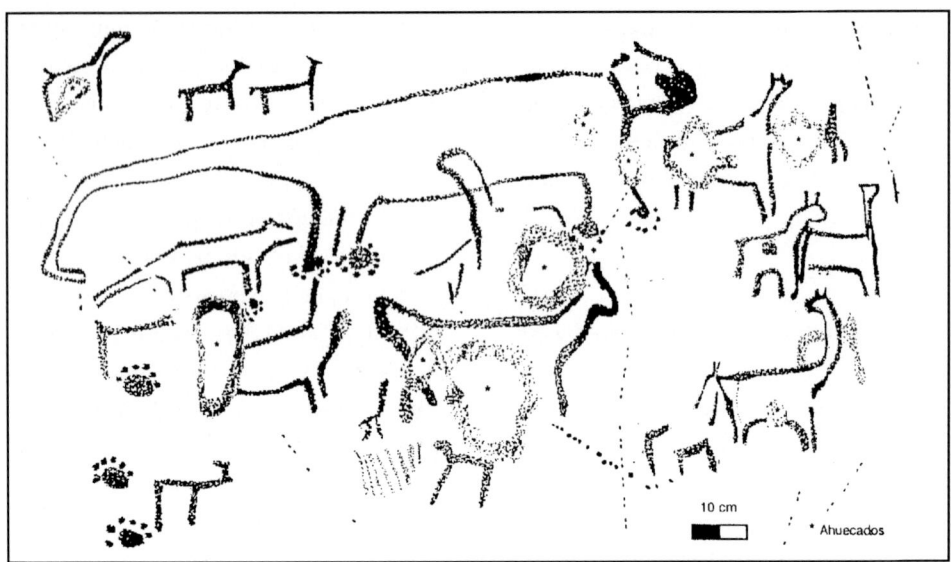

Figura 8: Antofagasta de la Sierra, Modalidad Estilística Punta del Pueblo, felino de gran tamaño (tomado de Olivera y Podestá 1993)

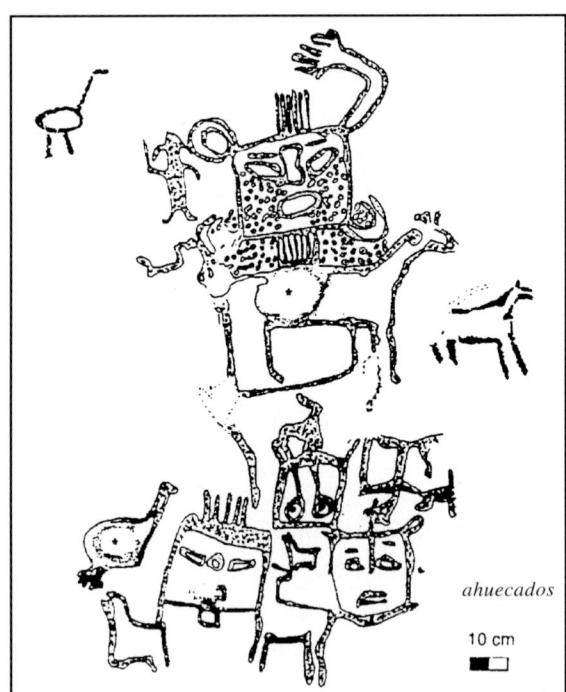

Figura 9: Antofagasta de la Sierra, Modalidad Estilística Punta del Pueblo, antropomorfo felinizado (tomado de Olivera y Podestá 1993)

Grande, las figuras se disponen en el soporte horizontal. Allí puede verse la asociación de estas grandes figuras antropomorfas con caminos en estrecha relación con representaciones de pisadas humanas y de camélidos, figuras de serpiente y de monos. Otros motivos de camélidos que integran esta modalidad aparecen en alineaciones estrictas (tema que será retomado a posteriori) y hay una figura humana que lleva una llama atada a una cuerda (motivo que aparece en la cerámica Aguada). Tambien hay "premaquetas" que en escala reducida semejan andenes de cultivo. Las representaciones de pisadas humanas y de felino conformando series verticales o "rastros" aparecen superpuestas a la modalidad anterior en el Sitio *Cacao 1.* (*ibid: 118-121*).

Sierra de Ancasti

En la región Valliserrana, en la ladera oriental de la Sierra de Ancasti (Provincia de Catamarca), correspondiente a un ambiente de piedemonte de Sierra y espacios limítrofes a la llanura (De la Fuente 1979: 408), conectada hacia el Oeste con la región de Ambato y hacia el Este con Santiago del Estero, fueron hallados varios sitios con pinturas rupestres asignados a este momento de expansión Aguada. Hay aquí agrupaciones de sitios, entre los que se destacan *La Tunita*

y El Vallecito, donde fueron representadas distintas figuras antropomorfas, en todos los casos correspondientes a "guerreros" con los atributos típicos hallados en el arte mueble Aguada, por ejemplo antropomorfos en actitud danzante, con máscaras, diversas representaciones del "sacrificador", etc. y figuras animales, en todos los casos variaciones sobre el tema felínico, incluyendo "llamas felinizadas"; también hay casos de figura de doble naturaleza humano-felínica.

La ocurrencia de estas representaciones en estos lugares, muy cercanos al Ambato y en medio de un monte de cebil, sugieren que formaron parte de las extendidas prácticas rituales Aguada (*ibid*), y muestran una posible diversidad funcional de los sitios atribuibles a la misma, denotando una compleja estructura en la organización espacial, social y ritual Aguada.

Bloque temporal 4: ca. 1.000-550 AP (1.050 DC-1.450 DC)

Este bloque temporal, mucho más corto que los anteriores, muestra un cambio importante en cuanto a los procesos de intensificación económica que se observan en el registro arqueológico de distintas regiones del Noroeste argentino, aunque, como en los momentos anteriores, cada región tuvo su desarrollo particular.

Cuenca de Antofagasta de la Sierra

Modalidad Estilística Confluencia y Derrumbes

Para este bloque temporal y aún con alcances temporales mayores fue definida la *Modalidad Estilística Confluencia y Derrumbes* (900-1535 D.C.), que toma su nombre de sitios con arte rupestre ubicados en el sector aledaño a la mayor concentración de población registrada por la arqueología de la localidad de Antofagasta con los sitios amurallados de la Alumbrera y Coyparcito, que representan jerárquicamente las relaciones de asentamiento y de poder entre comunidades (Aschero 1999).

En el sitio *Confluencia* aparece una figura humana con tocado, portando un hacha, con semiflexion de piernas característica de iconografía de Aguada, este personaje central aparece rodeado de camélidos, hecho que marca el papel central que siguieron teniendo estos animales en las economías puneñas. Pero a esta economía pastoril se sumaba la importancia crucial de la agricultura para estos momentos de intensificación productiva, la cual queda representada en este sitio con la presencia, en la base de este panel, de la más compleja representación de las "maquetas" conocidas en el area, que correspondería a la figuración en pequeño del trazado de acequias y andenes, en coincidencia con la existencia, en este mismo lugar, de la acequia central que regaba los extendidos campos de cultivo de aquella época y donde ahora hay desierto.

En el sitio *Derrumbes 1*, en cambio, los camélidos son la tónica, la única representación de caravana con carga está acá, con los camélidos del patrón confluencia, los cuales están a su vez representados en Peñas Coloradas; tambien aparece aquí el patrón tardío de representación de la llama que es posible reconocer en el Noroeste argentino con una notable estandarización dentro de lo que se ha dado en llamar Periodo de Desarrollos Regionales o Tardío en la arqueología clásica, en muchos casos unida a la aparición de figuras con unku o petos de cuero y figuras con forma de escudo. (Aschero 1999:125).

Si se toma a estos motivos antropomorfos-escutiformes como un indicador temporal para este bloque, puede decirse que aparecen en otros sitios del Noroeste de diferente manera. Por ejemplo aparecen concentrados en gran cantidad y diversidad en el sitio de *Las Juntas-Guachipas,* en Salta, sitio multicomponente que posee representaciones de diferentes momentos previos, pero que impacta por los motivos aquí descriptos, mientras que la Quebrada de Humahuaca hay muy escasas representaciones de este tipo, entre las cuales cabe mencionar aquí la de Sapagua donde aparece un personaje grabado con un gran escutiforme como vestimenta que tira una llama atada a una cuerda.

Estos escutiformes aparecen en gran profusión en la cerámica y en artefactos de metal de los sitios de la región Valliserrana atribuidos a estos momentos (Santamaria). Estas figuras escudo han sido interpretadas como la representación de una nueva imagen de las relaciones de poder (Aschero *ibid*).

Quebrada de Humahuaca

Para la Quebrada de Humahuaca ha sido descripto, en el sitio *Inca Cueva 1*, el *Grupo Estilístico C, subgrupo C1*, como correspondiente a este rango temporal y adscripto en términos generales al "Período Agroalfarero Tardío" con inicios posiblemente anteriores (Aschero 1979:440-441). En el mismo fueron incluidos representaciones estilizadas y esquematizadas de camélidos así como variadas representaciones antropomorfas. Dado que muchas de estas representaciones serían adscribibles al "conjunto de tipos de motivo" definido y datado por radiocarbono en Media Agua 1 (ver *supra* y discusión en Hernández Llosas en prensa y en Hernández Llosas *et al.* 1998 y 1999) integrando la Modalidad Estilística Media Agua, cuya cronología ronda los 1.900 años antes del presente, se ha planteado la necesidad de revisar la secuencia establecida en Inca Cueva y de considerar que dentro de las representaciones adscriptas al Subgrupo Estilístico C1 hay variaciones temporales significativas que indican la presencia de distintas manifestaciones estilísticas, aún dentro de sociedades agro pastoriles, en un lapso de desarrollo de más de 1.300 años.

Este trabajo no se ha realizado aún y son muchos los sitios que deberían incluirse en esta revisión para tener un panorama más realista del arte rupestre de los últimos mil años antes del presente. En principio las evidencias sugieren que el patrón representativo de los camélidos se fue haciendo cada vez más esquemático y estandarizado (tales como los que pueden verse en *Sapagua,* Fernández Distel 1974), mientras que en la representación humana el patrón de diseño privilegió las representaciones frontales de un individuo ("escutiforme" de Sapagua) o pocos personajes aislados (antropomorfos de *Cerro Negro,* Fernández Distel 1969), o solos portando objetos (*Campo*

Morado, Hernández Llosas et al Ms.). Todos los sitios nombrados corresponden a grabados sobre bloques expuestos, lo que también marca diferencias con respecto al Bloque Temporal anterior y ciertas preferencias en las elecciones en relación con el tipo de técnica y de soportes. Nótese también que la localización de estos sitios es diferente a la descripta para los sitios del Bloque Temporal 3, ya que se ubican o sobre el fondo mismo de la Quebrada troncal (Campo Morado) o más cerca del fondo de la Quebrada de Humahuaca (tramo inferior de la Quebrada de Sapagua) o sobre un importante cerro en la misma localidad de Humahuaca. Esto no implica que también haya representaciones correspondientes a estos momentos en sitios de quebradas altas como Inca Cueva, Pintoscayoc 1 y otros.

En términos generales, tanto para la Cuenca de Antofagasta de la Sierra como para la Quebrada de Humahuaca se observa para estos momentos una reducción en la temática representada y una estandarización en los patrones de diseños, una preferencia por la localización de los sitios en los fondos de cuenca y por el grabado como técnica de realización. Se ha postulado, también, que los motivos conocidos como "de caravana" corresponden principalmente a estos momentos. Finalmente puede decirse que hay una notable disminución en la producción de representaciones rupestres si se lo compara con momentos anteriores.

Bloque temporal 5: ca. 550-450 AP (*ca.* 1480-1.535 DC)

Corresponde al momento de conquista y ocupación Inka del Noroeste argentino. Hay varios sitios conocidos, de diferentes características, en distintos lugares del mismo, adscriptos tanto por la presencia de materiales de origen incaico como por fechados radiocarbónicos. Para estos momentos se asume que no se produjeron cambios substanciales en la economía y organización social previa, la cual fue asimilada dentro del sistema político estatal incaico y la productividad económica absorbida por el mismo.

Con respecto al arte rupestre, no se ha detectado con certeza ningún diseño atribuible directamente a estos momentos. Algunos autores han considerado la representación de escutiformes (vistos para el bloque anterior) como correspondiente a estos momentos (Aschero 1999: 125) mientras que otros consideran a la representación de "hachuelas ancoriformes" y circunferencias (Fernández Distel 1969 y 1974) (que se verán para el bloque posterior) como indicadores de este momento. Lo cierto es que no se conoce "arte rupestre inka" con certeza en ningún lugar del área andina, lo que no implica que las poblaciones dominadas hayan seguido produciendo sus representaciones tradicionales aún bajo el dominio estatal incaico, en las situaciones en que esto haya sido posible.

La dominación inka del Noroeste argentino fue tan breve en términos arqueológicos, que su correlato material es a veces difícil de desglosar del bloque temporal inmediatamente posterior.

Bloque temporal 6: ca 450-350 AP (ca. 1535-1.600 DC)

Corresponde a la invasión europea del Noroeste argentino, las guerras de rebelión indígena y la conquista final. Este proceso ocurre sobre un sustrato de sociedades con economías de producción intensiva, incluidas por entonces dentro del sistema político del imperio inka.

En el arte rupestre del NOA hay varios sitios conocidos que presentan la figuración de "jinetes", tanto pintados como grabados, y ha sido este el indicador gráfico por excelencia representativo de esta situación. En algunos casos aparecen escenas de lucha entre jinetes y antropomorfos a pie, interpretadas como representaciones de las guerras de rebelión.

Entre estos sitios conocidos para la Quebrada de Humahuaca y la Puna de Jujuy pueden mencionarse aquí *Pintoscayoc 1, Alero de los Molinos, Cerro Negro, Cerro Pircado, Cuevón de los Jinetes, Quebrada Ancha de Doncellas, Barrancas, Huachichocana IV y V, Inca Cueva 1* por la presencia de jinetes y Sapagua tanto por la presencia de jinetes como de una escena de lucha entre un antropomorfo a pie y un jinete, vívida imagen de las guerras de rebelión (Fernández Distel 1992, Hernández Llosas 1991). En otras partes del NOA, tales como Antofagasta de la Sierra, han sido reportados dos motivos de jinetes en *Cacao 1* y en *Confluencia*. Fuera del Noroeste argentino, pero muy importantes por sus características, cabe mencionar aquí las escenas de lucha pintadas en *Cerros Colorados* (Córdoba), ubicados en las Sierras Centrales.

Quebrada de Humahuaca

La Quebrada de Humahuaca, en particular, concentra varios de estos sitios. En un sitio en particular, se cuenta, además, con evidencia estratigráfica que ha sido utilizada para intentar interpretar las características de este proceso que ocurre en un lapso muy corto de tiempo pero que conlleva grandes cambios, que culminaron con la aniquilación del modo de vida indígena.

En efecto, en el sitio *Pintoscayoc 1* (Hernández Llosas 1998) se diferenciaron dos grupos de representaciones asociados a este rango temporal:
a) motivos en negro, estilizados, de jinetes formando escenas con hileras de antropomorfos, llamas y cabras, correspondientes a los primeros momentos de contacto.
b) motivos en blanco, algunos abstractos (circunferencias) y otros figurativos que constituyen escenas de lucha entre antropomorfo con arco enfrentado a un jinete y antropomorfos en dameros, interpretados como indicadores gráficos de las guerras de rebelión, correspondientes a los últimos momentos de este bloque temporal (estos motivos en blanco aparecen también en Inca Cueva 1 y fueron asignados allí al Grupo Estilístico C, Subgrupo C2 según Aschero 1979, ver revisión en Hernández Llosas 1991).

Se cuenta con muy poca la evidencia estratigráfica para estos momentos. Así los resultados obtenidos en las excavaciones realizadas dentro del Proyecto Arqueológico Pintoscayoc aportan nuevos datos en este sentido y permiten postular algunas hipótesis.

En primer lugar la excavación de *Pintoscayoc 1* brindó dos tipos de contextos diferentes adscribibles a esta cronología. El primer contexto corresponde a los niveles más tardíos de ocupación doméstica del sitio, usado como vivienda, con evidencias de intensidad de actividades de preparación y consumo de alimentos, acondicionamiento artificial del espacio interno del alero a partir de la construcción de un extendido pavimento de lajas. Los materiales corresponden a cerámica utilitaria de muy buena calidad técnica para transporte, cocción y consumo de alimentos. El conjunto faunístico muestra una combinación de actividades vinculadas con el manejo de fauna: la caza de camélidos (vicuñas y quizás guanacos) y el pastoreo de rebaños de camélidos domésticos (llamas). El segundo contexto, asociado al anterior, corresponde a un depósito funerario de compleja construcción y grandes dimensiones, consistente en un foso cubierto con paredes y tapa de pirca en cuyo fondo fueron depositados restos humanos de fragmentos de calotas craneanas y fémures bajo los cuales había un paquete funerario formado por restos óseos sin posición anatómica reconocible de un individuo adulto, interestratificados y compactados; dentro del paquete había un fragmento textil con tres tupus de cobre, uno de plata y otro artefacto de metal plateado con forma de "tumi", dos husos de hilar de madera, artefactos todos asociados a técnicas de manufactura incaicas. El fe-

Figura 10: Quebrada de Humahuaca, Pintoscayoc 1, Escena con jinetes, primer momento de contacto hispano-Indigena (tomado de Hernández Llosas 1992)

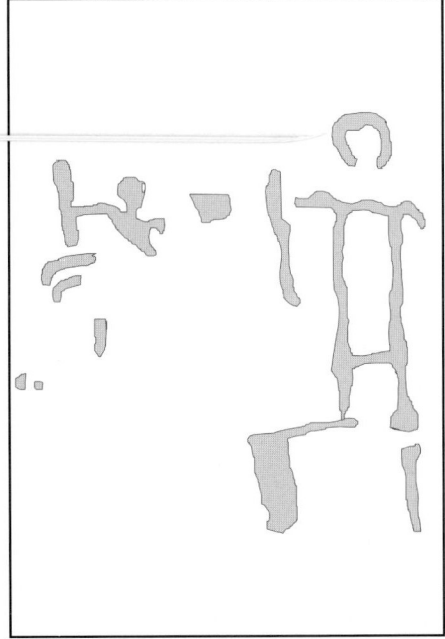

Figura 11: Quebrada de Humahuaca, Pintoscayoc 1, Escena de lucha entre aborigenes y jinete, momnto de guerras de rebelión (tomado de Hernández Llosas 1992)

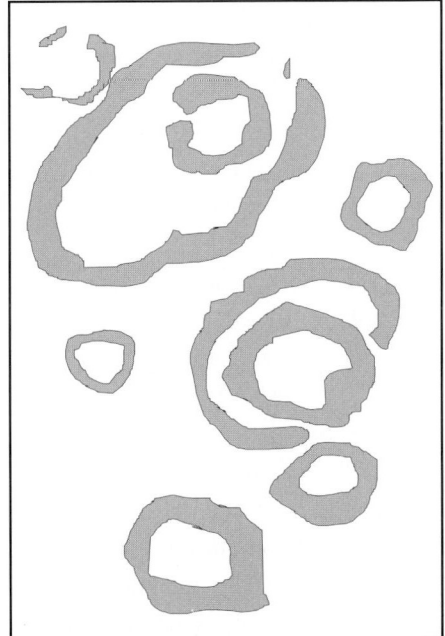

Figura 12: Quebrada de Humahuaca, Pintoscayoc 1, Circunferencias blancas, asociadas al momento de contacto Hispano-Indigena (tomado de Hernández Llosas 1992)

chado radiocarbónico de este contexto es de 420 ± 50 A.P. (CAMS – 41069).

En segundo lugar la excavación del sitio *Pintoscayoc 3 b*rindó un contexto fúnebre depositado dentro de una oquedad pircada perimetralmente con piedras canteadas unidas por argamasa con una pequeña abertura enmarcada con un dintel y cerrada por una laja. Los restos humanos correspondían a un individuo masculino, adulto-juvenil, entre 21 a 25 años con deformación tabular erecta leve. Como ajuar fueron halladas 4 puntas de proyectil de hueso y mineral de cobre pulverizado. El fechado radiocarbónico obtenido para este contexto fue de 370 ± 50 A.P. (CAMS – 44908). Corresponde al momento límite entre el final del mundo aborigen y los inicios de la era colonial. Este contexto muestra diferencias notables con los descriptos para la Pintoscayoc 1, reflejando los profundos cambios que estaban ocurriendo en un corto lapso de tiempo.

En un trabajo anterior (Hernández Llosas 1991) se presentó un modelo que planteaba la magnitud del impacto producido sobre las poblaciones locales por la invasión europea y puntualizaba tres efectos inmediatos: 1- la obstaculización de las vías tradicionales de circulación, 2- la desarticulación del manejo tradicional del espacio y 3- las interferencias a los modos tradicionales de interacción social, los modos de comunicación y los sistemas de intercambio. Las respuestas que planteaba el modelo ante estos efectos se relacionaban con los mecanismos implementados para compensar los desequilibrios causados por la desarticulación del espacio tradicional y del territorio, en cuanto a las vías de comunicación, a las formas de asentamiento y a la subsistencia.

Al respecto se plantearon las siguientes posibilidades: 1- los asentamientos ubicados en la quebrada principal habrían sido blancos más vulnerables por lo tanto las opciones de asentamiento de emergencia estarían relacionadas con las quebradas altas. 2- la instalación en quebradas altas debió facilitar las actividades de subsistencia, aportando recursos relacionados con la explotación de animales tanto domesticados como silvestres. 3- ante la obstrucción de las vías tradicionales de circulación se debió buscar vías alternativas de desplazamiento, también vinculadas con las quebradas altas, hasta ese momento sub utilizadas. 4- la ruptura de las vías tradicionales de movilidad habría generado la desarticulación de las cadenas de producción de artefactos y la interrupción de las redes de intercambio, implicando que elementos que antes circulaban fluidamente habrían dejado de hacerlo, mientras que se habría implementado la producción de nuevos bienes específicos (tales como armas para la resistencia) y habrían comenzado a circular nuevos *items*, aportados por los invasores (artefactos y bienes de consumo).

Así la evidencia de Pintoscayoc para estos momentos, evaluada a partir de estas propuestas, sugiere varias observaciones:

Los contextos correspondientes a los momentos iniciales indican la reocupación del sitio Pintoscayoc 1 como sitio de habitación. Esta reocupación puede ser una indicación positiva de la necesidad de "nuevos" lugares de asentamiento, diferentes a los de la quebrada principal. Luego, el carácter incaico de los objetos depositados como ajuar sugiere una continuidad muy fuerte en lo material que no pudo ser mantenida en cuanto al emplazamiento o a la subsistencia, volviendo a las viejas prácticas del manejo de fauna local, tanto caza como pastoreo. Las pinturas rupestres asociadas a este primer momento, realizadas en negro tanto en Pintoscayoc 1 como en los demás sitios mencionados, también indican gráficamente el impacto producido por estos seres extraños, montados en animales nunca antes vistos.

Los contextos asociados a los momentos finales de este segmento, en cambio, muestran que en muy poco tiempo la situación cambió completamente. Hay indicios de abandono de Pintoscayoc 1 como sitio de ocupación y las características del contexto fúnebre de Pintoscayoc 3 y los objetos allí depositados, tales como las puntas de hueso, indican cambios en la manufactura de un artefacto tradicionalmente hecho en piedra, confeccionado en este caso con un material alternativo de fácil obtención. Esto sería compatible con lo enunciado en el modelo acerca de la implementación de la producción de nuevos bienes específicos. La ocurrencia de puntas semejantes en otros contextos fúnebres de la época, asociados a entierros de individuos masculinos jóvenes, permite formular la pregunta: ¿estaban estas puntas asociadas a las guerras de rebelión ?. La idea de la asociación de estos contextos específicamente con las guerras de rebelión viene reforzada por la presencia de pinturas rupestres que "retratan" justamente estos eventos. En efecto en Pintoscayoc 1 está representada una escena de lucha entre un aborigen a pie y un español a caballo, escena que se repite en otros sitios del área (*cf.* Sapagua, Fernández Distel 1974) en asociación con la representación de grandes circunferencias blancas.

¿Cómo fueron estos últimos momentos del mundo aborigen antes de sucumbir al estado colonial ?, ¿cuáles fueron los mecanismos de resistencia implementados y cómo se manifiestan éstos arqueológicamente?, ¿en que resolución temporal ocurrieron estos eventos?, ¿cómo se reestructuró la sociedad aborigen a nivel económico, social, ideológico y político para enfrentar el impacto de la invasión ? Todas estas preguntas podrán ser contestadas por las futuras investigaciones en tanto se diseñen proyectos específicos para ello. Mientras tanto, la información disponible sugiere que las puntas de hueso y las representaciones rupestres pueden ser un buen punto de partida en ese camino.

CONSIDERACIONES FINALES

El Noroeste argentino fue el escenario de un complejo proceso de desarrollo cultural por más de 10.000 años. Este fue un proceso continuo que no escapó al desarrollo que estaba transitando la humanidad a nivel global. Por el contrario fue solo un caso puntual, con algunas características particulares para cada momento, pero siempre estrechamente vinculado con el devenir histórico de la especie. Si bien algunos sectores del Noroeste cuentan con más información que otros, en términos generales la naturaleza de la información arqueológica con que se cuenta en la actualidad es todavía fragmentaria, tanto la que proviene de las excavaciones como del estudio de las representaciones rupestres. No obstante es importante analizarla desde un punto de vista amplio que permita poner en perspectiva el proceso local.

Así puede decirse que para el primer *Bloque Temporal* (*ca.*11.000 – 5.000 AP), en particular sus comienzos (hasta 7.500 años antes del presente) corresponde al poblamiento temprano del área, el cual es un caso particular del proceso que se estaba desarrollando a escala global en el límite Pleistoceno-Holoceno Temprano y que se refiere a la irradiación de las poblaciones humanas hacia lugares que hasta entonces estaban o cubiertos por los hielos o en zonas periglaciares no aptas para la vida humana.

El caso analizado aquí ocurre con características que pueden ser estudiadas con el modelo que considera la dispersión de poblaciones humanas hacia territorios deshabitados, dando mayor peso causal a las variables ambientales, ya que para estos momentos la baja densidad humana, las características ambientales y la estructura de los recursos así como las características generales del proceso que estaba ocurriendo a nivel macro permitían sostener un modo de vida cazador recolector de las poblaciones en proceso de expansión territorial. La información arqueológica disponible muestra que estos grupos humanos tenían un sistema de subsistencia basado en la caza y recolección con alta movilidad en un amplio territorio. El rango temporal que abarca el segmento permite diferenciar etapas del proceso que han sido llamadas "exploración", "colonización" y "ocupación efectiva" del espacio, mostrando diferencias en el modo de uso del espacio, del territorio, de las prácticas de caza y de la funebria a lo largo del segmento.

Estos cambios también parecen estar reflejados en las representaciones rupestres, en particular en los sitios estudiados para la Quebrada de Humahuaca. Tanto para este lugar como para Antofagasta de la Sierra estas representaciones son abstractas, por lo cual no hay posibilidad de discernir referentes objetivos. Esta es una particularidad importante dado que el arte rupestre de grupos cazadores recolectores en otros lugares del mundo ha sido descripto como mayoritariamente figurativo. Este arte abstracto se presenta asociado a la ocupación doméstica de cuevas y aleros. La ubicación de los motivos muestra, en todos los casos, la elección de campos visuales de alta visibilidad, siempre funcionalmente vinculadas a la organización del asentamiento a lo largo de distintos episodios de ocupación en un lapso relativamente grande de tiempo. Todas estas características sugieren la articulación del arte rupestre dentro de un "paisaje cultural abierto" (*apud* Criado Boado 1996), irrestricto tanto intra como interculturalmente, consistente con un grupo humano cazador recolector sin marcadas diferencias sociales internas.

Hacia finales de este bloque, coincidiendo con el Holoceno Medio caracterizado por cambios ambientales que generaron un aumento marcado de la aridez (Hipsitermal), se registra un abandono del área de la Quebrada de Humahuaca, y una disminución en el registro obtenido en Antofagasta de la Sierra.

En los comienzos del Holoceno Tardío, definido aquí como segundo *Bloque Temporal* (ca. 5.000- 3.000 AP), las sociedades humanas estaban atravesando un importante proceso de cambio, que también estaba ocurriendo a nivel supraregional consistente en un incipiente cambio en los sistemas económicos denotado por la presencia de especies domesticadas, por el uso muy diferente de los sitios y del manejo general de espacio y por cambios significativos en los contextos fúnebres que muestran la aparición de diferencias sociales o rituales, detectado fundamentalmente en los sitios de la Quebrada de Humahuaca, donde las representaciones rupestres y mobiliares se presentan con carácter abstracto simple en composiciones más ordenadas, estructuradas en repeticiones rítmicas, en las que la figuración animal o humana esta ausente. El hallazgo de objetos con este arte mobiliar en estrecha asociación con cebil y elementos para su consumo (pipas) muestra una relación entre esta iconografía y la temprana práctica de consumo de alucinógenos, jugando un importante papel en las prácticas rituales. En la Cuenca de Antofagasta de la Sierra, concomitantemente, se observa un cambio importante en las representaciones donde, junto con las representaciones abstractas, aparecen motivos figurativos, habiendo sido interpretada la introducción de la figuración animal, con el camélido como animal central, como una respuesta a la situación de mayor aridez, cuando la merma de la caza o de recursos de pasturas para los primeros planteles de camélidos domésticos y el aumento de la competencia humana llevaron a cambios importantes en la organización de estas sociedades (Aschero 1999).

En términos generales la evidencia arqueológica estudiada en Antofagasta de la Sierra y en la Quebrada de Humahuaca sugiere que entre 5.000 y 3.000 años antes del presente llegaba a su fin el modo de vida cazador recolector, mientras las sociedades transitaban hacia formas más complejas de organización económica, social e ideológica.

Así comienza el Bloque Temporal 3 (3.000-1.000 A.P.) en el transcurso del cual ocurren variados cambios en las características de estas sociedades. Hay evidencias de cambios concretos en las prácticas económicas, donde la producción de alimentos está más establecida, con una economía mixta de agricultura -pastoreo-caza a nivel regional, asociada a la aparición de tecnología cerámica. Esta situación se desarrolla intensamente durante este tiempo y coincide con una mayor producción de arte rupestre, con muchos más sitios conocidos, con gran variabilidad en cuanto a las formas de representación a lo largo de este lapso.

Para los primeros momentos de este bloque, en el *segmento temporal ca. 3.000-2.000 A.P.* se observan algunas semejanzas y muchas diferencias entre el arte rupestre descripto para la Quebrada de Humahuaca con respecto al de la cuenca de Antofagasta de la Sierra.

En la Quebrada de Humahuaca los sitios con arte rupestre siguen estando ubicados en las quebradas altas pero muestran cambios importantes en los tipos de motivos representados, estando ahora el énfasis en la figuración humana, pero persisten las representaciones abstractas en la iconografía mobiliar, en este caso formando un contexto fúnebre, mostrando un complejo juego de continuidad-cambio.

En Antofagasta de la Sierra la situación es semejante en relación con las características del proceso, pero muy diferente en cuanto a las formas de representaciones en el arte rupestre, en este caso mayormente grabado; la cantidad de sitios es aquí mayor y su emplazamiento diferente que en este caso aparecen con mayor concentración en los sectores intermedios de la cuenca, con gran utilización de soportes con alta visibilidad y de plataformas basales, a manera de estratos seleccionados intencionalmente para aumentar la visibilidad de las manifestaciones, mostrando la existencia de una concepción previa del encuadre de la obra (Rolandi et al. 1999).

Se definieron dos modalidades estilísticas consecutivas que estarían comprendidas en este rango. La primera, denominada *Modalidad Estilística Río Punilla,* privilegia la figura del camélido con la introducción de un código visual diferenciado para los silvestres (guanacos) de los domésticos (llamas). La segunda, denominada *Modalidad Estilística Peñas Coloradas,* muestra un cambio en los patrones de representación y en los temas, sin que exista una clara ruptura con lo anterior, adquiriendo preponderancia la figura humana y polarizándose aún más, según los paneles, las figuras de guanaco y las de llamas, éstas últimas asociadas a representaciones de máscaras (que son una novedad) u otras figuras humanas las cuales aparecen con diferencias jerárquicas, algunas con cuerpo alargado semejantes a las descriptas para la Quebrada de Humahuaca, en este caso asociadas a llamas felinizadas o a figuras de felino, asociación identificada como un repertorio iconográfico particular de la región Valliserrana (Condorhuasi, Alamito, Tafí, Ciénaga).

Para los momentos siguientes, diferenciados aquí como *segmento temporal ca. 2.000-1.500 AP,* coincidiendo con la ocurrencia de la expansión agrícola y pastoril de las comunidades productivas iniciales ocurren cambios en la estructura interna de las mismas, con mayores diferencias jerárquicas y conflictos inter grupales. Esta situación se refleja en el arte rupestre de una y otra región de diferente manera.

En Antofagasta de la Sierra, dentro de la denominada *Modalidad Estilística Peñas Chicas* aparecen representaciones de conflictos entre antropomorfos armados; además aparecen llamas "cuadricapites" y "bicapites", mostrando relaciones con el Norte de Chile que evocan una ideología corriente para la cuenca del Titicaca; como novedad aparecen los antecedentes de las "maquetas" que figuran el manejo del agua, coincidiendo con la mencionada expansión agrícola inicial.

En la Quebrada de Humahuaca, con fechados radiocarbónicos que rondan consistentemente los 1.900 años antes del presente, la situación es semejante en cuanto al proceso de expansión agraria y de los campos de pastoreo, así como la aparición de conflictos entre estas comunidades, pero las representaciones rupestres son bastante diferentes. Se observa aquí la presencia a escala regional de distintos grupos humanos semejantes entre sí, con economía de agricultura básica practicada en los fondos de quebrada asociada a bases residenciales de poblados dispersos y pastoreo a partir del uso extensivo de las quebradas altas. Las nuevas tecnologías se presentan más afianzadas y hay claros indicios de nuevas prácticas sociales o rituales relacionadas con el consumo de alucinógenos a partir de la aparición de pipas en el registro de excavación y en las pinturas rupestres. El arte rupestre aparece separado de las bases residenciales de los fondos de quebrada y asociado a los campos de pastoreo en las quebradas altas; se trata de un arte figurativo, con una selección muy específica de referentes objetivos, relacionados con un tipo de animal en particular (llama) y su vinculación con seres humanos; están retratadas distintas escenas con gran detallismo que evocan la realización de prácticas relacionadas con el sistema de creencias así como escenas de enfrentamientos armados entre grupos rivales. La ocurrencia reiterada en los temas representados, de las características de los sitios y de sus emplazamientos así como la selección de campos visuales de baja visibilidad muestra también una tendencia recurrente. Las características descriptas sugieren una articulación del arte dentro de un paisaje cultural restringido, cuyo énfasis parece corresponder a las relaciones sociales inter grupales.

Para los momentos finales de este bloque, definidos aquí como *segmento temporal ca. 1.500-1.000 AP.*, los procesos de intensificación en la expansión agrícola y pastoril continuaron, y, en la región Valliserrana, asociada a estos procesos, aparece un fenómeno cultural en relación con un complejo sistema de creencias, que tiene como figura central al felino, a quien se asocia la figura antropomorfa o antropozoomorfa del "sacrificador". Esta ideología se expande por la región con distintas intensidades y aparece en el arte rupestre de la

Sierra de Ancasti con gran profusión gráfica. En Antofagasta de la Sierra la expansión de la simbología Aguada aparece con toda claridad en algunos motivos de la denominada *Modalidad Estilística Punta del Pueblo*, aunque con un repertorio mucho más limitado, lo que manifiesta que el alcance de la expansión fue aquí mucho menor. En la Quebrada de Humahuaca para estos momentos no se han detectado los motivos rupestres Aguada, mostrando que la expansión de este sistema de creencias nunca alcanzó estos territorios.

El Bloque Temporal 4 (ca. 1.000-550 AP) que continúa al anterior, es mucho más corto en duración y muestra un cambio importante en cuanto a la magnitud de los procesos de intensificación económica que se observan en el registro arqueológico de distintas regiones del Noroeste argentino. El desarrollo del proceso muestra intensos cambios en los sistemas de subsistencia y en las estructuras sociales, cuando las variables del poder social y político parecen adquirir mayor importancia. Se observan marcados indicios de intensificación en la producción agrícola-pastoril, de integración supra comunitaria y de desigualdades en el control de actividades productivas a partir del surgimiento de un nuevo orden social estratificado.

Para estos momentos hay mucha menor actividad en la producción de arte rupestre y una reducción en la temática representada, así como una estandarización en los patrones de diseños. En este caso las representaciones humanas se presentan con indicaciones jerárquicas a partir de la vestimenta y objetos portados, donde la recurrencia en los diseños de "escutiformes" recuerda a la iconografía mobiliar conocida para entonces en la región Valliserrana que han sido interpretadas como la representación de una nueva imagen de las relaciones de poder. Los diseños de camélidos son más esquemáticos y estandarizados y muchas veces forman motivos de "caravana". En Antofagasta de la Sierra aparece el motivo de "maquetas" interpretadas como la figuración de andenes de cultivo y canales de riego coincidiendo con la importancia crucial que la agricultura tuvo en estos momentos de intensificación productiva. El emplazamiento de los sitios muestra preferencias por los sectores de fondo de cuenca e intermedios, tanto en Antofagasta de la Sierra como en Humahuaca, sectores que coinciden con zonas de mayor aptitud para desarrollar tareas agrícolas y de forraje (Rolandi et al. 1999). Es destacable la buena visibilidad de las representaciones y la concurrencia del grabado en ambas zonas como la técnica dominante.

El Bloque Temporal siguiente (ca. 550- 450 BP) corresponde a la conquista Inka de Noroeste argentino, episodio local de un proceso macrorregional que estaba operando en el área andina desde tiempo atrás, cuando los procesos de intensificación económica, competencia inter grupal y desigualdad estaban alcanzando los niveles más intensos conocidos para la América del Sur prehispánica. La conquista Inka implicó importantes cambios en las formaciones políticas locales, el desplazamiento de los centros de poder regional y la incorporación de artefactos de estilo ´oficial´ a los repertorios de bienes suntuarios. No han sido halladas hasta ahora representaciones rupestres que puedan ser asignadas con certeza a este segmento temporal.

Este escenario es el encontrado por los españoles a su llegada a la región, que corresponde al Bloque Temporal 6 (ca. 450-350 AP). La invasión y conquista española es, a su vez, parte del desenlace de un proceso mucho mayor, que estaba ocurriendo por entonces en el viejo mundo y por primera vez alcanza una escala global, cuando se contactan dos realidades absolutamente diferentes y entran en juego variables referidas a la dominación política directa por parte de una sociedad con tecnología mucho más desarrollada sobre otra, indefensa ante la misma. La situación que encuentran los españoles localmente es la de una región bajo el poder político incaico, a pesar de lo cual las poblaciones locales mantienen aún su identidad diferenciada. La falta de información arqueológica no permite una caracterización específica de la situación, sin embargo el arte rupestre da un retrato interesante de la misma.

Los sitios con pinturas y grabados aparecen en Humahuaca en quebradas altas, sector sub utilizado en momentos inmediatamente anteriores y que ahora parecen retomar protagonismo. Se presentan en aleros y cuevas, tanto asociados a espacios de ocupación doméstica de los sitios con características especiales como disociadas de los mismos. En la mayoría de los casos los motivos alcanzan alta visibilidad. Se pueden distinguir claramente dos momentos, correspondientes a los inicios, con motivos figurativos que retratan jinetes y animales europeos, y a los finales de este segmento donde aparece un componente abstracto centrado en la representación de circunferencias y un componente figurativo con una selección específica de referentes relacionados con el "tema" de la invasión y las guerras de rebelión. Las características de este arte sugieren que está inmerso dentro de un "paisaje cultural" en proceso de desarticulación y en relación a estrategias nuevas y específicas de uso del espacio.

Hacia 1.600 cuando el sistema colonial español está ya establecido en el Noroeste argentino, la realización de arte rupestre cesa, después de 10.000 años de desarrollo, junto con la extinción del mundo aborigen.

BIBLIOGRAFIA CITADA

Aguerre, A.; A.A. Fernandez Distel y C.A. Aschero
1973 Hallazgo de un sitio acerámico en la Quebrada de Inca Cueva (Provincia de Jujuy). *Relaciones* n.s. vol. VII.
1975 Comentarios sobre nuevas fechas en la cronología arqueológica precerámica de la Provincia de Jujuy. *Relaciones* n.s. vol. IX,: 211-214.

Aschero, C.
1975 Motivos y objetos decorados del sitio precerámico Inca Cueva 7 (Provincia de Jujuy). *Antiquitas* XX -XXI, Bs. As.
1979 Aportes al estudio del arte rupestre de Inca Cueva 1 (Depto. Humahuaca, Jujuy). *Actas* de las Jornadas del Noroeste Argentino, U. N. del Salvador, Bs. As.
1988 Pinturas rupestres, actividades y recursos naturales. Un encuadre arqueológico. *Arqueología Contemporánea Argentina. Actualidad y Perspectivas.* Ed. Búsqueda. Bs. As.
1999 El arte rupestre del desierto puneño y el Noroeste argentino. *Arte rupestre en los Andes de Capricornio.* Museo Chileno de Arte Precolombino.Santiago.

Aschero, C. y M.M. Podesta
1986 El arte rupestre en asentamientos Precerámicos de la Puna argentina. *Runa.* XVI.

Aschero, C.; M. M. Podestá y L.C. Garcia
1991 Pinturas rupestres y asentamientos cerámicos tempranos en la Puna argentina. *Arqueología* 1: 9-49. UBA.

Aschero, C. y H.D. Yacobaccio
1994 20 años despues: Inca Cueva 7 reinterpretado. Simposio El estudio arqueológico de la complejidad y la desigualdad social en el Noroeste Argentino. *XI Congreso Nacional de Arqueología Argentina.* San Rafael.

Binford, L.
1983 *In Pursuit of the Past.* Thames and Hudson, London.

Borrero, L. A.
1994 Arqueología de la Patagonia. *Palimpsesto*, Revista de Arqueología N° 4.

Criado, F.
1993 Límites y posibilidades de la Arqueología del Paisaje. *SPAL Revista de Prehistoria y Arqueología de la Universidad de Sevilla* 2: 9-55.

De la Fuente, N.
1979   Arte rupestre en la región de Ancasti, Provincia de Catamarca. *Actas* de *las Jornadas del Noroeste Argentino*, U. N. del Salvador, Bs. As.

Fernandez Distel, A.
1969   *Petroglifos de Cerro Negro en la Quebrada de Humahuaca, Jujuy*. Dirección Provincial de Cultura. 27 p.
1974   Petroglifos de Sapagua (Provincia de Jujuy, República Argentina). *Revista* N°1, Dirección Provincial de Cultura de Jujuy.
1976   Relaciones entre la estación rupestre de Angosto de Hornaditas (Jujuy,Argentina) y la alfarería arqueológica del área inmediata. *Bolletino del Centro Camuno- di Studi Preistorici*, vol. XIII-XIV, Milán.
1983b Continuación de las investigaciones arqueológicas en la Quebrada de La Cueva: Chayamayoc, Provincia de Jujuy, República Argentina. *Scripta Ethnológica, Supplementa*, n° 2: 43-52. Buenos Aires.
1983c Pictografías de Coctaca (Q. de Humahuaca, Jujuy, Arg.) *Indiana*, N° 8:279-294. Berlin.
1985   Petroglifos poshispánicos y actuales en la Provincia de Jujuy. *Anuario*, Academia Nacional de Bellas Artes. n° 13: 20-27. Buenos Aires.
1986   Las cuevas de Huachichocana, su posición dentro del precerámico con agricultura incipiente del Noroeste argentino. *Beitrage Zur Allegemeinen und vergleichenden Archaologie, Band 8, Verlag Phillip von Zabern Mainz Am Reim.* Pp. 353-430.
1992   Investigaciones sobre el arte rupestre Hispano-Indigena del Noroeste de la República Argentina. *Arte Rupestre Colonial y Republicano de Bolivia y Países Vecinos*. N° 3: 172-198. SIARB, La Paz.

Fernandez Distel, A.; M.I. Hernandez Llosas; M. Casiraghi y B. Ventura
1981   Arqueología de una quebrada transversal al valle de Humahuaca: Coraya. Arte Rupestre y Fechado Radiocarbónico de la Cueva «Peña Aujero». *Publicaciones del Instituto de Antropología*. 36: 23-45. U.N. de Córdoba.

Fernandez, J.
1968-71 La Gruta del Inca. Nueva contribución al estudio de la evolución de las culturas en el Noroeste argentino. *Cuadernos*. INAPL. VII. Bs. As.
1968   Instalaciones humanas en la Gruta del Inca. *Anales de Arqueología y Etnología*, XIII. U.N. de Cuyo.
1988-89 Ocupaciones agroalfareras (2860 ± 160 años A.P.) en la cueva de Cristóbal, Puna de Jujuy, Argentina. *Relaciones, Nueva Serie*, XVII: 2: 139-182.
1989   Caracterización de un motivo guía del arte rupestre del período temprano (2880-2530 A.P.) de la Puna Jujeña. Resúmenes. *Encuentro El Arte Rupestre en la Arqueología Contemporánea*, FECIC, Bs. As.
1995   The andean prehistoric rock art of Jujuy, Argentina. *I.N.O.R.A* , N° 11.
1997   Arqueología de la Cueva de El Portillo, Departamento de Humahuaca, Provincia de Jujuy. *Avances en Arqueología* 3: 41-70. Tilcara. U.B.A.
2000   Escenas de guerra en el arte rupestre de la cueva del Cerro Morado, cerca de Tres Cruces, Jujuy. Pacarina. Arqueología y Etnografía Americana, U.N. de Jujuy.

Garcia, L. C.
1988 Inca Cueva Alero 1 y su significado. *Resúmenes del IX Congreso Nacional de Arqueología Argentina,* Octubre-Noviembre, Bs. As.
1997 Inca Cueva: Ocupación a partir del Formativo Inferior Inicial. *Avances en Arqueología* 3: 71-76. Tilcara. U.B.A.

Garcia, L.C. y F.I. Carrion
1992 El Formativo en la Puna deJujuy. Inca Cueva Alero 1. *Cuadernos* 3: 21-33 U.N.Jujuy.

González. A.R
1977 *Arte precolombino de la Argentina.* Filmediciones Valero.

González, A.R y J.A. Perez
1976 *Argentina Indígena. vísperas de la Conquista.* Ed. Paidos. Colección Historia Argentina, vol I., Buenos Aires.

Gradin, C.
1978 Algunos Aspectos del Analisis de las Manifestaciones Rupestres. *Revista del Museo Provincial,* año 1, vol. 1, Neuquén.

Hernandez Llosas, M.I.
1991 Modelo Procesual acerca del sistema cultural Humahuaca tardío y sus modificaciones ante el impacto invasor europeo. *El arte rupestre en la Arqueología Contemporánea.* Ed. Podestá, Hernández Llosas y Renard de Coquet. Bs. As.
1992 Secuencia Rupestre Humahuaca y Arqueología Regional. *Boletín N° 7 SIARB.,* La Paz.
1998 *Pintoscayoc: arqueología de quebradas altas en Humahuaca.* Tesis Doctoral. U.B.A.
ep   Tres momentos, tres contextos, un lugar: variaciones temporales y contextuales en el arte rupestre de la Quebrada de Humahuaca, Jujuy, Argentina. *Boletín Numero 8 del Museo Chileno de Arte Precolombino,* Santiago.
ep   Quebradas altas de Humahuaca a través del tiempo: el caso Pintoscayoc. *Estudios Sociales del NOA,* Año 3, N° 2. Tilcara U.B.A..

Hernandez Llosas, M.I. y M.M. Podesta
1982 Las pinturas rupestres del Alero de las Circunferencias (Departamento Humahuaca, Provincia de Jujuy). *Cuadernos* del INA, vol 9. Bs. As.
1983a Las pinturas rupestres del Abrigo de los Emplumados, Departamento Humahuaca, Provincia de Jujuy. *Cuadernos* del INA, vol. 10, Bs. As.
1983b Las composiciones geométricas del arte rupestre de la Quebrada de Humahuaca (Jujuy, Argentina): Análisis Comparativo. *Estudios en Arte Rupestre.* Aldunate del Solar *et al.* Ed. Museo Chileno de Arte Precolombino. Santiago, 1985.

Heranandez Llosas, M.I.; Watchman, A. y J. Southon
1998 Fechado absoluto y análisis de pigmentos para las pinturas rupestres de Pintoscayoc (Departamento Humahuaca, Jujuy). *Estudios Sociales del NOA,* Año 2, N° 1: 31-60. Tilcara. U.B.A.
1999 Pigment analysis and absoulte dating of rock paintings. Jujuy, Argentina. *Dating and the earliest known rock art.* Ed M. Streker and P. Bahn.Oxbow Books.

Hernandez Llosas, M.I.; Charin, J.; Di Vruno, A..; Herrera, E.; Lopez, M.; Marchese, L.; Valladares, F. y S. Vigliani.
M.S Los grabados de Campo Morado (Departamento Tilcara, Provincia de Jujuy).

Lavalle, D.; Julien, M.; Karlin, C.; L.C. García; Pozzi-Escot, D. y M. Fontugne
1997 Entre desierto y quebrada: Tomayoc, un alero en La Puna. *Avances en Arqueología* 3: 9-40. Tilcara. U.B.A.

Olivera, D. y J. Palma
1997 Cronología y Registro Arqueológico en el Formativo Temprano en la Región de Humahuaca. *Avances en Arqueología* 3: 77-100. Tilcara. U.B.A.

Olivera, D. y M. Podestá
1993 Los recursos del arte: arte rupestre y sistema de asentamiento-subsistencia forvos en la Puna Meridional Argentina. *Arqueología 3*. UBA.

Palma, J. y D. Olivera
1992-1993 Hacia la contrastación de un modelo arqueológico para el formativo regional en Humahuaca: el caso de Estancia Grande. *Cuadernos* del INA. vol. 14.

Perez Gollan, J. A.
1994 El Período de Integración. Resúmenes del *XI Congreso Nacional de Arqueología Argentina*. San Rafael. Mendoza

Rafferty, J.
1985 The archaeological record on sedentariness: recognision, development and implications. *Advances in Archaeological Method and Theory* (M.B. Schiffer, Ed.) vol. 8.

Rolandi, D.; Olivera, D. y M. Podesta
1999 Ambiente y proceso cultural: evolución del paisaje en un desierto de altura. Antofagasta de la Sierra, Argentina. *Paisajes Culturales, un enfoque para la salvaguarda del patrimonio*. C. I. para la Conservación del Patrimonio, Argentina.

Ruiz Gadda, M. y D. Casas
1982 Arte rupestre de Coctaca. *El Pregón*. Jujuy. 11-12 de Septiembre.

Santoro, C. y L.. Nuñez
1987 Hunters of the Dry Puna and the and the Salt Puna in northern Chile. Andean Past 1:57-109.

Tarrago, M. N. y M. E. Albeck
1997 Fechados Radiocarbónicos para el Sector Medio de la Quebrada de Humahuaca. *Avances en Arqueología* 3: 101-130. Tilcara. U.B.A.

Yacobaccio, H.
1997 Sociedad y ambiente en el NOA pre colombino. En: *De Hombres y Tierras, una Historia Ambiental del Noroeste Argentino*. Cap.3. Comp. C. Reboratti Proyecto Desarrollo Agroforestal en Comunidades Rurales del NOA., Salta.

LOS ULTIMOS MIL AÑOS EN LA ARQUEOLOGIA DE LAS YUNGAS

Beatriz N. Ventura

INTRODUCCION

En Sudamérica, al oriente de la cordillera de los Andes se extiende un extenso territorio con características propias, que ha sido denominado como Area Pedemontana (Nuñez Regueiro y Tartusi 1987). En general, el mismo ha recibido menos atención que otras regiones. Las razones para que ésto ocurriera son diversas y tienen antigua data, e incluyen la dificultad de acceso, una espesa cobertura vegetal y otros factores, que dificultan y retrasan las investigaciones. No sólo los trabajos arqueológicos son escasos en esta franja oriental, sino también lo son los estudios de geología, biología, geografía, etc. Afortunadamente, durante los últimos diez o quince años ha habido un auge de las investigaciones de estos territorios, como resultado de las cuales ya es claro que se los debe tener en cuenta para entender la evolución de las poblaciones andinas.

En nuestro país esta franja oriental se conoce como Selva Subtropical Tucumano-Boliviana (Parodi 1934), Región de las Selvas Occidentales (González 1977) o Provincia de las Yungas (Cabrera 1976). Nosotros utilizamos la denominación de Región de las Yungas.

Esta Región comprende desde las Yungas bolivianas al norte, hasta la provincia de Tucumán, en Argentina, al sur. En su sector septentrional forma parte de la Alta Cuenca del río Bermejo, cuyas dos áreas de alimentación son, por el norte la subcuenca Tarija-Bermejo y por el sur la del río San Francisco (Prudkin 1993) (Fig. 1). En este sector se centraliza nuestro trabajo.

Si bien las divisiones del espacio en Regiones fitogeográficas, ecológicas o en Areas Culturales son herramientas de las distintas disciplinas, al parecer la distinción y calificación de la Región de las Yungas como "lo otro", lo distinto, lo desconocido existe desde antes de la llegada de los españoles a América (Saignes 1981), por lo que parece tener un significado, más allá de ordenar nuestros trabajos. Sin embargo, la idea de frontera o límite entre "lo Andino" y "lo Selvático" pudo haber ocultado la variabilidad que presenta el registro arqueológico.

En nuestro caso, aunque hemos realizado trabajos sólo en un sector de las Yungas, consideramos que las preguntas que nos hacemos sobre la evolución de las antiguas poblaciones de la Región no se pueden contestar si no se las integra a un contexto más amplio. Este incluye la Puna y la Quebrada de Humahuaca al oeste, las Yungas bolivianas al norte, la llanura Chaqueña al este y el sector meridional de las Yungas al sur.

A lo largo de la extensa franja de Yungas la relación con el mundo andino ha sido variada, habiendo operado una diversidad de factores, los que trataremos de presentar aqui. Al mismo tiempo nos ocuparemos también de otras influencias, principalmente llegadas desde el oriente.

El limitar el estudio de un problema a una Región significa verlo en una sola escala, la regional. Generalmente suele ser útil ver los problemas, o hacerse las preguntas, en distintas escalas, ya que algunas barreras tales como las ecológicas, las culturales y aun las nacionales a veces limitan nuestra percepción del espacio. Creemos que ciertos temas tienen mejor definición vistos desde afuera, en una escala macroregional. Aunque, al trabajar en una escala más general, también varía la profundidad del análisis, que pierde especificidad.

Asimismo, las escalas temporales son importantes en el planteo de las preguntas. En nuestro caso hemos elegido una escala corta: los últimos mil años. Consideramos que este lapso nos permite iniciar una serie de preguntas sobre la evolución de las antiguas poblaciones de las Yungas.

Varias características distinguen esta Región, que forma una extensa y estrecha franja que no supera generalmente los 120 km de ancho, y que comprende los diversos ambientes que van desde los 3000 msnm en la Cordillera Oriental hasta los 300 msnm en el límite con las llanuras Chaqueñas. Estos ambientes corresponden a los Pastizales de Neblina (3000 a 2800/2500 msnm), Bosque Montano o Bosque Templado Nublado (2800/2500 a 1500 msnm), Selvas Montanas (1500 a 600 msnm) y Selvas Pedemontanas (600 a 300 msnm). En esta franja montañosa las Sierras Subandinas aumentan la complejidad del relieve. Los cursos de agua que nacen en la Cordillera Oriental conforman los numerosos valles que desembocan en el río Bermejo.

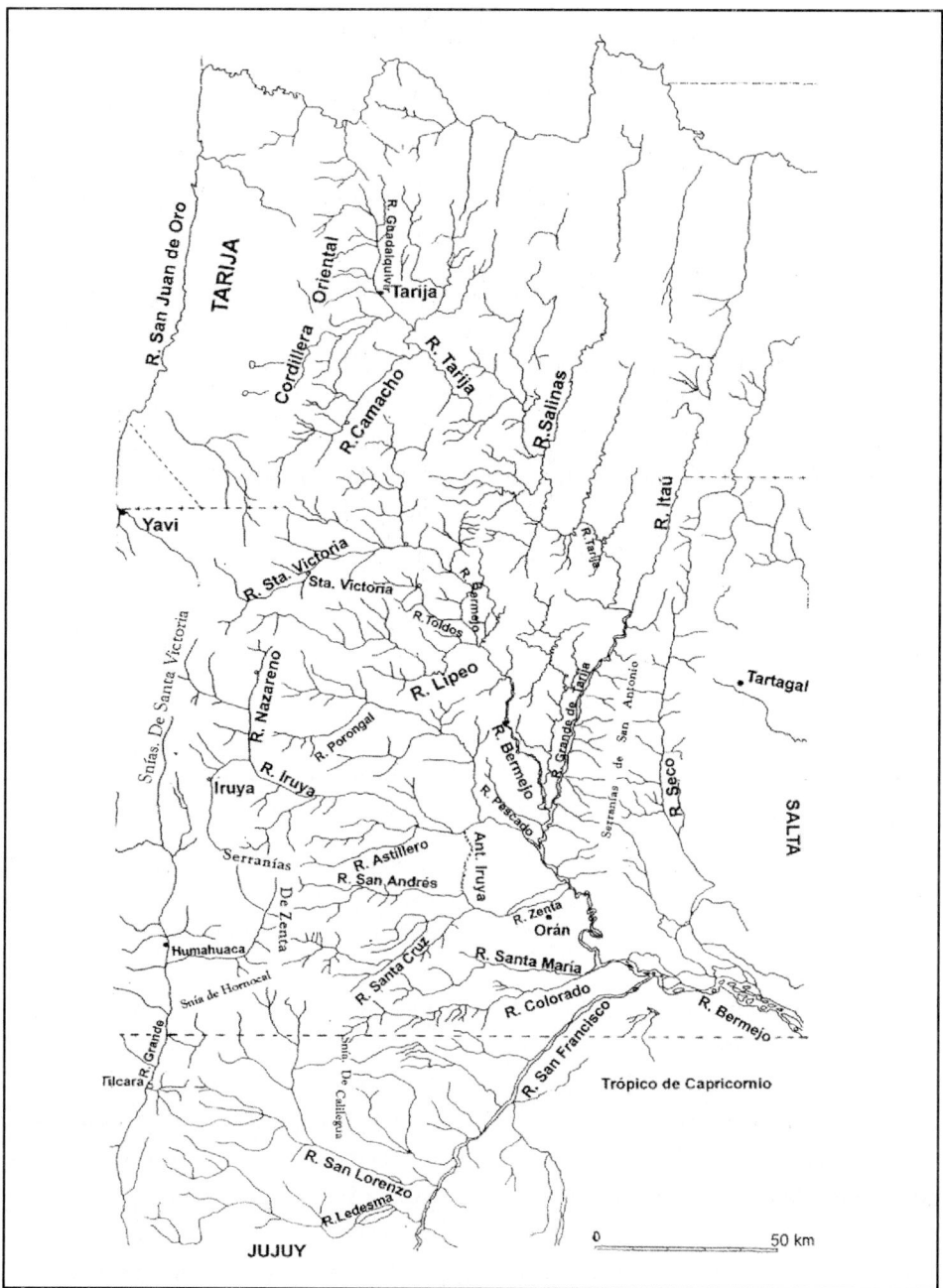

Figura 1: Sector Norte de la Alta Cuenca del Río Bermejo.

Las Yungas se caracterizan por una gran biodiversidad. Las precipitaciones oscilan entre los 800 y los 3000 mm anuales en los distintos ambientes, con estaciones muy marcadas. La nubosidad y las neblinas son importantes factores de regulación ambiental durante la época de menores precipitaciones. Esta humedad caracteriza a estos valles, principalmente en altitudes entre los 1000 y 2000 msnm (Brown y Grau 1993).

Los ambientes de Pastizales, Bosques y Selvas Montanos de las zonas subtropicales están considerados como frágiles ante ciertas presiones antrópicas, tales como la quema de los pastizales, los desmontes de los bosques y el sobrepastoreo (Brown y Grau 1993). Como veremos, la quema y roza de pastizales y bosques -con el fin de usar esos espacios para tareas agrícolas- tiene una gran antigüedad en la Región.

DESARROLLO

Según el enfoque tradicional, hace unos mil años se producía en el noroeste argentino y en el sur de Bolivia, el desarrollo de "señoríos" regionales, con notable aumento de la población, auge de los sistemas agrícolas, tecnologías más desarrolladas y grandes asentamientos conglomerados. Existen otras interpretaciones del registro arqueológico (por ejemplo Nielsen 1996), pero lo que nos importa destacar aquí es que parece tratarse de un momento particularmente dinámico. Esto será considerado en este trabajo, donde trataremos de evaluar las peculiares formas que pudo tomar dicha dinámica en los valles cálidos y húmedos de las Yungas. Intentaremos una descripción de lo conocido en algunos de estos valles, aunque reconocemos que, por el momento, la información es escasa e incompleta. Comenzaremos por los valles del norte de la Cuenca por una cuestión de orden, sin implicar de ninguna manera un desarrollo cronológico de los acontecimientos. En la Fig. 2 se ubican los sitios arqueológicos referidos a lo largo del trabajo, que se sintetizan en las Tabla 1 a 4.

VALLE DE TARIJA

Según estudios paleoclimáticos recientes, alrededor del año 1000 de la era se produjo en las tierras altas de Bolivia un período de sequía prolongada, que afectó el área del lago Titicaca. Esto parece haber causado una fuerte presión ecológica, que produjo cambios en los pueblos cuya economía se basaba en la producción agrícola intensiva (Binford y Kolata 1996). Uno de los efectos de este fenómeno climático fue el abandono de asentamientos y la dispersión de la población hacia tierras más húmedas y pro-

Los últimos mil años... / 451

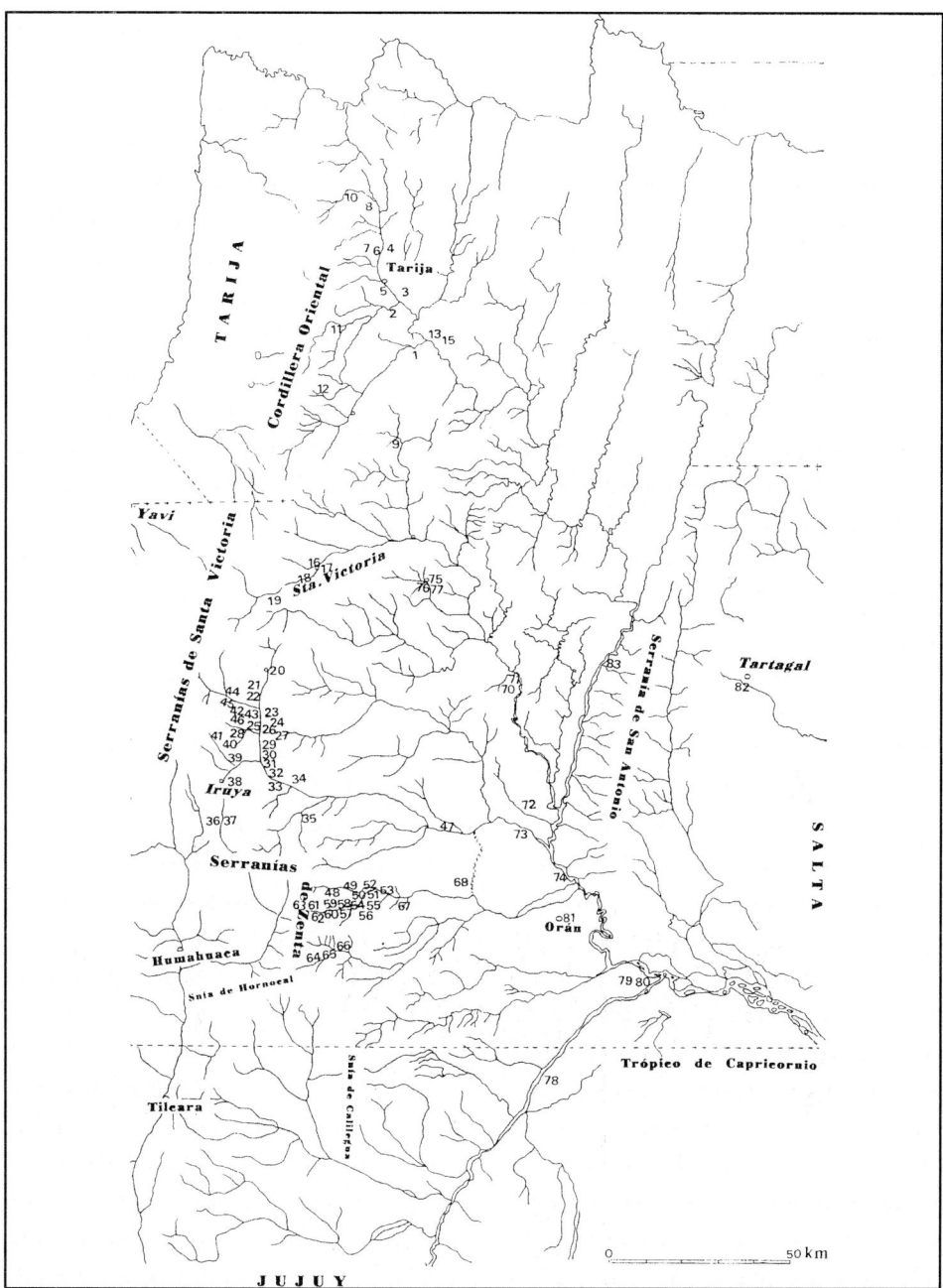

Figura 2: Ubicación de los sitios referidos en el trabajo.

ductivas. Las tierras al este de la Cordillera Oriental boliviana pudieron recibir parte de esa población, que ya había estado relacionada de diversas maneras con los pueblos de estos valles, especialmente en el norte (Estevez Castillo 1992).

Aunque no tenemos información para los asentamientos locales previos, la presencia altiplánica en los valles tarijeños fue registrada en diversos asentamientos a partir del hallazgo de cerámica de filiación tiwanakota correspondiente a su época decadente (Arellano 1984:77). Posteriormente, en estos valles, la cultura Mollo, también de origen altiplánico (Lumbreras 1974:207), se expandió "siguiendo los valles subandinos en dirección sur" (Arellano 1984:77; Ponce Sanginés 1978).

De manera que postulamos una utilización más intensa de esos espacios que, a juzgar por las evidencias proporcionadas por la circulación de ciertos bienes, ya eran conocidos. Una pregunta que surge es si, al cambiar el tipo de relaciones, se plantearon conflictos con las poblaciones locales. Estas se ubicaban en las cuencas de Tarija y Padcaya. Sus asentamientos urbanos se hallaban principalmente en las terrazas fluviales y se componían de estructuras habitacionales circulares y cuadrangulares (Arellano 1984). Construyeron asentamientos defensivos en lugares altos, rodeados de una muralla en cuyo interior se extendía el conglomerado de estructuras de formas circulares, rectangulares y cuadrangulares, distribuídos en las distintas terrazas naturales. Se trataba de poblaciones fundamentalmente de agricultores de maíz, registrándose sectores del valle con indicios de prácticas agrícolas intensas. Esta actividad se complementaba con el pastoreo, la caza y la recolección (Arellano 1984:75). En estos pueblos, que Arellano engloba en la "Cultura Tarija", "existió una distribución planificada entre los sitios fortificados, los pueblos principales y los agrupamientos rurales dispersos" (*op.cit.*: 77). Arellano considera que se estableció una evidente relación cultural con las poblaciones del oriente, la que estaría reflejada en la cerámica. La Cultura Tarija adoptó, como resultado de esta relación con los pueblos orientales, ciertos rasgos cerámicos, tales como: "la disposición de los ojos oblicuos como decoración plástica sin dejar de lado la representación de ofidios" (Arellano 1984:77). Este autor considera que hay también una alfarería selvícola típica, "se trata de un tipo de cerámica tosca y gruesa con improntas de cestos en su parte externa y la base, color gris negruzco a gris rojizo, compuesto por un antiplástico de arena muy gruesa." (*op. cit*.77). Se refiere además a otra cerámica, con puntos y círculos incisos en el borde y cuerpo, que podría ser tanto de desarrollo local como selvática. Aunque este investigador no menciona la presencia de granos de cuarzo en los tiestos con improntas de cestos o textiles, nosotros hemos hallado en los sitios Tomatitas y Pueblo Viejo de Tomatitas numerosos fragmentos con improntas en el exterior y gruesos granos de cuarzo en el interior. Corresponde a la cerámica que en la Puna Oriental se define como Tipo Pozuelos con Cuarzo (Krapovickas 1977). Además, y sin intentar incluirla en la Cultura Tarija, allí hemos registrado cerámica con características especiales que detectamos en otros valles de las Yungas. Estas abarcan numerosas piezas y fragmentos con aplicaciones por pastillaje e incisos, en algunos casos en vasijas globulares con rasgos antropomorfos (ojos tipo grano de café), que algunas veces incluyen motivos lineales pintados (Ventura 1986). Esta cerámica también esta presente en la Puna Oriental (Krapovickas 1977).

Para este momento consideramos de gran importancia la acción del intercambio a larga distancia, posiblemente a través de grupos caravaneros (Dillehay y Nuñez 1988), que comunicarían regiones muy diversas como el norte de Chile, la Puna argentina-boliviana y los valles orientales, llegando tal vez hasta el borde oriental de las Yungas. Otros recorridos incluirían las tierras altas de Bolivia y los valles cálidos de Cochabamba, Santa Cruz, Chuquisaca y Tarija. Los productos de intercambio en estos largos trayectos incluirían materias primas halladas en puntos muy específicos (sodalita), u otras de más amplio acceso (turquesa, obsidiana, sal, maderas, metales, plumas, plantas medicinales, tinturas, caracoles, etc), o materiales ya elaborados como textiles, objetos de metalurgia, cerámica, objetos de madera, etc. El inicio de estos procesos de comunicación e intercambio es evidentemente anterior al 1000 de la era, produciéndose alrededor de esta fecha una intensificación de los mismos.

Posteriormente otro gran fenómeno ocurre al oriente, en este caso su origen no es climático sino cultural. Se trata de nuevas poblaciones que se están moviendo desde el nordeste. Nos referimos a los grupos Tupí-guaraní, que producen cambios notorios en su expansión hacia el sur y el oeste, dominando pueblos locales o presionando a otros que se mueven hacia el occidente, ocupando o influenciando a las poblaciones de los sectores bajos de los valles. Dentro de este proceso es quizás en el siglo XIII cuando llegan los Guaraníes, aunque recién en el siglo XV se instalarían los Chiriguanos entre los ríos Chunguri/Guapay y Pilcomayo y Bermejo, quienes inician durante el siglo XVI un proceso de expansión sobre las poblaciones locales (Saignes 1981; Renard Casevitz *et al.* 1988).

Finalmente, debemos mencionar otra influencia poblacional que llega desde las tierras altas. La fertilidad de los valles orientales atrajo la atención del Imperio Inkaico, creando situaciones particulares en los diversos sectores de las Yungas. Las fuentes etnohistóricas registran casos de grandes movimientos de pueblos dedicados a las tareas agrícolas. Por ejemplo, al norte, en el valle de Cochabamba, donde la población local fue desplazada por catorce mil colonos estatales venidos de todo el Tawantinsuyu (Wachtel 1981). En otros sectores de esta frontera del Imperio fueron movilizadas diversas poblaciones, con el objetivo de defenderla de los ataques de los pueblos de la selva (Saignes 1981).

La ocupación inkaica es clara en el registro arqueológico de los valles de Tarija. Esta situación complicó aún más la dinámica de las poblaciones de estos valles. Nos preguntamos si el imperio tuvo conflictos con los pueblos locales, tal como los hubo con los Chiriguanos. La presencia de un sitio defensivo inkaico ubicado en una posición estratégica, desde la cual se domina el valle (Arellano 1984), podría reflejar situaciones de conflicto con estos últimos. Las crónicas también mencionan los fuertes inkaicos de Esquile y Lecoya en el valle de la Concepción, en la angostura del río Guadalquivir y la fortaleza de Aquilcha en algún sector de estos valles (Presta 1996). Además de la población militar, el Imperio instaló colonos dedicados a tareas agrícolas para el abastecimientos de las tropas y el aprovisionamiento de recursos complementarios de la cabecera altiplánica ubicada en Totora (Presta *op. cit.*).

En el valle de Alisos (Fig. 2) se registró el sitio Pueblo Viejo o Antigal (Posnansky 1947; Coronel *et al.* 1995; Delcourt 1996; Ventura 1996) para el cual hay un fechado radiocarbónico de 440 ± 50 AP, cal. AD 1415 a 1520 y cal. AD 1570 a 1630 (Beta 105363). En este extenso poblado los sectores agrícolas dentro del sitio están asociados con por lo menos tres obras hidráulicas de retención y distribución del agua por medio de canales y acequias de riego, con muros de contención y cuadros de cultivo. En este sitio se han registrado tres formas de entierro distintas. La ubicación de este poblado es estratégica para la comunicación entre la Puna, los Valles y la Selva.

Al norte de Pueblo Viejo hay otro sitio que nos interesa destacar. Se trata de Tolomosa (Rosen 1990), sitio posiblemente multicomponente, que pudo haber estado dedicado, durante la ocupación inkaica, a alojar artesanos o a la distribución de objetos tales como torteros de piedra, adornos, cuentas de collar y tal vez puntas de proyectil. Esto se basa en la presencia allí de enorme cantidad de torteros (575) y más de 4000 puntas.

Presta (1997:163) considera la posibilidad de que estos valles tarijeños constituyan otro ejemplo de la política inkaica de instalar colonos provenientes de otras partes del Imperio en fortalezas y en los valles aledaños, en defensa de los ataques de los pueblos chaqueños. El estudio de las fuentes etnohistóricas parece marcar a la zona de Tarija, durante la segunda mitad del siglo XVI, como "un corredor fronterizo y migratorio producto de su localización en una zona de contactos y conflictos interétnicos" (Presta op. cit.: 164).

Al iniciarse la Conquista hispánica no disminuyó la dinámica cultural, sino que parece haberse agudizado. Si se consultan los trabajos de los diferentes especialistas (Saignes 1981; Presta y del Río 1993; Ferreiro 1994; Presta 1997) se verá la magnitud de los movimientos ocurridos:

"Toda la región presentaba, desde mediados del siglo XVI, una movilidad indígena notable como consecuencia de las presiones de los chiriguanos y de la inseguridad política fronteriza que resultara de la derrota incaica frente a los españoles y del escaso éxito de estos en un corredor migratorio por el que transitaron chichas, tomatas, churumatas, juríes, moyos moyos, a veces huyendo en forma temporaria y, las más definitivamente. Estos grupos más los carangas y soras (quienes también se asentaron en los valles que pobló Luis de Fuentes) pudieron haber conformado el conjunto de mitmaqkuna incaicos transplantados desde sus núcleos originarios hasta la línea de frontera y las fortalezas allí emplazadas" (Presta y del Río 1993:45).

Estas autoras (del Río y Presta 1984: 243) mencionan que Matienzo [1573] consideraba que los lugares por los cuales los Chiriguanos entraban a atacar los valles, eran "tomina y tacopaya y otras tierras juntas a estas y por los chichas y tarixa y por las yungas de la coca y junto a estas partes hay chiriguanes y pueblos de ellos". Es interesante esta mención, que asocia estos valles tarijeños con "las yungas de la coca" y la cercanía de los pueblos Chiriguanos, pues podría estar relacionando dos causas de conflicto: la expansión del imperio en la selva, el uso de estas tierras en el cultivo de coca y la reacción de los grupos Chiriguanos que ocupaban esos territorios.

Los españoles intentaron poner fin a los ataques de los Chiriguanos (Saignes 1981) con la colonización agrícola y la fundación de "villas-fortalezas" en Santa Cruz (1561), Tomina y Tarija (1574). Con la instalación de nuevos asentamientos en los siglos XVII, XVIII y XIX, la tala de los bosques y las tareas de roza, así como con la introducción de gran cantidad de ganado europeo y de nuevos cultivos, se incrementó notablemente en los valles tarijeños un proceso erosivo de grandes proporciones.

La situación en Tarija tal vez pueda resumirse diciendo que hubo al menos cuatro grandes procesos creadores de "mezcla" poblacional. Cada uno tuvo su cronología, y su modo particular de operar. Las evidencias arqueológicas disponibles muestran los elementos altiplánicos de la Cultura Mollo, principalmente a través de la cerámica, al igual que las provenientes del oriente (Arellano 1984; Ventura 1986; Rosen 1990). Mientras tanto están actuando también otros mecanismos de intercambio cultural, que podrían ocurrir principalmente a través de grupos caravaneros que comunicaban estos valles con otras regiones de los cuales obtendrían recursos tanto utilitarios como suntuarios. Seguramente también se estaban manejando otras formas de intercambio a menor escala.

Posteriormente, las influencias inkaicas se reflejan a través de la arquitectura, la cerámica, los objetos suntuarios, los torteros de piedra, etc (Arellano 1984; Rosen 1990; Ventura 1996). En cuanto a la metalurgia, las altas proporciones de estaño en las piezas de bronce (Rosen 1990) no parecen diferenciarse con las de momentos previos.

Las últimas influencias orientales no se registran tan claramente en este valle, por lo menos en los sitios relevados hasta el momento. Seguramente esto se deba a una deficiencia de la muestra, ya que los sitios inkaicos tienen mayor visibilidad que los que pudieron conformar los asentamientos Chiriguanos. Materiales cerámicos posiblemente correspondientes a estos pueblos se han hallado al sur, en las cercanías del río Bermejo (ver más abajo).

Valle de Santa Victoria

Continuando hacia el sur de la Cordillera Oriental, otro de los valles ubicados en esta franja de Yungas es el de Santa Victoria. El mismo cuenta tan solo con una prospección arqueológica. En este caso Togo (1973) registró cuatro sitios, todos ubicados en la franja altitudinal entre los 2400 y 2700 msnm. Consideró que uno de los sectores excavados fue un basural, en donde halló gran cantidad de huesos de animales, fragmentos de palas líticas y tiestos cerámicos. En otro sitio registró un recinto rectangular de paredes de lajas, similares a las que describe Márquez Miranda más al sur en la zona de Iruya como graneros o sepulcros. También halló restos de antiguos pircados de paredes dobles y un recinto circular (Togo 1973:3). Tres de los cuatro sitios prospectados muestran evidencias de actividad agrícola. Los sitios parecen haber sido muy destruídos por acción humana (asentamientos actuales, campos de cultivo, etc.). Este investigador considera que se trató de pueblos fundamentalmente agrícolas que practicaban también la ganadería, correspondiendo su ubicación temporal al momento anterior a la presencia inkaica en el Noroeste (Togo *op. cit.:*5-6). Dentro del material cerámico registró fragmentos con improntas de tejidos o de cestería e incrustaciones de cuarzo en el interior (Tipo Pozuelos con Cuarzo [Krapovickas 1977]). Se ha sugerido que este valle pudo haber sido utilizado por las poblaciones puneñas (Cultura Yavi) como campos de cultivo, existiendo allí una ocupación multiétnica con objetivos agrícolas (Krapovickas y Aleksandrowicz 1986-87).

Proponemos aquí la presencia de ocupaciones inkaicas siguiendo la linea de valles hacia el sur, conectándose con los de Nazareno e Iruya. Raffino (1993) menciona la existencia de dos segmentos poco claros del camino inkaico en el Cerro Bravo y en el Parque Nacional Baritú, ubicados a 2500 msnm, que corren de norte a sur.

Con la entrada española, Francisco Pizarro entrega a Juan Villanueva y Martín Monje una temprana encomienda (1540), que incluye a estos valles de Santa Victoria junto a los de Tarija y a la Puna Jujeña. Esta Región sigue así quedando unida a los valles orientales del norte (La Plata, [hoy Sucre]), y a Yavi en la Puna. Posteriomente, en el siglo XVII, entre las extensas posesiones de la familia Ovando se mencionan estancias en Mecoya, Acoite (Acoyte) y Guacoya (Bacoya) ubicadas en los valles de Santa Victoria. A principios del siglo XVIII esto se ve afianzado, al formar parte estos valles de la enorme hacienda del Marquesado de Tojo (Madrazo 1990) .

Coincidimos con Reboratti (1996: 50), quién considera que en este momento "el reparto de tierras y habitantes del Alto Bermejo constituye la base para poder explicar la actual estructura agraria del área" en grandes haciendas y su característica de aislamiento.

Valles de Nazareno-Iruya

Al oriente de las Serranías de Santa Victoria, el valle del río Nazareno se extiende de norte a sur, para concluir en el del río Iruya. Los asentamientos se ubican en el ambiente de Pastizales de Neblina, principalmente entre los 2400 y 3000 msnm (Debenedetti y Casanova 1933; Márquez Miranda 1939; Ventura 1982; Raffino et al. 1986). Este es un caso en el que el desarrollo local parece ser el proceso predominante, por lo menos hasta tiempos inkaicos. Sobre ambos lados de los valles se observan evidencias de intenso uso para tareas agrícolas (Foto 1). Hay numerosos andenes abandonados en las laderas de los cerros y cuadros de cultivo en las terrazas de menor relieve. En parte por esto, se puede sostener que estos valles probablemente han tenido mucha más población que la que se ha creído, lo que puede deberse a las escasas investigaciones realizadas. Proponemos que la ocupación se realizó a través de numerosos asentamientos de tamaño mediano y chico, asociados con tareas de cultivo. Estos asentamientos cuentan con recintos de planta circular o elíptica, distribuidos en las distintas terrazas naturales, reforzadas con muros de contención. En los campos de cultivo cercanos hay estructuras de almacenaje dispersas, de formas circulares, y otras que en algunos casos utilizaron ciertos rasgos del terreno, tales como desniveles de terrazas, pequeñas cuevas, etc. (Ventura 1982). En los asentamientos están representadas diferentes formas de enterratorios (Márquez Miranda 1941). La cerámica considerada local tiene características propias y no se halla asociada con otras de regiones vecinas. Es fundamentalmente lisa, tosca y corresponde en general a vasijas de tamaños grandes y muy grandes. Entre estas últimas destacamos los famosos "vasos tubulares" de Rodeo Colorado (Márquez Miranda 1939). En los pocos casos en que se presenta decoración, esta es incisa, lineal y cerca del borde de las piezas. Otros materiales que se hallan en gran número en estos sitios son las palas planas de piedra y los instrumentos de molienda.

La ubicación de estos valles húmedos es clave en este caso. Consideramos que posteriormente, durante el momento inkaico, continuaron siendo el corredor que comunicaba el valle de Tarija al norte y la Quebrada de Humahuaca al sur, y fueron utilizados principalmente para tareas agrícolas. Esto se observa claramente en los sitios con visibles rasgos inkaicos, que pudieron cumplir distintas funciones: de cultivo, de almacenamiento, administrativos, de comunicación, etc. Estos sitios se extienden, con pocos kilómetros de separación, desde Nazareno hasta el río Isculla, al este de Titiconte

(Fig. 2). Siguiendo a Raffino *et al.* (1986) podríamos decir que hay una vía directa hacia el sudoeste, desde Titiconte hacia los grandes complejos agrícolas de Rodero y Coctaca en el oriente de la Quebrada de Humahuaca.

En estos valles orientales los sitios inkaicos considerados defensivos parecen no tener murallas, ni gruesos muros u otros rasgos característicos que sí se observan en otras regiones, como por ejemplo un poco más al sur en el Pukara de Zenta (Nielsen 1989). Más bien parecen sitios de observación de los campos de cultivo cercanos, o control de las vías de acceso. Esto parecería indicar que no había una situación de conflicto ni entre los pueblos locales, ni con los pueblos del oriente. Raffino *et al.* (1986:88) también observaron esto: "Las situaciones de contacto directo en los valles fértiles y la baja frecuencia de los Pukara nos deriva hacia una coexistencia pacífica entre el estado Inka y las entidades locales". Al igual que estos autores, ignoramos si esta situación fue precedida por una conquista militar.

La cerámica es un buen indicador del contacto inkaico, al igual que la presencia de numerosos objetos suntuarios, tales como colgantes grabados y amuletos zoomorfos de piedra, torteros, ciertos objetos de metal, cuentas de collares de sodalita y turquesa, hachas de piedra en T, etc.

Por el momento no hay evidencias de contactos o influencias con el sector de Selva Pedemontana, pero creemos que es una cuestión de muestreo, ya que es difícil que un valle como el Iruya, de fácil comunicación con la Selva, no brinde materiales propios de ese ambiente. Además los sitios registrados en Iruya podrían entregar una imagen distorsionada, y corresponder mayormente al momento inkaico debido a su alta visibilidad. No hay hasta ahora registro de asentamientos de pueblos locales que ocupen este valle. Sin embargo, Márquez Miranda (1939) menciona allí cinco sitios arqueológicos y andenes de cultivo, los cuales no llegó a explorar.

Valles de San Andrés y Santa Cruz

Continuando hacia el sur, tres de los valles que se extienden al oriente de las Serranías de Zenta son los de los ríos Zenta-San Andrés, Querusillal y Santa Cruz. Estos nacen en lo alto de esas Serranías y desembocan en el río Bermejo, atravesando todos los ambientes de las Yungas. Conforman también vías de comunicación con las regiones vecinas, como la Puna y la Quebrada de Humahuaca al oeste y el Chaco al este.

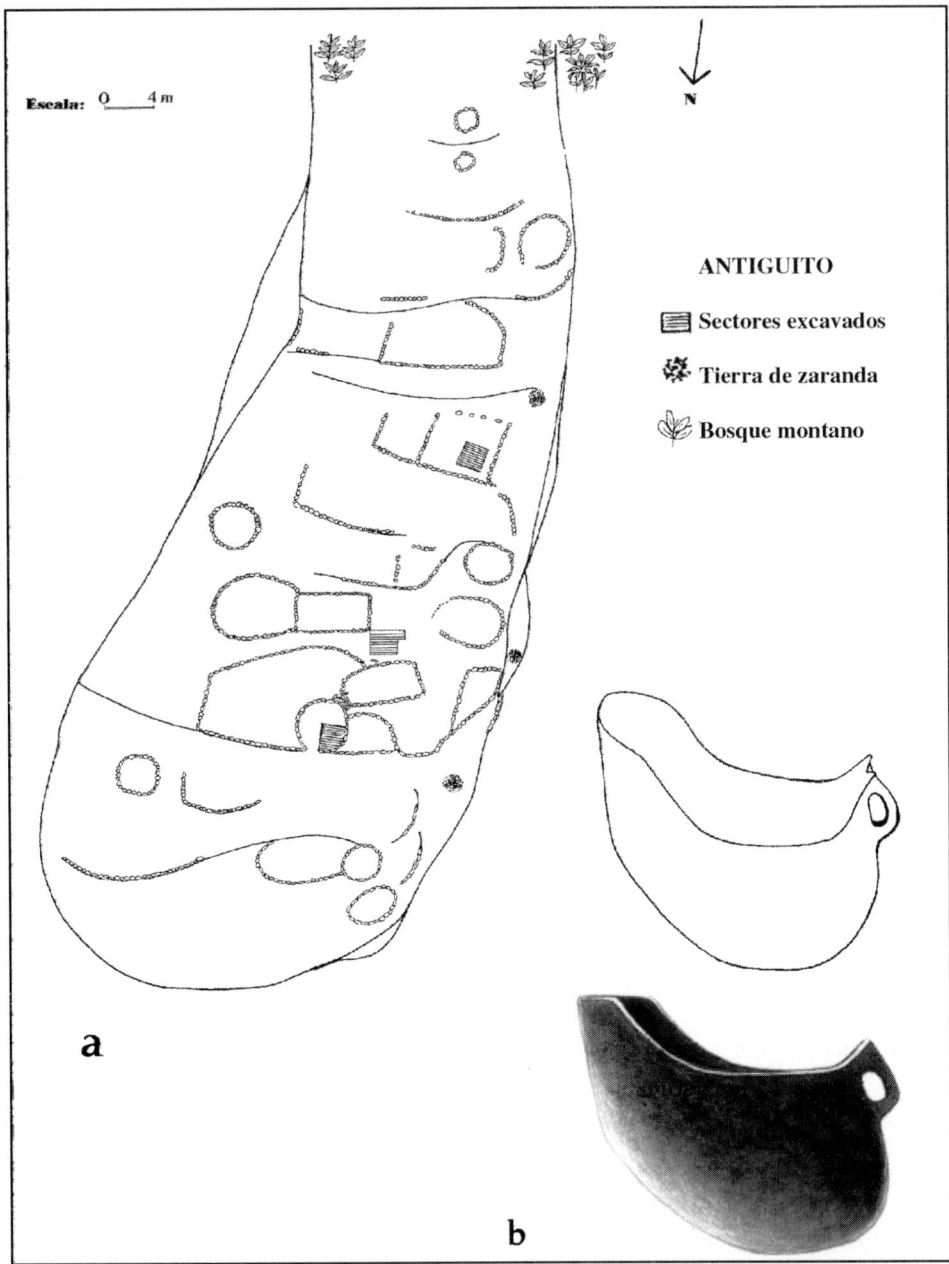

Figura 3: a. Planta del sitio Antiguito, b: vasija cerámica con incrustaciones de cuarzo en el interior de la base (Antiguito).

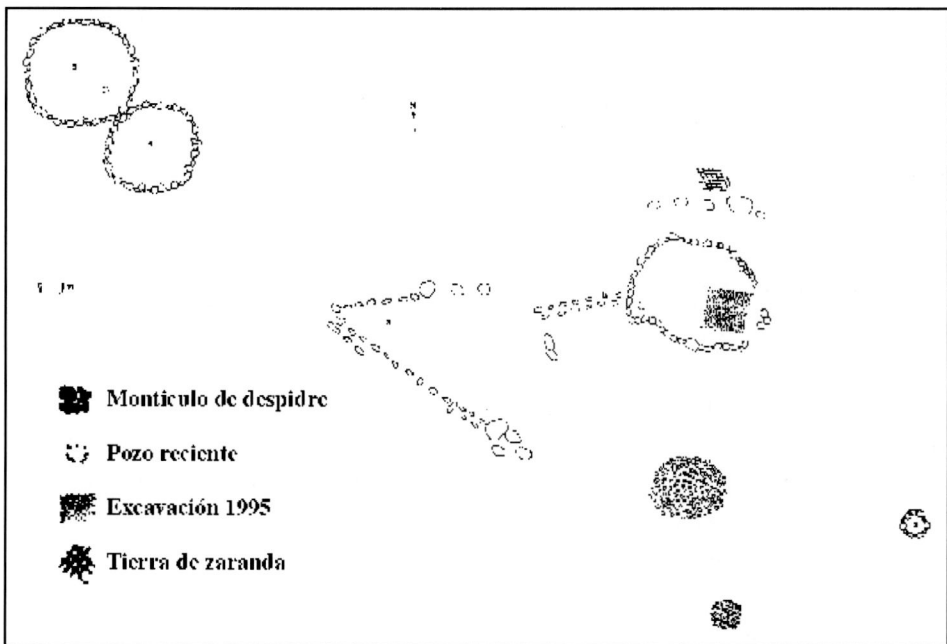

Figura 4: Planta del sitio Puerta del Alto I.

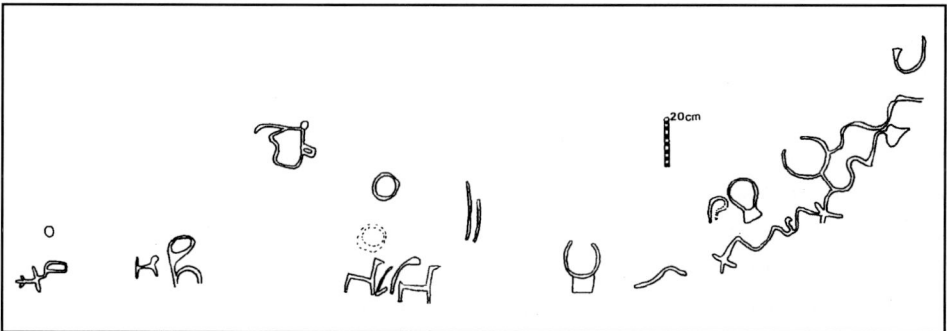

Figura 5: Motivos de los grabados de Cienego.

Situados en el ambiente de Bosques Montanos, los asentamientos más grandes son semiconglomerados de 20 a 30 estructuras de paredes simples, planta circular y rectangular (Fig. 3). Se ubican generalmente en posiciones estratégicas, ya sea en lugares altos o en situaciones de control de las quebradas que sirven como vías de comunicación. El control también está en relación con los posibles campos de cultivo cercanos. En estos sectores planos hay numerosos túmulos de despedre y se registran estructuras de planta circular y rectangular dispersas en los campos (Fig.4). Suponemos que estas praderas son de origen antrópico, producto de las antiguas tareas de cultivo. Sólo uno de estos sitios semiconglomerados (Antiguito) cuenta con un fechado radiocarbónico de 580 ± 60 AP (Beta 62571).

Junto a uno de estos sitios semiconglomerados registramos otro, en este caso con estructuras rectangulares y un posible foso que podría corresponder a un momento posterior, tal vez post-hispánico.

Hasta el momento se registraron dos tipos de entierros. Uno de ellos presenta estructuras de piedra de planta circular con uso de argamasa en la construcción de los muros, ubicados en las cercanías de los sitios semiconglomerados. El otro tipo se trata de estructuras circulares construidas con piedras lajas, en un alero rocoso junto al río. En este ultimo caso, dada la preservación de los restos humanos, se cuenta con un fechado radiocarbónico de 90±40 AP cal. AD 1680 a 1755 y cal AD 1805 a 1940 (Beta- 116991).

En el ambiente superior o de Pastizales de Neblina los asentamientos son chicos, entre dos y seis estructuras circulares y rectangulares, dispersos. En un par de casos podríamos pensar en sitios asociados a actividades ganaderas. En este sector predominaría el cultivo de papa y oca.

Se detectó también otro sitio con estructuras circulares de piedra en el sector de Selvas Montanas a 1200 msnm, ubicado en un Abra con muy buena visión de los alrededores.

En cuatro casos se hallaron piedras con grabados (Ventura 1979 y Fig. 5). Estas se ubicaron junto a vías de comunicación, en lugares que coinciden con cambios de ambientes.

Las relaciones con las regiones vecinas y con otros valles de las Yungas se reflejan especialmente en la cerámica, que es variada y compleja. En ella se registran materiales (en algunos casos vasijas casi completas), que provienen de la Quebrada de Humahuaca (Hornillos N/R, Tilcara N/R, Peñas Coloradas puntos blancos [motivo a]) y la Puna Oriental (Pozuelos con Cuarzo). Otros elementos tales como las puntas de proyectil, provendrían también de la Puna Oriental (Nami 1987), al igual que un pequeño núcleo de obsidiana y un hueso de vicuña.

En la primera excavación en Antiguito registramos una cerámica incisa, que consideramos alóctona (Ventura 1988) similar al Angosto Chico Inciso definido en la Quebrada. En posteriores excavaciones en ese mismo sitio, así como en Pucara de San Andrés y en Puerta del Alto observamos el predominio de esa cerámica sobre las otras. Consideramos como local cierta cerámica con decoración incisa, con aplicaciones por pastillaje, unguicular en los bordes, pintada en Rojo y en N/R. En algunos casos presenta antiplástico de tiesto molido.

También se halló cerámica con características tecnológicas semejantes a las registradas en el valle del río San Francisco y fragmentos con el clásico motivo decorativo serpenteado con incisos circulares comunes en la cerámica de esos cementerios, lo cual mostraría relaciones con las poblaciones de las Selvas Pedemontanas.

Proponemos (Ventura 1995), para los valles de San Andrés y Santa Cruz, un uso estacional del espacio, complementando los recursos cultivados, con tareas de recolección y caza en los sectores bajos de los valles y con tareas de ganadería en los sectores altos. En este sector de Pastizales los asentamientos son aislados, estarían asociados a cultivos de tubérculos, y posiblemente a tareas ganaderas. En los valles medios, en el sector de Bosque Montano, los asentamientos son concentrados, de tamaños medianos, ubicados en lugares estratégicos y con dominio visual de los campos de cultivo cercanos. También hay asentamientos chicos, dispersos en estos campos de cultivo. Sobre base ecológica creemos que en este sector predominaría el cultivo de maíz. En los sectores bajos de Selva Montana el énfasis habría estado puesto en tareas de recolección y caza. Proponemos continuas relaciones con las vecinas poblaciones de la Puna Oriental, la Quebrada de Humahuaca y los valles más orientales de las Yungas, materializadas en el tráfico de productos de esos ambientes. Los mecanismos implicados pudieron ser de diversos tipos.

La presencia inkaica en estos valles aún resulta poco clara, a pesar del hallazgo de materiales que podrían tener ese origen (maza estrellada de piedra, hacha de piedra pulida en T y algunas piezas cerámicas). Sobre la base de fuentes etnohistóricas, diversos investigadores (Salas 1945; Tommasini 1990; González 1982; Lorandi 1984; Sánchez y Sica 1990) proponen a estos valles como el territorio donde vivían los pueblos Ocloyas durante y después de la conquista inkaica. Los Ocloyas, junto con otros pueblos, habrían sido trasladados allí por el Imperio para cumplir tareas defensivas y agrícolas. A la llegada de los españoles diversos grupos étnicos estaban instalados en esta zona: los churumatas, chuis, ocloyas, paipayas y osas, posiblemente no originarios de la zona (Sánchez y Sica 1990). Al parecer, el Valle de Ocloyas comprendía varios pueblos distintos: quispira, toctoca y acalayso, ocayacxu, estoybalo, panaya, sopra (Salas 1945:57) distribuídos en estos valles. Otros pueblos, entre los que se menciona a Titiconte, serían distintos a los Ocloyas. Estos últimos vivían en "muchos pueblos de casas redondas y calles bien ordenadas" "que no tienen ríos sino pozos" [de agua] y "eran gente labradora" que cultivaban maíz y papas. En ese momento los Ocloyas estaban subordinados al cacique de Omahuaca. Es de destacar no sólo la ubicación de estos pueblos sobre el oriente de la Quebrada de Humahuaca, en un sector de paso directo a través del Abra de Zenta hacia estos valles que bajan hacia la Selva, sino también su cercanía con los grandes espacios agrícolas de Coctaca. Según Sánchez y Sica (1990) los indios de omaguaca tenían campos de cultivo en los valles de Ocloyas en donde realizaban la cosecha temprana del maíz, logrando así dos ciclos agrícolas distintos. También Albeck (1994) destaca la importancia en el intercambio entre la Quebrada de Humahuaca y los valles orientales en la producción de papa semilla y en la obtención de madera.

Los españoles realizaron nuevos movimientos de pueblos y trasladaron a los Ocloyas al sur, a una reducción en el río Normenta (Tommasini 1990), en el actual Departamento de Ledesma, en Jujuy.

A principios del siglo XVII se establece en el valle de San Andrés la estancia San Antonio, que servía para cuidar las espaldas de la reciente población de Santiago de Guadalcazar en la confluencia de los ríos Bermejo y San Francisco. Ambos asentamientos tuvieron una corta vida, pero marcan la importancia del valle de San Andrés como vía de comunicación entre la Quebrada de Humahuaca y las poblaciones de la Selva Pedemontana también en este momento. No hay duda que estos valles han tenido una alta dinámica poblacional.

Valle de San Francisco

Marcando el límite oriental de la Alta Cuenca, en un ambiente de Selva de Transición, en el tramo final del río San Francisco, se registraron dos extensos cementerios (Menghin s/f; Dougherty y Belén 1979; Ventura 1985). Estos presentan entierros de adultos en grandes urnas cerámicas e inhumaciones directas en tierra, con complejos ajuares que incluyen objetos de metalurgia, cuentas de turquesa, crisocola y sodalita (Ventura 1985, 1991a). Variadas formas cerámicas

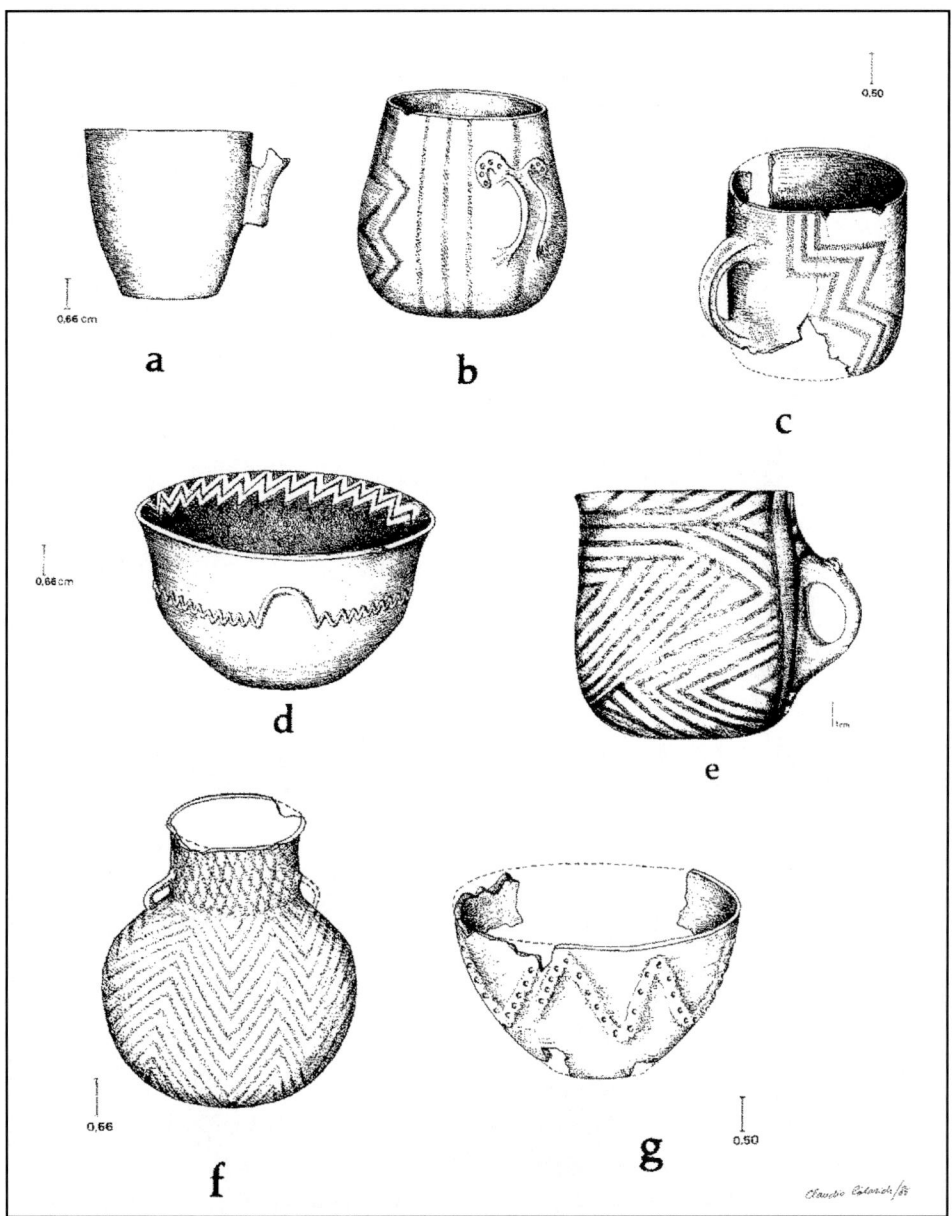

Figura 6: Cerámica de Manuel Elordi 1. a: vaso con engobe rojo y asa zoomorfa, b: jarro decorado con pintura roja y asa con aplicación incisa, c: jarro decorado N s/Re, d: vasija decorada con pintura roja interior y aplicación por pastillaje en exterior, e: jarro deecorado con pintura roja y asa incisa, f: vasija globular decorada con pintura roja, g: vasija decorada con aplicación por pastillaje e incisa.

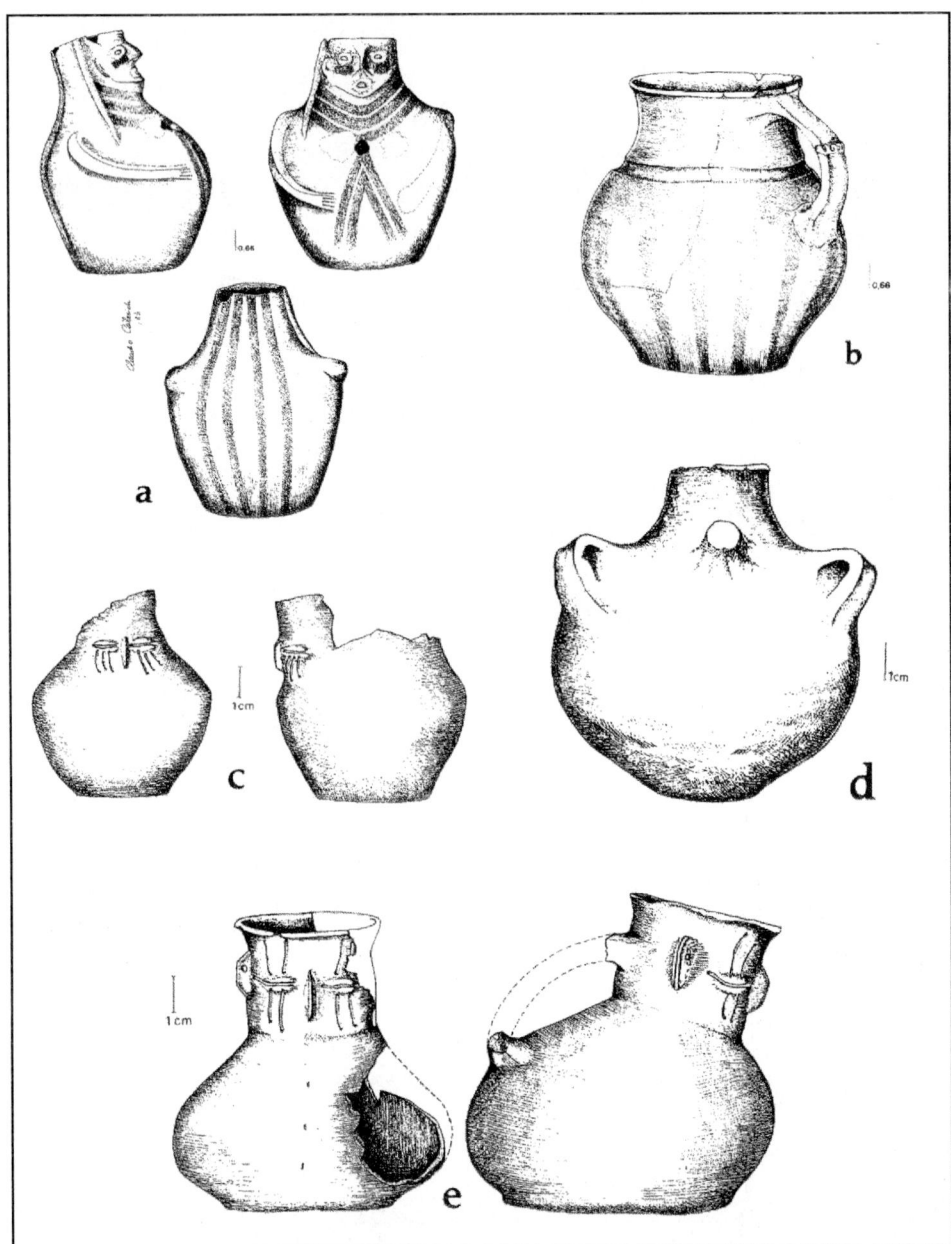

Figura 7: Cerámica del El Talar. a: vaso antropomorfo decorado Ns/Re inciso, b: jarro decorado con pintura roja y asa incisa, c: vasija zoomorfa con decoración incisa, d: vasija globular con asas simétricas y protuberancias central, e: vasija zoomorfa con decoración incisa.

acompañan las inhumaciones, incluyendo vasijas de tamaño muy reducido (Figs. 6 y 7). En uno de los sitios (El Talar) se registraron tres pequeños fragmentos de textiles de lana de llama (Rolandi de Perrot 1984-85). Dos fechados realizados en uno de los cementerios (Manuel Elordi 1) han dado resultados de 1030 ± 120 AP (Gak 9900) (Ventura 1984-85) y 810 ± AP, edad corregida por 13 C (-14,48 ‰) (UGA 8025). Posteriormente, un tercer cementerio con iguales características fue hallado en Orán. La compleja metalurgia de estos sitios presenta algunos objetos de cobre, pero la mayor parte de las piezas corresponde a bronces con altos porcentajes de estaño. Hay también otras aleaciones entre las que se destaca la de oro-plata-cobre. Entre las diversas formas de estas piezas de metal hay numerosas representaciones de camélidos (Ventura 1985).

Fuera ya del valle del San Francisco, en las cercanías de Tartagal, ubicado igualmente en ambiente de Selva de Transición, se registró otro cementerio con características similares, pero que presenta algunas diferencias. En este caso se observa mayor predominio de piezas cerámicas con aplicación por pastillaje e incisiones, sobre las que tienen decoración con pintura, y también presenta dos piezas de metal similares a instrumentos usados por grupos chaqueños (Ventura 1985).

El único sitio que podría considerarse de asentamiento de estas poblaciones (Manuel Elordi 2) se ubica a un par de kilómetros de uno de los cementerios. Presenta pequeños restos de huesos quemados, vértebras de pez, fragmentos cerámicos con decoración similar a la registrada en Manuel Elordi 1, incluyendo: aplicación por pastillaje, pintura roja e incisos. Se registraron también fragmentos de manos de moler y un par de lascas de cuarcita. Desconocemos si el sitio presentaba algún indicador en superficie, ya que el lugar había sido desmontado y arado antes de nuestros sondeos.

Ciertas prácticas funerarias y algunos de los materiales de los ajuares podrían sugerir relaciones entre estas poblaciones y otras del sector meridional de las Yungas, incluídos en la Cultura Candelaria, en sus últimos momentos.

En el cementerio de El Talar se registraron un par de elementos (una cuenta de vidrio europea y un fragmento de metal) que parecen mostrar su uso aún durante el momento hispano-indígena (Menghin 1952; Ventura 1985, 1991a). En cambio, pensamos que Manuel Elordi 1 y Orán dejaron de ser utilizados antes, ya que hasta el momento, no han presentado materiales postconquista.

Los primeros intentos de asentamientos españoles en esta zona comienzan en el siglo XVII. En 1625 se funda la ciudad de Santiago de Guadalcazar, cuya vida fue efímera debido a los continuos ataques indígenas y a las dificultades para su abastecimiento. Los asenta-mientos españoles de más relevancia en este sector de las Yungas son bastante tardíos. Recién en 1779 se funda la Misión de Zenta con pueblos Mataguayos y Vejoses. Es interesante destacar que *"Esta misión está distante del pueblo de Humahuaca 30 leguas, y 70 de la ciudad de Jujui. Por el costado que mira al N. tiene el río que llaman de Centa, en el cual entran los de Iruya, San Ignacio y San Andrés: es bastante grande y abundante de pescado, a distancia de seis leguas, está otro río regular nombrado Santa Cruz"* (...) *"por el N, está la nación Chiriguana; por el S, los Matacos; por el E, los Tobas, y por el O, los cristianos de Humahuaca"* (Tomajuncosa 1989: 213).

Posteriormente a los Vejoses de la misión se los trasladó a otro lugar ubicado *"entre el río que llaman de Santa Cruz o de Santa María y el de Jujui, a las márgenes del río Tarija o Bermejo"* quedando ubicados *"a dos leguas [de] los Vejoses bárbaros"* (op. cit.:214). Según esta crónica, tanto en la misión como en el posterior pueblo, las casas de los indígenas se hacían solo con "palo y caña sin embarrar".

Queremos destacar aquí el cambio en la concentración de los asentamientos y la reubicación de las poblaciones que hicieron los españoles, al igual que la baja visibilidad arqueológica que podrían haber dejado los mismos. Se observa que en un espacio limitado hay diversidad de asentamientos correspondientes a una misma población, la que pudo dejar un registro arqueológico variado.

Ya para esta época habían entrado a la zona miles de cabezas de ganado, se intensificaron los desmontes, plantándose grandes cañaverales y otros cultivos traídos por los españoles. Debido a la acción de los desmontes y el sobrepastoreo, comenzó un rápido proceso erosivo. La distribución de las tierras en unas pocas grandes haciendas (ver Madrazo 1990; Reboratti 1996), el tipo de producción de las mismas y la falta de caminos conformaron un enorme territorio aislado, a espaldas de la Quebrada y de la Puna, situación que prácticamente se mantiene en la actualidad.

Valle del Bermejo

Al oeste del río Bermejo en el sector de Selvas Pedemontanas se han registrado cinco sitios con materiales, principalmente cerámicos, que comparten características tecnológicas y decorativas. El primero de los sitios fue detectado en el Arrasayal (Dougherty *et al.* 1978) y ya planteaba los interrogantes sobre su ubicación temporal y cultural, que aún hoy seguimos sin responder (Ventura 1991a). Por el momento su mayor dispersión hacia el norte se ha registrado en la zona de Entre Ríos (Tarija), en la Selva boliviana. Lamentablemente este material sigue sin ser estudiado.

Otros hallazgos de cerámica, que podríamos considerar como post-hispánica y perteneciente a los grupos Chiriguanos, ha sido registrada en las cercanías de Capilla del Bermejo, también en territorio boliviano.

Por otra parte, el hallazgo aislado de gran cantidad de hachas de piedra de diversas formas, podría estar relacionado con su uso en la tala de árboles y en el corte de su madera.

Ya fuera de las Yungas, en las cercanías de antiguos cursos del río Bermejo, en un ambiente Chaqueño, se hallaron varios sitios arqueológicos, tres de ellos con enterratorios (Fock 1962). Sólo uno de ellos (Lomas de Olmedo) presenta materiales que se reconocen como pertenecientes a la Cultura San Francisco (Dougherty 1975). Los restantes sitios presentan diferentes tipos de entierros y de materiales cerámicos, mostrando variedad de formas y decoraciones incisas, impresiones de cuerdas en los cuellos, unguiculados y en ningún caso decoración pintada. Se hallaron también varios tipos de hachas de piedra.

Esto está mostrando que las relaciones entre las Yungas y el Chaco se remontan a momentos tempranos y que otra compleja dinámica, que también desconocemos, debió ocurrir en este ambiente.

Después de la conquista hispana en el alto valle del río Bermejo, se registran en el siglo XVIII asentamientos de Chiriguanos en Coyambuyo y Emborosú, en donde tenían sus campos de cultivo de maíz "que cosechan en abundancia por la fertilidad del terreno" (Fernández Cornejo 1837), como así también en el poblado español de Capilla del Bermejo.

Valle de Toldos

Al este de Santa Victoria, en el valle de Toldos, en un ambiente de Bosque Montano (1500 msnm), hemos registrado tres sitios arqueológicos de características distintas. Uno de ellos corresponde a un asentamiento ubicado en un lugar con muy buena visibilidad. Consta de 15 estructuras de planta circular y paredes simples de piedra y un par de muros de contención. Los asentamientos actuales y los procesos erosivos que se evidencian en el valle han afectado a este sitio, al igual que a otro cercano en donde la erosión ha dejado a la vista cinco vasijas cerámicas de tamaño mediano y grande y fragmentos en superficie. En las cercanías hay gran cantidad de instrumentos de moler de piedra. Otro sitio cercano presenta material cerámico en capa, que corresponde a fragmentos de grandes vasijas con decoración incisa, unguicular y corrugada. Por el momento consideramos que podría tratarse de cerámica Chiriguana. Sólo se han realizado sondeos y tareas de salvataje, y no se ha recuperado material orgánico para datar estos sitios.

Con la conquista española el valle de Toldos quedó unido a Tarija, ya que formaba parte de la merced de tierras otorgada a Velázquez de Ovando y posteriormente conformará la extensa propiedad del Marquesado de Tojo. En el siglo XVIII, con la fundación de la reducción de Nuestra Señora de las Angustias de Centa y el Fuerte de San Andrés al sur y al norte la Misión de Bermejo de Areco, el valle de Toldos comunicó ambos puntos en el camino hacia Tarija, en cuyas cercanías se registran las poblaciones Chiriguanas anteriormente mencionadas de Coyambuyo y Emborosú. Toldos estaba también en el paso hacia los valles más altos de Santa Victoria y Acoyte (Castro et al. 1998). La introducción de ganado europeo desde esta época y la tala de los bosques convierte al valle de Toldos en otro ejemplo de como la acción humana, junto con un estrato geomorfológico frágil, producen importantes procesos erosivos.

Discusión

Hemos presentado evidencias sobre la importancia de la dinámica poblacional que se observa en la Región a lo largo de los distintos valles. También vimos que esta evidencia es desigual, hasta donde podemos juzgar, dado el estado tan desparejo de las investigaciones, las variaciones en la preservación del material orgánico (Ventura 1998) y la falta de fechados radiocarbónicos. Hay valles que, desde tiempos relativamente tempranos, parecen haber recibido importantes influencias alóctonas, como podría ser el de Tarija. Otros valles, como el de San Francisco, presentan largos desarrollos locales. Vimos también que un mecanismo implicado en el caso de Tarija podría estar indirectamente relacionado con un cambio climático fuera de la Región y el uso de nuevos sectores en los valles orientales para el desarrollo de tareas agrícolas. Los valles tarijeños habrían estado, de distintas maneras, relacionados con otras regiones (Puna Jujeña y Norte de Chile) y con los valles orientales tanto al norte como al sur. En este último caso nos referimos al valle del río San Francisco, donde los intercambios a larga distancia son claros tanto en la metalurgia, las cuentas de collares de sodalita, turquesa y crisocola como en los textiles y en algunas piezas de cerámica. Respecto a la sodalita, hemos logrado determinar que la misma procede de la cantera de Cerro Sapo (Cochabamba), Bolivia. Igualmente los numerosos análisis realizados sobre las piezas de metalurgia de estos sitios permitieron caracterizar la tecnología de dicho material (Ventura 1985), concluyendo que es notable la diferencia en la proporciones de estaño en los bronces y en las otras aleaciones en relación con las registradas en la mayoría de los sitios del NOA en que la metalurgia se consideró local. Proponemos utilizar este tipo de líneas de investigación para analizar los diversos mecanismos y vías de intercambio de productos en este complejo mundo andino, que evidentemente incluye a las Yungas.

Respecto a los mecanismos utilizados en los intercambios a larga distancia que incluyeron el valle del río San Francisco y los valles de Tarija, podrían conectarse con los resultados a los que llega Tarragó (1994:202) estudiando los materiales de tumbas en los oasis de Atacama en Chile. Ella concluye que los intercambios con "la Puna de Jujuy y la región de SurLípez y Tarija, es la que demuestra la mayor intensidad de tráfico y además el movimiento de bienes se mantuvo a través de las distintas épocas (Período Temprano, Medio y Tardío) mostrando una situación de permanencia notable", mientras que hacia el norte, la zona que comprende "todo el Altiplano central y su borde oriental de Cochabamba-Mizque, también mantuvo el intercambio en las distintas épocas, pero con inferior intensidad" (*op. cit.*:202).

La importancia del tráfico caravanero podría tener también otros indicadores. La asociación en sitios funerarios de entierros de camélidos y una compleja metalurgia en este momento (800-900 d.C) podría estar indicando cierta valoración de los camélidos, que pudo funcionar en un plano ritual y/o económico. Esto parece registrarse tanto en el Norte Chileno como en las Yungas (Ventura 1991b). Quizás esto pueda verse reflejado también en la Quebrada de Humahuaca, en donde se menciona como una de las características de la Fase Muyuna (900-1100 d.C.) "la presencia de algunos entierros con acompañamientos de gran riqueza y la inclusión en algunas de ellas de láminas de metales preciosos, a veces con forma de camélido o ave" (Nielsen 1997:108/109).

Por otro lado Callegari *et al.* (1983-85) mencionaron el aumento porcentual de la cerámica Angosto Chico Inciso, que consideran de origen foráneo, en los extremos septentrional y meridional de la Quebrada, lugares estos de más fácil acceso a las Selvas occidentales.

En la Puna jujeña la denominada "Cultura Yavi" correspondería a "la manifestación meridional de una entidad socio-cultural que ha tenido una expansión muchísimo más amplia en lo que es actualmente el sur de Bolivia" (Krapovickas y Aleksandrovicz 1986-87: 122) y que perdura hasta tiempos hispano-indígenas, cuando se la asocia a uno de los grupos de los Chichas meridionales (*op. cit.*). La relación entre el sector oriental de la Puna (tanto argentina como boliviana) con los valles de Tarija y de Santa Victoria se registra en la cerámica (Krapovickas 1994). Además, los objetos de madera (cuchillones, arcos), las calabazas, los sonajeros o adornos de nueces, las cañas, etc. presentes en la Puna tendrían su origen en los Valles Orientales (Krapovickas 1984).

Para el momento pre-inkaico, las conexiones en estos Valles parecen haberse canalizado desde el oeste, desde la Puna Jujeña y la Quebrada de Huma-huaca. Esto coincide con momentos en los que están ocurriendo importantes redistribuciones de asentamientos en la Quebrada (Nielsen 1997), por lo que son procesos que podrían estar relacionados. Destaca Nielsen (1997:112-113) la presencia en su Fase Pukara (1350-1430 d.C.) de ollas y vasos asimétricos con incisiones en el cuello y borde (Angosto Chico Inciso) y la mayor frecuencia de "alfarería alóctona, sobre todo relacionada con el sector oriental de la Puna y sur de Bolivia (cerámica Yavi-Chicha), al menos para el sector norte de la Quebrada". Al sur de la misma, parece suceder algo similar con la cerámica incisa (Angosto Chico Inciso) (Ottonello 1994). En los valles orientales salteños el registro arqueológico presenta cerámica con características de la Quebrada (Tilcara Negro/ Rojo, Hornillos N/R) y de Puna (Peñas Coloradas, puntos blancos, Pozuelos con Cuarzo), así como también puntas de proyectil de obsidiana con características tecnológicas y morfológicas similares a las puneñas (Nami 1987; Ventura 1988).

Esta dispersión hacia los valles cálidos y húmedos también parece aumentar al oriente de la Quebrada de Humahuaca (Madrazo 1965; Nielsen 1988; Garay de Fumagalli 1994; De Feo y Fernández 1998; Garay de Fumagalli y Cremonte 1998). Entre 1300 y 1470 DC aumentaría la ocupación en algunos de estos valles, representada por asentamientos de tamaño chico y mediano, que sugieren complementación de recursos y cultivos con el sector meridional de la Quebrada, en este caso con cabecera en Volcán (Ottonello y Garay de Fumagalli 1995) que se continuaría con la conquista inkaica (Garay de Fumagalli y Cremonte 1998).

En el momento inkaico se sugiere un nuevo cambio en las relaciones en los valles orientales salteños. Proponemos un aumento en los contactos con los valles del sur de Bolivia, conformando un corredor o vía directamente al este de la Cordillera Oriental con la Quebrada de Humahuaca, y aparentemente con fines económicos, fundamentalmente agrícolas. Las ocupaciones directas en los valles orientales han sido efectivas en los valles de Tarija, Nazareno e Iruya y en Valle Grande. Las relaciones con el sector central de los valles orientales (San Andrés y Santa Cruz) parecen por el momento haber sido indirectas. Las propuestas de que el Imperio haya colocado allí colonos traídos desde fuera de la Región, aún no han sido verificadas en el registro arqueológico. Es interesante destacar que estos valles presentan, en el momento previo a la conquista inkaica, materiales cerámicos similares a los hallados en la Selva Pedemontana (Valle de San Francisco), lo que podría sugerir conexiones con las poblaciones de allí. Tal vez el Imperio no ocupara directamente los valles cuyas poblaciones se relacionaban efectivamente con los pueblos de Selva. Ya ha sido planteada la idea de que el imperio cerró la comunicación directa entre los grupos andinos y chaqueños y el carácter de nexo de los grupos trasladados entre ambos mundos culturales (Saignes 1985; Sánchez y Sica 1990). Es significativo también, que justamente en la principal vía de comunicación entre esos valles y la Quebrada, el Imperio levantara el sitio fortificado de Pukara de Zenta.

Un tema que nos interesa destacar tiene que ver con el tipo de frontera, o con el grado de competencia que se puede defender para distintos momentos en las Yungas. Aunque el registro arqueológico de los valles orientales, tanto en Nazareno-Iruya como en San Andrés-Querusillal, presenta sitios ubicados en lugares altos, en posiciones estratégicas, con buena visibilidad de los valles, de las vías de comunicación y de los campos de cultivo cercanos, en general estos no presentan rasgos arquitectónicos defensivos (murallas y fosos).

Los habitantes de estos sitios tampoco hicieron uso intensivo del espacio dentro de los límites naturales de los mismos, por lo que no parece haber existido una alta demografía. Entonces, este panorama no muestra una situación de conflicto armado o de competencia.

El caso puede ser diferente al que estaba ocurriendo, por ejemplo, en la Quebrada de Humahuaca. Allí se ha propuesto que a partir del 700 DC hubo una redistribución de los asentamientos, que puede entenderse como resultado de conductas defensivas (Nielsen 1996). Las evidencias mostrarían que el cuadro era distinto al que hemos definido para las Yungas. Una diferencia importante que pudo existir entre ambas regiones es que la relación espacio-población pudo ser más limitada en la Quebrada.

Con la llegada de los inkas la situación varió en los distintos valles orientales. En los de Tarija, Nazareno e Iruya se observa claramente el aumento de sitios con características agrícolas (lugares de almacenamiento, campos de cultivo, control de agua, etc.) y tal vez algún caso de carácter agrícola-administrativo, como sugieren Raffino *et al.* (1986) para Titiconte. El valle de Tarija parece haber necesitado de sitios fortificados y poblaciones que lo defendieran. Pero en los otros dos valles no hay fortalezas. En los casos en que se han registrado, estas se ubican fuera de la Región, y parecerían controlar la Quebrada de Huma-huaca. Quizás, pueda plantearse que las relaciones del Imperio con los pueblos de estos valles orientales fueron básicamente pacíficas.

Esto parece implicar que buena parte de las superposiciones de pueblos, al menos aquellas previas al tiempo inkaico, pudieron ser poco conflictivas. Se puede suponer que, entre otras cosas, habría habido terreno suficiente, como para que se instalaran poblaciones levemente mayores, sin que se planteara competencia. Posiblemente esto cambió después de la llegada del imperio inkaico, que se sabe mantenía hostilidades en los valles del norte con los Chiriguanos. La política expansionista inkaica y la explotación de recursos en la Selva, como por ejemplo de coca, pudieron ser causas de conflicto con los pueblos Chiriguanos, que a su vez tenían sus propios objetivos expansionistas hacia el oeste. Es posible también que en este sector de las Yungas la anterior llegada de los grupos guaraníticos haya producido reacomodamiento de poblaciones y diversidad de situaciones. Aunque pensamos que la idea de la Selva como frontera o como límite, proviene de una visión andina que bien pudo imponer el Imperio inkaico y que llegó posteriormente a los españoles.

Independientemente de si los inkas trajeron sus propios enemigos a los territorios que ocupaban, permanece el asunto de que el mismo sistema de organización del Imperio no era auspicioso para el mantenimiento de nada que no fuera la *pax* inkaica y el logro de sus objetivos, para lo cual recurrieron al movimiento forzado de pueblos.

Posiblemente esta situación de conflicto se amplificó con la conquista española, la expansión de los nuevos poblados, cultivos y ganado que modificaron por un lado las relaciones con los pueblos locales y con los Chiriguanos por otro. El panorama pudo ser muy complejo, dado que las crónicas registran comportamientos distintos dentro de los mismos grupos (ej: Vejoces que aceptan ser reducidos y Vejoses bárbaros y Chirigua-nos que aceptan los cambios en las misiones y los que atacan las poblaciones).

¿Continuidad cultural?

Con respecto al valle del San Francisco no somos los únicos que nos preguntamos qué ocurrió durante los seis o siete siglos que transcurrieron entre la desaparición de los pueblos que los ocuparon (englobados en lo que han llamado Cultura o Complejo San Francisco) calculada en el siglo III de la era, por ejemplo en Capillas (Dougherty *et al.* 1984) y las tardías ocupaciones registradas en los cementerios de Manuel Elordi 1 y El Talar. La perduración de la tradición San Francisco hasta épocas mucho más recientes que las consideradas hasta ahora ha sido propuesta por Ortiz (1997) y esperamos los resultados de sus investigaciones.

Ya Dougherty se planteaba cual fue la relación entre la cerámica El Infante (San Francisco Ordinario) y el Complejo estilístico Angosto Chico Inciso registrado en la Quebrada de Humahuaca. En el caso de existir una relación, se preguntaba "en que momento, de que manera y por que razón uno de los componentes del Complejo San Francisco logra gran perduración temporal y discreta distribución espacial, mientras que el otro (la cerámica Arroyo del Medio o San Francisco Pulido) va a configurar una tradición subregional con moderado espesor cronológico extendiéndose hacia el III D.C." (Dougherty 1984:216). Diez años después Ottonello considera que Angosto Chico Inciso sería una perduración a lo largo del tiempo, como manifestación empobrecida del Complejo San Francisco, siendo este estilo cerámico resultado de movimientos desde el este. Sostiene que probablemente implicara desplazamientos de pueblos orientales, que "alcanzaron mayor incidencia en el sector meridional de la Quebrada a juzgar por la alta representatividad de la cerámica Angosto Chico Inciso en este sector" (Ottonello 1994:342).

La cerámica Angosto Chico Inciso que fue definida en la Quebrada de

Humahuaca (Bennett *et al.* 1948; Madrazo 1970) como un estilo Tardío, aparece en altos porcentajes en Volcán, en el sector meridional de la Quebrada (Ottonello 1994) y en menor proporción en numerosos sitios en el resto de la misma (Madrazo 1970). Estudios de los últimos años han demostrado que la frecuencia de esta cerámica en algunos sitios de la Quebrada de Humahuaca era mucho más alta que lo que se pensaba y, al menos en el Pucara de Tilcara, la manufactura parece haber sido local (Cremonte 1994:194).

Podemos preguntarnos cuales fueron los mecanismos que llevaron a que entre el 980 y el 530 AP numerosas características de esta cerámica aparecieran en sitios arqueológicos de los Bosques Montanos de Valle Grande (750 ± 50 AP) (De Feo y Fernández 1997), Tiraxi (desde 980 ± 80 a 530 ± 50 AP) (Garay de Fumagalli 1994; Garay de Fumagalli y Cremonte 1998) y San Andrés (580 ± 60 AP) (Ventura 1995). Tal vez parte de la respuesta se encuentre en sitios como San Pablo de Reyes, ubicado al norte de San Salvador de Jujuy, con materiales cerámicos atribuídos a un momento Formativo, que presentan similitudes tecnológicas (pastas) y decorativas atribuídas tanto al Complejo San Francisco como al Complejo Angosto Chico Inciso (Garay de Fumagalli 1996). Para esta investigadora "la presencia de estas pastas similares a las de Angosto Chico Inciso, en momentos tan tempranos, confirmaría la idea de una tradición cerámica particular, para la zona meridional, con raíces quizá, en el Complejo San Francisco" (*op. cit.*: 60).

Tal vez, y esto a nivel de suposición, en algún momento los pueblos portadores de la cerámica San Francisco comenzaron a dejar el valle para internarse en otros ambientes, ya sea hacia el este siguiendo el curso del Bermejo (Lomas de Olmedo [Dougherty 1975; Folk 1962]), y/o hacia las serranías del oeste (El Cucho [Dougherty *et al.* 1984]). En este último caso la adaptación al nuevo ambiente y el contacto con los pueblos locales y/o de la Quebrada, pudo conformar la cerámica con las características que se atribuyen a Angosto Chico Inciso para el siglo XI de la era en adelante. Sitios como Palpalá, en donde Dougherty (1975) registra asociación con cerámica Candelaria y prácticas de deformación craneana, podrían mostrar otras influencias provenientes de las Yungas meridionales. Sólo con nuevas investigaciones se podrán discutir estas propuestas. Creemos que el registro arqueológico de los Deptos. de San Pedro y Ledesma podría brindar algunas respuestas, para lo cual será necesario buscar sitios chicos, de baja visibilidad, posiblemente con pocas o ninguna estructura de piedra.

Desconocemos cuales fueron las relaciones que pudo haber entre las poblaciones llegadas del este y los pueblos de la Quebrada. Estas pudieron variar a lo largo del tiempo, pero lo que parece estar claro es que eran intensas durante los siglos XI al XV, cuando la cerámica que conocemos como Angosto Chico Inciso estaba totalmente integrada en ciertos sitios de la Quebrada, sin que se la pueda ver ya como un rasgo externo (Cremonte 1994:194).

Conclusiones

Vemos a las Yungas como una compleja Región cuya evolución cultural se remonta a un tiempo muy anterior al lapso considerado en este trabajo. Sin embargo, durante los últimos 1000 años esta evolución manifiesta una intensa dinámica, en la que interactúan diversos mecanismos. Estos se atribuyen a numerosas causas, algunas externas a la misma, otras propias de los desarrollos culturales locales. Entre las primeras se cuentan movimientos de poblaciones desde las tierras altas bolivianas, presionadas posiblemente por causas climáticas y la necesidad de nuevas tierras para cultivo. Posteriormente, los movimientos de pueblos desde el oriente tienen un carácter totalmente diferente. Sin embargo, tanto los objetivos expansionistas del Imperio inkaico como las presiones de los pueblos Guaraníes, producen cambios fundamentales en las poblaciones que ocupaban los valles orientales y las planicies chaqueñas. Las influencias externas no llegan sólo a través de movimientos de pueblos. A lo largo de los mil años se registran, en diversos momentos y con diferente forma e intensidad, intercambios de productos y posiblemente de ideas provenientes de regiones tan alejadas como Cochabamba en Bolivia, el Norte de Chile, el borde oriental de la Puna, la Quebrada de Humahuaca, así como también el cercano Chaco.

Consideramos que en los diferentes ambientes de las Yungas están interactuando numerosos mecanismos, entre ellos difusión, intercambio, tráfico, desarrollos locales, adaptaciones, conquista y conflictos bélicos. Hemos mostrado el sostén arqueológico que existe para los mismos, pero éstos deben aún ser probados y ubicados dentro de un marco cronológico.

Asimismo, planteamos ciertas relaciones con desarrollos locales de las Yungas meridionales y con tempranas poblaciones con una posible adaptación a nuevos ambientes alejados del valle original. Los desarrollos locales pudieron acontecer en diversos puntos de la Región (valles de San Francisco, San Andrés, Iruya). La cercanía de recursos disponibles en ambientes muy distintos y una gran biodiversidad, concentran en las Yungas notables condiciones para la complementariedad, característica ecológica de relevancia en el Area Andina. Todo esto conforma una Región donde se producen situaciones específicas, que convierten a las poblaciones de estos valles en algo distinto a los pueblos "andinos" o "selváticos", aunque en ciertos momentos pudieron intergrarse, por medio de la complementariedad, con los sectores altos. Otros importantes mecanismos de intercambio pudieron darse a través del tráfico de caravanas de llamas o a través de partidas logísticas.

A pesar de la continua llegada de poblaciones aproximadamente a partir del 1000 de la era y de los desplazamientos de gente y el notable uso para tareas agrícolas que se hizo de estos valles húmedos, no parece haber habido momentos de fuertes presiones sobre ninguno de los ambientes, antes de la llegada de la conquista europea. Esto pudo ser por razones diversas: ya sea porque el tamaño de la población nunca fue demasiado grande o porque, de haberlo sido, esa población se dispersó utilizando los distintos ambientes de las Yungas en forma complementaria. Es muy posible que sea durante este lapso (después del 1000), cuando se verificaron procesos erosivos causados por acción antrópica que se intensificaron notablemente después del siglo XVI.

Una de nuestras hipótesis considera que ciertos sectores de los Bosques Montanos (entre los 1800 y 2100 msnm) pueden ser de origen antrópico y remontarse a momentos previos al siglo XVI (por ej. las praderas ubicadas en las planicies en San Andrés). Otro ejemplo más dramático lo presenta la erosión de los valles tarijeños (ver Presta 1996). Más allá de estas posibles modificaciones de algunos sectores de los valles orientales, parece claro que es recién con el cambio de uso que las poblaciones posthispánicas le dan a los diversos ambientes, la tala indiscriminada de bosques para cultivo intensivo, la entrada del ganado europeo y hasta el cambio del curso de un río (Iruya), que se aceleran los procesos erosivos en la Alta Cuenca del río Bermejo. Los resultados de este proceso son de gran magnitud y sus efectos se perciben actualmente fuera de la Región (Prudkin 1993). En suma, se acentúa la dinámica interrelación entre poblaciones y ambientes registrada en las Yungas a través de los siglos.

AGRADECIMIENTOS

A Luis Borrero, Hugo Yacobaccio y Axel Nielsen por sus correcciones y comentarios del trabajo. En Tarija a José Valdivieso, Hugo Galarza y Freddy Paredes; al Padre Barreto y Phillipe Delcourt en Chaguaya. A Alejandro Brown, Carlos Reboratti, David Preston, Ana María Presta. A toda la gente de Los Toldos, Nazareno, Cuesta Azul, Rodeo Colorado, San Andrés, Santa Cruz, Orán y Tartagal que a lo largo de estos años ha colaborado con su apoyo y cariño de diversas maneras en estas investigaciones. A los estudiantes y colegas que subieron cerros, caminaron selvas y sufrieron "las alimañas" en los trabajos de campo. A los especialistas que realizaron los diversos análisis: Susana Alonso, Horacio Lippai (CIRGEO) y a Roberto Milanese. A Guillermo Goldstein, Celina Madero, Hugo Nami, Ricardo Guichón, Paula Novellino, Norma Hilgert, Nora Prudkin, etc. Agradezco a Marta Ottonello, Jorge Palma, Clara Rivolta y Axel Nielsen sus interesantes charlas sobre la arqueología de la Q. de Humahuaca.

NOTAS

1. Con esta denominación nos referimos, por el momento, a los valles de los ríos Guadalquivir-Orozas y afluentes de los mismos. El valle de Río Tarija propiamente dicho aún no ha sido estudiado y consideramos que plantea una dinámica cultural propia.

2. Por ejemplo, la obtención de materias primas como la sodalita, que era explotada por la población de Tiwanaku en Cerro Sapo, Cochabamba (Brendler 1934).

3. Lumbreras (1974:207) "this distribution suggests that Mollo and Churajon probably represent large colonies of the Lupaqa or other lake kingdoms".

4. Sugerimos como ejemplo de tipo de sitio a 02-Tu- 002, ubicado en las vegas de Turi, en el Norte de Chile (Castro *et al.* 1994).

5. Delcourt (1996) menciona un par de sitios con arte rupestre en la quebrada que comunica el sitio con la Puna. Se trata de representaciones antropomorfas, de camélidos y círculos en pintura rojo-ocre.

6. Aunque estas acumulaciones pueden ser el resultado de un palimpsesto de diversas ocupaciones.

7. Debido a que desconocemos las condiciones de hallazgo de los materiales obtenidos en Tolomosa por von Rosen, no podemos atribuir una cronología a estas piezas de bronce.

8. Consideramos que los sitios arqueológicos continúan al norte de Nazareno, pero aún no hemos realizado prospecciones en ese tramo.

9. Estructuras funerarias similares fueron registradas por Alicia Fernández Distel en el Durazno (Depto. de Tilcara, Jujuy) datadas en 1830 AD (Fernández Distel en Taller de Costa a Selva 1994, pag. 130).

10. Determinación realizada por la Lic. Celina Madero.

11. Este sitio fue excavado por la Lic. Mirta Santoni del Museo de Antropología de Salta y su material se halla actualmente depositado en la Casa de la Cultura de Orán, permaneciendo aún inédito.

12. Fragmentos ceramicos, posiblemente correspondientes a los pueblos Chiriguanos se registraron tambien en el Museo de Chaguaya (Bolivia) provenientes de Capilla del Bermejo.

13. Se realizó en laboratorio (CIRGEO) el aná-lisis de una cuenta de collar de sodalita del sitio El Talar y se compararon sus resultados con datos de muestras de Cerro Sapo (Cochabamba). Se consideró que habia un 90 % de posibilidades de que la sodalita de El Talar proviniera de esa cantera boliviana. (ver Apéndice en Ventura 1991a). Posteriormente, gracias al Dr. Roberto Milanese, quien nos trajo una muestra de sodalita de Cerro Sapo, se realizaron nuevos análisis en el mismo laboratorio, determinándose con toda seguridad que la sodalita de las cuentas de El Talar proviene de esa cantera.

BIBLIOGRAFIA CITADA

Albeck, M.E.
1994   La Quebrada de Humahuaca en el intercambio prehispánico. En: *Taller de Costa a Selva. Producción e Intercambio entre los Pueblos Agroalfareros de los Andes Centro Sur*. M. E. Albeck (editora), pp. 117-127. Tilcara, UBA.

Arellano L., J.
1984   La Cultura Tarija: Aportes al conocimiento de los señoríos regionales del sur boliviano. *Arqueología Boliviana* N° 1: 73-81. La Paz.

Bennett W., E. Bleiler y F. Sommer
1948   Northwest Argentine Archaeology. Yale University *Publications in Anthropology* 38, New Haven.

Binford M. y A. Kolata
1996   The Natural and Human Setting. *Tiwanaku and its Hinterland. Archaeology and Paleoecology of an Andean Civilization*. A. Kolata (ed.), T. 1 (Agroecology) pp. 23-56. Smithsonian Institution Press.

Brendler, W.
1934   Sodalita from Bolivia. The American Mineralogist. *Journal of the Mineralogical Society of America*, Menasha.

Brown A. y R. Grau
1993   *La Naturaleza y el Hombre en las Selvas de Montaña. Proyecto GTZ-Desarrollo Agroforestal en Comunidades Rurales del Noroeste Argentino*. Salta.

Cabrera, A.L.
1976   Regiones Fitogeográficas argentinas. *Enciclopedia Agentina de Agricultura y Jardinería*, Tomo II, fascículo 1, pp. 1-85. Editorial ACME, Buenos Aires.
Callegari, A.; L. Carletti; J. Palma y M. Sánchez Proaño
1983-85 Esbozo para el estudio de una sociedad agroalfarera: la Quebrada de Humahuaca. *Cuadernos* 10: 339-362, Buenos Aires.

Castro, V.; C. Aldunate; J. Berenguer; L. Cornejo; C. Sinclaire y V. Varela
1994   Relaciones entre el Noroeste argentino y el Norte de Chile: El sitio 02- Tu- 002, Vegas de Turi. *Taller de Costa a Selva. Producción e Intercambio entre los Pueblos Agroalfareros de los Andes Centro Sur*. M.E. Albeck (ed.). 215-236. Tilcara. UBA.

Castro, H.; C. Natenzon; C. Reboratti y B. Ventura
1998   *Los Toldos, Provincia de Salta: Síntesis histórico-geográfica*. En prensa.

Coronel, D.; M. Jimenez y H. Puentes
1995   *Informe de Trabajo de Campo realizado en el sitio "Pueblo Viejo" de Tarija, Bolivia*. Escuela de Arqueología, U. N. de Catamarca. Ms.

Cremonte, B. M.
1994 Tendencias en relación a la producción y distribución de la cerámica arqueológica de la Quebrada de Humahuaca. *Taller de Costa a Selva. Producción e Intercambio entre los Pueblos Agroalfareros de los Andes Centro Sur.* M.E. Albeck (ed.), pp. 177-193. Tilcara. UBA.

De Angelis, P.
1989 "Entradas" al Chaco (selección). *Colección de Obras y Documentos relativos a la Historia Antigua y Moderna de las Provincias del Río de La Plata.* U.N. de Jujuy.

Debenedetti, S. y E. Casanova
1933 Titiconte. *Publicación del Museo Etnográfico* A, III: 1-35, Buenos Aires.

De Feo; C. y A. Fernández
1997 Una aproximación al Período Tardío en la Arqueología de Valle Grande (Jujuy). *Simposio Internacional de Tierras Bajas, Pedemonte andino, Chaco y oriente boliviano.* U N de Jujuy, Jujuy. Ms.

Delcourt P.
1996 *Rapport du métrage et des sondages effectués sur le site d'Antigal (Bolivia)* entre le 27 mars 1996 et le 05 avril 1996.Ms.

Dillehay T. y L. Nuñez A.
1988 Camelids, Caravans, and Complex Societies in the South-Central Andes. *Recent Studies in Pre-Columbian Archaeology*, Saunders N. y O. de Montmollin (eds.), BAR international Series 421, pp. 603-634.

Del Río, M. M. y A. M. Presta
1984 Un estudio etnohistórico en los corregimientos de tomina y amparaez: casos de multietnicidad. *Runa* XIV: 221-246.

Dougherty, B.
1975 *Nuevos aportes para el conocimiento del Complejo Arqueológico San Francisco (Sector Septentrional de la Región de las Selvas Occidentales, Subárea del Noroeste argentino).* Tesis doctoral.. U. N. de La Plata. Ms.

Dougherty, B. y A. Belén
1979 A propósito de un vaso anular hallado en el yacimiento de El Talar, Departamento Santa Bárbara, Provincia de Jujuy. *Relaciones XIII*: 49-59.

Dougherty, B.; A. Fernández y E. Zagaglia
1984 Arqueología del río Capillas, Dpto. Capital, Provincia de Jujuy. *Revista del Museo de la Plata (Nueva Serie)* Antropología 58, VIII: 197-222, La Plata.

Dougherty, B; H. Calandra y R. Crowder
1978 Arqueología de las Selvas Occidentales del Norte. *Sapiens* 2: 40-50. Chivilcoy.

Estevez Castillo, J.
1992 Pasto Grande: centro productivo Tiwanaku e Inka en las Sud Yungas bolivianas. *Gaceta Arqueológica Andina* VI N° 21: 109-137.

Fernández Cornejo, A.D.
1837 Descubrimiento de un nuevo camino desde el Valle de Centa hasta la villa de Tarija [1836]. de Angelis, P. *Colección de Obras y Documentos Relativos a la Historia Antigua y Moderna de las Provincias del Río de la Plata.* Buenos Aires.

Ferreiro, J.P.
1994 El Chaco en los Andes. Churumatas, Paypayas, Yalas y Ocloyas en la etnografía del Oriente Jujeño. *Población y Sociedad* 2: 3-23.

Fock, N.
1962 Chaco Pottery and Chaco History, Past and Present. *Akten des 34 Internationalen Amerikanistenkongresses.* pp. 477-484. Wien.

Garay de Fumagalli, M.
1994 Relaciones de complementaridad en el Período de Desarrollos Regionales entre el ámbito de Valles Orientales y el de Quebrada de Humahuaca en el sector centro-meridional (Quebrada de Humahuaca, Provincia de Jujuy, Argentina). *Taller de Costa a Selva: Producción e Intercambio entre Pueblos Agroalfareros de los Andes Centro Sur.* Albeck, M. (ed.), pp. 373-391. Tilcara. UBA.
1996 Noticia Preliminar acerca de un yacimiento Formativo en San Pablo de Reyes, Provincia de Jujuy. *XXV Aniversario Museo Arqueológico Dr. Eduardo Casanova.* pp. 55-64. Tilcara. UBA.

Garay de Fumagalli, M. y B. Cremonte
1998 Correlación cronológica del yacimiento de Volcán con sitios de los valles orientales (sector meridional-Quebrada de Humahuaca). *Avances en Arqueología* 3: 191-212, Tilcara.

González, A. R.
1977 *Arte Precolombino de la Argentina.* Filmediciones Valero, Buenos Aires.
1982 Las "Provincias" incas del antiguo Tucumán. *Revista del Museo Nacional* XLVI: 317-380, Lima.

Krapovickas, P.
1977 Arqueología de Cerro Colorado, Departamento de Yavi, Provincia de Jujuy, República Argentina). *Obra del Centenario del Museo de La Plata,* T. II: 123-148, Antropología.
1984 Relations between the Puna and its eastern border zones. En: S*ocial and Economic organization in the Prehispanic Andes*, Browman, D.; R. Burger y M. Rivera (eds). Proceedings of the CIA, BAR International Series 194: 171-191.
1994 Algunas observaciones respecto a los vínculos entre el Noreste de la Puna de la argentina y las regiones colindantes. Síntesis. *Taller de Costa a Selva. Producción e Intercambio entre los Pueblos Agroalfareros de los Andes Centro Sur.* Albeck, M. (editor), pp. 7-13. Tilcara. UBA.

Krapovickas, P. y S. Aleksandrowicz
1986-87 Breve visión de la Cultura de Yavi. *Anales de Arqueología y Etnología* 41/42: 83-127.

Lorandi, A.M.
1984 Pleito de Juan Ochoa de Zárate por la posesión de los indios Ocloyas. ¿Un caso de verticalidad étnica o un relicto de archipielago estatal? *Runa* XIV: 123-142.

Lumbreras, L.
1974 *The Peoples and Cultures of Ancient Peru*. Smithsonian Institution Press,Washington.

Luna, H. A.
1974 *Un viaje a San Andrés, Orán, Salta*, Salta

Madrazo, G.
1965 Misión Arqueológica a Caspalá (Depto. de Valle Grande, Pcia de Jujuy). *Etnía* 1: 23-27. Olavarría
1970 El Complejo Estilístico "Angosto Chico Inciso". *Etnía* 11: 24-28, Olavarría.
1990 *Hacienda y Encomienda en los Andes. La Puna argentina bajo el Marquesado de Tojo. Siglos XVII a XIX*. U N de Jujuy.

Márquez Miranda, F.
1939 Cuatro viajes de estudio al más remoto Noroeste argentino. *Revista del Museo de la Plata*. Antropología 6. Tomo 1: 7-243.
1941 La arqueología del Este de la Quebrada de Humahuaca (Frontera Argentino-Boliviana) a través de nuevas investigaciones. Actas del *XXVII Congreso Internacional de Americanistas*. vol. 1: 211-237, Lima.

Menghin, O.F.
s/f *Descripción de las excavaciones en El Talar*. Ms.
1952 *Diario Personal, entrada correspondiente al 22 de Julio de 1952*. Traducción realizada por su hija Dra. Menghin de Schwarz, Ms.

Nami, H.
1987 *Observaciones preliminares sobre el análisis de puntas de proyectil del sitio Antiguito, Pcia. de Salta*. Ms.

Nielsen, A. E.
1988 Un modelo de sistema de asentamiento prehispánico en los valles orientales de Humahuaca (Pcia de Jujuy, Rep. Argentina). *Comechingonia* 6: 127-155. Cordoba.
1989 *La ocupación indígena del territorio Humahuaca Oriental durante los Períodos de Desarrollos Regionales e Inka*. Tesis Doctoral. U. N. de Córdoba. Ms.
1996 Demografía y Cambio Social en Quebrada de Humahuaca (Jujuy, Argentina) 700-1535 d.C. *Relaciones* XXI: 307- 354. Buenos Aires.
1997 *Tiempo y Cultura Material en la Quebrada de Humahuaca 700-1650 d.C.* Ticara. UBA.

Nuñez Regueiro, V. y M. Tartusi
1987 Aproximación al estudio del Area Pedemontana de Sudamérica. *Cuadernos del INAPL*. 12: 125-160.

Ortiz, G.
1997 Del olvido al protagonismo. Repensando la arqueología de las tierras bajas jujeñas. Trabajo presentado en el *Simposio Internacional de Tierras Bajas, Pedemonte andino, Chaco y oriente boliviano*. Fac. de Humanidades y Cs. Sociales, U.N. de Jujuy. Ms.

Ottonello, M.
1994 La cerámica Angosto Chico Inciso en el sitio del Volcan en el sector meridional de la Quebrada de Humahuaca. *Taller de Costa a Selva: Producción e Intercambio entre los Pueblos Agroalfareros de los Andes Centro Sur*. Albeck, M. (ed.). pp. 329-352.Tilcara. UBA.

Ottonello M. y M. Garay de Fumagalli
1995 El uso del espacio a través del tiempo en un sector de las Yungas de la provincia de Jujuy. *Investigación, Conservación y Desarrollo en Selvas Subtropicales de Montaña*. Brown, A. y R. Grau (eds). pp. 183-190. LIEY. U.N. de Tucumán.

Parodi, R. L.
1934 Las plantas indígenas no alimentarias cultivadas en la Argentina. *Revista Argentina de Agronomía* 1(3): 165-212.

Ponce Sanginés, C.
1978 Panorama de la Arqueología Boliviana. *Publicaciones* 27: 3-29. INAR. La Paz.

Posnansky, A.
1947 El hombre prehistórico de Tarija y las manifestaciones de su cultura material. La ciudad de Tullku-Marka. Actas del *XXVII Congreso Internacional de Americanistas*. Vol. 1: 183-190. Lima.

Presta, A. M.
1996 "Hermosos, fértiles y abundantes". Los valles centrales de Tarija y su población en el siglo XVI. En: *La codicia del hombre y voracidad del ganado. Una ecología humana de los valles centrales de Tarija*. D. Preston (editor). La Paz (en prensa).
1997 La Población de los valles de Tarija Siglo XVI. Aportes para la solución de un enigma etnohistórico en una frontera incaica. *El Tucumán Colonial y Charcas*, A. M. Lorandi (comp.). Tomo1:163-175. UBA.

Presta, A. M. y M. del Río
1993 Reflexiones sobre los Churumatas del Sur de Bolivia, Siglos XV-XVII. *Memoria Americana* 2:41-49. *Cuadernos de Etnohistoria*. ICA. UBA.

Prudkin, N.
1993 *Perfil Ecológico de la Alta Cuenca del Río Bermejo*. Ms.

Raffino, R.
1993 *Inka. Arqueología, Historia y Urbanismo del Altiplano Andino*. Ed. Corregidor, Buenos Aires.

Raffino, R.; R. Alvis; D. Olivera y J. Palma
1986 La instalación Inka en la Sección Andina Meridional de Bolivia y Extremo Boreal de Argentina. El Imperio Inka. Actualización y perspectivas por registros arqueológicos y etnohistóricos. *Comechingonia*. Volumen homenaje al 45° Congreso Internacional de Americanistas. 63-132. Córdoba.

Reboratti, C.
1996 *Sociedad, ambiente y desarrollo regional en la Alta Cuenca del Río Bermejo*. Instituto de Geografía. UBA.

Renard Casevitz, F.M.; T. Saignes y A. Taylor
1988 *Al Este de los Andes. Relaciones entre las Sociedades Amazónicas y Andinas entre los Siglos XV y XVII*. Tomo 1. Ediciones ABYA-YALA e Instituto Francés de Estudios Andinos.

Rolandi de Perrot, D.
1984-85 Análisis de las piezas textiles del sitio El Talar, Departamento Santa Bárbara. Provincia de Jujuy. *Relaciones* XVI:203-204.

Rosen, E.
1990 *Un Mundo que se va*. U. N. de Jujuy.

Saignes, T.
1981 El Piedemonte Amazonico de los Andes Meridionales: Estado de la cuestión y problemas relativos a su ocupación en los siglos XVI y XVII. *Bulletin de l'Institut Francais d´Etudes Andines* X (3-4): 141-176.
1985 *Los Andes Orientales : historia de un olvido*. CERES - IFEA, Cochabamba.

Salas, A. M.
1945 El Antigal de Ciénega Grande (Quebrada de Pumamarca, Provincia de Jujuy). *Publicaciones del Museo Etnográfico*. vol. 5, Serie A, Buenos Aires.

Sánchez, S. y G. Sica
1990 La frontera Oriental de Humahuaca y sus relaciones con el Chaco. *Bulletin del'Institut Francais d' Etudes Andines*. 19, N° 2: 469-497.

Sempé de Gomez Llanes, C.
1980 Aportes del Dr. O.F.A. Menghin a la arqueología del NO argentino. *Sapiens* 4: 19-23, Chivilcoy.

Tarragó, M.
1994 Intercambio entre Atacama y el borde de Puna. *Taller de Costa a Selva: Producción e Intercambio entre los Pueblos Agroalfareros de los Andes Centro Sur*, Albeck, M. (ed.) pp.199-209. Tilcara. UBA.

Togo, J.
1973 Prospección Arqueológica en el Departamento Santa Victoria, Pcia de Salta. *Actualidad Antropológica* (Suplemento de Etnía) 12: 1-8.

Tommasini, G.
1990 *Los Indios Ocloyas y sus doctrineros en el Siglo XVII.* U.N. de Jujuy.

Ventura, B.N.
1979 Aportes para la Arqueología de San Andrés (Depto.Orán, Salta). *Etnía* 29-30: 11- 19, Olavarría.
1982 *Informe Preliminar de la Campaña a Rodeo Colorado.* Ms.
1984-85 Representaciones de camélidos y textiles en sitios arqueológicos tardíos de las Selvas Occidentales. *Relaciones* XVI: 191-202.
1985 *Metalurgia: un aspecto poco conocido en la arqueología de las Selvas Occidentales.* Informes de Investigación 2: 5-81. PREP-CONICET/ UBA.
1986 *Ocupaciones humanas tardías en los Deptos. de Orán y San Martín (Salta),* Informe al CONICET, Ms.
1987 *Los grabados del Río Grande de Tarija (sitio RGT 1) (Depto. San Martín, Salta, Argentina)* Informe Preliminar. Boletín del SIARB 1: 28-30, La Paz.
1988 Primeras excavaciones arqueológicas en el área de San Andrés (Depto Orán, Salta). *IX Congreso Nacional de Arqueología Argentina, Buenos Aires.* Ms.
1991a Síntesis de las investigaciones arqueológicas en el Sector Norte de las Selvas Occidentales. *Arqueología* 1: 51-73.
1991b Camélidos y Metalurgia en la Arqueología de las Selvas Occidentales. *VII Convención Internacional de Especialistas en Camélidos Sudamericanos,* Jujuy, Ms.
1994 Un verde horizonte de sucesos. *Taller de Costa a Selva: Producción e Intercambio entre los Pueblos Agroalfareros de los Andes Centro Sur.* Albeck M. (ed.) pp. 301-325. Tilcara. UBA.
1995 Modelo preliminar de Uso del Espacio en los Valles Orientales a las Serranías de Zenta. *Investigación, Conservación y Desarrollo en Selvas Subtropicales de Montaña* Brown A. y R. Grau (eds). U.N. de Tucumán, pp. 191-198.
1996 *El sitio arqueológico Pueblo Viejo de Alisos. Tarija, Bolivia.* Informe Preliminar, Ms.
1997 El registro arqueológico de las Yungas salteñas: alcances y limitaciones. *Pasado y presente de un Mundo postergado,* Teruel, A. y O. Jerez (comps.), UNJu, UNHIR, en prensa.

Ventura, B. N., J. Belardi y M. Weissel
1991 "Trastornando" el Zenta: una prospección arqueológica desde la Puna a la Selva. *Shincal* 3, III- 2-6. UN. de Catamarca.

Wachtel, N.
1981 Los mitimaes del valle de Cochabamba: la politica de colonización de Wayna Capac. *Historia Boliviana* 1/1: 21-51.

N°	Sitio	Altura[a]	Tipo	Características	Asign. cultural y Cronol.[b]	Fuente
1	Uriondo	1800 ca.	concentración en superficie	cerámica, redepositada	Tiwanaku y C. Mollo	Arellano 1984
2	San Blas	1800 ca.	concentración en superficie	cerámica, redepositada	Tiwanaku y C. Mollo	Arellano 1984
3	San Luis del Portillo	1800 ca.	concentración en superficie	cerámica, redepositada	Tiwanaku	Arellano 1984
4	San Mateo	1850 ca.	poblado	est. circulares, cuadrangulares y grandes rectángulos y cerámica superf.	C. Tarija	Arellano 1984
5	Santa Ana	1850 ca.	poblado	est. rectangulares, circulares y patio central. Cerámica en superficie	C. Tarija	Arellano 1984
6	Tomatitas	1850 ca.	concentración en superficie	cerámica incisa, pintada N/R, R, incrust. cuarzo e imp. cestería, aplic. pastillaje, etc.	C. Tarija	Ventura 1986
7	Pueblo Viejo	1850 ca.	poblado	restos de construcciones de piedra y cerámica en superficie	C. Tarija	Arellano 1984
8	Canasmoro	1850 ca.	poblado	construcciones aisladas de piedra y cerámica en superficie	C. Tarija e Inca	Arellano 1984
9	Pukará de Zaire	1950 ca.	defensivo	est. circulares, rectangulares y cuadrangulares rodeados por muralla y cerámica en superficie	C. Tarija	Arellano 1984
10	Pukará de Tomatas Grande	1950 ca.	defensivo	est. circulares, rectangulares y cuadrangulares rodeados por muralla y cerámica en superficie	Inka	Arellano 1984
11	Tolomosa	2000 ca.	materiales en capa	vasijas cerámicas, morteros de piedra, torteros y puntas de proyectil, metalurgia, cuentas de collares y adornos, multicomponente, (excavación)	[Pre-Inka e Inka]	Rosen 1990
12	Pueblo Viejo de Alisos	2150	poblado	est. rectangulares, patio central, retención de agua, obras de riego, cuadros de cultivo, muros dobles, tres formas de entierros (excavaciones)	440±50 AP cal AD 1415 a 1520 cal AD 1570 a 1630	Posnansky 1947 Delcourt 1996 Ventura 1996
13	Esquile+		fortaleza		Inka	Saignes 1985
14	Aquilcha+		fortaleza		Inka	Presta 1997
15	Lecoya+		fortaleza		Inka	Presta 1997
16	Santa Victoria	2400	concentración de materiales en superficie y en capa	cerámica y líticos (palas, hachas, puntas, manos y morteros). Palas y huesos de fauna (basurero) en Sondeo	pre-Inka	Togo 1973

N°	Sitio	Altura[a]	Tipo	Características	Asign. cultural y Cronol.[b]	Fuente
17	San Felipe	2500	concentración en superficie	cerámica y lítico y posibles estructuras de piedra	pre-Inka	Togo 1973
18	Acoyte	2400	concentración en superficie y estr. aisladas	est. rectangular, paredes de lajas y cerámica	pre-Inka	Togo 1973
19	Punco Viscana	2700	concentración en superficie y estr. aisladas, materiales en capa	est. paredes dobles, cerámica, morteros y platos de piedra y un rompecabezas. Est. circular (Sondeo) cerámica, huesos y carbón	pre-Inka	Togo 1973
20	Nazareno	3000	concentración en superficie y colecciones	frag. cerámica. vasijas cerámica, flauta de piedra, cuentas de collar líticas, colgantes zoomorfos.	Inka	Ventura observaciones personales
21	Cuesta Azul	2970	poblado y concentración de material en superficie	est. circulares, muros contención (excavación)	pre-Inka e Inka	Ventura 1982
22	Campo Grande	2850	poblado	recolec. mat. cerámico y lítico en superficie y colecciones: metalurgia, hachas de piedra, cuentas collar	pre-Inka e Inka	M. Miranda 1939
23	Huaira Huasi	2600 ca.	poblado	concentración de estructuras y andenes de cultivo	[Inka]	M. Miranda 1939
24	Chaupi Loma	2440	estructuras aisladas	estructuras elípticas de más de 5m. de diametro (excavación) mat. cerámico, lítico y metel.	[Inka?]	M. Miranda 1939
25	Alto del Chañar	2500	estructuras aisladas	estruc. redondas de piedras lajas estr. con 7 esqueletos. sin ajuares (excavación)		M. Miranda 1939
26	Pie de la Cuesta de Taco Pampa	2160	poblado	muy destruídas		M. Miranda 1939
27	Taco Pampa 2	2740	estructuras aisladas	Concentración de estructuras (excavación)	[Inka?]	M. Miranda 1939
28	Ronque	2700	Pucará	estruc. redonda con puerta? y pared de 2m de alto (excavación)	Inka	M. Miranda 1939
29	Zapallar	2200		sitio fortificado en posición estratégica, estr. funerarias y entierros en urnas (excavación)		M. Miranda 1939

N°	Sitio	Altura[a]	Tipo	Características	Asign. cultural y Cronol.[b]	Fuente
30	Zapallar c)	2020	estructura almacenamiento	estr. elípticas muy bien conservadas, piedra canteada, uso de laja, puertas, andenes de cultivo	Inka	M. Miranda 1939 Raffino et al. 1986
31	Higueras 1		poblado			M. Miranda 1939
32	Higueras 2		pukará			M. Miranda 1939
33	Arcayo o Taracayo	2500	pukará, Estruc. almacenamiento	estruc. bien conservadas, piedra canteada, puertas, piedras lajas, techo falsa bóveda	Inka	M. Miranda 1939 Raffino et al. 1986
34	Chaupi Loma	3100ca	poblado	estr. mal conservadas (excavación): numerosas palas líticas e inst. de moler. Dos estr. de almacenamiento subterráneas		M. Miranda 1939
35	Pueblo Viejo del río Isculla		poblado			M. Miranda 1939
36	Pie de la Cuesta de Coranzuli a)		pukará			Debenedetti y Casanova 1933
37	b)					M. Miranda 1939
38	Titiconte	2760	poblado	estr. cuadrangular, rectangulares y circulares. Estr. de almacenamiento, retención de agua y estr. agrícolas (excavación). recol. material superficie	Inka	Debenedetti y Casanova 1933, Miranda 1939, Raffino et al. 1986
39	Campo Grande	3000 ca.	poblado	estruct. y andenes de cultivo		M. Miranda 1939
40	Campo de la Cruz		concentración en superficie	cerámica en campos cultivados actuales y muros de contención		M. Miranda 1939
41	Matancillas	3200	hallazgo aislado			M. Miranda 1939
42	Rodeo Colorado, Pueblo Viejo	3200	poblado	estr. circulares, vasos tubulares (excavación de 18 estruct.)		M. Miranda 1939
43	Ramada Esquina	3000 ca.	estructura de almacenamiento	recol. material en superficie	pre-Inka	Ventura 1982
				estr. circulares, puertas, nichos, piedras canteadas, muros de contención.	Inka	Ventura 1982
44	Pueblo Viejo de Viscarra	2600 ca.	poblado	estr. de regular tamaño y andenes de cultivo		M. Miranda 1939
45	Molino Viejo	2760	pukará	estr. elípticas con puertas y muros de hasta 1,20m de alto	[Inka?]	M. Miranda 1939
46	Rodeo Colorado, Pueblo Actual	3000	hallazgo aislado, en capa	dos grandes vasijas cerámicas (salvataje)	pre-Inka	Ventura 1982
47	Limoncito	1000	arte rupestre	piedras con grabados		Luna (com. per.) y video

Tabla 1: Sitios arqueológicos ubicados en los Valles de Tarija- Santa Victoria- Nazareno-Iruya.

N°	Sitio	Altura[a]	Tipo	Características	Asign. cultural y Cronol.[b]	Fuente
48	Olladas	2500	estr. aisladas	cinco estr. circulares y una rectangular, muros contención		Ventura 1997
49	Calaveritas	2300	estr. funerarias	circulares con piedras lajas, en alero	90±40 AP cal AD 1680 a 1755 y cal AD 1805 a 1940	Ventura 1997
50	Antiguito	1900	poblado	estr. circulares y rectangulares, multicomponente (excavación)		Ventura 1988 Ventura 1995 Ventura 1997
51	Puerta del Alto 1	1800	estr. aisladas	estr. circulares y túmulos despiedre (excavación)	580±60 AP ¤	Ventura 1997
52	Puerta del Alto 2	1800	estr. aisladas	estr. rectangulares, una elíptica		Ventura 1997
53	Potrero Chico	1750	arte rupestre	tres piedras con grabados y túmulos de despiedre		Ventura 1979 Luna 1974
54	Pucará de San Andrés	2100	poblado	estr. circular y gran rectangular, muros contención (excavación)		Ventura 1979, 1994
55	P.S.A. ladera este	2000	estr. funeraria	estr. circular, uso de argamasa en las paredes		Ventura et al. 1991
56	El Sigiloso	2000	concentración en superficie	muros, muros de contención, túmulos de despiedre y materejal cerámico y lítico		Ventura et al. 1991
57	La Bajadita	2120	estr. funeraria	estr. circular, con uso de argamasa en las paredes. Muros de contención.		Ventura et al. 1991
58	La Casa Abandonada	2100	concentración en superficie	material cerámico y lítico, en campo arado		Ventura et al. 1991
59	De las Cruces 1	2100	poblado	estr. circulares y rectangulares		Ventura et al. 1991
60	De las Cruces 2/3	2120	poblado	estr. rectangulares y cuadrangulares y posible foso (sondeo)	poshispánico	Ventura et al. 1991
61	Senda Vieja 1	3030	estr. aisladas	estr. rectangulares y cuadrangulares		Ventura et al. 1991
62	Senda Vieja 2	3050	estr. aisladas	estr. rectangulares		Ventura et al. 1991
63	Tranquitas 1	3850	estr. aisladas	estr. rectangulares		Ventura et al. 1991
64	Piedras 1 y 2	3000	estr. aisladas	estr. circulares y grandes rectangulares		Ventura 1994
65	Cienego	2800	arte rupestre	piedra aislada con grabados		Ventura 1994
66	Confluencia	2550	const. agrícolas	miros de contención		Ventura 1997
67	Abra del Río Seco	1270	estr. aisladas	estr. circulares, mater. cerámico y lítico		Ventura 1994
68	San Ignacio	750	concent. en superf.	recol. cerámica, redepositada		Ventura 1997

Tabla 2: *Sitios arqueológicos ubicados en los Valles de San Andrés-Querusillal-Santa Cruz.*

N°	Sitio	Altura[a]	Tipo	Características	Asign. cultural y Cronol.[b]	Fuente
70	Arrasayal	560	materiales en capa	cerámica		Dougherty et al. 1978
71	Peña Colorada	600 ac.	materiales en superficie	cerámica		Ventura 1991
72	Solazutti	400 ac.	materiales en capa	cerámica (sondeo)		Ventura 1991
73	Abra Grande	400 ac.	materiales en capa	cerámica y lítico (sondeo)		Ventura 1991
74	Cebilar	300 ac.	materiales en capa	grandes vasijas cerámicas (salvataje)		Ventura 1986
75	EAR 1	1420	materiales en capa	concentración de fragmentos grandes vasijas (salvataje)	Chiriguano	Ventura 1997
76	Uchana 1	1480	materiales en capa	grandes vasijas cerámicas (salvataje)		Ventura 1997
77	Uchana 2	1500	estructuras aisladas	estr. circulares y rectangulares		Ventura 1997

Tabla 3: Sitios arqueológicos ubicados en los Valles de los ríos Bermejo y Toldos.

N°	Sitio	Altura[a]	Tipo	Características	Asign. cultural y Cronol.[b]	Fuente
78	El Talar	350	cementerio	entierros en grandes urnas y directos en tierra. Completos ajuares; metalurgis, vaso antropomorfo, zoomorfos, anular, cuentas collares: sodalita, turquesa y crisocola, (excavación)	entre 1000 de la era hispano-indígena	Menghin 1952 Dougherty y Belen 1979 Sempe de Gomez Llanes 1980
79	Manuel Elordi 1	280	cementerio	entierros en grandes urnas y directos en tierra. Completos ajuares; metalurgia, vasos zoomorfos, cuentas collares sodalita, turquesa y crisocola (excavación)	1030±120 AP¤	Ventura 1991 Ventura 1985
80	Manuel Elordi 2	285	asentamiento?	mat. cerámico, lítico y restos pequeños de huesos quemados y de peces (sondeos)		Ventura 1986
81	Orán	360	cementerio	entierros en grandes urnas, con ajuar: vasijas cerámicas, metalurgia, cuentas collares (salvataje)		M. Santoni, com. pers.
82	Tartagal	500	cementerio	entierros en grandes urnas con ajuar: vasijas cerámicas, metalurgia, cuentas collares (salvataje Johanson)		Ventura 1986
83	RGT 1	200 ca.	arte rupestre	piedra con grabados		Ventura 1987

+: sitios mencionados en fuentes etnohistóricas. Aún no registrados arqueologicamente.

[a] *Metros sobre el nivel del mar*

[b] *Cronología. Ubicación temporal aproximada. Los indicados con asterisco (¤) corresponden a fechados radiocarbónicos no calibrados. Las calibraciones usadas corresponden a dos sigma (95% de probabilidades).*

Tabla 4: *Sitios arqueológicos ubicados en los Valles de los ríos San Francisco y Grande de Tarija.*

INDICE
Tomo I

Los Autores

Presentación — 1
Por Eduardo Berberián y Axel Nielsen

La Domesticación de Camélidos en el Noroeste Argentino — 7
Por Hugo D. Yacobaccio

Los Orígenes de la Agricultura en la Argentina — 41
Por Humberto Lagiglia

Sociedades Agropastoriles Tempranas: El Formativo Inferior del Noroeste Argentino — 83
Por Daniel Olivera

Fenómenos Cúlticos Tempranos en la Subregión Valliserrana — 127
Por Marta R.A. Tartusi y Victor A. Nuñez Regueiro

Evolución Social en Quebrada de Humahuaca (AD 700-1536) — 171
Por Axel Nielsen

Estructura de la Población Antigua de la Quebrada de Humahuaca — 265
Por José A. Cocilovo, Héctor H. Varela y Silvia G. Valdano

La Arqueología del Norte del Valle Calchaquí — 289
Por Elizabeth De Marris

La Puna Argentina en los Períodos Medio y Tardío — 347
Por María E. Albeck

Arte Rupestre del Noroeste Argentino. Origenes y Contexto de Producción — 389
Por María Isabel Hernández Llosa

Los Últimos Mil Años en la Arqueología de las Yungas — 447
Por Beatriz Ventura

Tomo II

El Capacñam Inka en el Riñon Valliserrano del Noroeste Argentino   493
*Por Rodolfo Raffino, Rubén Iturriza, Anahí Iacona, Aylen Capparelli,
Diego Gobbo, Rolando Vazquez y Victoria García Montes*

Arqueología de Alta Montaña en los Andes Argentinos   523
Por Juan Schobinger y María Constanza Ceruti

Prehistoria del Centro-Oeste Argentino   561
Por Roberto Bárcena

Arqueología de las Sierras Centrales   635
Por Eduardo E. Berberián y María Fabiana Roldán

Nordeste Prehispánico   693
Por Jorge A. Rodriguez

Arqueología Pampeana: Estado Actual y Perspectivas   737
Por Gustavo G. Politis y Patricia E.E. Madrid

**Cambios, Continuidades, Discontinuidades: Discusiones sobre
Arqueología Fuego-Patagonica**   815
Por Luis A. Borrero

El Arte Rupestre de los Cazadores de Guanaco de Patagonia   839
Por Carlos J. Gradin

**Las Lenguas Indígenas del Centro y Norte de la República Argentina
(Siglos XVII y XVIII)**   875
Por Beatriz Bixio

La Protección del Patrimonio Indígena en Argentina   937
Por Eduardo E. Berberián

**Planete de Masques y el Patrimonio Arqueológico Nacional:
Crónica de una Fuga**   949
Por Rodolfo A. Raffino

Se terminó de imprimir en la ciudad de Córdoba,
República Argentina, En Agosto de 2001.